Paul Burrell
Im Dienste meiner Königin

Paul Burrell
Im Dienste meiner Königin

Aus dem Englischen von
Anke Kreutzer, Thorsten Schmidt,
Harald Stadler, Maria Zybak, Reinhard Kreissl,
Bernhard Kleinschmidt,
Jutta Ressel und Claudia Tauer

Droemer

Originaltitel: A Royal Duty
Originalverlag: Penguin / Michael Joseph, London

Die Folie des Schutzumschlags sowie die Einschweißfolie sind
PE-Folien und biologisch abbaubar.
Dieses Buch wurde auf chlor- und säurefreiem Papier gedruckt.

Copyright © 2003 by Paul Burrell
Copyright © 2003 für die deutschsprachige Ausgabe bei Droemer Verlag
Ein Unternehmen der Droemerschen Verlagsanstalt
Th. Knaur Nachf. GmbH & Co. KG, München
Alle Rechte vorbehalten. Das Werk darf – auch teilweise – nur mit
Genehmigung des Verlages wiedergegeben werden.
Umschlaggestaltung: ZERO Werbeagentur, München
Umschlagabbildung: Patrick Demarchelier
Satz: Ventura Publisher im Verlag
Druck und Bindung: Ebner & Spiegel, Ulm
Printed in Germany
ISBN 3-426-27338-1

2 4 5 3

Im Dienste meiner Königin

„Danke ist ein unscheinbares Wort, das so viel bedeutet und heutzutage viel zu selten benutzt wird«, pflegte die Prinzessin immer zu sagen. Tatsächlich wüsste ich niemanden, der in seinem Leben mehr Danksagungsbriefe geschrieben hätte als die Chefin. Stundenlang muss sie an ihrem Schreibtisch im Wohnzimmer von Kensington Palace gesessen und mit dem Füllfederhalter zahllose handschriftliche Botschaften verfasst haben, in denen sie für Ratschläge oder Hilfe, für Freundlichkeit, Großzügigkeit oder Gastfreundschaft gedankt hat.

Wenn ich sie in etwas habe bestärken können, dann wohl darin, ihre Gedanken zu Papier zu bringen. Wenn sie mich in etwas bestärkt hat, dann zweifellos in der Einsicht, wie ungeheuer wichtig Danksagungen sind, was sie schon als Kind von ihrem Vater, dem verstorbenen Earl Spencer, gelernt hatte.

Dies ist mein schriftliches Dankeschön an das Team, das mir geholfen hat, dieses Buch zusammenzutragen – meinen persönlichen Tribut an Leben und Werk der Prinzessin.

Mein Dank geht zuallererst an meine Frau Maria und meine Söhne Alexander und Nicholas, die mit mir eine traumatische Zeit durchgestanden haben. Ihre unerschütterliche Liebe, ihr Zuspruch und ihr Verständnis werden mich immer zum stolzesten Ehemann und Vater machen. Darüber hinaus gilt mein Dank auch dem weiteren Verwandtenkreis, der mir jede erdenkliche Unterstützung gewährt hat.

Meinem Freund Steve Dennis danke ich dafür, dass er mich auf dieser literarischen Reise bei jedem Schritt begleitet und vor allem meine Leidenschaft geteilt hat, das Andenken der Prinzessin im Herzen zu bewahren.

Meinem Agenten Ali Gunn gebührt Dank für seinen unschätzbaren Rat, seine unermüdliche Ermutigung und seinen Humor. Ich stehe für immer in seiner Schuld.

Die Entstehung von *Im Dienste meiner Königin* hat mir bewusst gemacht, welch kolossale Mühe es macht, bis ein Buch wie dieses schließlich in Druck geht, und ich bin überzeugt, dass ich das beste Team in diesem Metier an meiner Seite hatte: ein dickes Dankeschön an meinen Verleger Tom Weldon für seine Weitsicht, Urteilskraft und – nicht zuletzt – dafür, dass er an mich und dieses Buch geglaubt hat. Danken möchte ich auch allen anderen im Team von Penguin in London und New York, besonders meiner Lektorin Hazel Orme für ihren Expertenblick, Genevieve Pegg, Sophie Brewer und Kate Brunt für ihre unermüdliche Arbeit hinter den Kulissen und meinen amerikanischen Verlegern Carole Baron und Jennifer Hershey, die einfach »spitze« waren.

Bei den Menschen in Naas in Irland, insbesondere bei Mary Elliffe, Laura, Kevin und allen anderen im Town House Hotel, möchte ich mich dafür bedanken, dass Steve und ich uns in den vergangenen Monaten bei ihnen bestens aufgehoben fühlten und uns dank ihrer Lieder und ihrer Gastfreundschaft das Lachen nicht vergangen ist.

Mein Dank gehört ferner meinen brillanten Rechtsberatern, die gegen die Ungerechtigkeit meines Prozesses im Old Bailey für mich gestritten haben: Lord Carlile QC, Ray Herman, Anwalt Andrew Shaw und ihre kompetenten Assistentinnen Lesley und Shona. Mir fehlen die Worte angesichts des Vertrauens, das sie mir während dieses Albtraums erwiesen haben.

Dank gebührt schließlich auch den engen Freunden der Prinzessin. Sie wissen selbst am besten, wer gemeint ist, und ich werde ihnen allen ihr vorbehaltloses Eintreten für mich, sogar im Zeugenstand, niemals vergessen. Ich weiß, dass wir zusammen dafür eintreten, das Andenken einer bemerkenswerten Frau zu verteidigen, deren Wärme und Freundschaft uns alle berührt hat.

Was Sie alle im Folgenden lesen werden, ist ein Vermächtnis, das gewisse Kreise zunichte machen wollten, von einem Mann, den sie zum Schweigen bringen wollten.

Paul Burrell
Oktober 2003

Vorwort

Die Prinzessin starb am Sonntag, dem 31. August 1997, um vier Uhr morgens in einem Krankenhaus in Paris. Ich sah sie zum letzten Mal, als sie am Freitag, dem 15. August, vom Haupteingang des Kensington Palace losfuhr und vom Rücksitz ihres BMWs aus zum Abschied winkte.
Einen Tag zuvor waren wir in der Buchhandlung Waterstones in der Kensington High Street gewesen. Wir fuhren mit dem Auto hin, da wir nicht viel Zeit und auch keine Lust hatten, ihren »schweren Lesestoff«, wie sie es nannte, zu Fuß nach Hause zu tragen – ein halbes Dutzend Bücher, gebundene Ausgaben sowie Taschenbücher über Spiritualität, Psychologie und Heilkunst. Sie verfrachtete die Bücher im Kofferraum und stieg auf der Beifahrerseite ein, bevor wir zum Palast zurückfuhren, so dass sie mit der Hilfe ihrer Ankleidedame, Angela Benjamin, fertig packen konnte.
Als wir in die Einfahrt zum Palast einbogen, war sie in gelöster Stimmung. »Ich freue mich auf einen geruhsamen Urlaub, gute Gesellschaft und viel leichte Lektüre!«
Ihre Freundin Rosa Monckton hatte eine Jacht mit einer vierköpfigen Besatzung gemietet, mit der sie und die Prinzessin sechs Tage lang durch die Ägäis segeln wollten. Nach ihrer Rückkehr hatte die Prinzessin vor, mit einer anderen Freundin, Lana Marks, auf eine fünftägige Reise nach Italien zu gehen, wo sie in Mailand im Vier-Jahreszeiten-Hotel logieren würden. Sie hatte also nicht geplant, diese letzte Augustwoche mit

Dodi Al Fayed zusammen zu sein. Unterkunft und Flüge für sie und Lana waren bereits gebucht, doch in letzter Minute wurde der Urlaub abgesagt, da Lanas Vater plötzlich verstarb. Die Prinzessin war nun unentschlossen, wie sie die Tage gestalten sollte, bis die Jungen am 31. August nach Kensington Palace zurückkehrten. So nahm sie Dodis Angebot an, mehr Zeit mit ihm auf der *Jonikal* zu verbringen, die an der französischen Riviera und vor Sardinien kreuzte.

Vor ihrem Flug zu Dodi wollte sie für einen Tag, den 21. August, noch einmal im Palast sein, doch sie wusste, dass ich nicht da sein würde, weil ich meinen Familienurlaub in Naas in Irland eigens nach den Plänen der Prinzessin gebucht hatte. Als sie am 15. August packte, ließ ich mich von der gelösten Aufbruchsstimmung anstecken, während ich zusammen mit Rosa in Kensington Palace wartete. »Wir müssen etwas unternehmen. Er ist nicht der Richtige für sie, das wissen Sie so gut wie ich. Werden Sie tun, was in Ihrer Macht steht?«, fragte ich. Ich wusste, dass die Prinzessin auf Rosa hörte, und ich spürte deutlich, dass Rosa meine Vorbehalte teilte, denn es handelte sich bei diesem Mann um Dodi. Rosa nickte und lächelte. Sie hatte verstanden.

Die Prinzessin hatte sich im Wohnzimmer zu schaffen gemacht, ihren Schreibtisch geordnet, den Papierkorb zum Leeren vor die Tür gestellt, ihre Schultertasche noch einmal durchgesehen. Als die beiden Freundinnen die Treppe herunterkamen, blieb sie auf halbem Wege stehen, um sich leise murmelnd zu vergewissern, dass sie alles dabeihatte: »Pass, Handy, Walkman ...«

Ich lehnte mich auf das Holzgeländer und sah zu ihr hinauf. Sie trug ein einfaches, gerade geschnittenes Versace-Kleid. »Wissen Sie, dass Sie selten so gut ausgesehen haben?«, sagte ich. »Sie sehen perfekt aus. Sie haben die Sonne gar nicht nötig – schauen Sie sich doch an, wie braun Sie jetzt schon sind!« Und schon schwebte sie mit einem Lächeln die Treppe hinunter.

Wir gingen durch die Eingangshalle. »Halten Sie die bitte mal einen Moment.« Sie warf mir ihre Schultertasche zu und verschwand in die Toilette. Minuten später war sie zum Aufbruch bereit. Sie trat in die Sonne hinaus und stieg rechts hinten ein, während der Chauffeur den Motor anließ. Ich zog ihren Sicherheitsgurt heraus und lehnte mich zu ihr hinüber, um sie anzuschnallen. »Sie rufen mich sicher mal an, wenn Sie können?«, fragte sie.
»Natürlich«, antwortete ich. Ich hatte gerade vor ein paar Tagen dafür gesorgt, dass sie eine neue Mobiltelefonnummer bekommen hatte, die nur eine Hand voll Leute kannte.
»Lassen Sie sich's gut gehen, Paul.«
Ich kehrte zur Tür zurück, und die Prinzessin winkte. Ich sah dem BMW nach, wie er nach links um die Kurve fuhr und dann verschwand. Sie wollte nach Heathrow und von dort nach Athen fliegen.

Die Burrells trafen mit Marias Familie, den Cosgroves, zu einem viertägigen Urlaub in Naas zusammen. Wir besuchten das Kilkenny Castle und anschließend das Dorf, in dem die BBC-Serie *Ballykissangel* gefilmt worden war, und gingen in den berühmten Fitzgerald's Pub. Maria hatte mir aufgetragen, die Arbeit und die Prinzessin zu vergessen. »Das ist ein Familienurlaub, und jetzt gehörst du ganz uns«, sagte sie.
Das Problem war nur, dass ich der Prinzessin versprochen hatte, sie anzurufen. Vier Tage, ohne dass ich mich meldete, würden der Chefin merkwürdig vorkommen, und so suchte ich nach Vorwänden für einen langen Spaziergang.
Die Prinzessin war mit Rosa an Deck, als ich sie erreichte. Sie erzählte mir, wie sonnig und heiß es war, und ich klagte über das triste Regenwetter in Irland. Sie hätte ein Buch über Spiritualität ausgelesen, sagte sie, und sei schon beim nächsten. Ich versprach ihr, mich wieder bei ihr zu melden, sobald ich bei mir zu Hause in Farndon, Cheshire, wäre und sie mit Dodi auf der

Jonikal. Dann hängte ich auf. Maria erzählte ich, der lange Spaziergang hätte mir mächtig gut getan.

Am 21. August kam sie wie geplant kurz nach Kensington Palace zurück und machte sich gleich wieder auf den Weg zum Flughafen Stansted, um nach Nizza zu fliegen. Dort sollte Dodi sie abholen und mit ihr zusammen zur *Jonikal* fahren. In ihrer Abwesenheit war die neue Ausstattung des Wohnzimmers fertig geworden, und so konnte sie die frisch aufgepolsterten Sofas und himmelblauen Vorhänge noch sehen.

Kurioserweise fielen diese Arbeiten genau in die Zeit, als sich die Möglichkeit auftat, in Kalifornien ein auf einer Klippe gelegenes Anwesen zu kaufen: das Haus der Schauspielerin Julie Andrews. Die Prinzessin dachte ernsthaft darüber nach, drüben ein neues Leben anzufangen, doch es sollte kein endgültiger Wechsel sein. Sie wollte ein Feriendomizil kaufen, in dem sie bis zu sechs Monate im Jahr verbringen konnte, während sie Kensington Palace als ihren Wohnsitz in London behalten wollte.

Ein Umzug nach Amerika war seit dem Frühjahr durchaus eine Option für sie. Im August hatte sie zwischen den Urlaubsreisen gesagt: »Meine Zukunft liegt in Amerika, und wenn ich mich dazu entschließe, Paul, dann fände ich es schön, wenn Sie, Maria und die Jungs mitkämen.«

Wir knieten im Wohnzimmer auf dem Boden, sie zeigte auf das Anwesen von Julie Andrews, das in einer Broschüre auf mehreren Farbseiten inklusive Grundrissen abgebildet war. »Das hier ist der Hauptwohntrakt. Das ist Williams Zimmer und das hier Harrys. Und in diesem Anbau wohnen Sie mit Maria und den Jungs. Ein ganz neues Leben – ist das nicht aufregend? Das ist ein Land, in dem es jeder zu etwas bringen kann«, sagte sie. Ich sehnte mich schon lange danach, in Amerika zu leben, doch nun kam alles zu plötzlich. »Ich glaube, Sie sollten nichts überstürzen. Nicht mal ich kann mit Ihnen Schritt halten«, sagte ich, bemüht, ihren Traum nicht zum Platzen zu bringen.

An diesem Nachmittag löcherte die Prinzessin mich mit Fragen. »Also, wenn wir nicht dort leben, wie wär's dann mit Cape Cod? Das ist näher bei London. Wir könnten durch die ganze Welt reisen, Paul, und die Menschen erreichen, die Hilfe benötigen.«
Wir saßen da und träumten vom amerikanischen Lebensstil: von den langen Stränden zum Joggen, der ewigen Sonne, dem Gefühl der Freiheit – und von etwas, das sie immer wieder erwähnt hatte und das sie sich seit Jahren gewünscht, aber in Kensington Palace für unmöglich gehalten hatte. »Und wir können einen Hund anschaffen«, sagte sie. Die Prinzessin hatte sich schon ewig einen schwarzen Labrador gewünscht. Der Gedanke an Amerika machte sie so glücklich. »Hab ich nicht schon immer gesagt, dass wir irgendwann mal in Amerika landen?«, sagte sie.
Die Prinzessin traf klare Entscheidungen. Es wurden viele Dinge diskutiert, Geheimnisse, die ich nicht preisgeben kann, Geheimnisse, die ich mit ins Grab nehmen werde. Doch es lagen Überraschungen in der Luft, und sie fand es aufregend, sich die Zukunft auszumalen.

Nach dem Urlaub in Naas telefonierte ich fast jeden Tag mit ihr, doch ich rief sie nie von zu Hause aus an. Wenn wir miteinander redeten, lag sie entweder an Deck der *Jonikal* oder erholte sich in ihrer Kabine von der Sonne. Vom ersten Gespräch an wusste ich, dass sie diese Umgebung rastlos machte. »An Deck brate ich, und unten haben wir einen Kühlschrank – ich könnte die Wände hochgehen!«, sagte sie.
Dodi hatte ihr einen silbernen Fotorahmen geschenkt, auf dem er ein Gedicht hatte eingravieren lassen. Sie las es mir vor.
»Das ist ein bisschen sehr tiefschürfend, nicht?«, scherzte ich.
»Nein!« Sie lachte. »Es ist süß und romantisch.«
Er hatte ihr auch ein Kollier und ein Paar Ohrringe geschenkt.
»Es hat ihn ganz schön erwischt – oder?« Sie kicherte.

Ich sah ziemlich deutlich, was da im Gange war. Die Chefin hatte das kribbelnde Gefühl einer neuen Liaison genossen, das Umworbenwerden – die schmeichelnde Aufmerksamkeit eines Mannes, der sich Hals über Kopf in sie verliebt hatte. Wem wäre es nicht genauso gegangen? Doch der Reiz des Neuen verblasste allmählich für sie. Sie wusste, dass Dodi sich ernsthaft in sie verliebt hatte. Er hatte es ihr beim Dinner gestanden. Aber sie hatte die Liebeserklärung nicht erwidert. Dafür sei es noch zu früh, hatte sie gesagt.

»Und was haben Sie ihm dann gesagt?«, fragte ich sie neugierig.

»Ich hab gesagt: ›Danke für das Kompliment.‹«

Unter all den Mythen, die nach dem Tod der Prinzessin entstanden sind, hat es zwei lächerliche Behauptungen gegeben: dass sie und Dodi heiraten wollten und dass sie schwanger gewesen sei. Die Behauptung bezüglich der Schwangerschaft entspricht einfach nicht der Wahrheit.

Was die mögliche Heirat betrifft, eine Geschichte, die offenbar in Dodis Freundeskreis aufgebracht wurde, so kann ich mir durchaus vorstellen, dass er von seiner *Absicht* erzählt hat, ihr einen Antrag zu machen, doch die Prinzessin war keineswegs geneigt, einzuwilligen. Mag sein, dass sie glücklich war, doch zu übereilten Entschlüssen neigte sie nicht.

Bei einem anderen Anruf vom Schiff aus spekulierte sie darüber, ob Dodi ihr als Nächstes einen Ring schenken würde. Sie fand die Aussicht aufregend, machte sich aber zunehmend Sorgen über die Konsequenzen. »Was soll ich machen, Paul, wenn es ein Ring ist? Ich wünsche mir eine neue Ehe ungefähr so sehr wie einen Hautausschlag«, sagte sie.

»Nichts leichter als das. Sie nehmen ihn gnädig an und stecken ihn auf den vierten Finger Ihrer rechten Hand. Stecken Sie ihn nicht an den falschen Finger, wenn Sie nicht falsche Signale aussenden wollen«, habe ich sie im Spaß gewarnt.

Vierter Finger. Rechte Hand. Wir haben das mehrfach wiederholt.

»Das heißt, es wird ein Freundschaftsring«, sagte ich.
»Was für eine clevere Idee! So mache ich es«, stimmte sie zu. Die Prinzessin sorgte sich noch um eine andere Verhaltensweise von Dodi. »Er geht ständig ins Badezimmer und schließt die Tür hinter sich ab. Er schnieft andauernd, er sagt, das käme von der Klimaanlage, aber es beunruhigt mich. Vielleicht kann ich ihm helfen, Paul.« Die Unterhaltung wechselte zu William und Harry, und sie sagte, sie freue sich so darauf, mit ihnen zusammen zu sein. Sie zählte die Tage, bis sie bei ihnen wäre. Sie hatte solches Heimweh, dass sie die Zeit mit Dodi abkürzen und zwei Tage früher nach London zurückkommen wollte. Sie hatte sogar daran gedacht, ihren Flug umzubuchen, doch Dodi hatte sie überreden können zu bleiben.

»Ich will einfach nach Hause«, sagte sie. »Es wird Zeit, dass ich mal wieder in den Fitnessraum komme.«

»Dann haben Sie von dem Luxusleben genug?«, fragte ich. Es kam ein Seufzer. Wie so oft versuchte ich, ihr auf den Kopf zuzusagen, was sie dachte. »Nein, sagen Sie nichts. Sie fühlen sich auf dem Boot wie in der Falle, und er überwacht jeden Ihrer Schritte?«

»Wieder richtig. Ich muss nach Hause.«

Am 29. August erzählte sie mir von dem spontan beschlossenen Umweg über Paris. Sie telefonierte vom Deck der *Jonikal* aus. Es war eines der letzten sechs Telefonate, die sie in den letzten vierundzwanzig Stunden ihres Lebens machte, wie der Anrufspeicher ihres Handys belegt.

Ich hatte es mir während des Telefonats im Haus meines Schwagers Peter Cosgrove in Farndon auf dem Boden des Wohnzimmers gemütlich gemacht. Er hatte das Haus in diesem Frühjahr als Feriensitz gekauft, und es lag nur zwei Häuser von unserem Domizil entfernt. Die Familie – Maria, die Jungen, Peter und seine Frau Sue sowie ihre Töchter Clare und Louise – hatte sich zurückgezogen, damit ich in Ruhe telefonieren konnte. Doch irgendwann wurde sie ungeduldig, weil das Gespräch mit der Prinzessin sich ungefähr vierzig Minuten hinzog.

Ursprünglich hatte sie direkt vom Mittelmeer nach London zurückkommen wollen, so dass sie am Samstag, dem 30. August, also einen Tag vor den Jungen, ankommen würde. Doch Dodi hatte ihr erklärt, dass er »geschäftlich« nach Paris müsse. Sie wollte offenbar nicht mit, doch Dodi hatte sie auch diesmal überreden können.

»Wir müssen nach Paris, aber ich verspreche, dass ich am Sonntag zurück bin«, sagte sie. »Und Sie kommen nicht darauf, wo ich bin.«

Ich versuchte es mit Sardinien.

»Nein. In Monaco. Und Sie werden bestimmt auch nicht erraten, wo ich heute Abend hingehe.«

Ich vermutete ein gutes Restaurant.

»Nein. Ich besuche das Grab von Gracia Patricia. Es wird ein besonderer Moment sein.«

Es wäre das erste Mal gewesen, dass sie zum Grab zurückkehrte, seit sie 1982 an der Beerdigung der Fürstin von Monaco teilgenommen hatte. »Ich werde Blumen hinlegen«, fügte sie hinzu.

Dann war sie wieder mit beiden Beinen auf dem Boden. Sie dachte voraus und machte Pläne. Sie gab mir Anweisungen: Ich sollte daran denken, Mr. Quelck von Burberry (den Schneider der Jungen) für den folgenden Montag zu bestellen. Die Armanianprobe für den 4. September. Sie fragte, was im Terminkalender stünde. Ich sagte ihr, Mittagessen mit Shirley Conran und eine Verabredung mit der Aromatherapeutin Sue Beechey. Ansonsten hätte sie viel freie Zeit mit William und Harry.

Als dieses Marathongespräch zu Ende ging, sagte die Prinzessin: »Ich freue mich darauf, Freunde wieder zu sehen, und ich kann es gar nicht abwarten, bis ich die Jungs in die Arme schließe. Wir haben eine Menge zu bereden, also seien Sie rechtzeitig da! Alles andere erzähle ich Ihnen, wenn wir uns sehen.«

Im Hintergrund rief eine ungeduldige Familie aus der Küche nach mir.
»Paul?«, sagte die Prinzessin. »Sie müssen mir etwas versprechen.«
»Natürlich«, sagte ich. »Versprechen Sie mir, dass Sie da sind«, sagte sie mit quietschvergnügter Stimme, und ich lachte darüber, wie sie sich darum Sorgen machen konnte, dass ich zu spät kommen oder nicht an der Tür bereitstehen könnte.
»Sagen Sie's!«, forderte sie mich auf. »Ich möchte, dass Sie es sagen!«
Ich fing an zu lachen. »Okay, okay, wenn Sie sich dann besser fühlen: Ich verspreche, da zu sein.«
Nun lachte die Prinzessin auch. Die Familie brüllte vor Lachen hinter der Küchentür. Die Eindringlichkeit dieser letzten Worte wurde mir erst später bewusst, doch ich werde sie nie vergessen. Ich werde weiter für sie da sein – selbst wenn andere etwas dagegen haben.
»Gut«, sagte die Prinzessin. »Ich sehe Sie dann, wenn ich zurück bin.«
Das war das letzte Mal, dass ich mit ihr gesprochen habe.

1.
Kindheit und Jugend

Spätabends kroch ein Doppeldeckerbus schwerfällig über die hügligen Nebenstraßen der Bergarbeitergemeinden im schönen Derbyshire. Wie ein angeheiterter Kumpel, der nach der Sperrstunde nach Hause schwankt, hatte er scheinbar keine Eile, sein Ziel zu erreichen. In der Luft hing der vertraute Grubengeruch von Schwefel und Teer, gemischt mit einem Hauch verbrannten Holzes. Es war gegen elf Uhr nachts am Guy Fawkes Day, dem 5. November 1956.
Im unteren Deck des Busses saß einsam eine ziemlich füllige Frau mit einer schwarz gerahmten runden Brille. Die Handtasche auf den Knien und einen schwarzen Glockenhut auf dem Kopf, zählte Sarah Kirk die Haltestellen, bis sie in dem Bergarbeiterort Grassmoor aussteigen konnte. Dort würde sie die Hauptstraße überqueren, über das abschüssige Kopfsteinpflaster hinab in die Chapel Road gehen, sich unten nach rechts wenden und das Haus mit der Nummer 57 betreten, in dem sie zu Hause war. Sie hatte ihren freien Abend und mehrere Glas Bier im Elm Tree Pub von Clay Cross genossen, drei Meilen von ihrem Wohnort entfernt.
Der Samstagabend bot die Gelegenheit, sich mit Dolly zu treffen, ihrer ältesten Tochter, die noch sieben Geschwister hatte. Außerdem verschaffte er ihr eine kurze Atempause, denn Sarah

war Tag für Tag damit beschäftigt, ihren kranken Mann William zu pflegen, dessen Lunge von der lebenslangen Arbeit in der Zeche von Grassmoor mit Kohlenstaub verstopft war. Sarah verließ das Pub immer vor der Sperrstunde, um den Bus nach Hause zu erwischen. Um Viertel nach elf wartete William schon sehnsüchtig auf seine Frau. Als der Bus abbremste, nahm Sarah ihre Handschuhe, zog sie an und stand auf. Sie stieg aus, wandte sich nach links und ging am Bus entlang. In der kühlen Luft stieg ihr Atem wie eine Wolke Zigarettenrauch in die Höhe. Als sie hinter dem Bus die Straße überqueren wollte, übersah sie das Motorrad, das sie erfasste und in die Luft schleuderte. Es war kurz nach elf Uhr fünfzehn.
Sarah Kirk war die Großmutter, die ich nie kennen lernte. Sie starb an diesem Abend auf dem Kopfsteinpflaster der Straße, in der ich später als Kind spielte. Ganze dreiundsechzig Jahre war sie alt geworden, als sie ihren schweren Kopfverletzungen erlag.
Diese schreckliche Tragödie, die sich zwei Jahre vor meiner Geburt ereignete, war eine jener grausamen Wendungen, die das Leben prägen. Indirekt führte sie zur Heirat meiner Eltern und formte die Welt, in die ich hineingeboren wurde.

Mein Großvater William Kirk, den seine Staublunge ans Bett fesselte, hörte die Schritte einer Frau auf den Pflastersteinen. Dann wurde der Riegel der Hintertür geöffnet. William warf einen Blick auf seine goldene Taschenuhr, auf die er besonders stolz war. Zehn nach elf. Sarah kam fünf Minuten früher als sonst.
Die Schritte kamen die Holztreppe herauf, dann lugte ein Gesicht ins Zimmer, über dessen Erscheinen er sich immer besonders freute. Es war seine jüngste Tochter, meine Mutter. Beryl Kirk setzte sich ans Fußende seines Betts und erzählte ihm von dem schönen Abend, den sie mit einem jungen Mann aus dem Nachbarort Wingerworth verbracht hatte. Sie war Graham Burrells erste Freundin.

Mein Vater, damals einundzwanzig, war zur gleichen Zeit auf seinem zwei Meilen weiten Heimweg. Als er die dunkle Landstraße entlangmarschierte, kam ihm der Doppeldeckerbus nach Grassmoor entgegen.

William Kirk und seine Tochter zuckten zusammen, als jemand heftig an die Hintertür des Hauses hämmerte. Draußen stand ein Nachbar, der meine Mutter am Arm packte. »Ein schrecklicher Unfall ist passiert«, stieß er hervor. »Komm ... so komm doch, rasch!«
Meine Mutter, gerade zwanzig Jahre alt, hastete im Laufschritt die steile Straße hinauf. Eine Freundin sah sie kommen und drängte sie ab. Sie wollte ihr den furchtbaren Anblick ersparen, aber als meine Mutter erfuhr, was geschehen war, brach sie in hysterisches Schreien aus.
Es war ein Verlust, von dem sie sich nie richtig erholte. In meiner Kindheit kamen ihr oft die Tränen, wenn sie daran dachte. Bis an ihr Lebensende besuchte sie an jedem Sonntag den Friedhof von Hasland, wischte den Grabstein ab und legte frische Blumen nieder. Ich habe sie oft begleitet. Wenn es je eine Zeit gab, in der ich begann, an ein Jenseits zu glauben, dann in der Kindheit. Meine Mutter war spirituell veranlagt; sie sprach in der Küche mit Grandma und berichtete ihr am Grab von den neuesten Ereignissen. Grandma ist noch bei uns, sagte sie oft.

»Was soll ich machen?«, fragte meine Mutter meinen späteren Vater. »Eine Party zu meinem einundzwanzigsten Geburtstag steigen lassen oder heiraten? Beides können wir uns nicht leisten.« In den gramvollen Wochen nach dem tödlichen Unfall war irgendwie auch die Romantik gestorben. Es war, als hätte man meinen Vater gefragt, was er zum Abendessen wolle – oder zum Tee, wie wir im Norden Englands sagen. Eine Pastete aus Fleisch und Kartoffeln oder Stew mit Klößen?

Die Antwort meines Vaters klang denn auch unbekümmert: »Tja, dann sollten wir wohl lieber heiraten.«

Wäre meine Großmutter nicht gestorben, hätten meine Eltern nicht so schnell geheiratet. So hat es mir mein Vater jedenfalls erzählt. Die Umstände zwangen ihm Ehe und Vaterschaft auf. Nach dem Tod ihrer Mutter übernahm Beryl in ihrem Elternhaus die Rolle der Hausfrau. Die Pflege ihres Vaters teilte sie sich mit ihrer älteren Schwester, Tante Pearl, die in derselben Straße im Haus Nummer 16 wohnte.

Vier Monate nach dem Tod meiner Großmutter schlossen Beryl Kirk und Graham Burrell am 25. März 1957 den Bund der Ehe. Es war eine gedämpfte Feier, die nicht von den Anwesenden, sondern von dem einen Menschen, der nicht da sein konnte, geprägt war. Anschließend ging meine Mutter im Brautkleid auf den Friedhof und legte ihren Brautstrauß aus roten Rosen auf das Grab.

Mum und Dad kannten sich damals schon vier Jahre. Ihr erstes Rendezvous hatten sie bei einem romantischen Spaziergang auf der Mill Lane, der Straße, die Grassmoor und Wingerworth verband. Zwischen den beiden Dörfern verlief die Eisenbahnlinie von Sheffield nach London. Mum war zwar erst siebzehn Jahre alt, zapfte jedoch schon Bier im »Miner's Arms«, das von Tante Pearl und ihrem Mann Ernie Walker geführt wurde. Außerdem arbeitete sie als Hilfsköchin in der Kantine der Zeche. Das Pub und die Zeche lagen an entgegengesetzten Enden der Chapman Lane, einer Parallelstraße der Chapel Road, und waren etwa gleich weit von zu Hause entfernt. Dazwischen drängten sich niedrige Häuserreihen. In jedem Haus wohnte eine Bergarbeiterfamilie, und die Gäste des Pubs waren entweder Bergleute oder ihre Frauen. An jenem Abend des Jahres 1952, an dem Queen Elizabeth II. den Thron bestieg, kamen mein Vater und sein Bruder Cecil in die Gaststube. Mum erzählte mir, er habe sie »ziemlich dämlich angegafft«; Dad erinnert sich an eine »sehr attraktive junge Dame am Zapfhahn«.

Dad, damals achtzehn, war jung, schüchtern und naiv und hatte noch nie eine Freundin gehabt. Mum und ich waren davon überzeugt, dass er sich erst ein wenig Mut angetrunken hatte, bevor er sie ansprach, um sich mit ihr zu verabreden. Sie willigte ein – und sah nie wieder einen anderen Mann an. Zusammen mit vier Geschwistern war mein Vater auf einem kleinen Gehöft aufgewachsen, umgeben von Schweineställen, Hühnerhöfen und einem Obstgarten mit Apfelbäumen. Statt Bergmann zu werden, arbeitete er für die Nationale Kohlenbehörde auf den Lokomotiven, die die vollen Kohlenwaggons in die Kokerei von Wingerworth rangierten. Es war ihm immer unheimlich gewesen, in einem Käfig in den Schacht einzufahren, und er wehrte sich auch gegen die allgemeine Erwartung, er solle Bergmann werden. Eines Tages sollte auch ich dieses Gefühl kennen lernen. Der Militärdienst bot ihm einen Fluchtweg: zwei Jahre im Dienst von Königin und Vaterland von zu Hause weg zu sein war eine wesentlich reizvollere Alternative als ein Leben in der Finsternis. Er kam als einfacher Flieger auf den Luftwaffenstützpunkt Warrington. Uns hat er immer erzählt, er hätte vor dem Start der Vulcan-Bomber die Rollbahn gefegt, aber in Wirklichkeit hatte er Wachdienst bei der Flugsicherung. 1954 kehrte er nach Derbyshire zurück.

Für die meisten Menschen war der 6. Juni 1958 kein besonders bemerkenswerter Tag, für meine Eltern schon. Es war ein schöner, sonniger Frühsommerabend, als ich im Entbindungsheim von Chesterfield geboren wurde und eine kleine Überraschung mit auf die Welt brachte. Mum und Dad hatten die Ankunft einer Tochter erwartet und auch schon einen Namen ausgesucht, Pamela Jane. »Tja, Mrs. Burrell«, sagte die Hebamme, als sie mich in den Händen hielt, »das ist keine Pamela, sondern ein Junge!« Da bekam ich den Namen Paul.
Von dem Augenblick an, in dem sie vor dem Traualtar gestanden hatte, wollte meine Mutter ein Kind haben. Mein Vater

war nicht so begeistert, weshalb das Thema schon in den ersten Tagen der Ehe zu Spannungen führte. Mum hatte die Arbeit in der Kantine und im Pub aufgegeben, um meinen Großvater zu pflegen. »Wenn ich schon den ganzen Tag von früh bis spät hier angebunden bin«, bedrängte sie Dad, »dann macht es doch nicht mehr viel aus, wenn ich auch noch ein Baby füttern und waschen muss.« Mum wartete immer, bis Großvater schlief, bevor sie im vorderen Schlafzimmer, das sie mit Dad teilte, auf ihren Kinderwunsch zu sprechen kam. Schließlich erlahmte Dads Widerstand. Als sie ihm an einem Abend im November 1957 sagte, dass sie schwanger sei, war sie etwas beklommen, doch Dad war ebenso erfreut und aufgeregt wie sie.

Mum pflegte ihren Vater bis kurz vor meiner Geburt. Sie half ihm, sich im Bett aufzusetzen, sie wusch und rasierte ihn, sie trug ihm das Essen die Treppe hinauf. Das blieb nicht ohne Folgen. Als mein vorausberechneter Geburtstermin nahte, brachte man sie wegen Erschöpfung und hohen Blutdrucks im Krankenwagen ins Entbindungsheim. Dad begleitete sie auf der Fahrt in die nahe Stadt. Als er sie abends verließ, versprach er, am nächsten Tag wiederzukommen.

Bei seiner Rückkehr war Mum nicht da. Er ging den Flur entlang und hörte aus dem Kreißsaal ihre Schmerzensschreie – sie rief nach ihrer Mutter. Da packte ihn Angst vor der Vaterschaft; er rannte den Flur entlang und auf die Straße. Erst als er sein Elternhaus im sechs Meilen weit entfernten Wingerworth erreicht hatte, blieb er stehen.

Seine eigene Mutter zeigte wenig Verständnis. »Was ist denn los mit dir?«, fragte sie. »Beryl bekommt bloß ein Baby. Reiß dich zusammen.«

Im Entbindungsheim hatte man mich inzwischen in Decken gewickelt. Um acht Uhr abends erreichte Dad die Nachricht, Frau und Sohn seien wohlauf. Die Station, in der ich auf die Welt gekommen war, trug den Namen von Queen Elizabeth II.

Sechs Monate nachdem ich in die Chapel Road Nummer 57 gekommen war, brachte man meinen Großvater ins Haus Nummer 16 zu Tante Pearl. Sie war seit kurzem Witwe und gezwungen gewesen, die Pacht des »Miner's Arms« aufzugeben. Die schwere Bürde, Großvater zu pflegen, nahm sie auf sich, weil es meiner Mutter immer schwerer fiel, sich um uns beide zu kümmern. Zwei Jahre später war Mum wieder schwanger, diesmal auf Dads Drängen hin. Beide wünschten sich, dass auch ein kleines Mädchen im Haus herumtolle.

Anderswo in England, in einer Welt, die von der unseren unendlich weit entfernt war, wünschte sich eine andere Familie ebenfalls sehnlichst ein weiteres Kind. Auf ihrem Anwesen Sandringham in Norfolk, in Park House, lebten die Spencers mit ihren zwei Töchtern Jane und Sarah. Auch ein Sohn namens John war geboren worden, aber wenige Stunden später gestorben. Man hielt es für unumgänglich, dass das nächste Kind ein Junge werden würde, ein Erbe des damaligen Viscount Althorp.

Im Jahre 1961 wurden die Hoffnungen beider Elternpaare enttäuscht.

Am 30. März wurde mein Bruder Anthony William geboren. Diesmal schaffte meine Mutter es nicht rechtzeitig in die Klinik, weshalb ihre Nachbarin Annie Tunnicliffe ihr dabei half, das Baby im Schlafzimmer auf die Welt zu bringen. Meine Eltern waren stolz auf ihren gesunden zweiten Sohn, aber die Bewohner von Sandringham erlebten eine bittere Enttäuschung, denn der erhoffte Erbe war ausgeblieben. Stattdessen wurde am 1. Juli die dritte Tochter geboren, die den Namen Diana Frances erhielt. Damals war ich drei Jahre alt.

Drei Monte vor Anthonys Geburt erlag mein Großvater im Dezember 1960 seiner schweren Krankheit. Ich erinnere mich noch undeutlich an sein Begräbnis, an den im Wohnzimmer stehenden Sarg, an einen Raum voller Erwachsener, die alle Schwarz trugen, und daran, dass ich weinte, weil ich Großvater nicht sehen konnte. Später erzählte mir meine Mutter, an diesem Tag sei die ganze Straße gekommen, und in jedem Haus habe man zum Zeichen der Hochachtung die Vorhänge zugezogen. Bei uns herrschte der Brauch, den Verstorbenen eine Nacht lang bei Kerzenlicht im Wohnzimmer aufzubahren, damit Verwandte, Freunde und Nachbarn am offenen Sarg vorbeigehen und ihm die letzte Ehre erweisen konnten. Manche nennen das eine Totenwache, aber in unserem Dorf hieß es »Heimkommen zum letzten Mal«.

Ich war zu jung, um noch genaue Erinnerungen an unser Leben im Haus meines Großvaters zu haben. Das Einzige, was sich meinem Gedächtnis fest einprägte, ist der Badetag in der Küche. Aus der Waschküche wurde eine Blechwanne geholt und vor dem lodernden Kohlenfeuer mit lauwarmem Wasser gefüllt. Während ich in der Wanne saß, hielt meine Mutter ein Handtuch vor den Kamin, um es zu wärmen. Im Haus war es immer kalt. War meine Mutter in Eile, so war das Baden weniger angenehm, denn dann stellte sie mich einfach in die weiße Keramikspüle in der Ecke der Küche und schrubbte mich mit einem Ding ab, das sich anfühlte wie ein Topfreiniger. Ich klammerte mich an den Kaltwasserhahn, dessen Zuflussrohr in seinen Wandhaltern klapperte.

Kurz nach Großvaters Beerdigung zogen wir fünf Türen weiter ins Haus Nummer 47. Die Chapel Road hatte Kopfsteinpflaster und wurde von schwarzen, schmiedeeisernen Laternen erleuchtet. Beide Häuser standen in der unteren Reihe der l-förmigen Straße; ihre Front ging nach Westen, während der Hinterhof an Felder angrenzte, die nach Osten zum Rand der Zeche hin abfielen. Es gab einige Läden in der Straße, Hartshorns Kurzwarengeschäft, wo Mum ihre Wolle zum Stricken kaufte, »Auntie Hilda's«, über dessen grün gestreifter Markise emaillierte Blechschilder für Kraftbrühe und Schokolade warben, und Fletchers Wettbüro, das mein Vater nie betrat. Am unteren Ende der Straße, gleich um die Ecke, war Monty

Whites Eisdiele, mein Lieblingsgeschäft. Für ein Dreipencestück bekam man eine Kugel frisch gemachtes Milcheis in die Waffeltüte. Bessere Eiskrem habe ich nie bekommen. Direkt gegenüber unserem Haus stand Eldreds Bäckerei. Immer wenn ich morgens aufwachte, sog ich den Duft von frisch gebackenem Brot ein, der bald vom Schwefel- und Teerdunst der Zeche vertrieben wurde. Am Karfreitag gab es mit Zimt gewürzte Rosinenbrötchen, die nach altem Brauch mit einem Kreuz verziert waren.

Aus dem Fenster meines Zimmers blickte ich über Felder und Wiesen, die in gewaltige Schlackenhalden übergingen. Dahinter ragten zwei Fördertürme auf. Im Vordergrund grasten im August die neunzig Grubenponys, die während des vierzehntägigen Betriebsurlaubs der Zeche aus der Finsternis geholt wurden, um ein wenig frische Luft zu schnuppern.

Die Reihenhäuser hatten alle dieselbe Größe und Bauweise; die roten Ziegel ihrer von Schiebefenstern durchbrochenen Fassade hatten sich mit der Zeit mit einer rußigen Patina überzogen. Über den Hinterhof, auf dem die Bettwäsche im Wind flatterte, gelangte man zur Waschküche, zum Außenabort und zum Kohlenschuppen. Von der höher gelegenen Hauptstraße bot sich der Anblick einer schier endlosen Reihe von mit grauem Schiefer gedeckten Dächern, aufgelockert von roten Schornsteinen, die aussahen wie Zinnen. In den Straßen entfaltete sich der bunte Alltag einer typischen Arbeitersiedlung. Mütter mit Schürzen und zu Turbanen gewundenen Kopftüchern schrubbten die Türstufen, eilten zu den Läden oder schwatzten über das Gartentor hinweg mit Nachbarinnen; Väter mit schweren Stiefeln und flachen Kappen kamen in kleinen Gruppen von der Zeche und scherzten miteinander; Kinder spielten brüllend und kreischend Verstecken oder Fangen.

Unser Umzug in Nummer 47 vollzog sich mithilfe einer ganzen Flotte von Schubkarren. Mum behauptete, das Haus sei das beste in der Gegend, denn es besaß ein Badezimmer mit

Abort. Die Miete war höher, aber der Luxus, im Haus auf die Toilette gehen zu können, war die zusätzliche finanzielle Belastung wert. Dad musste eben mehr Überstunden machen. Damit war es vorbei mit den Wannenbädern vor dem Kamin und den Nachttöpfen, deren Inhalt nachts unter dem Bett gefror. Eine Zentralheizung gab es allerdings nicht, weshalb es in meinem Zimmer so kalt war, dass sich morgens an der Innenseite der Fensterscheiben eine Eisschicht gebildet hatte.

Ich glaube, das Badezimmer war der *einzige* Luxus in einem Haus, in dem das Leben hauptsächlich in der Küche stattfand. Teppichböden gab es nicht; der Boden war mit Linoleum und einzelnen Flickenteppichen belegt. Auf der Anrichte stand ein Schwarzweißfernseher. Mein Vater hatte eine Bratpfanne mit Drähten zur Antenne umfunktioniert und sie an die Wand gehängt. Erstaunlicherweise war der Empfang gut, wenngleich das Bild verschwommen war und gelegentlich wanderte. Dieser primitiven Vorrichtung verdankte ich den Genuss von BBC-Sendungen wie *Watch With Mother* mit den »Wooden Tops« oder »Bill and Ben«. In späterer Zeit saß die ganze Familie zusammen, um *Saturday Night at the London Palladium* zu sehen, oft mit Englands damals bestbezahltem Entertainer Danny La Rue.

Von uns Kindern wurde erwartet, im Haushalt mitzuhelfen. Schon mit fünf Jahren, noch bevor ich in die Schule kam, musste ich meinen Beitrag leisten. Montags, am Waschtag, half ich meiner Mutter bei der wöchentlichen Wäsche und sah zu, wie sie die in der Seifenlauge schwimmenden Sachen mit dem Wäschestampfer bearbeitete. Ich drehte die Kurbel, während sie die tropfnassen Kleider in die Mangel einführte. Am Dienstag, dem »Messingtag«, wurde der Küchentisch mit einer Lage Zeitungspapier bedeckt, auf der wir das Messinggeschirr ausbreiteten. Unsere Hände und Fingernägel wurden schwarz, während wir die Verzierungen säuberten und polierten. Damals wusste ich noch nicht, dass ich eines fernen Tages kein einfaches Messing für meine Mutter zum Glänzen bringen würde, sondern feines georgianisches Silber für gekrönte Häupter.

Die Prunkstücke unseres Hausrats waren die hölzerne Uhr auf dem Kaminsims, die in meiner Kindheit jede Viertelstunde die Melodie von Big Ben ertönen ließ, und ein monströses Klavier, das die gesamte Rückwand des Wohnzimmers in Anspruch nahm. Einmal pro Woche kam Mums Freundin Gladys Leary, die Näherin des Ortes, mit ihrer Freundin Winifred Lee zum gemeinsamen Singen. Mein Bruder und ich spielten das Publikum, während die drei Songs aus dem Varietérepertoire vortrugen.

Mum hielt das Haus peinlich sauber. Sie säuberte den Kaminrost jeden Morgen, schrubbte die Türstufe mit Karbolseife, putzte die Fenster zur Straße mit Wasser und Essig und wusch die Gardinen.

Geld war immer knapp bei uns. Frisches Obst gab es nur, wenn jemand krank war. Als ich mit acht eine Gelbsucht hatte, bekam ich zum ersten Mal Orangen, Trauben und Bananen. Leute, die eine Obstschale auf der Anrichte stehen hatten, wurden spöttisch als »nobel« bezeichnet. Noch unerhörter wäre eine Vase mit frischen Blumen gewesen; so etwas gab es nur, wenn jemand gestorben war.

Kamen der Gas- oder der Strommann vorbei, gab es womöglich zusätzliches Haushaltsgeld, denn Strom und Gas wurden mit Münzen bezahlt, mit denen man die jeweiligen Zähler speiste. Wenn die Ableser kamen, wurde das Geld auf den Küchentisch gekippt, gezählt und zu Stapeln von je einem Pfund aufgetürmt. In der Hoffnung, mehr als den Rechnungsbetrag eingeworfen zu haben, beobachtete meine Mutter den Zählvorgang mit Argusaugen. Strom- und Gaszähler galten im ganzen Ort als eine Art Sparschwein.

Jeden Freitagabend brachte Dad seinen Lohn nach Hause, und als Erstes kam meine Mutter zum Zuge. Sie steckte einen bestimmten Anteil in eine Teekanne, die als Kasse für die Miete diente. Dann ging Dad los, um sich eine Stunde lang nach Fish and Chips anzustellen, unser Festessen am Wochenende. Oft wurde zwischendurch das Geld knapp, dann ließ Mum beim Lebensmittelhändler anschreiben. Beim Co-op hatte sie ein Konto, für das sie eine Dividende bekam. Das Ganze war eine Art mittelalterliches Treuesystem, wobei die Dividende als Notgroschen diente oder als Rücklage für die Sommerferien, für einen Ausflug nach Skegness, Scarborough oder Newquay.

Als ich älter wurde, hatte ich den Eindruck, dass wir die Ärmsten unter unseren Verwandten waren. Onkel Bill, der älteste Bruder meiner Mutter, verkaufte Benzin und Autos. Auf dem Vorhof seiner Werkstatt ragte ein riesiges, beleuchtetes Schild auf, das in roten und blauen Lettern für die Kraftstoffmarke Regent warb. Er besaß so viele Autos, dass ich ihn für einen Millionär hielt. Dank Onkel Bill konnte mein Vater einige Gebrauchtwagen erwerben. Unser erstes Auto war ein schwarzer Morris Minor, dann verbesserten wir uns zu einem 1957er Ford Zephyr, der zweifarbig – blau und beige – lackiert war. Beide Wagen hatten Ledersitze, die im Sommer so heiß wurden, dass man sich mit kurzen Hosen fast die Beine verbrannte.

Onkel Bills zweite Frau, Tante Marge, war eine schlanke, makellos gekleidete Dame, die maßgeschneiderte Tweedkostüme mit Pelzbesatz trug. Mir kam sie vor wie ein Filmstar, denn meine Mutter trug Strickjacken über hübschen, geblümten Kleidern. Tante Marge hatte ihre zwei Töchter Sandra und Sheila gleich mit in die Familie gebracht. Onkel Bill und Tante Marge waren so wohlhabend, dass die Mädchen sich jeden Monat eine Zeitschrift namens *Photoplay* leisten konnten, die mit glanzvollen Fotos echter Filmstars geschmückt war: Eilzabeth Taylor, Jean Simmons, Bette Davis und Jayne Mansfield. Die alten Ausgaben wurden in einer Ecke gestapelt.

»Du kannst dir welche nehmen, wenn du willst«, sagte Sandra zu mir. »Wir haben sie schon gelesen.«
Ich konnte mein Glück nicht fassen und schnappte mir so viele, wie ich tragen konnte, bevor die beiden ihre Meinung wieder ändern konnten.
Zu Hause angekommen, breitete ich den Schatz auf dem Boden meines Zimmers aus und riss meine Lieblingsbilder heraus, um sie an die blau-gelb geblümte Tapete zu heften.

Mein jüngster Bruder Graham, der nach Dad benannt wurde, war kein Wunschkind. Als meine Mutter feststellte, dass sie schwanger war, wurde in der Hoffnung auf eine Tochter auch der Name Pamela Jane wieder erwogen. Doch es gab noch eine andere, tiefgründigere Hoffnung. Meine Eltern wussten, dass ihr drittes Kind im November 1965 auf die Welt kommen sollte, und Mum wünschte sich sehnlich, es möge am neunten Todestag ihrer Mutter geboren werden.
Der November kam, und am vierten spürte Mum ihren Blasensprung. Ich war gerade sieben Jahre alt und heulte, als ich sah, wie sie mit schmerzverzerrtem Gesicht in den Krankenwagen getragen wurde. Bevor sich die Türen schlossen, hörte ich sie sagen: »Bitte, Jesus, nicht schon heute.« Ich hatte Angst, sie könnte sterben, aber natürlich wollte sie nur noch einige Stunden durchhalten. In dieser Nacht muss ein Schutzengel bei ihr gewesen sein, denn ihre Wehen zogen sich bis weit in den nächsten Tag hinein. Schließlich wurde Graham am 5. November um elf Uhr abends mithilfe von Geburtszange und Saugglocke auf die Welt befördert – exakt zehn Minuten vor dem Zeitpunkt, an dem seine Großmutter neun Jahre vorher ums Leben gekommen war.

Ich hatte eine ganz normale, glückliche Kindheit in einem Ort, in dem die Menschen sich den Lebensunterhalt mühselig mit ihrer Hände Arbeit verdienen mussten und in dem die familiären Werte im Mittelpunkt standen. Unsere Straße war wie ein offenes Haus, in dem es warm und freundlich zuging. Ich war der Sohn meiner Mutter; Dad sagte immer, ich würde ihr am Schürzenband hängen.

Dad wurde am 2. August 1935 geboren. Sein Vater Cecil war als Hufschmied für das Beschlagen der Ponys und Pferde zuständig, die in der Zeche »Bonz Main« bei Chesterfield die Loren zogen. Mein Großvater war der letzte Hufschmied des Kohlenreviers im Nordosten von Derbyshire. Dad bekam den Spitznamen Nip (»Steppke«), weil er klein, dünn und das jüngste Kind war, das Nesthäkchen der Familie. Kaum etwas konnte ihm Angst machen – außer ein Leben drunten im Schacht. Er war fleißig und tüchtig, und nach der Einführung von Lokomotiven wurde er Lokführer bei der Zeche. Er hatte einen starken Willen, war sehr diszipliniert und achtete auf sein Aussehen. Sein zurückgekämmtes Haar glänzte vor Brillantine. Ich erinnere mich noch, dass er immer eine scharfe Falte in seine Hosen bügelte, eine Angewohnheit aus seiner Zeit bei der Luftwaffe. Als er mir beigebracht hat, perfekt Hosen zu bügeln, war das wohl meine erste Lektion als Kammerdiener. Wenn er morgens mit seiner flachen Kappe und seiner dicken, wasserdichten Jacke aus dem Haus gegangen war, hatte ich das Gefühl, er würde ewig wegbleiben, denn er kam erst zurück, als es Zeit wurde, uns drei Brüdern gute Nacht zu sagen, wenn wir in unser gemeinsames Bett gingen. Von meiner Mutter stammte der Spruch, wir würden unseren Hausarzt öfter sehen als unseren Dad. Er arbeitete so viel wie möglich, um uns eine bessere Zukunft zu ermöglichen.

Meine Mutter wurde am 29. Februar 1935 geboren, im selben Jahr wie mein Vater. Drei Jahre lang feierten wir ihren Geburtstag am 28. Februar, nur jedes vierte Jahr fand die Feier am richtigen Tag statt. Als sie sechsunddreißig wurde, erklärte sie schelmisch, eigentlich sei sie erst neun. Sie war keine Frau, die viele Ansprüche hatte. Was sie verdiente oder sparte, steckte sie wieder in den Haushalt. Mum war groß und knochig, trug eine Hornbrille und hatte oft eine Zigarette zwischen den Fingern.

Meine Großmutter Sarah Kirk war im Geiste immer bei ihr. Wenn Mum etwas im Haus verlegt hatte – ein Schmuckstück, ein Strickmuster oder ihre Börse –, setzte sie sich hin und rief: »Komm, Sarah, hilf mir suchen!« Sie fand immer, was sie gerade suchte, und schob das nie auf einen bloßen Zufall. Ihre Freundlichkeit und Großzügigkeit kannten keine Grenzen, und ich kann mich nicht daran erinnern, dass sie auch nur ein einziges Mal laut geworden wäre. Sie hatte immer ein freundliches Wort und ein offenes Ohr für alle, die Probleme hatten, ein sanftes Streicheln für Kranke, eine herzliche Geste für Menschen in Not, ein Geschenk für Leute, die ärmer waren als wir. Als in unserer Straße einmal ein Haus brannte und die Bewohner all ihr Hab und Gut verloren, ging meine Mutter von Tür zu Tür und bat um Kleidungsstücke oder eine Geldspende. In der Kantine der Zeche, in der sie vor meiner Geburt gearbeitet hatte, war sie für drei Gerichte bekannt gewesen: Fleisch-Kartoffel-Pastete, Käse-Zwiebel-Pastete und Yorkshirepudding. Bei den Bergleuten hatte sie damit so viel Eindruck hinterlassen, dass der eine oder andere manchmal an unsere Tür klopfte und sie bat, doch mal wieder so etwas zu zaubern. Dann kochte sie ein wenig mehr und trug die bestellten Portionen über die Straße. Ohne darum gebeten worden zu sein, brachte sie auch den Ärmeren unter unseren Nachbarn manchmal eine Mahlzeit. Außerdem kümmerte sie sich um einige alte Männer aus der Nachbarschaft, die bettlägerig waren oder im Rollstuhl saßen. Sie rasierte sie, wusch sie und brachte ihre schmutzige Bettwäsche in die Wäscherei. Zweimal pro Woche putzte sie das Haus einer krebskranken Frau, die im Sterben lag.

Einmal kam eine Frau weinend in unser Haus, weil sie vier Kinder unter fünf Jahren hatte und schon wieder schwanger war. Mum setzte sich mit ihr hin und sprach beruhigend auf sie ein. Bei solchen Gesprächen half ihr ihr gesunder Menschenverstand. Die Leute kamen mit ihren Problemen offenbar zu uns, weil meiner Mutter immer eine Lösung einfiel. In den wenigen ruhigen Stunden, die ihr verblieben – oft lagen wir da schon im Bett –, strickte sie Wolljacken, Pullover und Babykleidung für die Nachbarskinder. Für die Leute aus unserer Straße war sie Oma, Krankenschwester, Köchin und Kummerkastentante in einem, und alle nannten sie nur »Auntie Beryl«.

Eines Tages sah ich, wie unser Klavier aus der Haustür geschoben wurde. Meine Mutter hatte es einem Jungen geschenkt, der gerne spielen lernen wollte, obwohl seine Familie sich den Luxus eines solchen Instruments nicht leisten konnte.

»Mum, das ist unser Klavier«, protestierte ich.

»Bei ihm ist es besser aufgehoben, Paul«, versicherte sie mir.

Die Grundschule von Grassmoor mit ihren riesigen Fenstern, hohen Räumen und hallenden, weiß gefliesten Fluren stammte aus viktorianischer Zeit. Sie lag an der Hauptstraße des Dorfes neben einem großen Rasenplatz, auf dem der Kricketclub spielte. Die Schüler saßen in Reihen an schrägen Holzpulten und kritzelten mit hölzernen Federhaltern, die man in ein Tintenfass tunkte. Das war das »echte Schreiben«, und es war meine Aufgabe als »Tintenfassordner«, die winzigen Porzellanfässchen jeden Morgen aufzufüllen. Wenn ich Prinzessin Diana in Kensington Palace schreiben sah, dachte ich an jene Tage. Sie benutzte einen Füllfederhalter mit goldener Feder, doch statt ihn aufzufüllen, tauchte sie ihn immer in ein Tintenfass. So schrieb sie ihre gesamte Korrespondenz – Privatbriefe, kurze Dankschreiben und Notizen.

Mr. Thomas, der uns in allen Fächern unterrichtete, stand vor der Klasse. Mit seiner tiefen, dröhnenden Stimme, die durch sein walisisches Näseln kaum weicher wurde, sagte er:

»Schreibt einen Aufsatz darüber, was ihr nach der Schule anfangen wollt!«
Im Schweigen des Klassenzimmers begann es in den Köpfen von dreißig Kindern zu rauchen. Die meisten Jungen dachten an eine Zukunft, in der sie dem Beispiel ihres Vaters folgten und in der Zeche arbeiteten, aber ich war sicher, dass ich das nicht tun würde. Es klang zu sehr nach harter Arbeit. »Wenn ich groß bin, möchte ich Pfarrer werden«, lautete der Titel meines Aufsatzes. Ein Leben im Pfarrhaus schien mir die ideale Lösung. Vielleicht waren solche Gedanken vom spirituellen Interesse meiner Mutter beeinflusst, oder es lag daran, dass sie mir beigebracht hatte, wie wichtig es war, Menschen zu helfen, die weniger Glück hatten als wir.

Ich war ein überaus schüchterner, stiller Junge. Deshalb war es keine angenehme Sache, dass Mr. Thomas ausgerechnet meinen Aufsatz auswählte, um ihn der Klasse vorzulesen. Als meine Kameraden zu kichern anfingen, wurde ich puterrot. Für diesen Tag war ich Mr. Thomas nicht sehr dankbar, aber im Lauf der Zeit gab es viel, was ich ihm zu verdanken hatte. Ich würde mich zwar nie als intellektuell bezeichnen, aber ich war wissbegierig, und mein Lehrer erkannte in mir den Wunsch, das Muster zu durchbrechen, das für unsere wie für alle Familien des Ortes vorgegeben zu sein schien. Mein Großvater väterlicherseits war Hufschmied in einer Zeche gewesen, der Vater meiner Mutter Bergmann, Dad war bei der Nationalen Kohlenbehörde angestellt, während sein Bruder Cecil Bergmann war. Meine Mutter hatte in der Kantine der Zeche gearbeitet, ihre drei Brüder – Onkel Stan, Onkel Bill und Onkel Keith – hatten ebenfalls als Bergleute begonnen. Auch meine Brüder Anthony und Graham arbeiteten später unter Tage. Nach der Grundschule kamen die Kinder aus Grassmoor normalerweise in die Danecourt Secondary School im benachbarten North Wingfield, und dort wurden die zu Männern gewordenen Jungen von den Kohlenbergwerken angeworben.

Auch mir drohte dieses Schicksal, als ich mit elf, im letzten Grundschuljahr, an der Aufnahmeprüfung für die Chesterfield Boys' Grammar School scheiterte. Da trat Mr. Thomas auf den Plan. Er erklärte meinen Eltern, ich hätte ein gewisses Potenzial, das an der Danecourt vergeudet wäre, und er könne sich dafür einsetzen, dass ich an der William Rhodes Secondary School for Boys in Chesterfield aufgenommen würde. Sie war zwar keine »grammar school«, gehörte aber zu der nächstbesten Art von Schule, die ich besuchen konnte, und meine Eltern waren überglücklich. Das alte Muster war durchbrochen.

An der William Rhodes angenommen zu werden war in unserer Straße ein große Sache. Es bedeutete, eine *neue* Schuluniform zu bekommen, keine gebrauchte. Das war eine teure Anschaffung, die mir meine erste Zugfahrt bescherte, denn zum Kauf musste meine Mutter mit mir nach Sheffield fahren. Krawatte und Abzeichen waren in Schwarz und Gold gehalten, den Farben des Fußballclubs Wolverhampton Wanderers, und Mum strickte einen grauen Pullover. Sie war so stolz, dass sie mich an meinem ersten Schultag im September 1969 zum Schulbus brachte, um darauf zu achten, dass ich die schwarze Kappe auf dem Kopf behielt.

Ich bestieg den Doppeldeckerbus voll unbekannter Kinder und setzte mich neben den erstbesten Jungen, der dieselbe Uniform trug wie ich. »Nimm die Mütze ab«, sagte er, »du siehst aus wie ein Trottel.« Ich gehorchte. Mein Nachbar hieß Kim Walters. Er war zäher als ich, größer als ich und besser in Kunst. In den folgenden fünf Jahren war er mein bester Freund und mein Beschützer.

Die William Rhodes School war eine reine Jungenschule, in der die Lehrer schwarze Talare trugen. Es herrschte strenge Disziplin, die mit dem Rohrstock aufrechterhalten wurde. Besonders Mr. Crooks, der Direktor, der immer auch das viereckige Barett trug und mir große Angst einflößte, wandte ihn häufig an, um aufsässige Schüler zur Räson zu bringen. Er achtete pedantisch auf Manieren und ein makelloses Äußeres. Die Schule legte großen Wert auf Wettkampfsport, aber meine Stärken waren die englische Sprache und Literatur. Kim hingegen war ein hervorragender Sportler und wurde später Fußballprofi bei den Blackburn Rovers. Eine weitere Stärke von mir war Geschichte. Ich sammelte die bestimmten Teepackungen beiliegenden Karten mit berühmten Segelschiffen, Brunels »Sternstunden der Technik«, den Flaggen aller Länder und den Königen und Königinnen von England und Schottland. Damit begann meine Begeisterung für Königshäuser und unser historisches Erbe seit der Eroberung Englands durch die Normannen im Jahr 1066. Während die anderen Jungen nach der Schule draußen spielten, blieb ich in unserem Zimmer und machte meine Hausaufgaben, die Kim am nächsten Tag im Bus abschrieb. Wenn ich fertig war, blieb ich an meinem Schreibtisch sitzen und verschlang Bücher über gekrönte Häupter. Die mittlere Reife in Englisch bestand ich mit einem Aufsatz über Richard III., den man oft verleumdet, missverstanden und fälschlich als buckligen, perversen und bösartigen Mann dargestellt hat. In Wahrheit hat er England während seiner nur zwei Jahre dauernden Herrschaft tapfer und leidenschaftlich regiert. Sein Ruf hätte mich lehren sollen, dass Mitglieder der königlichen Familie, die sich anders verhalten als erwartet, von der Geschichte oft grausam verkannt werden.

Ich war fast zwölf, als wir im Frühjahr 1970 zum ersten Mal einen Familienausflug nach London machten. Als wir die Mall entlanggingen, kam die imposante helle Steinfassade des Buckingham Palace in Sicht. Meine Eltern wollten »sich mal anschauen, wo die Queen wohnt«.
»Ob sie wohl daheim ist, Jungs?«, überlegte Dad.
Anthony und ich waren von dem gewaltigen Bauwerk vor uns fasziniert. Wir steckten die Gesichter zwischen die schwarzen

Stäbe des Tors und hielten uns mit beiden Händen daran fest, während wir die Wachablösung der Garde beobachteten. Es war das unglaublichste Schauspiel, das ich je gesehen hatte. Außerdem war dies eine Welt, die meilenweit von der entfernt war, in der wir lebten. Ich weiß noch immer nicht, warum, doch ich hob den Kopf und sagte: »Eines Tages will ich da arbeiten, Mum.« Es war eine jener gedankenlosen Bemerkungen, wie sie Kinder eben machen – wenn sie ein Flugzeug am Himmel sehen, wollen sie Pilot werden, und als Neil Armstrong als erster Mensch den Mond betrat, war der Beruf des Astronauten populär.

Dad fuhr mir liebevoll durchs Haar. »Klar doch, mein Schatz.« Weder er noch ich konnten wissen, dass ich noch im selben Jahrzehnt als Lakai hinter Ihrer Majestät der Königin auf der Irischen Staatskutsche stehen sollte, die inmitten eines prunkvollen Zuges durch die Palasttore vor uns rollte.

Meine erste Rolle bei Hofe spielte ich allerdings schon im Herbst desselben Jahres. Ich nahm an der Aufführung des Stückes *Aladin* teil, das von Margaret Hardy, einer Freundin unserer Familie, mit Laienschauspielern aus unserem Ort inszeniert wurde. Meine Rolle? Ein Diener von Prinzessin Sadie. Ich spielte ihn vor dem im Arbeiterverein von Grassmoor versammelten Publikum.

Als ich mit sechzehn Jahren die William Rhodes Secondary School verließ, hatte ich in sechs Fächern die Prüfung zur mittleren Reife abgelegt. Das High Peak Catering College in Buxton (Derbyshire) hatte meine Bewerbung angenommen, und im September 1974 bezog ich in der Stadt meine Studentenbude. Während meiner zweijährigen Ausbildung im Hotelfach und in der Gastronomie lernte ich alles, was in diesen Bereichen zählt, von der Zubereitung einer erstklassigen Mahlzeit bis hin zu der Kunst, perfekt das Bett zu machen. Am Ende war ich zum Haushälter, Buchhalter und Küchenchef in einer

Person geworden. Für eine Margarineskulptur von Chesterfields berühmtem krummen Kirchturm gewann ich einen Landespreis. Die Ausbildung war exzellent gewesen, nun fehlte mir nur noch die Erfahrung.

Ich legte eine Liste von Arbeitgebern an, die meine Fähigkeiten am besten gebrauchen könnten: die Hotelketten Trusthouse Forte und Travco, die Reederei *Pacific & Orient* mit ihren Kreuzfahrt- und Containerschiffen, Cunard mit dem berühmtesten Passagierschiff der Welt, der *Queen Elizabeth 2* und schließlich auch der Buckingham Palace, der stets ein ganzes Heer von Angestellten benötigte. Im Frühsommer schickte ich mehrere Briefe in die Welt, in denen ich meine Dienste anbot und meinen Arbeitseifer versicherte.

Die erste Antwort kam von Travco Hotels. Die Kette bot mir eine Stelle in ihrem Drei-Sterne-Hotel Lincombe Hall in Torquay an. Das bedeutete, dass ich das College vorzeitig verlassen musste, um im Juni 1976 meinen Posten als Assistent der Hotelleitung antreten zu können, rechtzeitig zu Beginn der Sommersaison. Es war ein Job, wenn auch kein idealer. Ich nahm an und bat meine Mutter, alle Briefe, die ich nach Hause geschickt bekam, sofort zu öffnen. Trusthouse Forte sandte eine Absage, P & O ebenfalls, aber dann wurde ich zu einem Vorstellungsgespräch bei Cunard in Southampton und zu einem in Buckingham Palace eingeladen. Ich reiste von Torquay nach Hause, und dann fuhren wir mit meinem Bruder Graham nach London.

Mit einem dunklen Anzug ausstaffiert, betrat ich den Buckingham Palace durch einen Seiteneingang. Ehrfurchtsvoll ging ich durch historische Flure mit roten Teppichen, die ich nur von meiner Lektüre als Schuljunge her kannte. Ich fühlte mich wie ein Sklave, der eine Welt betrat, in der man mein Gesicht und meine Herkunft nie akzeptieren würde.

Als ich das im ersten Stock gelegene Büro von Mr. Michael Timms, dem stellvertretenden Vorsteher des königlichen

Haushalts, betrat, hörte ich im Kopf die beruhigende Stimme meiner Mutter: »Gib dich einfach ganz natürlich, dann klappt es schon.« Das war für dieses Vorstellungsgespräch leider nicht der beste Ratschlag, weil ich einfach das Zimmer betrat, mich setzte, ohne dazu aufgefordert worden zu sein, und es obendrein versäumte, meinen zukünftigen Vorgesetzten mit »Sir« anzureden.

»Setzen Sie sich immer, bevor man Sie dazu aufgefordert hat?«, näselte Mr. Timms steif und aufgeblasen. »Respektieren Sie eigentlich Ihre Vorgesetzten?«

»Natürlich.«

»Wieso reden Sie sie dann nicht mit ›Sir‹ an?«

Zwei Wochen später teilte man mir brieflich mit, ich sei »bei dieser Gelegenheit« abgelehnt worden, aber man werde sämtliche Unterlagen behalten. Von Cunard hörte ich gar nichts. Meine beiden Traumjobs schienen unerreichbar.

In Torquay wurde aus einem schüchternen, stillen jungen Mann allmählich ein kontaktfreudiges, selbstbewusstes Mitglied des Managements mit einem gewissen Prestigedenken. Ich war davon überzeugt, es im Hotelgewerbe wirklich zu etwas bringen zu können. Meine Vorgesetzten erkannten mein Potenzial und machten mich im Oktober zum Assistenten der Hotelleitung des führenden Hotels der Kette, des Wessex in Bournemouth.

In Bournemouth war alles anders. Ich hauste in einer winzigen Kammer und hatte keine einzige frohe Minute. Bald bekam ich Heimweh, und meine Eltern machten sich so große Sorgen, dass sie mich mit dem Auto besuchten. Mum wollte mich mit nach Hause nehmen, aber das war keine Lösung – dies war meine einzige Gelegenheit, meine Karriere zu starten.

Mit der Zeit wurde es immer schlimmer. Man verbannte mich in den Keller als Lagerverwalter, schickte mich in die Küche, um das Frühstück zuzubereiten, wenn der Küchenchef frei hatte, schob mich als Kellner in den Speisesaal ab, wenn dort

Feiern stattfanden. Ich hatte keine Freunde und keinerlei Aussichten.

Es war ein kalter Novembermorgen in der Chapel Road Nummer 47. Dad war zur Arbeit gegangen, und Anthony, damals fünfzehn, trug Milchflaschen aus. In der Küche machte Mum Frühstück für den noch schlafenden Graham, als sie den Briefkasten scheppern hörte. Sie trocknete sich an einem Geschirrtuch die Hände ab, ging zum Eingang und holte die Post heraus. Es waren zwei Briefe für Mr. Paul Burrell. Das Signet mit dem »C« auf dem ersten, cremefarbenen Umschlag erkannte sie nicht, aber auf der Rückseite stand unübersehbar »Cunard, Southampton«. Der zweite Brief erinnerte sie an einen anderen, den sie früher in Empfang genommen hatte; sein weißer Umschlag trug den schwarzen Freistempel des Buckingham Palace. Auf der Rückseite war rot das Wappen der Königin eingeprägt. Außerdem lag noch eine Gasrechnung im Briefkasten.

Mum steckte beide Briefe in ihre Schürzentasche, wo sie eine halbe Stunde blieben, während sie sich in der Küche zu schaffen machte. Als Graham herunterkam, um sich vor dem Kamin anzuziehen, sagte Mum zu ihm: »Für unseren Paul sind gleich zwei Briefe gekommen, einer von Cunard, der andere vom Buckingham Palace.« Sie setzte sich, holte ein Messer aus dem Küchentisch und schlitzte den königlichen Umschlag behutsam auf. Der Brief war von Mr. Michael Timms, der mir eine Stelle als Hilfsbutler im Silbernen Anrichtezimmer anbot. Das andere Schreiben stammte von der Personalabteilung von Cunard, die mir einen Posten als Steward an Bord der *Queen Elizabeth 2* offerierte. Mum starrte beide Briefe an. Sie wusste, dass ich die Gelegenheit eines Lebens auf See sofort beim Schopf packen würde, und grübelte lange und angestrengt darüber nach, was sie tun sollte.

»Wenn er uns auf dem Schiff davondampft, dann sehen wir ihn

nie wieder«, sagte sie schließlich zu Graham, steckte den Brief von Cunard wieder in seinen Umschlag und warf ihn aufs Feuer. Die beiden sahen zu, wie meine potenzielle Karriere auf See sich in Rauch auflöste. »Graham, solange ich lebe, darfst du ihm nie verraten, was ich gerade getan habe«, sagte sie. Dann stellte sie den Brief des Buckingham Palace mitten auf den Kaminsims und eilte über die Straße in die Bäckerei, um zu telefonieren.

Ich war im Lager des Wessex-Hotels, als man mich ans Telefon rief.

»Paul, du hast einen Brief von Buckingham Palace bekommen. Man bietet dir eine Stelle an. Du wirst doch zusagen, oder?«

Sie hätte gar nicht zu fragen brauchen. Es war ein traumhaftes Angebot. Ich konnte mein Glück kaum fassen.

Ohne dass ich es wusste, hatte Mum an meiner Stelle die wichtigste Entscheidung meines Lebens getroffen und mich zu einem Leben an Land und in Buckingham Palace gelotst. Graham hielt sein Versprechen und sagte kein Wort. Neunzehn Jahre lang hat er geschwiegen, bis wir auf dem Friedhof von Hasland am Grab unserer Mutter standen. Wenige Augenblicke nachdem man ihren Sarg unweit des Grabs ihrer Eltern in der Erde versenkt hatte, brach er sein Schweigen.

Damals arbeitete ich gerade für die außergewöhnlichste Frau der Welt, die Prinzessin von Wales. Das verdankte ich meiner wundervollen Mutter, und ich hatte nie die Gelegenheit gehabt, ihr dafür zu danken.

Als alle Trauergäste verschwunden waren, tat ich, was sie immer am Grab meiner Großmutter getan hatte. Ich sprach mit ihr und sagte: »Danke.«

2.
BUCKINGHAM PALACE

Ich konnte nicht glauben, was ich sah. Die Queen, die in ihre Arbeit vertieft in ihrem Wohnzimmer in Buckingham Palace saß, hob den Kopf und sah, wie ich sie anstarrte, was sie mit einem Lächeln quittierte. »Was ist so komisch, Paul?«, fragte sie, und es klang ein wenig amüsiert.

»Wenn Sie sehen könnten, was ich sehe, Eure Majestät.«

Wir mussten beide lachen. Es war spätabends, kurz vor dem Schlafengehen, und da saß sie nun, in einem schicken Seidenkleid auf ihrem Stuhl am Schreibtisch vor dem Fenster. Sie trug die Reichskrone – und ihre rosafarbenen Pantoffeln. Es war ein unglaublicher Anblick: die Königin von England in Krone und Pantoffeln, majestätisch und mütterlich zugleich, in vollem Staat, aber ohne Zeremoniell. Es war ebenso liebenswürdig wie unpassend.

Ich hatte sie überrascht, als ich den Raum betrat, um ihr gute Nacht zu sagen, nachdem ich eine letzte Pflicht erfüllt und dafür gesorgt hatte, dass es die neun Corgis in ihren Betten am anderen Ende des weich mit rotem Teppich ausgelegten Flurs bequem hatten. Links von der Tür schirmte eine hohe spanische Wand den Raum ab. Beim Eintreten musste man ein paar Schritte über den Holzfußboden gehen, bevor man einen riesigen Teppich betrat und sichtbar wurde. Ich war stehen geblieben und rührte mich nicht.

Die Queen saß mit randloser Halbbrille am Schreibtisch, auf dem eine tief herabgedrückte Schreibtischlampe die roten Regierungsschatullen und die Papiere, an denen sie arbeitete, hell anstrahlte. Ich hatte sie schon oft in ihren Pantoffeln gesehen, doch noch nie in Kombination mit den überaus prächtigen und unschätzbar kostbaren Kronjuwelen. Doch es war der Vorabend zur offiziellen Eröffnung des Parlaments, und die Queen musste sich, wie jedes Jahr, erst an das beträchtliche Gewicht der Krone auf ihrem Kopf gewöhnen.

Als sie mir zulächelte, fragte ich sie: »Ist sonst noch etwas, Eure Majestät?«

»Nein, danke, Paul.« Damit neigte sie den Kopf, um mit ihrer Arbeit fortzufahren.

Ich verneigte mich. »Gute Nacht, Eure Majestät.« Ich habe die Queen nie wieder unter vier Augen mit der Krone gesehen. Es ist nur dieses eine Mal passiert.

Mein Leben – und mein Quartier – hatten sich am 20. Dezember 1976 entschieden verbessert: Ich wechselte von der drangvollen Enge des Wessex in Bournemouth in die Weitläufigkeit des Buckingham Palace in London.

Als ich an jenem ersten Tag in meinem besten dunklen Anzug, einen kleinen Koffer in der Hand, den Palast betrat, zitterte ich vor Aufregung. Ich hatte mich gefragt, ob die Arbeit annähernd mit der in einem Grand Hotel vergleichbar sein würde. Doch es war ganz und gar anders: Hotels haben schmale Flure, Paläste teppichbelegte Wandelgänge. Die barocke Innenausstattung und die anachronistischen Berufsbezeichnungen erweckten eher den Eindruck eines Museums.

Wenn mein alter Schulfreund Kim Walters schon fand, dass eine William-Rhodes-Schulmütze lächerlich aussah, dann hätte er erst meine jetzige Uniform sehen sollen. In meinem

Zimmer stand ich einige Minuten lang vor dem mannshohen Spiegel an der Innentür meines Kleiderschranks. Was mir da entgegenstarrte, war ein Spiegelbild aus der Vergangenheit, ein Fremder, der eine königliche Livree trug, die besser zu König Georg dem III. als zu Queen Elisabeth II. gepasst hätte: eine marineblaue Reiterkappe; eine weiße, gestärkte Halskrause über einem kragenlosen Hemd; eine schwarze, bestickte Weste mit golddurchwirkten Streifen und unifarbenem Seidenrücken, das Vorderteil mit goldenen Knöpfen geschlossen, auf denen das königliche Emblem eingeprägt war; eine rote Kniebundhose aus rauem Samt, die am unteren Saum mit Goldknöpfen und einer Quaste geschlossen wurde; rosafarbene Seidenstrümpfe und schwarze Lacklederschuhe mit Spangen. An meiner Linken hing ein Schwert in der Scheide, und meine Hände steckten in weißen Baumwollhandschuhen.

Zuerst fand ich, dass ich albern aussah, doch dann empfand ich einen ganz besonderen Stolz, als ich das letzte Kleidungsstück überzog, das die Staatslivree vervollständigte: einen scharlachroten Frack mit breiten Goldrändern, die von der Brust bis zum Saum reichten, und Goldbänder um jeden Arm. Es war eine Uniform, die seit mindestens zweihundert Jahren von einer Generation zur nächsten weitergereicht worden war. Ausgebessert, gestopft und muffig, doch von einer Ehrwürdigkeit, der die Zeit nichts anhaben konnte. Nur eines hatte sich geändert: Die Insignien, die auf den Oberarm des linkes Ärmels gestickt waren, enthielten die Initialen »EIIR«, eingeschlossen in das königliche Hosenband, »Honi soit qui mal y pense« – »ein Schelm, wer schlecht darüber denkt« –, darüber war die Reichskrone eingestickt.

Das erste Mal hatte ich diese Kleider im Livreezimmer im Kellergeschoss des Palastes angezogen, das mit Einbauschränken und einem breiten, langen Tisch in der Mitte ausgestattet war. Es hatte den ganzen Tag gedauert, bis ich mit den wichtigsten

Uniformen versehen war. Ausnahmslos alle waren schon von Vorbesitzern getragen worden. In Buckingham Palace wie auch in Grassmoor waren Secondhand-Kleider gang und gäbe. Selbst die Hemden, Hosen und Anzüge des jungen Prinz Andrew waren geändert und an Prinz Edward weitergereicht worden.

Der Oberlakai Martin Bubb überreichte mir fünf verschiedene Uniformen: die volle Livree für Staatsanlässe, die sowohl innerhalb als auch außerhalb des Palastes zu tragen war; die scharlachrote Uniform, ein Frack mit Zylinder für halbstaatliche Anlässe sowie für das Royal Ascot; die Livree mit den Epauletten, ein zweireihiger Frack mit hoch geschlossenem Kragen, eine Uniform, die nur auf der königlichen Jacht *Britannia* zum Einsatz kam; die tropische Uniform mit einem weißen, Safari-artigen Jackett für heiße Klimazonen und die Livree für den Alltag, ein schwarzer Frack zu weißem Hemd, schwarzer Fliege und scharlachrotem Kummerbund. Außerdem wurden mir ein Kutscher-Cape aus rotem Filz sowie Kisten mit Hemden und Kleiderbügel mit zusätzlichen Hosen ausgehändigt.

Der Palast war, abgesehen von einigen wenigen Hausangestellten, wie ausgestorben. Der Hof war für die Festtage nach Windsor Castle umgezogen, und sein neuestes Mitglied war nun auch bereit, in königliche Dienste zu treten – zumindest, was die Kleidung betraf.

Niemand hatte mich auf meine allererste Aufgabe an Heiligabend vorbereitet, nachdem ich mit dem Shuttle-Zug nach Windsor gebracht worden war. Ich stand auf dem oktogonalen Boden im ersten Stock eines Turms an der nordöstlichen Ecke des Schlosses und konnte die Ostterasse und die angrenzenden Gärten sowie den Golfplatz überblicken. Die Mokkatassen mit Monogramm klirrten auf einem großen Silbertablett in meinen zitternden Händen. Meine Nerven flatterten, mir drehte sich der Magen um. Ich musste beständig daran denken, dass ich vielleicht etwas falsch machte, und fühlte mich in der Uniform furchtbar gehemmt. Würde ich das Tablett fallen lassen? Würde ich irgendwie unangenehm auffallen? Würde es gar ein Desaster werden? Ich war dabei, zum ersten Mal der gesamten königlichen Familie gegenüberzutreten – ein großer Moment für mich.

So wartete ich im Oktogon-Zimmer mit seiner hohen Decke im Pugin-Stil und den eichenholzgetäfelten Wänden. Ein kurzer, mit rotem Teppich ausgelegter Flur führte zu dem Raum, den ich jetzt betreten würde – den riesigen Bankettsaal, in dem die Windsors bei Kerzenlicht dinierten. Zwei Stunden lang hatte ich zugesehen, wie ein nicht abreißender Strom uniformierter Lakaien, Hilfsbutler, Pagen und Weinkellner durch den Flur kam und ging. Sie wirkten wie ein menschliches Förderband mit Silber, Tellern, Gläsern und Schalen mit Speisen, eine ununterbrochene Bewegung von der Vorspeise über das Hauptgericht zur Pastete. Dann war es Zeit für das Dessert – eine Birne, Banane, etwas Ananas oder ein Pfirsich –, das mit vergoldetem Besteck zu Munde zu führen war. In einer königlichen Residenz isst man eine Banane nicht wie ein Affe: Man benutzt Messer und Gabel, als ginge es um eine Melone mit Schale.

In der königlichen Familie läuft alles, einschließlich der privaten Mahlzeiten, bis ins kleinste Detail nach einem genauen Drehbuch ab. Viele Menschen warten, wie ich damals, nervös auf den Einsatz für ihre winzige, unbedeutende Rolle. Livrierte Lakaien stehen kerzengerade aufgereiht und halten Platten mit Speisen in der Hand. Erst das Fleisch. Dann Kartoffeln, Gemüse und Salat.

Eine Stimme gibt der Prozession die Kommandos: »Fleisch ... los.« Dreißig Sekunden vergehen.

»Kartoffeln und Soße ... los.«

»Gemüse ... los.«

»Salat ... los.«

Es dauerte eine Weile, bis man mir Fleisch oder Kartoffeln anvertraute. Zunächst war ich für leere Porzellantassen verantwortlich. Dann merkte ich, dass nun der Kaffee gereicht werden würde, und der große Moment war für mich gekommen. Durch die halb geöffnete Tür, das Gewicht des Tabletts auf den Armen, erhaschte ich einen Blick von der Pracht des Raums. Gelächter und lautes Geplauder drangen bis zu mir heraus. Mr. Dickman, der Haushofmeister, der für den reibungslosen Ablauf der Operation zuständig war, spürte meine Nervosität. »Keine Sorge, es ist nichts dabei«, sagte er.
Man hatte mir mit Absicht die denkbar einfachste Aufgabe übertragen. Sie sollte mir die Gelegenheit geben, der königlichen Familie zum ersten Mal zu Diensten zu sein, und der königlichen Familie die Möglichkeit, das neue Gesicht kennen zu lernen.
»Gehen Sie einfach in den Bankettsaal, stellen Sie sich in die Ecke, und der Lakai kommt und füllt Ihr Tablett auf. Sie müssen nur dort stehen bleiben. Der Lakai serviert den Kaffee«, erklärte Mr. Dickman.
Keine Zeile Text. Eine reine Statistenrolle. Doch mein Lächeln war offenbar nicht sehr überzeugend. »Sie fressen Sie schon nicht auf!«, sagte mein neuer Chef. Er gab mir einen sanften Schubs in den Rücken. »Und nun los.«
Während ich auf bleiernen Füßen den Raum betrat, fielen mir die Worte wieder ein, die Mr. Dickmann bei früherer Gelegenheit zu mir gesagt hatte. »Starren Sie niemanden an und sehen Sie niemandem ins Auge. Die königliche Familie mag es nicht, wenn man ihr beim Essen zusieht.« Meine Augen bohrten sich in die wackelnden Porzellantassen. Vorsichtig. Ganz vorsichtig. Ich musste nur zehn Schritte in die andere Ecke des Zimmers gehen.
Geschafft. Ich riskierte einen scheuen Blick. Vor mir stand der größte Tisch, den ich je gesehen hatte: ein glänzendes Oval aus

Mahagoni, etwa sechs Meter lang, mit einer Reihe von Kandelabern auf der Längsachse und kunstvollen Blumenarrangements zwischen ihnen. Karmesinrote Samtvorhänge mit goldenen Quasten waren vor die riesigen gotischen Fenster gezogen. Von der Wand über dem Kamin starrte das Porträt der Queen Victoria auf ihre Nachfahren herab.

Und dann taten meine Augen, was ihnen ausdrücklich verboten war: Sie starrten. Ich suchte den Tisch, an dem dreißig Familienmitglieder, alle in Abendrobe, saßen, nach der Queen ab. Zunächst entdeckte ich die Königinmutter. Sie saß in der Mitte, auf dem größten, vergoldeten, thronartigen Sessel, in eine Unterhaltung mit ihrem Lieblingsenkel Prinz Charles vertieft. Die Queen hatte auf der anderen Seite des Prinzen auf einem viel kleineren Stuhl, der nicht größer war als die der anderen, Platz genommen. Sie befand sich gegenüber von Prinz Philip, dem Herzog von Edinburgh, und lauschte aufmerksam einem Gespräch.

Viele Menschen würden etwas darum geben, sich ein facettenreicheres Bild von einer Frau machen zu können, deren wirkliche Persönlichkeit nur verschwommen hinter den Pflichten, die sie zu erfüllen hat, durchscheint. Da saß sie nun also entspannt im Kreise ihrer Familie. Es war das erste Mal, dass ich die Monarchin hinter verschlossenen Türen sah. Ich bemerkte ihr natürliches Lächeln, und mir fiel auf, wie klein sie in Wirklichkeit war. Wie nah ich ihr doch bin, ging es mir durch den Kopf, und dann musste ich an Mum denken. Wenn sie mich hier hätte sehen können! Wenn mich nur das ganze Grassmoor hätte sehen können!

Juwelen blitzten im Kerzenlicht. Die Lakaien servierten flink, und ich war froh, dass ich nicht mehr darzustellen hatte als eine Statue mit einem Tablett in der Hand.

Ich konnte die jungen Prinzen Andrew und Edward sehen, Prinzessin Anne und Captain Mark Phillips, der seit zwei Jahren ihr Mann war. Prinzessin Margaret dominierte die

Unterhaltung mit ihrer hohen, schrillen Stimme. Sie reden alle so laut, dachte ich.

Ich sah rasch zur Seite, bevor jemand merkte, dass ich sie anstarrte. Mein Silbertablett war auf einmal leer, und ich ging langsam aus dem Zimmer, von niemandem bemerkt.

»Na siehst du. War doch gar nicht so schlimm, oder?«, sagte Mr. Dickman lächelnd auf der anderen Seite der Türen. Ich war stolz wie Oskar.

Normalerweise trug unsere Familie zu Neujahr ein Stück Kohle durch die Tür, das für das ganze Jahr Glück bringen sollte. Doch das Jahr 1977 sollte für mich anders beginnen. Ich war in Sandringham House, und als jüngster Lakai hatte ich die mich ängstigende Aufgabe, das neue Jahr im Namen der königlichen Familie zu begrüßen. Ich stand vor der Tür und wartete auf mein Stichwort. Durch die gläsernen Sprossentüren konnte ich, vor Kälte und Aufregung zitternd, sehen, wie der Champagner von den anderen Lakaien serviert wurde. Die Windsors waren alle versammelt, und der Countdown zum neuen Jahr hatte begonnen. Punkt Mitternacht wurde die Tür aufgemacht, und ich schritt herein, um meine Pflicht zu tun: Ich musste mir einen Weg durch den Salon zum Kamin bahnen, ein Scheit vom Stapel nehmen und es auf die Aschenglut werfen. Als das neue Scheit zu knistern begann, brach Applaus aus. Und als Belohnung dafür, dass ich die traditionelle Aufgabe erfüllt hatte, genoss ich das Privileg, als erstes Mitglied der Belegschaft meiner neuen Arbeitgeber die besten Wünsche für das neue Jahr zu übermitteln.

»Frohes neues Jahr, Eure Majestät.« Ich strahlte.

Eigentlich hätte ich damals kein Lakai werden sollen. In dem Brief, den Mum geöffnet hatte, war schließlich der Posten eines Hilfsbutlers angeboten worden – das war jemand, der in der Geschirr- und Glasküche arbeitet und bis zu den Ellbogen in Seifenlauge steckt, um in den Holzspülbecken Teller und

Tassen zu schrubben, bis sie sauber und glänzend sind. Doch im letzten Moment hatte sich eine Stelle bei den Lakaien aufgetan, und so gesellte ich mich zu ihnen, unter der Leitung von Adjutant John Floyd, der mit einem Gehalt von 1200 Pfund unter vierzehn den Rang vierzehn hatte. Die obersten beiden Stellen als persönliche Lakaien der Queen schienen Lichtjahre entfernt.

Die Zimmer, in denen das Personal wohnte, waren von normaler Hotelzimmergröße, doch einfach und spärlich eingerichtet. Jedes verfügte über ein Waschbecken in der Ecke, ein Einzelbett, einen Schreibtisch, eine Kommode, einen Kleiderschrank und einen grünen Teppich. Sie hatten Fenster, die sehr hoch lagen und daher wenig Tageslicht hereinließen, was eine düstere Atmosphäre schuf.

Vor der offiziellen Anprobe der Livree hatte der Stellvertretende Adjutant mir mein Zimmer gezeigt, das an der für Männer reservierten Pagen-Lobby lag, die sich hinter einer Reihe schmaler Fenster an der Ostfassade des Buckingham Palace verbirgt. Die Fenster des obersten Stockwerks liegen direkt unter dem Giebel. Ich bekleidete einen zu niedrigen Rang, um ein Zimmer mit Blick auf das Victoria-Denkmal und die Mall zu bekommen, und so lag mein Quartier auf der anderen Seite des Flurs, zu jenem rot geschotterten, viereckigen Innenhof hinaus, der rundum vom Palast eingeschlossen ist. Ich habe mich oft auf den Heizkörper gestellt, um auf die verglaste Veranda mit ihren Steinsäulen hinabzuschauen – dem großen Entree, wo alle eintrafen, von den Staatsoberhäuptern bis zu den Gästen einer Gartenparty. An dieses Entree grenzte die zweiflügelige King's Door, durch die all jene Gäste eintraten, die zu einer Privataudienz mit Ihrer Majestät kamen, wie zum Beispiel der Premierminister zur allwöchentlichen Besprechung am Dienstagabend.

Es gab unglaublich viel, was ich über das Leben im Palast zu lernen hatte. Da war das Labyrinth der unterirdisch gelegenen

Flure sowie die Räume und Dielen, die ineinander übergingen und mehr als sechshundert Räume verbanden. Der Buckingham Palace ist eine Insel mitten auf dem Festland. Seine Bewohner sprechen zwar dieselbe Sprache wie alle anderen, leben aber in einer anderen Welt. Er beherbergt eine eigene Polizeistation und eine Feuerwehr, die rund um die Uhr einsatzbereit ist, eine eigene Post, Arztpraxis, Wäscherei, Elektriker, eine Kapelle nebst Kaplan, Zimmerleute, Vergolder und Installateure. Er hat überdies eine eigene Bar, die von der NAAFI, der Kantine der britischen Armee, geführt wird.

Eine verwirrende Ansammlung von Dienstbezeichnungen, die ausnahmslos noch aus dem achtzehnten Jahrhundert stammen, geht mit den verschiedenen Verantwortungsbereichen im königlichen Hofstaat einher: Hofmarschall und Haushofmeister; Page im Dienst, Pagendiener, Page der Empfangsräume; Erste Kammerfrau der Königin (die Herzogin sein muss), Hofdame der Königin und einfache Hofdamen; Vorstand der Silberkammer; Vorstand der Gläser- und Geschirrkammer, Kammerherr. Nicht zu vergessen sind ferner der Intendant der Königlichen Privatschatulle und der Herr Begleiter des Staatsschwertes. Der Buckingham Palace wird vom königlichen Hofstaat geführt, dem der Großkämmerer vorsteht. Diesem sind wiederum sechs Ämter unterstellt: das Amt des Privatsekretärs, das der Privatschatulle, nicht zu verwechseln mit dem des Schatzmeisters; das Amt des Großkämmerers, das des Hofmarschalls, der *Royal Mews* – der königlichen Marställe – und schließlich der königlichen Kunstsammlung. Lakaien wie ich waren dem Hofmarschall unterstellt, dessen Abteilung sich wiederum in drei Gruppen gliederte: die H-Zweigstelle für den Haushalt, die E-Zweigstelle für Essen, also die Verpflegung, und die A-Stelle für Allgemeines. Die Lakaien arbeiteten in der A-Zweigstelle und waren dem Haushofmeister Cyril Dickman untergeben.
Und dann gab es Verfahrensweisen – Vorschriften, Protokolle

und Traditionen, die man stets im Kopf haben musste. Im ersten Jahr trug ich immer ein Notizbuch mit mir herum, in das ich die Namen und Titel von Kollegen und Vorgesetzten eintrug, die Abkürzungen zu verschiedenen Räumlichkeiten festhielt oder kleine Skizzen von einem korrekt gedeckten Tisch zeichnete. Selbst ein Tablett musste genau nach Vorschrift gedeckt werden: Tasse und Untertasse mit Griff und Löffel Richtung fünf Uhr; Teller und Platzteller mit den königlichen Wappen auf zwölf Uhr; Salz rechts, Senf links, der Pfeffer dahinter; Zuckerdose stets mit Würfel, nie mit losem Zucker, sowie mit Zuckerzange; Toast immer in einem silbernen Toastständer und nie auf dem Teller; nie mehr als drei Butterbällchen in die Schüssel. Und ja nicht die Leinenserviette vergessen!

Selbst der gemeinsame Waschraum überforderte mich. Er war in mehrere kleine Badekabinen mit je einer Brause aus Chrom eingeteilt. Ich hatte noch nie eine Dusche gesehen, und es war mir ein bisschen peinlich, dass ich fragen musste, wie man sie bedient.

In den Fluren mit Seidentapeten war es den Zofen nicht gestattet, vor neun Uhr einen Staubsauger zu benutzen, damit die königliche Familie nicht gestört wurde. Stattdessen griff man auf grobe Gartenbesen zurück, um den tiefroten Teppich aus Noppenvelours zu reinigen. Es war auf keinen Fall schicklich, über die Mitte des Teppichs zu gehen, denn das wäre offensichtlich »viel zu anmaßend für einen Lakaien«. Ein frisch gebürsteter Teppich gebührte nur königlichen Füßen. Die Bediensteten hatten auf dem dreißig Zentimeter breiten Rand zu gehen. Diese roten Teppiche wurden gehütet wie die Wickets des stolzesten Cricket-Platzwarts. Wenn ein Lakai ein Mitglied der königlichen Familie den Flur entlangkommen sah, verlangte das Protokoll, dass er nicht weiterging, sondern mit dem Rücken zur Wand stehen blieb und sich, sobald besagtes Mitglied der königlichen Familie vorüberging, stumm verbeugte.

Die wahre Kunst, ein guter Bediensteter zu sein, das lernte ich schnell, bestand darin, so viele meiner Aufgaben wie möglich zu erledigen, ohne dabei gesehen zu werden. Ein Bediensteter hatte ein Schattendasein zu führen und am besten unsichtbar zu sein. Im Extremfall konnte dies bedeuten, dass eine Armee von Zofen und Lakaien sich in einem Versteck verbarg, bis die Luft rein war. In Sandringham House schossen Zofen in eine Besenkammer unter der Treppe, um nicht gesehen zu werden, wenn die Queen in die große Eingangsdiele herunterkam. Dieses Versteckspiel führte zu mancherlei bizarren Situationen, wenn etwa Bedienstete hinter der geschlossenen Tür zu einem Durchgang in ein Schlafzimmer lauerten und das Ohr an die Tür pressten, bis die einsetzende Stille ihnen anzeigte, dass sie jetzt ohne Gefahr herauskommen konnten. Aus einer dunklen Nische heraus beobachteten sie auch das Wohnzimmer, um, sobald der letzte Gast gegangen war, hervorzukommen, die leeren Gläser abzuräumen, das Feuer zu schüren, die Kissen aufzuschütteln und den Teppich zu bürsten.

Wie ich bald feststellte, überboten einige Mitglieder des königlichen Hofstaats die königliche Familie in Sachen Snobismus. Bei allem und jedem gab es eine Hackordnung, sogar bei den Mahlzeiten des Personals. Es war ein Klassensystem wie auf der *Titanic*, peinlichst gehütet von den Hofmarschällen, den »Männern in Grau«, wie die Prinzessin von Wales sie nannte. Die unterste Ebene des Personals – die Hilfsbutler und Lakaien, die Köche und Zofen, die Pförtner und Briefträger, Stallburschen und Chauffeure – saß in trauter Eintracht an weiß eingedeckten Tischen in einem Raum im Erdgeschoss, der wie eine Arbeiterkantine mit Plastikstühlen und Linoleumboden ausgestattet war. Auf den Tischen standen Krüge mit Wasser, und jeder holte sich sein Essen selbst. Es ging laut und deftig zu.

Das Speisezimmer der Haushalter befand sich im ersten Stock und war mit gepolsterten Stühlen und Teppichen ausgestattet.

Die Atmosphäre war geschäftsmäßig. Dieser Raum war dem gehobenen Personal vorbehalten, das zwanzig oder mehr Dienstjahre vorzuweisen hatte oder für treue Dienste ausgezeichnet worden war. Dort speisten unter dem Vorsitz des Haushofmeisters einfache Pagen, Pagen im Dienst, Pagendiener, Oberbutler, Oberlakaien, Ankleidedamen der Queen und ihr Chauffeur. Ihre bevorzugte Position machte sich in Form verschiedener Brotsorten, einer gemischten Käseplatte und Crackers bezahlt.

Gleich nebenan lag das Speisezimmer der Hofbeamten, das nur persönlichen Sekretären und Assistenten, Beratern, Pressereferenten, Schreibkräften und Verwaltungspersonal vorbehalten war.

Noch höher in der Rangordnung stand der weitaus prächtigere Lady Barrington's Room mit seiner hohen Zimmerdecke und einem Kandelaber in der Mitte. Hier vertieften sich die Assistenten des Hofmarschalls, der Königlichen Hausdame und der Zahlmeister in Smalltalk oder ernsthaftere Gespräche. Diese Mitarbeiter standen so hoch auf der Skala, dass sie sich einen Sherry oder Whisky vor und einen Wein zu den Mahlzeiten genehmigen durften.

Neben dem Bow Room lag schließlich das luxuriöseste Speisezimmer von allen, reserviert für die *Creme de la Creme* des Hofstaats. An den Wänden hingen Porträts der königlichen Sammlung über den Chipendale- und Sheraton-Buffets. Man speiste auf feinem Porzellan und mit Silberbesteck, der Wein wurde in Kristallgläsern kredenzt und stammte aus den königlichen Kellern. Diese Pracht und Herrlichkeit war das stolze Vorrecht der Hofdamen, der ranghöchsten Hofdamen der Königin. Der Ersten Kammerfrau der Königin, der Privatsekretäre, Pressesprecher, des Indentanten der königlichen Privatschatulle, des königlichen Kaplans, der persönlichen Kammerdamen und -herren und des Großkämmerers. Hier ging es steif und vornehm zu, etwa wie in einem konservativen Club.

Seltsamerweise war dieser Saal viermal so groß wie das Speisezimmer der Königin und aufwändiger eingerichtet.
Die Feinheiten der Speiseordnung wurden für Neulinge wie mich zum unerschöpflichen Studienobjekt. Bevor mir die Verantwortung übertragen wurde, am königlichen Tisch zu bedienen, musste ich mein Handwerk in Anwesenheit des Großkämmerers erlernen und erproben, was damals eine nervenaufreibende Erfahrung war. Ich musste ein Experte darin werden, einen perfekten Tisch zu decken – das Besteck in einem Zentimeter Abstand von der Tischkante auszulegen und dafür zu sorgen, dass die Gedecke sich glichen wie ein Ei dem anderen. Oder eine Serviette so zu falten, dass sie wie die Federn des Prinzen von Wales aussahen. Oder darüber zu wachen, dass ein Wein oder Champagner nie mehr als halb voll eingeschenkt wurde.
Drei Monate lang folgte ich wie ein Schatten einem erfahrenen Lakaien, von dem ich die höheren Weihen unserer Zunft empfing: von dem Gespür dafür, das Dinner der Königin heiß und zum richtigen Zeitpunkt von der Küche in ihr Speisezimmer zu tragen, bis zur Technik, mit Geduld und Spucke die Stiefel eines Stallmeisters blitzblank zu polieren. Sosehr ich mich im Schatten meines Mentors zu halten hatte, so wichtig war es zugleich, die allergrößte Wachsamkeit an den Tag zu legen, denn außerhalb des Speisesaals gab es eine weitere Aufstiegsmöglichkeit für einen Lakaien, nämlich Kammerdiener zu werden.
Aus der stockdunklen Ecke eines Schlafzimmers, in dem ein Gast fest schlief, beobachtete ich meinen Lehrer Martin Bubb, der souverän seines Amtes waltete: Die Kunst bestand darin, mucksmäuschenstill und flink wie ein Wiesel zu sein und darüber hinaus über ein ausgezeichnetes Nachtsehvermögen zu verfügen. In den königlichen Palästen und Schlössern gibt es keine Wecker. Der Lakai oder Kammerdiener – oder die Zofe – betritt den Raum auf die Sekunde genau zu einem angewiesenen Zeitpunkt und weckt den Herrn oder die Herrin. Auf

leisen Sohlen betrat Martin das Zimmer und stellte in Armeslänge vom Bett ein kleines hölzernes »Wecktablett« mit frisch aufgebrühtem Tee, einem Glas Orangensaft und einem Verdauungskeks auf einen Stuhl. Zeigte dies nicht die gewünschte Wirkung, so verfehlte die nächste Maßnahme nur selten ihren Zweck. Martin begab sich zum Fenster und zog die Gardinen zurück, so dass das Tageslicht den Raum überflutete. Sobald mich das Licht da, wo ich reglos wie ein Kleiderständer ausharrte, preisgab, fühlte ich mich wie ein völlig nutzloser Eindringling.

Sobald der Herr sich rührte, hob Martin die abgelegten Kleider vom Vortag auf, holte für Hose, Hemd und Smoking einen Bügel aus dem Schrank, den er außen an die Tür hängte, stellte dann die Schuhe zum Putzen dazu und entsorgte zuletzt die Unterwäsche. Für den anbrechenden Tag wählte er frische Kleider, die er in einer Weise bereitlegte, die ich mir einprägen musste: eine gebügelte und gefaltete Hose flach über den Sitz eines Stuhls gelegt, die Ecke einer Tasche so vorgestülpt, dass sie daran mühelos hochzuheben war; ein taufrisches, gefaltetes Hemd quer auf die Hose platziert, an dem jeder Knopf geöffnet war und die Manschetten bereits eingesteckt waren; eine saubere Unterhose zuoberst; die Schuhe mit offenen Senkeln neben einem Sessel; die Socken darüber. Anschließend ging Martin zur Ankleidekommode hinüber und öffnete die oberste Schublade, um einige Krawatten herauszunehmen (ein Kammerdiener muss dem Herrn stets die Wahl lassen und nicht nur eine bereitlegen). Schließlich durfte auch ein sauberes, gebügeltes Taschentuch nicht fehlen.

Dann winkte er mir, und ich folgte ihm ins angrenzende Badezimmer. Der Mann schlief immer noch. Nachdem er die Tür hinter uns zugezogen hatte, erklärte er mir das »Badezimmer-Verfahren«. Er drehte die Wasserhähne auf und ließ ein lauwarmes Bad ein, breitete einen Vorleger auf den Boden und zog einen Badezimmerstuhl heran. »So legen Sie ein Badetuch bereit«, sagte Martin. Er drapierte es der Länge nach über den Stuhl, so dass der Herr, wenn er sich hinsetzte, es sich umlegen und beim Aufstehen wie einen Morgenmantel tragen konnte. Damit war Martins Arbeit getan, und wir verließen das Schlafzimmer.

Auf diese Weise verfuhren die Ankleidedamen und Kammerdiener nicht nur bei den Gästen, sondern auch bei allen Mitgliedern der königlichen Familie. Es war ein unschätzbares Training – zumindest in der Theorie. Als ich nämlich zum ersten Mal allein diente – einem ziemlich alten Herrn –, geriet ich in Bedrängnis. Ich konnte seine abgelegten Kleider auf dem Boden nicht finden und überlegte fieberhaft, wo er sie nur hingelegt haben könnte, bis er plötzlich einen Arm unter der Bettdecke hervorstreckte. Er war vollständig angezogen.

Später erfuhr ich, dass der Prinz von Wales besonders ausgefeilte Bedürfnisse hatte, die seine Kammerdiener, von dem verstorbenen Stephen Barry bis zu Michael Fawcett, zu berücksichtigen hatten. Ein silberner Schlüssel, mit den Federn seines Wappens verziert, war an das Ende der Zahnpastatube geklemmt, so dass sie wie der Deckel einer Sardinenbüchse aufgerollt werden konnte – eben weit genug, um so viel herauszudrücken, wie auf die Zahnbürste passte. Sein Baumwollpyjama musste jeden Morgen gebügelt werden.

Es gehörte zum Aufgabenbereich eines Lakaien, sämtliche Türen und Eingänge des Palastes zu besetzen und die roten Regierungsschatullen, die vom Innenministerium in der Downing Street oder dem Außenministerium abgegeben wurden, durch die Flure zur Suite der Queen zu bringen.

Dem Außenstehenden mag dieser Grad an Unterwürfigkeit seltsam erscheinen, doch ohne das gewaltige Räderwerk der königlichen Hofhaltung könnte die Monarchie nicht funktionieren. Sie ist gleichsam der Maschinenraum und entscheidet zugleich über den ersten Eindruck, den die königliche Familie vermittelt. Jedes Rädchen, von einem Hilfsbutler bis zum

Großkämmerer, dreht sich unablässig jede Minute und jede Stunde des Tages, um das Leben und die Aufgaben der königlichen Familie so reibungslos wie möglich zu gestalten. Die Queen pflegt mit den meisten ihrer Bediensteten einen freundschaftlichen Umgang, und das Verhältnis zwischen Arbeitgeber und Arbeitnehmer ist von gegenseitigem Respekt geprägt; die Förmlichkeit beim Arbeitsablauf wechselt mit der zwanglosen Atmosphäre bei hofinternen Anlässen.

An einem Tag, an dem ich vielfältige Aufgaben zu erledigen hatte, ging plötzlich die Lifttür auf, und wie durch Zauberei stand die Queen im Erdgeschoss, so dass die Hofdamen vor ihr knicksten und die Privatsekretäre und Kammerherren sich respektvoll verneigten. Es war eine ganz und gar förmliche Szene. Wenn sie und ihre Begleitung dann zurückkamen, verweilte die Queen häufig in der Nähe des Lifts und unterhielt sich mit dem Personal. Vielleicht hatte es im Lauf des Tages einen amüsanten Vorfall gegeben, und Ihre Majestät lächelte und plauderte nun, um am Ende ihren Mitarbeitern für den angenehmen Tag zu danken. Sobald sie sich umdrehte, um in den Lift zu steigen, kehrte die Förmlichkeit zurück, nur dass die Knickse und Verneigungen mehr von Herzen kamen. Einige dieser Gesten waren ein wenig übertrieben: Ich erinnere mich an eine bestimmte Hofdame, die so tief knickste, dass man es in den Knien knirschen hörte und Angst hatte, sie könnte das Gleichgewicht verlieren und vornüberpurzeln.

Seit dem ersten Moment am Hof hatte ich – und habe bis heute – enormen Respekt vor Ihrer Majestät. Sie ist eine bemerkenswerte, freundliche und christlich gesinnte Dame, doch es sollte eine ganze Weile dauern, bis ich sie besser verstand. Ich war der Lakai, der sich den Spitznamen »Buttons« erwarb. Martin Bubb und mein Kollege Alastair Wanless nannten mich so, weil ich dem Livreezimmer zugeteilt war, wo ich die goldgeprägten Knöpfe polieren und an Dutzende von Livreen annähen musste. Das war eine mühsame Arbeit, die in den drei Monaten meiner Probezeit viele Stunden in Anspruch nahm.

Als Großbritannien sich auf das silberne Jubiläum der Queen vorbereitete, wurde das Personal härter als je zuvor gefordert, zumal es beinahe wöchentlich Bankette gab. In jenem bedeutsamen Jahr bekleidete ich noch einen niederen Rang und spielte eine untergeordnete Rolle. Von meinem Beobachtungsposten in meinem Zimmer aus sah ich zu, wie die vergoldete Krönungskutsche, die für König Georg III. gebaut worden war, die Queen bei der feierlichen Staatsparade aus dem viereckigen Hof fuhr, um sie durch die Straßen von London zur St. Paul's Cathedral zu bringen. Andere Lakaien liefen in festlicher Livree neben der Kutsche her, umringt von königlichen Leibgardisten (im Volksmund *Beefeaters* genannt) und der Gardekavallerie. In der Ferne hörte ich die dicht gedrängte Menge jubeln. Es war erst das zweite Mal, dass die Königin in dieser beeindruckenden, doch nicht sehr komfortablen Karosse fuhr; das erste Mal hatte sie sie zu ihrer Krönung 1953 benutzt. Bei ihrer Rückkehr hörte ich, wie sie bei einem Cocktailempfang sagte: »Ich hatte vergessen, wie unbequem diese Fahrt ist.«
Am 2. Juni 1977 wurde jedem im Palast, der mindestens ein Jahr Dienst hinter sich hatte, eine Silbermedaille an einem weißen Band überreicht. Ich war der einzige Lakai, der keine bekam, da ich erst ein halbes Jahr da war. Ich konnte mir ausmalen, wie lange ich noch als vierzehnter Lakai würde weiterschmachten müssen. Es sollte viel kürzer sein, als ich dachte.

Wie ein Lauffeuer verbreitete sich in Windsor Castle das Gerücht von einem »Unfall« in einem der Schlafzimmer, doch alle Indizien sprachen für eine andere Erklärung des Vorfalls. Eine halb leere Flasche Gin stand neben einer offenen Tablettenschachtel auf dem Nachttisch. Ein Mann, der an Depressionen gelitten hatte, lag bewusstlos im Bett. Wir erlebten den seltenen

Anblick eines Krankenwagens an der Pforte des Augusta Tower an der Südfront des Palastes. Er fuhr ohne Blaulicht und Sirene heran, um unnötiges Aufsehen zu vermeiden. Die Sanitäter gingen in ein Zimmer im zweiten Stock. Der persönliche Lakai der Queen – einer der beiden, die der Monarchin wie ein Schatten folgten, wo immer in der Welt sie sich auch aufhielt – lag nach einem Selbstmordversuch in kritischem Zustand auf der Bahre ausgestreckt. Es war April 1978. Der besagte Lakai überlebte, kehrte jedoch nie wieder an seinen Arbeitsplatz zurück und ging aus gesundheitlichen Gründen vorzeitig in Pension. Etwa um dieselbe Zeit trat Ernest Bennett, der Page der Queen (der im Rang über einem Lakaien steht), nach einem langen, untadeligen Dienst, der bis auf das Ende des Zweiten Weltkriegs zurückreichte, in den Ruhestand. Diese beiden Ereignisse führten zu einer Umbildung des Hofstaats im unmittelbaren Umfeld der Queen, in deren Verlauf ich völlig überraschend befördert wurde.

Die lockeren Witzeleien der Lakaien in unserem Aufenthaltsraum im Palast drehten sich um wilde Spekulationen, wer in die privilegierte Stellung eines persönlichen Lakaien der Königin aufsteigen würde, eine Aufgabe, die auch die Obhut der neun Corgis einschloss. Kollege Paul Whybrew war der erste, der befördert wurde, doch man brauchte noch einen zweiten. Zu meiner Überraschung hatte die Queen die Lakaien beim Lunch und bei den Cocktailpartys in diskreter Weise beobachtet und sozusagen aus dem Augenwinkel heraus ihre Sorgfalt, ihre Manieren, ihr Erscheinungsbild und ihre Gesamtleistung begutachtet. Wir hatten alle im Schaufenster gestanden, ohne es zu wissen.

Einige Tage später wurde ich in das Büro des Oberlakaien John Floyd gerufen. »Würde es Ihnen gefallen, der persönliche Lakai der Königin zu werden?«, fragte er mich.

Die Antwort fiel nicht schwer. Nach nur sechzehn Monaten hatte ich einen Traumjob, eine einflussreiche Position am königlichen Hof, denn jede Stellung in solcher Nähe zur Queen gilt als eine besondere, privilegierte Position. Nur eine ganz kleine Schar von Menschen befindet sich in der engsten Umgebung der Monarchin und hat automatisch Zugang zu ihr. Die einflussreichsten Menschen sind nicht die Beamten, die ihr bei ihren Aufgaben als Staatsoberhaupt helfen und ihre Terminkalender führen, sondern ihre Ankleidedamen, Pagen und Lakaien, mit denen sie ihre Privatsphäre teilt. Ich stand plötzlich auf der Seite der Informierten. Es kam nicht selten vor, dass ein Privatsekretär bei mir auf den Busch klopfte, um die Stimmung der Queen oder ihre Reaktion auf ein bestimmtes Ereignis zu sondieren, bevor er zur Audienz hineinging. Die Mitglieder des Hofstaats machten nur ihre Hausaufgaben, wenn sie von den persönlichen Bediensteten der Queen hier und da einen kleinen Wink einholten. Mein Wort bekam ein gewisses Gewicht.

Der Umstand, dass sie zwei Pauls als Lakaien hatte, erleichterte der Queen den Umgang mit uns, da, wenn sie den Namen rief, einer immer zur Stelle war – doch für uns war es einigermaßen verwirrend. So erfand Ihre Majestät Spitznamen für uns: Ich wurde mit einsfünfundsiebzig »Klein-Paul« und mein Kollege mit einsfünfundachtzig »Groß-Paul« – Small Paul und Tall Paul.

Es half der Queen, aber nicht Prinzessin Margaret. Am Telefon half die Größe nicht weiter. »Wer ist dran? Small Paul oder Tall Paul?«, fragte sie dann in ihrer charakteristischen gedehnten Sprechweise, die gegenüber der Sprache ihrer Schwester geschwollen wirkte.

Mir fiel es immer schwer, dann zu antworten: »Small Paul am Apparat, Eure königliche Hoheit.«

Zehn Jahre lang wurden wir von der gesamten königlichen Familie mit unseren Spitznamen angeredet.

Die Beförderung zum »*Queen's Footman*«, dem persönlichen Lakaien der Queen, brachte ein willkommenes Vorrecht mit sich. Ich zog auf die andere Seite des Flurs, mit einer großartigen Aussicht über die Mall. Ich hatte das vierte Fenster von links, unter dem Giebel.

Jeden Morgen fing mein Tag um sieben Uhr so an, wie er abends endete – mit der Aufgabe, die neun Corgis Brush, Jolly, Shadow, Myth, Smokey, Piper, Fable, Sparky und Chipper, der der einzige Rüde im Rudel war, auszuführen. Nach ihrem Spaziergang durften sie ins Schlafzimmer der Queen. Die Hunde – und eine Tasse Tee – waren ihr Weckruf um acht.
Um neun war es Zeit für einen zweiten Gang. Die Queen öffnete ihre Schlafzimmertür, wo ich bereitstand und jeden der Hunde, der zum Vorschein kam, einfing. Neun Corgis an neun Leinen brachten einiges an Zugkraft auf, die sie eines Tages in Sandringham House auch unter Beweis stellten. Corgis sind willensstarke kleine Geschöpfe, und jeder Hund wollte als erster zur Tür hinaus. Eines Morgens war ein wenig Schnee gefallen, und die Eingangsstufen waren ebenso wie die Einfahrt gefährlich glatt.
Als die Türflügel aufgingen und ich mich umdrehte, um sie mit einer Hand zu schließen, rissen mich neun Hundeleinen in die entgegengesetzte Richtung. Ich fiel hin, schlug mit dem Kopf auf die Treppe und wurde ohnmächtig, während die Corgis durch den Schnee davonjagten. Als ich wieder zu mir kam, sah ich die Gesichter der Queen und von Prinzessin Anne über mir. »Paul, geht's wieder?«, fragte die Queen. Ich hatte rund zehn Minuten dort gelegen, als sie mich fanden. Sie halfen mir auf die Beine. Ich fühlte eine riesige Beule am Kopf und hatte mir am Rücken einen Muskel gezerrt. Die Schmerzen waren heftig. Die Queen rief den Arzt für Allgemeinmedizin, Dr. Ford, und verordnete mir für den Rest des Tages Bettruhe. Zum Glück hatte irgendjemand die Corgis wieder eingefangen. Sie zu füttern machte weniger Mühe. Es war ein wahres Festessen für Hunde, und die Queen fütterte ihre geliebten Haus-

tiere persönlich, wann immer sie konnte. Bei diesen Gelegenheiten konnte ich, sei es in Buckingham Palace, in Windsor Castle, in Sandringham House oder in Balmoral Castle, ganz ungezwungen mit Ihrer Majestät plaudern. So wurde die Fütterung der Hunde zu meiner persönlichen Gesprächszeit mit der Queen, der Zeit, in der ich mit ihr reden konnte, ohne dass jemand zuhörte oder unterbrach, und über die Jahre kam eine ganze Reihe schöner Unterhaltungen zusammen.

Ich gewöhnte mich an den Anblick der Queen, wie sie hingebungsvoll mit Silberlöffel und -gabel Portionen von Pedigree Chum, vermischt mit frischem Kaninchenfleisch, Trockenkeks und Soße obendrauf austeilte. Manchmal bekamen die Corgis als besonderen Festschmaus Fasanenreste vom Vorabend dazu. Mir fiel die Aufgabe zu, neun gelbe Plastikschüsseln auf je eine Matte zu stellen, während sie jeden einzelnen mit Namen rief. Bei diesen Gelegenheiten war die Queen immer besonders guter Dinge, gesprächig und entspannt. Sie erzählte Anekdoten von früher, und es kam nicht selten vor, dass ich herzhaft mit ihr lachte.

Oft begann sie mit der Frage »Wissen Sie, was das Seltsamste ist, was mir mal passiert ist?« Wenn sie alte Feunde wiedergesehen hatte, fragte sie: »Wissen Sie, wen ich gestern getroffen habe?« Wenn etwas Komisches geschehen war, begann sie mit »Das war urkomisch ...« Noch besser war es, wenn eines ihrer Pferde als erstes ins Ziel gekommen war. »Haben Sie gehört, dass eins meiner Pferde in ... gewonnen hat?«, fragte sie mich dann.

Bei einer unserer vielen Unterhaltungen bei der Hundefütterung erzählte mir die Queen eine erstaunliche Geschichte über einen früheren Monarchen, König Charles I., und nahm mich auf eine Zeitreise ins Jahr 1649 mit, als Oliver Cromwell an der Spitze einer monarchiefeindlichen Menge in London einzog und Charles I. hinrichten ließ. »Wissen Sie«, sagte sie, »neulich ist etwas sehr Merkwürdiges passiert. Ich bekam einen

Brief von jemandem, dessen Vorfahre in der Menge stand, als König Charles I. hingerichtet wurde.« Sie gab die letzten Augenblicke des Königs vor dem Bankettsaal in Whitehall wieder, unmittelbar bevor sie ihn köpften. Während Ihre Majestät das Hundefutter mischte, fuhr sie fort: »Als sie ihm den Kopf abschlugen, splitterte ein Stück seines Schlüsselbeins ab und flog in die Menge, und der Vorfahre hat es aufgehoben. Es wurde in dessen Familie von Generation zu Generation weitervererbt, und jetzt haben sie mir diesen Knochensplitter geschickt.«
Inzwischen hatte ich die Corgis zu meinen Füßen vergessen. »Was haben Sie damit getan, Eure Majestät?« – »Es gab nur eins, was ich damit tun konnte, Paul«, sagte sie, »ich musste ihn seinem rechtmäßigen Eigentümer wiedergeben. Ich habe veranlasst, dass er in den Sarkophag von König Charles I. gelegt wurde.« Sie erzählte weiter, wie sie beim Öffnen des Sarkophags entdeckten, dass der abgetrennte Kopf des Königs wieder an den Rumpf genäht worden war. »Und wissen Sie was? Weil der Sarg luftdicht abgeschlossen ist, war sogar sein Bart noch unversehrt – völlig erhalten«, erzählte eine staunende Königin einem noch erstaunteren Diener.
»Das ist unglaublich, Eure Majestät – buchstäblich der Geschichte ins Gesicht zu sehen!« Sie gluckste bei dem Gedanken. Der Humor der Queen kam zu voller Entfaltung, wenn sie privat ihr Nachahmungstalent unter Beweis stellte. Und dann ihre Gabe für regionale Akzente! Sie hatte eine besondere Vorliebe für die Aussprache im East End, den irischen Akzent und die regionalen Einfärbungen in Yorkshire, Merseyside und Australien, die sie mit viel Sympathie nachahmte, weil sie die Eigenheiten und die Wesensart der Menschen bewunderte, denen sie auf ihren königlichen Rundreisen begegnete. Elisabeth II. als Stimmenimitatorin ist nicht gerade das, was man von der Königin von England vermutet hätte, doch Hofdamen und Privatsekretäre haben sich mehr als einmal bei solchen Gelegenheiten ausgeschüttet vor Lachen.

Ich werde nie das Royal-Ascot-Rennen vergessen, als ich in scharlachroter Livree in einem offenen Landauer hinter Ihrer Majestät saß und jemand aus der Menge in reinstem Cockney-Englisch brüllte: »*Gi' us a wave, Liz*«, etwa: »Winkste ma', Lisbeth?« Ein solch von Herzen kommender, spontaner Gruß brachte die gesamte königliche Gesellschaft zum Schmunzeln, nur Prinz Charles, der seiner Mutter gegenübersaß, hatte nicht gehört, was der Mann gerufen hatte. »Was hat er gesagt, Mummy?«, fragte er.

Mit perfekt nachgeahmten Akzent antwortete die Queen: »›Winkste ma', Lisbeth!‹, hedde jesach.« Charles und sein Vater lachten, und die Queen winkte weiter.

Wenn nur mehr Menschen das natürliche Lachen der Königin oder ihr Lächeln sehen könnten! Hinter dem Pomp und Prunk, der Tradition, dem Protokoll und dem Pflichtgefühl, das sie über alles stellt, verbirgt sich eine warmherzige, natürliche Frau, die überhaupt nicht dem verzerrten Bild der herben, strengen und kalten Monarchin entspricht, das die Bevölkerung von ihr hat. Der Mann auf der Straße sieht jedoch nur dieses verfälschte Bild. Man wird kaum jemanden finden, mit dem man sich leichter unterhalten kann als mit der Queen, und sie hat ganz und gar nichts Großspuriges oder Pompöses an sich. Wir haben oft über den Garten geplaudert, über das Wild oder über andere Mitglieder des Hofpersonals. Sie verriet ein natürliches Interesse an Menschen und sprach über Leute, die sie kannte, und über solche, auf deren Bekanntschaft sie sich freute. Ihre Majestät ist wie eine Landedelfrau, die zufällig zugleich die Königin ist.

Außerdem ist sie die fürsorglichste Hundebesitzerin, die man sich vorstellen kann. Wenn einer der Corgis einmal Husten hatte, lag sie auf Händen und Knien und stemmte ihm das Maul auf, während sie ihm eigenhändig mit einer Spritze den Hustensaft einflößte. Die Corgis konnten allerdings, so niedlich sie aussahen, auch kämpfen. Einmal hatte ich, als die Queen zum

Dinner aus war, auf BBC 1 *Dallas* gesehen und wollte anschließend die Hunde ausführen. Als ich mir den Mantel anzog, sausten sie den Flur hinunter und veranstalteten ein höllisches Spektakel. Das Rudel ging auf Jolly, den Corgi von Prinz Andrew und Prinz Edward, los, so wie sich Jagdhunde auf einen eingekeilten Fuchs stürzen. Jolly war die Kleinste und Schwächste und wurde von den anderen übel zugerichtet. Als ich um die Ecke kam, war dem armen Tier der Bauch aufgerissen, und alles war voller Blut. Christopher Bray, der Page der Queen, hatte das Knurren und Kläffen und den Tumult gehört und kam zu Hilfe. Mit vereinten Kräften trennten wir die raufenden Hunde, indem wir jeden einzeln einsperrten. Dabei schnappten sie nach uns beiden und erwischten uns einige Male. Ich zitterte vor Aufregung, weil ich überzeugt war, dass die kleine Jolly sterben würde. Und dann, so dämmerte mir, würde die Queen außer sich sein.

Der Tierarzt wurde gerufen und der Arzt, um Christophers und meine Bisswunden zu behandeln. Es war nicht mehr nötig als eine Tetanusspritze und ein Heftpflaster, doch Jolly wurde weggebracht und musste operiert werden. Sie überlebte, aber sie wurde mit zwanzig Stichen am Bauch genäht.

Als die Queen vom Dinner zurückkam, erzählte ich ihr etwas beklommen von dem Vorfall. Bei dieser Gelegenheit erlebte ich zum ersten Mal die Toleranz der Queen. Sie war zwar bestürzt, aber verständnisvoll. Sie ging in ihr Ankleidezimmer und kam mit zwei homöopathischen Arnikatabletten zurück, die sie mir in die Hand drückte. »Hier, Paul, das beschleunigt die Heilung«, sagte sie. Damals wusste ich noch nicht, dass die Hunde des öfteren miteinander kämpften. Wenn sie bei der Fütterung schnappten und knurrten, schrie die Queen sie an: »Jetzt aber still.« »Sie können dermaßen aufsässig sein«, erklärte sie mir voller Verständnis.

Während wir die Corgis fütterten, drehte sich die Unterhaltung oft um die Themen, die der Queen am wichtigsten waren:

Pferde, Hunde, Prinz Philip und ihre Kinder. Es war ein alter Witz beim Personal, dass die Themen in dieser Reihenfolge von Bedeutung für sie waren. Das ist natürlich ein bisschen unfair. Pferde und Hunde sind vielleicht nur eine große Leidenschaft von ihr. Die Hunde folgten ihr stets auf Schritt und Tritt. Das Geräusch flitzender Pfoten und das Hecheln der Tiere wurde für uns zu einem Frühwarnsystem, dass Ihre Majestät in der Nähe war.
Den Herzog von Edinburgh brauchte man an die Allgegenwart der Hunde nicht zu erinnern. Wenn die Queen über ihren offenen Regierungsschatullen am Schreibtisch saß, schliefen die Corgis als Türstopper an mehreren Eingängen zum Wohnzimmer. Sie versperrtem ihm fast immer den Weg, und er musste die Tür aufschieben. Mit seiner heiseren Stimme sagte er einmal: »Mistviecher! Wieso hast du so viele?«
Die Queen konnte seine Frustration nie nachvollziehen. »Aber Liebling, sie eignen sich so zum Sammeln«, antwortete sie. Draußen in der Welt begeistern sich die Menschen für Briefmarken. Die Queen sammelt Corgis, obwohl sie übrigens auch Philatelistin ist und die größte Privatsammlung im Land besitzt, die auf ihren Großvater König Georg V. zurückgeht.
Die Hunde begrüßten Fremde stets im Chor mit Geknurr und Gebell, doch ein kurzes »Jetzt seid aber still!« von ihrer Herrin war genug, und sie gaben Ruhe. Selbst die Hunde gehorchten ihr.
Sie zu füttern war leicht. Sie auszuführen war die weitaus schwierigere Aufgabe. Bei schlechtem Wetter hatte Ihre Majestät eine besondere Art, anzudeuten, dass es Zeit für einen Spaziergang war. »Gassi!«, rief sie den Hunden zu. Wenn ich in Balmoral aus dem Fenster sah, war es immer dasselbe: Es schüttete wie aus Eimern. Mein Gott, dachte ich, denn ein Spaziergang musste mindestens fünfundvierzig Minuten dauern. »Na, kommt schon, Chipper, Piper, Smokey …« Ich machte neun rote Leinen fest und trottete hinaus in den strömenden

Regen. Im kargen schottischen Hochland fand ich bald Schutz in einem dichten Waldstück in der Nähe des Flusses Dee, das nicht weit vom Schloss entfernt lag. Währenddessen tollten die Corgis ausgelassen herum.

Jeder Hund trug ein Halsband mit einer runden Marke, auf der die Worte »*HM The Queen*«, »Ihre Majestät, die Königin«, eingraviert waren, für den Fall, dass einer verloren ging, wovor ich am meisten Angst hatte, wenn ich auf sie aufpasste. Nie werde ich den Tag vergessen, an dem ich nach fünfundvierzig Minuten, müde und klatschnass, nur mit acht statt neun triefenden Corgis zurückkam.

»Oh, das sind nur acht«, sagte die Queen alarmiert. Shadow fehlte.

Ich muss schreckensbleich geworden sein, doch die Queen sah mich nur wortlos an.

»Keine Sorge, Eure Majestät, ich gehe zurück und finde sie.« Es schüttete immer noch.

Nach einer halben Stunde fand ich Shadow am Fluss und konnte aufatmen.

Chipper wurde mein Liebling, und auch die Queen spürte die wechselseitige Sympathie zwischen uns. Nachdem ich ein Jahr in ihren persönlichen Diensten gestanden hatte, erlaubte sie ihm, in meinem Zimmer zu schlafen, doch nur in Balmoral, Sandringham und Windsor, nie in Buckingham Palace, da mein Quartier dort viel zu weit weg auf dem ersten Stock lag. Wann immer wir unterwegs waren, schlief Chipper jedoch am Fußende meines Einzelbettes, bis er nach neun Jahren starb.

Das Leben einer Monarchin ist von Routine geprägt und muss nach der Uhr ablaufen. Die Ankleidedame der Queen betrat das Schlafzimmer um acht mit einem »Wecktablett« und einer Porzellankanne Earl-Grey-Tee. Die Corgis stürmten herein und begrüßten sie, sobald die Gardinen aufgezogen waren.

Der königliche Milchmann lieferte seinen Kasten aus Windsor, lange bevor irgendjemand sonst wach war. Eine Herde Jersey-Kühe im Windsor Great Park beliefert die Queen und die königliche Familie täglich mit Vollfettmilch in Flaschen mit breiten Hälsen und der blauen Aufschrift »*EIIR Royal Dairy, Windsor*« sowie einem grün-goldenen Deckel. Die Sahne kommt in gewachsten Kartons an, die ähnlich beschriftet sind. Um neun ging die Queen gewöhnlich durch ihr Wohnzimmer in ihr Speisezimmer, ihr altmodisches Roberts-Transistorradio in der Hand, das sie stets auf BBC 2 eingestellt hatte. Wenig später hatte ich dann einen Esstisch mit einem frugalen Frühstück gedeckt: eine Scheibe Vollkorntoast, einen Klecks Butter und eine dünne Schicht dunkle Orangenmarmelade. Der Raum war für Mahlzeiten im Familienkreis gedacht, doch die Queen speiste hier auch oft allein. Der runde Tisch für vier stand in der Mitte, während die hereinströmende Sonne die Schatten des großen Sprossenfensters auf den riesigen Teppich warf. An den mit blauer Seidentapete ausgeschlagenen Wänden hingen in vergoldeten Rahmen Landschaftsgemälde aus der königlichen Kunstsammlung.

Die Queen an der Kredenz, während sie wartete, bis in dem elektrischen Kocher das Wasser brodelte und sie sich in einer Silberkanne selber einen Tee aufbrühen konnte, wurde ein alltäglicher Anblick für mich. Dann setzte sie sich und überflog die britischen Zeitungen, die in festgelegter Reihenfolge ordentlich in einem flachen Stapel so auf dem Tisch lagen, dass von jeder die Kopfzeile zu sehen war: Von unten nach oben waren dies *The Times*, der *Daily Telegraph*, der *Daily Express*, die *Daily Mail* und der *Daily Mirror* und obenauf die volle Titelseite einer gefalteten *Sporting Life*, einer Zeitung über Pferderennen. Ihre Lieblingszeitschriften waren *Harpers & Queen*, *Tatler* und *Horse and Hound*. Sie hat niemals die *Sun* oder den *Daily Star* gelesen, war aber, dank einer detaillierten Zusammenfassung, die die Pressestelle jeden Morgen erstellte und ihr neben die Zeitungen auf den Tisch legte, immer bestens informiert.

Der *Daily Telegraph* war mit dem Kreuzworträtsel nach oben gefaltet. Die Queen *musste* einfach immer beide Rätsel der Zeitung lösen. Manchmal lag sie Wochen zurück, doch dann wurden die täglichen Kreuzworträtsel in einem immer höheren Stapel aufbewahrt und gingen sogar mit ihr auf Reisen, um irgendwo auf der Welt in Angriff genommen zu werden.

Als Erstes nahm sie sich also *Sporting Life* vor, um die Pferderennen vom Tage sowie Siegertabellen nachzulesen. Ihr kleines Rennnotizbuch wurde immer von ihrem Rennmanager mit den Daten, Rennen und Rennkategorien, in denen ihre Pferde an den Start gingen, auf den neuesten Stand gebracht. An Tagen, an denen die Wappenfarben der Queen auf einem Programm standen, las sie die Siegertabelle noch aufmerksamer und überflog das übrige Feld. Wenn die Queen ihre Pflichten als Staatsoberhaupt überhaupt vergessen konnte, dann über ihrer Leidenschaft für Pferde. Sie war fasziniert vom »Sport der Könige«, von den Pferden und den Trainern, den Jockeys und sogar den Stallknechten, den Gewinnern und auch den Verlierern.

Wenn man ein Thema für leichte Konversation mit der Queen sucht, dann sind Pferde ein bombensicherer Tipp. Doch man sollte sich vorher mit dem Metier vertraut machen, denn sie besitzt das umfangreiche Wissen eines Experten – von den Gewinnern berühmter Rennen zu Vorgaberennen oder Jockey-Gewichten bis zu den vielen Dingen, die bei der Zucht zu berücksichtigen sind. Ich habe nie gewagt, diesem Expertenwissen zu widersprechen, sondern habe höchstens bei seltenen Gelegenheiten frech versucht, mir sozusagen ganz oben einen Wetttipp einzuholen, wenn eines ihrer Lieblingspferde ins Rennen ging.

»Wie ich sehe, läuft Highclere heute, Eure Majestät. Hat er Chancen?«, fragte ich eines Tages.

»Kommt ganz drauf an, Paul«, antwortete sie und erging sich in wissenschaftlichen Ausführungen über Jockeygewichte, Konkurrenten, Klasse und Geläuf, so dass ich hinterher so gescheit war wie zuvor.

Ein königlicher Tipp wollte sich nie einstellen, doch – loyal bis zum bitteren Ende – habe ich in Ascot und Epsom beim Derby, dem einen klassischen Flachrennen, bei dem ihr Stall bis heute leer ausgeht, immer unverdrossen auf die Pferde der Queen gesetzt.

Um zehn begann das Tagesgeschäft. Die Queen saß an ihrem Schreibtisch im Wohnzimmer, der seitlich am großen Fenster stand und auf dem sich eine altmodische, schaltbrettartige Gegensprechanlage befand. Sie drückte den dicken, quadratischen Knopf mit der Kennzeichnung »Privatsekretär« und sagte in überaus nettem Ton: »Würden Sie wohl bitte heraufkommen?«

»Natürlich, Ma'am«, lautete die Antwort, Ma'am mit ä gesprochen, nicht mit a.

Sekunden später war der Privatsekretär – damals Sir Martin Charteris – mit forschem Schritt im Korridor, eine Ablage mit Briefen in der Hand. Nach leisem Klopfen trat er ein und stand, etwa eine Stunde lang, neben der sitzenden Monarchin, um Anfragen, Verpflichtungen und schwierige politische Fragen, die Land und Commonwealth betrafen, mit ihr zu erörtern. Privatsekretäre oder Personen mit ähnlicher Funktion sitzen während einer Audienz bei der Queen grundsätzlich nicht, es sei denn, sie werden ausdrücklich dazu aufgefordert.

Die Queen ist es gewöhnt, auch einmal einen ganzen Tag lang allein an ihrem Schreibtisch zu arbeiten oder allein zu speisen. Es gab kein Mikrophon, um einen Lakaien oder Pagen zu rufen: Stattdessen drückte sie auf eine Klingel, und eine rote runde Scheibe fiel in eines von mehreren runden Fensterchen in einer Holzbox an der Wand im Anrichtezimmer gegenüber ihrer Wohnung. Unter jedem Loch stand die Bezeichnung des

Zimmers, in dem sich die Queen gerade aufhielt: WOHNZIMMER, SCHLAFZIMMER, SPEISEZIMMER, AUDIENZZIMMER, SALON und so weiter.

Die Stunden zwischen elf und ein Uhr waren im Palast immer privaten Audienzen oder anderen Vormittagsverpflichtungen vorbehalten. Dies war auch die Zeit, in der Minister, Geheimräte oder Botschafter der Queen im Glanz des Bow Room oder des Eighteenth-century Room anlässlich ihrer Amtseinführung der Königin vorgestellt wurden, und zwar nach einer uralten Zeremonie, die als »Der Handkuss« bekannt war. Jeder zu ernennende Kandidat kniete sich dabei hin, nahm mit der Rechten die dargebotene Hand der Queen – die Finger leicht geschlossen – und berührte sie mit einem hauchzarten Kuss. Bei all diesen Anlässen blieb die Königin stehen, zuweilen zwei Stunden lang. Kein Wunder also, wenn sie zurückkam und als Erstes fragte: »Ist das Tablett mit den Drinks fertig, Paul?« Gewöhnlich war ich ihrer Frage längst zuvorgekommen. Oft bereitete sie sich selber ein Glas ihres Lieblingsdrinks vor dem Mittagessen, Gin und Dubonnet, halb und halb, mit zwei Würfeln Eis und einer Zitronenscheibe. Das Mittagessen wurde immer um eins serviert, und es währte ungefähr eine Stunde. Wenn sie keine Termine hatte, machte die Queen mit den Corgis ausgedehnte Spaziergänge in den Gartenanlagen, die bis zu zwei Stunden dauern konnten. Während sie sich das Kopftuch umband und den Mantel anzog, drehte sie sich oft zu mir um und sagte: »Würden Sie wohl das Rennen aufnehmen?« Das war eine Anweisung, irgendwann zwischen halb drei und fünf Uhr den Videorekorder auf die Fernsehübertragung eines Rennens in Epsom oder Ascot, York oder Goodwood einzustellen. Falls ein Rennen nicht übertragen wurde, dann dröhnte eine Direktverbindung – derselbe Audioservice, der überall in Großbritannien in die Wettbüros sendete – auch in Buckingham Palace. Dann lauschte sie aufmerksam, bis das Rennen kam, in dem eines ihrer Pferde an den Start ging, und hoffte, seinen Namen zu hören. Lakaien und Pagen wussten, dass sie die Queen niemals während eines Rennens stören durften. Das wäre der Gipfel der Unverschämtheit gewesen. Diese drei Minuten lang hatte alles andere zu warten.

Die Queen isst oder trinkt nie zwischen den Mahlzeiten. Wo immer sie gerade in der Welt weilte, wurde grundsätzlich pünktlich um fünf Uhr der Tee gereicht. Ob sie sich nun in einem königlichen Palast in Saudi-Arabien befand oder an Bord der königlichen Jacht *Britannia* oder in Buckingham Palace, ich sorgte dafür, dass sie einen Earl-Grey-Tee mit einem Spritzer Milch bekam, ein Sandwich ohne Rinde und etwas Süßes. Fast nie aß jemand aus der königlichen Familie die heißen Fruchtscones, die täglich vom Hofkonditor Robert Pine gebacken wurden. Die Queen zerbrach sie und verfütterte sie Stück für Stück an die Corgis. Für die Hunde waren sie dagegen der höchste Genuss, und sie bettelten, verrenkten sich oder drehten sich im Kreise.

Sobald die Queen mit dem Tee fertig war, kam wieder das Getränketablett zum Zuge, doch niemals vor sechs Uhr, und sie genehmigte sich dann einen Gin Tonic. Mit einer offiziellen Feier am frühen Abend, einer Cocktailparty oder einem Dinner klang der königliche Tag oft aus. Wenn es der dichte Terminplan zuließ, entspannten sich die Queen und der Herzog von Edinburgh zusammen und genossen das Abendessen, während sich die Corgis im ganzen Zimmer räkelten. Dinner war stets um viertel nach acht – außer wenn die Königinmutter zu Gast war. Denn die Königinmutter kam grundsätzlich zu spät. Grundsätzlich. Strenge Terminpläne wurden ignoriert, und das Abendessen konnte sich bis halb neun oder sogar neun verzögern. Und jedes Mal tat sie vollkommen unschuldig, wenn sie kam. »Oh, komme ich zu spät? Wartet ihr schon auf mich?«, sagte sie dann mit ihrer Flüsterstimme.

Die Uhren hätten nicht weiterticken sollen, wenn man sich zum Kirchgang versammelte. In Sandringham waren einmal

die Männer schon vorausgegangen, und die Queen wartete, zusammen mit einer Hofdame, während ich wie gewöhnlich am Eingang stand. Sie warteten und warteten und warteten, dabei sollte der Gottesdienst um elf beginnen. Während die Uhr tickte, steckte die Queen jeden Finger einzeln in ihre schwarzen Handschuhe und sagte: »Kommt Queen Elizabeth noch, oder worauf warten wir?« Mit dieser etwas pikierten Frage meinte die Queen natürlich die Königinmutter, denn diese wurde innerhalb der königlichen Familie »Queen Elizabeth« genannt.
Um Punkt elf war ein schlürfendes Geräusch auf dem Korridor zu hören, und die Königinmutter erschien in ihrem gewohnten federbesetzten großen Hut. »Oh, bin ich spät dran? Wartet ihr schon lange?«
Niemand sagte ein Wort, und alle hatten ein Lächeln auf dem Gesicht, während ich vorausging und die Wagentür öffnete. Sobald die Queen bequem auf dem Rücksitz saß, musste ich auf den Knien in den Wagen kraxeln und ihr eine Decke über die Beine legen. Immer.
Glücklicherweise verlief der Alltag der Queen in sehr regelmäßigen Bahnen. In Buckingham Palace wurde, wenn sie das Abendessen allein zu sich nahm, entweder im Speisezimmer oder im Wohnzimmer der Fernseher angestellt. Ich blieb an der Tür stehen – stehen, wohlgemerkt –, um ihr noch eine Weile Gesellschaft zu leisten, wenn sie *Morecambe and Wise*, eine Krimiserie, oder die Neun-Uhr-Nachrichten der BBC sah.
Als ich einmal im Anrichtezimmer stand und nichts mehr zu tun hatte, schreckte mich königlicher Aufruhr aus meinen Gedanken. Ein Freudenschrei kam aus dem Wohnzimmer, in den die Corgis mit wildem Gekläff einstimmten. Der Page, Christopher Bray, und ich sahen uns gegenseitig fragend an.
Unangekündigt sprangen wir beide zur Tür, machten sie auf und wurden sofort hereingerufen. »Kommen Sie, schnell«, sagte sie aufgeregt. Sie war aufgesprungen und strahlte vor Freude. »Phantastisch«, fügte sie hinzu. Torvill und Dean

hatten soeben bei den Olympischen Spielen in Sarajevo die Goldmedaille im Eiskunstlauf zur Musik von Ravels »Bolero« gewonnen.

Nach dem Abendessen hatte ich, bevor der Tag für mich endete, noch zwei Pflichten zu erfüllen. Ich stellte zwei Gläser und eine Flasche stilles Malvern-Wasser für die Queen und eine Flasche Glenfiddich-Whisky sowie eine kleine Flasche Double-Diamond-Bier für den Herzog von Edinburgh auf ein Tablett. Dann führte ich die Corgis noch einmal aus. Bei meiner Rückkehr brachte ich sie in den am Flur der Queen gelegenen Raum, in dem sie schliefen. Manchmal kam sie zu diesem Gutenachtritual dazu. Womöglich noch im Abendkleid mit Diamantkollier und -ohrringen ging sie auf die Knie und vergewisserte sich, dass jeder Hund es in seinem eigenen Körbchen oder Sitzsack bequem hatte. »Lassen Sie das Fenster für sie offen. Gute Nacht, Paul.« Wieder ging ein Tag zu Ende.

Die Queen dagegen hatte noch eine Aufgabe. Bevor sie das Licht ausknipste, führte sie äußerst gewissenhaft ihr persönliches Tagebuch, in das sie nur mit Bleistift schrieb. Ein Zeugnis für das königliche Archiv wie die Tagebücher der Königin Victoria! Selbst zur Schlafenszeit fühlte sich die Queen noch an ihre Pflicht gebunden.

Im Mai 1978 kam eine neue Näherin in den königlichen Haushalt. Sie hatte die Aufgabe, die Socken von Prinz Philip zu stopfen, Anzüge und Hemden zu ändern, Bettwäsche auszubessern und die Handtücher der Corgis zu waschen. Eine Zeit lang nahm ich keine Notiz von ihr. Sie war gewissenhaft und nach meinem ersten Eindruck unkompliziert, intelligent und fröhlich. Aber sie mochte mich nicht.

Ich glaube, es war mir zu Kopf gestiegen, dass ich so schnell zum persönlichen Lakaien der Königin avanciert war. Der Junge aus dem Bergarbeiterdorf im Norden pflegte inzwischen Plauderstündchen mit der Königin und war damit betraut, ihr das Leben angenehm zu machen. Ein solcher Erfolg erweiterte meinen Horizont. Ich hatte das Gefühl, dass alles möglich sei, und entwickelte ein neues Selbstbewusstsein, so dass ich, wenn ich durch die königlichen Flure schritt, mehr und mehr das Gefühl bekam, dass ich über mich selbst hinauswüchse. Selbst mein nördlicher Akzent verlor sich, und meine Sprache bekam nach und nach den Schliff derer, die im Palast verkehrten.

Ich war noch immer ein Mensch aus der Arbeiterklasse, doch vielleicht machte ich auf einige im königlichen Hofstaat irrtümlich den Eindruck, hochnäsig geworden zu sein. Zumindest dachte die Neue so von mir. Tochter streng katholischer Eltern aus Liverpool, war sie aus dem kleinen Dorf Holt in Wales nach London gekommen.

Mein Fehler war offenbar gewesen, dass ich mit den schmutzigen Handtüchern der Corgis in den Wäscheraum marschiert war, sie vor ihren Füßen zu Boden fallen ließ und großspurig verkündete: »Handtücher!«

Sie brauchte ihre Verachtung gar nicht zum Ausdruck zu bringen. Der Ausdruck in ihrem Gesicht sprach Bände. Sie erzählte Freunden, ich sei nichts weiter als ein blöder Fatzke. Sie hieß Maria Cosgrave und war meine künftige Frau.

1979 war Maria zum Oberzofe aufgestiegen und war für die Belgische Suite zuständig, ein eigenständiges Apartment mit mehreren, zum Garten gelegenen Räumen. Es war die wichtigste Suite im Palast, da hier immer Staatsbesuch untergebracht wurde.

Marias Beförderung fiel mit meiner ersten Fahrt in der Staatskarosse als persönlicher Lakai der Queen im Frühling desselben Jahres zusammen. In voller Staatslivree mit dem blauen Reiterhelm aus Samt saß ich bei der feierlichen Staatsparade von Victoria Station zum Palast, die über Whitehall und die Mall führte, auf dem Rücksitz des 1902 vergoldeten Staatslandauers mit seinen riesigen Messinglaternen. Die traditionelle Aufgabe eines *Queen's Footman* ist es, alle Insassen der Kutsche mit seinem Schwert zu beschützen, doch die schlichte Tatsache, dass ich so nah bei Ihrer Majestät sein konnte und zum ersten Mal mit ihr ausfuhr, weckte in mir eine Euphorie, die nur durch mein Pflichtgefühl in Schranken gehalten wurde. Ich befand mich auf der linken Seite direkt hinter der Königin, die einen rosafarbenen Hut trug. Neben ihr saß Nicolae Ceaușescu von Rumänien, der in der Belgischen Suite schlief – mit einer Pistole unter dem Kopfkissen. Auf meiner Höhe ritt an der Seite auf einem der Pferde der Blues and Royals Household Cavalry Division, die den Landauer flankierte, ein guter Bekannter der Queen: Oberstleutnant Andrew Parker Bowles, seit sechs Jahren mit Camilla verheiratet.

Eine kleine Schar von Lakaien drängte sich um das Getränketablett im Salon von Sandringham House, dem edwardianischen Herrenhaus auf dem zwanzigtausend Morgen großen Anwesen in Norfolk, das – wie Balmoral Castle in Aberdeenshire – der Queen privat gehörte.
Neben dem Flügel und unterhalb der Holzbalustrade der Spielmannsgalerie waren die Lakaien und Zofen fleißig gewesen: Neben dem zweieinhalb Meter hohen steinernen Kamin mit seinen Vorsetzern in Löwen- und Einhorngestalt waren neue Scheite aufgestapelt; von den Beistelltischen des weitläufigen Raums waren leere Kristallgläser eingesammelt worden, bevor die Teppiche gebürstet, die Kissen aufgeschüttelt und die Kartentische für Kanasta und Bridge zusammengeklappt wurden. Die königliche Familie hatte sich in ihre Zimmer zurückgezogen, um sich für das Abendessen umzuziehen.
Die Dienerschaft dachte also, die Luft sei rein, und beschloss, sich heimlich ein Schlückchen Gin zu gönnen. Schließlich konnte niemand genau sagen, wie viel von den Gästen konsumiert worden war.
Als einer der Lakaien gerade den Kopf zurücklegte, um den

Drink schnell herunterzukippen, traf sein Blick ein vertrautes Gesicht, das von einem kleinen Fenster in einem Holzrahmen direkt neben der Spielmannsgalerie aus über den Raum blickte – die Queen. Der Lakai hätte sich fast verschluckt. Die Monarchin meldete diesen ernsten Regelverstoß zwar nicht, doch ihr Blick sprach Bände. Andererseits verstand niemand besser als sie, wie hart ihr Hofstaat, der zudem noch von der Außenwelt isoliert war, arbeitete. Dass sie absichtlich über den Vorfall hinwegsah, mag veranschaulichen, wie sehr ihr bewusst war, dass ihr Personal ab und zu einmal einen harten Drink gebrauchen konnte, um mit dem anstrengenden Dienst und der Einsamkeit fertig zu werden. Die Toleranz der Queen war legendär.
Als ich einmal in Sandringham in einem engen Durchgang auf dem Erdgeschoss neben der Queen saß, die gerade die Corgis fütterte, flog eine Tür auf, die zu einem Treppenhaus zwischen den Personalunterkünften und dem Haupthaus führte. Ein lang gedientes Mitglied des Personals kam – offensichtlich betrunken – zum Vorschein, wankte und prallte gegen die nächste Wand. Als er sich durch das Minenfeld der Corgis durcharbeitete, entdeckte er die Queen, die ihn – Gabel und Löffel in der Hand – schweigend musterte. Er lallte etwas Unverständliches und ging seiner Wege. Ich war überzeugt, dass sie empört war und den altgedienten Mann wegen seines Betragens entlassen würde.
Doch die Queen runzelte nur die Stirn, sagte nichts und fütterte weiter ihre Corgis. Der Mann kam damit durch. Anders als ich. In Sandringham entfernte ich einmal ein Glas Gin Tonic aus dem Wohnzimmer der Queen, weil ich fälschlicherweise annahm, sie wolle es nicht austrinken, sondern sei gegangen, um sich für das Abendessen umzuziehen.
Maria und die Ankleidedame der Queen, Elizabeth Andrew, hockten, wie es sich gehörte, in einer Kammer unter der Treppe, um zu warten, bis Ihre Majestät zum Essen hinunterging

und sie ihr Zimmer aufräumen konnten, als sie hörten, wie die Queen rief: »Dieses Biest – dieses Biest. Er hat meinen frischen Drink weggenommen!« Sie kam den Flur entlang hinter mir her. Ich brachte den Drink wieder hoch und entschuldigte mich für mein Missgeschick.

Die Queen vermied, soweit es ging, Ärger in ihrem Hofstaat, auch wenn sie sozusagen unbegrenzte Macht besaß. Eines Abends nahm sie ihr Abendessen alleine ein, und ich servierte ihr ein Fischfilet. Sie runzelte die Stirn und sah mich unglücklich an. »Was soll ich damit?«, fragte sie.

»Ich werde es in die Küche zurückbringen, Eure Majestät, und Ihnen einen neuen Teller bringen.«

»Nein, nein, tun Sie das nicht, das könnte jemanden in Schwierigkeiten bringen«, antwortete sie und begnügte sich mit dem Gemüse und dem Salat. Niemand hat je davon erfahren.

Die Monarchin war dafür bekannt, dass sie von den ihr nahe stehenden Mitgliedern des königlichen Hofstaats einiges hinnahm, sei es Trunkenheit, schlechtes Essen, schlechte Manieren und schlechte Bedienung, weil ihr daran gelegen war, Frieden im Haus zu wahren. Natürlich hatte sie ihre Verhaltensmaßstäbe, aber auch die Geduld einer Heiligen. Ganz anders ihre Schwester Margaret, die für ihre Intoleranz berüchtigt war. Ihre hohen Erwartungen an das Dienstpersonal und das Protokoll duldeten nicht die geringsten Abweichungen. Wehe dem, der eine Grenze überschritt, denn ihr Temperament war so aufbrausend wie ihre Zunge scharf.

Dem Personal war es nicht gestattet, einen königlichen Fernseher zu benutzen. Nach einem Barbecue in einer Blockhütte auf dem Balmoral-Anwesen kam die königliche Familie in den Salon des Schlosses zurück. In der angrenzenden Bibliothek hatte ich zusammen mit einem anderen Lakaien und zwei Pagen bis spät in den Abend gewartet. Wir hatten in der Hoffnung, dass es niemand erfahren würde, den Fernseher angestellt.

Bei dem ersten Geräusch von Landrovern auf dem Schotter sprangen wir auf. Wir machten den Fernseher aus und kehrten auf unsere Posten zurück. Doch Prinzessin Margaret witterte etwas. Sie ging zum Apparat hinüber, legte die Hand auf die Rückseite, fühlte, dass er noch warm war, und verkündete: »Lilibet, *irgendjemand* hat ferngesehen!«
Es waren nur vier Schuldige im Zimmer, und wir fühlten uns alle gedemütigt. Wir ernteten einen vernichtenden Blick von Prinzessin Margaret. Doch die Queen sagte dankenswerterweise nichts.
Prinzessin Margaret war aber auch eine selbständige Frau. Eines Nachmittags sah ich sie, wie sie sich unter die Treppe bückte und in dem Korb mit Kaminholz nach ein paar neuen Scheiten für den Kamin im Salon wühlte. Ich dachte, sie könne vielleicht Hilfe benötigen, und so ging ich näher heran, räusperte mich und sagte: »Kann ich Ihnen helfen, Eure königliche Hoheit?«
Sie stand langsam auf, drehte sich um und ließ mich wissen: »Ich war einmal bei den Pfadfindern.« Dann bückte sie sich wieder und machte weiter. Prinzessin Margaret hatte auch eine heitere Seite, wie mein bester Freund im Palast, der Hauslakai Roger Gleed, einmal in Sandringham herausfand. Er dachte, alle Mitglieder der königlichen Familie hätten den Salon verlassen, und so platzte er, als aus dem Plattenspieler Opernmusik ertönte, herein und mimte mit ausgestreckten Armen einen Tenor. Wir übrigen versuchten, ihm mit Kopfschütteln und aufgerissenen Augen Zeichen zu geben, dass Prinzessin Margaret noch am Kamin saß und mit einem langen schwarzen Mundstück eine Zigarette rauchte. Irgendwann fiel der Groschen. Roger hielt abrupt inne und lief dunkelrot an. Schweigend klatschte die Prinzessin im Zeitlupentempo Applaus und sagte schließlich: »Bravo ... bravo. Ich wusste gar nicht, was für Talente wir unter uns haben.«
Vielleicht wäre die Queen nicht gar so nachsichtig gewesen,

wenn sie das volle Ausmaß der Dienstbotenmätzchen gekannt hätte. Viele von uns entwickelten eine eindeutige Vorliebe für Gin, der auch am leichtesten zugänglich war. Einige Lakaien perfektionierten die Kunst, täglich aus Kristallkaraffen Gin abzuzapfen und heimliche Vorräte in Chromkesseln anzulegen. Kein anderes Mitglied des Hofstaats konnte an einem Lakaien etwas Verdächtiges finden, der mit einem Kessel den Flur entlangkam. Auch leere Tonicwasserflaschen wurden mit Gin aufgefüllt und an der Innenseite der Frackschöße hinausbefördert, wo beutelartige Taschen ins Futter eingenäht waren.

Diese Vorräte hielten die Trinkgelage in Gang, die auf den Fluren der Personalunterkünfte häufig abgehalten wurden. Das Personal des Hofstaats arbeitete hart und amüsierte sich gut, und fast jede Woche gab es in Buckingham Palace solche geselligen Runden entweder zum Mittagessen oder am Abend. Selbst wenn die Queen nichts von den geheimen Ginvorräten wusste, war ihr die Tatsache, dass es regelmäßige Partys gab, auf jeden Fall bekannt, und es ist stark anzunehmen, dass sie dies stillschweigend tolerierte, weil eine treu dienende Belegschaft auf diese Weise Dampf ablassen konnte.

Denn das Leben in königlichen Diensten war reglementiert, ermüdend und nicht gerade gesellig. Unser Arbeitsplatz – ein Palast, Schloss oder Landsitz – war zugleich unser Zuhause. Der königliche Hofstaat kann alle, die darin essen, schlafen und unablässig im Dienst sind, einengen und ihnen die Luft zum Atmen nehmen. Er führt zwangsläufig zu einer eingeschworenen, von der Außenwelt abgeschotteten Gemeinschaft, und die endlosen Partys wurden aus dem Bedürfnis geboren, Spaß zu haben und auszubrechen.

Es war keine Umgebung, in der man seine Freunde oder seine Freundin zu sich einladen und bei sich übernachten lassen konnte. Niemand, der nicht verheiratet war, konnte in die Metropole hinausgehen und sagen: »Komm mal auf einen Abend

zu mir rüber.« Alle Gäste mussten zunächst eine strenge Sicherheitskontrolle über sich ergehen lassen – und bis spätestens um halb zwölf Uhr nachts wieder gehen.
Die Bezahlung war, bei freier Verpflegung und Unterkunft, in vielen Fällen eher bescheiden. Wer hier beschäftigt war, musste die Ehre zu schätzen wissen, der Monarchin zu dienen.
So, wie Soldaten, die Land und Königin dienen, um selbstverständliche Freiheiten zu verteidigen, tragen die Bediensteten bei Hof dafür Sorge, dass das Räderwerk der Monarchie reibungslos funktioniert. Jeder, der diesen Weg einschlägt, richtet sein Leben so aus, dass es in das feinmaschige Netz der Zeiteinteilung, Regeln und Richtlinien passt. Und ganz wie bei der Armee gab es diesen kindischen Hang zur Kumpanei. Im Hofstaat fehlte es nie an Spaßvögeln. Neuzugänge mochten in ihr Zimmer gehen und feststellen, dass die gesamte Einrichtung, bis hin zur Glühbirne, verschwunden war. Eine bedauernswerte Zofe fand eine tote Fledermaus, die dem Turm von Balmoral entnommen war, mit ausgestreckten Flügeln auf ihrem Kopfkissen. Als wir die Schreie hörten, wussten wir, dass sie sie gefunden hatte. In Balmoral hängten ein paar Schlingel unter den Lakaien am Hintereingang im Pend Yard Unterwäsche wie Flaggen an eine Wäscheleine. Unglücklicherweise ging der Schuss nach hinten los, als herauskam, dass auch der Schlüpfer einer Hofdame für den Streich hatte herhalten müssen. Besagte Dame fand das gar nicht komisch. Der Haushofmeister ließ die Wäscheleine wieder abnehmen und uns wissen, dass er unseren Scherz geschmacklos fand.
Streiche halfen uns dabei, der Langeweile und Eintönigkeit der Routine zu entgehen, und dasselbe galt für die Partys. Im obersten Stockwerk des Palastes täuschten die gedämpften Lichter, die man vom Vordereingang aus sehen konnte, über die Discoatmosphäre im Inneren hinweg. Alle amüsierten sich, und im Pagentrakt des für Männer reservierten Flügels bis hin zur »Finch Lobby«, dem entsprechenden Trakt für

die Frauen, waren alle zusammen. Wir schmückten die Durchgänge unter den Treppen mit Girlanden. Keine Tür blieb zu, und alle machten mit – so wie auf einem Hotelflur, den eine Geschäftsdelegation geschlossen bewohnt. Durch die Korridore dröhnte Musik, und wir tanzten zu Donna Summer, Barry White und Abba. Dabei mussten wir der Leiterin der königlichen Hauswirtschaft, Miss Victoria Martin, tunlichst aus dem Weg gehen, denn sie hatte eine Vorstellung von Disziplin, die einer Schuldirektorin Ehre eingelegt hätte. »Männern ist der Zutritt zum Frauentrakt untersagt!«, brüllte sie mir eines Nachmittags entgegen. Ich hatte nichts weiter getan, als von der Pflegestation zum Pagenflur eine Abkürzung durch die »Finch's Lobby« zu nehmen. Sie hütete ihre Mädchen wie eine Glucke, und die Vorstellung, dass Zofen und Ankleidedamen auf den Fluren von Pagen und Lakaien herumstreunten, war ihr zuwider.

Sie machte regelmäßig ihre Runde. Die Zofen wagten es nicht einmal, in den Aschenbechern ihrer eigenen Zimmer Zigarettenstummel liegen zu lassen. In den Unterkünften der weiblichen Bediensteten wurde ein wahrhaft königlicher Reinlichkeitsstandard eingehalten, und Miss Martin, die eine ehemalige Marineoffizierin war, erwartete, dass jeden Morgen alle Aschenbecher ausgeleert wurden. Fand sie auch nur einen Stummel, bekam sie einen Tobsuchtsanfall, und so hörte man die Mädchen oft stöhnen, dass Miss Martin mal wieder durchgedreht sei. Unsere Partys bedurften deshalb sorgfältiger Planung, um sie auf die Tage abzustimmen, an denen die Hausdame nicht da war, sei es während einer Reise, eines Urlaubs oder auch, wenn sie fest schlief.

Das Personal, das nach Sandringham oder Balmoral mitkam, hatte es mit großzügigeren Hausdamen zu tun. Die Folge waren allabendliche Treffen, bei denen alle die Zwangsjacke der Dienstzeit hinter sich ließen und sich ausgelassen amüsierten. Vielleicht war es so nicht verwunderlich, dass das Personal das

Schloss im schottischen Aberdeenshire in »Immoral Balmoral« umtaufte.

Der Hof zieht jedes Jahr zum alljährlichen Sommerurlaub der Queen von Anfang August bis Anfang Oktober von Buckingham Palace nach Balmoral Castle um. Wenn es wieder so weit war, ging das *House of Windsor* stets an Bord der königlichen Jacht *Britannia*, die von Portsmouth aus eine einwöchige Kreuzfahrt unternahm: die westlichen Inseln entlang, dann durch die Irische See entlang der Westküste Großbritanniens über die verstreuten schottischen Inselchen nach Norden. Schließlich wurde ein östlicher Kurs Richtung Aberdeen eingeschlagen.
Meine Kabine war von 1979 bis 1986 die Nummer 44 auf dem Unterdeck – mit einer Schiebetür aus Metall, einem Bullauge, einer Einzelkoje, einem Sekretär sowie einem Waschbecken aus rostfreiem Stahl. Zwischen mir und dem Meer war nichts weiter als eine mit Nieten zusammengehaltene Metallhaut. Ich hatte die Schiffsschrauben direkt unter mir, die mich mit dem pulsierenden Geräusch, das sie verursachten, indem sie durch die Wellen pflügten, immer schnell einschläferten. Bei stürmischer See, wenn die Wellen gegen die Luke schlugen, glich das Bullauge dem einer Waschmaschine im Schleudergang.
Das gesamte Vorschiff – alles, was vor dem Hauptmast lag – wurde von der 250 Mann starken Besatzung der Royal Navy, den »*yachties*«, bewohnt, und alles im hinteren Teil, achtern, war dem etwa dreißigköpfigen Hofstaat der Queen vorbehalten.
Auf See fiel eine meiner zentralen Aufgaben weg – die Corgis auszuführen, die stets per Flugzeug, und zwar an Bord einer Andover aus der Staffel der Queen, nach Aberdeen gebracht wurden. An Bord bestand meine Pflicht darin, mich auf dem hinteren Verandadeck um die Queen zu kümmern. Dieser Teil des Schiffs besaß eine seitlich verglaste Sonnenlounge, die zu

einem offenen Deck weiterführte, von wo aus man einen freien Blick über das Meer hatte und zusehen konnte, wie sich das Kielwasser in der Ferne verlor. Grundsätzlich folgte in Sichtweite eine Marinefregatte.

Jeden Tag stellte ich zum Frühstück um neun und zum Fünf-Uhr-Tee für die Queen und Prinz Philip einen Kartentisch auf. Zum Mittagessen um eins und dem Abendessen um Viertel nach acht gesellten sie sich zu den anderen auf dem Hauptdeck. Das Essen wurde stets auf dem wappenverzierten Porzellan serviert, das zur königlichen Jacht *Victoria and Albert* gehörte. Auf diesen Schiffspassagen war es eine besondere Kunst, das beladene Holztablett der Queen zu tragen. Statt quer konnte ich es in den schmalen Gängen und auf den steilen, leiterartigen Metallstufen nur längs vor mir her balancieren. Es passierte nicht selten, dass eine plötzliche Schieflage des Schiffs in stürmischer See damit endete, dass mein Tablett mitsamt Geschirr zu Boden fiel und das Porzellan zerbrach. Wenn nur das Tablett genauso ausgerüstet gewesen wäre wie der Esstisch: obwohl auf Hochglanz poliert, hatte er eine Art Magnetfeld, auf dem das kostbare Geschirr, das Silber und die Gläser, haften blieben.

Mahlzeiten bei rauer See waren eine Qual. Wenn das Schiff stark auf und ab schaukelte und ich gerade zwei Schüsseln mit Gemüse in der Hand hielt, lief ich zuerst bergauf und im nächsten Moment herab. Ich lernte, breitbeinig zu stehen und die Knie anzuwinkeln, um das Gleichgewicht zu wahren, und die Queen fand es amüsant, wenn sie sah, dass Mitglieder ihres Hofstaats plötzlich grün im Gesicht wurden und dass ihr Lakai solch merkwürdige Kellnermanieren an den Tag legte. An ruhigen Tagen ging die *Britannia* am frühen Abend in einer seichten Bucht vor Anker. Motorboote brachten die königliche Familie an Land, wo es Barbecues an einsamen Stränden gab, mit Fleisch, das der Küchenchef vorbereitet hatte. Marineoffiziere brieten am offenen Feuer, und die Royals setzten sich auf Reisedecken auf den Boden. Dies verschaffte dem Personal des Hofstaats Gelegenheit, an Bord zu entspannen, sich einen Drink zu genehmigen oder zwischen verschiedenen Offiziersräumen Quizfragen hin und her gehen zu lassen, die wir über den drahtlosen Bordfunk mit Verstärker austauschten.

Für die Queen war es stets *ein* Höhepunkt dieser Reisen, vor der schottischen Küste von Caithness vorbeizufahren, wo ihre Mutter zu Hause war. Ihr *Castle of Mey* stand auf einem Kliff. Wenn wir das Castle passierten, kam das gesamte Personal an Deck und winkte mit Servietten, Tischtüchern oder Bettlaken, während Offiziere der Navy Lichtsignale aussandten und die Schiffssirene aufheulen ließen.

Das Personal der Königinmutter hängte als Antwort Wäsche aus den Türmchen und bleiverglasten Fenstern und brannte ein Feuerwerk auf dem Dach ab. Es war ein beeindruckendes Ritual. Die Queen stand, mit einem Feldstecher bewaffnet, auf ihrem Deck und hielt nach der Königinmutter Ausschau, die ihrerseits vom Land aus nach ihrer Tochter spähte. Wenn sie sich entdeckt hatten, winkten sie aufgeregt. Einige Tage später sahen sie sich in Balmoral wieder, wo die Königinmutter zwei Wochen lang im Schloss wohnte, bevor sie zu ihrer eigenen Residenz Birkhall auf dem Balmoral-Anwesen umzog.

Zur Vorbereitung des Urlaubs in Balmoral hatte die Army tonnenweise Gepäck in Hunderten von Schrankkoffern von Buckingham Palace nach Schottland transportiert, während die *Britannia* im Schneckentempo die Küste hoch fuhr. Die Queen packte Haus und Hof, aber ließ den Palast hinter sich. Riesige weiße Laken wurden über Schreibtisch, Sofas, Esstisch und Buffets gebreitet, so dass die gesamte Wohnung unter ihnen begraben lag. Dafür gingen ganze Reiseschränke auf Rollen, Schrankkoffer voll mit Hüten, Geschirr, Silber, Kristall, gerahmte Fotos, kistenweise Bücher sowie Fernseher, Videogeräte, Radios, Spirituosen und edle Weine mit ihr auf die Reise. Kleider für alle erdenklichen Anlässe wurden sorgfältig gepackt, einschließlich eines schwarzen Kleids mit passendem Hut, um für den Fall der Fälle gewappnet zu sein. Ein lederner Schrankkoffer war mit zwanzig Schottendecken voll gepackt, und ein anderer enthielt eine geliebte Sammlung Kilts. Ihre Majestät trug in Balmoral jeden Tag einen Schottenrock, und das Gleiche galt für die Königinmutter, Prinzessin Margaret und Prinzessin Anne. Die Queen trug das Royal-Stewart-Tartan oder das grüne Hunting-Stewart-Tartan, doch ihr Lieblingsmuster war das graue Balmoral, das den Mitgliedern der königlichen Familie vorbehalten war.

Die Prinzen Philip, Charles, Andrew und Edward trugen tagsüber und abends Kilts, die sie als abendliche Garderobe mit Smoking kombinierten, wohingegen die Damen die Kilts vom Tage stets gegen Abendkleider tauschten. Beim Gillies Ball, dem Glanzpunkt der Festsaison in Balmoral, wogten und wirbelten leuchtend bunte Tartans mit wechselseitig verschränkten Armen in Zickzackreihen über das Parkett das Ballsaals, trieben auseinander und flogen wieder aufeinander zu. Dies war die einzige Party, die Miss Victoria Martins Zustimmung fand, und die Familie, der Hofstaat und das dortige Personal tanzten zusammen – Königin, Herzog, Prinzen, Prinzessinnen, Lakaien, Zofen, Gärtner und eben die *gillies*, die schottischen Jagdgehilfen. Ein Kontingent der schottischen Garde, die *Black Watch*, stand mit seiner Uniform im blau-grünen Tartan auf der Spielmannsgalerie und erfüllte den Raum mit Dudelsack- und Akkordeonweisen, die vom rhythmischen Klatschen und Juchzen vom Tanzboden aus skandiert wurden. Im Jahr 1970 tanzte ich bei diesem Anlass mit der Queen – wenn auch auf einem Tanzboden mit 150 anderen Tänzern. In dem Reigen ständig wechselnder Partner sah sich zur Melodie des »Dashing White Sergeant« unversehens der Lakai der Monarchin gegenüber. Meine Tanzgruppe, die aus drei Bediensteten bestand, tanzte plötzlich Auge in Auge mit einer anderen Dreiergruppe, an deren Ende sich die Queen befand.

Die beiden Dreierformationen vereinigten sich zu einem Kreis von sechs, und ich verschränkte die Hände mit der Queen. Ich weiß nur noch, dass ich, verschwitzt, wie ich war, versuchte, sie nicht zu fest zu drücken.

The Queen's Pipe Major, der Leiter der Regiments-Dudelsackkapelle, kündigte jeden Tanz an und spielte auch bei jedem festlichen Abendessen der Familie auf. Doch darüber hinaus kam ihm jeden Morgen eine traditionelle Aufgabe zu, ein Brauch, den Königin Victoria eingeführt und die jeder nachfolgende Monarch seither beibehalten hatte. Wenn die Uhr neun schlägt, spielt er, wo immer die Queen gerade offiziell residiert, eine Reihe von Melodien auf dem Dudelsack und marschiert zehn Minuten lang einsam unter ihrem Schlafzimmerfenster hin und her – ein Ritual, das den Tagesanbruch anzeigen soll. Diese Tradition war immer dann von besonderem Reiz, wenn der voll tönende Klang über die Täler von Balmoral schwebte. Balmoral ist ein Zauberschloss, das 1853 von Prinz Albert für Königin Victoria erbaut wurde, damit sie sich dorthin von den Anstrengungen des öffentlichen Lebens zurückziehen und im Kreise ihrer Familie entspannen konnte. Balmoral besitzt, mehr als irgendeine andere königliche Residenz, nach wie vor diese behagliche, wohnliche Atmosphäre, insbesondere, da der Tagesablauf hier entspannter, das Leben weniger förmlich und die Queen stets bester Laune ist.

Wie für ihre Ururgroßmutter Victoria ist das abgelegene Balmoral der perfekte Zufluchtsort für die Queen, die dem Landleben so verbunden ist und nichts so sehr liebt wie lange Spaziergänge durch diese schottischen Täler. Ist Buckingham Palace ihr Amtssitz und Windsor Castle ihr liebster Wochenendsitz, Sandringham House der ideale Ort für Jagdgesellschaften, so wäre, wenn sie die Wahl hätte, Balmoral ihr eigentliches Zuhause.

In dem Schloss mit den vielen Türmchen und dem efeubewachsenen grauen Mauerwerk scheint die Zeit still zu stehen.

Die Initialien »VRI« – das königliche Monogramm der Königin Victoria – schmücken noch immer die Tapete in den prächtigen Dielen, und ein grüner Teppich im Hunting-Stewart-Tartan verliert sich im gedämpften Licht der Flure. Die Liebe zum Landleben beherrscht die Gestaltung des ganzen Schlosses. Sie äußert sich in den Angelruten, Stiefeln und Käschern, die in der holzgetäfelten Eingangsdiele hängen, in der auf dem im Schachbrettmuster schwarz-weiß verlegten Marmorboden eine *Grandfather clock* steht; ferner in den von fast jeder Wand in jedem Korridor dem Betrachter entgegenblickenden Hirschköpfen, den Jagdtrophäen von der Pirsch früherer Monarchen und den Landseer-Gemälden, die ebenfalls Hirsche darstellen, die in den nebligen Tälern äsen, sowie Spaniels, die durch Moor und Heide springen.

Es war ein autarkes Leben. Lachs, der im Dee geangelt, und Wild, das auf den Bergen geschossen wurde, bildeten Vor- und Hauptspeise beim Abendessen. Früchte – Blaubeeren, Himbeeren und Loganbeeren –, frisch im Obst- und Gemüsegarten gepflückt, wurden als Nachtisch gereicht. Das Abendessen kostete in Balmoral nie viel, und die Queen hielt die Unterhaltskosten für ihren privaten Wohnsitz, die sie aus eigener Tasche bezahlte, möglichst niedrig und verabscheute Verschwendung. Reste vom Abendessen machten die Corgis satt. Sie ging durch das Schloss und knipste eigenhändig das Licht in Räumen aus, in denen sich niemand mehr aufhielt, um Strom zu sparen. Morgens schaltete sie nur eine Rippe ihres Elektroofens in ihrem Ankleidezimmer an. Ihre Majestät schien gegen Zug und Kälte abgehärtet zu sein. Sie schlief regelmäßig bei offenem Fenster. Mitte Oktober konnte es gut sein, dass Ankleidedamen Schnee und Frost, die in den Highlands nicht lange auf sich warten ließen, auf dem Teppich unter der Fensterbank fanden. Die Corgis scharten sich dann oft um diese eine Heizrippe.

Mein Quartier war genauso kalt – so sehr, dass mich das

Schloss im Oktober oft an das Haus in Grassmoor erinnerte, in dem ich aufgewachsen war: kalte Linoleumböden und Eis an den Innenseiten der Fenster in einem spärlich eingerichteten Zimmer ohne Zentralheizung.

Als Kind habe ich dann meinen Namen in die Eisblumen geritzt. In Balmoral gibt es die Tradition, dass frisch vermählte Frauen aus der königlichen Familie, die in der Royal Visitors' Suite wohnten, ihren Namen mit einem Diamanten ihres Verlobungsrings in die Fensterscheibe ritzten.

1979 hatten die Medien angefangen, über die nächste königliche Braut zu spekulieren. Die Suche nach einer geeigneten Princess of Wales war in vollem Gange.

3.
EINE VERLIEBTE
PRINZESSIN

»Haben Sie sich verlaufen?«, fragte ich die desorientiert wirkende Besucherin. »Kann ich Ihnen behilflich sein?«

»Ja, entschuldigen Sie. Könnten Sie mir vielleicht den Weg in mein Zimmer zeigen?«, antwortete die junge Dame. Sie stand ein Stückchen vor mir in einem düsteren Flur im Erdgeschoss von Balmoral Castle, in dem sie umhergeirrt war. Sie hatte mich angesprochen, als ich auf die Treppe zuging, die zu den Gemächern der Queen führt. Nun überflog sie die maschinengeschriebenen Karten, die in den Namensschildern aus Messing an den Gästezimmertüren steckten. Ich erkannte sie wieder, da ich am Vorabend ihren Handkoffer von der Empfangshalle in ihr Zimmer im ersten Stock getragen hatte. Man konnte sich hier leicht verlaufen. Ein Flur sah so aus wie der andere; alle hatten weitgehend identische Holztüren, grüne Tartanteppiche, beige Velourstapeten und ausgestopfte Hirschtrophäen, die an den Wänden hingen. Es war ein Samstagmorgen im September 1980, und im Schloss war es still. Prinz Charles war mit dem Herzog von Edinburgh und den Prinzen Andrew und Edward auf Jagd. Die Königinmutter und Prinzessin

Margaret tauchten nur selten vor zwölf Uhr mittags auf. Die Queen war in ihrem Wohnzimmer.
Die junge Dame hörte während des kurzen Gangs über die Treppe gar nicht mehr auf, sich zu entschuldigen. Sie lächelte betreten und sagte: »Verzeihen Sie vielmals. Es ist schwer, sich in einem fremdem Haus zurechtzufinden.«
Während wir uns ihrem Zimmer näherten, beruhigte ich sie. »Kein Problem. Das ist doch selbstverständlich. Wenn Sie noch irgendetwas benötigen, zögern Sie nicht, danach zu fragen. Die Bediensteten hier sind sehr hilfsbereit.«
Sie bedankte sich, betrat ihr Zimmer mit dem Einzelbett und machte die Tür hinter sich zu.
Auf dem Namensschild stand: »Lady Diana Spencer«. Ein paar Schritte weiter lag das nächste Zimmer: »IKH, der Prinz von Wales«. Bei ihrem vorangegangenen Besuch im August hatte Lady Diana bei ihrer Schwester gewohnt, die mit Sir Robert Fellowes, dem stellvertretenden Privatsekretär der Queen, verheiratet war; deren Landhaus war über anderthalb Kilometer weit weg. Es war ihr zweiter Besuch auf Balmoral, aber ihr erster Aufenthalt im Schloss, in dem sie Gast von Prinz Charles war, der sie zusammen mit mehreren anderen Freunden eingeladen hatte.

Als das Hausmädchen Pauline Hillier den Mehrzweckraum im Erdgeschoss betrat, hielt sie in Kopfhöhe einen Kleiderbügel, an dem ein schlichtes langes schwarzes Abendkleid hing. Ich trank gerade einen Becher Kaffee. »Das ist das Kleid von Lady Diana. Sie hat nur dieses eine dabei, aber sie wird drei Nächte bleiben. Was macht sie nur?«, fragte sie, besorgt um Lady Diana Spencer, die Kindergärtnerin aus London.
Die meisten Damen, die zu Besuch kamen, brachten mehr als ein Abendkleid mit, und die Bediensteten wechselten sorgenvolle Blicke, befürchtete man doch, sie könnte sich in der vornehmen Gesellschaft blamieren. Sie war erst neunzehn, ein

Teenager in einem erlesenen Kreis von Herren und Damen in den Dreißigern und Vierzigern.

Ein Gast, der zum ersten Mal eingeladen war, hatte allen Anlass, nervös zu sein, auch wenn er sich nicht wegen seiner Garderobe den Kopf zerbrechen musste. Jeder Neuling war angespannt, wenn er zum ersten Mal im Schloss übernachtete: Wie sollte er die Mitglieder der königlichen Familie anreden? Zu welchen Zeiten wurden die Drinks eingenommen? Würde man den gesellschaftlichen Test der gepflegten Konversation bei Tisch bestehen? Würde man herzlich im »Schoße der Familie« aufgenommen? Wie sich herausstellte, bewahrten herrlich laue Abende Lady Diana vor einem modischen *faux pas*. Sie musste das Kleid nur einmal zum Dinner anziehen, weil an den anderen beiden Abenden Grillpartys in dem Blockhaus stattfanden, welches die Queen dem Herzog von Edinburgh zur silbernen Hochzeit geschenkt hatte.

Für die Hofhaltung war Lady Diana schlicht ein Gast von vielen, eine vornehme Begleiterin für den damals zweiunddreißigjährigen Prinz Charles. Sie war schweigsam und errötete leicht, aber es war nichts Außergewöhnliches an ihr. Den Bediensteten fiel allenfalls auf, dass sie hübsch, höflich und unprätentiös war – und ihre Garderobe war unangemessen für eine Dame, die am Arm des Thronerben ging.

Hofdamen hatten die dürftige Garderobe der Frau, die gemeinhin »Lady Di« genannt wurde, eingehend geprüft. Daraufhin bestellten sie in einem Londoner Geschäft Konfektionskleider: einen hellblauen Rock und eine ärmellose Jacke mit einer weißen, hoch geschlossenen Bluse und dazu passende Schuhe. Die künftige Prinzessin besaß keine Kleidung für feierliche Anlässe, doch etwas ebenso Elegantes wie Schlichtes galt als ein Muss für den 24. Februar 1981, an dem in Buckingham Palace ihre Verlobung mit Prinz Charles öffentlich bekannt gegeben werden sollte.

Im Erdgeschoss zerriss man sich die Mäuler, und die Medien ergingen sich in den wüstesten Spekulationen. Im Personalzimmer, in den Anrichteräumen und Küchen kursierte schon vor Weihnachten das Gerücht, dass »Lady Di das Rennen gemacht hat«. Lady Amanda Knatchbull war eine frühere Favoritin gewesen. Sie war die Enkelin von Lord Mountbatten – dem Onkel von Prinz Charles, der einem Bombenattentat der IRA zum Opfer gefallen war. Aber die guten Vorzeichen für Lady Armanda lösten sich in dem Moment auf, als der Hofjuwelier David Thomas in der Woche vor der Verlobung den Palast besuchte. Er wurde mit einem kleinen Aktenkoffer gesehen, und nach offizieller Darstellung enthielt dieser eine Auswahl an Siegelringen, von denen sich Prinz Andrew zu seinem 21. Geburtstag einen aussuchen sollte. Nur wenige Bedienstete glaubten dies, weil dieser Besuch viel zu sehr einer Nacht-und-Nebel-Aktion glich, und die Gerüchteküche wurde weiter angeheizt. David Thomas, der Verwahrer der Kronjuwelen in der Schatzkammer im Londoner Tower, hatte in Wirklichkeit Damenringe mitgebracht, wobei ihm die strikte Weisung erteilt worden war, auf Rubine und Smaragde zu verzichten. Eine Auswahl von Diamanten und Saphiren wurde auf einem Auslagekästchen angeordnet und anschließend der Königin zur eingehenden Prüfung vorgelegt, was recht ungewöhnlich war. Nachdem die Monarchin ihre Wahl getroffen hatte, gab der Prinz von Wales sein Plazet. Lady Diana durfte dann als Dritte ihre Meinung bekunden. Die künftige Braut erklärte sich mit der Auswahl einverstanden, die andere für sie getroffen hatten, denn sie wollte nicht unhöflich und undankbar erscheinen. Sie erzählte mir später: »Ich hätte mich nie für etwas derart Protziges entschieden. Wenn ich noch einmal die Gelegenheit hätte, würde ich etwas Eleganteres und Schlichteres auswählen.«
An dem Tag, an dem das Geheimnis gelüftet werden sollte, hatte niemand vom Hauspersonal die leiseste Idee, was bekannt gegeben würde. Der Morgen hatte ganz normal begonnen; wie

immer brachte ich der Queen um neun das Frühstuck. Doch dann änderte sie den strengen Zeitplan. »Wir trinken den Tee um vier Uhr«, sagte sie mir, was eine Stunde früher als sonst war. »Wir werden zu viert sein – Seine Königliche Hoheit [der Herzog von Edinburgh], der Prinz von Wales und Lady Diana Spencer.« Sie musste mir dies mitteilen, weil ich wissen musste, für wie viele Damen beziehungsweise Herren ich den Tisch eindecken sollte. Damen bekommen kleine Teetassen; Herren bekommen große Frühstückstassen. Ich wusste, dass die Verlobung nunmehr unmittelbar bevorstand: Der Zeitplan war kurzfristig geändert worden, und Lady Diana war von der Königin zum ersten Mal zum Tee eingeladen worden.

So gehörte ich zu den ersten Personen in Großbritannien, die es erfuhren, und ich war sehr aufgeregt. Nachdem ich den Tisch eingedeckt hatte, trödelte ich bewusst im Flur der Queen herum, um einen flüchtigen Blick von dem glücklichen Paar zu erhaschen. Prinz Charles und Lady Di lächelten, als sie, Hand in Hand, an mir vorübergingen und im Wohnzimmer der Königin verschwanden; von dort gingen sie durch ins Speisezimmer.

Der Page der Königin, John Taylor, ging hinein und stellte eine Platte warmer Scones auf den Tisch. Ich konnte mir nicht verkneifen, durch den schmalen Spalt in der Türangel auf die im Inneren versammelten Personen zu spähen. Lady Diana saß kerzengerade in ihrer neuen blauen Garderobe mit ihren zukünftigen, angeheirateten Verwandten zusammen. Sie sah aus, als habe sie sich zu Tode erschreckt. Als ich später den Tisch abräumte, fiel mir auf, dass sie weder Scones noch Tee angerührt hatte. Später erfuhr ich, dass sie nur Kaffee trank. Aber es war nicht weiter verwunderlich, dass die Nerven mit ihr durchgingen: Auf den Tee mit der Queen folgte die öffentliche Zurschaustellung ihrer Liebe vor den Medien der Welt in einer sorgfältig inszenierten Ankündigung. Der Prinz und seine Verlobte mussten den Bow Room verlassen, den Hauptraum

auf der Rückseite des Schlosses im Erdgeschoss, und über die Steinstufen der geschwungenen Treppe hinaus auf den Rasen treten, wo eine lange Reihe von Fernsehkameras, an Galgen hängende Mikrophone, Reporter und Fotografen versammelt waren.
Ich hatte noch zehn Minuten Zeit und ich wollte diesen geschichtsträchtigen Augenblick von einem Empfangssaal im ersten Stock aus verfolgen, aber ich hatte nicht damit gerechnet, dass die Queen meinen Plan vereiteln würde. »Paul, würden Sie bitte die Hunde entlang der King's Border bis zur Rückseite des Teiches ausführen? Das wird die Belästigung so gering wie möglich halten«, wies sie mich an.
Die Corgis wurden vermutlich noch nie so schnell an der Leine geführt, denn ich wollte das Ereignis unter keinen Umständen verpassen. Mit neun Corgis im Schlepptau stürmte ich zum jenseitigen Ufer des Teiches und traf gerade rechtzeitig ein, um zu sehen, wie der Prinz und Lady Diana die Treppe hinuntergingen.
Von diesem fernen Aussichtspunkt aus verfolgte ich das Ereignis. Ich benötigte wirklich ein Fernglas, um die beiden Gestalten zu sehen, die über den Rasen stolzierten und dann in einem nicht nachlassen wollenden Blitzlichtgewitter die Fragen der Reporter beantworteten.

»Haben Sie sie gesehen? Sie saß dort ganz allein«, sagte Mark Simpson eines Abends zu später Stunde. Er hatte diskrete Nachforschungen über Lady Diana Spencer angestellt, die nach der Verlobung in den Buckingham Palace eingezogen war. Mark tat die neue Bewohnerin des Palastes Leid: »Lass uns einen Ausflug zu McDonald's machen«, schlug er mitleidsvoll vor.
Lady Diana Spencer war allein in ihrer Wohnung. Prinz Charles befand sich auf einer vierwöchigen Rundreise durch Australien. Seine Verlobte, die früher zusammen mit mehreren

Freundinnen in einer Wohnung in London gelebt hatte, war plötzlich im prächtigsten Anwesen der Hauptstadt stundenlang allein. Mark war mein Zimmernachbar im Pagentrakt. Er war außerdem als Hauslakai den Prinzengemächern zugeteilt, wo die Prinzen Andrew und Edward von Kindesbeinen an ihre Zimmer gehabt hatten. Der Verlobten ihres Bruders war dort eine Suite mit Schlafzimmer, Bad und angrenzender Küche sowie Mehrzweckbereich zugewiesen worden. Sie war fünf Monate vor der für Juli angesetzten Hochzeit in den Palast umgezogen. Prinz Charles' Junggesellenwohnung befand sich zwar im selben Stock, lag aber weit von den Prinzengemächern entfernt. Seine geräumige Suite mit Schlafzimmer, Badezimmer, Ankleidezimmer, Wohnzimmer und Esszimmer nahm einen ganzen Flügel ein. Lady Diana wusste schon bald, dass sie, falls sie in ihren einsamsten Stunden ein freundliches Gesicht um sich herum haben wollte, jederzeit auf Menschen wie Mark Simpson, der immer liebenswürdig und aufmerksam war, zurückgreifen konnte. Sie hatte von Anfang an Freunde, die auf sie Acht gaben. Zumindest beim Personal.

Mark war nach einem anstrengenden Arbeitstag müde, aber er konnte es nicht ertragen, sie so einsam zu sehen. »Wir könnten einen kleinen Ausflug machen und sie ein wenig aufheitern. Komm schon, fahren wir zu McDonald's«, bedrängte mich Mark. Ich war nervös. Was wäre, wenn die Queen dahinter käme? Was wäre, wenn Lady Diana Prinz Charles davon erzählte? Was wäre, wenn uns der Hofmarschall sähe? Es gehörte nicht zu unseren Aufgaben, der künftigen Prinzessin von Wales Gesellschaft zu leisten und sie spontan auszuführen. Sie lebte in königlichen Gemächern, und es war nicht unseres Amtes, uns dort aufzuhalten, geschweige denn, sie zu unterhalten.

Ich mahnte zur Vorsicht: »Ich weiß nicht recht, Mark. Wir müssen aufpassen. Was passiert, wenn man uns erwischt? Die werden kurzen Prozess mit uns machen.«

Die Dame, um die er sich sorgte, war mir nicht weiter vertraut.

Er kannte sie viel besser als ich, weil er täglich Kontakt zu ihr hatte. Außerdem war ich der persönliche Lakai der Königin, und ich versah dieses herrliche Amt erst seit zwei Jahren.
»Na, komm schon, Paul, sie wird uns dankbar dafür sein, dass wir ihr Gesellschaft leisten.« Mark griff nach seinem Mantel und ging auf die Tür zu.
Ich ließ mich von ihm umstimmen, und wider besseres Wissen spazierten wir zur Victoria Street und kauften dort drei Big Macs. Ich trug meine Tüte, und Mark umklammerte die seine, die einen Big Mac für ihn und einen für Lady Diana enthielt. Wir stahlen uns durch den Seiteneingang hinein und taten so, als kehrten wir von einem Botengang für die Herrschaft zurück. Es geschah häufig, dass Bedienstete Fast Food einkaufen gingen, so dass wir keinen Verdacht erregten, als wir zum Pagentrakt eilten.
Ich traute mich nicht, Mark zu begleiten, zumal ich mir nicht sicher war, wie Lady Diana auf ein Gesicht reagieren würde, das sie ein einziges Mal in einem Flur in Balmoral und einige Male mehr im Rücken der Königin gesehen hatte. »Du gehst allein, Mark«, sagte ich, und er tat es. Keinen Augenblick dachte ich daran, dass er zurückkommen würde, doch nachdem er seine Big Macs abgeliefert hatte, kam er mich holen, nachdem er sich versichert hatte, dass die Luft rein war. »Komm schon«, sagte er.
Wir schlichen wie ungezogene Schüler den Flur entlang. Ohne Uniform. Eine Warnung aus meiner Ausbildungszeit schoss mir durch den Kopf: »Lassen Sie sich *niemals* auf den Gängen des Palasts in Zivilkleidung sehen.« Ich beging gerade ein Sakrileg und handelte ausgesprochen leichtsinnig, aber ich war neugierig auf Lady Diana, die bei unserem ersten Zusammentreffen so freundlich gewesen war – und ich vertraute Mark. Ich ging direkt hinter ihm auf dem roten Teppich. Wir kamen an der Kindertagesstätte vorbei, an den Zimmern von Prinz Edward und Prinz Andrew. Schließlich standen wir vor einer

angelehnten Tür, die in den kleinen Küchenbereich ging, der an das Schlafzimmer von Lady Diana angrenzte.
Und da stand sie auch schon vor mir. Sie hatte sich bereits über ihren Big Mac hergemacht und kicherte viel, sie war sehr freundlich und unprätentiös. Immer wieder sagte sie, wie aufmerksam dies von Mark gewesen und wie dankbar sie für diese unverhoffte Abwechslung sei. So unerwartet unsere Gesellschaft für sie sein mochte, so sehr überraschte sie mich mit ihrer entspannten, warmherzigen und ungezwungenen Art. Mark hatte oft gesagt, dass sie ein »Mensch wie du und ich« sei, aber auch wenn es eine Grenze des Respekts gab, die es einzuhalten galt, unterhielten wir uns doch ganz ohne Scheu. Es war ein Plausch in der Küche einer x-beliebigen Person. Wenn ich nicht so nervös gewesen wäre, weil ich Angst hatte, dass man uns hier erwischte, hätte ihr Charme vielleicht noch stärker auf mich gewirkt. Es war viel schlimmer als die Aussicht, im Frauenflügel der Personalunterkünfte geschnappt zu werden. Nach etwa zehn Minuten verabschiedeten wir uns, und ich habe kein anderes königliches Zimmer je in so aufgeräumter Stimmung verlassen.
»Siehst du, sie ist eine von uns«, sagte er, als wir über den Flur zurückschlichen.
Anders als Mark bin ich im Palast dieses Risiko nicht mehr eingegangen. Er wurde für Lady Diana zu einem festen Gesellschafter in einsamen Stunden, und irgendwann geschah dann das Unvermeidliche. Mark wurde im Schlafzimmer der Prinzessin, auf der Bettkante, von einem fassungslosen Prinz Charles überrascht. Er kam, tief beschämt, in den Pagentrakt zurück. Diana hatte ihr Nachthemd angehabt, und es sah nicht gut aus – auch wenn nichts passiert war. Es galt als unschicklich, aber Gott sei Dank bekam er keinen allzu großen Ärger.
Kurz darauf erhielt er einen Abzug von einem Pressefoto der künftigen königlichen Braut. Mit schwarzem Filzstift waren darauf die Worte geschrieben: »Für Mark, mit herzlichen Grü-

ßen von Diana«. Ich vermute, dass es das erste signierte Foto war, das sie verteilt hatte.

In den Monaten vor der Hochzeit fühlte sich Lady Diana recht einsam. Wegen des gewaltigen Medienrummels wagte sie es nicht, vor die Tür zu gehen. Es muss für sie wie ein Umzug in ein Rathaus gewesen sein. Buckingham Palace ist für einen Fremden ein verwirrendes Labyrinth, ein Irrgarten aus verschachtelten Fluren und Räumlichkeiten. Niemand führte sie durch das Gebäude, und sie bekam weder Verhaltensanweisungen noch Ortspläne. Wenn man in den falschen Flur hineinging, konnte man in einer Cocktailparty oder bei einem offiziellen Empfang landen. Niemand wusste, wer oder was um die nächste Ecke lag. Öffnete man die falsche Tür, so platzte man vielleicht in ein privates Treffen. Der Palast ist für alle Neulinge – für diejenigen, die in die königliche Familie einheiraten ebenso wie für neue Bedienstete – kein Ort, an dem man sich leicht zurechtfindet. Unter dem Personal gab es immerhin eine gewisse Kameradschaft, ein Wir-Gefühl und einen lockeren Umgangston, was das Leben erträglicher machte. Lady Diana hatte nicht das gleiche stützende Umfeld. Sie blieb bis spätabends auf und schrieb Briefe an ihre Freundinnen. Wenn der Prinz nicht da war, fasste sie sich ein Herz und nahm Kontakt zur Königin auf. Einmal in der Woche läutete das Telefon auf dem Flur der Queen. »Wird die Königin heute allein speisen?«, fragte sie mit gedämpfter, fast schüchterner Stimme. Wenn die Queen keine Verabredung hatte, fragte sie einer von uns: »Lady Diana lässt anfragen, ob Eure Majestät heute Abend allein speisen?«

»Oh, bitten Sie sie doch, mir Gesellschaft zu leisten«, pflegte die Queen dann zu sagen. »Das Abendessen ist für zwanzig Uhr fünfzehn angesetzt.« Sie lehnte kein einziges Mal ab. Aber Lady Diana war es unangenehm, dass sie nur über Pagen oder Kammerdiener mit ihrer künftigen Schwiegermutter in Kontakt treten konnte. Es war eine Hürde für ihre Spontaneität, und die Mahlzeiten mit der Queen waren sehr förmliche Angelegenheiten. Einmal pro Woche raffte sie sich dazu auf, aber ein schnelles Abendessen auf ihrem Zimmer, wo sie es sich gemütlich machen konnte, war ihr lieber.

Sie mochte die Queen wirklich. Ich erinnere mich, wie sie regelmäßig, nachdem sie ein paar Runden geschwommen war, mit feuchten Haaren vor den Gemächern der Queen auftauchte. »Ist die Queen alleine?«, fragte sie. Dann klopfte sie an die Tür und betrat das Wohnzimmer, strahlend und unbeschwert: »Guten Morgen, Eure Majestät.« Lady Dianas Fröhlichkeit brachte die Queen immer zum Lächeln. Nach ihrer Heirat musste sie sie nicht mehr mit »Eure Majestät« anreden. Man belehrte sie, dass sie die Queen im privaten Kreis als »Mama« und Prinz Philip als »Papa« ansprechen möge.

Die Queen war immer zuvorkommend, auch wenn sie sich nur selten darum bemühte, dass sich ihre zukünftige Schwiegertochter gut einlebte. Anpassungsfähigkeit und Charakterstärke gelten bei Hofe gewissermaßen als »Amtspflichten«, und die Queen musste in ihrer Kindheit selbst lernen, mit der strengen Hofetikette und der Einsamkeit des Lebens im Palast zurechtzukommen. Da Lady Diana dem Adel entstammte und mit größeren Haushalten vertraut war, setzte man voraus, dass sie sich problemlos umstellen könne. Doch man hätte ihr lieber helfen sollen, statt etwas vorauszusetzen, denn sie besaß nicht den eisernen Willen der Queen. Sie war ein sehr geselliger Mensch und konnte sich einfach nicht mit der völlig anderen Lebensweise bei Hofe anfreunden, die ihr freudlos, fremd und absonderlich vorkam. Es entbehrt nicht einer gewissen Ironie, dass die Queen sich eben deshalb nicht sonderlich um Lady Diana kümmerte, weil sie von deren Kraft überzeugt war. »Wenn sie mich braucht, weiß sie, wo sie mich findet« – das war der Standpunkt der Queen. Sie glaubte an Lady Diana – auch wenn die zukünftige Prinzessin von Wales diesen Glauben nicht teilte.

Es bekümmerte sie sehr, dass sie ihr früheres Leben, die Wohnung in London und die Kinder im Kindergarten hinter sich lassen musste. Als sie die Kinder eines Tages besuchte, zogen all die Kleinen, die sie ins Herz geschlossen hatte, fortwährend an ihren Ärmeln und fragten: »Wo bist du gewesen?« und »Wann kommst du zurück?« Das ganze Erlebnis kam ihr wie ein entsetzlicher Albtraum vor, und beim Abschied war sie den Tränen nahe.

Nicht viel anders erging es ihr, als sie in ihre frühere Wohnung in der Colherne Court Nr. 60 zurückkehrte, in der sie mit Freundinnen zusammengewohnt hatte, um ihre wertvollsten Habseligkeiten mitzunehmen. Als sie in dieser Wohnung voller Erinnerungen wischte und staubsaugte, war sie ganz allein mit ihren Gedanken. Sie sagte später, als sie die Tür hinter sich zumachte, habe sie die Tränen kaum zurückhalten können.

Aber andererseits war sie in ihrem Innersten auch freudig erregt, und sie wusste, dass sie stark sein musste. Um nicht von Langeweile überwältigt zu werden, hielt sie sich selbst auf Trab. Sie konzentrierte sich ganz auf die Hochzeit, als David und Elizabeth Emmanuel, die Designer, die ihr Hochzeitskleid anfertigen sollten, sie regelmäßig in ihrer Wohnung aufsuchten, um sich mit ihr abzustimmen und sie das Kleid anprobieren zu lassen. Jedes Mal musste die Taille erneut gekürzt werden, weil sie zur Vorbereitung auf den großen Tag Diät hielt.

Sie hatte Ballett- und Stepptanzunterricht im Thronsaal, und sie tanzte in einem Gymnastikanzug. An einem Ende des Saals standen auf einem mit Stufen versehenen Podium zwei Throne mit breiter Rückenlehne unter einem mit goldenen Quasten verzierten purpurroten Baldachin, der in loser W-Form von einer goldenen Zierleiste herabfiel. Alle Wände waren mit Seidenbahnen in hellem Purpurrot tapeziert, in die ein subtiles, dunkleres Rautenmuster eingearbeitet war.

Die gepolsterten Zeremonialstühle mit vergoldeten Armen und Beinen standen nebeneinander, ihre purpurroten Rückenlehnen sind mit Goldfäden verziert – der eine trägt die Aufschrift »EIIR«, der andere den Buchstaben P. Der Thron der Königin ist, wie es die Tradition verlangt, ein Zoll höher als der des Herzogs von Edinburgh. Lady Diana konnte nicht entgangen sein, in welchem ungeheuren Ausmaß sie privilegiert war. Lady Diana war eine begeisterte Schwimmerin und benutzte fast jeden Morgen, wie Prinzessin Margaret, das mit blauen und weißen Fliesen ausgelegte Schwimmbecken mit seinen beiden Sprungbrettern. Um ins Schwimmbad zu gelangen, musste man durch einen Flur gehen, der an der Belgischen Suite vorbeiführte. Dort lief ihr jeden Tag die Zofe Maria Cosgrove über den Weg. Aus unverbindlichen Höflichkeiten wurden kurze Unterhaltungen, die sich mit der Zeit zu weitschweifigen Plaudereien über das Leben bei Hofe auswuchsen. Keine der beiden Frauen war je um Worte verlegen. Maria war eine natürliche Frau ohne Allüren, und Lady Diana fand in ihr eine warmherzige und zugängliche Verbündete, so wie schon zuvor in Mark Simpson.

Auch unter dem übrigen Dienstpersonal fand Lady Diana Freunde. Sie fühlte sich unter den Bediensteten einfach wohler als bei den oberen Rängen, und vielleicht hing dies mit der Tatsache zusammen, dass die Spencers das Leben des Dieners genauso gut kannten wie das des Herrn. Die Großmutter von Lady Diana, Lady Fermoy, war eine enge Freundin der Königinmutter und eine Hofdame der Königin gewesen. Ihr Vater, Earl Spencer, war ein Kammerherr Georges VI. gewesen. In dem Bienenhaus im unteren Stockwerk fand die zukünftige Prinzessin gute Gesellschaft und Gelegenheit zu heiterem Geplauder.

Während sie wie auf Zehenspitzen über die roten Teppiche in den oberen Stockwerken ging, ständig in Sorge, sich zu verlaufen, erkundete sie unbefangen die gefliesten Gänge im Dienstbotenbereich. Sie saß oft mit Victor Fletcher, dem Vorstand der Silberkammer, zusammen, einem nüchternen Mann aus

Yorkshire, der immer einen Bügel seiner Brille mit schwarzer Fassung in einem Mundwinkel stecken hatte, als wäre es eine Pfeife. Er wusste alles über Pflicht und Ergebenheit und teilte seine Einsichten mit seinen faszinierten Zuhörern, die ihm Hochachtung zollten und ihn »Mister Fletcher« nannten. Er freute sich wahnsinnig darüber, dass Lady Diana sich für seine Arbeit interessierte. Sie besuchte die königliche Konditorei und den Hofkonditor Robert Pine, einen großen, gut aussehenden Mann mit dichtem schwarzem Haar und Schnurrbart, dessen scharfer, trockener Humor, mit Devonshire-Akzent vorgetragen, sie immer zum Lachen brachte. Er verköstigte sie mit einer Portion selbst gemachten Eises oder mit Löffeln von Bread-and-Butter-Pudding. Sie schlenderte ins Kaffeezimmer und hielt einen Plausch mit der Oberzofe Ann Gardner, deren adrette, genau sitzende Dienstkleidung über ihren Humor hinwegtäuschte. Sie gab eine Fülle gesellschaftlicher Anekdoten zum Besten, über die sich Lady Diana köstlich amüsierte, während sie mehrere Schüsseln Müsli vertilgte.

Sie schneite in den Wäscheraum hinein, um mit den Mädchen zu plaudern, die sich mit der Wäsche abplagten, oder sie ging in die Küche und unterhielt sich mit Küchenchef Mervyn Wycherley. Der stämmige, muskulöse Mann, der ein leidenschaftlicher Bodybuilder war, nahm kein Blatt vor den Mund und brachte sie ebenfalls zum Lachen. Sie mochte sein liebenswürdiges Wesen, das sich hinter einer schrillen und etwas aufgeblasenen Fassade verbarg. Er wurde schon bald einer ihrer Lieblinge. Evelyn Dagley, ein Hausmädchen in den Prinzengemächern, wurde ebenfalls eine treue Verbündete. Neben Mark Simpson gehörte sie zu den Ersten, mit denen Lady Diana Freundschaft schloss. Evelyn – zurückhaltend, fleißig und von der gleichen Leidenschaft für die Arbeit wie für das Hockey erfüllt – sorgte dafür, dass ihre Wohnung so behaglich wie möglich war, und übernahm die Verantwortung für ihre stetig größer werdende Garderobe.

Lady Diana freundete sich mit vielen Bediensteten an, sogar mit Cyril Dickman, dem Haushofmeister – dem Chef –, von dem man hätte erwarten können, dass er Abstand wahrte, aber er war locker und zugänglich. Er war eine natürliche Vaterfigur, und niemand verstand die Probleme der schwierigen Übergangsphase, die sie durchmachte, besser als er. Er war eine nie versiegende Quelle höfischen Wissens und ein wandelndes Handbuch über Tradition, Etikette und Protokoll. Sie vergaß nie seine Liebenswürdigkeit und die Zeit, die er in jenen frühen Tagen für sie fand. In späteren Jahren wählte sie beim *Gillies Ball* in Balmoral immer den für sein tänzerisches Können berühmten Mister Dickman aus, um einen Foxtrott oder Walzer zu tanzen. Lady Diana fühlte sich unter dem Personal so wohl, dass sie allein durch den Buckingham Palace streifte und in den oberen Stockwerken nach Bediensteten suchte, die mitten bei der Arbeit waren, um kurz mit ihnen zu plaudern und ein offenes Ohr bei ihnen zu finden. Dies verstieß gegen die offiziellen Verhaltensregeln, und einigen Angestellten wäre es lieber gewesen, wenn sie diese Vertraulichkeit auf den Dienstbotenbereich beschränkt hätte, auch wenn sie nichts sagten.

Auch wenn Lady Diana am Hofe Verbündete hatte, stieß ihr Verhalten doch nicht auf einhelligen Beifall. Unter den Bediensteten gab es einige, die es mit den überkommenen Gepflogenheiten sehr genau nahmen. Manch langjähriger Angestellter runzelte beim Anblick dieser jungen Dame, die in die höfische Welt »eindrang«, die Stirn. In gewissen Kreisen war man fest davon überzeugt, dass Lady Diana »ihre Stellung kennen und unter den Herrschaften bleiben sollte«. Eine Frau, die seit vierzig Jahren in der königlichen Haushaltung arbeitete, konnte die Dreistigkeit nicht fassen, mit der Lady Diana Schränke öffnete und sich selbst Gebäck nahm. Das sei der Gipfel schlechten Benehmens, sagte die Frau empört. Ein Küchenchef sagte ihr sogar, als sie in seine Küche hineinschneite, auf den Kopf zu: »Sie sollten sich nicht hier in der Küche aufhalten.« Lady

Diana, die es gewohnt war, vom Personal freundlich behandelt zu werden, machte auf dem Absatz kehrt und rannte nach oben.
Doch die meisten Bediensteten und insbesondere die Jüngeren begegneten Lady Diana freundlich und ignorierten einfach die so genannten Protokollverstöße. Sie nannten sie auch »ein frisches Lüftchen von oben«.
Nur wenige dürften damals geahnt haben, dass ihre Ausflüge in die Welt der Dienstboten auch Erkundungsgänge waren, auf denen sie sondierte, wer dafür in Frage kam, in den beiden neuen Domizilen des Prinzen und der Prinzessin von Wales den Haushalt zu führen: dem Landsitz Highgrove in Gloucestershire und einem Apartment in Kensington Palace in London. Prinz Charles hatte Highgrove, ein dreistöckiges Landhaus im georgianischen Stil samt großem Anwesen, 1980 gekauft – im Jahr vor seiner Verlobung. Seine Lage in den Cotswold Hills war in vielerlei Hinsicht günstig. Es lag etwa 13 Kilometer vom Gatcombe Park und Prinzessin Anne entfernt, zugleich nahe am Jagdgebiet Beaufort, und bis zum Bolehyde Manor, dem Landhaus von Oberstleutnant Andrew Parker Bowles und seiner Gattin Camilla, waren es nur ein paar Autominuten.

Die Prinzessin von Wales grinste über das ganze Gesicht, während sie mit der Anmut einer Ballerina über den roten Teppich hüpfte, ihre cremefarbenen Seidenslipper in der einen Hand und ihre siebeneinhalb Meter lange Schleppe um den anderen Arm gewickelt. Sie war wieder sie selbst, und das an einem Hochzeitstag, der von Pomp und Gepränge erstickt wurde – für einen kurzen Moment fielen die Zwänge des Protokolls von ihr ab. Es waren nur Minuten, nachdem die ganze Welt am 29. Juli 1981 mitverfolgt hatte, wie sie auf dem Balkon des Buckingham Palace ihren Prinzen geküsst hatte.
Die hereinstürmende Braut hatte mich überrascht. Ich stand allein in scharlachroter Livree und lehnte mich lässig gegen

eine Seitenwand im Flur, der zu den Gemächern der Königin führte. Ich fragte mich, wann Ihre Majestät in ihre Gemächer zurückkehren würde – ein Zeichen, dass die Hochzeitsfeier sich vom Hauptsaal, der zum Balkon führt, zu der Gemäldegalerie mit Glasdecke auf der Rückseite des Palasts verlagert hatte, wo sich alle Gäste zum Hochzeitsessen versammelten.
Die neue Prinzessin, die ein sich bauschendes elfenbeinfarbenes Seidenkleid trug und einen wallenden Brautschleier hinter sich herzog, glaubte, sie könne frei auf dem Teppich herumgehen. Eine Seite des Flurs bestand aus einer Reihe von Balkontüren, die vom Boden bis zur Decke reichten und den Blick freigaben auf den viereckigen Innenhof. Sie tanzte durch die breiten Lichtsäulen, die auf den Teppich fielen, und das Diadem der Familie Spencer glitzerte im Sonnenlicht. Sie sprühte vor Selbstvertrauen und Lebensfreude. Sie schien so glücklich zu sein. Ich wusste, dass es ein Bild war, das ich mein Leben lang nicht mehr vergessen würde, aber ich fürchtete aufzufallen, und ich wollte nicht, dass sie mich dabei ertappte, wie ich sie anstarrte, denn vielleicht würde ich sie dadurch in Verlegenheit bringen. Ich zog mich ins Gemach der Königin zurück und schloss die Tür.
In diesem Wohnzimmer hatte ich, zusammen mit 750 Millionen weiteren Fernsehzuschauern, miterlebt, wie aus Lady Diana Spencer die Prinzessin von Wales geworden war. Ich saß im Schneidersitz auf dem Teppich vor dem Fernsehapparat der Königin, umgeben von ihren Corgis. Das war eigentlich verboten, aber ich wusste, dass die Queen, zumindest an diesem Tag, nichts dagegen haben würde.
Wie der Rest der Nation war auch der persönliche Lakai der Queen wie gebannt von den Bildern des Tages: die riesige Menschenmenge; Lady Diana, die zusammen mit ihrem Vater, Earl Spencer, in der gläsernen Staatskutsche auf dem Weg zur St. Paul's Cathedral den Menschen zuwinkte; die Schleppe ihres Hochzeitskleids, die den roten Teppich im Seitenschiff fast

völlig bedeckte; der Prinz und die Prinzessin von Wales, die an den Traualtar traten. Ich sollte mich für das Hochzeitsessen im »Ball Supper Room« – dem großen Bankettsaal – neben der Gemäldegalerie bereit halten, und das Fernsehen half mir, mich über den Fortgang der Feierlichkeiten auf dem Laufenden zu halten, auch wenn ich die Hälfte der Zeit damit verbrachte, nach Paul Whybrew, dem zweiten persönlichen Lakai der Königin, Ausschau zu halten; er hatte das Glück, hinter Ihrer Majestät und dem Herzog von Edinburgh in einem offenen Landauer in dem feierlichen Aufzug mitfahren zu dürfen.
Als die Kutsche der Neuvermählten in den Innenhof des Buckingham Palace einbog, saß ich gebannt vor dem Fernsehen. Ich verfolgte auf dem Bildschirm, wie der Prinz und die Prinzessin von Wales auf den Balkon traten – und ich hörte von draußen den begeisterten Jubel der Menge. Ich flitzte die Treppe hinauf in mein Zimmer im obersten Stock mit Ausblick auf das Victoria Memorial und die Mall, und ich kniete mich an dem hohen rechteckigen Fenster nieder. Während Tausende von Menschen das glückliche Paar von außen fotografierten, machte ich von innen ein Foto von der Menge und eilte dann wieder nach unten.
Dieselbe Menschenansammlung hatte mich am Vorabend der Hochzeit wach gehalten, als sie, von der feierlichen Atmosphäre im ganzen Land angesteckt, »God Bless the Prince of Wales« und »God Save the Queen« sang. Nach einer Woche hatte die Jubelstimmung ihren Höhepunkt erreicht.
Zwei Tage vor der Hochzeit fand in Buckingham Palace ein Empfang mit anschließendem Bankett und Ball für fast tausend Gäste statt; er versammelte die gekrönten Häupter Europas, Botschafter, hohe Beamte, Erzbischöfe und Bischöfe, ehemalige und aktive Minister und Premierminister. Dabei wurden alle Empfangszimmer des Palastes benötigt. Ich wurde dem Thronsaal zugeteilt und kümmerte mich zusammen mit einem Pagen um eine Tafelrunde von zehn Gästen, zu denen der

Prinz von Wales, Lady Diana und Fürstin Gracia Patricia von Monaco, die von ihrem Sohn, Prinz Albert, begleitet wurde, gehörten. Ich hatte noch nie eine so schöne Frau wie Fürstin Gracia Patricia gesehen, die legendäre Schauspielerin, die unter ihrem bürgerlichen Namen Grace Kelly bekannter und mit Fürst Rainier von Monaco verheiratet war. An diesem Abend überstrahlte sie die künftige Braut, und ihr Diadem war genauso prunkvoll wie das der Queen.

Lady Diana war hingerissen. Die beiden Damen verstanden sich auf Anhieb prächtig miteinander, und zwischen ihnen entspann sich bald ein angeregtes Gespräch. In Fürstin Gracia hatte Lady Diana ein Vorbild und eine Quelle der Inspiration gefunden: eine Außenstehende wie sie selbst, die in die Herrscherfamilie eingeheiratet hatte; ein Filmstar, der das Scheinwerferlicht der Medien gewohnt war; eine Frau, die eine Ehe mit einem Fürsten führte, so dass Liebe und Pflicht aufs Engste miteinander verwoben waren. Sie fragte Fürstin Gracia, ob sie ihr irgendwelche Tipps oder Ratschläge geben könne. »Sie werden es schon schaffen«, sagte die ehemalige Schauspielerin. »Es wird schlimm werden, aber man lernt, damit umzugehen.«

Beim Hochzeitsbankett achtete ich sorgfältig darauf, nicht auf das Kleid der Prinzessin zu treten, das fast den ganzen Fußboden zu bedecken schien. Ich wartete am Ehrentisch auf, an dem Braut und Bräutigam, beide Elternpaare, Brautjungfern, Pagen und die Prinzen Andrew und Edward saßen.

Zeremoniell und Protokoll hatten den spontanen Gefühlsüberschwang gedämpft, der Lady Diana zuvor dazu beflügelte, den Flur hinunterzulaufen. Die Prinzessin war schweigsam und lauschte mehr der Konversation, als dass sie sich aktiv daran beteiligte. Sie stocherte im Essen herum und spielte damit. Viele Jahre später sagte sie mir: »Mir war ganz flau im Magen, und ich war völlig überwältigt.« Zumindest an diesem Tag sah sie ihre Zukunft in den rosigsten Farben. Das, wonach sie sich von ganzem Herzen gesehnt hatte, war eine glückliche Ehe mit

Prinz Charles. Die Prinzessin liebte ihn nicht bloß, sie betete ihn an.

Im späteren Jahren hatte die Prinzessin einen großen Wunsch: Sie wollte eine objektivere, ausgewogenere Berichterstattung über ihre wahre Liebe zu Prinz Charles. Sie war der Ansicht, dass der Öffentlichkeit ein irreführendes Bild von ihrer Beziehung vermittelt worden sei. Buch für Buch und Artikel für Artikel hätten die Wahrheit verdreht, indem sie das Glück und die echte Liebe in der Anfangszeit ihrer Ehe verschwiegen hätten. Die Prinzessin war sicherlich mitverantwortlich für einige dieser Verzeichnungen, indem sie etwa mit dem Journalisten Andrew Morton zusammenarbeitete, der im Juni 1992 das Buch *Diana, The True Story* veröffentlichte, das nach ihrem Tod überarbeitet wurde. Der Autor behauptete, sein Werk sei ein absolut authentischer Bericht, der einer echten Autobiographie sehr nahe komme. Das ist schlicht nicht wahr. Denn wenn die Prinzessin eines Tages ihre Memoiren geschrieben hätte, dann hätte sie mit dem falschen Bild ewiger Seelenpein aufgeräumt, die angeblich am ersten Tag ihrer Ehe begonnen hatte. Wenn ihre wahren Empfindungen zu einem späteren Zeitpunkt und nicht 1992, als sie in einer emotionalen Notlage war, aufgeschrieben worden wären, dann hätte die Öffentlichkeit ein völlig anderes Bild von den Grundlagen ihrer Ehe bekommen. Ihre wahre Liebe, denn dies war es auf beiden Seiten, überstand den schwierigen Anpassungsprozess in den frühen Jahren, und weit davon entfernt, seine Frau zurückzuweisen, tat Prinz Charles sein Bestes, um sie zu verstehen. Er brachte viel Geduld für ihre Stimmungsumschwünge auf, die durch die Bulimie, an der sie litt, hervorgerufen wurden. Tatsächlich erlosch die Liebe der Prinzessin zu ihrem Gatten niemals vollständig. Als nach 1985 unversöhnliche Differenzen auftraten, wurde aus einem Riss ein Abgrund. Verbitterung führte dazu, dass sich zwei Menschen, die ihre jeweiligen Bedürfnisse nicht verstanden, gegenseitig Schmähungen an den Kopf warfen, aber es gab keinen »Krieg der Waliser«: Für Kriege bedarf es des Hasses, und sie hassten sich nicht. Wenn es einen Krieg gab, dann wurde er über ihre Köpfe hinweg zwischen den verfeindeten Lagern, Büros und überfürsorglichen Beratern ausgetragen.

Wir müssen bedenken, dass die Prinzessin, durch Freunde vermittelt, zu einer Zeit mit Andrew Morton zusammenarbeitete, als ihre Ehe bereits zerrüttet war, als sie emotional verwirrt war, um ihren geliebten Vater, den Earl Spencer, trauerte und als die Freunde von Prinz Charles üble Gerüchte über sie verbreiteten und sie sich verfolgt fühlte. Später meinte sie über diesen Abschnitt ihres Lebens: »Es war so, als hätten alle Menschen um mich herum sechs Augenpaare und als würden sie mich unentwegt beobachten und beurteilen.« Sie war wütend, verbittert und arbeitete mit Morton auf dem Höhepunkt ihrer persönlichen Krise zusammen.

Die Veröffentlichung des Buches hatte die gewünschte Wirkung. Sie fühlte sich nicht mehr allein, weil das britische Volk nun die Wahrheit kannte und auch wusste, warum sie keine weiteren Kinder bekommen hatte. »Alle hatten jetzt mehr Verständnis für mich. Das Buch war eine Erleichterung für Charles und für mich, weil wir uns nicht mehr verstellen mussten, auch wenn er wütend auf mich war«, sagte sie.

Dennoch war das Buch ein klassischer Fall dafür, wie voreiliges Handeln später tief bereut wird. Denn nach der Veröffentlichung erkannte sie, dass ihre Verzweiflung, die man aus den Zeilen heraushörte, ein falsches Bild von Prinz Charles zeichneten und dass die schönen Zeiten unerwähnt geblieben waren. Sie räumte später ein, es sei ein Fehler gewesen, sich von der Wut des Augenblicks zu den Interviews hinreißen zu lassen. Aus diesem Grund ist es falsch zu behaupten, wie es Morton gutgläubig tut, der Bericht von 1992 sei ihr gültiges Vermächtnis an die Nachwelt. Sie wollte mehr sagen. Meine Darstellung, die sich auch auf die Korrespondenz mit einer lebenslangen Freundin stützt, enthält die ungesagten Wahrheiten, die ein ausgewogeneres Bild ergeben.

Ihre Flitterwochen verbrachten der Prinz und die Prinzessin von Wales an Bord der Königlichen Jacht *Britannia*, die durchs Mittelmeer kreuzte, und die Prinzessin war überglücklich. Der Mann, den sie liebevoll »hubby« (etwa: »Männe«) nannte, verschmähte sie keineswegs, wie in anderen Berichten zu lesen ist. Einer engen Freundin schrieb sie von der Jacht:

»Ich könnte nicht glücklicher sein und hätte nie gedacht, dass ich mich einmal so zufrieden, ja selig fühlen würde. Die Kreuzfahrt auf der Britannia war eine echte Wonne, und wir haben die meiste Zeit gelacht und uns gegenseitig geneckt. Die Ehe bekommt mir vorzüglich, und ich bin sehr froh, dass ich jemanden habe, den ich umsorgen und verwöhnen kann. Es ist das Beste, was mir je widerfahren ist – abgesehen davon, dass ich die glücklichste Frau der Welt bin.«

An Bord sahen sich die Frischvermählten immer wieder das Video ihrer Hochzeit an, denn sie hatten hier zum ersten Mal die Gelegenheit dazu. Sie lachten sich immer wieder halb tot über den Versprecher der Prinzessin am Altar, als sie beim Ablegen des Eheversprechens die Reihenfolge der Namen von Prinz Charles durcheinander brachte. Sie waren so glücklich, dass sie sich weinend in den Armen lagen, als sie sich das Video der Zeremonie ansahen.
Die Prinzessin schrieb an eine Freundin:

»Wir schluchzen praktisch jedes Mal, wenn wir uns ein Video von der Hochzeit anschauen, und ich kann mir lebhaft vorstellen, dass in zehn Jahren einer der jüngeren

Prinzen von Wales sagen wird: ›Warum hast du Papa Philip genannt?‹ Darauf freue ich mich schon.«

Anders als andere Bräute kehrte die Prinzessin nicht an ihren früheren Arbeitsplatz in den Londoner Kindergarten zurück. Sie musste ihr Leben von Grund auf neu einrichten, und nur wenige von uns verstanden, was dies bedeutete. Nachdem sie an Bulimie erkrankt war, litt sie an starken Gefühls- und Stimmungsschwankungen. Es kommt mir seltsam vor, dass einige Zeitgenossen angeblich davon überrascht waren, wenn man bedenkt, wie tief dieser Einschnitt in ihrem Leben war. Tatsächlich nahm sie all dies nur Prinz Charles zuliebe auf sich. Und er wusste, wie schwer ihr diese Umstellung fiel. Für jemanden, von dem man erwartet hätte, dass er ihren Stimmungsschwankungen distanziert und ratlos gegenübersteht, hat er ihr erstaunlich verständnisvoll zur Seite gestanden. Wie schrieb die Prinzessin doch: »Ich überwand diese Depressionen dank der Geduld und der Hilfsbereitschaft von Charles. Ich kam nicht darüber hinweg, dass ich mich so müde und elend fühlte, das war ihm gegenüber nicht fair.«
Von der Jacht begab sich das Prinzenpaar nach Balmoral. Die Arbeiter des Gutes freuten sich so sehr darauf, sie zu begrüßen, dass sie einen offenen zweirädrigen Wagen zimmerten, den sie mit Unmengen von lila Heidekraut auslegten. Der Wagen empfing den Prinzen und die Prinzessin am vorderen Tor; sie kletterten hinein und lachten über den kuriosen Einfall der Jagdgehilfen, Gärtner und Stallburschen, sie mit Muskelkraft den sanft ansteigenden Hang bis zur Pforte des Schlosses zu ziehen. Die Prinzessin brachte 160 Mangos mit, ein Geschenk von Präsident Sadat, den sie als Gast an Bord der Jacht begrüßt hatten.
In der romantischen Umgebung von Balmoral las Prinz Charles ihr vor, und sie knüpfte Gobelins. Sie spazierten Hand in Hand durch tief eingeschnittene Täler, und sie freute sich

auf die Grillpartys an lauen Sommerabenden in dem Blockhaus, das auf dem Anwesen stand. Sie las sogar zum ersten Mal in ihrem Leben ein Buch an einem Tag zu Ende. Auch der unerwartete Besuch ihrer ehemaligen Mitbewohnerin Carolyn Pride, spätere Bartholomew, die als Gast von Prinz Andrew nach Balmoral kam, freute sie sehr. Die Prinzessin war überglücklich, dass sie in Andrew und Carolyn Gleichaltrige hatte, mit denen sie zwanglos plaudern konnte.
Möglicherweise entdeckte die Prinzessin zu dieser Zeit, dass Charles ein besonderes Paar Manschettenknöpfe trug: zwei ineinander geschlungene Cs, ein Geschenk von Camilla. Sie stellte ihn zur Rede, aber dies schmälerte ihr Glück nicht, und sie reagierte in der einzigen ihr möglichen Weise, mit ihm quitt zu werden: Sie ließ auf Briefpapier mit dem Kopf von Highgrove und Kensington Palace unter dem Emblem der Krone die Anfangsbuchstaben ihrer Vornamen so abdrucken, dass die untere Kurve des C nahtlos in ein D überging. Die Prinzessin glaubte, dies symbolisiere eine harmonische Ehe, die für immer Bestand haben werde. Außerdem kaufte sie ein Schmuckstück aus zwei ineinander geschlungenen Tauben.

Es war Teezeit in Balmoral, und die Prinzessin, die ihren Regenmantel, Tweedsachen und Knickerbockerhosen trug, erschien in der Eingangshalle mit blutverschmiertem Gesicht. Ich musste zweimal hinschauen, als sie an der lebensgroßen Statue aus weißem Marmor von Prinz Albert vorbeiging. Sie war den ganzen Tag lang mit Prinz Charles, einem Jagdgehilfen und mehreren weiteren Personen auf der Jagd gewesen, und nun kam sie mit einer Art Kriegsbemalung zurück. Sie hatte sich einem Initiationsritus für Jagdneulinge, die ihr erstes Tier erlegt hatten, unterzogen. Als sie in der Schlucht stand, wurde der Bauch des Hirschs aufgeschlitzt, und man beschmierte ihre Wangen mit etwas Hirschblut. Somit war sie offiziell »mit Blut getauft«. Der tote Hirsch wurde quer über ein Pony geworfen und mit einem Soldaten zum Schloss hinuntergeschickt. Der Kopf wurde abgetrennt, das Geweih beiseite gelegt und der Kadaver wurde in die Wildkammer gehängt – neben Schnepfen, Fasanen und Moorhühnern –, um für die königliche Tafel zubereitet zu werden.

Der Prinzessin gefiel es in den Highlands, aber anders als den Windsors war ihr die Jagdleidenschaft fremd. Wenn sie auf die Jagd ging, tat sie dies, um dem Prinzen eine Freude zu machen. Sie wusste und fand sich damit ab, dass das Jagen und Fischen ein integraler Bestandteil des Lebens in Balmoral war und dass es Prinz Charles viel bedeutete. Andere behaupteten, sie hätte während der Flitterwochen geschmollt und sich nie wirklich Mühe gegeben, aber sie tat immer ihr Bestes, um dem gerecht zu werden, was gerade auf der Tagesordnung stand.

Selbst zwei Jahre nach der Heirat weilte sie noch immer gern auf dem Landsitz, weil sie wusste, dass sie ihm damit eine Freude machte. Im Jahr 1983 schrieb sie an eine Freundin: »Ich bin fest davon überzeugt, dass man sich Mühe geben sollte, deshalb schaue ich mir gleich am zweiten Tag in Folge ein Polospiel an. Ich würde viel lieber schlafen, aber C hat offenbar viel Spaß daran. Ich bin mir sicher, dass er damit Eindruck schinden will!« Der Prinz wiederum machte ebenfalls Zugeständnisse. Er wusste, dass die Prinzessin lieber in London war als auf dem Land, und so wich er immer wieder von seiner Routine ab. An so manchem Sonntagmorgen wachte die Prinzessin mit ihrem Mann nicht in Highgrove, sondern in Kensington Palace auf. Es gab Entgegenkommen auf beiden Seiten.

Für Prinz Charles war es das höchste Glück, in Balmoral auf die Jagd zu gehen. Nach einem kräftigen schottischen Frühstück, das unter anderem aus Porridge, Bücklingen und Kedgeree bestand, verstauten alle Teilnehmer der Jagdgesellschaft Hunde, Flinten und Munition im Land Rover und fuhren zu einem im Voraus vereinbarten Treffpunkt in den Schluchten. Jeder Teilnehmer holte eine wasserdichte Tasche aus dem

Proviantraum im Tower Door neben dem Schloss, die immer Sandwichs mit kaltem Braten, kalte Lammkoteletts, Obst und ein in Butterbrotpapier eingewickeltes Stück Plumpudding sowie eine Feldflasche mit Schlehenlikör oder Whisky enthielt.
Einmal stand der Prinz in der Vorhalle und rief nach Hilfe. »Könnte bitte jemand kommen und mir helfen?«, hörte ich ihn von der Pagenhalle aus rufen, und ich ging zu ihm, um zu sehen, was es gab. Er stand da, und vor ihm auf dem Marmorboden lagen zwei riesige Lachse. »Würden Sie sie bitte zum Küchenchef bringen? Er möge sie doch zum Abendessen zubereiten«, sagte er. Ich bückte mich, um sie aufzuheben, aber wegen ihrer schlüpfrigen Schuppen entglitten sie immer wieder meinem Griff. Charles beobachtete, wie ich vergeblich mit ihnen jonglierte. »Ach, ich bitte Sie!«, sagte er ungeduldig. »Murksen Sie doch nicht so herum. Schauen Sie mal her.« Er nahm eine meiner Hände und stieß zwei meiner Finger in die Kiemen des eines Lachses. Ich glaubte, ohnmächtig zu werden. »Bringen Sie sie jetzt in die Küche«, sagte Prinz Charles, und ich brachte sie, mit ausgestreckten Armen, dem Küchenchef.
Die Jagdpassion der Männer der königlichen Familie war mir fremd.
Nach dem Frühstück ritt die Queen auf einem Pferd aus, das von Windsor herbeigeschafft worden war. Nach ihrer Rückkehr traf sie die übrigen Damen, die gegen Mittag erschienen, im Salon. Der Herzog von Edinburgh hatte bereits mit seiner Frau einen Treffpunkt ausgemacht, und die Damen, unter anderem die Königinmutter und Prinzessin Margaret, Hofdamen und andere weibliche Gäste fuhren mit Lunchpaketen dorthin. Prinzessin Anne war bereits dort, da sie am Morgen mit der im Übrigen ausschließlich aus Männern bestehenden Jagdgesellschaft mitgefahren war.
Die Teilnehmer einer Pirschjagd kehrten meist erst am späten Nachmittag ins Schloss zurück. Eines Tages kam einer von ihnen hungrig zum Abendessen zurück, wurde jedoch

spornstreichs ins Hochmoor zurückgeschickt, nachdem er zugegeben hatte, ein Tier verwundet zu haben. Die Queen war entsetzt. Als eine Frau vom Land jagte sie, konnte aber nicht ertragen, dass Tiere litten. Nachdem ein Tier angeschossen worden war, musste es unbedingt von seinem Leiden erlöst werden. Sie konnte den Gedanken nicht ertragen, dass es langsam und qualvoll verendete. »Sie müssen zurückgehen, das Tier finden und es töten«, wies sie ihn an.

Der Mann war nicht rechtzeitig zum Abendessen zurück. Als ich zusammen mit der Queen die Tischordnung durchging, die in letzter Minute umgestellt werden musste, murmelte sie: »Es ist für einen Gentleman sehr unangenehm, ohne Abendessen auskommen zu müssen.« Da die ermahnte Person noch immer draußen in der Kälte war, fügte sie hinzu: »Wir werden den Gardeoffizier bitten, seinen Platz einzunehmen.«

Die traditionelle Reihenfolge von Mann, Frau, Mann, Frau in der Tischordnung wurde wiederhergestellt. Die Queen war immer eine perfekte Gastgeberin, und sie legte größten Wert darauf, dass sich alle Gäste wohl fühlten. Sie sorgte dafür, dass ein Gast während eines Aufenthalt nie zweimal neben derselben Person sitzen musste. Das ärgerte Prinzessin Diana, weil sie immer neben Prinz Charles sitzen wollte, aber das Rotationssystem brachte sie immer weiter auseinander. Die Queen besaß eine unglaubliche Fähigkeit, sich genau zu merken, wer wo und neben wem saß, und sie achtete darauf, dass möglichst viele unterschiedliche Personen nebeneinander sitzen und sich unterhalten konnten. Sie vermied es auch, dreizehn Gäste an einer Tafel zu haben. Dies ist eine der ungeschriebenen Regeln des Königshauses. Wenn sich diese Zahl nicht vermeiden lässt, wird die Sitzordnung so verändert, dass die dreizehn Gäste nicht zusammensitzen. Ein kurbelartiger Schlüssel wird umgedreht, um eine Winde auszulösen, die die Tischplatte verlängert, wobei Lücken entstehen, in die »Ausziehplatten« aus Mahagoni eingesetzt werden. Wenn der gefürchtete dreizehnte

Gast kommt, wird der Tisch ausgezogen, aber man lässt eine Lücke, die den Tisch in der Mitte teilt. Man erhält so einen Tisch für sieben und einen zweiten Tisch für sechs Personen. Die Königin pflegte zu sagen, eine Tafel mit dreizehn Personen sei Christus und seinen Jüngern vorbehalten.

Ihre Majestät, das Oberhaupt der anglikanischen Kirche und Verteidiger des Glaubens, ist tief religiös: Sie besucht jeden Sonntag die Frühmesse, wo immer sie sich gerade aufhält. Sie verbringt nur einen Sonntag im Jahr in Buckingham Palace – den Volkstrauertag. Ansonsten nimmt sie auf Schloss Windsor, Sandringham oder Balmoral am Gottesdienst teil. Selbst an Bord der königlichen Jacht *Britannia* wurde der Tisch im Speisezimmer entfernt und durch Stuhlreihen ersetzt. Der Admiral als Kapitän des Schiffs hielt die Messe, und alle sangen im Stehen den »Seefahrer-Choral« für all jene, die auf See in Gefahr gerieten. Die überwiegend aus Männern – Offizieren und Matrosen in Uniform – bestehende »Kirchengemeinde« sang, während ein an Bord stationiertes Streichquartett des Musikkorps der Royal Marines im Nebenzimmer spielte. Bei Gottesdiensten an Land legte die Queen immer eine Fünfpfundnote in den Klingelbeutel. Ihre Garderobendame hatte den Geldschein vorher fein säuberlich zweifach zusammengefaltet und mit einem Bügeleisen glatt gebügelt. Die Queen konnte den Schein nun so in den Beutel fallen lassen, dass auf dessen Vorderseite nur ihr Kopf zu sehen war. Am heiligsten Tag im christlichen Kalender, dem Karfreitag, wich die Queen von ihren üblichen Gepflogenheiten ab und empfing das Abendmahl vom Dekan von Windsor in ihrer Privatkapelle auf Windsor Castle, ein paar Gehminuten von ihrem Gemächern am Ende des Hauptflurs entfernt. Ostern wurde ein vom Dekan der Glastonbury-Kathedrale geschickter Weißdornzweig als Symbol der Dornenkrone, die Christus am Kreuz trug, auf den Schreibtisch Ihrer Majestät im Schloss gestellt. Die Queen bekam jedes Jahr ein Osterei von Charbonnel et Walker in der

Bond Street, das sie auf ihren Reisen stets bei sich führte, bis der letzte Krümel verzehrt war. Ich weiß von einem Osterei, das sich sechs Monate lang hielt. Es war mit ihren Lieblingssüßigkeiten gefüllt, einer Schachtel Bendick's Bittermints und Elizabeth Shaw Peppermint Creams.

Der Herzog von Edinburgh steht in unerschütterlicher Treue an der Seite der Königin. Die beiden fühlen sich am wohlsten, wenn sie, nach Erfüllung der täglichen Pflichten, unter sich sind. Sie haben getrennte Wohn-, Studier- und Empfangszimmer, die ihnen Unabhängigkeit gewähren, aber ein Elternschlafzimmer verbindet ihre Suiten. Während meiner elfjährigen Tätigkeit als persönlicher Lakai der Queen, in der ich immer wieder Einblick in das Privatleben der Königin erhielt, habe ich kein einziges Mal ein lautes Wort zwischen Gatte und Gattin gehört. Prinz Philip mag murren und in der Öffentlichkeit gelegentlich taktlos sein, aber er ist ein pflichtbewusster, fürsorglicher Ehemann. Es ist eine merkwürdige Verbindung von Förmlichkeit und Zwanglosigkeit. Vor allem ist es eine echte Partnerschaft.

Als die damals einundzwanzigjährige Prinzessin Elizabeth am 20. November 1947 ihren in Griechenland geborenen, entfernten Cousin heiratete, der damals sechsundzwanzig Jahre alt war, gelobten sie sich eheliche Treue. Sechs Jahre später, bei ihrer Krönung, bekräftigte der Marineoffizier dieses Gelöbnis noch einmal, indem er feierlich vor Gott schwor, der Herrscherin, seiner Gattin, immer treu zu dienen. Er nimmt diese Verpflichtung sehr ernst. Er weiß mehr als irgendein anderer, was es heißt, mit einem Amt verheiratet zu sein. Vier Jahre nach seiner Heirat mit der Königin gab er seine geliebte Tätigkeit als Marineoffizier auf, um fortan ein standesgemäßes Leben als Gemahl der Queen zu führen. In seiner Ehe achtet Prinz Philip streng auf das Protokoll und geht in der Öffentlichkeit einen Schritt hinter der Monarchin. Sie geht als Königin dem Herzog voraus, doch in familiären Angelegenheiten führt der Gemahl die Gemahlin. Hinter verschlossenen Türen ist im Haus Windsor Prinz Philip der Boss. Angefangen von Entscheidungen darüber, Picknicks oder Grillpartys zu veranstalten – »Fragen Sie Seine Königliche Hoheit, ich weiß es nicht«, pflegte die Königin zu sagen –, bis hin zur Verwaltung der Königlichen Privatschatulle ist er in den Augen des Personals der Herr im Haus.

Das Leben kann für die Queen einsam sein, und die Pflichten des Amtes isolieren sie sozial; daher lehnt sie sich an ihren Gemahl in der gleichen Weise an, wie sich Königin Victoria auf Prinz Albert stützte. Prinz Philip ist der Resonanzboden der Queen, die Person, der sie am meisten vertraut, eine beständige Quelle der Stabilität. Man spürt, dass sie sich herzlich zugetan sind. Er frühstückte immer um acht Uhr dreißig und saß oft noch bei Tisch, wenn die Queen um neun aufstand. Er begrüßte sie oft mit einem flüchtigen Kuss auf die Wange und sagte: »Guten Morgen, Schatz.«

Doch der Herzog hatte noch eine andere, nicht so liebenswürdige Seite. Sein Jährzorn war berüchtigt und brachte so manchen Kammerdiener und Pagen zum Weinen. Er hatte eine Ehrfurcht gebietende, Respekt einflößende Ausstrahlung und erwartete, dass das Personal immer sein Bestes gab, und er verfügte über ein geschultes Auge für das, was *nicht* getan worden war. Wenn jemand nachlässig war, brach sein ungestümes Temperament hervor, und seine tiefe Stimme wurde zu einem Schrecken erregenden Grölen. Türen wurden zugeschlagen, und der ganze Flur schien von seinen wütenden Ausfällen widerzuhallen: »Bin ich denn nur von Vollidioten umgeben!« oder »Ihr habt wohl den A... auf!« Als ehemaliger Marineoffizier erwartete er von seinen Männern, dass sie mit seinem aufbrausenden Temperament zurechtkamen, aber zu den Hausmädchen war er immer freundlich und rücksichtsvoll.

Die frisch vermählten Prinz und Prinzessin von Wales kehrten mit der Queen und Prinz Philip aus ihren Flitterwochen in den Buckingham Palace zurück, während Dekorateure und Tischler unter Anleitung des südafrikanischen Innenarchitekten Dudley Poplak das neue Domizil des Ehepaares in Highgrove und die Apartments Nummer acht und neun in Kensington Palace herrichteten.

Zu Beginn ihrer Ehe konzentrierte sich die Prinzessin darauf, ein häusliches Idyll für ihren Gatten und sich zu schaffen, und sie wirkte maßgeblich an der Auswahl von Teppichen, Vorhängen und Einrichtungsgegenständen für die neuen Wohnungen mit. An den meisten Wochenenden besuchte sie Highgrove, um sich selbst ein Bild vom Fortgang der Renovierungsarbeiten zu machen. Außerdem warb sie Hausbedienstete an, wobei sie sich die Bekanntschaften zunutze machte, die sie unter dem Personal des Palastes angeknüpft hatte. Schon bald merkte sie, wie heikel Personalentscheidungen sein konnten; in einer Mitteilung, die von Gardeoffizier Graham Smith überbracht wurde, ermunterte sie Maria Cosgrove, sich um die Stelle als ihre Ankleidedame zu bewerben. Im Februar 1981 war Maria zum Hausmädchen des Herzogs von Edinburgh befördert worden. Sie hätte sehr gern für die Prinzessin gearbeitet, aber Lady Susan Hussey, die Hofdame der Königin, bekam Wind von dem Abwerbeversuch. Maria wurde klar gemacht, dass sie nicht aus dem Dienst von Prinz Philip entlassen würde. So musste die Prinzessin zwei andere Bedienstete des Palastes, mit denen sie Freundschaft geschlossen hatte, für Kensington abwerben – das Hausmädchen Evelyn Dagerly als Ankleidedame und Mervyn Wycherley als Küchenchef.

In jenen frühen Tagen ihrer Ehe führten der Prinz und die Prinzessin ein ruhiges Leben. Sie gingen manchmal in die Oper oder ins Ballett, oder sie trafen sich in geselliger Runde mit Freunden von Prinz Charles, aber sie waren keine schillernden Größen der Society. Die Prinzessin besaß noch nicht das

Selbstvertrauen, für das sie bekannt werden sollte, oder die Durchsetzungskraft, die manche Bedienstete eines Tages das Fürchten lehren sollte. Sie war immer noch zurückhaltend und musste in dem neuen Umfeld erst noch laufen lernen, aber es war ihr bewusst, in welch glücklicher Lage sie sich befand – bis eines Tages ein Mitglied des Personals ihr drastisch vor Augen führte, dass sie nicht überall wohl gelitten war.

Die Prinzessin hatte eine Auseinandersetzung mit einem Mitglied der Hofhaltung über die Dienstpläne des Personals, und allem Anschein nach gab es einen heftigen Wortwechsel darüber, wer seinen Beitrag leistete und wer nicht. Der Bedienstete stand der Prinzessin gegenüber, und die errötete, während sie versuchte, sich Autorität zu verschaffen. Er glaubte, sich in diesen Dingen besser auszukennen als seine neue Chefin, die zur Prinzessin aufgestiegene Kindergärtnerin. Er begann zu toben und zu wettern. Als sie sich gegen die Wand lehnte, beugte er sich über sie und stützte sich mit den Händen links und rechts neben dem Kopf der Prinzessin an der Wand ab. »Wenn Sie nicht so verdammt langweilig wären, würden wir mehr arbeiten«, sagte er. Nach wenigen Wochen wurde dieser Angestellte aus dem Dienst des Prinzen und der Prinzessin entlassen.

Nichts erschütterte die Prinzessin von Wales schwerer als der Unfalltod von Fürstin Gracia Patricia von Monaco am 13. September 1982. Fürstin Gracia fuhr mit ihrer Tochter Prinzessin Stephanie vom Landsitz des Hauses Grimaldi, Roc Agel, durch die bergige Küstenlandschaft nach Monaco. Nach weniger als zwei Meilen kam ihr Rover in einer Haarnadelkurve von der Straße ab, schoss über einen Felshang und raste dreißig Meter den Abhang hinunter. Prinzessin Stephanie überlebte, aber ihre Mutter starb im Fürstin-Gracia-Krankenhaus. Es wurde später viel über den Zustand der Bremsen und der Handbremse des Wagens spekuliert.

Die Prinzessin von Wales weilte auf Schloss Balmoral, als die königliche Familie die Nachricht erhielt. Sie ließ alles stehen und liegen und nahm ohne Prinz Charles an der Beisetzung ihrer Freundin teil. Es war ihre erste Auslandsreise als Vertreterin der königlichen Familie.

Die Prinzessin hat die Frau, die sie schlicht »Grace« nannte, nie vergessen. Sie sprach oft über ihre Eleganz und ihren vollendeten Stil. Und sie behielt ihren Tod als einen tragischen Verlust für die ganze Welt in Erinnerung. Sie besaß ein schulterfreies weißes Cocktailkleid aus Chiffon, das sie »mein Grace-Kelly-Kleid« nannte, weil es »so schön und elegant« war.

4.
DIE QUEEN UND ICH

Wenn schon die Prinzessin sich in den Arm kneifen musste angesichts der phantastisch unwirklichen Welt, in der sie sich wiederfand, wie viel mehr musste es ein gewisser Lakai. Oft saß ich in der Nische des niedrigen, schmalen Fensters in meinem Zimmer in Buckingham Palace und blickte auf London hinaus, dachte zurück an die kopfsteingepflasterten Straßen von Chapel Road und fragte mich, wie sich mein Leben wohl entwickelt hätte, wenn ich im Hotel Wessex geblieben wäre.

Ich empfand es als großes Privileg, im Schatten der Queen arbeiten zu dürfen. Und der Blick aus jenem Fenster hoch oben machte mein Glück vollkommen: vom Victoria Monument die breite Mall hinunter bis zum Admiralty Arch, auf die weite Fläche des St. James' Park, der im Sommer mit blauen und weißen Liegestühlen übersät ist, und am Horizont Big Ben. Als ich noch ein Kind war, hatte meine Mutter den stärksten Einfluss auf mich, doch den Mann, zu dem ich wurde, hat die Queen entscheidend geprägt. Jedes Leben wird von einer Vielzahl von Menschen und Orten geprägt. Ich befand mich nun im Zentrum des Hauses Windsor und nahm in mich auf, was die Queen an vorbildlichen Eigenschaften auszeichnete: ihre natürliche Fairness, ihre Toleranz und heitere Gelassenheit, ihre Liebe zu den Menschen und ein unbeirrbares, aufopferndes Pflichtbewusstsein.

Wie meiner Mutter stets das Wohl der Menschen von Chapel Road am Herzen lag, so stellte die Queen ihre Pflicht gegenüber ihrem Land und ihren Untertanen über alles. Und ich hatte teil an dieser Pflichterfüllung, ein kleines Rädchen, das dazu beitrug, dass alles reibungslos lief. Oft wünschte ich mir, meine Mutter könne mich sehen, doch meine Arbeit spielte sich meistens hinter geschlossenen Türen ab. Bedienstete bekommen selten eine Anerkennung dafür, wenn sie dafür sorgen, dass ein Haushalt rund um die Uhr ebenso störungsfrei abläuft wie eine sorgsam inszenierte Theateraufführung. Die Mitarbeiter hinter den Kulissen bekommen keine Vorhänge, doch uns genügte schon ein Lächeln oder ein Nicken Ihrer Majestät als Lob für unsere Arbeit.

Es reizte mich natürlich sehr, meiner Familie einen kleinen Einblick in dieses Leben zu geben. Wie viele Söhne haben schon die Chance, ihre Mutter zu einem Beisammensein mit der Queen und der übrigen königlichen Familie einzuladen? Mutter hatte in Chapel Road ein Telefon installieren lassen, damit wir in Kontakt bleiben konnten. »Ich kann gar nicht glauben, dass du wirklich vom Buckingham Palace aus sprichst!«, rief sie aufgeregt. Sie freute sich so sehr für mich. Bei unseren Telefonaten saß sie kettenrauchend im Hinterzimmer unseres Hauses, den Hörer fest umklammernd, und lauschte hingerissen den Schilderungen meiner täglichen Pflichten. Schon wenn ich ihr erzählte, dass ich der Queen Tee serviert hatte, war sie hellauf begeistert.

In meinem ersten Jahr als persönlicher Lakai Ihrer Majestät konnte ich es kaum erwarten, bis endlich Weihnachten kam, denn zum Weihnachtsball durften jedes zweite Jahr Angehörige der Bediensteten eingeladen werden, entweder in den Palast oder nach Windsor.

»Mum, gib mir die Ehre und komm mit mir zum Weihnachts-

oben: Am Strand in Scarborough, 1960
links: An Mutters Rockzipfel im Hof von Chapel Road 57

links: Im Alter von 11 Jahren
rechts: In den ersten Tagen als Hilfskoch im Esszimmer von Nr. 47

rechts: »Großer Paul« und »Kleiner Paul«
unten: Im Großen Gang von Windsor Castle

oben: Royal Ascot
links: An der Wagentür auf die Queen
und Prinzessin Margaret wartend

Mit »meinen« Corgis in Barmoral Castle

oben: Die Holzhütte, in der die königliche Familie ihre Sommerbarbecues feierte
unten: Die Queen und Prinz Charles bei einer Party des Personals, 1977

Mit der königlichen Kutsche auf einer Fahrt mit Prinz Charles, der Prinzessin und der Queen

In voller Staatslivree

Was die Boulevardpresse »die andere königliche Hochzeit« nannte

ball bei der Queen«, sagte ich. Sie stieß einen spitzen Schrei aus, so laut, dass mir fast das Ohr abgefallen wäre. Doch dann seufzte sie: »Ach, das wäre wunderbar, aber ich glaube, es geht nicht, Paul. Ich würde dich nur blamieren.«
»Sei nicht albern, Mum. Alle haben ihre Mütter eingeladen. Du wirst gar nicht auffallen, und außerdem bin ich auch da«, entgegnete ich.
In jener Woche plünderte sie das Familienkonto und kaufte sich ein schlichtes blaues langes Abendkleid mit einem Kettengürtel, zu dem sie ein gestricktes Umschlagtuch tragen wollte. Sie erzählte dem ganzen Dorf, dass sie zu einem Ball bei der Queen gehen würde. Niemand kannte einen Menschen, der schon jemals der Königin von England begegnet wäre, schon gar nicht einer von den Leuten, die die Bingohalle Top Rank in Chesterfield frequentierten.
Beim Ball erfüllte die prachtvolle Umgebung, ganz zu schweigen von den königlichen Hoheiten, meine Mutter mit ehrfurchtsvoller Scheu. Sie konnte gar nicht fassen, dass sie sich in derselben Gesellschaft bewegte wie die Monarchin, der Herzog von Edinburgh, Prinz Charles und Prinzessin Anne. »Ich komme mir vor wie Aschenputtel«, flüsterte sie mir zu, »und du bist mein Märchenprinz!« Sie hatte sich bei mir eingehakt, und wir gingen gemeinsam in den Saal.
Als die Queen sich den Angehörigen des Personals vorstellte, fragte ich mich besorgt, ob Mutter die Aufregung wohl verkraften würde. »Jetzt könnte ich eine Zigarette brauchen!«, seufzte sie, und ihre Hand zitterte. Ich hielt sie ganz fest.
»Hallo, Paul«, begrüßte mich Ihre Majestät, als sie auf uns zutrat.
Hast du das gehört, Mum?, dachte ich. Sie hat mich Paul genannt. Ich hoffte inständig, dass meine Mutter diese zwanglose Anrede bemerkt haben möge, aber ich glaube, sie war zu sehr geblendet von der Diamantenhalskette vor ihren Augen.
Doch Ihrer Majestät gelingt es immer, das Eis zu brechen, und

sie begann, sich mit Mum über Bergleute und Derbyshire zu unterhalten. Mum lächelte unentwegt. Hinterher erzählte sie mir, sie habe einfach ständig auf den Hals der Queen starren müssen. Nie zuvor hatte sie echte Diamanten gesehen, geschweige denn in solcher Menge. »Sie ist genau so, wie ich mir eine Königin vorstelle«, sagte meine Mutter. Auf diesem Ball bekam sie einen Einblick in mein Leben. Im Laufe der Jahre sollte sie meiner Arbeitgeberin noch mehrmals im Palast und einmal zufällig in Balmoral begegnen, als wir einen Spaziergang machten und die Queen ihre Corgis ausführte.

Mutter kam mit der Hofetikette etwas besser zurecht als meine Tante Pearl, die ich ebenfalls einmal zu einem Ball eingeladen hatte. Fein herausgeputzt, stand sie stocksteif und mit aufgerissenen Augen da, als die Queen sich anschickte, die Angehörigen zu begrüßen, und ein paar Worte mit ihnen wechselte.

Tante Pearl wartete, dass die Queen sie ansprach.

»Wie ich höre, soll das Wetter in Derbyshire schrecklich sein in letzter Zeit?«, erkundigte sich die Queen, gut informiert wie immer.

Zuerst brachte Tante Pearl keinen Ton heraus, und dann sagte sie das Erste, was ihr einfiel: »Ja, 'ässlich, Eure Majestät, wirklich 'ässlich«, und versank in einem vollkommen übertriebenen Hofknicks.

Hinterher war es ihr schrecklich peinlich, dass sie beim Gespräch mit der Queen wie gewohnt das »h« verschluckt hatte, doch ich versicherte ihr lachend, dass Ihre Majestät regionale Akzente durchaus schätzte.

Nicht nur Angehörige der Bediensteten und andere Außenstehende packte die Panik, wenn sie der Queen begegneten. Selbst Mitarbeiter des Buckingham Palace wurden nervös bei dem Gedanken, ihr vorgestellt zu werden, was stets zu Weihnachten der Fall war. Ehe sich der Hof vor den Feiertagen wie üblich nach Windsor begab, kam die Queen ihrer letzten Pflicht des Jahres nach, nämlich mit jedem Mitglied ihres königlichen

Hofstaats – rund dreihundert Personen – ein paar persönliche Worte zu wechseln. Zwei Stunden nahm sie sich Zeit, um jedem Einzelnen, vom jüngsten bis zum ältesten Angehörigen ihres Personals, frohe Weihnachten zu wünschen. Es hieß immer »Happy Christmas« (»Frohe Weihnachten«), *niemals* »Merry Christmas« (»Fröhliche Weihnachten«), um jede Assoziation mit feuchtfröhlichen Feiern zu vermeiden.
Doch ich glaube, ein kleiner Schluck hätte dieses Erlebnis für viele ein wenig leichter gemacht. Schon der Gedanke, der Monarchin, der sie in ihrem Reich im Souterrain niemals begegneten, von Angesicht zu Angesicht gegenüberzustehen, konnte Küchenhelferinnen, Geschirrspülerinnen oder Hilfsbutler zu zitternden Nervenbündeln werden lassen.
Der Queen lag viel an diesem zeremoniellen Brauch, denn es war eine Anerkennung der Arbeit ihres Personals, das ihr Leben in allen Bereichen reibungslos ablaufen ließ. Als sie einmal gefragt wurde, wie viele Dienstboten sie habe, antwortete sie: »Eigentlich gar keinen. Ich habe viel Personal, aber keine Dienstboten.«
Selbst die Vorstellung des Personals folgte strengen Regeln. Sämtliche Mitglieder des königlichen Hofstaats legten ihre Arbeit beiseite und stellten sich in einer Reihe auf, die sich die Korridore im hinteren Bereich hinauf und hinunter bis in die Marble Hall im Erdgeschoss, durch das Frühstückszimmer in den 1844 Room und bis vor die Tür des Bow Room zog. Man stellte sich nach Dienstalter auf – Lakaien mit roten Westen, Pagen im dunkelblauen Frack mit Samtkragen, Köche in makellos weißer Kleidung und Haube und Zofen im traditionellen schwarzen Kleid mit weißer Schürze. Von den vierzehn Lakaien kam zuerst Paul Whybrew, dann ich. Wir empfanden es immer als eigenartig, dass wir an diesem Vorstellungsritual teilnehmen mussten, denn wir sahen die Queen ohnehin jeden Tag – morgens, mittags und abends. Und später am Nachmittag würden wir zu ihren Gemächern hinaufgehen, um beim

Einpacken für den Umzug nach Windsor behilflich zu sein. Uns war der unmittelbare Kontakt mit der Queen selbstverständlich geworden, doch viele hatten richtig Lampenfieber. Die Queen und der Herzog von Edinburgh standen an einem Ende des Bow Room, und die Bediensteten verharrten an der gegenüberliegenden Tür, bis der Haushofmeister ihren Namen aufrief. Es war eine Atmosphäre wie bei einer Ordensverleihung, nur dass jeder statt eines Ordens ein kleines Geschenk bekam, das er zuvor aus einem Katalog ausgewählt hatte. Die Geschirspülerinnen mussten ihre Gummihandschuhe gegen solche aus weißer Baumwolle tauschen, denn alle Frauen hatten zu diesem Anlass solche Handschuhe zu tragen. Interessanterweise begrüßte die Queen, die sonst bei offiziellen Terminen stets Handschuhe trug, ihr Personal mit bloßen Händen.

Weihnachten auf Windsor Castle ist zauberhaft, aber auch anstrengend. Für lebendige Weihnachtsstimmung sorgten die Kinder vom Gut, darunter auch Chorknaben der St. George's Chapel, wenn sie mit Laternen in den Händen scharenweise zum Schloss heraufkamen und sich im Innenhof versammelten, um Weihnachtslieder zu singen. Dann stand die Queen allein auf den teppichbelegten Stufen an der Ecke des Sovereign's Entrance, nippte an einem Glas Glühwein und ließ die Atmosphäre auf sich wirken. Sie konnte sich in dem Wissen entspannen, dass sie ihre Geschenke nicht selbst einpacken musste – das war Aufgabe ihrer persönlichen Lakaien.

Es war eine reizvolle Aufgabe, an der »Geschenkeproduktion« beteiligt zu sein und schon vorab zu erfahren, womit die Kinder der königlichen Familie und andere Verwandte überrascht werden würden. Anfang Dezember wurden die Geschenke aus einem in den Palast gebrachten Warensortiment ausgewählt. Peter Knight, der Inhaber eines großen Geschäftes, brachte an die zweitausend Artikel in den Palast – Spielzeug aller Art, Porzellan, alle möglichen Apparate, Dekorationsartikel und

Küchengerät. Jeden Abend nach dem Essen ging Ihre Majestät einkaufen, wählte ein Geschenk, schrieb den Namen des Empfängers auf einen Zettel und legte dann beides vor dem Zimmer auf einen Tisch, so dass wir die Sachen fortnehmen und einpacken konnten. Geschenkpapier und -band suchten Paul Whybrew und ich selbst aus, und jeder von uns wollte derjenige sein, der am meisten einpackte. Es waren jedes Jahr ungefähr hundert Geschenke, und jedes Mal gab es einen erbitterten Wettstreit.

Einmal, es war bereits spätnachts und ich noch mit Tesafilm, Geschenkpapier und -band zugange, kam überraschend die Queen vorbei. »Es wird Zeit, dass Sie schlafen gehen, Paul. Sie haben genug getan.« Wir brauchten ungefähr drei Wochen, bis alle Geschenke eingepackt waren, und manchmal kam es einem vor, als hätte der Tag zu wenig Stunden.

Die Queen hatte keinen Christbaum oder anderen Weihnachtsschmuck in ihren Gemächern. Erst in Windsor Castle wurden Weihnachtskarten auf dem Kaminsims aufgestellt. Die einzige festliche Dekoration in Buckingham Palace war ein hoher Baum vom Gut Windsor, der mitten in der Marble Hall aufgestellt wurde. Wenn man vor dem großen Eingangstor steht und durch den Torbogen in den Innenhof blickt, kann man jedes Jahr die bunten Lichter funkeln sehen.

Unsere sorgfältig verpackten Geschenke wurden traditionsgemäß an Heiligabend nach dem Fünf-Uhr-Tee geöffnet, und zwar im Crimson Drawing Room im ersten Stock, in dem auf beiden Seiten des marmorverkleideten Kamins die imposanten Krönungsporträts von König Georg VI. und Königin Elizabeth, die 1937 von Sir Gerald Kelly angefertigt worden waren, einen Großteil der Wand einnahmen. In einem mittig eingebauten Erker stand ein weiterer riesiger Weihnachtsbaum, auf dessen einer Seite ein etwa fünfzehn Meter langer Tisch auf Böcken aufgestellt war. Er war mit rotem Band in zahlreiche Abteile unterteilt, in denen sich jeweils die Geschenke für eine

bestimmte Person häuften. An einem Ende standen die Queen und der Herzog von Edinburgh, am anderen die Hofdamen und Kammerherren. Wir, das Personal, blieben stets außerhalb des Zimmers, doch die Entzückensschreie, die zu hören waren, das Gebell der leicht erregbaren Corgis und die heitere Atmosphäre signalisierten, dass bei den Windsors Weihnachten gekommen war. Unten, in den gruftähnlichen Kellergewölben, die kein Geräusch nach außen dringen ließen, würden sich die Bediensteten, die fast jeden Tag bis Mitternacht gearbeitet hatten, bei einer fröhlichen Party mit Discomusik entspannen.
Am ersten Feiertag schalten die Menschen in allen Ländern des Commonwealth den Fernseher ein, um die Weihnachtsansprache der Queen zu hören, die zu jener Zeit Mitte Dezember aufgezeichnet wurde. Auf Windsor Castle machte man keine Ausnahme. Um drei Uhr nachmittags versammelte sich die gesamte königliche Familie im getäfelten Oak Room vor dem Fernsehgerät. Einige nahmen auf Sofas und Stühlen Platz, viele blieben stehen. Die Queen hielt sich schweigend im Hintergrund. Wenn die Übertragung beendet war, war sie meist schon mit ihren Corgis im Park verschwunden. Die Queen gehört nicht zu den Menschen, die gerne im Mittelpunkt stehen.

Ebenso wie Weihnachten brachten auch Staatsbesuche Abwechslung in die Alltagsroutine des königlichen Hofstaats. Ich erinnere mich noch gerne an den Besuch von Ronald Reagan auf Windsor Castle; damals wies die Queen die Leute vom Security Service gehörig in die Schranken.
Eine Woche vor dem Besuch des Präsidenten fuhr ein Konvoi schwarzer gepanzerter Wagen im Innenhof auf, um das Schloss vor der ersten offiziellen Visite eines amerikanischen Präsidenten ausführlich zu überprüfen. Die Queen lächelte, als sie den dramatischen Auftritt der Sicherheitsleute beobachtete. Sie wollte nichts von übertriebenen Sicherheitsvorkehrungen wissen. »Dies ist mein Schloss, und wenn seine Sicherheit für

meine Person genügt, reicht sie auch für den Präsidenten«, ließ sie den Amerikanern durch einen ihrer Bediensteten ausrichten. Dagegen ließ sich schlecht etwas sagen.

Als Präsident Reagan am 7. Juni 1982 mit dem Helikopter eintraf, wurden ein Page im Dienst und ich abgestellt, damit wir uns um ihn und seine Frau Nancy kümmern konnten. Sie wohnten in Suite 240, die den gesamten ersten Stock des Lancaster Tower einnimmt; von dort hat man einen wundervollen Blick auf den schnurgeraden, etwa eine Meile langen Long Walk.

Schon damals war Nancy die treibende Kraft hinter ihrem Mann. Der Präsident brauchte eigentlich keinen Kammerdiener, denn sie wich ihm keinen Augenblick von der Seite, und seine Kleidung kam tadellos gebügelt und gepackt an. Wir hatten nicht mehr zu tun, als zu seiner Verfügung zu stehen. Zur Begrüßung hatten wir Schächtelchen mit Schokolade, dekoriert mit roten, weißen und blauen Bändern, in die Suite gestellt, doch dann erfuhren wir, dass der amerikanische Präsident Schokolade gar nicht besonders mochte. Vielmehr hatte er sich Dutzende von Deckelgläsern voller Geleebohnen mitgebracht, jedes mit dem Präsidentenwappen versehen. Er hatte sie alle auf einen Tisch in seiner Suite gestellt, der nun aussah wie ein kleiner Süßwarenladen. Offenbar war er süchtig nach Geleebohnen. Am ersten Abend gab es ein intimes Dinner bei Kerzenlicht. Vor dem Essen machte ich in meiner roten Livree mit einem Tablett im Green Drawing Room die Runde und bot Drinks an. Dort hatten sich mittlerweile die Entourage des Präsidenten und Mitglieder der königlichen Familie eingefunden, auch der Prinz und die Prinzessin von Wales, die inzwischen Kensington Palace und Highgrove bezogen hatten. Als ich wartend neben dem Präsidenten und seiner Frau stand, bekam ich mit, wie befangen Ronald Reagan war. Er hatte Hemmungen, auf die Queen zuzugehen und mit ihr zu sprechen. »Los, nun geh schon. Sprich mit Queen Elizabeth«, drang

Nancy Reagan in ihren Mann, und daraufhin setzte er sich in Bewegung. Wie nett, dass sogar ein amerikanischer Präsident gutes Zureden benötigt, damit er Ihre Majestät anzusprechen wagt, dachte ich. Es ging also nicht nur Mum und Tante Pearl so. Immerhin kam es dann doch zur Begegnung mit der Queen. Einmal hatte ich der Hollywood-Legende Bette Davis – ich bin ein großer Fan von ihr – einen Brief geschrieben. Sie hatte geantwortet, und danach korrespondierten wir mehrfach miteinander. Am 3. August 1984 schrieb sie mir, wie sehr sie es bedauere, dass sie Ihrer Majestät bei einem Dinner, das die 20th Century Fox zu ihren Ehren gegeben hatte, nicht die Hand schütteln konnte.

»Wir saßen nicht einmal nah genug, um erkennen zu können, wie sie aussah. Wirklich jammerschade, vor allem weil wir uns so sehr bemüht hatten, makellos weiße Handschuhe zu tragen. Ihre Majestät muss gedacht haben, die Schauspieler und Schauspielerinnen in Hollywood seien schreckliche ›Muffel‹ … aber als ich Ihr Briefpapier mit ›Buckingham Palace‹ darauf gesehen habe, war ich ganz aus dem Häuschen. – Bette Davis«

Bei Staatsbesuchen im Königshaus war es ähnlich wie in der Chapel Road, wenn ein wohlhabender Verwandter sich angesagt hatte – man holte das beste Porzellan aus dem Schrank. Die Kammern der königlichen Residenzen mussten ihre Schätze freigeben. Alles wurde hervorgeholt: vergoldete Leuchter aus massivem Silber, Menagen für Salz und Pfeffer, die so schwer sind, dass zwei Leute sie tragen müssen. Nicht zu vergessen das goldene Besteck aus der Zeit König Georgs III. Am hufeisenförmigen Tisch im Ballroom des Buckingham Palace finden einhundertsechzig Gäste Platz, viel mehr als in Windsor mit seiner etwa sechsunddreißig Meter langen und drei Meter breiten Tafel. Der Tisch im Palast ist so riesig, dass die Hilfsbutler, die Füße mit Staubtüchern umwickelt, auf ihn hinaufsteigen müssen, um die Leuchter und Blumenarrangements in der Mitte aufstellen zu können. Bei solchen Anlässen galt allergrößte Sorgfalt. Die Gedecke mussten in genau gleichem Abstand aufgelegt werden – mit dem Lineal abgemessen –, das Besteck durfte nie weiter als eine Daumenlänge vom Tischrand entfernt liegen, und die Stühle hatten wie eine Kompanie Soldaten schnurgerade ausgerichtet zu stehen, ehe der Hofmarschall zur Inspektion schritt.

Bankette verlangten eine professionelle Vorbereitung und einen reibungslosen Ablauf, denn sie sollten bei den Staatsbesuchern einen nachhaltigen Eindruck hinterlassen. Für die Choreographie sorgte der Haushofmeister mit einem Ampelsystem. Er saß wie ein Beleuchtungstechniker an einem Steuerpult und hatte den ganzen Saal im Blick. Hinten, im Servicebereich, achtete jeder aufmerksam auf die bunten Lichter, die wie bei einer Ampel nacheinander aufleuchteten: Gelb hieß »Achtung!«, Grün bedeutete »Gehen«. Dann setzte sich eine Prozession von Pagen und Lakaien in Gang, die vollkommen synchron von verschiedenen Punkten aus in den Saal schritten. Es war ein Schauspiel, dessen scheinbar mühelose Aufführung nichts von der hektischen Betriebsamkeit hinter den Kulissen verriet, wo bereits alles für den nächsten Gang vorbereitet wurde.

Als Kind hat man mir eingeschärft, niemals mit dem Essen zu beginnen, bevor allen aufgetragen worden ist. In königlichen Kreisen hält sich niemand an diese Regel. Sobald der Queen serviert worden ist, beginnt sie zu essen, auch wenn andere noch vor einem leeren Teller sitzen. Es wird als unhöflich angesehen, Essen kalt werden zu lassen. Zur Zeit von Königin Victoria wurde der Teller fortgenommen, sobald sie fertig gegessen hatte – ebenso die Teller der Gäste, ob sie fertig waren oder nicht. Heutzutage wird nicht abserviert, ehe jeder Messer und Gabel auf den Teller gelegt hat.

Das Ampelsystem im Servicebereich ist eine eher moderne Einrichtung, das – erlaubte – heimliche Beobachten der Vorgänge im Saal jedoch nicht. Der so genannte Grill, ein Wandschirm mit reichem Gitterwerk an einer rückwärtigen Wand des Ballroom, ist ein Relikt aus längst vergangener Zeit. Hinter diesen Wandschirm stellen sich die Bediensteten, um das Spektakel im Saal zu beobachten. Dutzende von Augen aus dem Reich des Souterrains spähten damals wie heute diskret, und mit Erlaubnis, auf die Großen und Guten dieser Welt in ihrer besten Kleidung.

Ein Ereignis gab es, da hätte ich mir nichts sehnlicher gewünscht als eine protokollarische Vorschrift, nach der sich augenblicklich die Erde aufgetan und mich verschlungen hätte. Wenn die Queen selbst einen Staatsbesuch in einem anderen Land absolviert, gilt natürlich dasselbe Maß an Perfektion wie bei den Statsbesuchen in Großbritannien. Im Jahr 1979 sollte ich die Queen zu ihrem ersten Besuch in den Golfstaaten begleiten, mein erster Auslandseinsatz. Am Morgen der Abreise gab es zum Abschied wie üblich einen kleinen Umtrunk mit Champagner für das Personal, arrangiert von Margaret MacDonald, einer der Queen besonders nahe stehenden, altgedienten Ankleidedame. Diese saß kerzengerade in einem Ohrensessel, ein zierliches Persönchen mit Hornbrille in einem von Sir Norman Hartnell, dem Designer der Queen, maßgeschneiderten Seidenkleid und perfekt frisiertem Haar. Als Schmuck trug sie eine dreireihige Perlenkette und eine Brosche, beides Geschenke der Queen. Sie war Zoll für Zoll eine königliche Lady. Einst war sie das Kindermädchen der Queen und ihrer Schwester, Prinzessin Margaret, gewesen. Die beiden – und *nur* diese beiden – nannten sie liebevoll »Bobo«. Für das übrige Personal verkörperte sie »Augen und Ohren des Thrones«, und alle waren bemüht, sich mit ihr gutzustellen.

Vor der Abreise prüfte sie jede Kleinigkeit doppelt, damit wirklich alle Kleider, Hüte und Schmuckstücke eingepackt waren. Ich musste das braune Ledergepäck Ihrer Majestät wienern, die gravierten Teller polieren und schließlich an jedes Gepäckstück und jede Hutschachtel einen gelben Anhänger binden, auf dem »The Queen« stand. Die Anhänger mussten gut verknotet sein und exakt gleich lang herunterhängen. Miss MacDonald achtete auch darauf, dass meine Polierkünste am Schuhwerk der Queen ihren hohen Anforderungen entsprachen. Sie verlangte viel, aber sie vergaß auch nie ihre bescheidenen Anfänge im Souterrain, als sie gerade aus Schottland gekommen war und sich nachts in den Schlaf weinte, weil sie ihre Familie so sehr vermisste.

Bevor wir uns in Richtung Golf aufmachten, hielt sie also Hof und erzählte Anekdoten von früheren Reisen. Vielleicht waren wir von ihren Geschichten zu sehr abgelenkt, vielleicht stieg uns auch der Champagner in den Kopf, jedenfalls ging mein Auslandsdebüt trotz sorgfältiger Vorbereitung daneben.

Unsere Wagenkolonne hatte schon den halben Weg nach Heathrow zurückgelegt, als die zweite Ankleidedame der Queen, Peggy Hoath, ihre Kollegin May Prentice plötzlich entsetzt ansah und sagte: »Wir haben das Kleid für die Ankunft vergessen!«

Ich saß auf dem Beifahrersitz und habe mich noch nie im Leben so schnell umgedreht. Die Gesichter der beiden Frauen waren aschfahl. Wir alle wussten, dass die Queen in einer halben Stunde an Bord der Concorde gehen sollte.

Es war ein kalter Februartag, und die Queen trug ein Wollkleid mit einem dicken Mantel darüber. Das Kleid, das noch im Arbeitszimmer der Ankleidedame in Buckingham Palace hing, war ein arabisch inspiriertes, langes Seidenkleid, das sie vor der Ankunft in Kuwait anziehen wollte. Der Fahrer, nicht weniger panisch als wir, bedeutete einem der uns begleitenden Motorradpolizisten, er solle anhalten. Vom Palast wurde uns, ebenfalls von Polizei eskortiert, ein anderer Wagen mit dem Kleid hinterhergeschickt.

Die Queen verbrachte etwas mehr Zeit als gewöhnlich in der Hounslow Suite in Heathrow, und die Concorde konnte nicht zur geplanten Zeit starten. Ich hatte mich so sehr bemüht, dass bei meiner ersten Auslandstour alles glatt ging, und nun war dieses dumme Missgeschick passiert; doch die Queen, nachsichtig wie immer, schmunzelte nur amüsiert, als sie von unseren verzweifelten Anstrengungen wegen ihres Kleides erfuhr. Dann schritt sie lächelnd die Gangway hinauf, neben sich den Großkämmerer, von dem sie sich traditionsgemäß als Letztem verabschiedet, wenn sie verreist, und den sie als Ersten begrüßt, wenn sie wieder nach Hause kommt.

Es war der erste Flug der Queen mit der Concorde und mein erster Flug ins Ausland. Als Kind war ich in den Ferien lediglich nach Skegness, Scarborough und Newquay gefahren. Ich saß neben Barry Lovell, dem Kammerdiener des Herzogs von Edinburgh, als die Maschine steil in die Luft stieg und den »roten Korridor« erreichte, den für die Queen reservierten Flugkorridor, den kein anderes Flugzeug benutzen darf. Normalerweise benutzten wir für Langstreckenflüge Tri-Star-Maschinen der British Airways, deren Erster-Klasse-Abteil nach den Wünschen der Queen mit neuen Teppichen, einem Esstisch, Sofas, Sessel und Betten ausgestattet worden war. Wir vom Personal genossen in der Touristenklasse in gewisser Weise ebenfalls einen First-Class-Service und konnten uns auf den leeren Sitzreihen bequem ausstrecken.

Nach dem Besuch beim Emir von Kuwait empfing die Queen eine Reihe arabischer Herrscher an Bord der *Britannia*, und es sammelten sich wahre Schätze auf der königlichen Jacht, denn jeder versuchte den vorigen Gast mit noch prächtigeren Geschenken zu übertreffen. Man überreichte persische Teppiche, Schmuckgarnituren mit Saphiren und Diamanten, goldene Kamele auf Sockeln aus Lapislazuli und einen goldenen Wasserkrug in Form eines Falken.

In späteren Jahren wurden auch die Bediensteten von den

Gastgebern mit großzügigen Geschenken als Dank für ihre harte Arbeit bedacht. Auf einer Reise mit der Queen nach Jordanien bekam ich eine goldene Omega-Uhr mit dem Wappen des Königs auf dem Zifferblatt, Auszeichnungen wie den Löwenorden von Malawi oder ein silbernes Ehrenzeichen vom schwedischen König.

In Kuwait betrat ich zum ersten Mal den schwimmenden Palast der königlichen Jacht *Britannia,* die über eigene Prunksäle verfügt. Voll beflaggt, mit fünf flatternden Standarten an verschiedenen Masten und den vielen bunten Fahnen vom Bug bis zum Heck bot sie einen wundervollen Anblick. Wie oft ich sie auch betrat, ich musste mich jedes Mal wieder daran erinnern, dass ich mich auf einer Jacht und nicht auf einem Landsitz befand, so geräumig und luxuriös ausgestattet waren Bootsdeck, Oberdeck und Hauptdeck. Bei strahlendem Sonnenschein – wir hatten die Erlaubnis bekommen, uns auf dem Deck neben dem Schornstein zu sonnen – legten wir in Richtung Bahrain ab.

Während dieser Fahrt auf der *Britannia* war die Queen überaus entspannt, doch die königliche Gelassenheit kam arg ins Wanken, als sie im türkisfarbenen Abendkleid aus Seide, auf dem Kopf eine diamantenbesetzte Tiara, zu einem Abendessen an Land die steile Gangway hinuntergehen wollte. Es war das erste Mal, dass ich sie ihre Contenance verlieren sah. Sie glitt mit ihren neuen Abendschuhen auf dem roten Teppich aus und schlitterte die ganze Gangway hinunter. Ich selbst war bereits an Land, stand wartend neben dem Wagen und konnte nur hilflos zusehen. Ich war überzeugt, die Queen würde jeden Augenblick stürzen. Noch heute ist mir rätselhaft, wie sie es damals schaffte, auf den Beinen zu bleiben. Sie hielt sich mit aller Kraft am Geländer fest, während sie unter Hilferufen die Gangway hinabschlitterte, und als sie unten angekommen war, waren ihre weißen Handschuhe ganz schmutzig von der Politur. Im Wagen zog sie sich das zweite Paar Handschuhe an, das sie immer in ihrer Handtasche bei sich trug.

Die Kunst, auf den Beinen zu bleiben, beherrschte die Queen eindeutig besser als ich. Zuerst hatte es jenen Vorfall mit den Corgis in Sandringham gegeben. Später, auf einer Reise nach Kentucky, kam es schließlich zur Katastrophe. Es war das zweite Mal, dass die Queen mich stocksteif auf dem Rücken liegend vorfand und besorgt fragen musste: »Sind Sie in Ordnung, Paul?«

Ihr Interesse an der Pferdezucht hatte uns auf ein Gestüt geführt, bei dessen Eigentümer und Züchter Will Farrish – er wurde amerikanischer Botschafter in London – ihre Zuchtstuten und Jährlinge standen. Es war eine wunderschöne Farm außerhalb von Lexington mit Scheunen aus Redwoodholz und weiß gestrichenen Zäunen. Seit meinem Sturz in Sandringham litt ich an Rückenschmerzen und musste mich wegen eines Bandscheibenschadens regelmäßig behandeln lassen. Nach dem langen Flug nach Kentucky kamen die Schmerzen wieder, und sie wurden in den folgenden sechs Tagen immer schlimmer. Schon wenn ich mich nach den Schuhen der Queen bückte, durchfuhr mich ein unerträglicher Schmerz, doch ich versah weiter unermüdlich meinen Dienst, weil ich wusste, bald würden wir wieder zu Hause sein. Doch dann kam die Katastrophe.

Am letzten Abend, die Queen saß beim Dinner, ging ich mit vorsichtigen Schritten die Haupttreppe hinunter, die zum Esszimmer führte. Da schoss ein scharfer Schmerz durch mein linkes Bein, ich verlor den Halt und stürzte zwölf Stufen hinab. Ich schrie wie noch nie in meinem Leben, bis ich verstummte, als mir bewusst wurde, dass ich ab der Taille überhaupt nichts mehr spürte. Die Queen und der Rest der zwölfköpfigen Abendgesellschaft waren auf mein Schreien hin in die Halle gestürzt. Es kam mir vor, als würden alle ratlos auf mich herabschauen. Dann wählte irgendjemand 911, die Nummer des Notrufs, und die Farrishes riefen Doktor Ben Roache.

Peggy Hoath, die Ankleidedame der Queen, kniete sich neben

mich. »Peggy, ich habe überhaupt kein Gefühl mehr in den Beinen«, stammelte ich.

Niemand traute sich, mich zu bewegen, solange die Sanitäter nicht eingetroffen waren, und ich kann mich nur noch an besorgtes Gemurmel um mich herum erinnern. Auf dramatischere Weise als damals werde ich wohl nie mehr in ein Krankenhaus eingeliefert werden. Nachdem man mir einen Stützverband angelegt und mich auf eine Trage gelegt hatte, brauste die Ambulanz, begleitet von einer Polizeieskorte, mit mir los.

Im Lucille Markey Parker Cancer Center in Lexington, gleichzeitig das Allgemeinkrankenhaus der Stadt, diskutierte man eine Notoperation. Wie in allen Orten, die die Queen besucht, war auch hier bereits eine königliche Suite für einen eventuellen Notfall reserviert. Es war das erste Mal, dass ein verletzter Diener der Königin im Bett der Queen schlief. Meine Anwesenheit im Krankenhaus wurde sehr diskret behandelt. Auf der Schwesternstation, wo eine Tafel mit den Details zu jedem Patienten hing, hatte man anstelle meines Namens lediglich eine Krone, einen Fuß und das Zeichen für Mann als Bildsymbol für den persönlichen Lakai der Queen notiert.

Die Diagnose lautete: Bandscheibenvorfall im Lendenwirbelbereich mit Ischias-Syndrom und Sensibilitätsverlust der unteren Extremitäten.

Dann lag ich auf einer Rolltrage und sah zu den Lampen über mir hoch, als sich Lord Porchester über mich beugte. »Ihre Majestät hat sich die Entscheidung nicht leicht gemacht …«, sagte er und erklärte mir, dass der Terminplan es nicht erlaube zu warten, bis ich wieder transportfähig sei. Man müsse ohne mich nach England zurückfliegen. »Sie sind in den besten Händen, die Königin wird für alles sorgen«, fügte er hinzu.

Wenig später kam ein Arzt zu mir und sagte: »Eine Bandscheibe hat etwa die Form einer Garnele. Bei Ihnen hat die beschädigte Bandscheibe den Ischiasnerv abgequetscht, was zu der zeitweisen Lähmung geführt hat. Wir müssen eine Druckentlastung herbeiführen und sie entfernen. Wenn wir nicht sofort handeln, werden Sie nie mehr gehen können.«

Um Mitternacht wurde entschieden, mich zu operieren. Das erste Gesicht, das ich sah, nachdem ich wieder aufgewacht war, war das der Krankenschwester Doris Gallagher. Was sie sagte, hörte sich viel besser an, als ich mich fühlte. Die Operation sei erfolgreich gewesen und der Sensibilitätsverlust in den Beinen nur vorübergehend. »Sie werden wieder ganz gesund«, meinte sie.

Noch halb benommen von der Narkose, umgeben von Blumen und Obstkörben – Präsente von den Gästen der Abendgesellschaft, denen ich den Abend verdorben hatte –, sah ich zu dem Fernseher hinauf, der schräg nach vorne geneigt in einer Ecke des Zimmers angebracht war. Es wurde gerade live gezeigt, wie das Flugzeug der Queen vom Flughafen Lexington startete.

Nach drei Tagen konnte ich auf der Station, die für zwei Wochen mein Zuhause sein sollte, mit Hilfe eines Gehgestells bereits ein wenig herumgehen. Ich schlurfte langsam zum nächsten Zimmer, um zu schauen, wen ich zum Nachbarn hatte.

»Hi, ich bin Ron Wright, und das ist meine Frau Julie«, begrüßte mich eine amerikanische Stimme fröhlich.

Julie fütterte gerade ein Mädchen, das, mit Kissen im Rücken und umgeben von Schläuchen und Apparaten, im Bett lag, löffelweise mit Kartoffelbrei. »Zwinkere einmal mit den Augen, wenn du noch mehr möchtest, Kleines«, sagte Julie zu ihrer achtzehnjährigen Tochter Beth.

Tage zuvor hatte man Beth nach einem Rezidiv einen Tumor aus dem Stammhirn entfernt. Plötzlich waren meine eigenen Schmerzen gar nicht mehr wichtig; Beth kämpfte mit dem Krebs, seit sie acht Jahre alt war. Julie räumte das Essen beiseite. »Beth hat noch nie einen englischen Akzent gehört. Würde es Ihnen etwas ausmachen, ein wenig mit ihr zu sprechen?«, fragte mich ihr Vater.

Die folgenden elf Nachmittage verbrachte ich am Bett von Beth und erzählte ihr alle möglichen Dinge. Ihre Mutter sagte, sie höre mir zu, denn ihre Augen bewegten sich. Als es Zeit war, nach Hause zu fliegen, verabschiedete ich mich von Beth, hielt aber weiterhin Kontakt mit Ron Wright, seinem Bruder Claude und Rons Frau Julie, die ihrer Tochter meine Briefe vorlas. Dreieinhalb Jahre später starb sie.
Die Queen hatte ihr Versprechen gehalten, dass sie für alles sorgen würde. Ich habe nie eine Rechnung für jenen Krankenhausaufenthalt gesehen, und sie ließ mich stilgerecht in einer neuen BA-146 nach England fliegen. Die Maschine war noch nicht in den königlichen Dienst übernommen worden und musste noch etliche Flugstunden absolvieren, ehe Ihre Majestät an Bord gehen konnte. Ich war also eine Art Versuchskaninchen, und die Maschine – neu ausgestattet mit Betten für die späteren königlichen Gäste – flog für einen Rekonvaleszenten aus der Dienerschaft nach Kentucky. So war ich der erste Passagier an Bord dieser BA-146 – noch vor der Queen.

Ich habe die Queen rund um die Welt begleitet – nach China, Australien, Neuseeland, in die Karibik, nach Europa, Algerien, Marokko –, aber ein ganz besonderes Ereignis war stets die Fahrt zum jährlichen Pferderennen nach Ascot, das nur wenige Meilen von Windsor Castle entfernt ist. Auf diesen Termin freute sich die Queen immer sehr, denn der Sport der Könige schlug sie ganz in seinen Bann.
Im Juni 1982 schloss das Personal des königlichen Hofstaats Wetten darüber ab, ob das erste Kind des Prinzen und der Prinzessin von Wales während dieser vier Tage von Ascot zur Welt kommen und ob es ein Junge oder ein Mädchen sein würde. Zum Glück ließ die königliche Geburt noch ein wenig auf sich warten, die Queen konnte sich also ganz auf das Rennprogramm konzentrieren. Sie wettet zwar nicht, denn sie hat nie Geld bei sich (außer beim Kirchgang), aber das schmälert

keineswegs ihr Vergnügen. Ihr genügt es, zum Spaß den Sieger zu erraten und die besten Pferde der Saison laufen zu sehen.

Zu den beeindruckendsten Erlebnissen für mich gehörte die viertelstündige Fahrt in der offenen Kutsche vom Home Park über die Landstraßen, durch die Golden Gates und die berühmte Straight Mile hinunter auf das Rennbahngelände, eine feierliche Prozession, die seit 1825 stattfindet. Kerzengerade hinten auf der Kutsche sitzend, angetan mit roter Livree und Zylinder, hat ein Diener mit ausdruckslosem Gesicht starr geradeaus zu blicken. Er darf sich durch nichts ablenken lassen, wird aber gespannt die Ohren spitzen, wenn der Lärm der Menschenmenge auf der Haupttribüne mit jeder Minute lauter wird und die Musiker der Blues and Royals zu spielen beginnen.

Ebenso wenig lässt sich Ihre Majestät ablenken. Kaum rollen die Räder der Kutsche auf den Rasen des Rennbahngeländes, wirft sie einen kurzen Blick hinunter, um zu sehen, wie weit die Räder im Boden einsinken. Das gehört sozusagen zu den Hausaufgaben, denn sie erkennt daran, ob die Rennbahn weich oder fest ist.

Auf den letzten Metern wurde die Fahrt immer etwas holprig. Nun galt es aufzupassen, ob schon die ersten Klänge von »God save the Queen« zu hören waren, denn dann stupste ich den Kollegen neben mir diskret an, und wir nahmen gleichzeitig den Zylinder ab. Rundherum brachen die Damen in Hochrufe aus, und die Herren tippten grüßend an ihren Hut. Sobald die Nationalhymne zu Ende war und die Kutsche in der Royal Enclosure ihr Tempo verlangsamte, war ich bereits abgesprungen, um der Queen beim Aussteigen behilflich zu sein. Sicher von einer fahrenden Kutsche abzuspringen braucht eine gewisse Übung, aber auf die Nase gefallen bin ich niemals.

Sobald sie, mit einem Fernglas bewaffnet, in der Royal Box Platz genommen hatte, war die Queen ganz in ihrem Element. Hier konnte sie sich der Zwangsjacke ihrer Pflichten für eine

Weile entledigen. Sie feuerte ein Pferd an, klatschte vor Begeisterung in die Hände und stieß manchmal sogar einen Freudenschrei aus. Es wirkte lustig, aber auch liebenswert, wenn Ihre Majestät in der Royal Box das Rennen am Fernseher verfolgt hatte und dann, durchaus mit Anmut, auf den Balkon hinausstürzte, um den Zieleinlauf unmittelbar mitzuerleben.
Immer an ihrer Seite war Lord Porchester, der sie über die Tagesform der Pferde informierte. Auch ich war zur Stelle und sorgte dafür, dass zwischen dem dritten und vierten Rennen der Earl Grey serviert wurde. Prinzessin Margaret nahm keinen Tee; sie trank lieber Pimm's-Cocktails.
Die Prinzessin von Wales hätte sich für die Niederkunft keinen besseren Zeitpunkt aussuchen können. Die Rennen in Ascot nahmen ohne Unterbrechung ihren Fortgang, und am 21. Juni 1982 um einundzwanzig Uhr wurde im St. Mary's Hospital in Paddington Prinz William geboren – Baby Wales, wie sie ihn nannte. Zwei Meilen vom Krankenhaus entfernt, auf dem Stockwerk der königlichen Gemächer in Buckingham Palace, waren die Bediensteten unter den Ersten, die von dem glücklichen Ereignis erfuhren. Zur Feier des Tages wurde eine Flasche Champagner geöffnet.
Alle brannten darauf, den kleinen Prinzen zu sehen, und im Souterrain wurde über nichts anderes mehr gesprochen, aber der Thronfolger des Thronfolgers verbrachte seine ersten Lebenswochen mit seiner Betreuerin Barbara Barnes im neuen Kinderzimmer in Kensington Palace.
Ich selbst sah Prinz William zum ersten Mal zwei Monate später im August in Balmoral. Er lag in seinem großen blauen, mit einem Katzennetz gesicherten Kinderwagen, den man vor dem Turm, auf dem Rasenstück mit dem steinernen Brunnen, abgestellt hatte. Sein Kindermädchen stand am Fenster und behielt ihren kleinen Schützling im Auge.
Beim Pferderennen in Ascot konnte man die Queen lebhaft wie selten sehen, doch so fasziniert, geradezu hypnotisiert wie

an jenem Abend, als sie im Chinese Dining Room in Buckingham Palace Madame Tussauds Wachsfigur von sich inspizierte, hatte ich sie noch nie erlebt. »Möchten Sie zur Besichtigung mitkommen?«, fragte mich die Queen.
Ihre Majestät, gefolgt von einer Schar herumtollender Corgis, ging voran und ich einen Schritt hinter ihr, wobei ich die Hunde, die anderes im Sinn hatten, zusammenzuhalten versuchte. Ich fand die Sache sehr aufregend, denn es war eine exklusive Besichtigung für die Queen. Das erwähnte Zimmer ist natürlich im asiatischen Stil gehalten, in Rot, Gold und Grün dekoriert. Der reich beschnitzte Kamin zeigt ineinander verschlungene Drachen und Schlangen, der große Webteppich in der Mitte stammt aus China, und das Licht kommt aus chinesischen Laternen. Es ist, als stünde man im Royal Pavillon von Brighton mit seiner üppigen Pracht zur Zeit des Prinzregenten. Als die Queen in den dunklen Raum trat, fiel ihr Blick sofort auf die Wachsfigur, die einsam in der Mitte stand. Sie schaltete die Lampen ein und wich überrascht einen Schritt zurück, als der Klon aus Wachs, diese Frau im Abendkleid, nun in hellem Licht vor ihr stand. Die Ähnlichkeit war geradezu unheimlich. Ich kannte das Gesicht der Queen sehr gut, und die Wachskünstler hatten tatsächlich jedes Merkmal ihres Gesichts, sogar die beiden Büschel grauen Haars über den Ohren, erfasst. Die Queen ist es gewohnt, für Porträts Modell zu sitzen und am Ende ein Abbild ihrer selbst zu sehen, doch ich war es nicht und starrte den »Zwilling« vor mir mit offenem Mund an.
»Die Figur ist wirklich sehr gut geworden, finden Sie nicht?«, sagte sie und ging ein wenig näher heran. Es war ein seltsamer, sehr persönlicher Moment für mich, der Queen bei der Besichtigung der Queen zuzusehen. »Wie konnten sie so genau sein?«, überlegte sie laut.
Sie blieb zehn Minuten vor ihrem wächsernen Abbild stehen und nickte dann zustimmend, drehte sich um, schaltete das Licht aus und verließ den Raum. Es war das erste und einzige

Mal, dass ich »The Queen« allein im Dunkeln habe stehen lassen. Nach unserer Vorbesichtigung wurde die Wachsfigur auf königlichen Befehl zu Madame Tussaud gebracht.

Ein anderer königlicher Befehl, der meinen Lebensweg mehr als jeder andere beeinflusste, erging schließlich im Jahr 1984; damals heiratete ich meine Frau Maria. Wir hatten als erstes Paar die Zustimmung der Queen bekommen, nach der Heirat weiterhin beide in ihren Diensten bleiben zu dürfen – ein nie da gewesener Fall. Es war eine Entscheidung, die sich über jahrhundertealte Vorschriften des königlichen Protokolls hinwegsetzte, und wir bekamen einen ersten Vorgeschmack, wie es ist, sich in allen Zeitungen des Landes abgebildet zu sehen.

5.
Die andere königliche Hochzeit

»Queen entzückt über Hochzeit am Hof«, verkündete die Schlagzeile in der *News of the World*. »Herrliche Liebesheirat für Paar im Schloss,« schmetterte der *Daily Mirror*. Die Burrell-Cosgrove-Heirat machte Geschichte in einer Zeit, als Trauungen eigentlich noch Privatangelegenheiten und Magazine wie *Hello!* noch nicht aufgekommen waren.
Nachdem Maria und ich acht Jahre lang die Anonymität von Schattenexistenzen im Palast erlebt hatten, warf das Scheinwerferlicht der Medien am Samstag, den 21. Juli 1984, seinen vollen Strahl in die römisch-katholische St. Mary's Church von Wrexham. Reporter und Fotografen der Sonntagszeitungen hatten den ganzen Morgen über vor dem Haus von Marias Familie kampiert und verfolgten die Hochzeitsgesellschaft in die Kirche, um über »die jüngste königliche Hochzeit«, wie es hieß, zu berichten. Die Hoffnung auf Schlagzeilen erhöhte sich durch die Tatsache, dass der Bräutigam für die Queen und die Braut für den Herzog von Edingburgh arbeitete.
Eine listige Reporterin von der *News of the World* durchbrach in dem ständigen Kommen und Gehen der Verwandten die Reihen, drang in Marias Haus vor, ging nach oben und stieß auf

die Mutter der Braut, Elizabeth, die sich in einem Schlafzimmer umzog. Sie bat sie um eine Stellungnahme. »Raus mit Ihnen, Sie freches Luder«, war der Kommentar der Befragten. Als mein Bruder Anthony, der als Trauzeuge fungierte, und ich vor der Kirche vorfuhren, erwartete uns bereits die Pressemeute, die mit schussbereiten Kameras lauerte. Unter den Gästen wurden keine Royals erwartet. Wir waren allesamt nur Niemande aus der Dienerschaft: Paul Whybrew, der persönliche Lakai der Queen, Peggy Hoath, die Ankleidedame der Königin, und Michael Fawcett, ein altbewährter Lakai. Der Kaplan der Königin, Kanonikus Anthony Caesar, begleitete in seiner scharlachroten Robe die Zeremonie mit Segnungen und Gebeten.

Anstatt sich darum zu kümmern, dass alle ihren Platz fanden, wurden die Platzanweiser zu Türstehern, die die Reporter zurückdrängen mussten. Ich war allein darum besorgt, dass unser großer Tag nicht verdorben wurde, denn viele Freunde aus London waren angereist. Leider fehlten auch neun Gäste, nämlich die Corgis. Nicht einmal Chipper war zugegen. Sie schickten uns jedoch ein Royal Court Telegram, das wir gerahmt haben und bis heute aufbewahren. Es hatte folgenden Inhalt:

Zwar waren wir Corgis nicht geladen,
Doch in einem sind wir eins,
Wenn ihr uns besänftigen wollt,
Dann bringt uns von dem Hochzeitskuchen mit.
Chipper, Smokey, Shadow, Piper, Fable,
Myth, Jolly, Sparky, Brush.

Ganz unten befand sich der Tintenabdruck einer Pfote. Davon haben die neugierigen Reporter allerdings nichts mitbekommen. Sie interessierten sich viel zu sehr dafür, wie wir uns kennen gelernt hatten.

Ich muss Rose Smith, einem Hausmädchen auf Prinzessin

Annes Etage, dafür danken, dass sie Kupido spielte. Wie ich stammte sie aus Derbyshire und hatte gemeinsam mit mir das High Peak College in Buxton besucht, war jedoch sechs Monate früher als ich in den Dienst in Buckingham Palace eingetreten. Sie heiratete meinen besten Freund, den Lakai Roger Gleed, doch diese Verbindung bedeutete, dass Rose ihre Tätigkeit im Schloss aufgeben musste, denn zu jener Zeit galt der Grundsatz, dass Ehepaare nicht zusammenarbeiten durften. Sie wechselte als Ankleidedame der Herzogin von Gloucester in den Kensington Palace.

Durch den Kontakt mit den Gleeds fand ich Zugang zu jenem Kreis, in dem Roses gute Freundin Maria Cosgrove verkehrte – Maria, die im Wäscheraum, in der Belgischen Suite und dann in der Suite des Herzogs gearbeitet hatte. Jene junge Frau, an der ich so oft vorbeigegangen war, ohne sie groß zu beachten, und die mich als »jämmerlichen Fatzke« bezeichnet hatte. Dann endlich schenkte ich ihr Beachtung. Ich fand Gefallen an ihrem Scharfsinn, ihrem ansteckenden Lachen, ihren tollen braunen Augen und ihrem dunklen Haar sowie ihrem »Kartoffelbreitanz« – einer Art Vorwärtskriechen im Rückwärtsgang, wobei die Arme nach hinten über den Kopf gewirbelt werden. Die romantische Stimmung in der Umgebung von Balmoral spielte sicher eine Rolle; wenn wir an misslungenen Grillfesten in den Hochmooren am Lagerfeuer saßen, unterhielt uns Pipe Major McCrae bis weit in die Nacht mit seinen Dudelsäcken, während Cyril Dickman seine Tischglocke läutete und wir uns alle mit diversen schottischen Liedern heiser sangen. Maria wurde meine Freundin, dann meine beste Freundin, und im Frühjahr 1983 verliebten wir uns schließlich ineinander.

Wenn wir am Wochenende ihre Eltern in Holt in der Nähe von Wrexham an der Grenze zwischen England und Wales besuchten, begegnete ich denselben Werten einer eng zusammenhaltenden Arbeiterschicht, die mir so vertraut waren. Ich fühlte mich wie zu Hause. Marias Mutter, Elizabeth, forderte mich

auf, sie Betty zu nennen. Sie kochte unentwegt. Ihre Küche war eine regelrechte Backwarenfabrik – Obsttorten, Fleischpasteten und Kuchenberge, wohin man sah. Selbst der Hofkonditor Robert Pine fabrizierte nicht so viele Pies. Der Katholizismus beherrschte Bettys Leben in derselben Weise, wie die Queen das meine beherrschte. In ihrem Haus gab es ebenso viele Porträts des Papstes wie Pies. Neben der hinteren Haustür befand sich eine kleine Weihwasserschale, in die sie stets die Finger tauchte und sich bekreuzigte, wenn sie aus dem Haus ging. »Das beschützt dich, wenn du hinausgehst. Das solltest du mal der Queen sagen, Paul«, pflegte sie zu bemerken.
Marias Vater Ron, ein stets gut gelaunter Elektriker, war ebenso Funken sprühend wie sein Beruf; er setzte sich mit mir zusammen und erzählte mir alles über seine »wunderschöne einzige Tochter« und gab einen Witz nach dem anderen zum Besten. Als ich ihn das nächste Mal sah, war er nicht wiederzuerkennen. Mit einer Maske über dem Gesicht und zwei Sauerstoffflaschen neben sich saß er auf dem Wohnzimmersessel und rang um Atem. Ron starb an Lungenkrebs. In jenem Juni 1983 wollte Maria unbedingt, dass ihr Vater die Fahnenparade, *Trooping the Colour*, live von ihrem Schlafzimmerfenster an der Vorderseite des Buckingham Palace miterlebte. Der Personallift führte nicht bis ins oberste Stockwerk, und so trugen ihn Roger Gleed und ich in seinem Rollstuhl die letzte Treppe hinauf. Ron war ganz aufgeregt, im Schloss zu sein, und sehr stolz auf seine Tochter und das, was sie erreicht hatte. Er starb vier Wochen später im Alter von neunundfünfzig Jahren.
An Silvester fuhr ich mit Maria in meine Heimat nach Derbyshire und hielt im Landhaushotel von Higham Farm um ihre Hand an. Ich hatte einen Ring mit einem einzeln gefassten Diamanten bei mir, für den ich jeden Penny ausgegeben hatte, den ich besaß, und kniete vor ihr nieder. Sie sollte das Beste haben, was ich mir leisten konnte. Die Vermählung mit Maria erforderte es, sich einem Protokoll außerhalb des Hoflebens zu

unterwerfen, um die künftige Schwiegermama glücklich zu machen. Ich musste innerhalb der Kirche von England konfirmiert werden, aber geloben, dass unsere Kinder römisch-katholisch erzogen werden würden. Der Kaplan der Königin, Kanonikus Anthony Caesar, unterwies mich; später wurde ich vom Bischof von London konfirmiert. Bettys Einfluss wirkte, denn immer, wenn ich eine katholische Kirche betrete, tauche ich automatisch die Fingerspitzen in das Weihwasserbecken.
Nachdem auf beiden Seiten die Eltern unterrichtet waren, musste nur noch eine Person über diese große Romanze informiert werden. Das Füttern der Hunde schien mir die beste Gelegenheit zu sein, der Queen mitzuteilen, dass zwischen ihrem persönlichen Lakaien und der Zofe ihres Gemahls die Liebe erblüht war. Sie zeigte sich höchst entzückt und freute sich ungemein für uns.
»Es ist nur schade, dass sie aus dem Dienst wird ausscheiden müssen«, gestand ich der Königin.
»Oh? Wieso das?«, fragte sie. Ich konnte nicht glauben, dass sie gar nichts von diesem ungeschriebenen Gesetz wusste, das seit Jahrhunderten Bestand hatte.
»Lässt sich denn da gar nichts machen?«
»Nun, mit Verlaub, Hoheit, Sie sind die Königin«, erwiderte ich.
Ein vertrauliches Wort an die richtige Stelle schien tatsächlich Wirkung zu erzielen. In einem Brief des Hofmarschalls wurde uns mitgeteilt, daß Maria nicht aus dem Dienst ausscheiden müsse, weil die Königin sich eingeschaltet habe und die Vorschrift gelockert worden sei.

In den fünf Jahren, in denen ich hinter verschlossenen Türen praktisch ein Schatten der Königin war, hatte ich eine zugängliche Frau kennen gelernt, die sich einerseits höchsten Staatsgeschäften widmete, in der Privatsphäre andererseits jedoch entspannt wirkte und scherzte, eine Chefin, die Wertschätzung für das Personal zeigte und die wusste, dass sie nur mit seiner Hilfe funktionieren konnte.

Eine Woche vor unserer Hochzeit wurden Maria und ich zur Queen gerufen. Ich hatte frei, und wir warteten wie Besucher in der Pagenhalle. Ich hatte ein komisches Gefühl, als der Page John Taylor die Wohnzimmertür öffnete und uns ankündigte: »Paul und Maria, Eure Majestät« – genauso wie ich »Die Premierministerin, Eure Majestät« gemeldet hatte, als Margaret Thatcher einmal auf den Bahamas an Bord der königlichen Jacht *Britannia* gekommen war.

Die Königin stand in der Mitte des Zimmers. Ich empfand es als seltsam, in Zivilkleidung vor sie zu treten. »Das wird ein sehr aufregendes Wochenende für Sie beide werden«, sagte sie. Sie überreichte uns eine kleine dunkelblaue Schachtel, ein Geschenk von ihr und Prinz Philip. Wir machten sie vor ihr auf. Sie enthielt eine vergoldete und emaillierte Kutschenuhr mit den persönlichen Monogrammen des Königspaars. Dann öffnete sie den Deckel einer noch größeren Schachtel und präsentierte uns zwei von Hand mit Blumen bemalte Porzellankerzenleuchter. Wir waren tief bewegt. Das waren unsere ersten Hochzeitsgeschenke.

»Lassen Sie es sich gut gehen. Wir sehen uns dann alle in Balmoral wieder«, sagte die Queen. Maria machte einen Knicks. Ich verbeugte mich.

Wir sollten als Mr. und Mrs. Burrell in königlichen Diensten stehen.

Als dann der große Tag kam, fehlte eine ganz bestimmte Person – Marias Vater, Ron. Die ganze Familie war an jenem Tag von einer gewissen Traurigkeit angerührt, doch es war ein erhebender Augenblick, als Marias Bruder Peter die Braut zum Altar führte und nicht der Vater.

Als meine wunderschöne junge Frau und ich unter den aufwühlenden Orgelklängen des *Trumpet Voluntary* aus der Kirche traten, wurden wir abermals mit dem Problem der Medien

konfrontiert. Wir kamen gar nicht bis zu unserem Hochzeitsauto, denn ganze Scharen von Reportern, Fotografen und anderen Schaulustigen drängten sich vor das Kirchenportal. Kanonikus Caesar und Michael Fawcett griffen ein und hielten gemeinsam die Presse in Schach. Vor dem Hauptportal ließen wir ein paar Fotos von uns machen, dann flüchteten wir.
Lähmende Sommerhitze lag über dem Land, als wir nachmittags zum Hochzeitsbankett im Bryn Howell Hotel in Llangollen eintrafen, wo unser Trauzeuge Karten und Telegramme von Freunden vorlas. Ein Schreiben ließ er bis zum Schluss übrig. Darin stand zu lesen: »*Unsere allerbesten Wünsche für Ihr zukünftiges Glück – Elizabeth R und Philip.*«
An jenem Abend brachen Maria und ich zu einer zweitägigen Hochzeitsreise nach Llandudno auf. Wir wussten, dass wir in der darauf folgenden Woche wieder unseren Dienst in Balmoral antreten mussten. An jenem Sonntagmorgen im Hotel legte man uns die Zeitungen vor unsere Zimmertür. Wir waren auf den Titelseiten.

In Balmoral wusste man nichts von der Protokolländerung und war gar nicht darauf vorbereitet, ein frisch vermähltes Paar in den Personalräumen aufzunehmen. Marias bisheriges Zimmer war auch behaglicher, und so beschlossen wir, es uns in ihrem Einzelbett bequem zu machen, während die Corgis Chipper und Shadow auf dem Boden schliefen. Eine Person war ganz besonders darauf erpicht, alles über unseren großen Tag zu erfahren – und das war die Prinzessin von Wales, damals mit ihrem zweiten Kind hochschwanger. Maria ging in ihre Suite, wo sich die beiden Frauen auf das Bett setzten und wie Schulmädchen glucksten und kicherten, während Maria stolz die Probeabzüge unserer Hochzeitsfotos zeigte. Sie hatten ungefähr zehn Minuten zusammengesessen, da hörten sie eine Stimme rufen: »Diana? Diana, wo bleibst du? Es ist Zeit zum Mittagessen.« Es war die Königin.

»Ich muss gehen. Ich komme schon zu spät«, sagte die Prinzessin, »aber lassen Sie die Fotos da, dann schaue ich sie mir später noch einmal an.«

Durch Maria lernte die Prinzessin auch mich näher kennen. Ich war schließlich der Ehemann einer Bediensteten, der sie vertraute, wichtiger noch, ich war der persönliche Lakai der Königin und genoss deren Vertrauen. Die Prinzessin betrachtete mich wohl als nützlichen zusätzlichen Verbündeten, musste jedoch zuerst ein klareres Bild von mir gewinnen. In den drei Jahren seit ihrer Verlobung hatte sie mich bei jedem ihrer Aufenthalte in einer königlichen Residenz mehr oder weniger dicht an der Seite der Königin gesehen.

In jenem August suchte die Prinzessin noch nach Vorwänden, sich unter das Personal zu mischen. In Balmoral fehlte ihr der gemeinsame Lunch mit Londoner Freundinnen wie Janet Filderman, Caroline Bartholomew, Carolyn Herbert und Sarah Ferguson, die damals mit Prinz Andrew ging. Sie fing an, mich immer öfter in der Pagenhalle unweit des Haupttreppenhauses aufzusuchen. Wir plauderten und tauschten Nettigkeiten aus. Während die Prinzessin den Eindruck erweckte, ungeheuer freundlich zu sein, fühlte sie mir, wie allen neuen Bekanntschaften, nebenbei auf den Zahn. Sie gestand mir, wie sehr ihr London fehle. Ich erkundigte mich nach ihrem gesundheitlichen Zustand als werdende Mutter und erzählte ihr, wie glücklich mich die Ehe mache und wie sehr Maria und ich uns Kinder wünschten. Bei diesen kurzen Gesprächen hatte ich stets das Gefühl, es sei nicht angemessen, so ungezwungen mit ihr zu verkehren.

Zu dieser Zeit witzelte die Prinzessin, dass ihr ständiges Lächeln in der Öffentlichkeit zu einem Abschlaffen ihrer Gesichtsmuskeln führen würde. Sie fand es rührend, von allen immer noch »Lady Di« genannt zu werden. »Das sollte die Republikaner eine Zeit lang zum Schweigen bringen«, meinte sie. Sie war mit der typischen Willensstärke der Spencers darauf bedacht, von den Medien niemals erwischt zu werden, wenn sie müde, traurig oder nervös aussah. Sie hatte das Gefühl, an Format und Selbstvertrauen zu gewinnen und allmählich den Mut zu erlangen, am gesellschaftlichen Diskurs über Politik teilzunehmen. In einem Brief an eine lebenslange Freundin äußerte sie sich zu der Gespaltenheit, die ihre Rolle mit sich brachte:

»Es ist erstaunlich, welche Veränderung sich in mir vollzieht – der Diana-Anteil will sich lieber verkriechen, als im Blick der Öffentlichkeit zu stehen, und die Prinzessin ist bereit, jede ihrer Aufgaben nach besten Kräften zu erfüllen. Die zweite Dame gewinnt, aber zu welchem Preis für die erste?«

Die Privatperson wurde ihrer Energien regelrecht beraubt. Das Scheinwerferlicht der Öffentlichkeit brachte ihr ihr Image noch stärker zu Bewusstsein, und die Sorge darüber, ob sie ihrer Aufgabe gewachsen war, verschlimmerte die Bulimie, doch Prinz Charles war eine große Stütze. Einer Freundin schrieb sie:

»Wir bewegen uns in einem ziemlichen Tempo ... Ich muss mich daran gewöhnen, hier, da und überall zu sein. Charles ist wunderbar und sehr verständnisvoll, wenn ich bisweilen ein wenig verwirrt und bekümmert über den Druck bin. Mir war nie klar, welche Stütze er für mich sein kann. Ich versuche, Charles ebenfalls zu unterstützen und Mutter zu sein. Seltsam zu erkennen, was Priorität haben sollte. Im Grunde natürlich C, aber was kann ich tun, wenn die Presse Vergleiche zwischen uns beiden zieht und C in den Hintergrund rückt?«

Verständnislose Kritiker behaupteten, die Prinzessin habe keine Rücksicht darauf genommen, was es für Prinz Charles bedeutete, während der »Lady-Di-Manie« jener Zeit im Schatten seiner Frau zu stehen, doch der erwähnten Freundin teilte sie in ihrem Brief mit:

> »Wir müssen auch verstehen, dass er zum ersten Mal an der Seite eines anderen Menschen steht, und die Massen schreien und verlangen nach mir. Wenn ich mich in seine Lage versetze, wird mir klar, dass das bestimmt nicht leicht ist.«

Etwa zur selben Zeit hat sich die Prinzessin mir erstmals anvertraut. In Wahrheit war dies ihr erster Test, um zu prüfen, ob von dem, was sie mir vertraulich mitteilte, irgendetwas zur Königin durchsickere. Ich war allein in der Pagenhalle und wartete darauf, von der Königin gerufen zu werden, da kam die Prinzessin um die Ecke. Wir unterhielten uns auch diesmal hauptsächlich über ihre Schwangerschaft und ihren Gesundheitszustand. Dann verriet sie mir völlig unvermittelt: »Es wird ein Junge.«
Ich weiß nicht, ob sie mich damit schockieren wollte oder ob sie überhaupt eine Antwort erwartete, aber mir erschien solch eine Äußerung mir gegenüber ungeheuer persönlich. Wussten alle davon? War es ein Geheimnis? Warum war sie so unvorsichtig? Vor Prinz Williams Geburt hatte man in der Dienerschaft sogar Wetten darüber abgeschlossen, ob es ein Mädchen oder ein Junge wird. Ich glaube, meine Überraschung war nicht zu übersehen. »Ich denke, das sollten Sie mir nicht anvertrauen, Hoheit«, sagte ich.
Die Prinzessin lachte. Sie liebte es, die Leute zu überrumpeln. Ich fragte Maria, doch sie wusste überhaupt nichts. Falls es tatsächlich ein Test war, habe ich ihn bestanden, denn keiner von uns beiden verlor darüber auch nur ein Wort.

In der königlichen Ehe deutete nichts auf irgendwelche Schwierigkeiten hin. Die Prinzessin war immer noch bis über beide Ohren verliebt. In den Briefen an ihre Freundinnen schwärmte sie nach wie vor darüber, wie wunderbar ihr Leben sei.

Am 15. September 1984 um sechzehn Uhr zwanzig kam im St. Mary's Hospital in Paddington ein Junge zur Welt, der auf den Namen Henry getauft und als Prinz Harry bekannt wurde.

Für die Prinzessin war dies eine besonders erfüllende Zeit: »Ich muss gestehen, ich bin im Augenblick sehr zufrieden mit meinem Leben.«

Etwa zur selben Zeit gab es noch einen weiteren Grund zum Feiern: Maria erwartete unser erstes Kind.

»Paul, gehen Sie nur. Das arme Ding hat nun lange genug gewartet«, sagte die Queen.

Maria war im Westminster Hospital, und sie war bereits zwei Wochen über die Zeit. Ich stand in ständigem Kontakt mit der Entbindungsstation, doch versah ich den normalen Dienst in Buckingham Palace. Ihre Majestät, die besorgt über die verspätete Ankunft unseres Babys war, entschied jedoch, dass mein rechtmäßiger Platz am Krankenhausbett meiner Frau sei. Die Queen gab mir nur eine einzige Anweisung, nämlich ihren Pagen John Taylor anzurufen, sobald es Neuigkeiten gab.

Mein engster Freund, Roger Gleed, wollte bei mir sein, und so liefen wir beide mitten in einem Gewitter vom Schloss zum Krankenhaus, wo wir klatschnass ankamen. Von drei Uhr an jenem Nachmittag bis sechs Uhr vierzig am nächsten Morgen wich ich nicht von Marias Seite.

Am 22. Mai 1985 erlebte ich mit, wie Alexander Paul Burrell mit einem durchdringenden Schrei zur Welt kam. Es ist die unglaublichste Erfahrung im Leben eines Mannes, bei der Geburt des eigenen Kindes zugegen zu sein. Nichts auf der Welt kommt der Magie dieses Augenblickes gleich. Ich trat auf den

Gang, wo Roger immer noch auf mich wartete. Ich erinnerte mich an die Worte der Queen, und so rief ich den Pagen an und übermittelte die gute Nachricht. Nicht Mama, nicht Papa oder meine Brüder, sondern die Königin wurde als Erstes unterrichtet.

Frances Simpson und Harold Brown, die Haushälterin und der Butler des Prinzen und der Prinzessin von Wales in Kensington Palace, kamen mit einem Blumenstrauß, Badeöl und einer handgeschriebenen Notiz, in der es hieß: »*Was für eine patente Lady Sie sind! Liebe Grüße von Diana, William und Harry.*«
Die Schlagzeile im *Sunday Mirror* war weniger bemerkenswert: »Maria's Royal Baby«, und der Reporter Brian Roberts bezeichnete Alexander als »neues Königskind«.

Die Königin war ebenso entzückt über die Schlagzeilen wie wir und gespannt darauf, unser erstes Kind zu sehen. Nicht viele sieben Tage alte Babys kommen in den Genuss einer Audienz bei Ihrer Majestät im Wohnzimmer ihres Schlosses. Und so traten wir vor die leger gekleidete Queen; sie trug schwarze Reitstiefel – die ich am Vortag picobello geputzt hatte – sowie eine Reithose und ein langärmliges Hemd. Sie war gerade mit Burmese durch die Gärten geritten. An 364 Tagen im Jahr diente das Pferd einem berittenen Polizisten beim Einsatz, doch einmal im Jahr, an ihrer offiziellen Geburtstagsparade, *Trooping the Colour*, diente Burmese der Königin; nun hatte sie sich mit dem alten Freund wieder vertraut gemacht.

Maria knickste. Ich verbeugte mich. Alexander schlief fest und bekam von dem bedeutsamen Anlass gar nichts mit. »Es ist sehr freundlich von Ihnen, uns zu empfangen, Eure Majestät«, sagte ich.

Sie lächelte und näherte sich dem kleinen Bündel auf Marias Arm. »Was für winzige Fingerchen«, sagte die Königin und legte einen ihrer Finger auf die geballte Faust unseres Sohnes. »Hier ist eine Kleinigkeit von mir«, erklärte sie und nahm ein Päckchen vom Tisch. »Es ist für Alexander«, fügte sie hinzu.

Maria öffnete die Schachtel, die zwei hübsch zusammengefaltete und in Seidenpapier gewickelte Strickjäckchen enthielt. Unsere Audienz dauerte fünf Minuten, aber für die Eltern war dies ein stolzer, überwältigender Augenblick. Als wir gingen, wurde die erhebende Stimmung etwas gedämpft; im Gang hörten wir einen älteren Bediensteten im Vorbeigehen zischeln: »Er hätte wenigstens eine Krawatte tragen können.«

Wir hatten die Personalunterkunft im obersten Stockwerk geräumt und waren in eine größere Kavalierswohnung in Royal Mews im hinteren Teil der Gärten an der Südwestecke der Buckingham Palace Road eingezogen. Maria hatte sich vom Dienst beim Herzog von Edinburgh freistellen lassen, um sich ganz ihrer Mutterrolle zu widmen. Unsere unmittelbaren Nachbarn waren Roger und Rose Gleed. Es war eine wunderschöne Zeit. Die Wohnungen, hauptsächlich für Stallburschen und Chauffeure, liegen über den Einfahrten, die zu den Garagen für den Rolls-Royce-Fuhrpark und den Ställen der fünfunddreißig Pferde führen, welche die Staatskarossen ziehen. In der größten Stallung in der Mitte stand die Aufsehen erregende goldene Krönungskutsche. The Royal Mews, der Königliche Marstall, ist wie das Schloss um einen Hof angelegt und untersteht dem Königlichen Stallmeister, der sämtliche Transportmodalitäten der königlichen Familie und ihres Hofstaates beaufsichtigt.
Der Königliche Marstall wurde zu einer regelmäßigen Zwischenstation für die Prinzessin von Wales, wenn sie von ihrem allmorgendlichen Schwimmen vom Schloss kam. Eine Woche nach der Geburt brachte sie Alexander eine gestrickte zweireihige Sportjacke. Sie genoss es, mit Maria zu plaudern und Kaffee zu trinken, und durchstöberte unsere Schränke kichernd nach Schokoladenkeksen.
Es konnte der Queen nicht verborgen bleiben, wenn die Prinzessin zum Schwimmen kam. Sie hörte den Kies unter ihrem

Wohnzimmerfenster knirschen, wenn der Wagen in den viereckigen Hof rollte; daher war es für die Prinzessin schwierig, ihrer Schwiegermutter nicht die Aufwartung zu machen. Zwischen dem Schwimmen und ihren Besuchen bei Maria huschte die Prinzessin daher kurz zur Queen hinauf. Wenn sie in der Etage der Königin auftauchte, pflegte sie mich zu fragen: »Ist es in Ordnung, wenn ich auf einen Sprung bei Maria vorbeischaue?« Wenn sie dann durch das vordere Tor fuhr und in die Buckingham Palace Road bog, rief ich Maria an: »Sieh zu, dass alles sauber ist, Schatz, die Prinzessin kommt.«
Meine Mutter und Marias Mutter waren beide zu Besuch, als die Prinzessin kam, um Alexander erstmals in Augenschein zu nehmen. Sie klopfte nicht einmal an, sondern trat einfach mit einem fröhlichen »Hallo!« ein. Als Maria ihr die beiden Großmütter vorstellte, wussten diese nichts mehr mit sich anzufangen. »Was für ein Prachtjunge!«, gurrte die Prinzessin, während sie und Maria sich über die Tragetasche beugten und unseren neugeborenen Sohn anstarrten. Als sie aufschauten, waren die beiden Omas verschwunden; sie standen auf dem Balkon und warteten. Maria fragte ihre Mutter, weshalb sie draußen stünden. Anscheinend hatten sie das Gefühl, ihre Anwesenheit in dem Raum sei ein wenig anmaßend, solange die Prinzessin von Wales zugegen war.
Die Prinzessin selbst bemühte sich, ihnen die Befangenheit zu nehmen. »Stehen Sie doch nicht da draußen rum, kommen Sie rein, dann schauen wir uns Alexander alle zusammen an.«
Maria und die Prinzessin gebärdeten sich wie Nachbarinnen, deren Ehemänner gerade bei der Arbeit sind. Die Prinzessin machte es sich immer auf dem Sofa bequem und nahm Alexander auf den Schoß. Im Frühjahr, Sommer und Herbst des Jahres 1986 bemerkte sie immer wieder ganz nebenbei, wie nett es wäre, wenn Maria und ich für sie arbeiten würden. Fünf Jahre war es her, seit die Prinzessin erstmals den Wunsch geäußert

hatte, Maria als Ankleidedame einzustellen, und Maria ablehnen musste.
»Ich würde liebend gern für Sie arbeiten, doch Paul wird niemals von der Königin weggehen. Er ist ihr treu ergeben«, erwiderte Maria. Die Prinzessin nahm das Hindernis zur Kenntnis, blieb aber dennoch unbeirrt. Jene wöchentlichen Plaudereien bei einer Tasse Kaffee entwickelten sich zu wahren Werbefeldzügen. »Es wäre phantastisch, wenn Sie und Paul in Highgrove arbeiten würden«, gab sie immer wieder deutlich zu verstehen. Woche für Woche bearbeitete sie Maria. Als Mutter kannte die Prinzessin natürlich auch Marias schwache Stellen. Sie unterstrich die Vorzüge des Lebens auf dem Land gegenüber einem Leben in der Stadt. Dort hätten wir ein Landhaus statt einer Wohnung im ersten Stock, einen eigenen Garten für Alexander statt dem kleinen Spielplatz im St. James' Park. Sie malte diesen idyllischen Lebensstil in den grellsten Farben aus, so dass sich Maria immer schwerer widersetzen konnte.
Steter Tropfen höhlt den Stein. Und so ließ sich meine Frau allmählich ködern. Ich wusste überhaupt nichts davon. Wenn ich reiste oder am Wochenende in Windsor weilte und Maria mit Alexander allein zu Hause war, wurde es meiner Frau mehr und mehr bewusst, daß ihr Mann immer zu Hause wäre, wenn wir in Highgrove lebten: keine Staatsbesuche mit der Königin, keine Wochenenden auswärts, keine Weihnachten in Windsor, keine Reisen auf der königlichen Jacht mehr.
Im Laufe des Jahres 1986 ließ sich Maria mehr und mehr von der Prinzessin überzeugen. In Highgrove hätten wir es um so viel besser. Und die Prinzessin hätte echte Freunde unter ihren Bediensteten.
»Überlassen Sie es mir. Ich werde ihn bearbeiten«, versprach Maria.

Am 23. Juli 1986, eine Woche vor dem fünften Hochzeitstag des Prinzen und der Prinzessin von Wales, traten Prinz

Andrew und Sarah Ferguson in der Westminster Abbey vor den Traualtar. Damit wurden sie Königliche Hoheiten – Herzog und Herzogin von York.
Anders als bei jener letzten großen königlichen Hochzeit musste Paul Whybrew mit den Corgis im Schloss bleiben und sich um das Hochzeitsfrühstück kümmern, während ich hinten auf dem prächtigen goldenen Staatslandauer von 1902 mit der Queen und Prinz Philip mitfuhr.
Durch solche Menschenmengen war ich zuletzt im Jahre 1980 gekommen, als ich die Queen, Prinz Philip, Prinz Andrew und Prinz Edward in einem Staatslandauer zu einem Dankgottesdienst anlässlich des achtzigsten Geburtstags der Königinmutter in die St. Paul's Cathedral begleitet hatte. Dieser zweite Hochzeitszug schien nicht ganz so viele Menschen angelockt zu haben, doch entlang der Mall herrschte einiges Aufsehen. Während wir durch den strahlenden Sonnenschein rumpelten, blickte ich wie immer kerzengerade nach vorn und hatte gar keine Zeit, die Atmosphäre zu genießen, denn während die Hand der Queen gewohnheitsgemäß winkte, umklammerte die meine fest die Bremskurbel, als wir uns vor der scharfen Kurve Richtung Whitehall dem Admiralty Arch näherten. Es war schon immer eine nervenaufreibende Aufgabe, für den Bremsmechanismus verantwortlich zu sein. Durch die Bremse musste verhindert werden, dass die Kutsche selbst beim geringsten Gefälle weiterrollen und gegen die Pferde krachen konnte. Zum Glück blieb mir mein Bremsgeschick auch diesmal erhalten.
Ich hatte auf die Gelegenheit verzichtet, bei der Hochzeitsfeier zugegen zu sein. Als altgedienter Mitarbeiter hatte ich zwar vom Großkämmerer eine goldumrandete Einladung bekommen. Also musste ich mich entscheiden, ob ich mit Hunderten von anderen Gästen in der Westminster Abbey sitzen oder den weitaus privilegierteren Platz auf dem Landauer hinter der Königin einnehmen wollte. Für mich war es gar keine Frage,

welche Wahl ich treffen musste, und es war eine kluge Entscheidung, denn dies sollte meine letzte feierliche Kutschenfahrt durch London sein – was ich damals allerdings noch nicht wissen konnte. Während ich durch die Straßen fuhr, nahm Maria in der Abbey ihren Platz unter den Gästen ein – mit einem Hut, den ihr die Herzogin von Gloucester geliehen hatte.
Sarah Ferguson war ein paar Monate vor der Hochzeit in den Buckingham Palace gezogen. Im Gegensatz zu Lady Diana Spencer, die vor ihrer Trauung eine eigene separate Suite haben musste, nutzte sie mit Prinz Andrew gemeinsam die Räume im zweiten Stock, die der Prinz und die Prinzessin von Wales zu Beginn ihrer Ehe bewohnt hatten. Die Herzogin litt nicht unter derselben Isolation wie die Prinzessin, denn sie umgab sich mit Menschen – das entsprach ganz ihrer quirligen Art und ihrem sprühenden Temperament. Während das Personal des Buckingham Palace die Prinzessin als Einzelgängerin erlebte, die ihre Freunde unter den Bediensteten fand, sah man die Herzogin als die gesellige Wilde, die sich nur bei der Herrschaft aufhielt, Freunde bewirtete und Partys schmiss.
Sie und Prinz Andrew pflegten fünfgängige Dinners zu bestellen, und das Küchenpersonal fragte sich, was sie sich dabei wohl dachten. Selbst die Königin tischte nicht so verschwenderisch auf. Auf diese Weise gewann die Herzogin nicht gerade die Zuneigung der Dienerschaft.
»Die Königin isst wenigstens zu einer anständigen Zeit. Aber die beiden bestellen selbst nach zweiundzwanzig Uhr noch Mahlzeiten, und wir schuften uns dusslig, um überhaupt nachzukommen«, klagte ein Küchenchef. Seit Anfang 1982 hatte die Herzogin regelmäßig an der Mittagstafel der Prinzessin teilgenommen und war deren Vertraute und Freundin geworden. Sie nannten sich »The Wicked Wives of Windsor« – »die gewieften Weiber von Windsor«. Sie unterhielten sich über die mürrischen Männer in den grauen Anzügen, die Herren des königlichen Hofstaats – den Feind im Inneren, wie sie sagten.

Da die Prinzessin zuerst in die königliche Familie eingeheiratet hatte, konnte sie der Herzogin erklären, welche Gebote und Verbote bestanden, wem sie trauen konnte und vor wem sie sich hüten musste. Die Liste der Letzteren erwies sich als ziemlich lang.

Wie die Prinzessin wollte auch die Herzogin von ihrer Schwiegermutter, der Königin, gemocht und geschätzt werden. Es ist das Recht der Monarchin, einem Sohn vor dessen Vermählung ein Herzogtum des Königreichs zu übertragen. Es war eine viel sagende Geste, dass die Queen Prinz Andrew den Titel des Herzogs von York verlieh – ein Titel, der lange Zeit mit ihrem Vater, König George VI., verknüpft worden war. Die Herzogin war sich dieser Symbolik durchaus bewusst und wertete sie als klares Anzeichen dafür, dass sie anerkannt und angenommen wurde.

In dieser Hinsicht hat sie die Bedeutung der Übertragung allerdings missverstanden. Ihr selbst hatte die Monarchin eben keinen Titel übertragen; sie hatte ihn Prinz Andrew verliehen, und als dessen Frau fiel er auch Sarah zu. Dieser feine Unterschied zeigte, wie pingelig das höfische Protokoll sein kann. Und die Graukittel registrierten den Irrtum sofort und bauschten ihn auf, als die Herzogin der Königin schrieb und ihr überschwänglich für die Ehre dankte. Die Herzogin hatte nur huldvoll sein wollen, doch wie sie bald vermuten musste, gab es von Anfang an Mitglieder des königlichen Hofstaats, die es darauf anlegten, ihr selbst den winzigsten Fehler anzukreiden und sie vom Sockel zu stoßen. Der warme Hauch frischer Luft, den sie mit sich brachte, mischte sich mit dem kalten Zug, der vom Hofstaat heraufwehte, und sorgte für Turbulenzen. Ein Aristokrat nannte sie »vulgär, vulgär, vulgär«, und eine Zeitung titulierte sie als »Duchess of Pork« (»Herzogin vom Schweinefleisch«). Sarah musste bald feststellen, wie verletzend das Leben in königlichen Kreisen sein konnte.
Selbst unter dem Personal des königlichen Hofstaats konnte

sie keine Sympathie gewinnen. Von den obersten bis zu den untersten Rängen des Buckingham Palace wurde die Herzogin schlecht behandelt. Es galt als beschlossene Sache, sie kaltzustellen. In der Queen, im Prinzen, in der Prinzessin von Wales und natürlich in Prinz Andrew hatte sie wahrscheinlich ihre einzigen Verbündeten.

Als sie eines Tages in Balmoral durch die große Halle zum Vorderausgang schritt, war sie so forsch und fröhlich wie immer, doch als ihre Absätze durch das Vestibül hallten, knurrte ein Bediensteter im Vorbeigehen: »Was will diese verdammte rothaarige Mähre bloß?« Er sagte es so laut, dass sie es gehört haben musste. Trotzdem behielt sie ihr Lächeln bei. Die Herzogin zeigte sich immer nur lächelnd. Zumindest nach außen.

Auch Maria hatte den Eindruck erweckt, als sei sie glücklich mit ihrem Los, obwohl sie tief im Inneren alles andere als zufrieden war. Seit sie aus dem Dienst beim Herzog von Edinburgh ausgeschieden war, vermisste sie ihre Arbeit am königlichen Hof, und als Mutter eines zweijährigen Jungen fand sie das Leben in unserer Wohnung im Königlichen Marstall eher freudlos. Die Verlockung, als Ehepaar beim Prinzen und bei der Prinzessin von Wales in Highgrove angestellt zu werden, bot noch immer die Aussicht auf einen Ausweg.

Eines Abends schnitt sie das Thema an. »Das Leben hier ist nicht leicht, und du bist immer weg. Wir müssen allmählich über unsere Zukunft nachdenken, Schatz.« Alexander könne nirgendwo spielen. Wenn wir ein zweites Kind wollten, bräuchten wir mehr Platz. Maria schaffte kaum einen Kinderwagen die Treppe hinauf, geschweige denn zwei. Das Leben auf dem Land sei angenehmer als das Leben in der Stadt. Sie wollte glücklich sein. All dies erklärte sie mir einleitend, bevor sie auf den entscheidenden Punkt zu sprechen kam. »Es besteht die Möglichkeit, dass wir beide für den Prinzen und die Prinzessin von Wales arbeiten und ein neues Leben beginnen. Du

als hauptberuflicher Butler und ich als Zofe«, äußerte sie zaghaft.
»Auf gar keinen Fall. Ich werde auf gar keinen Fall von der Königin weggehen«, stellte ich klar.
Auch an den nächsten Abenden führten unsere Gespräche über dieses Thema kein bisschen weiter. Doch Marias Unzufriedenheit beschäftigte mich. Ich war der Königin verpflichtet. Sie war die Nummer eins, und ich konnte nicht einmal darüber nachdenken, für die Nummer zwei zu arbeiten. Das hätte meiner Meinung nach einen beruflichen Rückschritt bedeutet. Außerdem war ich Lakai und hatte keine Ahnung, wie man als Butler einen kompletten Haushalt führte. Und ich würde nicht mehr um die ganze Welt reisen, sondern in einem Landhaus festsitzen. Das war abolut unsinnig.
»Maria, wofür sollte ich den besten Posten auf der Welt aufgeben?«, fragte ich.
»Für deine Familie«, erwiderte sie.
Damit sprach sie das einzige große Problem einer Anstellung bei Hof an: Die Arbeitszeiten und der erforderliche Einsatz kollidieren mit der Verpflichtung gegenüber den eigenen Angehörigen.
Maria versicherte, dass das Leben in Highgrove für uns *als Familie* viel besser wäre. Sie gestand mir, wie vertraut sie inzwischen mit der Prinzessin sei und dass sie das Thema bereits im Detail erörtert hätten.
»Im Detail? Wie lange redet ihr denn schon davon?«, wollte ich wissen.
»Ungefähr seit einem Jahr immer wieder einmal«, erklärte sie.
»Schatz, ich verlange ja nicht mehr, als dass du einmal nach Highgrove fährst und dir das Ganze anschaust. Einfach nur anschauen. Mir zuliebe«, fügte sie hinzu.
Ich kapitulierte. Maria unterrichtete die Prinzessin, und ein diskreter Besuch wurde geplant. Harold Brown, der Butler des Prinzen und der Prinzessin in Kensington Palace, erklärte sich

in jenem Sommer bereit, eines Nachmittags mit mir nach Gloucestershire zu fahren und mir das Haus, das Anwesen und das Wohnhaus für Bedienstete zu zeigen. Es war ein Wochentag, und der Prinz und die Prinzessin waren beide außer Haus. Harold führte mich durch jeden einzelnen Raum. Was für ein herrliches Haus, was für prächtige Gartenanlagen. Das Ganze erinnerte mich an eine andere Residenz in Gloucestershire, nämlich Gatcombe Park, in der Prinzessin Anne und Captain Mark Phillips wohnten und in der Mark Simpson – Lady Dianas erster Freund aus dem Hofstaat und Big-Mac-Kurier – Butler geworden war. Die großen luftigen Räume boten phantastische Ausblicke auf das Umland, und die Ruhe bildete einen absoluten Gegensatz zu der Hektik in London. Statt Hupen und Sirenen auf der Mall hörte ich Schafe und Rinder auf den Weiden. Ich malte mir aus, wie Alexander und ein zweites Kind dort aufwüchsen. Ein Gefühl von Freiheit und persönlicher Lebensqualität begann in mir zu wirken.
Dann fuhr Harold mit mir eine halbe Meile weiter nach Close Farm, um das potenzielle Kavalierslandhaus in Augenschein zu nehmen. Was für eine Enttäuschung! Es war eine klapprige, roh verputzte Doppelhaushälfte, die offensichtlich seit Jahren nicht mehr bewohnt war. Die Fensterscheiben waren eingeschlagen, die Farbe blätterte ab, der Putz bröckelte, und der Garten war eine einzige Wildnis. Es war die reinste Bruchbude – nichts zum Einziehen, sondern zum Abreißen.
»Keine Sorge, der Prinz hat vor, das Haus für Sie herzurichten«, versicherte mir Harold.
Selbst in meiner lebhaftesten Phantasie konnte ich mir keine befriedigende Instandsetzung vorstellen. Wie konnte ich die prächtige Welt des Buckingham Palace und unser behagliches Heim für so etwas aufgeben?
Zu Hause schilderte ich Maria mein Entsetzen. Doch sie war mit dem Leben in London so unzufrieden, dass es auch ein zerlumptes Zelt hätte sein können – sie hätte es trotzdem in

rosigem Licht gesehen. »Wir können ein gemütliches Zuhause daraus machen«, beteuerte sie.
Wenn ich im Palast war und die Königin sah, dachte ich mir, auf der ganzen Welt gibt es keine bessere Chefin. Wenn ich zu Hause war und Maria sah, dachte ich mir, sie darf nicht so unzufrieden bleiben.
Ich stellte mir vor, für den Prinzen von Wales zu arbeiten, der beim Personal als eigen und anspruchsvoll galt, während die Königin natürlich und zwanglos war. Ich stellte mir Maria im Dienste der Prinzessin von Wales vor und wusste, wie freundlich und ungeziert jene sein würde. Ich schaute Alexander an und wusste, dass es für ihn besser wäre, auf dem Land aufzuwachsen als in der Stadt. Vor allem wusste ich, dass die Familie den Vorrang verdiente.
Selbst als ich eine Entscheidung traf und beschloss, mich Marias Wunsch zu fügen, war ich mir letztlich nicht ganz sicher. Ich setzte eine gesicherte, privilegierte Position für etwas Unbekanntes aufs Spiel. Selten gibt jemand einen Posten an der Seite der Königin für eine Stelle in einem anderen königlichen Haushalt auf. Wenn überhaupt, leitete mich eher der Instinkt als die Überzeugung.
»Bist du verrückt?«, tobte Paul Whybrew, als ich ihn einweihte. Er konnte nicht glauben, dass ich dem Buckingham Palace den Rücken kehren wollte, und beschwor mich, es mir noch einmal zu überlegen. Doch ich war in einer ganz anderen Lage als er; er war ledig und konnte seine Ziele ohne Rücksicht auf andere verfolgen. Ich musste an eine Familie denken. Mein Entschluss stand fest. Nun hatte ich nur noch eine Sorge – die Königin damit vertraut zu machen.
Beim Epsom Derby im Juni 1987 saß Prinz Charles in der Königsloge etwas abseits auf einem Korbstuhl und widmete sich seiner Korrespondenz. Die Königin, der Herzog von Edinburgh, Prinzessin Alexandra, Prinz Michael von Kent und die übrige königliche Gesellschaft erfrischte sich mit Getränken.

Ich unterbrach den Prinzen und fragte ihn, ob er auch einen Drink wünsche. Er bat um seinen üblichen Zitronensaft. Als ich ihm das Glas auf einem Tablett servierte, beugte er sich vor und flüsterte: »Die Prinzessin hat mir gesagt, dass Sie bald für uns arbeiten werden.«
Aufgrund der lebhaften Gespräche im Hintergrund konnte uns niemand hören. »Bitte, Königliche Hoheit, erwähnen Sie nichts gegenüber der Königin«, gestand ich. »Ich habe ihr noch nichts gesagt und würde sie gern selbst einweihen.«

In ihrem grünen Hunting-Stewart-Kilt und einer Strickjacke, mit dem Rücken zum offenen Kaminfeuer, stand die Queen im ebenerdigen Wohnzimmer von Craigowan House, ihrem kleinen Wochenendhäuschen über dem Golfgelände von Balmoral, in das sie sich zurückzieht, wenn der Hof nicht im Schloss residiert. Sie war gerade von einem Spaziergang zurückgekehrt, und die Corgis lagen wild verstreut auf dem schottengemusterten Teppich. Das Epsom Derby war seit zwei Wochen vorbei.
»Darf ich ein paar Minuten Ihrer Zeit in Anspruch nehmen, Eure Majestät?«, fragte ich.
Die Queen lächelte.
»Ich weiß gar nicht, wie ich anfangen soll«, fuhr ich fort und fing fast an zu stottern.
Als ich die Queen ansah, hätte ich am liebsten auf dem Absatz kehrtgemacht und Maria gesagt, ich habe es mir anders überlegt.
»Worum geht es, Paul?«, fragte sie.
»Es fällt mir wirklich schwer.« Der erwartungsvolle Blick der Queen brachte mich erneut aus dem Konzept. Ich war zehn Jahre lang an ihrer Seite gewesen und bis zu diesem Augenblick hatte ich mir nie schwer getan, mit ihr zu reden.
»Ich habe lange und gründlich über meine Zukunft nachgedacht, vor allem wegen Maria und Alexander ...«, die Queen

lächelte immer noch, »... und es ist die schwierigste Entscheidung, die ich je treffen musste ...« In der Zeit, die ich brauchte, um zur Sache zu kommen, hätte sie die Corgis zweimal ausführen können. Mit Entschlossenheit und Vertrauen in die Zukunft würde ich sie wohl kaum beeindrucken könnnen. Dann presste ich es heraus.»... aber ich habe mit dem Prinzen und der Prinzessin von Wales darüber gesprochen, zu ihnen zu wechseln.«
»Aber Paul«, erlöste mich die Queen, »Sie müssen mir gar nichts sagen. Charles hat mich bereits unterrichtet.« Sie spürte, wie hin- und hergerissen ich war, und half mir mit einigen beruhigenden Worten über meine Nervosität hinweg. »Sehen Sie es einfach so: Im Grunde verlassen Sie mich gar nicht. Sie wechseln nur vorderhand die Seite. Charles und Diana brauchen Menschen wie Sie. Eines Tages, wenn ich nicht mehr bin und sie König und Königin sind, werden Sie wieder hier sein«, sagte sie.
Als ich mich umdrehte und gehen wollte, fügte sie hinzu: »Und im Übrigen, Paul, haben Sie den besten aller Gründe zu gehen, nämlich Ihrer Familie zuliebe, und dafür habe ich Verständnis.«
Das war mein Stichwort abzutreten. »Danke, dass Sie so verständnisvoll sind, Eure Majestät.«
Von Ende Juni bis Anfang August ging ich wie gewohnt meinen Verpflichtungen nach. Die Queen verlor kein weiteres Wort über meinen Abschied. In diesen zwei Monaten arbeitete ich ganz diskret einen Lakai ein, der als mein Nachfolger neben Paul Whybrew wirken sollte.
Eines Nachmittags, als ich Dienst tat, bestellte mich Lady Susan Hussey, die Hofdame der Königin, in den Salon der Hofdamen im zweiten Stock. Ich hatte Lady Susan, die Frau des damaligen BBC-Vorsitzenden Marmaduke Hussey, immer geschätzt. Die Queen mochte sie sehr. Lady Susan war eine redliche, aufrichtige Frau, deren Meinung respektiert wurde. Im

Gegensatz zu vielen anderen im königlichen Hofstaat war sie sehr umgänglich und keineswegs pedantisch oder aufgeblasen. Sie saß an ihrem Schreibtisch und unterzeichnete Briefe, als ich eintrat. Sie bat mich, die Tür zu schließen. Sie habe gehört, fing sie an, ich wolle von der Queen weggehen, und fragte dann: »Glauben Sie, das war die richtige Entscheidung? Ich weiß nicht, ob Sie dessen gewahr sind, aber in dem Haushalt, in den Sie wechseln wollen, ist nicht alles ganz so, wie es scheint.« Lady Susan wahrte die gebotene Diskretion, doch in der Dienerschaft war bereits viel über »Schwierigkeiten« in der Ehe des Prinzen und der Prinzessin von Wales geredet worden. Klatsch und Tratsch müssen immer mit gewissem Vorbehalt behandelt werden, aber die Hofdame der Königin sprach eine gut gemeinte Warnung aus und lieferte im Grunde nur eine Bestätigung. Lady Susan war bestens unterrichtet über den Stand der Ehe; sie war seit langem eine enge Vertraute des Prinzen von Wales. Kaum jemand verfügte über so viel Einblick wie sie. Ich konnte nur noch einmal wiederholen, daß mich familiäre Gründe zu dem Umzug aufs Land bewogen. Ich versicherte Lady Susan, dass mir die Entscheidung keineswegs leicht gefallen sei, dass es jetzt aber kein Zurück mehr gebe. Sie hatte ihre Bedenken aus echter Besorgnis geäußert, erinnerte mich daran, wie sehr die Queen mich mochte, und wünschte mir aber alles Gute für die Zukunft.

Anfang August 1987 bereitete sich die Queen auf die Western-Isles-Kreuzfahrt an Bord der *Britannia* vor, und damit war mein letzter Tag in ihren Diensten gekommen. Alle Tätigkeiten meines Tages verrichtete ich zum letzten Mal: mein letztes Frühstück, mein letzter Spaziergang mit den Corgis, mein letzter Gang auf dem Queen's-Korridor in Buckingham Palace, meine letzte Gelegenheit zu fragen: »Haben Eure Majestät noch irgendwelche Wünsche?« Bei jeder Verrichtung dachte ich nur an eines: Wie wird sie mich verabschieden?

Sie klingelte im Wohnzimmer und bat mich, die Corgis auszu-

führen. Sie sagte es so, als sei es ein ganz normaler Nachmittag. Als ich zurückkam, stand der Rolls-Royce bereit, um sie nach Portsmouth zu bringen, wo sie an Bord der *Britannia* gehen sollte. Meine letzte Aufgabe bestand darin, die Königin zum Wagen zu geleiten, und so stand ich an der Garteneinfahrt und wartete. Die Queen stieg gemeinsam mit Lady Susan Hussey ein, und ich bot ihnen beiden eine Decke für die Knie an. Ich schloss die Wagentür und stand da. Ich sah die Queen an, in der Hoffnung, sie würde mir Beachtung schenken. Sie hatte kein Wort darüber verloren, dass dies mein letzter Tag war; aber vielleicht würde sie es ja mit einem Winken oder einem Lächeln würdigen. Aber nichts dergleichen geschah. Die Queen blickte nach unten, dann geradeaus, und der Wagen fuhr davon.
Einige Zeit später sah ich Lady Susan Hussey wieder. »Wissen Sie, warum sich die Queen nicht von mir verabschiedet hat?«, fragte ich sie.
»Sie konnte es nicht, Paul«, erwiderte sie. »Sie konnte Sie einfach nicht ansehen. Für die Queen war es auch nicht leicht.« Die gefasste Miene einer Königin durfte niemals zittern oder beben.

6.
Falscher Alarm in Highgrove

In Highgrove herrschte Alarmstufe eins. Bewaffnete Polizisten, die Pistolen schussbereit, standen im abendlichen Dämmerlicht vor der Tür und warteten auf das Kommando, das Haus zu stürmen, um den Eindringling hinauszutreiben, dessen Silhouette hinter einem Fenster in einem Zimmer des Obergeschosses gesehen worden war. Mich packte dermaßen die Angst, dass ich Schweißperlen auf der Stirn hatte. Über meine Butleruniform stülpte man mir eine kugelsichere Weste, die jedoch nicht viel zu meiner Beruhigung beitragen konnte. Der Prinz und die Prinzessin von Wales waren nicht da. Ich war der Erste, der sich zum Hintereingang wagte. Meine Hand hörte auf zu zittern, und ich steckte den Schlüssel ins Schloss, bevor ich eintrat. Ich war von einer bewaffneten Einheit der Polizei der Grafschaft Gloucester umringt, darunter Hundeführer mit deutschen Schäferhunden, und etwa sechs Polizisten, die den Landsitz durchforsteten. Diese Einheit war es auch gewesen, die den Alarm ausgelöst hatte, indem sie mitten am Abend bei uns zu Hause anrief.
Maria war ans Telefon gegangen. »Hallo, Maria, ist Paul noch im Haus oben?«, fragte sie einer der Beamten.

»Nein, er ist seit ungefähr zehn Minuten hier. Ich hol ihn mal.«
Ich nahm den Hörer.
»Paul, ist noch jemand im Haus?«
»Nein, ich habe gerade abgeschlossen.«
Da wusste der Polizist, dass etwas nicht stimmte. »Also, im Flur oben ist eben ein Licht angegangen. Einer der Jungs hinter dem Haus hat eine Gestalt im Fenster bemerkt, und er hat gedacht, das wären Sie. Sie kommen wohl besser mal rüber.«
Während ich mich auf den Weg zum Polizeiposten in der Nähe des Hauses machte, erging an die Hundeführerstaffel und die bewaffnete Einsatztruppe der Befehl, sich zur Verfügung zu stellen. Als sie alle beisammen waren, wurden die kugelsicheren Westen ausgeteilt.
»Okay, halten Sie sich hinter uns«, flüsterte ein Polizist, während die Hintertür aufgestoßen wurde. Drinnen verteilten sich die Beamten in verschiedenen Richtungen. Sie waren alle mit Schusswaffen ausgestattet, während ich mich mit dem Grundriss des Hauses bewaffnet hatte, um eine systematische Durchsuchung zu gewährleisten. Die Beamten durchpflügten jedes Stockwerk, angefangen beim Kellergeschoss, von wo aus sie Treppe um Treppe immer weiter nach oben schlichen. Aus heutiger Sicht hatte die Operation etwas Komisches an sich, doch damals war es der Polizei todernst, und mir schlug das Herz bis zum Hals.
Als wir zum Obergeschoss kamen, zeigte ich ihnen Williams und Harrys Schlafzimmer, das Zimmer des Kindermädchens und das Spielzimmer. Plötzlich fingen die beiden Hunde zu knurren an. »Sie haben was gefunden«, sagte einer der Hundeführer.
Niemand zweifelte daran, dass sich jemand im Haus befand. Auch im Obergeschoss wurde jedes Zimmer überprüft, doch auch hier war nichts zu entdecken.
Dann scherten die bewaffneten Polizisten aus und kletterten auf den Dachboden. Nichts.

Von da aus auf das Dach. Auch nichts.
Der Mann, der die Gestalt im Haus entdeckt hatte, konnte es nicht fassen. Er war davon überzeugt, dass ich die Gestalt gewesen sei. Nur ein Kontrollanruf bei mir zu Hause hatte ihn eines anderen belehrt. Er hatte keine Erklärung dafür. Sowohl der Prinz als auch die Prinzessin wurden über den Vorfall unterrichtet, doch er wurde als falscher Alarm abgehakt. Die Geschichte blieb bis heute rätselhaft.
Als ich damals in Highgrove ankam, erinnerte mich nur eines an »zu Hause«: die Holzbox an der Wand des Anrichtezimmers. Wie die Queen rief auch Prinz Charles das Personal, indem er eine Klingel drückte, so dass eine rote, kreisrunde Scheibe – wie bei einer Parkplatzschranke – in ein kleines rundes Fenster fiel. In Highgrove hätte diese rote Scheibe genauso gut eine Warnflagge sein können, die mit einer Nothupe ausgelöst wurde, denn Prinz Charles hasste es, wenn man ihn warten ließ. Wann immer er rief – man hätte stets schon fünfzehn Sekunden früher da sein sollen. Von der Küche im Erdgeschoss war es ein Sprint mit der Stoppuhr über den teppichbelegten Flur bis in seine Zimmer.
Immer wenn die Prinzessin mich zu ihm flitzen sah, konnte sie sich nicht halten vor Lachen.
»Na, wird's bald! Jetzt aber mal dalli!«, rief sie lachend. »Für mich rennen Sie nie so schnell!«
Für die Prinzessin brauchte ich tatsächlich nicht so schnell zu rennen. Ebenso wenig für die Monarchin. Doch jeder, der in seinem Haushalt arbeitete, wusste, wie anstrengend Prinz Charles sein konnte. Selbst der Prinzessin war bewusst, wie anspruchsvoll ihr Mann war und wie hoch er die Messlatte legte. Deshalb machte sie sich gerne über mich lustig, wenn ich nach seiner Pfeife tanzte, besonders, wenn ich bei jedem Wetter auf das Dach steigen musste, um – buchstäblich – seine Fahne hochzuhalten, die anzeigte, dass er sich an seinem Wohnsitz befand. Die Queen hatte für diese Aufgabe eigens einen Flag-

genhisser, doch in Highgrove fiel dies in mein Ressort. Ich hatte tausend andere Pflichten, doch der Prinz bestand darauf. Wenn telefonisch die Nachricht durchgegeben wurde, dass er in fünf Minuten ankommen würde, war die Zirkusnummer fällig. Ich kletterte durch eine Deckenluke im Spielzimmer auf den dunklen Dachboden und zwängte mich dann durch eine weitere Luke auf das Schrägdach mit den grauen Schindeln hinaus. Eine Holzrampe mit einem Handlauf auf der einen Seite diente mir als Laufsteg am First entlang. Und da wir schon einmal bei Messlatten sind: Die »Rampe« war eine Latte, und »laufen« bedeutete eher »mit dem Tod spielen«. Bei stürmischen Winden und heftigem Regen bot mir diese weiße Fahnenstange den einzigen Halt. Dort wartete ich dann endlos, bis der Wagen oder Hubschrauber in Sicht kam, bevor ich die Fahne hisste und im Wind flattern ließ. Dankenswerterweise musste das Banner der Prinzessin nicht gehisst sein, wenn sie allein an ihrem Wohnsitz weilte. Das schärfte sie mir immer ein.

Wenn immer die rote Scheibe in das Fensterchen der Box fiel, musste ich alles stehen und liegen lassen und zur Bibliothek eilen, deren Fenster, hinter Gardinen im Balmoraltartan und weiß getünchten Holzklappläden, auf den makellos gepflegten Garten mit der Terrasse hinter dem Haus wiesen. Der Prinz saß immer an einem runden Tisch in der Mitte des Zimmers auf einem Sessel mit Leinen-Korbgeflecht. Über dem ganzen Zimmer lag der Duft von weißen Lilien, die hinter Bücherstapeln versteckt mitten auf dem Tisch in einer Vase standen, und dem Prinzen blieb nur eben so viel Platz auf der Tischplatte, dass er Briefe schreiben konnte. Er stand auf und unterrichtete mich, dass ein »ganz besonderer Gast« an diesem Sommertag nach Highgrove kommen würde. »Queen Elizabeth kommt heute Nachmittag an«, sagte er, und er meinte nach dem erwähnten Sprachgebrauch der königlichen Familie die Königinmutter. Es war ihr erster Besuch in Highgrove, im Juli 1988. Ich

wusste, wie wichtig sie dem Prinzen war, der wie allgemein bekannt seine Granny abgöttisch liebte. So war ein besonderer Fünfuhrtee vorgesehen, den der Prinz sonst, anders als seine Mutter, nie einnahm. Ich brachte einen Tisch auf die Terrasse und stellte einen Schirm auf, der die Königinmutter vor der heißen Sonne schützen sollte. Ich wollte, dass alles perfekt war.
Als der Daimler langsam die weitläufige, geschotterte Einfahrt heraufkam, stand ich mit ihm zusammen auf der zweistufigen Treppe des Eingangsportals, wo eine zweiflügelige Tür in das dreistöckige Haus aus dem achtzehnten Jahrhundert führte. Ich öffnete den Schlag, und die Königinmutter stieg aus – einen großen Hut mit Seidenrosen in der breiten Krempe. Ihr Enkel verneigte sich, nahm ihre Hand und küsste sie. »Willkommen, liebe Granny«, sagte er, und sie gingen erst mal ins Haus, bevor sie zusammen einen Spaziergang durch die weitläufigen, viel gerühmten Gartenanlagen machten, die der Prinz selber entworfen und angelegt hatte.
In der Zwischenzeit waren der Küchenchef Chris Barber und ich damit beschäftigt, mit Räucherlachs, Hühnchen, Schinken und Gurke belegte Sandwiches zuzubereiten, die, nachdem die Rinden entfernt waren, in Quadrate geschnitten und zusammen mit winzigen runden Marmeladesandwiches gereicht werden sollten, den so genannten Jam Pennies, einer beliebten Spezialität in der königlichen Kinderstube.
Ich ging durch die Gartentür auf die Terrasse. Die fächerförmigen Zweige einer uralten Zeder tauchten deren Steinplatten und die angrenzenden beiden pfefferschotenförmigen Pavillons im gotischen Stil, die im rechten Winkel zum oktogonalen Teich im Zentrum standen, in tiefe Schatten.
Am Tisch in der Mitte der Terrasse bot ich der Königinmutter ein Räucherlachssandwich an. Sie zögerte. »Nein, danke, Paul. Wissen Sie, die sind nun gar nicht mein Fall«, sagte sie und legte den Kopf schräg, wie sie es so oft tat, während sie sprach.

Der Prinz sah gekränkt aus. »Möchtest du etwas anderes, Granny?«, fragte er.
»Nein, Tee genügt«, sagte sie und hob dankend die Hände. Sie aß an diesem Tag kein einziges Sandwich.
Ein paar Stunden später stieg die Königinmutter wieder in ihren Daimler, nahm ein kremfarbenes Tuch aus Seidenchiffon heraus und ließ es aus dem halb geöffneten hinteren Fenster hängen. Dies war das Zeichen für das Abschiedsritual zwischen Großmutter und Enkel. Sobald er sah, wie das Kopftuch aus dem Fenster flatterte, nahm er das Taschentuch aus der Brusttasche seines Blazers, hielt es zwischen Daumen und Zeigefinger und winkte zurück. Er war sichtlich bewegt. »Was würde ich nur ohne sie machen«, sagte er, als der Wagen die Einfahrt hinunterfuhr und mit den Rädern Schotter und Staub hochschleuderte. Er stand da und schwenkte sein Taschentuch, bis sie außer Sichtweite war, dann drehten wir uns um und gingen wieder ins Haus.
In diesem Moment wechselte seine Stimmung – von nachdenklich zu vorwurfsvoll. Ich war in die Diele getreten, nachdem ich die Haustür hinter mir zugemacht hatte. »Nur schade, dass der Tee so danebengegangen ist«, sagte der Prinz.
Allem Anschein nach hätte unbedingt das Personal der Königinmutter in Clarence House konsultiert werden müssen – sei es William Turner, der Haushofmeister, oder Reginald Wilcox, der Page. »Würden Sie das nächste Mal bitte William oder Reg anrufen und herausfinden, was Queen Elizabeth mag, statt es zu raten?«, fügte er hinzu.
»Es tut mir furchtbar Leid, Eure königliche Hoheit. In der königlichen Familie wird stets Räucherlachs zum Tee serviert.«
Es war eine vergebliche Beteuerung. In seinen Augen hatte ich versagt, und seine schneidende Bemerkung hatte die gewünschte Wirkung. Ich fühlte mich lausig. Ein einziges Räucherlachssandwich und ein Besuch der Königinmutter führten mir vor Augen, wie sehr sich das Leben in Highgrove von dem

in Buckingham Palace unterschied. Für den Thronanwärter zu arbeiten würde sich als größere Herausforderung erweisen als der Dienst für die Monarchin.

Es ist schwer zu sagen, ob der Prinz häufiger kleine Memos schrieb oder Hände schüttelte. Für den Mann, dem die Umwelt so am Herzen lag, hätte man ein ganzes Wäldchen abholzen können, um Highgrove mit Notizblöcken einzudecken. Die Queen hinterließ niemals Notizzettel mit Instruktionen. Sie zog es vor, mir ihre Anweisungen persönlich zu geben. Prinz Charles schrieb alles auf. In Highgrove regnete es Memos wie Konfetti.

Hat jemand das Saatgut für den Garten besorgt?

Gibt es in Tetbury einen Glasmüllcontainer?

Können Sie jemanden holen, der nach meinem Telefon schaut?

Können Sie bitte dafür sorgen, dass die Porzellanschüssel gekittet wird?

Auch war er offenbar nicht geneigt, selbst viel anzupacken. Einmal schrieb er: »Ein Brief von der Queen muss versehentlich in meinen Papierkorb neben dem Schreibtisch in der Bibliothek gefallen sein. Bitte suchen Sie danach.« Nachdem die Vorabdrucke des Buchs von Andrew Morton in der *Sunday Times* erschienen waren, hinterließ er eine Notiz mit dem Wortlaut: »Ich will diese Zeitung nie wieder in diesem Haus sehen! Und was die Boulevardblätter betrifft, so will ich auch von ihnen keines je wieder sehen. Falls jemand meint, sie lesen zu müssen, wird er sie sich selber besorgen müssen – das gilt auch für Ihre Königliche Hoheit!«

Ich trat am 1. September 1987 den Dienst in Highgrove an, eine Meile von der kleinen Stadt Tetbury in Gloucestershire entfernt. Der Prinz und die Prinzessin weilten zu dieser Zeit als Gäste von König Juan Carlos in Spanien, um von dort aus direkt nach Balmoral zu reisen. Ich sollte meine neuen Arbeitgeber demnach nicht vor der zweiten Oktoberwoche sehen.

Das ließ mir fünf Wochen, um mich mit dem mir fremden Haus und einem anderen Lebensstil vertraut zu machen. Ich weiß nicht, was ich ohne die Haushälterin Wendy Berry getan hätte. Ich kannte ihren Sohn James, einen Lakaien in Buckingham Palace. Sie hatte die Stellung in Highgrove auf Empfehlung ihres Sohnes bekommen, der gerade als Hilfsbutler zum Kensington Palace wechsler war. An ihrer Seite zu arbeiten war so, als ob ich noch einmal auf Probe wäre und sie mich anlernte. Ich war vorerst ohne Maria und Alex von der Hauptstadt nach Gloucestershire gekommen, und so zog ich vorübergehend bei ihr mit ein. Sie bewohnte das eingeschossige Pförtnerhaus aus Stein, das ihr die königliche Familie wegen treuer Dienste kostenlos zur Verfügung stellte und das am Ende der Einfahrt lag. Wir hielten die Stellung in Highgrove, doch während der Abwesenheit der Hausherren wurde das Haus geschlossen. Das Mobiliar war mit weißen Laken abgedeckt, an den Gartentüren und großen Fenstern des Erdgeschosses waren die Holzrollläden heruntergelassen. Man bewegte sich wie in einem verlassenen Haus. Es war seltsam, vom Dauerbetrieb des Buckingham Palace mit seinen Hintergrundgeräuschen und dem vielen Personal in die Leere des vorübergehend stillgelegten Highgrove inmitten ländlicher Anbaugebiete zu wechseln. Wir huschten durch die Räume wie verlorene Seelen. Statt wilder Partys am Feierabend gab es in der Abgeschiedenheit eine Plauderei mit Wendy bei einer Flasche Wein. Unter dem Personal, das nicht im Haus beschäftigt war, gab es noch andere freundliche Gesichter, besonders den Stallknecht des Anwesens, Paddy Whiteland, der so alt war wie ein Teil der Rosenholzmöbel. Er war tatsächlich schon so lange in Highgrove wie das Mobiliar, denn er hatte dort bereits vierzig Jahre gearbeitet. Oder, wie Prinz Charles sich ausdrückte: »Wir werden dich, wenn du gestorben bist, ausstopfen und in die Eingangsdiele stellen!« Es gab nichts in und über Highgrove, das Paddy nicht gewusst hätte, und sein Aufgabenbereich war vielseitig. Wenn der Prinz wollte, dass ein Baum gefällt wurde, sagte er es Paddy. Wenn ein Blumenbeet unordentlich war, sagte er es Paddy. Wenn er ein bisschen Klatsch und Tratsch hören wollte, erfuhr er alles vom gut informierten Paddy. Der Prinz gab auf sein Wort mehr als auf das irgendeines anderen.

Und dann waren da noch die Gärtner. Danny Brown hegte und pflegte Pflanzen und Gemüse wie die eigenen Kinder. Die flache Arbeitermütze auf dem Kopf, die Ärmel aufgekrempelt, fand man ihn unablässig mit Spaten oder Pflanzenheber im umfriedeten viktorianischen Küchengarten, der den Haushalt mit organisch gezogenem Gemüse und Obst versorgte. Seine Kollegen David und James kümmerten sich um den übrigen Garten, der zu beiden Seiten des Hauses je einen farblich verschiedenen Anblick bot: eine dicht ineinander gewachsene Reihe Goldeiben, die wie riesige, kugelige Igel aussahen; saftig grüne, beschnittene Hecken; bunte Wiesen mit wild wachsenden Blumen; ein gelber Teppich aus Butterblumen; grüne Baumgürtel. Es war einer der schönsten Gärten in ganz England.

Im September kamen Maria und Alex nach. Wir erwarteten jetzt unser zweites Kind: Maria hatte, nachdem ich von der Queen weggegangen war, gemerkt, dass sie wieder schwanger war. Unser neues Zuhause, ein renovierungsbedürftiges Cottage auf der Close Farm, lag weit vom Anwesen entfernt, doch die Handwerker hatten es in den letzten vier Wochen immerhin innen renoviert, und der Geruch von frischer Farbe hing noch in jedem Raum. Doch ein paar Farbspritzer und ein neuer grüner Teppich konnten die Risse nicht verdecken. Der Garten war noch vollkommen verwildert, die Dachrinnen hingen lose herunter, und in den Kellerfenstern fehlten Scheiben.

Meine erste häusliche Pflicht bestand darin, die Fenster mit Polyäthylen abzudichten, damit es nicht hereinregnete. Es war ein etwas trostloses Heim, auch wenn Maria es mit weißrosa Laura-Ashley-Tapeten aufzuhellen versuchte. Obwohl sie die

treibende Kraft hinter unserer Versetzung gewesen war, vermisste sie ihr altes Zuhause in den Royal Mews und bekam Zweifel an unserer Entscheidung.
Ich wohnte in einem halb verfallenen Haus, arbeitete in einer Residenz, die unter Schutzlaken erstickte und einhundertzehn Meilen von dem freundschaftlichen Geplänkel im Palast entfernt lag, und ich sah, wie meine Frau unter Heimweh litt. Was hatte ich nur gemacht? Es war ein gewagtes Spiel mit meiner beruflichen Laufbahn gewesen, und der erste Eindruck war nicht gerade ermutigend. Ich wurde nicht heimisch, doch es gab kein Zurück. Wir mussten das Beste daraus machen.
Paddy in seiner imprägnierten Baumwolljacke, der immer Stall- und Pferdegeruch mit in unser Haus brachte, munterte uns immer wieder auf. »Wenn ihr ein zweites Baby bekommt, braucht ihr frische Eier«, sagte er. Noch am selben Nachmittag kam er auf seinem Traktor angefahren und hatte ein flaches Paket auf dem Anhänger, in dem sich der Bausatz eines Hühnerstalls verbarg. Er baute ihn an Ort und Stelle in unserem Garten auf und besorgte uns sechs Rhode-Island-Hühner dazu. »Pünktlich jeden Morgen frische Eier«, verkündete er. Maria sagte nur: »Hoffentlich fällt ihm nicht ein, dass wir auch frische Milch brauchen.«
Als er unseren neuen Teppich sah, fand er ihn großartig. »Das ist Gottes Farbe, so viel steht fest. Gott malt immer in Grüntönen – Bäume, Gräser ... Teppiche!« Er lachte.
Waren schon die Wohnverhältnisse schwierig, so war es meine Arbeit noch mehr. Als der Prinz und die Prinzessin im Oktober zurückkehrten, kam erst die eigentliche Probe. Das Netz von dreihundert Angestellten, die sich in Buckingham Palace gegenseitig zugearbeitet hatten, gab es jetzt nicht mehr. Ich war nicht mehr einer von zwei Lakaien, die sich in die Aufgaben teilten und obendrein von zwei Pagen unterstützt wurden, sondern ein Butler, der ganz allein für die gesamte königliche Residenz zuständig war und nicht nur für einen Flur und eine

Wohnung. Burrell und Bery waren die einzigen Vollzeitbeschäftigten im Haus, in dem es eigentlich genug Arbeit gab, um fünf auf Trab zu halten.
Das Personal war sich stets bewusst, wer die Gehälter zahlte. Gute Gehälter. Die Angestellten des Prince of Wales bezogen die höchsten Gehälter von allen, die in königlichem Dienst standen. Der Wechsel von der Monarchin zum Thronerben brachte eine Gehaltserhöhung von zehntausend Pfund mit sich, so dass ich nicht mehr etwa achttausend Pfund im Jahr verdiente, sondern achtzehntausend. Dafür lief die Tretmühle schneller. Es war ein Sprung ins kalte Wasser. Es gab keinen Weinbutler, der die Port- und Rotweinflaschen dekantierte, keine Hilfsbutler, die Besteck und Geschirr abwuschen, keinen Lakaien, der die Gäste empfing und ihnen die Mäntel abnahm oder der im Kamin Holz nachlegte, keine Floristin, die sich um den Blumenschmuck auf den Tischen kümmerte, niemanden, der aufs Dach kletterte, um die Fahne zu hissen, niemanden, der die Einkäufe erledigte. Mit einem Schlag hatte das alles ein Butler zu erledigen. Und es hingen auch keine Staatslivreen mehr im Kleiderschrank, sondern nur noch ein schlichter, zweireihiger Blazer mit Goldknöpfen und Reversabzeichen, auf denen die drei Federn im Hosenband, das Emblem des Prince of Wales, abgebildet waren, dazu blaue Hose, weißes Hemd und blaue Krawatte.
Es gab allerdings ein Glück im Unglück, wie ich zugeben muss. Es gab nämlich auch einen Wechsel von neun Corgis zu den zwei Jack Russels des Prinzen – Tigger und Roo, und es gehörte Gott sei Dank nicht zu meinen Pflichten, sie auszuführen. Das machte Prinz Charles selbst. Es gab auch niemanden, der fürs Telefon zuständig war und Anrufe weiterleitete, und so fiel es mir zu, abzuheben, wenn es klingelte. Eines Tages nahm ich einen Anruf vom Anrichtezimmer aus entgegen. »Hallo, hier Tetbury, Nummer …«
»Hallo, Paul.«

Ich erkannte die Stimme sofort. Es war die Queen. »Guten Morgen, Eure Majestät.« Ich freute mich riesig, sie zu hören. Es war das erste Mal seit meiner Abreise, dass wir miteinander sprachen. Ich konnte nicht anders, als sie zu fragen, wie es ihr gehe und meinem kleinen Lieblingscorgi Chipper. Und wie es –
»Ist Seine Königliche Hoheit da?«
Sie unterbrach mich mitten im Satz. Ich hatte offenbar zu viel geredet, und so stellte ich den Anruf sofort zu Prinz Charles durch. »Es ist die Queen, Eure königliche Hoheit.«

Nachdem es mich nun – gleichsam die M4 entlang – nach Nordwesten verschlagen hatte, erfuhr ich, dass der Prinz nicht vorhatte, »viel Zeit in Highgave zu verbringen«. Es sei für ihn, so ließ er uns wissen, das, was für die Queen Windsor Castle war und für die Königinmutter Royal Lodge – ein Wochenendsitz. Der Prinz und die Prinzessin sollten, so hieß es, Montag bis Freitag zusammen in Kensington Palace wohnen, wo Harold Brown der hauptamtliche Butler war. So lautete zumindest die offizielle Version. Doch bereits im Verlauf dieses ersten Herbstes fing Prinz Charles an, auch Wochentage in Highgrove zu verbringen, und zwar allein. Der Prinz, der einen Kammerdiener, einen Reisekoch und einen Sicherheitsbeamten mitbrachte, war mindestens drei Tage die Woche da. Ich gewöhnte mich an den Anblick, wie der rote Wessex-Hubschrauber aus der Flugstaffel der Queen immer an derselben Stelle auf der Koppel, etwa hundert Meter vom Eingangsportal entfernt, landete. Die Wochenendanstellung weitete sich allmählich auch auf die Woche aus. Wenn der Prinz alleine kam, herrschte in Highgrove eine Atmosphäre wie im Wartezimmer einer Arztpraxis – förmlich, ruhig, geprägt durch den Terminplan. Seine Tage waren mit Verpflichtungen und Verabredungen angefüllt. Zu seinen Tischgästen gehörten Freunde wie Vernon Russell-Smith, Camilla Parker Bowles, Candida Ly-

cett Green, die Herzogin von Devonshire, Charles und Pati Palmer-Tomkinson und der Parlamentsabgeordnete Nicholas Soames.
Wenn er allein war, konnte er Stunden im Garten zubringen. Ich erinnere mich, wie er hinter dem Haus einmal umgrub und einen »Teppich« aus Thymian von der Terrasse bis zum Teich verlegte und sich dafür beinahe den Rücken ruinierte. Ansonsten war er viel in der Bibliothek und hörte klassische Musik, die so laut durch die Flure tönte, dass ein Klopfen an der Tür schon einmal unbemerkt blieb. Oft lief ich im Takt zu Verdis Aida durchs Haus. Die Prinzessin kam nie unter der Woche. Sie blieb mit den Kindern in London und speiste mit Freunden im Palast, darunter Jasper Conran, der Modeschöpfer, Laura Lonsdale oder auch Carolyn Bartholomew. Manchmal ging sie auch mit Ex-König Konstantin (den sie Tino nannte) und Ex-Königin Anne-Marie von Griechenland aus, besonders gern in Harry's Bar in Mayfair. Oder mit Lady Carina Frost, der Gattin des Fernsehmoderators David Frost, zu San Lorenzo's in Knightsbridge. An Wochentagen nahm sie an zwei Tagen morgens um halb acht in den Knightsbridge Barracks im Hydepark Reitstunden bei Major James Hewitt. In dieser Lebensphase war sie darauf erpicht, neue Dinge zu lernen. An anderen Vormittagen nahm sie »deaf lessons«, Unterricht in der Zeichensprache der Gehörlosen oder Tanzstunden im Salon.
Freitagnachmittags fuhr sie dann mit den Prinzen William und Harry, die damals fünf und zwei waren, nach Highgrove, um das Wochenende zusammen mit ihrem Mann dort zu verbringen. Jeden Sonntag nach dem Mittagessen brachen sie wieder nach London auf, und mit ihnen reiste ein Kindermädchen, eine Ankleidedame und ein Sicherheitsbeamter. Das gesellschaftliche Umfeld der Prinzessin war London und Kensington Palace ihr Zuhause. Umgekehrt liebte es der Prinz umso mehr, mit seinen »Highgrove-Freunden« zu speisen, und er benutzte das Haus mehr und mehr als seinen Hauptsitz. Da-

gegen übernachtete er immer seltener bei seiner Frau in der Hauptstadt.

In königlichen Familien ist es für ein Paar nichts Ungewöhnliches, wenn jeder sein eigenes Leben führt. Es fiel nicht aus dem Rahmen, wenn der Prinz andere Interessen pflegte als seine Frau und daher mehr Zeit auf dem Lande verbrachte. Das Leben der Queen und das des Herzogs von Edinburgh war in ihrer langen, dauerhaften Ehe ebenfalls in getrennten Bahnen verlaufen, die sich regelmäßig kreuzten. In meinen frühen Jahren in Highgrove verbrachten der Prinz und die Prinzessin die Wochenenden immer miteinander. Im Gegensatz zu den Mythen, die in den späten Achtzigern die Runde machten, musste ich nicht ein einziges Mal ein Essenstablett ins Zimmer der Prinzessin bringen. Vielmehr wurde jeden Abend im Wohnzimmer vor dem Fernseher ein Kartentisch aufgestellt, und sie aßen zusammen. Es war wie bei jedem anderen Paar, das unter der Woche getrennt ist: Sie plauderten über das, was sie erlebt hatten. Irgendwo las ich, dass der Prinz seine Frau am Wochenende nie gefragt habe, wie die Woche für sie gewesen sei oder wie es ihr gehe. Völliger Unsinn. Der Prinz, höflich und gesprächig, wie er ist, war normalerweise der Erste, der die Unterhaltung in Gang setzte und an dem, was seine Frau tat, regen Anteil nahm. Wenn sie bei anderen Gelegenheiten mit ihm reden wollte, wusste sie stets, wo sie ihn finden konnte – in der Bibliothek. Er blieb abends lange auf, hörte Musik oder widmete sich seiner Schreibtischarbeit. Die Prinzessin ging dann zu Bett, wo sie ihre eigene Stereoanlage hatte und eher zeitgenössische Musik hörte. Hörte man unten Haydn oder Verdi, war es oben eher Whitney Huston. Immer wieder spielte sie ihren Hit »I Will Always Love You«, und erst in späteren Jahren entfaltete auch die Prinzessin eine Vorliebe für klassische Musik.

Jeden Abend bestand eine meiner Aufgaben darin, im Salon die Drinks auf einem Tablett bereitzustellen und eine Silberkaraffe

mit frisch gepresstem Orangensaft für den Prinzen zu füllen, doch zu dessen Irritation mochte auch die Prinzessin Orangensaft und war als Erste da, woran mich Prinz Charles in einem offiziellen Memo mahnte: »Könnten Sie bitte in Zukunft die Orangensaftkaraffe nach dem Dinner überprüfen, da Ihre Königliche Hoheit sie gerne austrinkt und für mich nichts übrig bleibt! C.« Noch ein Memo.
Im Salon, einem von vier Hauptzimmern, die an die große Diele grenzten, hatte ich noch eine Pflicht: Ich musste jeden Sonntagmorgen einen kleinen Altar aufstellen, so dass der Prinz von Bischof Woods, der im Talar erschien, das Abendmahl empfangen konnte. Ich drapierte ein weißes Tuch um einen ausklappbaren Kartentisch und stellte zwei silberne Kerzenleuchter darauf, zündete auf beiden Seiten die Kerzen an, stellte dann ein kleines Silbertablett, einen silbernen Kelch und je einen Kristallkrug mit Wasser und Rotwein dazwischen. Es war eine Zeremonie, die der Prinz überaus ernst nahm, an der seine Frau jedoch nie teilnahm. Am Anfang waren sie zusammen in die Kirche von Tetbury gegangen. Sie fand, dass er es sich mit seiner neuen Gewohnheit zu bequem machte und dass die Kommunion ins Gotteshaus gehörte.
Kaum war die Prinzessin mit den Kindern da, kam schlagartig Leben ins Haus. Es waren dies die einzigen Gelegenheiten, zu denen ich die Prinzessin sah, und das Haus war erfüllt vom Gelächter und den Freudenschreien der beiden Jungen, die über die Holzdielen rannten, wenn sie die Prinzessin beim Versteckspiel durch die Flure jagte und der Prinz wie ein böser Wolf dazu brummte. Tagsüber spielte die Prinzessin oft auf dem Klavier, das an der pfirsichfarbenen Wand in der Eingangsdiele neben der Tür zum Wohnzimmer stand.
Angesichts einer solch friedlichen Atmosphäre in der Familie konnte ich oberflächlich betrachtet keine größeren Probleme erkennen, auch wenn Lady Susan Hussey Andeutungen machte, dass der Schein trüge. Als Eltern schienen der Prinz und die

Prinzessin eine begnadet leichte Hand zu besitzen, und niemand hätte mehr als sie tun können, um den Kindern ein warmes, glückliches Zuhause zu bieten. Sie waren ein unschlagbares Team. Ich zumindest bemerkte nichts von einem »Krieg zwischen denen von Wales«. Wenn überhaupt etwas daran war, dann sah es damals eher wie ein einvernehmlicher Waffenstillstand aus.

Auch ins Esszimmer des Personals kehrte eine gelöste Atmosphäre ein, denn es waren zu dieser Zeit mehr als zwei Angestellte im Haus: Da gab es die Kindermädchen, entweder Barbara Barnes oder Ruth Wallace, die Ankleidedamen Evelyn Dagley und Fay Marshalsea und die Leute vom Sicherheitsdienst, Graham Smith und Dave Sharp. Als Mitarbeiter der Prinzessin teilten sie ihren Sinn für Humor. Der Einzige, der bei der Ankunft der Prinzessin immer ein bisschen in Panik geriet, war Paddy. Er wusste, dass sie gerne das beheizte Außenschwimmbad benutzte, das im Winter mit einer riesigen aufblasbaren Folie zugedeckt war. Er machte sich ständig Gedanken über die richtige Temperatur und die richtige Dosis Chlor, wobei er immer nur von Schätzwerten ausging. Wenn die Prinzessin frühmorgens mit geröteten Augen aus dem Wasser kam, geriet er in wilde Aufregung, was sie wiederum immer belustigte.

Die Prinzessin hatte ein enges Verhältnis zu ihrem Personal und war um jeden Einzelnen besorgt, doch um keinen mehr als um den Sicherheitsbeamten Graham Smith, der die seltene Gabe besaß, bei allen beliebt zu sein. Er war umgänglich und hatte keinerlei Allüren, und in späteren Jahren sagte die Prinzessin wiederholt, dass er ihr der liebste Mitarbeiter gewesen sei. Graham stellte die erste Verbindung zwischen der Prinzessin und Maria her, woraufhin sie ihr den Posten als Ankleidedame anbot und sich freute, uns beide in Highgrove zu haben. Zuerst bekam Graham Husten und Halsschmerzen, dann Kehlkopfkrebs. Wann immer sie konnte, nahm sich die

Prinzessin die Zeit, ihn bei seinen Krankenhausbesuchen zur Chemotherapie zu begleiten. Seine Krankheit zwang ihn schließlich, sich vom Dienst suspendieren zu lassen, und einige Jahre später starb er. Niemand konnte je wirklich in seine Fußstapfen treten.

Maria gehörte ebenfalls zu den Lieblingen der Prinzessin. An ihrem ersten Wochenende im Oktober besuchte die Prinzessin unser neues Heim und brachte uns ein Geschenk zum Einzug mit: gesteppte Kissen, passend zu den Laura-Ashley-Tapeten. Die Prinzessin liebte ein Sofa voller Kissen. »Sie wohnen mir ein bisschen zu weit weg, da muss ich mir was einfallen lassen«, sagte sie.

Ohne dass ich es damals ahnte, musste sie sich auch zu mir etwas einfallen lassen. Ich war zwar Marias Mann, Paul, der ehemalige Lakai der Queen, nunmehr Butler in Highgrove, das praktisch als Territorium von Prinz Charles betrachtet wurde. Ich galt damals denn auch als einer von Prinz Charles' Leuten, ungeachtet Marias Freundschaft mit der Prinzessin. Wenn der Prinz allein in Highgrove residierte, war es meine Pflicht, ihm zu dienen und seine Welt zu beschützen. Doch die Prinzessin hatte sich in den Kopf gesetzt, das zu ändern.

Ihre Freunde bekamen regelmäßig Kissen von ihr geschenkt. Sie hatte ihre beiden königlichen Residenzen neu einrichten lassen, ohne auf die barocke Pracht des Buckingham Palace zurückzugreifen. Im klassizistischen Highgrove verbarg sich hinter der blass ockerfarbenen Steinfassade mit dem venezianischen Fenster über dem Eingangsportal eine schlichte, gediegene Inneneinrichtung. Zartgelbe Wände verbanden sich mit limonengrünen Polstersesseln und Sofas, Rattanmöbeln in der Bibliothek, Holzdielenböden und grünen Teppichen. Es hätte auch ein größeres, schmuckes Haus in Chelsea sein können. Fotos von William und Harry hingen an den Wänden und standen auf Tischen, ihre Herrenpillendöschen bildeten ein hübsches Dekor. Auch Prinz Charles' Handschrift war deutlich zu erkennen: Seine eigenen gerahmten Aquarelle schmückten die Wände, seine geliebten Wemyss-Töpferwaren standen massenhaft in Gruppen auf Kaminsimsen und Tischen, und allenthalben gab es Pflanzen und Blumen. Auf einem runden Tisch in der Eingangsdiele bildete ein großartiges Trockenblumenarrangement den ersten Blickfang. In großen Pflanzkübeln zu beiden Seiten der Haustür wuchsen kleine Bäumchen und Fuchsien.

Am meisten machte der Prinz seinen Einfluss bei den Außenanlagen von Highgrove geltend, wo er seine Kenntnisse in Architektur und Landschaftsgärtnerei in die Praxis umsetzte. Das Haus sah, als er es 1980 erwarb, nicht herrschaftlich genug aus, und so fügte er an der Eingangsfront ionische Pilaster unter einem neuen Giebeldreieck mit einem Rundfenster in der Mitte ein. Über der Dachtraufe schuf er eine Balustrade, die auf jeder Seite mit einer Steinurne bekrönt war. Für ihn war das Haus eine Zufluchtsstätte, obwohl es nur wenige hundert Meter von der Hauptverbindungsstraße zwischen Tetbury und Chipping Sodbury entfernt liegt. Die kurvige Einfahrt, die durch rotgelbe Wiesen mit Klatschmohn und Ringelblumen führt, markierte den Anfang seiner Oase.

Die komplex gestalteten Gartenanlagen waren für den Prinzen ein Refugium – seine eigene Welt, in der er ungestört graben, ausjäten, pflanzen und beschneiden konnte. Neben seiner anderen Leidenschaft, der Aquarellmalerei, liebte er die Gartenkunst, und so verwandelte sich ein ursprünglich unscheinbarer Garten in ein Aushängeschild seines Könnens. Er schnitt Fenster und Bögen in die hohen Hecken, er zog Kletterrosen an Pergolen, so dass sie einen Rosentunnel bildeten, und er legte einen Rasenpfad als Schneise durch eine Wildblumenwiese an. Er verhalf dem viktorianischen Küchengarten, der durch ein kleines rosafarbenes Tor in der Mauer zu betreten ist, wieder zu seiner alten Pracht. Der Garten quoll von Blumen, Früchten und Gemüse über, doch das Zentrum bildete ein Teich mit einem Springbrunnen und einem kleinen weißen Lattenzaun als Begrenzung. Und dann gab es noch den Waldgarten: eine gezähmte Masse aus Wurzeln, aus Baumstümpfen geschnitzte Stühle, Schutzschirme aus Weidengeflecht und Bodenbelag aus Rinde. In der Mitte stand eine riesige, rostfarbene Amazone. Der Prinz händigte mir einen Topf Wachs aus und wies mich an, sie zweimal im Monat zu polieren. Etwa sieben Meter über der Figur hatten William und Harry in einem Ilex ihr Baumhaus, das rotgrün angestrichen und mit handgeschreinerten Stühlen und Schränken möbliert war. Es wurde für die beiden Prinzen und zwei andere Jungen zu einem Lieblingsversteck, in dem sie viele glückliche Stunden verbrachten, wobei die anderen beiden Alex und mein zweiter Sohn waren. Nicholas kam am 19. April 1988 im Princess Margaret Hospital in Swindon zur Welt. Mit der Erlaubnis des Prinzen pflanzte ich zum Gedenken an seine Geburt einen blühenden Kirschbaum in den Garten unseres Hauses auf der Close Farm.

Der Prinz ließ sogar sein eigenes umweltfreundliches Abwassersystem einrichten: ein System von Tanks und mehreren Schilflagen. Er filterte Abfälle und Schlacken heraus. Nicht einmal dieser Teil des Gartens entging seiner Aufmerksamkeit, wie ein weiteres Memo deutlich machte: »Würden Sie bitte den Gästen in Highgrove Bescheid geben, dass sie KEINE Tampons oder Kondome die Toilette hinunterspülen möchten, da dies die Schilflagen verstopft.« Ich dachte bei mir: Wie finde ich wohl die richtigen Worte, um Gästen einen derartigen königlichen Befehl zu vermitteln? Ich muss bekennen, dass es mir, als sich die Situation ergab, einfach zu peinlich war, diese spezielle Anordnung weiterzuleiten. Ich bat Gäste lediglich darum, keine Fremdkörper in die Toilette zu werfen. Ich musste ja nicht so deutlich werden wie der Prinz. Prinz Charles verwertete wieder, was er nur konnte. Er bat darum, alle Kadaverteile aus der Küche sowie alle Essensreste einschließlich der Eierschalen auf den Komposthaufen zu werfen.

Die Prinzessin wusste natürlich mehr als jeder andere, wie wichtig ihrem Mann die Gestaltung des Landsitzes und seiner Gartenanlagen war. Von Anfang an hielt sie alle Veränderungen Schritt für Schritt und Saison für Saison fotografisch fest. Sorgsam und nur ihm zuliebe registrierte sie den Fortschritt und klebte Hunderte von Fotos in ledergebundene Alben. Für diejenigen, die fälschlicherweise annehmen, sie hätte über die Gartenleidenschaft ihres Mannes die Nase gerümpft, sind diese Alben ein beredtes Zeugnis, dass das Gegenteil der Fall war. Sie beklebte diese Alben für ihn, um an seiner Leidenschaft Anteil zu nehmen – selbst dann noch, als, wie wir inzwischen wissen, bei beiden Ehepartnern Dritte ins Spiel kamen.

Im Anrichtezimmer lag stets ein DIN-A4-Tischkalender, damit Wendy und ich dem umtriebigen Lebensstil des Prinzen noch folgen konnten. Es war unser Lande- und Abflug-Logbuch. Wenn eine Ecke des Kalenders mit rotem Filzstift angemalt war, hieß dies, dass Prinz Charles allein in Highgrove war. Ein dicker grüner Streifen sagte uns, dass die Prinzessin allein da war, und ein großes N, das für »nursery«, Kinderzimmer, stand, hieß, dass William und Harry da waren. Wenn Rot und Grün zusammen erschienen, vor allem an Wochenenden, war die ganze Familie anwesend. Mit äußerster Gewissenhaftigkeit notierten wir die Namen und Besuchstermine der Gäste, die erwartet wurden, so dass wir die ziemlich wechselhafte Planung im Griff behielten. Wir schrieben die Namen auf, ohne auch nur einen Moment darüber nachzudenken, und ich hätte nie gedacht, dass dies je für Ärger sorgen könnte. Der Kalender wurde nicht weggeschlossen, weil er nur dazu diente, die effiziente Haushaltsführung zu erleichtern, und so betrachtete ich die Eintragungen nicht als Geheimnis.
Im Frühling 1988, an einem Tag, der rot gekennzeichnet war, an dem also der Prinz allein anwesend war, wurden die Tischgäste für das Mittagessen offen mit folgenden Namen notiert:

»Vier zum Mittagessen: SKH [Seine Königliche Hoheit], Mrs. Parker Bowles, Mr. Neil Foster und Mr. Vernon Russell-Smith«; dazu eine Notiz, dass der Elektriker kommen sollte, um ein paar Lampen in der Bibliothek in Ordnung zu bringen. Nichts Außergewöhnliches. Nichts weiter als ein Lunchtermin unter vielen. Genauso schrieb ich auf: »Emma Thompson und Kenneth Brannagh zum Lunch«; »Michael Portillo zum Lunch«, »Jimmy Savile zum Lunch« – übrigens der einzige Mensch, der im Haus rauchen durfte; »Selina Scott«, die Fernsehmoderatorin, oder »Mr. und Mrs. Hector Barrantes zum Lunch« – die Mutter und der Stiefvater der Herzogin von York. Und ich notierte weiter: »Mr. und Mrs. Oliver Hoare und Mrs. Parker Bowles zum Lunch«, »Mrs. Candida Lycett Green und Mrs. Parker Bowles zum Lunch« oder »Mr. und Mrs. Parker Bowles mit ihren Kindern«.

Wie aus heiterem Himmel fiel eines Tages im August 1988 die rote Scheibe in die Box unter der Aufschrift »Bibliothek«, und ich ging hin, um zu sehen, was der Prinz wünschte. »Paul, können Sie mir sagen, woher die Prinzessin weiß, wer genau diese Woche in Highgrove war?«

Ich verstand überhaupt nicht, was er wollte. Ich hatte der Prinzessin gegenüber kein Wörtchen gesagt. Ich war ratlos. »Es tut mir Leid, Eure Königliche Hoheit, aber ich habe keine Ahnung«, und in diesem Moment entsprach das der Wahrheit. Ich dachte einfach nicht daran, dass die Prinzessin sich zuweilen zu mir in das Anrichtezimmer gesellte, um einen verstohlenen Blick auf eine Zeitung zu werfen oder um mich nach aufgeschnapptem Tratsch zu fragen, während sie eine Tasse Kaffee trank oder die Tasse abtrocknete, während ich abwusch. Es war mir einfach nicht in den Sinn gekommen, wenn ich vom Haupthaus herüberkam und sie im Anrichtezimmer fand. Seit ihren Tagen in Buckingham Palace war die Prinzessin für das Personal ein vertrauter Anblick. Ich hatte keine Ahnung, wie clever sie sein konnte. Damals noch nicht.

Noch während der Prinz mich ausquetschte, mich verdächtigte und mich bat, nachzudenken, fiel der Groschen. »Also, ich führe allerdings einen Kalender über die Lunchgäste, Eure Königliche Hoheit«, sagte ich kleinlaut.
»Wieso?« Und in diesem Moment wussten wir beide, was passiert war. »Wieso schreiben Sie Namen in Ihren Kalender?«, fragte er.
Ich notierte sie, um der Polizei sagen zu können, wen sie am Eingangstor zu erwarten hatte, damit Wendy und ich immer auf dem Laufenden waren und …
»Na, jedenfalls schreiben Sie ab heute keine Namen mehr in Ihren Kalender«, unterbrach er mich.
Von da an verzichtete ich auf die Effizienz, deretwegen ich zurechtgewiesen worden war. Das System mit dem Farbcode verschwand, und die Tageseinträge lauteten von da an: »Vier zum Lunch«. Keine Namen.

Nach dem alljährlichen Familienurlaub in Balmoral kam es zu einer weiteren Veränderung. Der Prinz und die Prinzessin von Wales kamen nicht mehr regelmäßig zusammen zu den Wochenenden nach Highgrove, sondern nur noch zu besonderen Gelegenheiten und nur, wenn Gäste erwartet wurden. Den ganzen Herbst 1988 hindurch und bis Anfang 89 war die Prinzessin von Freitag bis Sonntag allein mit den Kindern da oder kam nicht, wenn der Prinz im Haus war.
Wir fingen an, zwischen dem Haus der Prinzessin und dem Haus des Prinzen zu unterscheiden, je nachdem, wer von beiden da war. Wenn die Prinzessin mit den Jungen und ihren Mitarbeitern aus London eintraf, war die Atmosphäre heiterer, entspannter. Man bediente sich häufig zu den Mahlzeiten im Wohnzimmer selbst, und auf dem langen Mahagonitisch lag ein Wachstischtuch. Wenn der Prinz nach Hause kam, wurde ein weißes Leinentischtuch aufgelegt, und er wurde zu den Mahlzeiten bedient.

Wenn die Prinzessin da war, kam sie zu mir in das Anrichtezimmer, um mit mir zu plaudern oder an weißer Schokolade zu knabbern, die ich für sie im Weinkühlschrank aufbewahrte. Wenn sie hereinkam, machte sie die Verbindungstür in die Hauptküche zu. Das hieß für ihre übrigen Angestellten: »Bitte nicht stören!« Die andere Tür zum Flur blieb leicht angelehnt, und es konnte durchaus sein, dass Prinz Charles vorbeikam und sah, wie seine Frau mit dem Rücken gegen die Arbeitsplatte lehnte und ein Schwätzchen hielt oder, wie er es sah, klatschte. Er forderte die Prinzessin auf, sich keinen Personaltratsch anzuhören, und ich fing an, mir Sorgen zu machen, dass diese harmlosen Plauschrunden mich bei ihm in ein schlechtes Licht rücken und meine Beziehung zu ihm belasten könnten. Bei einem weihnachtlichen Personalball, den die Queen in Buckingham Palace gab, war die Prinzessin eine halbe Stunde lang mit Maria und mir ins Gespräch vertieft, während wir am anderen Ende der Gemäldegalerie standen. An dem Abend trug sie ein Zandra-Rhodes-Cocktailkleid mit Fransensaum. Ich erinnere mich noch, wie ich dachte, dass wir sie nicht so mit Beschlag belegen sollten. »Eure Königliche Hoheit, ich glaube, Sie sollten sich jetzt um die anderen Gäste kümmern«, sagte ich. Einige Gäste starrten zu uns herüber, als sie merkten, dass eine annehmbare Plauderei von fünf oder zehn Minuten sich zu einer längeren Unterhaltung ausdehnte und die Prinzessin und Maria wie alte Freundinnen kicherten. Was den Eindruck nach außen betraf, war mir die Sache furchtbar peinlich, doch zugleich muss ich zugeben, dass es mir auch schmeichelte, wie viel Zeit die Prinzessin mit uns verbrachte. Sie war dabei völlig unbekümmert.

Im Anrichtezimmer schaute sie nie länger als fünfzehn, zwanzig Minuten vorbei. Sie lachte und machte Späße. Sie sprach über William und Harry und die Fortschritte, die sie machten. Eines Tages war sie ganz aufgeregt, weil William seinen ersten Zahn verloren hatte. Das waren die Gelegenheiten, bei denen

ich wieder die einsame Prinzessin vor mir hatte, die ich mit Mark Simpson bei einem Big Mac beobachtet hatte, doch diesmal in ihrem eigenen Haus. Sie sagte, wie einsam sie sich in der letzten Zeit gefühlt habe, wie stark sie hätte sein müssen, wie wenig sie sich gewürdigt fühle. Es war alles sehr allgemein gehalten und sehr vage; sie gab keine Einzelheiten preis. Es war, als wollte sie ihre Sorgen bei mir loswerden. Vielleicht hoffte sie auf eine Reaktion oder eine Erwiderung, die ich aber stets unterließ. Ich hörte nur zu. Sie tat mir Leid, aber ich hörte nur zu. Und sie aß ihre weiße Schokolade. Sie erzählte mir, sie hätte einen »besonderen Freund«, von dem niemand wisse. Und wieder schwieg ich.
Wenn wir allein in diesem Raum waren, schien sie verletzlich und schutzbedürftig, doch kaum ging sie durch die Tür, schaltete sie wieder auf Prinzessin um, und das übrige Personal, besonders Wendy, war neugierig. Was sie gesagt hätte, was los sei. Familienkram. Sagte ich.
Und wie war der Prinz zu mir, wenn er allein zu Hause war? Nun ja, er legte mir Memos hin.

Wendy wusste lange vor mir, was im Busch war. Ich musste es erst selbst herausfinden. Wie bei einem schwierigen Puzzle setzte sich für mich nur langsam ein Bild zusammen. Mein Gästekalender war zwar inzwischen ohne Namen und Farbcode, doch im Frühjahr 1989 schrieb ich bei unzähligen Gelegenheiten immer noch das Wort »privat« dahinter, eine Erinnerung für den Butler und die Haushälterin, dass Prinz Charles privat außer Haus nächtigte. Nur sein damaliger stellvertretender Privatsekretär Richard Aylard, sein persönlicher Sicherheitsbeamter Colin Trimming und sein Kammerdiener, entweder Michael Fawcett oder Ken Sronach, wussten genau, wo das war.
Ende 1989, Anfang 1990 war der Waffenstillstand zwischen beiden äußerst angespannt. Auch wenn man das Personal im

Dunkeln gelassen hatte, waren wir dennoch nicht taub. Bei den immer selteneren Gelegenheiten, bei denen Prinz und Prinzessin zusammen kamen, und wenn die Jungen fest schliefen, waren in den Räumen im Erdgeschoss laute Stimmen zu hören, wurden Türen zugeschlagen, entfernten sich schwere Schritte die Treppe hinauf, den Flur entlang, bis sich tödliche Stille über das hellhörige Haus legte.

Und wir waren auch nicht blind. Eines Samstagabends ging ich ins Wohnzimmer, und der Kartentisch, den ich sorgsam für zwei gedeckt hatte, war ein einziges Chaos. Gläser waren umgefallen oder zerbrochen, Kräutersalz aus einer Schale war quer über den Tisch verstreut und das weiße Leinentischtuch von verschüttetem Wasser durchtränkt. Der Prinz krabbelte in seinem seidenen Morgenmantel mit dem Federemblem auf der Brusttasche auf Händen und Knien herum und las Besteck vom Boden auf. »O je«, sagte er. »Ich glaube, ich bin mit dem Morgenmantel am Tisch hängen geblieben und habe diese Schweinerei angerichtet.« Die Prinzessin war nirgends zu sehen.

Wenn der Prinz unter der Woche allein da war und sehr oft auch über Sonntagnacht, wurde die übliche Zeit fürs Abendessen vorverlegt. »Ich glaube, ich esse heute früher, Paul, und gehe früh ins Bett«, sagte er. Der Kartentisch wurde für eine Person gedeckt. Wunschgemäß legte ich ihm auch die Seite mit dem Fernsehprogramm aus der *Times* auf einen Polsterschemel vor dem Sofa, die Fernbedienung daneben, den Fernseher auf Standby. In einem Korb neben dem offenen Kamin mit schwarzer Bleiumrandung waren neue Scheite aufgestapelt – es war ein Wohnzimmer, das ganz den Eindruck vermittelte, als wolle sich der Prinz einen geruhsamen Abend gönnen. Bis Wendy eines Tages sagte: »Er macht ihn für zwei Minuten an und geht dann hinaus. Was für eine Verschwendung!« Normalerweise genoss er ein behagliches Abendessen, aber in jenen Tagen aß er in Eile. Wenn die rote Scheibe in die Wohnzim-

mer-Box fiel, war es Zeit, den Kartentisch abzuräumen. Ich war kaum mit dem Tablett im Anrichtezimmer zurück, als ich auch schon Autoreifen auf dem Schotter knirschen und einen Wagen wegfahren hörte. »Das ist er, und er ist bis zum frühen Morgen weg«, bemerkte Wendy.
Prinz Charles hatte einen grünen Aston Martin zum persönlichen Gebrauch, den er in einer Dreiergarage stehen hatte, einem umgebauten Stall auf der Rückseite des Hauses. Er stand neben einem klassischen Bentley mit kremfarbener Innenpolsterung und einem Aston-Martin-Oldtimer mit einem kleinen silbernen Drachen auf der Kühlerhaube, den die Queen ihm zum einundzwanzigsten Geburtstag geschenkt hatte. Er fuhr selber, und Colin Trimming saß auf dem Beifahrersitz. Es waren diese Reifen, die über den Schotter geknirscht waren.
Ich dachte mir bei diesen Abendfahrten nichts weiter, bis ich eines Tages zu dem nahe am Haus gelegenen Polizeiposten ging, wo ein Team von Beamten der Gloucester-Polizei permanent Streife lief. Ich hatte Essensreste aus der Küche mitgebracht, um ihnen eine Freude zu machen. Das Gespräch kam scherzhaft auf das Kommen und Gehen des Prinzen, und so wurde ein Geheimnis, das der Posten bis dahin streng gehütet hatte, gelüftet. Ich glaube, sie gingen davon aus, dass ich es längst wüsste: Sie sagten, Prinz Charles lege bei seinen mysteriösen nächtlichen Fahrten genau zweiundzwanzig Meilen zurück, elf hin, elf zurück – Middlewich House, das Haus von Camilla Parker Bowles, lag genau elf Meilen entfernt.
»Komm schon, Paul, du musst es gewusst haben«, sagte Wendy, als ich mit der Neuigkeit zurück ins Haus kam. Ich dachte daran, wie die Prinzessin mir erzählt hatte, wie einsam sie sich fühle. Ich dachte an die schon weit zurückliegende Warnung von Lady Susan Hussey, dass der Schein trügen könne. An die vielen Wochenenden, die sie getrennt verbrachten. Den Kalender. Die Namen. Und das hatte die Prinzessin gesehen. Sie hatte es gewusst. Und das alles zusammen machte mich betroffen.

Bei ihrem nächsten Aufenthalt in Highgrove schneite die Prinzessin, sie war damals achtundzwanzig, in mein Anrichtezimmer und fragte, ob irgendetwas Essbares im Kühlschrank sei. Für das Hauspersonal bedeutete dieses Leben in zwei verschiedenen Welten – einmal mit dem Prinzen und einmal mit der Prinzessin –, dass es zwischen zwei Loyalitäten hin- und hergerissen wurde. Es bedeutete, das belastende Wissen aus einem Lager zu verdrängen, um in dem anderen da wieder anzuknüpfen, wo man das letzte Mal aufgehört hatte. Mühelos zwischen zwei verschiedenen Welten hin und her zu schalten wurde ein Reflex, bei dem Emotionen und Moral keine Rolle spielten. Als Butler in Highgrove wurde man immer daran erinnert, dass man nur ein Dienstleister war – nichts gesehen, kein Kommentar. Absichtlich wegsehen zu können ist eine Fähigkeit, die der Beruf erfordert. Ich hatte vorgehabt, unparteiisch zu bleiben, bis der Tag kam, an dem die Prinzessin beschloss, mich einzubeziehen. Sie wollte mich zum ersten Mal auf die Probe stellen. In jenem Sommer 1989 erfuhr ich ein Geheimnis, das unsere Verbundenheit für immer besiegelte und das so lange eines war, bis sie selber öffentlich darüber sprach.
Es war ein Freitag, ein heißer Sommernachmittag. Nach dem Mittagessen waren William und Harry mit ihrem Kindermädchen Olga Powell wieder ins Kinderzimmer gegangen. Die Prinzessin kam in das Anrichtezimmer und gleich zur Sache. »Ich möchte Sie um etwas bitten, Paul. Ich würde mich freuen, wenn Sie etwas für mich erledigen würden. Ich möchte, dass niemand, und ich meine absolut niemand, davon erfährt.« Dann erklärte sie mir ihren Auftrag. »Würden Sie wohl morgen Nachmittag zur Bahnstation Kemble fahren und jemanden für mich abholen?«, fragte sie.
»Selbstverständlich, Eure Königliche Hoheit«, antwortete ich.
»Sie sollen meinen besonderen Freund Major James Hewitt abholen.«
Worum auch immer der Prinz oder die Prinzessin mich baten,

das tat ich, so gut ich konnte, ohne Fragen zu stellen. Doch indem sie mich bat, diesen Gast in aller Heimlichkeit abzuholen, setzte sie ungeheures Vertrauen in mich. Es war ein Risiko, wenn auch ein kalkuliertes, mich, einen ehemaligen Mann der Queen und nun der Butler, der die meiste Zeit mit Prinz Charles verbrachte, zu fragen. Sie warf vermutlich die Freundschaft mit Maria in die Waagschale. Sie konnte ja nicht wissen, dass ich entschlossen war, sie nicht im Stich zu lassen. Ich hatte ihr Unglück gesehen und ihre Einsamkeit gespürt. Dieser »Freund« versetzte sie in freudige Erwartung. Das war nicht zu übersehen.
Nach dem Mittagessen machte ich mich in meinem silbernen Vauxhall Astra auf den sieben Meilen langen Weg nach Kemble, bog hinter der Einfahrt links auf die A433, die Tetbury umging, bevor ich rechts in eine kleine Nebenstraße fuhr, die in das winzige Dorf führte, in dem der Gast auf dem leeren Parkplatz wartete. Ich sah ihn, bevor er mich sah: ein Mann, der sich rückwärts gegen einen offenen Sportwagen lehnte, in Tweedjackett und weißem Hemd, offenem Kragen sowie Sonnenbrille. »Hallo, Paul, wie geht's?«, sagte er und streckte mir die Hand entgegen. Er hatte mich erwartet. Er stieg auf den Beifahrersitz, und ich fuhr zurück, nicht ohne sein leichtes Unbehagen zu spüren.
»Ich kann Ihnen doch trauen, Paul?«, fragte er. Ich sagte ihm, dass er mir trauen könne, weil es die Prinzessin konnte.
Ich persönlich fand den Auftrag durchaus aufregend. In den folgenden Jahren wurde es zur Regel, dass ich bei geheimen Rendezvous behilflich war und mich bei den männlichen Gästen nützlich machte. Diese Zeiten, Namen und Umstände spielen keine Rolle mehr. Doch das hier war mein allererster Auftrag, und es galt, dafür zu sorgen, dass ein Treffen auch zustande kam und niemand davon erfahren würde. Nicht einmal Wendy.
Ich fuhr auf den Hinterhof, nahm Major Hewitt durch ein

kleines Seitentor neben dem Schwimmbad mit durch den Garten und durch die Terrassentür, die in die bis zum Vordereingang durchgehende Eingangsdiele führte. Die Prinzessin wartete auf uns. Sie umarmte ihren »besonderen Freund«, der ab Herbst desselben Jahres auf einen Militärposten in Deutschland versetzt war. Sie strahlte. »Danke, Paul«, sagte sie.
»Rufen Sie mich einfach, wenn Sie mich wieder benötigen, Eure Königliche Hoheit«, sagte ich und machte mich an den Abwasch des Geschirrs vom Mittag.
An dieser Stelle muss betont werden, dass Major James Hewitt Highgrove lange nach Camilla Parker Bowles besuchte. Prinz Charles hatte in dieser Hinsicht den ersten Schlag geführt, die Prinzessin zog nur nach. Natürlich würde der Prinz nie von diesem Besuch erfahren. Ich würde es ihm nie erzählen. Zwar war ich der Butler in Highgrove, doch an diesem Wochenende war es das Haus der Prinzessin. Von Gewissensbissen konnte nicht die Rede sein, vielmehr war ich glücklich, mich nützlich gemacht zu haben. Colin Trimming, Richard Aylard und Michael Fawcett hatten dabei geholfen, das Privatleben des Prinzen zu organisieren. Ich half dabei, das Leben der Prinzessin zu erleichtern. Vor allem aber half ich ihr dabei, ihr Glück einzufädeln.

Am Donnerstag, dem 28. Juni 1990 – sieben Tage nach Prinz Williams Geburtstag –, kam es zu einem außergewöhnlichen Missgeschick, in dessen Folge die Prinzessin ein Erlebnis hatte, das sich für die königliche Ehe als entscheidend erweisen sollte. Dieses Ereignis gab ihr mehr als je zuvor das Gefühl, unerwünscht zu sein.
Die Prinzessin war in Kensington Palace und bereitete sich auf den Besuch einer Schultheateraufführung ihres Sohnes vor. In Highgrove, wo der Prinz die ganze Woche über allein gewesen war, wurde es ein wahnsinniger Tag. Ich hatte Lunch für zehn Personen serviert und musste mich anschließend sofort an die

Vorbereitungen für einen Abendempfang begeben, den der Prinz für den Wildfowl and Wetland Trust geben sollte und zu dem Michael Caine als Ehrengast geladen war. Prinz Charles quetschte noch ein nachmittägliches Polospiel in Cirencester dazwischen.

Plötzlich klingelte ein Telefon, und für den Kammerdiener des Prinzen, Ken Stronach, brach die Hölle los. Mit quietschenden Reifen brauste er davon, um dem Prinzen zu Hilfe zu eilen, denn Prinz Charles war von seinem Polopony gefallen und hatte sich den rechten Arm gebrochen. Mit furchtbaren Schmerzen war er ins Krankenhaus eingeliefert worden. Als etwa fünfzig Gäste zum Empfang eintrudelten, musste die Show irgendwie weitergehen. Ich empfing Michael Caine an der Tür und unterrichtete ihn davon, dass er jetzt die Rolle des abwesenden Prinzen übernehmen müsse. Anstelle Seiner Königlichen Hoheit einen Empfang zu geben war zweifellos eine neue Rolle für ihn, die er aber als Schauspieler, der daran gewöhnt war, die Bühne zu beherrschen, mit Bravour meisterte. Ich hingegen begab mich in eine neue Umgebung: von einem herrschaftlichen Landhaus in ein schlichtes Krankenzimmer einer Station des National Health Service in Cirencester, elf Meilen entfernt. Ich war sozusagen das königliche Essen auf Rädern, indem ich dem Prinzen die Mahlzeiten aus der Küche von Highgrove ins Krankenhaus brachte und ihn mit den gewohnten Annehmlichkeiten versorgte. Das Besteck aus rostfreiem Stahl wurde durch Silber ersetzt, ein einfaches Glas durch ein mit Gravuren verziertes Kristallglas, gewöhnliche weiße Teller wichen mit Wappen verziertem, feinem Porzellan. Ich brachte ihm sogar sein Lieblingsfoto von seinen beiden Jack Russels, Tigger und Roo, mit und stellte es auf einer Staffelei in eine Zimmerecke – ein kleines Stückchen Highgrove, ein kleines Schmerzmittel neben den starken Tabletten, die er bekam.

An diesem Wochenende feierte die Prinzessin ihren neunundzwanzigsten Geburtstag, indem sie mit ihrem funkelnagelneuen Mercedes ins Krankenhaus fuhr, um ihren Mann, der den Arm noch in der Schlinge trug, nach Highgrove abzuholen. Für sie war es eine Gelegenheit, ihn zu pflegen und zu bemuttern, oder, wie sie es ausdrückte, das zu tun, was sie am besten konnte – sich um Menschen zu kümmern. Doch je mehr sie versuchte, seine Pflege in die Hand zu nehmen, desto weniger wollte Prinz Charles davon wissen. Von den Schmerzen irritiert, wies er sie ab und sagte, er wolle allein sein. Sie fühlte sich ganz und gar zurückgestoßen und in ihrem eigenen Haus unerwünscht. Sie blieb keine halbe Stunde und floh, in Tränen aufgelöst, nach London. Diese Zurückweisung war zweifellos der Tropfen, der das Fass zum Überlaufen brachte. Sie war kaum abgereist, als Camilla Parker Bowles eintraf. Und Prinz Charles freute sich, sie zu sehen. Doch sie blieb nicht über Nacht. Tatsächlich kann ich mich nicht entsinnen, dass sie jemals über Nacht in Highgrove blieb.

Camilla Parker Bowles ließ sich häufiger denn je in Highgrove blicken, doch sie ist nicht dort eingezogen, wie behauptet wurde, und hat auch nicht bei Dinnerpartys als Gastgeberin fungiert. Sie avancierte vom regelmäßigen Lunchgast zum regelmäßigen Dinnergast und blieb oft zusammen mit ihrem Jack Russell Fred für den ganzen Tag, doch im Verlauf dieses Sommers kam sie nicht öfter als zwanzigmal.

Wäre sie die einzige Besucherin gewesen, wäre es leichter gewesen, doch sie war nur eine unter vielen Freunden und Freundinnen, die zu Besuch kamen, um den Prinzen aufzumuntern. Außer ihr kamen auch offizielle Gäste, die Prinz Charles beschäftigten. Er war ein reizbarer Patient, der keine Briefe mehr schreiben, keine Aquarelle mehr malen, nicht mehr gärtnern, geschweige denn Polo spielen konnte. Der Unfall zwang ihn im Juli und August, so schwer es ihm auch fiel, zu Ruhe und Erholung in Highgrove. Er verbrachte die Tage in seiner Bibliothek oder lag auf der Gartenterrasse auf einer Liege in der

Sonne. Er war ruhelos und entschlossen, mit seinen Privataudienzen, Lunch- und Dinnerpartys und den Besuchen von Freunden fortzufahren. Einige, wie etwa der Parlamentsabgeordnete Nicholas Soames oder Lord und Lady Romsey, blieben über Nacht, so dass ich mich noch um ein weiteres Zimmer kümmern musste. Der Prinz war schon kein besonders selbstständiger Mensch, als er gesund war, doch zu der Zeit, als er seinen rechten Arm nicht gebrauchen konnte, waren sein Kammerdiener und ich in noch stärkerem Maße seine Krücken, auf die er sich stützte. Sein Reizbarkeit verschlimmerte sich zusätzlich, als er versuchte, mit links schreiben zu lernen, und kurze Briefe und Botschaften in der krakeligen Handschrift eines Vierjährigen verfasste. »Ich fühle mich so verdammt nutzlos!«, stöhnte er einmal.

Ich hatte mich noch nie so ausgebrannt gefühlt. Es kam alles auf einmal, und irgendwann landete ich im Krankenhaus. Durch die Rund-um-die-Uhr-Betreuung, die der Prinz benötigte, stieß ich an meine gesundheitlichen Grenzen. Früher hatte er vielleicht drei Tage die Woche in Highgrove verbracht und war für ein, zwei Tage weg gewesen, so dass ich eine Verschnaufpause bekam. Nach dem Unfall war er nun ständig da, und mein königlicher Dienst glich der Pflege eines gebrechlichen Verwandten. Ich arbeitete zwei Monate lang von sieben Uhr morgens bis elf Uhr nachts.

Eines Tages war ich um Mitternacht fertig, kam nach Hause und wollte nur noch ins Bett sinken. Doch Maria fand mich, nachdem ich vor Schmerzen im Badezimmer zusammengebrochen war. Der örtliche Arzt, Dr. Walsh, wurde geholt, und er überwies mich ins Princess Margaret Hospital in Swindon. Der Dienst habende Arzt dort sagte, ich sei völlig überarbeitet und hätte mir einen schweren viralen Infekt zugezogen. So wurden Butler und Prinz gleichermaßen zur Ruhe gezwungen, und ich verbrachte die folgende Woche in einem Privatzimmer auf einer NHS-Station.

Während ich dort lag, konnte ich an nichts anderes denken, als so schnell wie möglich nach Highgrove zurückzukommen. Niemand ist unersetzlich, aber meiner Meinung nach konnte niemand das Haus besser führen als ich. Bis heute habe ich die Zügel gerne selber in der Hand, ich bin ein Perfektionist, der, wenn möglich, alles selber macht. Am zweiten Tag dachte ich gerade darüber nach, als drei vertraute Gesichter an der Tür erschienen: die Prinzessin und die Jungen. William und Harry kamen herein, jeder von ihnen hatte einen mit Helium gefüllten Ballon in der Hand, auf dem »Werde bald gesund!« stand, und ihre Mutter setzte sich an das Fußende meines Bettes. Die Prinzessin versuchte, sich das Lachen zu verkneifen. Ohne Uniform und in weißem T-Shirt muss ich ziemlich verloren in meinen Kissen gelegen haben, und sie fand diesen Wandel irgendwie amüsant. »Ich habe Sie noch nie so bewegungslos gesehen«, sagte sie und fügte kichernd hinzu: »Sie sehen so jämmerlich aus!« Und dann tat sie, was sie immer tat, sobald sie ein Krankenhaus besuchte: Sie machte ihre Runden. »Schauen wir doch mal, ob wir noch ein paar interessante Leute hier finden«, sagte sie und ging mit William über den Korridor in die Station. Ich konnte mir gut ausmalen, wie die Patienten reagieren würden, wenn sie aus der Narkose erwachten und die Prinzessin von Wales an ihrem Bett sitzen sahen. Mutter und Sohn kamen zu einer Frau, die sich an ihrem Geburtstag von einer Operation erholte. Die Prinzessin kam mit strahlend guter Laune zurück, um noch einmal »nach ihrem Patienten zu sehen«. Sie hatte sich riesig über Prinz William gefreut, weil er an einem Kiosk Blumen für die Frau gekauft hatte, bei der sie eben gewesen waren. Sie sprach über ihren bevorstehenden Urlaub in Balmoral, über Maria, unsere Kinder und das Leben in unserem neuen Domizil – das die Prinzessin uns besorgt hatte, bevor ich krank wurde. Es war ein wunderschönes Cottage auf dem Highgrove-Anwesen, das sie am 10. August 1990 »offiziell eröffnet« hatte.

Die Prinzessin von Wales hatte in gelben Shorts und türkisfarbenem Sweatshirt an der Hintertür unseres schiefergedeckten Hauses gestanden. Während sie eine offene Küchenschere an das straff gespannte rote Band hielt, fuhr Harry mit dem Fahrrad auf dem Rasen herum und William rannte lachend mit Alexander und Nick durch die Gegend. Die feierliche Zeremonie schien sie wenig zu beeindrucken.
Auch die Prinzessin nahm sie nicht besonders ernst. Sie stand mit dem Gesicht zur Küche vor der Tür. »Ich erkläre dieses Haus für eröffnet«, wollte sie sagen, musste aber zu sehr lachen.
Es war Freitagabend, und ich war vom Haupthaus herübergeeilt, bevor ich für den Prinzen und die Prinzessin, die am nächsten Wochenende nach Mallorca fliegen wollten, das Abendessen vorbereitete. Ich gab Prinz Charles in der Bibliothek kurz Bescheid, dass ich zu unserer kleinen Einzugsfeier wegmüsse. Er hatte uns schon vorher ein Geschenk übergeben: eine Sammlung eigener Aquarelle – eines mit einem Blick über die Dächer von Florenz, eine italienische Landschaft, eine Szene aus einem Polospiel und eine auf alt gemachte Zeichnung von der königlichen Segelfregatte *Sirius*.
Der lang gehegte Plan der Prinzessin, die Familie Burrell näher an Highgrove anzusiedeln, hatte sich für uns gelohnt. Aus der Trostlosigkeit der Close Farm zogen wir nach The Cottages, Nummer drei. Es war ein Haus, wie man es normalerweise nur auf Pralinenschachteln zu sehen bekommt. Es gab drei Schlafzimmer mit niedrigen Balkendecken und Kletterrosen an der Vorderfront. Ein kleines weißes Tor war in die Mauer aus Cotswald-Bruchstein eingeschnitten, die den Garten einschloss. Es war das Zuhause, von dem Maria immer geträumt hatte, und es war perfekt. Prinz Charles hatte sogar einen heruntergekommenen Lagerraum zu einem Spielzimmer für unsere Jungen umbauen lassen. Die Prinzessin hatte dafür gesorgt, dass Dudley Poplak dem Haus Eleganz verlieh: modische Seile für das Treppenhaus, Bordüren für alle Zimmer und

neue Stoffe für Gardinen und Kissen, alles kostenlos. Das Haus, das Ken Stronach, der Kammerdiener des Prinzen, bewohnt hatte, bevor er nach London zog, lag nur einen kurzen Fußweg vom Haupthaus entfernt. Ich glaube, in ganz England gibt es keinen zweiten Angestellten, der einen derart schönen Weg zum Arbeitsplatz hat. Von der Westseite des Highgrove-Hauses aus führte die malerische Route durch einen Heckentorbogen, den Rasenpfad durch die Wildblumenwiese hinunter, am Waldgarten vorbei und dann durch den Küchengarten.

Weder der Prinz noch ich werden je den Besuch des exzentrischen Komikers Spike Milligan vergessen, der an einem Samstag in Highgrove übernachtete. Er wollte keinen Kammerdiener, und bei uns klingelten die Alarmglocken, als er nicht zum Frühstück erschien. Später fanden wir heraus, dass er keine Minute in seinem Himmelbett geschlafen hatte, sondern aus unerfindlichen Gründen die Nacht ausgestreckt auf dem Badezimmerfußboden des Blue Room verbracht hatte. Ein paar Wochen später schickte er mit der Post eine speziell angefertigte Porzellanplakette mit der schriftlichen Aufforderung, sie am Badezimmerboden festzuschrauben. Auf der Plakette stand: »Hier schlief Spike Milligan.« Prinz Charles fand das umwerfend komisch.
Die Klingel läutete, die rote Scheibe fiel in die Box, und ich ging hinüber. Der Prinz stand mitten im Zimmer, neben ihm Camilla Parker Bowles. Beide sahen sich gerahmte Bilder an, die in einem Stapel an der Wand lehnten.
»Paul, wo sind die Bilder, die kürzlich noch da drüben standen?«, fragte er und zeigte auf den Kamin.
Sein Gast lächelte mir entgegen. Ich wusste genau, welche er meinte. Wie peinlich, dachte ich. »Meinen Sie Ihre Aquarelle, Eure Königliche Hoheit?«
»Ja – das mit den Schindeldächern und die Landschaft von Florenz.«

»Die haben Sie mir geschenkt, als wir in das Cottage einzogen«, antwortete ich.
Er überlegte einen Moment. »Ach ja, richtig.« Dann wandte er sich an Mrs. Parker Bowles. »Nun ja, dann müssen wir etwas anderes für Sie finden.« Es sickerte durch, dass der Prinz und seine Mrs. Bowles Bilder suchten, die sie bei sich zu Hause aufhängen konnte. Über die Jahre hat sie viele Geschenke von ihm erhalten. Bis heute sieht man sie mit einer Diamantbrosche in der Form der Federn aus seinem Wappen. Wenn ich mich richtig erinnere, habe ich dem Prinzen sogar dabei geholfen, hinter dem Rücken der Prinzessin Geschenke für seine Geliebte auszusuchen, aber ich habe nur meine Pflicht getan – nichts gesehen, kein Kommentar. Wie ich es gelernt hatte.
In regelmäßigen Abständen trafen Schmucksendungen in Highgrove ein, die Genevieve Holmes, die persönliche Assistentin des Prinzen in St. James' Palace, schickte. Diese in weißem Seidenpapier verpackten Schachteln mit einem Schmucksortiment stammten aus dem Londoner Juweliergeschäft Wartski. Der Inhaber hatte die Queen oft mit Stücken von Fabergé besucht. Jetzt war es meine Aufgabe, die Päckchen aufzumachen und die Kollektion auf einem Tablett auszulegen, das ich mit einem weißen Tuch bedeckte und auf einen Ständer in eine Ecke der Bibliothek stellte. Sobald ich aus dem Zimmer war, suchte Prinz Charles ein Stück für Camilla Parker Bowles aus und ließ den Rest wieder einpacken und zurückschicken.
Doch der Prinz vergaß auch nie die Prinzessin. Zu ihrem zehnten Hochzeitstag – als die Medien uns weismachen wollten, dass zwischen beiden bereits eine tiefe Abneigung bestand – schickte er ihr als Glücksbringer einen Anhänger für ihr goldenes Armband, das ebenfalls ein Geschenk von ihm war. Als sie es auspackte, fand sie ein zwei Zentimeter großes X aus Gold darin – keine große Liebeserklärung, doch die römische Zehn stand für das Jubiläum und passte zu den goldenen Buchstaben

W und H, die er ihr 1982 und 1984 zum Andenken an die Geburt ihrer Söhne geschenkt hatte. Jedes Jahr hatte er ihr einen neuen Glücksbringer aus Gold ausgesucht: ein Paar Ballettschuhe wegen ihrer Liebe zum Tanz; einen Tennisschläger wegen des Unterrichts, den sie gerade bekam; einen Bären, weil sie immer Teddybären um sich hatte; eine Polokappe, einen Apfel und, viel sagend, eine goldene Miniatur von St. Paul's, wo sie geheiratet hatten.

Die Prinzessin liebte das Armband und bewahrte es in ihrem Safe auf. Auch wenn es in ihrer Ehe krisele, das Armband erinnere sie an die guten Zeiten, die sie miteinander gehabt hatten, sagte sie.

Nachdem sie sich 1992 getrennt hatten, schickte sie bis zur Scheidung vier Jahre später ihrem Mann sogar weiterhin Glückwunschkarten zu seinem Geburtstag und zum Valentinstag. Das letzte Geschenk, das der Prinz der Prinzessin machte, war ein mit Muscheln geschmückter Strohhut. Sie war sich nicht sicher, ob es ein Scherz oder ein Ergebnis seines schlechten Geschmacks war. »Was soll ich damit?«, fragte sie und lachte.

Ich hatte gedacht, dass königliche Überseereisen für mich eine Sache der Vergangenheit wären: Nur Harold Brown, der Butler in Kensington Palace, begleitete den Prinzen und die Prinzessin von Wales ins Ausland. Doch dann kam die Prinzessin eines Tages in das Anrichtezimmer, erzählte mir von einer fünftägigen Reise nach Japan anlässlich der Kaiserkrönung und bat mich, sie im November zu begleiten. »Ich sehe nicht ein, wieso immer nur Harold Gelegenheit hat, mal rauszukommen«, sagte sie.

Das war der Anfang vom Ende der guten Beziehung zwischen Harold und der Prinzessin, aber es war auch der Anfang einer wesentlich engeren Beziehung zwischen ihr und mir, auch wenn mir das damals nicht bewusst war. Diese offizielle Reise

nach Japan gestaltete sich für alle Beteiligten schwierig. Die Kluft zwischen Prinz und Prinzessin war schon für jeden sichtbar, bevor sie überhaupt in der britischen Botschaft eintrafen und getrennte Suiten auf dem ersten Stock bezogen. Sie waren Geschäftspartner, die nichts weiter verband und die nur zusammen waren, weil es ihre Arbeit erforderte. Die Beziehung war in eine anhaltende Frostperiode geraten, und nichts, was sie taten und sagten, drückte noch das geringste Gefühl von Gemeinsamkeit aus. Ich hatte eine andere Prinzessin vor mir als diejenige, die ich von Highgrove her kannte. Sie wirkte ständig unruhig, gereizt und frustriert. Sie war in der Gegenwart des Prinzen äußerst angespannt und verhielt sich ihrer Ankleidedame Helena Roache und mir gegenüber wie die Prinzessin auf der Erbse: Handtücher fehlten, der Föhn funktionierte nicht richtig, an einem Kleid hatte sie einen Wasserfleck entdeckt. Der teppichbelegte Flur zwischen ihren beiden Suiten war wie ein Minenfeld, und wir beide wagten kaum, aufzutreten. Ich war überrascht, da ich mich in ihrer Gesellschaft noch nie unbehaglich gefühlt hatte, und erkannte die erschöpfte, lustlose und matte Prinzessin kaum wieder. Sie hatte gemurmelt, dass sie sich nicht gewürdigt oder anerkannt fühlte, doch das japanische Volk betete sie an. Die Prinzessin freilich wollte als Mensch im Privatleben angebetet werden. Außerdem fühlte sie sich durch das Protokoll der gemeinsamen Reise und das steife Verhalten des Teams um Prinz Charles eingeengt.
»Ich möchte durch die Welt reisen und auf meine Weise wirken. Ich möchte nicht machen, was andere von mir erwarten, sondern was ich gern mache«, sagte sie in ihrem Zimmer. Solche gemeinsamen Unternehmungen waren für ihr freies, spontanes Wesen wie eine Zwangsjacke. Die Prinzessin war am authentischsten und glücklichsten, wenn der Prinz weit weg war. Sie wollte ausbrechen und allein reisen.
In Japan erlebte ich mit, wie sehr Prinz Charles ihr Selbstbewusstsein untergraben konnte. Er und sein Team sahen bereits

auf die Uhr und liefen in der großen Eingangshalle ungeduldig hin und her, als die Prinzessin strahlend die Treppe herunterkam. Sie trug ein Catherine-Walker-Mantelkleid in einem roten Tartan mit Kragen und Manschetten aus rotem Samt. Es war auffällig, aber elegant, und sie lächelte. Ich wartete unterhalb der Treppe auf sie, als sie zum Prinzen hinüberging und fragte: »Und? Gefällt dir mein Kleid, Charles?«
Seine Antwort war leise und nicht in scharfem Ton, doch die Wirkung war verheerend.
»Ja. Du siehst aus wie eine Stewardess bei British Caledonian.« Damit drehte er sich um und ging durch die Tür, um in einen bereitstehenden Wagen zu steigen. Das Lächeln verschwand aus dem Gesicht der Prinzessin, und sie sah zu Boden. Doch sie beherrschte solche Situationen immer besser: Sie gewann schnell ihr Selbstvertrauen wieder und folgte ihm durch die Tür.
Das war nicht das einzige Mal, dass er sie so verletzte, ob mit Absicht oder nicht. Sechs Monate später, auf einer gemeinsamen Reise in die Tschechoslowakei im Mai 1991, residierte die königliche Delegation in Präsident Havels Palast in Prag, wo sie nicht nur getrennte Zimmer hatten, sondern sogar auf getrennten Stockwerken untergebracht waren. Die Prinzessin hatte sich zu einem nachmittäglichen Anlass umgezogen und kam wieder einmal die Treppe in die Eingangshalle herunter, wo der Prinz bereits wartete. Sie trug ein kremweißes Kostüm mit schwarzen Knöpfen und schwarzem Tuch in der Brusttasche zu schwarzweißen Schuhen. Diesmal fragte sie nicht, ob ihm ihr Kleid gefiel, doch der Prinz mokierte sich ungefragt über ihre Erscheinung: »Du siehst aus, als wärst du eben der Mafia beigetreten.« Er lächelte. Vielleicht sollte es ein Witz sein – allerdings konnte niemand darüber lachen. Das Traurige war, dass sie immer überwältigend aussah, dies jedoch immer nur von anderen zu hören bekam.
Nur wenn sie sich zwischendurch einmal für ein paar Minuten

davonstehlen und das Protokoll hinter sich lassen konnte, kam die lustige, warmherzige Prinzessin, die ich kannte, wieder zum Vorschein. So in dem Moment, als sie Helena Roache und mich durch die Glastür in den Garten der Botschaft mitnahm, bevor sie zur Gartenparty des Kaisers von Japan aufbrechen musste. »Kommt, ihr beiden, machen wir einen fröhlichen Schnappschuss«, sagte die Prinzessin. In allen meinen Jahren bei der Queen war ich nie privat mit ihr fotografiert worden, und nun stand ich da, Seite an Seite mit der künftigen Königin von England. Als Helena »Cheeeese« sagte, kamen mir plötzlich Bedenken wegen des Protokolls. »Ich bin nicht sicher, ob das passend ist. Ich hoffe, Seine Königliche Hoheit sieht uns nicht«, sagte ich.

»Ach, machen Sie sich um solche Dinge keine Sorgen. Und jetzt bitte recht freundlich!«, sagte die Prinzessin, und die Kamera klickte.

Dieses Foto bleibt eine kostbare Erinnerung. Ich schaue es mir immer wieder an und sehe, wie ich in der Hermès-Krawatte, die mir die Prinzessin letzten Juni geschenkt hatte, strammstehe. Sie vergaß nie Geburtstage. Ich sehe sie in ihrer dreiviertellangen Jacke über einem schlichten, gerade geschnittenen Kleid in den Farben der japanischen Nationalflagge und mit einer roten Scheibe am Hut – Symbol der aufgehenden Sonne. Dann übernahm ich die Kamera und machte ein ähnliches Foto von Helena mit der Prinzessin, und dasselbe wiederholten wir auch noch auf einem Balkon.

Es waren fröhliche Aufnahmen aus einer Zeit, als die Prinzessin alles andere als fröhlich war. Ich konnte es nicht abwarten, diese Filme aus Japan und der Tschechoslowakei entwickeln zu lassen. Die Bilder bekamen einen Ehrenplatz auf dem Kaminsims in unserem Cottage – zusammen mit einem anderen Erinnerungsfoto, das im Juli 1990 entstanden war. Sie hatte mich zu sich ins Esszimmer gewunken, wo sie auf dem Tisch eine Kollektion von Schwarzweißaufnahmen ausgebreitet hatte, die der

Fotograf Patrick Demarchelier für ihr erstes Coverfoto auf der Zeitschrift *Vogue* von ihr gemacht hatte. Sie sah überwältigend aus mit ihrem zerzausten Haar und in schwarzem Rollkragenpullover. »Möchten Sie eins?«, fragte sie und ließ mich ein Foto aussuchen. Als ich meine Wahl getroffen hatte, nahm sie das Bild, lehnte sich auf das Büffet und signierte es: »Für Paul und Maria, in Liebe von Diana«.
Noch ein Lächeln, das einen Aufruhr an Gefühlen verbarg.
Prinz Charles war ebenso großzügig wie sie. Im selben Jahr schenkte er mir zu meinem zweiunddreißigsten Geburtstag den ersten lithografischen Druck seiner Aquarellgemälde von Wensleydale. Er signierte mit Bleistift »Charles 1990«. Alle späteren Drucke waren nur mit »C« signiert. Wir hängten es über den Kamin, wo bereits das gerahmte Porträt seiner Frau stand.

1991 reiste die Prinzessin erstmals allein ins Ausland, und zwar nach Pakistan. Ihr Wunsch, ihre eigenen Pläne zu realisieren, hatte sich erfüllt. Sie hatte die Knebel eines gnadenlosen Protokolls bei den gemeinsamen Auslandsreisen abgeschüttelt und damit auch die Kritik ihres Mannes in Bezug auf ihre Kleidung. Sie hatte die Weltbühne nun allein betreten, und sie war entschlossen, als unabhängiges Mitglied der königlichen Familie zu glänzen und ihre Nation zu vertreten. Buckingham Palace und das Außenministerium würden sie wachsam im Auge behalten.
Die Prinzessin war in strahlender Verfassung, da die Queen ihre Reisepläne abgesegnet und ihr einen ihrer BAe 146-Jets für den Flug zur Verfügung gestellt hatte. Die Prinzessin wusste, dass ihr Ruf als Botschafterin Großbritanniens auf dem Spiel stand, und sie war sich der Verantwortung bewusst. So wie ein Athlet für einen schweren Kampf trainiert, bereitete sie sich geistig auf diese Reise vor. Immer wieder ging sie ihr Programm penibel durch, stimmte ihre Garderobe für jeden Reisetag und auf jeden

Anlass ab, wobei sie einen schlichten, doch eleganten Stil bevorzugte. In Highgrove kam sie in mein Anrichtezimmer. »Diese Reise ist so wichtig für mich, Paul, dass ich unbedingt das Alphateam bei mir haben will«, sagte sie.

Ich kam in dieses Team, an dessen Spitze ihr gewissenhafter Privatsekretär Patrick Jephson stand und dem außerdem die Ankleidedame Helena, der Frisör Sam McKnight sowie ein Sicherheitsbeamter angehörten. Darüber hinaus war noch der ehemalige Radiojournalist Dickie Arbiter zur Hand, der wusste, wie man mit den Medien umgeht. Er war ein entschiedener Verehrer der Prinzessin, die ihn so sehr schätzte, dass sie ihn auf ihre Geburtstagskartenliste setzte.

Es war eine Ehre, mit der Prinzessin auf eine solch denkwürdige Reise zu gehen, insbesondere, da der Erfolg überall, wo wir hinkamen, die Erwartungen weit übertraf: im Bergdorf Chitral, am Kyberpass, in Lahore, Rawalpindi und Islamabad. Wie immer agierte sie mit vollendeter Professionalität und ließ die Menschen spüren, dass sie sie mochte. Sie hinterließ einen unauslöschlichen Eindruck – am meisten vielleicht in Chitral, in den Wolken der Himalajas, wo das ganze Fünfhundert-Seelen-Dorf herauskam, um sie zu sehen. Die ausnahmslos positive Berichterstattung in der Presse und im Fernsehen machte sie überglücklich und gab ihr das Gefühl, etwas erreicht zu haben. Zu einer Zeit, als zwar inoffizielle, aber böswillige Verlautbarungen sie gegenüber Hofberichterstattern als psychisch labil darstellten, ging sie hinaus und brachte alle zum Schweigen. Als Ehefrau mag sie gelitten haben und verletzlich gewesen sein, doch allenfalls in der »alten Garde« konnte man solche Gefühle als ein Zeichen von Labilität deuten. Als Repräsentantin des Königshauses und Botschafterin für Großbritannien war sie einfach unschlagbar. Von diesem Moment an reiste sie, ihr »Alphateam« immer an ihrer Seite, von Erfolg zu Erfolg und gewann unablässig an Statur.

Nach unserer Rückkehr schenkte sie mir einen Bildband über

Pakistan, in den sie eine Widmung mit einer besonderen Botschaft geschrieben hatte, um mich an die geistige Tiefe und Demut des Volks zu erinnern, das wir gerade besucht hatten, und insbesondere an einen Besuch im Zentrum für Gehörlose. Sie lautete: »Für Paul. ›Es gibt viele, die Gott lieben ... die ihn in der Abgeschiedenheit der Wälder zu finden hoffen ... doch ich will den Menschen lieben, der Gottes ganze Menschheit liebt‹ – Iqbal. In Liebe, Diana, Pakistan 1991.« Dieser Vers des pakistanischen Nationaldichters Sir Muhammad Iqbal war ihr Inspiration und Richtschnur gewesen, und er verriet etwas über die Güte, mit der sie den Menschen begegnete, wo immer sie hinging.

Meine Erinnerungen an diese Reise sind überwältigend: der Schlangenbeschwörer, der sie furchtbar zum Lachen brachte, als er sich den Kopf einer Kobra in den Mund steckte; ihre Krönung mit einem Turban als Ehrenscout in Chitral. Auch werde ich nie den ersten Tag vergessen, an dem ich zwischen den ausgeblichenen Grabsteinen des Commonwealth-Krieger-Friedhofs in Rawalpindi stand, wo die Prinzessin den Gefallenen ihre Ehre erwies. Als sie im Namen der Queen einen Kranz niederlegte, wurde mir bewusst, dass ich als Butler bei diesem Ereignis zugegen war. Ich war kein Privatsekretär oder Kammerherr, dessen Anwesenheit unverzichtbar war. Mein Platz war eigentlich in ihrer Residenz, um ihr Mittagessen zu bereiten oder Tee zu kochen, doch die Prinzessin hatte mich immer mehr zu einem Teil ihres Gefolges gemacht. Ich trug wie alle anderen Anzug, nicht Uniform. In diesem Jahr, in dem ich zunehmend engeren Kontakt zu der Prinzessin hatte, lernte ich sie immer besser kennen.

In Pakistan dämmerte mir auch, was sie bewegte. Sie erzählte mir von einem langjährigen Freund namens Adrian Ward-Jackson, den ihr Prinzessin Margaret vorgestellt hatte. Er war HIV-positiv. Sie vertraute ihm ihre Probleme an. Er sprach mit ihr offen über seine Krankheit. Diese Freundschaft schärfte ihr

Problembewusstsein hinsichtlich dieser Krankheit und war der Auslöser für ihre aktive AIDS-Kampagne. Die Tragweite der Krankheit wurde ihr zum ersten Mal bewusst, als sie im Middlesex Hospital eine AIDS-Abteilung besuchte und einen neuen Trakt eröffnete. Ich werde nie vergessen, was sie damals sagte: »Seit der Tuberkulose hat es keine Krankheit mehr gegeben, die Menschen so im Angesicht ihrer Eltern tötet – und kein anderes Mitglied dieser Familie (Windsor) hat sich der Sache angenommen.« Sie fand, dass zu viele Menschen sich nur kurzfristig für das Thema interessierten, während es einer nachhaltigen, unermüdlichen Kampagne bedurfte, um ein entsprechendes Problembewusstsein zu schaffen. Sie bekam Hassbriefe, in denen sie gefragt wurde: »Wieso unterstützen Sie die homosexuelle Szene?«, doch sie fühlte sich durch solche Äußerungen in ihrer Überzeugung bestätigt, dass auf diesem Gebiet viel Unklarheit herrschte, die, wie sie hoffte, durch Aufklärung und Bewusstseinsbildung zu überwinden war.

Zyniker haben oft behauptet, dass die karitative Arbeit der Prinzessin nur PR-Zwecken diente und dass sie für ein »Betroffenheitsfoto« alles täte. Diese Kritiker haben nicht verstanden, dass ihr natürliches Mitgefühl, ihr aufrichtiger Wunsch, anderen zu helfen, der Antrieb für diese humanitäre Tätigkeit war. Wer einen Freund in der Not brauchte, konnte sich keinen besseren an seiner Seite wünschen als die Prinzessin. Als Adrian Ward-Jackson im Sterben lag, hat sie das bewiesen.

Er hatte sie gebeten, am Ende bei ihm zu sein, und sie empfand die Bitte als eine Ehre. Als Mitte August ihre gemeinsame Freundin Angela Serota anrief und ihr sagte, er sei sehr krank, konnten sie weder die Entfernung noch berufliche Pflichten davon abhalten, ihr Versprechen einzulösen. Sie war in Balmoral, und als sie keinen Flug mehr bekam, machte sie sich in Begleitung ihres Sicherheitsbeamten Dave Sharp mitten in der Nacht mit dem Auto auf den siebenstündigen Weg nach London, um zusammen mit Angela an Adrians Seite zu sein.

Die Prinzessin blieb vier Tage bei Adrian. Als sie ihm kurz vor seinem Ende eine Frage stellte, konnte er als Antwort nur noch den Daumen bewegen. Es war einer der bewegendsten Momente in ihrem Leben, sagte sie, der sie mit tiefer Demut erfüllte, und sie war wie gebannt von seinem Frieden im Leiden. Angela lag bei ihm auf dem Bett, während sie und die Prinzessin das Vaterunser sprachen. Es war der Augenblick, in dem sie ihr inneres Selbst entdeckte, die tiefere Bedeutung von Hingabe; sie erfuhr, wie Menschen dem Tod begegnen und was es mit der Reise einer Seele auf sich hat, sagte sie. Wenn ihre Spiritualität einen konkreten Ursprung hatte, dann lag er im Zimmer dieses Krankenhauses, in dem Adrian am 23. August 1991 kurz nach Mitternacht starb. Dann begab sich die Prinzessin, wie sie es immer tat, wenn sie in einem Krankenhaus war, auf einen privaten Rundgang und besuchte die Babystation in einem anderen Flügel, während Angela bei Adrians Leichnam blieb. Die Prinzessin hatte gesehen, wie ein Leben endete; sie wollte sehen, wie ein anderes begann. Nach dieser Nacht sprach sie oft über den Tod und von Adrian Ward-Jacksons Tapferkeit. Sie kaufte sich ein Buch mit dem Titel *Dem Tod begegnen und Hoffnung finden*, das sich als »Anleitung zur emotionalen und spirituellen Betreuung eines Sterbenden« empfahl.

In den Monaten nach der Pakistanreise wurde ich als Vertretung für Harold Brown an seinen freien Tagen von Highgrove zum Kensington Palace abgestellt. So war ich für mehrere Wochen im Jahr wieder in London, in einem kleinen Zimmer auf dem obersten Stock der Wohnungen acht und neun, weit hinten auf dem Korridor hinter dem königlichen Kinderzimmer. Gewöhnlich hatte ich für sie allein zu decken, und das Essen wurde auf einem Servierwagen ins Wohnzimmer geschoben. Die Prinzessin machte es sich dann in ihrem weißen Bademantel auf dem Sofa bequem und sah im Fernsehen *Brookside* oder *Coronation Street*. Sie entließ mich nicht, sondern gestattete mir zu bleiben, und wir unterhielten uns. Sie aß, ich stand.

Wenn sie ihre Mahlzeit beendet hatte, stets Fisch oder Salat, schob ich den Servierwagen aus dem Wohnzimmer, durch den Salon und in das Anrichtezimmer im ersten Stock. Sie folgte mir, und wir unterhielten uns weiter, während ich abwusch und sie abtrocknete. Ihre Welt nahm allmählich deutlichere Konturen für mich an, und es entwickelte sich ein ungezwungenes Verhältnis zwischen uns. Sie ließ mich in ihre Welt, während Prinz Charles mich auf Distanz hielt. Wenn wir in einer der beiden Residenzen zusammen im Anrichtezimmer standen, plauderte ich mit Marias Freundin, nicht mit der Prinzessin von Wales, auch wenn ich darauf bestand, sie mit »Eure Königliche Hoheit« anzureden. Dessen ungeachtet bestand sie nicht auf Distanz, und die öffentliche Prinzessin war verschwunden. Im Bademantel trug sie kein Make-up mehr. Sie war so schlicht, so normal. Ich diente zwei verschiedenen Menschen, der Ikone, die jeder von außen kannte, und dem hilfsbedürftigen Mädchen, das niemand von innen kannte. Ich wusste, was Phantasie war, und lernte in Kensington Palace, wo die Wirklichkeit anfing.
Aus dem Kreis ihrer Angestellten hatte ich oft zu hören bekommen, wie schwierig sie sein könne, wie leicht ihre Stimmung wechsele, doch im direkten Umgang kannte ich niemanden, mit dem man angenehmer reden und dem man besser zuhören konnte. Ich dachte nur, was für eine phantastische Stellung Harold Brown hatte und was für eine tolle Chefin. Ich merkte, dass ich mich auf seine freien Tage freute.
Dabei hätte das Familienleben auf dem Land mit Maria und den Jungen nicht glücklicher sein können. Alexander und Nick fühlten sich heimisch und liebten nichts mehr, als am Wochenende mit ihren besten Freunden zusammen zu sein, die nun einmal zufällig Prinz William und Prinz Harry waren, die Jungen aus der Königsfamilie, die ihre Mutter »meine Jungs« nannte, manchmal auch »die Spatzen«. Als William noch ganz klein war, war er »mein kleiner Mann« für sie. Privat und in

ihrer Korrespondenz nannten sowohl die Prinzessin als auch der Prinz von Wales William immer mit dem Spitznamen »Wombat«. Harry war einfach »Harry«.

William und Harry, Alexander und Nick wuchsen zusammen auf. Zwei Paar Jungen von vollkommen unterschiedlicher Herkunft, die zusammen in Highgrove herumtollten und, in späteren Jahren, in Kensington Palace. Die Prinzessin schenkte uns die Kleider und Schuhe der Prinzen, wenn sie herausgewachsen waren. An Wochenenden rückten sich alle gegenseitig auf die Pelle.

Die Kindheitserinnerungen werden bei allen vier Jungen um diese glücklichen Tage und Jahre kreisen, festgehalten in denselben Schnappschüssen im Familienalbum. Sobald wir auf das Anwesen zogen, hatten wir die Prinzen um uns herum, kamen sie auf eine Limonade oder einen Schokoladenkeks herein. Sie spielten in unserem Garten, fuhren mit dem Fahrrad herum, schrien und tollten im Spielzimmer, buddelten in unserem Sandkasten, bauten im Winter Schneemänner und planschten im Sommer zusammen im Swimmingpool. Wir hatten an ihnen so viel Vergnügen wie an unseren eigenen Jungen.

William war ein häufiger Gast in unserer Küche. Er steckte seinen Kopf durch die Hintertür, grinste und sagte: »Hast du Schokokekse oder Süßigkeiten, Maria?« Er wusste, dass wir immer eine Dose mit KitKats, Twix und Penguin-Keksen aufbewahrten, und er stürzte sich so oft darauf wie seine Mutter. Das Erste, woran sich Alexander erinnern kann, ist sein dritter Geburtstag im Mai 1988, als wir in der Close Farm eine kleine Party ausrichteten und William, damals fünf, und Harry, drei, zu den sechs Kindern zählten, die den »Blauen-Traktor-Kuchen« verschlangen, den der Küchenchef ihrer Eltern, Mervyn Wycherley, gebacken hatte. Während Prinz Charles in Windsor Polo spielte, freuten sich die Prinzen mit uns über die Ferkelei, die sich über das Papiertischtuch mit Lokomotivmuster ausbreitete. Sie ließen es sich nicht nehmen, abwechselnd mit Maria und Wendy unseren neugeborenen Sohn Nick, der damals erst einen Monat alt war, zu wiegen. Die Prinzessin schenkte Alexander einen grünen Armeepullover mit Flicken an den Ellbogen und Schultern sowie ein Spielzeuggewehr aus Plastik und eine burgunderrote Baskenmütze, wie sie das Fallschirmregiment trägt. Sie wusste, dass er, genau wie Harry, verrückt darauf war, Soldat zu spielen.

Im Laufe der Jahre waren die Prinzen häufig allein auf dem Lande und hatten sonst niemanden, mit dem sie spielen konnten, und so lud die Prinzessin Alexander und Nick in den Kindertrakt ein, der sich über das gesamte oberste Stockwerk von Highgrove erstreckte und neben dem Spielzimmer, das zitronengelbe und blaue Tapeten hatte, auch Williams und Harrys Schlafzimmer, das Zimmer des Kindermädchens und eine Küche enthielt. Wenn ich mit Fischstäbchen und Chips für die zwei Prinzen und meine Söhne hinaufging, stand ich da und sah zu, wie Alexander und Nick sie zusammen mit dem künftigen König von England verputzten.

Wenn die Prinzessin und das Kindermädchen Ruth Wallace mit den Prinzen einen Tagesausflug unternahmen, nahmen sie Alexander und Nick oft mit. Als die Prinzessin im September 1989 von Balmoral zurückkehrte, während Prinz Charles noch in Schottland war, gingen alle vier Jungen einmal zusammen in den Zoo von Bristol. Es kam völlig überraschend für mich, als ich eingeladen wurde, mir einen Tag freizunehmen und die Prinzessin zum ersten Mal auf einen Familienausflug zu begleiten. Es war ungewohnt, ohne Uniform zu sein und einfach zu entspannen, während sich die Prinzessin mit ihrer Baseballmütze wie jede andere Mutter unter die Menge mischte. Die Prinzessin, Maria und Ruth, mit Nick im Kinderwagen, schlenderten miteinander, während der Sicherheitsbeamte Dave Sharp und ich auf die drei anderen Jungen aufpassten. Seit sie sich das erste Mal in Buckingham Palace trafen, waren Ehe und Mutterrolle der gemeinsame Erfahrungsbereich, der die Prinzessin und meine Frau verband. Im Laufe der Jahre, in denen die Jungen ständige Spielkameraden waren und der Schatz an gemeinsamen Erlebnissen wuchs, wurde die Freundschaft immer enger. Als wir 1990 in unser Cottage zogen, waren Maria und die Prinzessin praktisch Nachbarn. Die Prinzessin war sowohl Arbeitgeberin als auch Freundin der Familie.

Alexander und Nick sagten immer »Hallo, Prinzessin«, und für mich war es, wenn auch auf nette Art, seltsam, diese lockere Anrede zu hören, während ihre Mum und ihr Dad darauf bestanden, sie mit »Eure Königliche Hoheit« anzureden. Ich bin überzeugt, dass unsere Jungen als Kinder dachten, »Prinzessin« sei ihr Vorname.

Unser Verhältnis bestand aus einer liebevollen Mischung von formeller Höflichkeit und spontaner Zuneigung. Wenn die Prinzessin in unsere Küche kam, stellte Maria den Elektrokessel automatisch auf die Herdplatte und fragte: »Eine Tasse Tee, Eure Königliche Hoheit?« Gleichzeitig hopste ihr Nick auf den Schoß, umarmte sie und fragte: »Wo biste denn gewesen, Prinzessin?«

Einmal wanderte der dreijährige Nick in kurzer Hose und T-Shirt vom Cottage durch die Wiesen zum Haupthaus hinüber. Ich stand auf den Eingangsstufen und wartete auf den Prinzen, der in seinem Bentley wegfahren wollte. Da kam Nick den Pfad herauf, ignorierte mich und hüpfte auf die Treppe – genau in dem Moment, als der Prinz in Anzug und Krawatte für einen formellen Anlass in London herauskam.

Nick betrachtete ihn von oben bis unten und piepste: »Du siehst schick aus, Prinz Charles. Wo willste'n hin?«

Das war einer dieser Momente, in denen man als Vater oder Mutter für das, was das eigene Kind gerade gesagt hat, in den Erdboden versinken möchte. Nicht, dass Nick von dem Entsetzen seines Vaters etwas bemerkt hätte. Denn nachdem er mit kindlicher Dreistigkeit alle Regeln des Protokolls über den

Haufen geworfen hatte, wartete er keine Antwort ab, sondern lief am Prinzen vorbei ins Haus, um zu William und Harry hochzugehen. Prinz Charles nahm es locker und schmunzelte. Highgrove, das Haupthaus mit seinen vielen Morgen Land, war ein einziger großer Spielplatz für die vier Jungen. In einem der äußeren Ställe baute ich einen »ballpool« – ein mit Bällen gefülltes Becken. Es war nicht einfach zu sagen, wer die Einrichtung häufiger nutzte, die Jungen oder die Prinzessin. Sie schlich sich heimlich hinter William, Harry, Alexander und Nick an und schubste sie in die bunte Tiefe, um im nächsten Moment hinterherzuspringen. Die Prinzessin von Wales legte sich dann auf den Rücken, um regelmäßig unter diesen Bällen zu »ertrinken«, und die Jungen sprangen drauf, um sie zu kitzeln.

Wenn die Prinzessin nicht da war, gehörte es zu meinen Nebenaufgaben, die Kinder zu beschäftigen. Wir erfanden ein Spiel, das wir »Finde so viele Eier, wie du kannst« nannten, eine Variante des Ostereiersuchens sozusagen, das die Queen auf dem Grundstück von Windsor Castle für die Enkelkinder organisierte. Sie nahm einen Korb Schokoladeneier in die Gartenanlagen mit und versteckte sie in verschiedenen Ecken und Winkeln der Mauern und Bäume oder zwischen den Osterglocken und Primeln. Es gab stets einen echten Wettkampf zwischen den Corgis und den Kindern um die Eier. Die Variante des Butlers in Highgrove brachte für Stunden Spaß. In der Scheune gegenüber den Ställen versteckte ich jeweils eine Hand voll frischer Hühnereier zwischen Heu- und Strohballen. Zugegebenermaßen war das nicht halb so aufregend, wie nach Schokoladeneiern zu suchen, doch der Wunsch, die meisten Eier zu finden, trieb die Kinder doch an. Am häufigsten gelang dies William.

William hatte ein Meerschweinchen und Harry ein graues Kaninchen mit Hängeohren, das in einem kleinen Stall in einer Ecke der Stallungen wohnte, wo Paddy Whiteland für die Prinzen zwei Ponys, Smokey und Trigger, hielt. Eine Stallmagd na-

mens Marion Cox brachte ihnen das Reiten bei. Außerdem gab es noch die beiden Jack Russells ihres Vaters, die schwarzen Aberdeen-Angus-Kühe, Prinz Charles' Poloponys und die Waldkäuze in der Scheune. In einem Gartenteich schwammen Karpfen, und in einer Küchenecke stand das Tropenfischaquarium, das William und Harry gehörte. Ein Hamster reiste mit den jungen Prinzen zwischen Kensington Palace und Highgrove hin und her. William und Harry kamen in die Küche, um beim Schneiden von Äpfeln, Karotten und Salat für das Meerschweinchen, den Hamster und das Kaninchen zu helfen, und sie misteten die Ställe immer selber aus.
Doch das Beste an der Freundschaft mit den zwei Prinzen war das elektrisch betriebene Miniatur-Aston-Martin-Kabrio, eine Spielzeugausgabe des Wagens, den ihr Vater in groß hatte, und ein Geschenk des Herstellers. Der schnittige, grüne Zweisitzer war mit seinen kremfarbenen Ledersitzen, dem Armaturenbrett aus Rosenholz und funktionierenden Scheinwerfern sowie einem echten Kassettenrekorder und lederbezogenem Lenkrad das beste Spielzeug der Welt, wie meine Söhne mir oft genug versicherten. Die meisten Kinder laufen zu einem Freund oder einer Freundin hinüber, um zu sehen, ob er oder sie draußen spielt. William kam angefahren, und wir gewöhnten uns daran, ihn auf dem Fahrersitz und Harry auf dem Beifahrersitz zu sehen, wenn sie vor dem Cottage vorfuhren, um Alexander und Nick auf eine Spritztour über das Anwesen mitzunehmen. William und Harry stritten sich immer darüber, wer von ihnen fahren durfte, und als der Ältere behielt William immer die Oberhand. Er liebte Autos und Autorennen. Mit zehn betrachtete er sich bereits als einen erfahrenen Autofahrer! Das ging so lange, bis er versuchte, im Schneckentempo durch eine schmale Toreinfahrt zu fahren, die am Gewächshaus vorbei zu unserer Gartentür führte, und eine ganze Seite seines chromglänzenden Wagens an einem Steinpfeiler zerkratzte. Maria war in der Küche, als ein in Panik aufgelöster

William hereingeschossen kam. »Maria, Maria, es hat ein furchtbares Unglück gegeben!« Sie überlegte, was in aller Welt passiert sein mochte, besonders, als er hinzufügte: »Papa wird fuchsteufelswild, wenn er das sieht, ich brauche unbedingt eine Dose mit grüner Farbe.«
Maria ging mit ihm hinaus, um den Wagen zu inspizieren, und musste William sagen, dass ein paar Farbspritzer sein Problem nicht lösen würden. Der Stein hatte sich in das Metall gefressen und quer über die Seite eine tiefe Kerbe hinterlassen. William war entsetzt. Er dachte daran, den Wagen mit der verbeulten Seite zur Wand in der Garage zu parken, so dass Prinz Charles es nicht merken würde, doch Paddy und ich sorgten dafür, dass er »reinen Tisch« machte. Prinz Charles fand es wirklich nicht komisch, dass William »sich so blöd angestellt hatte«, doch der Wagen wurde zur Reparatur zu Aston Martin geschickt und kehrte wie neu zurück. William musste sich in der Zwischenzeit damit zufrieden geben, bei Paddy auf den Mähmaschinen mitzufahren, bis er schließlich wieder auf dem Fahrersitz seines Aston Martin saß. Seine Eltern erlaubten ihm, den Wagen weiter zu fahren, weil sie wussten, dass er in Highgrove sicher war.
William, Harry, Alexander und Nick hatten zu dieser Zeit schon weitaus schnellere Gefährte ausprobiert, als sie in London mit der Prinzessin Gokart fuhren und mit bis zu fünfundsechzig Stundenkilometern um die Innenkurve brausten. Sie fanden das so phantastisch, dass in einer entlegenen Ecke von Highgrove eine improvisierte Gokartbahn eingerichtet wurde und als Sommervergnügen Karts gemietet wurden.
William und Harry waren selbstbewusste Jungen, die im Umgang mit den Erwachsenen in ihrem Umfeld nicht schüchtern waren. Separate Schlafzimmer waren das Einzige, was sie trennte. Sonst gingen sie überall zusammen hin, auch wenn William als der Ältere natürlich der Anführer war. Sie gingen beide in die Wetherby's-Privatschule in Notting Hill in Lon-

don, und beide kamen zu ihrer Mutter nach Hause, um ihr die Arbeiten aus dem Kunstunterricht zu zeigen. Sowohl in Highgrove als auch in Kensington Palace bepflasterte die Prinzessin, um ihren beiden Jungen zu zeigen, wie stolz sie auf deren Arbeiten war, die Wände ihres kombinierten Ankleide- und Badezimmers mit fleckigen Bildern von Schmetterlingen und Blumen, die sie aus Eierkartons, Krepppapier und Eierschalen kreiert hatten.

Harry brachte seine Leidenschaft für Soldaten auch in seinen »Kunstwerken« zum Ausdruck: Er wurde nicht müde, Kämpfe um Schlösser darzustellen, bei denen Kampfflugzeuge Bomben vom Himmel abwarfen, und das Blatt mit roter Farbe zu bespritzen, um den blutigen Ernst der Lage zu unterstreichen. Er hielt sogar Wasserballons für Bomben und verwechselte die geliebten Gartenanlagen seines Vaters mit einem Schlachtfeld, als dort einmal ein sommerliches Barbecue stattfand. Harry und William vereinigten ihre Truppen mit denen meines Bruders Graham, der für ein Wochenende mit seiner Familie zu Besuch war, und aus dem Hinterhalt heraus eröffnete das Trio das Wasserballonfeuer auf die Prinzessin, die quer durch den Garten gejagt wurde und der Zielsicherheit ihres Sohnes letztlich nicht entkam. Die Prinzessin richtete regelmäßig Betriebsfeste mit Barbecues aus – oft wenn der Prinz nicht da war, so dass alle, einschließlich der Prinzessin selbst, sich locker geben konnten. Mervyn Wycherley produzierte Berge an Essen für die Ankleidedamen, Sicherheitsbeamten, Kindermädchen, die Haushälterin und den Butler. Das war unser Ausgang, sagte die Prinzessin dann. Wenn es ans Dessert ging, kam sie mit einer Silberplatte Magnum-Eis und Cornettos heraus. Anschließend half sie beim Aufräumen und Stapeln des schmutzigen Geschirrs.

Anschließend kam das Amüsanteste für sie: jeden in den Pool zu schubsen. Das vergnügte Geschrei und das wilde Geplansche waren ein Mordsspaß, den ich »Menschensuppe« nannte.

Dabei machte es der Prinzessin nichts aus, nass zu werden, und sie konnte der Versuchung nicht widerstehen, selber mit hineinzuspringen. Sie konnte von solchen kleinen Frivolitäten nie genug bekommen. So kam ihre rebellische Seite zum Ausdruck, die sich gegen das untadelige Benehmen auflehnte, das von der künftigen Königin von England erwartet wurde. Solange sie mit allen anderen im Pool herumplanschte, stand sie auf einer Stufe mit ihrem Personal. Sie genoss regelrecht die entrüsteten Gesichter einiger Zuschauer, wenn sie in Jeans oder Shorts, Sweatshirt oder T-Shirt ins Wasser hüpfte.
Doch das verblasste gegen das blanke Entsetzen im Gesicht des britischen Botschafters in Kairo, als ich sie auf ihrer zweiten Soloreise im Mai 1992 begleitete.

Wir befanden uns an Deck eines Flussboots in Richtung des Phillae-Tempels auf einer kleinen Insel in der Nähe des Assuan-Damms, als die Prinzessin, die rechts von mir über den Nil blickte, sich zu mir umdrehte und meinte: »Zeit für einen Schnappschuss, Paul.« Sie schob ihre Sonnenbrille in ihr Haar. »Jetzt – aber kommen Sie mir nicht zu nahe«, sagte sie aus dem Mundwinkel heraus, während Helena die Aufstellung für das Gruppenfoto übernahm. »Es ist ein heißer Tag gewesen!« Selbst bei einer steifen Brise war ihr natürlich bewusst, dass sie unter ihrem braungrauen Mantelkleid schwitzte. Es war eine verschmitzte Bemerkung, die ein bisschen provozieren und bei den Übrigen Gelächter auslösen sollte, ein Moment, der mit der Kamera festgehalten wurde.
Sekunden später überraschte sie mich wieder. »Können Sie noch jemanden glücklich machen? Ich möchte, dass Sie, wenn wir wieder in der Botschaft sind, eine Geburtstagsparty für Sam organisieren.«
Wenn man gerade den Nil hinuntertrieb, war vielleicht nicht der rechte Zeitpunkt gegeben, für den Frisör Sam Knight eine tolle Party zu planen, doch ich hatte inzwischen gelernt, dass

nichts unmöglich war, wenn die Prinzessin um etwas bat. Als die Königliche Hoheit und ihr Gefolge in einem Hotel am Nilufer Zwischenstation machten, verzog ich mich, belegte ein Telefon mit Beschlag und heckte eine Poolparty aus.

An diesem Abend kam Sam die Terrassentreppe zum üppigen Garten der Botschaft in Kairo herunter, als plötzlich ein Chor von elf Mitgliedern des Mitarbeiterstabs ein »Happy Birthday to You« schmetterte, angeführt von der Prinzessin, die eine Champagnerflasche in der Hand hielt. Selbst der gestrenge Marineoffizier Patrick Jephson entspannte sich ausnahmsweise und setzte sich einen Fez mit Pyramidenmuster auf, wie ich ihn ähnlich im Auftrag der Prinzessin für William und Harry als Souvenir gekauft hatte. Und dann führte, so sicher, wie Kamele mit Höckern geboren werden, die gute Stimmung zu Ausgelassenheit und wir alle landeten, in vollem Ornat – im Pool. Die Prinzessin tauchte auf und ging unter und ließ die Hilfeschreie einer Ertrinkenden los, bevor ihr blondes Haar wieder verschwand. Patrick Jephsons Stirn legte sich in bedenkliche Falten: Für den für ihren offiziellen Terminkalender zuständigen Mann war diese Szene sicher gewöhnungsbedürftig. Nicht minder für den britischen Botschafter, der stumm den Kopf schüttelte, als er von diesem Massenbad erfuhr. Ich glaube, er fand solche Kapriolen unschicklich und unbesonnen, zumal zwei Tage zuvor die Paparazzi sich auf ein benachbartes Dach geschlichen und die Prinzessin in ihrem schwarzen Badeanzug fotografiert hatten. Glücklicherweise waren die Kameras nicht auf die nächtliche »Menschensuppe« gerichtet, so dass sich die Schlagzeilen weiterhin auf ihren triumphalen Besuch konzentrierten und die Prinzessin zeigten, wie sie zwischen den gigantischen Säulen des Tempels von Karnak in Luxor umherging oder durch das Tal der Könige schritt oder staunend die Pyramiden und die Sphinx betrachtete.

Die Schlagzeilen in Großbritannien bestätigten, dass die Prinzessin ein Trumpfass an der diplomatischen Front war. Trotz aller Kämpfe, die sie damals persönlich auszufechten hatte, als Botschafterin – nicht nur für Land und Königin –, die sie immer hatte sein wollen, wurde sie praktisch unanfechtbar. Die Flüsterpropaganda, die von den Männern in Grau immer wieder in Umlauf gesetzt wurde, konnte ihr Selbstvertrauen und ihr weltweites Ansehen nicht erschüttern.

Auf dieser Ägyptenreise hat sich meine Beziehung zur Prinzessin noch einmal neu definiert. Sie hatte mich auf die Reise mitgenommen, mich mehr und mehr in Kensington Palace eingesetzt und mir das Geheimnis über ihren »besonderen Freund« anvertraut. Jetzt, in dem Jahr, das die Queen bekanntlich als ihr »annus horribilis« bezeichnet hat, zog sie mich noch weiter über die unsichtbare Grenze, die Beruf und Privatsphäre trennte. Da sie bereits in unserer Wohnung in den Royal Mews und danach in unserem Cottage in Highgrove ein vertrautes Gesicht gewesen war und da sie eine Freundin meiner Frau und praktisch eine Tante unserer Söhne war, schien diese Grenzüberschreitung nicht gar so problematisch, wie man vielleicht annehmen konnte.

Die Prinzessin saß in ihrem Schlafzimmer in der Botschaft vor einem großen Spiegel am Frisiertisch und spielte mit ihrem Haar. Ich war mit einem Glas Karottensaft aus der Küche gekommen. »Wo haben Sie denn den in Kairo aufgetrieben?« fragte sie.

»Mervyn Wycherley«, sagte ich nur.

Sie liebte Karottensaft oder Karotten-und-Sellerie-Saft. Ich wandte mich zum Gehen, doch sie drehte sich auf ihrem gepolsterten Schemel zu mir herum und sagte: »Kommen Sie, setzen Sie sich.« Während sie sich wieder dem Spiegel zuwandte, setzte ich mich auf die Kante des frisch gemachten Betts.

»Wenn Sie das nächste Mal nach London kommen, möchte ich Sie mit jemandem bekannt machen. Lucia ist eine der schönsten und elegantesten Frauen, die mir je begegnet sind«, sagte sie.

Lucia Flecha de Lima war die Frau des brasilianischen Botschafters am Hof von St. James und sie war eine Mutterfigur für die Prinzessin. Ihr Botschaftergatte Paulo Tarso, der später Botschafter in Washington und anschließend in Rom wurde, war eine Art von Vaterfigur. Die Prinzessin benutzte regelmäßig ihre Botschaft in der Mount Street in London, um sich mit jemandem zu treffen. Nicht mit James Hewitt. In diesem Zimmer in Kairo erzählte mir die Prinzessin alles über diesen Jemand und über ihre Rendezvous.
Sie hatte sich mir zum zweiten Mal anvertraut. Mehr noch, sie wollte, dass ich Lucia kennen lernte, die ein wichtiges Mitglied der Ersatzfamilie war, die sich die Prinzessin ausgewählt hatte und deren Gesellschaft sie suchte. Jeder konnte für die Prinzessin arbeiten. Jeder konnte sich in dem Glauben wiegen, dass er die Prinzessin gut kenne, da sie die Gabe besaß, den Menschen dieses Gefühl zu vermitteln. Doch sie wusste genau, wo die Grenze zwischen Beruf und Privatem verlief, wem sie sich anvertraute und auf wessen Dienste sie verzichtete. Zu ihrem inneren Kreis hatte man nur auf Einladung Zugang. Nicht einmal eine alte Freundin wie Maria gehörte dazu. Meine Begegnung mit Lucia und einer Hand voll der engsten Freunde von Prinzessin Diana folgte später, doch die Einladung in diesen Kreis bekam ich an diesem Morgen in Kairo.
Bevor sie in den Nahen Osten aufbrach, hatte sich die Prinzessin über die Catherine-Walker-Kleider gefreut, die für die Reise entworfen worden waren. In der Botschaft probierte sie bei Mervyn Wycherley, Helena Roache und mir die Wirkung ihrer Garderobe aus. Wenn sie aus ihrem Schlafzimmer kam, fragte sie: »Wie sehe ich aus?« oder »Was meint ihr?«.
Wir hätten uns alle einfach hinstellen, sie anstarren und ihr sagen können, dass sie selbst noch in einem Müllbeutel gut aussehe, doch stattdessen stuften wie nur unsere Zustimmung ab. Sie wusste, dass sie phantastisch aussah und dass auf ihren Reisen kein Prinz Charles mehr mit sarkastischen Bemerkungen

da war, der sie verletzte. Auf dieser Reise war sie freundlicher und offener als je zuvor, doch hinter der selbstbewussten Fassade war Traurigkeit zu spüren.

Die Schlafzimmertür, die sie gewöhnlich weit geöffnet ließ, war plötzlich abgeschlossen. Sie kam mit geröteten Augen heraus. Sie sagte, sie brauche ein wenig Zeit für sich, sie brauche ein emotionales Ventil. Bei der Queen oder anderen Mitgliedern der königlichen Familie hätte ich nie zu fragen gewagt, doch bei der Prinzessin konnte ich nicht anders: »Geht es Ihnen gut, Eure Königliche Hoheit? Kann ich irgendetwas für Sie tun?«

Sie lächelte. »Jeder muss ab und zu mal weinen, Paul«, sagte sie. Doch dann riss sie sich zusammen, richtete sich auf, atmete tief durch und marschierte hinaus als die Prinzessin von Wales, die sich nicht unterkriegen lässt.

Ihre Tapferkeit und ihre Kraft waren bemerkenswert, wenn man bedenkt, was sie durchmachte. Die Prinzessin stand unter extremem Druck. Der Vater, den sie abgöttisch liebte, Graf Spencer, war im März im Krankenhaus gestorben, während sie beim Skilaufen in Österreich war. In demselben Monat wurde die Trennung des Herzogs von York und der Herzogin von York bekannt gegeben. Dann reichte Prinzessin Anne die Scheidung von Mark Phillips ein.

Nun konzentrierte sich das öffentliche Interesse auf die angespannte Ehe des Prinzen und der Prinzessin von Wales. Nach einer desaströsen gemeinsamen Reise nach Indien, die sich mit einem einzigen Bild im öffentlichen Bewusstsein eingebrannt hatte – der einsam vor dem Taj Mahal sitzenden Prinzessin –, war die Krise in ihrer Ehe auch der Öffentlichkeit nicht mehr zu verbergen.

Darüber hinaus ging der Prinzessin ihre Zusammenarbeit mit dem Journalisten Andrew Morton durch den Kopf, der ein Buch mit dem Titel *Diana, Her true Story* (*Diana. Ihre wahre Geschichte*) vorbereitete. In späteren Jahren hat sie das Buch bereut. Vielleicht kamen ihr bereits in Ägypten, als die Presse darüber zu spekulieren begann, die ersten Zweifel.

Als ich nach Highgrove zurückkehrte, erzählte ich Maria, wie besorgt ich um die Prinzessin sei, dass sie immer zutraulicher würde und dass sie mich mit ihrer Freundin Lucia bekannt machen wolle. Maria bemerkte, wie meine Gedanken ständig darum kreisten, sicherzustellen, dass es der Prinzessin gut ging. Ich wusste, dass Prinz Charles obenauf war. Das war offensichtlich. Aber ich konnte nicht sehen, wie es der Prinzessin erging – es sei denn, ich wäre in Kensington.

»Schatz«, sagte Maria an diesem Abend im Bett, »du bist hier Butler und nicht dort. Zu viel Nähe kannst du dir nicht leisten.«

7.
ZWISCHEN DEN FRONTEN

Als im Frühsommer 1992 die Gärten aufblühten, wurde die Atmosphäre in Highgrove immer angespannter. Veränderungen lagen in der Luft. Die höflichen Formalitäten des Alltags konnten die unterschwellige Ungewissheit, die im Haus herrschte, nicht verdecken. Draußen erwarteten die hysterischen Medien ein katastrophales Scheitern der Ehe des Thronfolgers, drinnen herrschte eine zermürbende Vorahnung, wobei wir durchaus nicht so sensationslüstern waren wie die Presse. Dass etwas nicht in Ordnung war, war offensichtlich, doch die über allem schwebende Frage war, was dies für Folgen haben würde.

Prinz Charles hatte sich verändert. Er war in eine Periode der Melancholie geraten und kam uns plötzlich ziemlich verwundbar vor. Eines Abends hatte ich den Kartentisch im Wohnzimmer für ihn allein gedeckt. Während er sich mit Blick auf den Fernseher setzte, stand ich hinter ihm und servierte von meinem Tablett das Essen. Der Fernseher war nicht eingeschaltet. Man hörte nur das Klappern des Bestecks auf dem Teller und die ländlichen Geräusche, die durch die weit geöffneten Fenster kamen.

Mit einem Mal wandte der Prinz sich zu mir um. »Paul, sind Sie eigentlich glücklich hier?«, fragte er.

»Ja, sehr, Königliche Hoheit«, erwiderte ich, während ich ihm das Hauptgericht vorsetzte.
»Und ist Maria hier auch glücklich?«, fragte er.
Verblüfft fragte ich mich, welche Gründe seine Zweifel wohl hatten. »Ja«, antwortete ich, »wir sind beide sehr glücklich hier, Königliche Hoheit.«
»Gut. Das freut mich«, sagte Prinz Charles, und damit war die Sache erledigt. Er machte sich an sein Hauptgericht.
Als ich ins Anrichtezimmer zurückkam, fragte ich mich noch immer, weshalb er sich solche Sorgen machte. Maria meinte, das liege wahrscheinlich an der zunehmenden Nähe zwischen uns und der Prinzessin. »Sieh es doch mal mit den Augen des Prinzen«, sagte sie. »Seine Frau plaudert mit uns im Anrichtezimmer. Du springst immer öfter für Harold in Kensington Palace ein, und dann muss dich hier auf Highgrove ein Hilfsbutler ersetzen. Du begleitest die Prinzessin, wenn sie allein verreist, machst Ausflüge mit ihr, bei denen unsere Söhne und die jungen Prinzen dabei sind. Und seit wir 1990 ins Cottage gezogen sind, besucht uns die Prinzessin regelmäßig dort.«
Mein Dienst hatte mich in eine äußerst unangenehme Lage gebracht, und Prinz Charles hatte offenbar nachforschen wollen, welchem Lager ich angehörte und ob ich noch zufrieden genug war, um bei ihm bleiben zu wollen.
Natürlich hatte er bemerkt, wie viel Zeit die Prinzessin in unserem Cottage verbrachte. »Sie ist wohl wieder einmal bei Ihnen, Paul, nicht wahr?«, fragte er, wenn er seine Frau nicht im Haupthaus finden konnte.
Manchmal ging die Prinzessin im Garten spazieren, pflückte einen Strauß Blumen – Wicken oder Maiglöckchen – und kam dann zur Hintertür des Cottage. »Maria, sind Sie da?«, rief sie und ging hinein, ohne auf eine Antwort zu warten. Sie setzte Wasser auf, nahm zwei Becher aus dem Hängeschrank und brühte Kaffee auf. Wie die Prinzessin trank auch Maria ihren Kaffee schwarz und ohne Zucker. William und Harry spielten

mit Alexander und Nick irgendwo draußen im Park. Die Prinzessin stemmte sich auf den gekachelten Arbeitstisch, streifte ihre Schuhe ab und ließ die Beine baumeln. Immer wieder schüttete sie Maria ihr Herz aus, sprach über das Leben mit ihrem Gatten und darüber, wie unglücklich sie war. Für Maria war diese Vertrautheit nicht so unangenehm wie für mich, weil sie nicht in einer beruflich bedingten Zwickmühle steckte. Sie war die Frau des Butlers, eine Freundin der Prinzessin, und sie liebte das Leben auf Highgrove. Wie sie mir erzählte, hörte sie der Prinzessin einfach nur zu, ohne ihre Meinung beizusteuern.
»Sie wissen gar nicht, wie viel Glück Sie haben, Maria«, sagte die Prinzessin eines Tages. »Das habe ich mir auch immer gewünscht – ein glückliches Zuhause und eine liebevolle Familie.« Tränen traten ihr in die Augen.
Inzwischen kannte sie unsere Familie recht gut. Meine Eltern und Marias Mutter hatte sie schon in der Zeit in den Royal Mews kennen gelernt. Auch mein Bruder Graham mit seiner Frau Jayne und Marias Bruder Peter mit seiner Frau Sue besuchten uns oft im Cottage, und die Prinzessin kam gut mit uns allen aus. Wenn sie bei uns war, zeigte sie keinerlei Allüren, und wenn wir uns im Garten an unserem runden Holztisch versammelt hatten oder in der Küche miteinander plauderten, gehörte die Prinzessin zu uns. Erfuhr sie im Sommer, dass jemand aus der Familie zu Besuch kam, lud sie ihn zu einem der Barbecues ein. Den Tag, an dem Graham die Prinzessin zum ersten Mal sehen sollte, werde ich nie vergessen. Er rasierte sich viermal, so nervös war er. Dann lernte er sie kennen und merkte, wie atemberaubend normal sie sich verhielt.
Besonders ans Herz gewachsen war der Prinzessin Marias Mutter Betty. Sie war begeistert von ihr. Einmal lud sie Betty an Weihnachten zu einer Cocktailparty ein, die in den Prunkzimmern des Kensington Palace für das Personal und die Lieferanten gegeben wurde. Die Gastgeber standen an der Tür, um

die Gäste zu empfangen, die erst William und Harry und dann dem Prinzen und der Prinzessin von Wales die Hand schüttelten. Als die eingeschüchterte alte Dame mit ihrem weißen Haar und ihrer ziemlich großen Brille vor die Prinzessin trat, setzte diese sich über das Protokoll hinweg, grinste breit, umarmte Betty und gab ihr einen Kuss auf die Wange.

Der Prinz sah befremdet aus. Nachdem die alte Dame ihm die Hand geschüttelt hatte, wandte er sich an seine Gattin und fragte: »Wer war das?«

»Ach, das war Betty.« Prinz Charles war immer noch nicht klüger. »Marias Mutter«, fügte die Prinzessin hinzu.

An einem anderen Tag rief sie Betty an, die, wie sie wusste, allein im Norden von Wales lebte. »Hallo, Betty, hier spricht Diana«, sagte sie. »Was machen Sie gerade?«

»Ich sitze auf dem Bett und rede mit Ihnen«, erwiderte Betty einfach. Sie schaffte es immer, die Prinzessin zum Lachen zu bringen.

Prinzessin Diana hatte angerufen, weil in Bettys bescheidenem Alterssitz eine Zentralheizung eingebaut worden war. Sie wollte sich erkundigen, ob auch alles funktionierte.

Betty war eine gläubige Katholikin, und 1992 erfüllte die Prinzessin ihr eines Tages einen Traum. Sie rief sie zu Hause an und sagte: »Betty, ich würde mich freuen, wenn Sie zu einer Verabredung mitkämen. Ich treffe Mutter Teresa.«

Betty wäre fast vom Stuhl gefallen. »Ich kann doch nicht mit nach Indien kommen!«, protestierte sie.

Damit brachte sie die Prinzessin wieder einmal zum Lachen. »Das ist auch gar nicht nötig, Betty«, sagte diese, »denn Mutter Teresa ist einen Tag lang in London. Wenn niemand Sie herfahren kann, schicke ich Ihnen einen Wagen.« Am Ende brachte ein Verwandter Betty nach Highgrove, wo sie die Prinzessin traf, und dann fuhren die beiden nach Kilburn in London zu einem Kloster mit zweiundzwanzig Nonnen.

Mutter Teresa stand vor der Tür, um die Prinzessin zu be-

grüßen. Diese deutete auf meine Schwiegermutter und sagte: »Darf ich Ihnen meine Freundin Betty vorstellen?« In den Zeitungen wurde Betty später als Hofdame bezeichnet.
Mutter Teresa gab ihr einen freundschaftlichen Kuss, dann gingen die drei alleine in ein Zimmer und setzten sich an einen kleinen Holztisch. Sie sprachen über die Obdachlosen und Armen in Großbritannien, über die Kranken und Sterbenden in Somalia und über die Notwendigkeit, möglichst oft den Rosenkranz zu beten. Mutter Teresa hielt etwas in der geschlossenen Hand. Als sie sie öffnete, kamen zwei Medaillen mit der Jungfrau Maria und ein Rosenkranz zum Vorschein. »Was möchten Sie haben?«, fragte sie Betty.
Betty nahm die Medaillen, die Prinzessin den Rosenkranz. Wie man den Rosenkranz betet, wusste die Prinzessin zwar nicht, doch Betty meinte, das würde sie ihr schon beibringen. Tatsächlich überließ die Prinzessin sich an diesem Tag der Führung Bettys, denn als die beiden mit Mutter Teresa in die Kapelle kamen, wo die Novizinnen warteten, drehte sich Betty zu ihr um und sagte: »Tun Sie einfach dasselbe wie ich.«
Ihrem Beispiel folgend, tauchte die Prinzessin einen Finger ins Weihwasserbecken, bekreuzigte sich und zog die Schuhe aus. Dann knieten Mutter Teresa, Prinzessin Diana und Betty sich gemeinsam mit den jungen Nonnen nieder und beteten. Noch Wochen später schwebte Betty wie auf Wolken, und wenn sie morgens aufwachte, glaubte sie jedes Mal, alles sei nur ein Traum gewesen.
Als die Prinzessin im Februar 1992 von ihrer Indienreise mit Prinz Charles zurückkehrte, brachte sie Betty ein ganz besonderes Geschenk mit, die Girlande, die Mutter Teresa ihr vor laufenden Kameras um den Hals gehängt hatte. Bis heute hütet Betty sie wie einen Schatz. Sie hat einen Ehrenplatz neben einem Foto von Betty, Prinzessin Diana und Schwester Teresa, einer Nonne aus einem Kloster in Galway, die an einem Wochenende zusammen mit Betty Highgrove besuchte. Schwester

Teresa meinte später, die Prinzessin sei eine »ganz einsame Frau«, habe es aber an diesem Tag trotzdem geschafft, sich für einen Schnappschuss zur Verfügung zu stellen.

Prinz Charles lebte inzwischen ausschließlich auf Highgrove und hatte Kensington Palace praktisch verlassen. Gelegentlich kam die Prinzessin am Wochenende zu Besuch. Die von Dudley Poplak inspirierte Innenausstattung ließ der Prinz von dem Innenarchitekten Robert Kime, einem Freund von Camilla Parker Bowles, allmählich verändern. Die grünen und gelben Pastelltöne mussten einem satteren Rot und Braun weichen. Die Atmosphäre wurde düster. Wuchtige Möbelstücke aus Rosenholz und Mahagoni trafen ein, darunter eine Standuhr für den Flur. Vor den Kamin im Salon kam eine Schieferplatte, umgeben von einem neuen Messinggitter mit einem gepolsterten Sitz. Über dem Sims wurde ein vergoldeter Spiegel aufgehängt. Binsenmatten ersetzten den grünen Teppich, und vor den Fenstern hingen neue Vorhänge. Im Flur wurde an einer Messingstange ein riesiger Wandteppich von William Morris aufgehängt. Das Porträt von Lord Byron, das im Wohnzimmer über dem Kamin gehangen hatte, wurde zu einer Ausstellung geschickt und durch ein Ölgemälde von Schloss Windsor ersetzt. Stück für Stück und Monat um Monat passte Prinz Charles die Einrichtung seinem Geschmack an.
Als die Prinzessin am Wochenende einmal zu Besuch kam und im Esszimmer eine dunkle Anrichte stehen sah, zuckte sie sichtlich zusammen. Als ich ihr erzählte, in die Nischen neben dem Kamin sollten eventuell zwei Marmorstatuen kommen, zog sie eine Grimasse. Der Prinz trug seinem Kammerdiener Michael Fawcett sogar auf, im Jahr 1870 entstandene Bilder des damaligen Prinzen von Wales, Albert Edward, aus seinem Ankleidezimmer in Kensington Palace zu holen und nach Sandringham House zu bringen.
Was die Inneneinrichtung des Kensington Palace anging, traf

die Prinzessin ihre eigenen Entscheidungen. Sie ließ das viktorianische Ehebett aus Mahagoni, das mit einem Baldachin versehen war, aus dem Schlafzimmer entfernen und der Königlichen Sammlung auf Schloss Windsor übergeben.

Der 6. Juni 1992, an dem ich meinen vierunddreißigsten Geburtstag feierte, war ausgerechnet auch der Tag, an dem Sir Robert Fellowes, der Privatsekretär der Queen, bei der *Sunday Times* anrief und zu wissen verlangte, was in dem geplanten Vorabdruck von Andrew Mortons Buch über Prinzessin Diana stand. Auf Highgrove hatte sich das Unwetter jedoch schon am Vortag zusammengebraut, als Prinz Charles und sein Privatsekretär Richard Aylard sich selbst an die Ermittlungsarbeit gemacht hatten.
An diesem Vormittag hielt sich die Prinzessin in Kensington Palace auf. Nachdem Carolan Brown, ihre persönliche Trainerin, gegangen war, kam ihre Kosmetikerin und Freundin Eileen Malone wie üblich um zehn Uhr zur Gesichtsbehandlung.
Während Prinzessin Diana sich entspannt der Reinigungs- und Massagebehandlung hingab, kam das Lager von Prinz Charles bereits ins Schwitzen. Der Grund war ein Fax, das aus Broadlands, dem Heim von Lord und Lady Romsey, stammte. Das Gerät unter meinem Schreibtisch im Anrichtezimmer hatte zwei Blatt Papier ausgeworfen. Als ich das Wort »Broadlands« sah, dachte ich nur: Die Romseys – das bedeutet nichts Gutes. Es war die Abschrift eines bereits gesendeten Interviews mit Andrew Neil, dem damaligen Herausgeber der *Sunday Times*. Er hatte dem Reporter ins Mikrofon gesagt, das Buch sei mit der stillschweigenden Billigung der Prinzessin entstanden, und Prinz Charles habe jeden Anlass, sich betrogen zu fühlen. Von Broadlands bis Highgrove, von Richard Aylard bis zum Prinzen von Wales wetzte man die Messer, während die Prinzessin sich zu Hause verschönern ließ. Meine Loyalität war gespalte-

ner denn je, denn während ich Prinz Charles auf Highgrove diente, machte ich mir Sorgen um die Prinzessin in Kensington Palace. Doch dann geschah etwas, was meinen Zwiespalt für immer beseitigte.

Es war am Ende eines besonders anstrengenden, warmen Tages. Den Lunch hatten wir draußen auf der Terrasse im Sonnenschein serviert. Am Abend ließ sich Prinz Charles sein einsames Mahl ins Wohnzimmer an den Kartentisch bringen, ziemlich früh, damit er wieder einmal zu einem seiner Ausflüge verschwinden konnte, die ihn zum elf Meilen weit entfernten Middlewich House und zu Mrs. Parker Bowles führten. Den ganzen Tag über hatte das Telefon geläutet. Bei Sonnenuntergang hatte Gerald Ward, ein Grundbesitzer aus der Gegend, eine Nachricht für den abwesenden Prinzen hinterlassen. Dazu kamen viele andere Anrufe, darunter der seines Pressesekretärs Dickie Arbiter. Ich war im Anrichtezimmer beim Abspülen, als das Telefon schon wieder läutete.

»Hallo, Paul, wie geht es Ihnen?«, sagte die Prinzessin und lachte, als ich ihr erzählte, ich hätte mir den Tag über die Füße wund gelaufen. »Mein Mann ist wohl nicht in der Nähe, oder?«, fragte sie dann. Sie bezeichnete ihn nie als Seine Königliche Hoheit, wie es das Protokoll im Umgang mit dem Personal vorschrieb.

Mir wäre es lieber gewesen, sie hätte diese Frage nicht gestellt. Es war das erste Mal, dass sie ausgerechnet zu einer Zeit auf Highgrove anrief, als Prinz Charles »privat« abwesend war. Was sollte ich jetzt antworten? Sollte ich lügen? Ich konnte die Prinzessin einfach nicht anlügen.

»Nun, ist er da oder nicht?«, fragte sie erneut. Diesmal klang sie ungeduldig.

Ohne weiter nachzudenken, gab ich eine ehrliche, wenn auch ungenaue Antwort: »Es tut mir Leid, Königliche Hoheit, aber er ist nicht da. Er ist ausgegangen.«

Ausgegangen. Es war nach acht Uhr abends. Verdammt. Das hätte ich nicht sagen sollen.

»Na, wo ist er hin?«, bedrängte mich die Prinzessin.

»Das weiß ich nicht, Königliche Hoheit.«

»*Natürlich* wissen Sie es, Paul.« Damit hatte sie mich in der Tasche. »Sie wissen doch alles, was im Haus geschieht. Also, wo ist er hin?«

Wenn die Prinzessin mich auch nur ein wenig kannte, dann wusste sie, dass Ehrlichkeit meine Stärke, aber auch meine schwache Stelle war. Hin- und hergerissen von meinem Pflichtgefühl und meiner Loyalität für beide Seiten, verfiel ich instinktiv auf eine flehentliche Bitte, um ihretwillen ebenso wie um meinetwillen. »Bitte fragen Sie mich nicht, Königliche Hoheit«, sagte ich. »Eine solche Frage sollten Sie an Seine Königliche Hoheit richten, nicht an mich.« Ich fühlte mich scheußlich, denn ich wollte weder Prinz Charles in Verlegenheit bringen noch die Prinzessin anlügen. Sie war zu gut zu mir gewesen.

Prinzessin Diana wechselte das Thema, allerdings nur, um auf eine andere Weise weiterzubohren. »Hat heute Abend noch jemand angerufen?«, fragte sie.

Ich verkannte die Gefahr, die darin lag, ihr zu erzählen, dass Dickie Arbiter und Gerald Ward Nachrichten hinterlassen hatten. Oberflächlich gesehen, war diese Information völlig harmlos, aber nicht, wenn die Prinzessin mit ihrer Hilfe demonstrieren konnte, dass sie genauestens wusste, wer bei uns anrief. Dadurch konnte sie Prinz Charles den Eindruck vermitteln, dass ihr keiner seiner Kniffe entging. Ich hatte ihr Munition in die Hand gegeben, und das spürte ich jetzt auch.

»Bitte sagen Sie nichts, Königliche Hoheit«, sagte ich. »Ich könnte schreckliche Schwierigkeiten bekommen, das wissen Sie.«

Die Prinzessin meinte, ich solle mir keine Sorgen machen, aber angesichts der Hast, mit der sie das Gespräch beendete, war mir klar, dass sie alles genau registriert hatte. Inmitten ihrer

Ehekrise würde es nicht in Vergessenheit geraten, dafür war sie zu zornig. Als ich in dieser Nacht ins Bett ging, war ich krank vor Sorge.
Maria hatte wenig Mitleid mit mir. Sie schalt mich, weil ich den Mund aufgemacht hatte. »Du hättest nachdenken sollen, Schatz, du hättest nachdenken sollen«, sagte sie.
Am nächsten Morgen ging ich mit flauem Magen zum Haupthaus. Ein ganz gewöhnlicher Vormittag verging, und ich wiegte mich in falschen Hoffnungen, dass die Prinzessin vielleicht doch nichts gesagt hatte. Damit war es vorbei, als Michael Fawcett, der Kammerdiener des Prinzen, ins Anrichtezimmer kam, wo ich Geschirr und Besteck für den Lunch bereitlegte. Sein finsteres Gesicht sprach Bände. »Er will Sie sehen, und er ist überhaupt nicht glücklich«, sagte Fawcett.
Ausnahmsweise war keine rote Scheibe in den Kasten gefallen. Ein Bote war geschickt worden. Es war eine Vorladung, kein dienstlicher Auftrag. In meinem Anrichtezimmer hörte ich, wie die Schritte des Prinzen die Treppe herabdonnerten. Die Tür der Bibliothek ging auf und wurde zugeschlagen. Mit rasendem Herzen wartete ich einige Sekunden. Dann verließ ich das Zimmer, wandte mich nach links und ging durch die nächste Tür. Rechts von mir stand die Tür der Bibliothek auf, an die ich mit einer schlimmen Ahnung klopfte. Wenn die Prinzessin meinen Namen ins Spiel gebracht hatte, würde ich meine Stelle verlieren. Das war alles, was ich dachte.
Prinz Charles stand neben seinem runden Tisch. »Schließen Sie die Tür«, sagte er knapp.
Das Türschloss klickte. »Königliche Hoheit?«, fragte ich.
Der Prinz war deutlich ungehalten. »Können Sie mir sagen, weshalb – *weshalb* – Ihre Königliche Hoheit immer weiß, wer Highgrove besucht oder hier anruft, wenn sie nicht da ist?«
»Ich weiß nicht, wovon Sie sprechen, Königliche Hoheit.«
»Haben Sie kürzlich mit Ihrer Königlichen Hoheit gesprochen, Paul?« Seine Stimme bebte vor Zorn.

Ich sagte ihm, zum letzten Mal hätte ich am Vorabend mit der Prinzessin gesprochen. »Als Sie ausgegangen waren«, fügte ich hinzu.
»Und *was* haben Sie ihr im Einzelnen gesagt?« Er kochte. Er war dafür bekannt, dass ihm leicht die Sicherung durchbrannte, und fast konnte ich es knistern hören.
»Dass Sie ausgegangen seien, Königliche Hoheit.« Selbst mir fiel mein resignierter Ton auf. In dieser Kontroverse konnte ich nicht siegen.
Das Gesicht von Prinz Charles war puterrot. »*Weshalb?*«, brüllte er.
»Weil Sie ausgegangen *waren*, Königliche Hoheit.«
Die rote Färbung wurde noch ein wenig dunkler. »Und weshalb haben Sie ihr gesagt, wer gestern Abend hier angerufen hat?«
»Nun, ich habe gesagt, Mr. Ward hätte angerufen, als Sie nicht da gewesen sind, weil das bestätigt hat, dass ich die Wahrheit sagte.«
Der Prinz sah mich ungläubig an. Meine Dummheit war für uns beide offenkundig. Er konnte gar nicht glauben, was er da gehört hatte. »Wieso, um Himmels willen, haben Sie nicht einfach gesagt, Sie könnten mich gerade nicht finden?«
Irgendetwas in mir forderte mich auf, mich zu wehren. Ich war kein Michael Fawcett, kein Richard Aylard, und ich gehörte nicht zu der Fraktion, die gern bereit war, die Spuren des Prinzen zu verwischen. »Fordern Sie mich auf zu lügen, Königliche Hoheit?«, fragte ich.
Die Tatsache, dass ein Bediensteter die Tollkühnheit besaß, ihm eine solche Frage zu stellen, brachte den Prinzen endgültig aus der Fassung. »Ja! *Ja*, das tue ich!« Sein Gebrüll hallte von den Wänden mit den Aquarellen wider. Abrupt riss er ein Buch von dem Stapel auf seinem Tisch und schleuderte es in meine Richtung. Noch heute sehe ich die Seiten flatternd durch die Luft fliegen. Das Buch verfehlte mich, und ich glaube auch

nicht, dass es mich treffen sollte. Es war ein ziellos abgefeuertes Geschoss. Prinz Charles war dafür bekannt, dass er mit Dingen warf, wenn er die Fassung verlor. Als das Buch auf dem Boden landete, tobte er noch immer. »Ja, das tue ich!«, schrie er. »Ich bin der Prinz von Wales!« Er stampfte mit dem Fuß auf, um seine Autorität zu unterstreichen. »Und eines Tages werde ich König sein! Also: Ja! *Ja!*«

Ich wagte nicht zu fragen, ob er noch etwas anderes von mir wolle. Wie betäubt drehte ich mich um und verließ schleunigst den Raum. Die Wutanfälle von Prinz Charles waren berüchtigt, aber bis dahin hatte ich noch nicht das Pech gehabt, einen davon selbst zu erleben. Im Anrichtezimmer sank ich auf einen Stuhl, stützte den Kopf in die Hände und verfluchte mich wegen meiner Dummheit.

Mehrere Minuten vergingen, dann läutete die Glocke. Die rote Scheibe fiel in den Kasten mit der Aufschrift BIBLIOTHEK. Die zweite Szene des Dramas begann.

Als ich die Tür der Bibliothek aufzog und beklommen eintrat, bot sich mir ein völlig verändertes Bild. Die Wut des Prinzen war abgeebbt, und er saß an seinem Tisch. Eigentlich hätte ich verlegen sein sollen, aber scheinbar war er derjenige, der nicht wusste, wohin er schauen sollte. Er hätte nicht reumütiger sein können. »Paul, es tut mir schrecklich Leid«, sagte er. »Das wollte ich wirklich nicht tun. Ich entschuldige mich.«

Auf dem Boden lag aufgeschlagen und mit den Seiten nach unten das literarische Geschoss, das er in meine Richtung geschleudert hatte. Während ich mich bückte, das Buch aufhob und auf den Stapel zurücklegte, sagte ich: »Wenn Sie Ihrem Herzen nicht mir gegenüber Luft machen können, Königliche Hoheit, wem gegenüber könnten Sie es dann?«

Verloren saß Prinz Charles auf seinem Stuhl, als hätte sein Zorn ihm alle Energie geraubt. Er nickte, und das war das Zeichen für mich, wieder zu gehen. Ich hatte versucht, dem Prinzen vorzuspiegeln, dass alles in Ordnung sei, aber ich wusste, das war keineswegs der Fall. Wir hatten beide falsch gehandelt, aber von diesem Augenblick an konnte es nie mehr so sein wie bisher.

Meine Empfindung einer gespaltenen Loyalität war nicht mehr nur ein psychologisches Dilemma. Ich war nun tatsächlich zwischen die Fronten geraten, und da sowohl der Prinz wie die Prinzessin von ihrem Personal hundertprozentige Loyalität verlangten, musste eine Entscheidung fallen. Im Grunde war mir schon klar, wohin Treue und Instinkt mich führen würden, doch Maria konnte ich es einfach nicht sagen. Sie liebte das Leben in unserem Cottage auf dem Lande.

Am 16. Juni 1992 erschien Andrew Mortons Buch *Diana. Ihre wahre Geschichte*. Als die Prinzessin zum Pferderennen nach Ascot kam, sah sie äußerst selbstbewusst aus. Sie wusste, dass sich alle Augen auf sie richten würden, aber als erfahrene Darstellerin auf der Bühne des öffentlichen Lebens ließ sie sich nichts anmerken. Hinter der Fassade sah es in ihr jedoch ganz anders aus, als sie die königliche Loge betrat. Der enorme Schaden, den das Buch verursacht hatte, kam ihr dort plötzlich zu Bewusstsein. Wie sie später sagte, spürte sie, dass alle anderen Gäste sie mieden. Sprach doch jemand mit ihr, war die Unterhaltung gestelzt, verlegen und kühl. Als sie dastand und sich umblickte, sah sie, dass Andrew und Camilla Parker Bowles unter den Gästen waren. Vergnügt lachend, spielten sie wieder einmal ihre Farce vom glücklichen Ehepaar. Dann sah die Prinzessin, wie Prinzessin Anne für ein Foto mit ihrem alten Freund Andrew Parker Bowles posierte. Es beleidigte sie, dass ihre Schwägerin so vertraulich mit dem Mann umging, dessen Frau die Geliebte des eigenen Bruders war. Damit billigte Prinzessin Anne genau die Situation, in der der Kummer von Prinzessin Diana wurzelte.

Später, im selben Jahr, besänftigte Prinzessin Anne die verwundeten Gefühle ihrer Schwägerin. Sie nahm sie beiseite und fand Worte des Zuspruchs.

Nach ihrer Scheidung von Captain Mark Phillips war Prinzessin Anne 1992 in Commander Tim Lawrence verliebt, und eine neue königliche Hochzeit stand auf dem Plan. Damals wurde fälschlich berichtet, die Prinzessin von Wales habe Prinzessin Anne »brüskiert«, indem sie nicht an deren Hochzeitsfeier teilgenommen habe, aber nichts ist weiter von der Wahrheit entfernt. Prinzessin Anne selbst hatte ihre Einladung gewissermaßen mit einer Befreiungsklausel versehen. Sie fühlte sich schuldig, weil sie in einer Zeit, in der der Prinz und die Prinzessin von Wales es so schwer miteinander hatten, eine neue Liebe gefunden hatte. Prinzessin Diana war beruhigt, als ihre Schwägerin ihr sagte: »Viele aus unserer Familie beten für dich.« Prinzessin Anne begriff, dass die Prinzessin von Wales womöglich nicht an ihrer Trauung teilnehmen wollte, weil es zu schmerzhaft für sie war. Prinzessin Diana war dankbar für dieses Mitgefühl, und sie nahm nur deshalb nicht an den Feierlichkeiten teil, weil sie die Entschuldigung für ihr Fehlen schon im Vorfeld von Prinzessin Anne erhalten hatte.

Nach dem Rennen in Ascot wurde hastig ein Gipfeltreffen auf Schloss Windsor vereinbart, bei dem die Queen und der Herzog von Edinburgh mit dem Prinzen und der Prinzessin von Wales zusammenkamen. Die Atmosphäre war gespannt, doch man sprach offen und ehrlich miteinander. »Mama war verzweifelt, als sie mir zuhörte«, erzählte mir die Prinzessin später. »Ich glaube, sie ist in diesem Augenblick regelrecht gealtert, weil es so aussah, als würde ich ihr die ganze Zeit über nur meine Seelenqualen offenbaren.«

Auf Windsor machte Prinz Philip deutlich, dass alle verärgert über die einseitige Darstellung in Mortons Buch waren. Er sagte der Prinzessin, man sei misstrauisch wegen ihrer möglichen Beteiligung. Die leugnete die Prinzessin und behauptete beharrlich, sie habe dem Autor nicht geholfen. Ich glaube wirklich, sie war bestürzt über das Ausmaß dessen, was sie entfesselt hatte.

»Die Zeit, als das Buch herauskam, war unerträglich für mich«, sagte sie später. »Nur dank meiner Freunde habe ich sie überstanden.« So erschüttert und wütend sie über den Zustand ihrer Ehe war und sosehr sie noch immer um ihren Vater trauerte, sie wusste tief in ihrem Inneren, dass ihre Entscheidung, mit Morton zusammenzuarbeiten, überstürzt, vorschnell und kopflos gewesen war. Ihre Freunde hatten sie dabei unterstützt, der Öffentlichkeit zu vermitteln, dass sie isoliert und ein Opfer war. Dadurch hatte sie allerdings jede Chance auf eine Versöhnung vertan und die geringe Aussicht darauf, dass Prinz Charles womöglich sein Verhalten änderte.

In der folgenden Zeit bemühte sie sich, mit dem Schaden, den sie sich selbst zugefügt hatte, zurande zu kommen, doch erneute Bitterkeit trieb sie drei Jahre später seltsamerweise zu einem weiteren katastrophalen Schritt, als sie einem Interview für die BBC-Sendung *Panorama* zustimmte. In beiden Fällen hatte sie die Wahrheit ans Licht kommen lassen wollen, doch im Grunde rief sie um Hilfe, weil sie hoffte, Mitgefühl zu wecken und gerettet zu werden. Niemand aber, besonders nicht der Mann, von dem sie Rettung erwartete – Prinz Charles –, war bereit, ihr zu helfen. Sie liebte ihn noch immer. In ihren Augen, die sich oft weigerten, die Kehrseite der Medaille zu sehen, war sie wegen Camilla Parker Bowles verlassen worden.

Obwohl sie wusste, dass sie falsch gehandelt hatte, schritt die Prinzessin entschlossen weiter. Ihr Zorn und ihr Gefühl, zutiefst ungerecht behandelt worden zu sein, ließen nicht nach. Sie sagte der Queen und Prinz Philip, sie habe versucht, höflich mit ihrem Gatten zu sprechen, sei jedoch auf Granit gestoßen. Bedauerlicherweise habe sie deshalb das Gefühl, dass nur noch eine Trennung in Frage käme – eine Trennung auf Probe, keine Scheidung. Sie wollte Freiheit, kein Durchtrennen von Bindungen.

Die Queen und Prinz Philip billigten den Vorschlag einer Trennung nicht. Prinz und Prinzessin bekamen zu hören, sie müssten lernen, Kompromisse zu schließen und weniger egoistisch zu sein. Sie sollten versuchen, ihre Schwierigkeiten zu überwinden – der Monarchie, ihren Kindern, dem Land und seinen Menschen zuliebe. Vor den Ohren von Prinz Charles machte die Prinzessin auf Windsor deutlich, wie sehr sie Camilla Parker Bowles verabscheute. Sie sagte später, es habe sie unheimlich erleichtert, ihren Zorn offen vor ihren Schwiegereltern ausdrücken zu können: »Damit war alles ans Tageslicht gekommen, im Buch und innerhalb der Familie.« Tatsächlich hatte das Buch einen positiven Aspekt; es beendete die Bulimie der Prinzessin wenigstens vorübergehend. »Ich glaube, die ganze Episode war die größte Herausforderung meines Lebens«, sagte sie.

Die Queen hatte das Gefühl, die freimütige Diskussion sei gut verlaufen, und schlug deshalb für den nächsten Tag ein zweites Treffen vor. Dieser Einladung kam die Prinzessin nicht nach. Sie brach sogar mit einer Tradition, indem sie sich weigerte, die ganze Woche auf Windsor zu bleiben, und stattdessen nur an zwei der vier vorgesehenen Tage zum Pferderennen kam.

Erbost sandte der Herzog von Edinburgh einen Brief, in dem er seine Enttäuschung darüber ausdrückte, dass die Prinzessin nicht zu dem zweiten Treffen erschienen war, obwohl er und die Queen Zeit und Mühe aufwandten, sich die Eheprobleme des Prinzenpaares anzuhören.

Doch die Prinzessin, zutiefst verärgert über die Anwesenheit von Camilla Parker Bowles in Ascot, hatte sich verletzt und wütend in Kensington Palace zurückgezogen.

Es war ihre Weigerung, während dieser Rennwoche auf Schloss Windsor zu bleiben, die am Anfang der regelmäßigen Korrespondenz zwischen Prinzessin Diana und dem Herzog von Edinburgh stand.

Auch wenn die Rolle der Queen und von Prinz Philip gelegentlich anders interpretiert wurde, beide hatten die besten Absichten, die Ehe des Thronfolgers zu retten. Seit jenem Tag auf Windsor taten sie alles, was in ihrer Macht stand, um eine öffentliche Trennung zu vermeiden. Sie waren zu dem Schluss gekommen, dass eine derart heikle, unsichere Situation eines klugen Kopfes bedurfte. Erstaunlicherweise sollte dieser Kopf ausgerechnet Prinz Philip sein, dem ein nicht gerade besonders ausgeprägtes Taktgefühl nachgesagt wurde. Trotzdem bot er sich als Vermittler an. Die Bedeutung der beratenden Rolle, die er und die Queen übernahmen, kann gar nicht überschätzt werden. Bisher hatten sie sich als Mutter und Vater nie in die Ehen ihrer Kinder eingemischt, weil sie glaubten, nur durch Lebenserfahrung könne man weise werden. In diesem Fall war ihnen klar, dass sie nicht untätig zusehen durften, wie der Prinz und die Prinzessin von Wales ihre Ehe in die Brüche gehen ließen. Wie Ihre Majestät bemühte sich auch Prinz Philip sehr, unparteiisch zu bleiben und die verzweifelte Lage der Prinzessin zu verstehen, aber wie jeder Vermittler musste auch er freimütig sein und manche harte Wahrheit aussprechen. Dabei fiel es Prinzessin Diana schwer zu akzeptieren, dass er einen neutralen Standpunkt eingenommen hatte. »Wie viele andere Ehefrauen müssen ihre Eheprobleme eigentlich mit ihrem Schwiegervater besprechen statt mit ihrem Mann?«, fragte sie frustriert.

Die Tatsache, dass Prinz Charles einfach den Kopf in den Sand steckte, war für die Prinzessin ein erneuter Beweis dafür, dass die königliche Familie sich unnormal verhielt, wenn es um persönliche Beziehungen ging. Außerdem war es ein deutliches Zeichen, dass beide Seiten störrisch in einem Strudel zwiespältiger Gefühle gefangen waren und nie zu einem gemeinsamen Standpunkt gelangen konnten.

Gerechterweise muss gesagt werden, dass Prinz Philip mehr als Prinz Charles tat, um dessen Ehe zu retten. Ob es seine Motivation war, die Institution zu schützen, oder ob es um die beteiligten Personen ging – er handelte in gutem Glauben. Niemand konnte besser verstehen als er, wie es war, ein Mitglied der königlichen Familie zu heiraten und seine bisherige Lebensweise zugunsten der Pflicht aufzugeben. Prinz Philip als Vermittler zu benutzen war allerdings mit einem grundlegenden Problem verbunden: Er war nicht sehr zurückhaltend, und da er die Prinzessin nicht verstand, konnte man kaum von ihm erwarten, dass er wusste, wie man mit ihrer Persönlichkeit und ihrem empfindlichen Temperament umgehen musste. So unparteiisch er auch zu sein versuchte, er trug Gartenhandschuhe in einer Situation, die Seidenhandschuhe erfordert hätte. In einem wahren Bombardement aus Briefen verstörte und erboste er die Prinzessin mit Kommentaren, die sie als brutal bezeichnete. Statt die Briefe in den Reißwolf zu stecken, band sie sie zu einem Bündel zusammen und behielt sie, um ein Unterpfand für die Wahrheit zu haben. Zur Sicherheit machte sie sogar mehrere Fotokopien, die sie an vertraute Freunde schickte. Andere, darunter der Fernsehreporter Martin Bashir und ich, bekamen die Originale zu Gesicht.

Bashir sah sie 1995, ich bereits 1993, als ich mit der Prinzessin auf der Treppe des Kensington Palace saß. Ein Jahr war vergangen, seit sie die Briefe erhalten hatte, doch noch immer schüttelte sie den Kopf über ihren Inhalt. Eine Menge Unsinn und viele Lügen sind über sie geschrieben worden. Viel später stand in Zeitungsberichten, die auf wilden Übertreibungen beruhten, es seien die »gehässigsten Briefe« gewesen, die Diana je erhalten habe. Es habe sich um kurze, schroffe Mitteilungen auf A5-Bögen gehandelt. Diesen groben Unrichtigkeiten muss ich entschieden widersprechen. Zwar enthielten die Briefe allerhand harte Wahrheiten, aber giftig waren sie nicht. Mit der Zeit wurden sie sogar verständnisvoll und mitfühlend. Schroff und grob waren sie ebenso wenig. Sie waren lang und weitschweifig; manche bestanden aus vier Seiten. Alle waren auf A4-Bögen geschrieben.

Im Widerspruch zu den genannten Zeitungsberichten kann ich außerdem versichern, dass Prinz Philip nach meiner Erinnerung in keinem seiner Schreiben die Worte »Dirne« oder »Flittchen« verwendet hat. Auch habe ich nirgends gelesen, dass er die Prinzessin beschuldigt hätte, der Monarchie Schaden zuzufügen.

Als Prinz Philip sich an seinen Schreibtisch setzte, war er eindeutig wütend über die Enthüllungen in Andrew Mortons Buch, das er sich Seite für Seite zu Gemüte geführt hatte. Auch er litt in Bezug auf seinen Sohn und seine Familie an verletztem Stolz. Dadurch befand er sich in der Defensive. Ich glaube aber auch, dass seine Objektivität darunter litt. Sosehr er auch versuchte, unparteiisch zu sein, immer wieder sprach ein anklagender Ton aus den Seiten.

Was Prinz Philip im Sinn hatte, war eindeutig. Er wollte seine Gedanken zu Papier bringen und die Prinzessin auffordern, ein wenig in sich zu gehen. Sie sollte aufgerüttelt werden, damit sie mehr über ihre Ehe, ihr Verhalten und ihre Motive nachdachte. Nach der Lektüre dieser Briefe konnte man den Schluss ziehen, dass er glaubte, gerade im Interesse der Prinzessin ihr gegenüber kein Blatt vor den Mund nehmen zu dürfen. Einerseits lobte er sie wegen der Auftritte und Reisen, die sie allein auf sich nahm, und wegen ihres sozialen Engagements, andererseits schrieb er, die Gattin von Prinz Charles zu sein, bedeute »wesentlich mehr, als nur eine Heldin des britischen Volkes zu sein«. Solche Bemerkungen nagten am Selbstbewusstsein und an der Stimmung der Prinzessin, denn sie stammten von einem Mann, für den sie seit ihrer Heirat große Achtung empfand. Das belastete sie dabei am meisten.

Bevor es besser wurde, wurde es erst einmal schlimmer. Als Prinz Philip meinte, Eifersucht sei das Krebsgeschwür in der Ehe gewesen, empfand die Prinzessin das als persönlichen Angriff. Außerdem schrieb der Herzog, ihr irrationales Verhalten nach der Geburt ihres Sohnes William sei nicht sehr hilfreich gewesen. Auch meine Rolle als Butler, der sich ungebeten einmischte, wurde nicht vergessen. Ich zuckte zusammen, als ich las, wie der Herzog eines von vielen Beispielen aufzählte – es ging um den Abend, an dem Prinzessin Diana mich am Telefon ausgefragt hatte, wo Prinz Charles so spät noch hingefahren sei. Prinz Philip schrieb, sein Sohn hege den tief sitzenden Argwohn, dass die Prinzessin sich als eifersüchtige Spionin gebärde, die an Türen lausche und den Butler nach seinem Verbleib ausfrage. »Wäre Charles von Anfang an ehrlich zu mir gewesen«, sagte sie zu mir, »dann hätte ich nicht misstrauisch gegen ihn sein müssen.«

Es ist nicht schwer, Verständnis dafür zu haben, dass eine Frau versucht, sich Klarheit zu verschaffen, wenn ihr Mann auch nach der Hochzeit weiterhin ständig mit seiner alten Flamme zusammenkommt.

Wenn das Verhalten der Prinzessin Prinz Charles argwöhnisch gemacht hatte, so hatte sein konspiratives Privatleben ihre Zweifel an ihm erst geweckt. Die Ironie dieses Teufelskreises schienen weder Prinz Charles noch der Herzog von Edinburgh zu begreifen. Nun prasselten auf die Prinzessin Schlag um Schlag quasi elterliche Ratschläge nieder, die wie in Stacheldraht gewickelt waren: Sie sei keine liebevolle Gattin gewesen; zwar sei sie eine gute Mutter, gegenüber William und Harry jedoch zu besitzergreifend. Ich hatte sie mit ihren Söhnen gesehen, und alles, was man ihr vorwerfen konnte, war, dass sie die beiden mit Liebe und Zuneigung überschüttete. Sie wollte vierundzwanzig Stunden täglich für sie da sein, und das sieben Tage pro Woche. An den Wochenenden hatte sie dafür gesorgt, dass sie nach Highgrove fuhren, um ihren Vater zu besuchen. Nur in einer höfischen Welt, in der die Wiege von der Kinderfrau geschaukelt wird, konnten die Aufmerksamkeit und die Liebe, die Prinzessin Diana ihren Söhnen entgegenbrachte, als übermäßig besitzergreifend missverstanden werden.

Fassungslos war die Prinzessin jedoch, als Prinz Philip das heikle Thema der Geliebten ihres Gatten anschnitt. Er schrieb, sie hätte dankbar dafür sein sollen, dass Prinz Charles sich anfänglich von Camilla Parker Bowles abgeschottet habe. Das habe der Prinz als »beträchtliches Opfer« empfunden, während die Prinzessin sein Handeln »nicht gewürdigt« habe. Es folgte ein Vorwurf, der die Prinzessin zum Schluchzen gebracht hatte. Prinz Philip hatte geschrieben: »Kannst du ehrlich in dein Herz blicken und sagen, Charles' Beziehung zu Camilla habe nichts damit zu tun, wie du dich ihm gegenüber verhalten hast?«
Prinzessin Diana wurde mit anderen Worten beschuldigt, Prinz Charles in die Arme der Frau zu treiben, von der sie ihn hatte fernhalten wollen. Obwohl seit dem Brief schon ein Jahr vergangen war, packte sie immer noch die Wut. »Die sind doch alle gleich – sie kümmern sich bloß umeinander!«, sagte sie. Einerseits behauptete Prinz Philip, er mache ihr keine Vorwürfe, andererseits schob er ihr die Verantwortung zu.

Im Sommer 1992 sah ich auf Highgrove nicht viel von der Prinzessin. Ihre Ehe war unheilbar zerrüttet. Die Kommunikation mit dem Herzog von Edinburgh setzte sich jedoch bis in den Herbst hinein fort. Hatte ein Brief die Prinzessin in Verzweiflung versetzt, machte der nächste ihr wieder Hoffnung. Sie schrieb immer zurück, wobei ihre Antworten auf die ersten Briefe von Zorn geprägt waren. Ein Schreiben des Herzogs begann mit den aufschlussreichen Worten: »Puh!!! In meinem letzten Brief bin ich vielleicht ein wenig zu weit gegangen …«
Im Lauf der Zeit akzeptierte er, dass Prinz Charles am Scheitern der Ehe ebenso viel Schuld trug wie die Prinzessin und auch ebenso stur gewesen war.
Als sich die Haltung von Prinz Philip änderte, folgte die Prinzessin ihm nach. So hart sie die Meinungen und Beobachtungen ihres Schwiegervaters auch fand, sie lernte, seine Ehrlich-

keit zu respektieren. Nachdem sie einigen seiner Kommentare widersprochen hatte, wurden seine Briefe wärmer, freundlicher und rücksichtsvoller. Noch wichtiger war etwas anderes: Zum ersten Mal, seit ihre Sorgen Mitte der achtziger Jahre begonnen hatten, hatte sie das Gefühl, dass jemand aus dem Hause Windsor sich die Mühe machte, ihr zuzuhören, ohne sie als haltlos oder hysterisch abzutun. Indem sie frontal aufeinander geprallt waren, hatten die Prinzessin und der Herzog von Edinburgh Barrieren niedergerissen und viele unausgesprochene Probleme ans Tageslicht gebracht. Die Prinzessin sah die Mühe, die ihr Schwiegervater sich gab, sie bemerkte die Länge seiner Briefe und bewunderte ihn dafür. Er unterschied sich deutlich von anderen Mitgliedern der königlichen Familie, die zu eilfertigen Schlüssen neigten und die Sorgen der Prinzessin als das Gezeter einer Verrückten abtaten. Bei ruhigem Nachdenken hätte jedem aufgehen müssen, dass ihre Stimmungswechsel, ihre Bulimie und ihre Schreikrämpfe das Resultat einer unerträglichen Frustration darüber waren, einfach nicht gehört zu werden. Eine Welle der Erleichterung, ja der Bestätigung überkam sie, als der Herzog von Edinburgh deutlich machte, er teile nicht die Meinung mancher Mitstreiter im Lager von Prinz Charles, die in ihrer Ignoranz mit der Behauptung hausieren gingen, sie sei »psychisch unausgeglichen« oder »labil«.

Nach dem Tod von Prinzessin Diana, als sie sich nicht mehr wehren konnte, wurde ihr Andenken mit der erschreckenden Behauptung besudelt, sie habe an einer Borderline-Störung gelitten. Mit den Symptomen dieser Erkrankung hat sich die Journalistin Penny Junor bei den Recherchen zu ihrem 1998 erschienenen Buch *Charles: Victim or Villain? (Charles: Opfer oder Schurke)* beschäftigt. Junor meinte sagen zu können, diese Symptome stimmten »genau mit dem Verhalten überein, das Diana zur Schau stellte«. Interessant an dieser spektakulären Schlussfolgerung ist, dass sie sich unter anderem auf unbenutztes Material stützte, das Jonathan Dimbleby für sein 1994 erschienenes Buch *The Prince of Wales* gesammelt hatte. Prinzessin Diana jonglierte mit einem hektischen Leben, das sich im grellen Licht der Fernsehscheinwerfer abspielte. Hätte sie am Borderline-Syndrom gelitten, so hätte sie in einer derart aufreibenden Umgebung nie den Pflichten nachkommen können, die auf ihren Schultern lagen. Ich habe in ihrer Nähe gelebt und beobachtet, wie ein gewöhnlicher Mensch mit einem außergewöhnlichen Leben kämpfte, und kann bezeugen, dass sie ganz einfach an einer Essstörung gelitten hat.

Glücklicherweise würdigte der Herzog von Edinburgh diese simple Tatsache. In einem seiner Briefe schrieb er, da Bulimie offenbar das Verhalten der Betroffenen beeinträchtigen könne, dürfe man der Prinzessin die durch die Erkrankung entstandenen »Verhaltensmuster« nicht vorwerfen. Dieses Eingeständnis war von immenser Bedeutung für die Prinzessin. Mit einem Schlag hatte Prinz Philip sich von den giftigen inoffiziellen Behauptungen distanziert, wegen deren sie so viele Jahre das Gefühl gehabt hatte, dass niemand sich um sie kümmere oder sie verstand. Um ihres Andenkens willen sollte man sich heute auf die Schlüsse verlassen, zu denen der Herzog von Edinburgh zu Lebzeiten der Prinzessin kam, und nicht auf die Hypothesen einer Journalistin, die nach ihrem Tod vorgebracht wurden. Noch größere Hoffnung machte der Prinzessin die Tatsache, dass die Queen und Prinz Philip weiterhin der Ansicht waren, die Ehe könne doch noch funktionieren, wenn beide Seiten sich kompromissbereit zeigten. Der Herzog stellte sogar eine Liste gemeinsamer Interessen und Aktivitäten zusammen, die das Paar vielleicht wieder zusammenbringen könnten. Das stärkte den Optimismus, den die Prinzessin sich bewahrt hatte. Jenseits von aller Bitterkeit und Wut liebte sie Prinz Charles noch immer und glaubte, mit ihm eines Tages einen neuen Versuch wagen zu können. Man mag das naiv nennen oder auch nicht. 1992 war ihr klar geworden, dass eine Trennung unver-

meidlich war und vielleicht sogar heilsam. Sie glaubte jedoch nicht, wie manche Autobiografien aus dem Umkreis des Königshauses angedeutet haben, dass ihre Ehe tot sei; sie meinte, sie wieder aus dem Koma erwecken zu können.
Mit manchen seiner Worte hatte der Herzog die Prinzessin zum Weinen gebracht, mit anderen brachte er sie zum Lachen. Als er seine privaten Gedanken über Camilla Parker Bowles zum Ausdruck brachte, sprang sie sogar voll unbändiger Freude in ihrem Zimmer herum. Sowohl er wie auch die Queen hätten sich lange große Sorgen wegen der Freundschaft ihres Sohnes mit einer verheirateten Frau gemacht und sie deutlich missbilligt, schrieb Prinz Philip. Es folgten diese Sätze: »Weder bei ihm noch bei dir billigen wir Affären. Charles war töricht, wegen Camilla seine ganze Stellung zu riskieren. Wir hätten uns nie träumen lassen, dass er die Absicht hatte, dich wegen ihr zu verlassen. Ich kann mir noch heute nicht vorstellen, dass jemand mit klarem Verstand dich wegen Camilla verlässt. Auf einen solchen Gedanken sind wir beide nie gekommen.«
Das bestätigte alles, was die Prinzessin wissen musste. Außerdem war ihr nicht entgangen, dass der Herzog von Edinburgh angefangen hatte, seine Briefe so zu unterzeichnen: »Mit ganz lieben Grüßen – Pa.«
Die Korrespondenz war eine Achterbahnfahrt durch Verzweiflung und Hoffnung, Weinen und Lachen, durch Trotz und Zugeständnisse. Als die Prinzessin mich an dem, was sie durchgemacht hatte, teilhaben ließ, hatte ich fast den Eindruck, sie brauche einen unabhängigen Zeugen, der ihr bestätigte, dass ihre Ansicht über das höfische Umfeld – über die Familie, die Ehe, den Hofstaat, die Art und Weise, wie sie behandelt wurde, die Ungerechtigkeit, die sie empfand – keine irrsinnige Fehlinterpretation war. Vielleicht wollte sie auch das Gefühl der Bestätigung mit mir teilen, das ihr die Briefe vermittelten – als hätte es eines zusätzlichen Beweises dessen bedurft, was

der Herzog von Edinburgh geschrieben hatte. Natürlich war ihr dabei auch bewusst, dass ich die Queen und ihren Gatten kannte.
Es stimmt, dass die Prinzessin Kritik nicht leicht hinnehmen konnte, aber alles in allem hatte sie mit der Zeit das Gefühl, dass sie Fortschritte gemacht und ihre Position vermittelt hatte. Zum Zeitpunkt ihres Todes bewunderte sie den Herzog von Edinburgh sehr. Trotz der Verletzungen, die seine ersten Briefe ihr zugefügt hatten, sagte sie, sie werde nie die Rolle vergessen, die er als Ratgeber gespielt hatte.
Irgendwann geriet die wohl gemeinte Intervention des Herzogs von Edinburgh in eine Sackgasse. Weitere Skandalnachrichten erschienen in den Zeitungen, während die Prinzessin ihr Möglichstes tat, die Gier der Medien nach sensationellen Schlagzeilen zu unterdrücken. Nach Spekulationen über Prinz Philips Briefe gab sie folgende Erklärung ab: »Die Behauptung, Ihre Majestät die Königin und Seine Königliche Hoheit der Herzog von Edinburgh hätten sich in irgendeiner Weise nicht verständnisvoll und hilfsbereit verhalten, ist unwahr.« Wieder einmal machte die Prinzessin in der Öffentlichkeit gute Miene zum bösen Spiel, während alle Seiten erkannten, dass die Ehe nicht mehr zu retten war. Trotzdem bemühte sich der Herzog von Edinburgh weiter. Er war entschlossen, dafür zu sorgen, dass sich die Geschäftsbeziehung zwischen dem Prinzen und der Prinzessin von Wales weiterschleppte, der Monarchie und England zuliebe. Bei einem Gespräch unter vier Augen, das in Balmoral stattfand, überredete Prinz Philip die Prinzessin sogar behutsam, Prinz Charles auf seine Reise nach Korea zu begleiten, obwohl sie gesagt hatte, sie würde lieber nicht mitfliegen. Was die Bemühungen für die Ehe betraf, erwies sich die Reise denn auch als Katastrophe.
Am 27. November schrieb ich in einem Brief an meine in Kentucky lebenden Freunde Shirley und Claude Wright: »Damit die Situation sich grundlegend verändert, ist wohl ein größerer

Skandal oder eine öffentliche Erklärung vonnöten, aber beides wird dieses Jahr wahrscheinlich nicht mehr auf uns zukommen, falls nicht dramatische Wochen vor uns liegen. Ich werde immer auf Highgrove bleiben, um mich um die Personen zu kümmern, die hier leben, wer sie auch sein mögen. Bestimmt wird 1993 ein ereignisreiches Jahr, aber meine Stellung hier ist ganz sicher, und ich bezweifle sehr, dass unser Leben sich ändern wird.«
Ich hatte keine Ahnung, dass die Büros des Prinzen und der Prinzessin im selben Monat schon die Trennung des Paares vereinbart hatten. Auf Highgrove tappten wir alle im Dunkeln, aber die Prinzessin hatte gute Gründe, mich nicht zu informieren, weil sie wusste, welche Auswirkungen diese Entwicklung auf unser Leben haben würde.

Ich hatte bereits den Weihnachtsbaum für Highgrove bestellt. Prinz Charles war »privat« abwesend, und die Prinzessin war mit ihrer Freundin und Sekretärin Maureen Stevens nach Tyne and Wear im Norden Englands gefahren.
Mittwoch, der 9. Dezember, begann wie jeder andere Tag. Dann teilte man uns mit, um drei Uhr nachmittags sei die Ankunft von Gräfin Jane von Strathclyde zu erwarten, der Vertreterin der Personalabteilung in Buckingham Palace. Sobald wir ihr Gesicht sahen, wussten wir, dass sie schlechte Nachrichten brachte. Es kam uns unfair vor, dass jemand, den wir so schätzen gelernt hatten, einen derartigen Auftrag ausführen musste. Jane sah nervös aus, und man hatte sie instruiert, gleich nach ihrer Ankunft Richard Aylard, den Privatsekretär des Prinzen, anzurufen. Bevor sie das tat, sagte sie mir, ich solle das gesamte Personal – Wendy, Paddy, Lita und Barbara (die beiden Aufwartefrauen) und Maria – in der Küche versammeln.
Jane hatte den Zeitpunkt ihrer Ankunft mit Premierminister John Majors Ankündigung koordiniert, der Prinz und die

Prinzessin von Wales hätten bedauerlicherweise beschlossen, sich zu trennen.
Hinter den Kulissen waren alle Parteien – in Buckingham Palace, in Kensington Palace und auf Highgrove – entschlossen, dafür zu sorgen, dass der Prinz und die Prinzessin zwar getrennte Leben führten, aber auf eine Scheidung verzichteten. Die britische Verfassung sollte intakt bleiben, selbst wenn alles andere in Trümmern lag.
Während John Major vor dem Unterhaus seine Erklärung abgab, kam Jane mit sorgenvoller Miene aus dem Speisezimmer. Sie bedauerte den Aufruhr, den sie verursachen musste.
»Kann ich zuerst mit Paul und Maria sprechen?«, sagte sie, und wir folgten ihr ins Esszimmer des Personals. »Bitte schließen Sie die Tür.«
Ich setzte mich und hielt Marias Hand fest in der meinen. Dann begann Jane mit düsterer Stimme: »Ich habe es selbst gerade erst erfahren. Als ich hierher aufbrach, wusste ich selbst noch nicht, zu welchem Zweck. Aber soeben ist angekündigt worden, Ihre Königlichen Hoheiten der Prinz und die Prinzessin von Wales hätten die Absicht, sich zu trennen …«
So unvermeidlich es gewesen war, es machte uns todtraurig, es zu hören. Doch Jane war noch nicht fertig.
»… und Ihre Königliche Hoheit die Prinzessin von Wales möchte, dass Sie beide nach London kommen, um sich um sie zu kümmern.«
Prinzessin Diana wollte, dass ich in ihrem Team neben Harold Brown, dem amtierenden Butler in Kensington Palace, arbeitete.
Maria brach in Tränen aus. »Das kann ich nicht glauben«, heulte sie. »Das kann ich einfach nicht glauben.«
Jane und ich saßen schweigend da. »Was sollen wir bloß den Jungen sagen?«, fragte Maria weinend. »Hier sind doch ihre Freunde und ihre Schule, hier ist unser Cottage. Nein. Nein!«

Jane legte ihre Arme um Maria. »Ich weiß auch nicht, was ich Ihnen sagen soll«, sagte sie.

Auch mir schwirrte der Kopf, aber aus anderen Gründen. Die Unvermeidlichkeit der Ankündigung war für mich mit dem ebenso unvermeidlichen Schluss verbunden, dass unsere Zukunft bei der Prinzessin lag. Ich war fest davon überzeugt, dass dies alles nicht grundlos geschah. Mir machte nur Kopfzerbrechen, weshalb die Prinzessin uns nicht schon früher informiert hatte. Nur das konnte ich nicht verstehen.

Als wir aus dem Esszimmer in die Küche kamen, sah Wendy uns als Erste. Sie sah auch, dass Maria am Boden zerstört war. »Was um Himmels willen …«, rief sie und lief auf Maria zu.

»Kann ich jetzt mit Ihnen sprechen, Wendy?«, sagte Jane. Zehn Minuten später kam Wendy wieder heraus. Man hatte sie entlassen. Bewundernswerterweise blieb sie philosophisch – »Ich gehe sowieso bald in Rente« – und war mehr wegen uns besorgt.

An diesem Nachmittag saßen wir noch lange, nachdem Jane gegangen war, um den Küchentisch und dachten bei vielen Gläsern Gin Tonic über die Veränderungen nach. Paddys Rolle blieb unverändert, und irgendwann ging er nach Hause. Die beiden Aufwartefrauen waren schon früher fassungslos gegangen.

Wendy bot Maria eine Zigarette an. »Eigentlich sollen wir in der Küche ja nicht rauchen, aber ich glaube, das ist jetzt egal«, sagte sie, worauf die beiden eine Schachtel mit zwanzig Zigaretten leerten. Zurück nach London; ein anderer Dienst, eine andere königliche Residenz. Auf Highgrove würden wir die Prinzessin oder William und Harry nie mehr sehen.

Als Prinzessin Diana an diesem Abend aus Nordengland nach Kensington Palace zurückgekehrt war, rief sie bei uns im Cottage an. Gerade sie wusste genau, wie bestürzt Maria über die Aussicht war, nicht mehr das ländliche Leben führen zu können, das sie sich immer erträumt hatte, und stattdessen

nach London zurückkehren zu müssen. »Machen Sie sich keine Sorgen, Maria«, sagte die Prinzessin tröstend, als Maria wieder in Tränen ausbrach. »Sie und Paul sind hier bei mir besser aufgehoben. Ich weiß, Sie wollen nicht nach London kommen, aber ich werde mich gut um euch alle kümmern.«
Als Maria auflegte, tat ihr die Prinzessin unendlich Leid. Sie wusste, wie einsam das Leben in Kensington Palace war, aber abgesehen davon wollte die Prinzessin nur dafür sorgen, dass die Familie, zu der sie eine so enge Beziehung entwickelt hatte, für sie arbeitete statt für ihren Gatten. Bei der Trennung der königlichen Ehe hatte Prinzessin Diana die Burrells zu den Besitztümern geschlagen, die sie behalten wollte.
Wenig später musste sich die Prinzessin ihrerseits mit einer häuslichen Bombe auseinander setzen, die in einem Umschlag von Buckingham Palace gekommen und von der Hand des Herzogs von Edinburgh geschärft worden war. Während die Anwälte und Berater beider Lager Treffen abhielten, um die Einzelheiten der Trennung auszuhandeln, brachte Prinz Philip einen eigenen Vorschlag in die Debatte ein. Die Prinzessin sollte aus den Suiten acht und neun in Kensington Palace ausziehen, in denen sie seit zehn Jahren zu Hause war, damit Prinz Charles seine Londoner Residenz behalten konnte.
Als Alternative, die für eine Mutter, deren Söhne auf dem Internat seien, besser geeignet sei, schlug der Herzog einen Umzug in die benachbarte Suite Nummer sieben vor. Diese inzwischen leer stehende und heruntergekommene Wohnung war früher von den Claytons bewohnt worden, entfernten Verwandten des Königshauses. Für den Herzog von Edinburgh hatte sie allerdings eine besondere Bedeutung, denn hier hatte er die Nacht vor seiner Hochzeit mit der Queen am 20. November 1947 verbracht.
Der Herzog sprach von einer Art »Doppellösung«. Doch die Frau, die ich von nun an »Chefin« nennen sollte, stellte sich auf die Hinterbeine und weigerte sich, von der Stelle zu weichen.

Der freimütige Austausch, der sich zwischen ihr und ihrem Schwiegervater entwickelt hatte, erlaubte ihr, ihm ohne Angst vor Verstimmungen mitzuteilen, wie sie sich fühlte. Sie sagte ihm, unter keinen Umständen sei sie bereit, Platz für Prinz Charles zu machen. Deshalb blieb dieser auf Highgrove und gab sich mit einer neuen Suite im St. James' Palace zufrieden. Die Prinzessin blieb in ihren alten Suiten, wo ich nur noch für sie arbeiten würde, und Maria kam halbtags als Zofe zu ihr.

8.
Kensington Palace

»Möchten Sie gerne einen Film sehen?«, fragte die Prinzessin.
Es war Samstagnachmittag in Kensington Palace, und wir waren gerade vom Einkaufen aus der nahe gelegenen High Street zurück. Der Koch hatte frei bekommen und hatte einen Salat im Kühlschrank deponiert. Das »Haus« war ruhig. Es war ein freier Nachmittag, es gab keine Verpflichtungen, und die Prinzessin hatte ein paar Stunden für sich.
Sie stand in der Küchentüre im Erdgeschoss, während ich gerade zwei Tassen Pulverkaffee zubereitete. »Suchen Sie einen Film aus. Ich brauche noch fünf Minuten«, und damit verschwand sie über die Wendeltreppe, die sich entlang der weißgelben Wände zog.
Wir konnten uns stundenlang über Filme unterhalten. Während ich den Kaffee in den blauweißen Tassen umrührte, die ihr lieber als vornehmes Porzellangeschirr waren, wusste ich genau, welchen Film ich heute aussuchen würde.
Ihre Sammlung war nichts im Vergleich zu den Filmmassen, die William und Harry angehäuft hatten, aber sie besaß eine Reihe guter klassischer Filme, meist solche mit herzzerreißend romantischen Themen. »Weepies« nannte sie diese Art von Filmen.

Im Wohnzimmer beugte ich mich zu den Videokassetten, die zwei Regale eines weißen Schrankes füllten, der in ein bis an die Decke reichendes Bücherregal eingebaut war: *Vom Winde verweht*, *Silk Stockings*, *My Fair Lady*, *Top Hat*, *Carousel*, *South Pacific Ghost*, *Der Englische Patient*. Mein Blick blieb auf *Brief Encounter* haften. Das war ein garantierter »Weepy«, ein Tränendrüsenöffner. Sie hatte diesen Film häufiger gesehen, als ich ihr Kaffee oder Karottensaft zubereitet hatte. »Ich glaube, das ist der richtige«, sagte ich, als sie das Zimmer betrat, und schob die Kassette in das Abspielgerät.
Prinzessin und Butler setzten sich jeder in eine Ecke des pinkkremfarben gestreiften dreisitzigen Sofas, das vor ihrem Mahagonischreibtisch stand und den Blick auf den in grauen Marmor gefassten Kamin auf der gegenüberliegenden Seite des Raums lenkte. Von hinten fiel das Tageslicht durch die Schiebefenster mit ihren weißen Rahmen. Auf dem Kissen zwischen uns stand eine Box mit Papiertaschentüchern. »Bei dem muss ich immer heulen«, sagte sie und zog ein Taschentuch aus der Box, als der Film begann.
Sie machte es sich in ihrem Sofaecke bequem und schniefte sich durch die Geschichte einer zufälligen Begegnung, die sich zu einer echten Liebesgeschichte entwickelt.
Sie können jeden fragen, der mit der Prinzessin ein Konzert besucht oder mit ihr zusammen den Film *Brief Encounter* angeschaut hat – die Klänge von Rachmaninows Klavierkonzert Nummer zwei brachten sie jedes Mal zum Weinen. Während die Dampflokomotive den Zug durch die Schlüsselszene des Films zog und die aufwühlende Musik das Wohnzimmer erfüllte, hörte ich, wie neben mir ein Schniefen einsetzte. Der Prinzessin, die mir halb zugewendet saß, rannen die Tränen über die Wangen. Sie bog sich lachend nach hinten, als sie merkte, dass auch ich ein Taschentuch in der Hand hielt. »Wir sind beide so dumm!« Wir lachten – mein Gott, was haben wir zusammen gelacht. Noch heute muss ich lächeln, wenn ich die

Klänge von Rachmaninows Klavierkonzert höre. An diesem Abend und an vielen anderen spielte sie das Konzert endlos auf ihrem tragbaren CD-Spieler ab, den sie von einem Zimmer ins andere mitnahm. Oder sie setzte sich ans Klavier neben dem Fenster im Salon, das auf die hinteren Teile des Palastgartens hinausging, und spielte das Thema der Filmmusik von *Brief Encounter*. Ich schlich mich dann nach oben, stand in der Tür und betrachtete sie an dem Piano aus dunklem Holz, wie sie gedankenverloren mit geschlossenen Augen dasaß. Was bedeuten schon Besitz und materielle Dinge. Dieser Klang war für mich das Wichtigste, was ich aus dem Kensington Palace mitgenommen habe.

Aber bevor es zu solchen zu Tränen rührenden Augenblicken kam, musste ich erst meine Sporen verdienen. Das Vertrauen wuchs mit der Zeit. Nach dem Auszug aus Highgrove stand die Pflicht, die ich früher mit meinem Kollegen Harold Brown geteilt hatte, an erster Stelle.

Der Möbelwagen mit allen meinen weltlichen Gütern fuhr vor dem Eingang des Old Barracks vor, wo die Wohnung Nr. zwei im ersten Stock, zwei Schlafzimmer, Bad, Wohnzimmer und Küche, zu unserem neuen Heim wurde. Das Haus stand mit seinem breiten Rücken am Rande des hektischen Getriebes der Hauptstadt und trennte uns so von dem Auflauf in der Kensington High Street. Nach vorne sah man über eine großzügige Rasenfläche. Das rote rechteckige, dreistöckige Ziegelgebäude, das die Vorderseite des Kensington Palace bildete, des »KP«, wie er beim Personal hieß, erstreckte sich über die südwestliche Ecke der Kensington Palace Gardens, abgesetzt vom westlichen Rand des Hyde Park. Es war ein anderes Universum, verglichen mit der Abgeschiedenheit des ländlichen Gloucestershire. Wir waren an einem warmen Apriltag 1993 hier angekommen und fanden uns in einer Oase mitten in London wieder, umgeben von Grün.

Ein bekanntes Gesicht begrüßte uns. Die Prinzessin von Wales lächelte uns an, einen Blumenstrauß für Maria in der Hand. Welcher Chef würde diese Mühe auf sich nehmen?
Als Maria die Autotüre öffnete, beugte sich die Prinzessin aufgeregt herüber. »Willkommen! Willkommen! Willkommen! Endlich seid ihr hier«, sagte sie und umarmte Maria, während Alexander und Nicholas zu ihr hinrannten und sich an ihre Beine hängten.
Nachdem der Möbelwagen ausgeladen war, stand die Prinzessin draußen in der Sonne, ganz angetan von unserem Hausrat. »Ich liebe eine gute Tasse Tee«, sagte sie. »Oh, Maria, das ist schön, ich wusste gar nicht, dass Sie so etwas haben.« Dann klatschte sie in die Hände. »Ich bin jetzt weg, und ihr könnt in Ruhe einräumen«, und sie ging über den Rasen zurück zum Palast, bevor sie über die Osterfeiertage zu ihrer Schwester Lady Sarah McCorquodale nach Lincolnshire fuhr. Sie hatte noch die Ostereier für ihr Nichten und Neffen einzupacken.
Wir besichtigten unsere Wohnung. Es waren neue Teppiche verlegt worden, und die Küche war frisch gefliest. Das Old Barracks ist ein umgebautes Stallgebäude, das einst die Stallknechte und Soldaten beherbergte, die den von Königin Mary II. und König William III. im späten siebzehnten Jahrhundert gekauften Palast bewachten. In neuerer Zeit wurde es umgebaut und enthielt Wohnungen für verdiente Mitglieder des königlichen Hofstaats und Personal. Unsere Nachbarn waren Jane, die Schwester der Prinzessin, und ihr Mann Sir Robert Fellowes, der Privatsekretär der Queen; Brigadier Miles Hunt-Davies, der inzwischen geadelte Privatsekretär des Herzogs von Edinburgh; Jimmy Jewell, der Buchhalter des Herzogs, und Ronald Allison, der Pressesprecher der Queen. Mein Butlerkollege Harold Brown hatte keine Dienstwohnung. Irgendwie hatte sich der ehemalige Hilfsbutler in Buckingham Palace durch einflussreiche Freunde ein königliches Apartment direkt in Kensington Palace gesichert. Man kannte ihn als den Diener,

der wie ein Royal lebte, und Apartment Nummer sechs war seine Residenz. Wir arbeiteten getrennt und teilten uns den Tag in zwei Schichten ein, um alle Aufgaben im Haushalt der Prinzessin erledigen zu können.

Doch mein erster Tag in Kensington Palace lag eigentlich schon vier Monate zurück. Als ich damals durch den Palasteingang kam, schüttelte die Prinzessin mir die Hand und sagte: »Sie gehören jetzt zu meinem Team. Willkommen im Alphateam!«
Ich hatte es so eingerichtet, dass ich in der Zeit, in der unsere Wohnung hergerichtet wurde, unter der Woche in der Stadt arbeitete und an den Wochenenden Maria und die Kinder in unserem Cottage in Highgrove sehen konnte. Es war jedes Mal eine anstrengende Reise. Aber die Prinzessin hatte sie in den vergangenen zwei Jahren ebenfalls machen müssen. Für Maria war das Leben auf dem Besitz in Highgrove sehr unangenehm geworden. Sie und die Jungen durften nicht mehr in das Haupthaus gehen. Man hätte denken können, in unserem Cottage sei die Pest ausgebrochen, da wir wie Aussätzige behandelt wurden. Dabei kann ich nicht sagen, dass man uns nicht gewarnt hätte. Der Kammerdiener von Prinz Charles, Michael Fawcett, hatte vor der Trennung gesagt: »Überlegt euch, auf wessen Seite ihr euch schlagt. Denkt daran, der Prinz wird eines Tages der König sein.«
Er war dem Prinzen ergeben, aber die Prinzessin hatte mich ausgewählt. Sie hat mich nicht geerbt, auch wurde ich ihr nicht zugewiesen wie ein Stallmeister oder ein Sicherheitsbeamter, der von der Polizei geschickt wird. Sie hatte um meine Dienste gebeten und ich wollte sie nicht im Stich lassen.
Aber Maria, die immer noch in Gloucestershire wohnte, litt. In den ersten Wochen des Jahres 1993 wurde Lita Davis, eine Mitarbeiterin in Highgrove, aus dem Lager von Prinz Charles angegangen, man wolle mit ihr reden. Dann wurde sie gefragt, warum sie immer noch ihre Freundschaft mit Maria aufrecht-

erhielte. Es wäre wohl »zu ihrem Besten«, wenn sie den Kontakt abbräche. Lita blieb unnachgiebig, sie wolle sich nicht vorschreiben lassen, mit wem sie befreundet zu sein habe.
Daraufhin kam eine deutlichere Warnung. Man riet ihr, mit Maria nicht über die Angelegenheiten in Highgrove zu sprechen.
Am darauf folgenden Tag reichte Lita ihre Kündigung ein.
Im Lager des Prinzen war man besorgt, dass die Prinzessin immer noch Kontaktpersonen in Highgrove sitzen habe. Das zeigte, wie schwierig die Situation inzwischen geworden war, und Maria war jetzt überzeugt, dass wir die richtige Entscheidung getroffen hatten.
In unseren ersten Wochen mit der ganzen Familie in Kensington Palace zeigte sich die Prinzessin außerordentlich gastfreundlich und großzügig, als ob sie unsere Zweifel über den Umzug vom Land in die Stadt widerlegen wolle. Am Tag nach ihrer Rückkehr aus den Osterferien lud sie William und Harry, Alexander und Nick zu einem Ausflug in den Thorpe Park nach Berkshire ein. Die Prinzessin in schwarzen Jeans und schwarzer Lederjacke bereitete ihnen einen unvergesslichen Tag, kaufte den vier Jungen Wasserpistolen und fuhr mit ihnen auf allen Karussells. Der kleine Nick war gerade mal fünf Jahre alt und musste die meiste Zeit an der Hand der Prinzessin gehen. Sie nannte ihn ihren »Little Sexpot«, und da ihnen die Pressefotografen überallhin folgten, ließ sie ihn auf ihrem Rücken reiten und trug ihn auf den Schultern.
Am nächsten Tag widmete die *Sun* diesem Ausflug eine ganze Seite unter der Überschrift »WILLS UND HARRY LERNEN DAS NORMALE LEBEN MIT DEN SÖHNEN DES BUTLERS«. In dem Artikel wurde der königliche Fotograf Jim Bennett zitiert, der sagte, was wir bereits wussten: »Die Prinzessin behandelt die Söhne des Butlers, als wären es ihre eigenen. Als zufälliger Beobachter, der nicht weiß, dass es sich hier um die Prinzessin von Wales handelt, könnte man meinen, hier ist eine junge Mutter mit ihren vier Kindern unterwegs.«

In der gleichen Woche begleitete ich die Prinzessin in das Royal Opera House nach Covent Garden zu einer Ballettaufführung von »Don Quichotte«, dort servierte ich das Abendessen in der königlichen Loge für die Prinzessin und ihre Freunde. Aus dem Hintergrund sah ich hier zum ersten Mal eine Ballettaufführung. Die Kostüme sowie die Musik waren spektakulär.

Zurück in Kensington Palace war ich gerade mit dem Abwasch in der Küche beschäftigt, als die Prinzessin ihren Kopf durch die Türe steckte. »Wie hat es Ihnen gefallen?«, fragte sie. Das war die Chance, meine neue Chefin, die natürlich viel weltgewandter als ich war, durch eine Darstellung meiner einfachen Interpretation zu beeindrucken, um ihr zu demonstrieren, dass ihr neuer Rekrut kein Spießer sei. Ich sagte ihr, ich hätte es toll gefunden. Dann fragte ich sie nach ihren Eindrücken. »Mist«, sagte sie und brach in lautes Gelächter aus, als sie mein überraschtes Gesicht sah.

In den vier Monaten, bevor wir nach Old Barracks zogen, schlief ich in einem einfachen Einzimmerapartment im obersten Stock: die Apartments Nummer acht und neun nahmen drei Stockwerke im Zentrum des Palasts ein und waren L-förmig mit Blick auf die Rückseite des Palasts angelegt. Insgesamt hatte Kensington Palace über hundert Bewohner und beherbergte vier königliche Haushalte. Ein jeder von ihnen war eine eigenständige Einheit und verfügte über jeweils eigene Privatsekretäre, Stallmeister, Hofdamen, Butler, Chauffeure, Zofen, Ankleidedamen, Köche und Sicherheitsbeamte. Die Apartments der Prinzessin waren hinter der Front des Palasts versteckt, den Blicken entzogen an der Nordseite. Man erreichte sie über die lange Zufahrt, die an Old Barracks und einer Reihe weiterer Gebäude vorbeiführte, in denen Personalwohnungen untergebracht waren. Am Ende machte diese Zufahrt eine scharfe Rechtskurve und man befand sich an der Rückseite des Palasts, wo gegenüber einer kleinen Rasenfläche der Eingang zum Apartment Nummer acht lag. Vom Fenster aus blickte man rechter Hand auf die Mauer des Privatgartens der Prinzessin, wohin sie sich in den Sommermonaten zurückzog. Es war ihre Oase inmitten der Hauptstadt. An sonnigen Tagen stellte ich einen Liegestuhl auf, legte ein Handtuch darüber und deponierte eine Flasche gekühltes Volvic-Mineralwasser im Schatten daneben. »Es ist so friedlich hier – es ist eine Ruhe, die man schwer beschreiben kann«, sagte sie. Sie konnte stundenlang in der Sonne liegen, sich bräunen und dabei lesen oder Musik aus ihrem Walkman hören.

Ihre Privatsphäre und die jener Besucher, von denen sie nicht wollte, dass man sie sah, wurde durch einen geheimen Zugang zu ihren Gemächern gesichert. Man ging durch einen Bogengang unter einem weiß gestrichenen Glockenturm in einen gepflasterten Innenhof. Dies war die einzige Ecke des Palasts, die nicht von Videoanlagen überwacht wurde. Prinzessin Margaret, die ebenfalls ihre Privatsphäre vehement verteidigte, hatte darauf bestanden. Besucher, die auf diesem Weg kamen, entgingen den Kontrollmonitoren der Polizei. Ich ging ihn oft, denn es gehörte zu meinen Pflichten, bestimmte Besucher hier zu empfangen und sie durch die Hintertüre in das Haus zu bringen.

Kensington Palace war nicht das gemütliche Heim, von dem die Prinzessin oft geträumt hatte, vielmehr war es ein Hochsicherheitstrakt, in dem sie und ihre Kinder sich allerdings auch sicher fühlen konnten. Als sie nach 1992 alleine dort wohnte, drückte sie jedem Raum ihren eigenen dekorativen Stempel auf. Sie entfernte die Teppiche mit dem Wappen des Prinzen von Wales. Aber sie vernichtete keineswegs, wie schlecht informierte Kreise behaupteten, alle Erinnerungen und Hinweise an ihren ehemaligen Lebensgefährten. Sie respektierte die Tatsache, dass dies auch das Heim ihrer beiden Kinder war und es durchaus in Ordnung war, dass Bilder von »Papa« in vielen Zimmern vorhanden waren.

Denn wenn es um Fotografien ging, hatten William und Harry das absolute Vorrecht. An den pfirsichfarben gestrichenen Wänden ihres Ankleidezimmers, durch das sie von ihrem Schlafzimmer auf dem Weg ins Bad ging, hingen etwa zwanzig kleine Fotos aus der Serie der offiziellen Aufnahmen, die Patrick Demarchelier im Lauf der Jahre gemacht hatte und die sie mit den Kindern zeigten: Schwarzweißbilder von unbewachten Momenten in einem Fotostudio, und auf fast allen Bildern hatten beide Kinder ihre Arme um die Mutter geschlungen. Hier hingen auch Bilder, die von den beiden Söhnen in der Schule gemalt worden waren.
Wo immer man in den Räumen hinblickte, fast überall sah man Bilder von William und Harry in allen Altersstufen: Fotos standen auf dem Piano im Salon, auf dem Schreibtisch der Prinzessin im Wohnzimmer, auf einem Ecktisch, und auch an den Wänden in den Gängen hingen Fotos der beiden. Die Jungen waren nun mal ihr Leben.
Im ehemaligen Arbeitszimmer von Prinz Charles, das gleich neben dem ihren lag, richtete sie ein eigenes Wohnzimmer für William und Harry ein. In diesem Zimmer herrschte immer gute Laune. Meine Söhne verbrachten Stunden dort im Kampf mit den beiden Prinzen an ihrer PlayStation. Die Jungen saßen aufgereiht auf dem grünen Sofa und schauten auf den Fernsehschirm. So konnten sie Stunden verbringen. Wenn die Prinzessin sich in ihrem Zimmer aufhielt, war für sie das aufgeregte Geschrei der Kinder aus dem Nebenzimmer das schönste Geräusch. Abends nahm sie manchmal zusammen mit ihren Kindern in deren Zimmer das Abendessen ein. William verfolgte gespannt die BBC-Krankenhausserie *Casualty*. Er liebte besonders die bluttriefenden Szenen, während seine Mutter und Harry auf dem Sofa so taten, als würden sie sich dabei fürchterlich erschrecken. Oder sie schauten die Sendung *Blind Date* auf ITV an, in der es darum ging, Paare zusammenzubringen. »Nimm die Nummer eins«, rief die Prinzessin, woraufhin die

beiden Jungen absichtlich einen anderen Kandidaten vorschlugen. »Nein, Nummer zwei, Nummer zwei!«, riefen sie.
Ich hatte das Gefühl, dass die Stimmung immer um einiges sank, wenn die beiden Jungen weg waren, um ihren Vater zu sehen oder die Schule zu besuchen. Wenn sie ihnen von der Türschwelle nachwinkte, sagte sie immer: »Ich werde meine Jungs vermissen!«
Wenn die jungen Prinzen weg waren, schrieb ihnen die Prinzessin – manchmal zwei- oder dreimal am Tag. Briefe und Postkarten. In jedem Brief teilte sie ihnen mit, wie sehr sie sich freuen würde, sie wieder zu sehen, um sie mit Küssen und Liebkosungen zu überschütten.

Die Prinzessin begann das Jahr 1993, als sollte es das beste Jahr ihres Lebens werden. Sie war eine neue Person und musste nicht mehr irgendetwas darstellen. Sie machte sich allein auf Reisen nach Zimbabwe und Nepal, wo sie von Baroness Chalker als Ministerin für die Entwicklung der überseeischen Gebiete begleitet wurde. Premier John Major und das Außenministerium unterstützten ihre Missionen. Sie war zwar vom Thronerben getrennt, aber sie hatte die volle Unterstützung der Regierung. Sie war eine unermüdliche Botschafterin des Landes und ein perfektes Aushängeschild für Großbritannien. So viel zu den neidischen Bemerkungen der alten Garde, die vergeblich versuchten, sie als »unkoordinierte Chaotin« zu brandmarken. Sie hatte diese Leute weit hinter sich gelassen.
Die Prinzessin arbeitete immer enger mit dem Internationalen Roten Kreuz zusammen und versuchte sich für die Armen und die AIDS-Problematik einzusetzen. Sie nahm Sprechtraining, um sich bei ihren öffentlichen Auftritten besser zu präsentieren, wenn sie etwa über die Probleme der Obdachlosen und HIV-Infizierten sprach oder sich für die Belange der Psychiatrie und der Patienten einsetzte, deren Leiden sie aus der Zeit ihrer Essstörungen selbst kannte. Sie verband öffentliche

Pflichten mit privatem Vergnügen: Sie besuchte Konzerte von Elton John, das Ballett »Romeo und Julia«, den Kinofilm *Das Dschungelbuch* und das Musical *Grease*.

Ihre gute Laune war ansteckend. Während dunkle Wolken über Highgrove hingen, schien in Kensington Palace die Sonne. Das Leben gestaltete sich flexibel und unkompliziert. Am Ende des Monats organisierte sie, um die Stimmung des Personals zu heben, eine, wie es im Rundschreiben an die Bediensteten hieß, »Siegesfeier mit Imbiss für das Alphateam«. Sie spielte Klavier, wir tranken, wir sangen und tanzten.

Als ob sie damit ihre neu gewonnene Freiheit demonstrieren wollte, verzichtete sie ab dem Jahr 1993 auf Polizeischutz und trennte damit gleichsam die letzten Verbindungen zum alten Establishment. Sie meinte, die Beamten wären verpflichtet, ihrem Vorgesetzten über sie zu berichten: wo sie sich aufhielt und wo sie hinging. Dieser Vorgesetzte war kein Geringerer als Inspektor Colin Trimming, der leitende Beamte des Polizeischutzes von Prinz Charles. Jetzt saß die Prinzessin vollkommen unabhängig an ihrem Schreibtisch und traf eigenständige Entscheidungen. Als ich ihr an jenem Wochenende den Kaffee servierte, machte sie sich gerade Notizen. »Selbstwertgefühl« kritzelte sie auf das Blatt und machte einen Haken dahinter. »Selbstvertrauen«, wieder ein Haken. »Fröhlichkeit«, noch ein Haken. Dann schrieb sie »Polizei« – und machte ein Kreuz daneben.

Ich gewöhnte mich an die hohe Stimme der Prinzessin, ein beinahe zwitschernder Ton, der von der breiten Treppe mit der weißen Balustrade und dem polierten Holzgeländer herunterkam. »Sind Sie da unten, Paul?«, pflegte sie zu rufen. Der Treppenabsatz wurde zum Ort, von dem aus sie mich immer rief, er war wie ein »Laufsteg«, wo sie stand, wenn sie ein neues Kleid hatte und sich darin zeigen wollte. Es war auch der Platz, an dem wir beide zusammensaßen. Die Prinzessin saß immer eine

Stufe über mir, und wir gingen ihre Korrespondenz durch oder unterhielten uns, oder sie bat mich, ihr bei der Formulierung eines Briefes zu helfen.

Ich wartete dort oft auf sie. Sie kam durch die schwarze Eingangstür hereingestürmt, lief den langen engen Gang entlang, wandte sich nach links in die Diele, durchschritt einen weiteren Bogen und kam dann auf die Treppe zu, die sie in den ersten Stock zu ihren Privatgemächern führte. Oft stand sie an der Balustrade oben, lehnte sich darüber und rief: »Kommen Sie mit einkaufen, Paul? Geben Sie mir noch fünf Minuten.«

Ich nahm meinen Mantel und ging mit ihr die Auffahrt entlang. Wir überquerten die Kensington Church Street, liefen den Church Walk entlang und gegenüber von Marks & Spencer hinaus auf die High Street. »Lassen Sie uns zu WH Smith gehen. Wir kaufen ein paar CDs für die Jungen«, sagte sie und meinte damit sowohl ihre als auch meine Kinder. Auf dem Weg in die Plattenabteilung blieb sie vor einem Regal mit lustigen Postkarten stehen, las die Texte und lachte. Ich kann sie heute noch hören. »Schauen Sie sich das an! Haben Sie das Bild hier gesehen?« Manchmal überschlug sie sich dabei vor Lachen.

Wo immer wir hingingen, man folgte uns. Die Aufmerksamkeit der Öffentlichkeit war unübersehbar, wenn die Prinzessin vor Postkarten stand und laut darüber lachte. Groß, blond, schön, fehlerlos. Mitten in Kensington. Man konnte fast hören, wie den Passanten der Unterkiefer runterfiel. Wenn wir dann weiterzogen in die Drogerie oder zu Marks & Spencer, wurde sie zum Rattenfänger. Die Menschen folgten ihr und taten, als würden sie auch in den jeweiligen Geschäften einkaufen.

Eines Tages standen zwei Damen neben uns bei WH Smith und flüsterten, laut genug, dass man sie hören konnte.

»Sie ist es«, sagte die eine.

»Nein, sie ist es nicht – es ist eine Doppelgängerin«, sagte ihre Freundin und widmete sich weiter ihren Einkäufen. Die Prinzessin? Bei WH Smith wie wir anderen auch? Niemals.

Jedesmal wenn wir einkaufen gingen, und wir gingen immer zu WH Smith, brachten wir ein paar Zeitschriften mit – *Vogue*, *Tatler* –, leichte Lektüre für die Prinzessin. Sie schrieb dann die Postkarten, die sie gekauft hatte, an William und Harry, die im Internat in Ludgrove waren, und schickte sie ihnen zusammen mit den CDs und Videos, die wir mitgebracht hatten. Eines Tages ertönte wieder der übliche Ruf zum Einkaufen, und wir machten uns auf den Weg zu WH Smith. Ohne dass ich es wusste, hatte sie bei diesem Einkauf einen Hintergedanken – ich sollte mit einem Vertrauten bekannt gemacht werden, mit Richard Kay von der Zeitung *Daily Mail*. Wir hatten mehrere CDs und Postkarten gekauft, als scheinbar zufällig »Ricardo« auftauchte, wie ihn die Prinzessin nannte. Sie tat, als sei sie erstaunt: »Oh, wie schön, Sie hier zu treffen«, sie errötete und kicherte. Bedingt durch meinen Beruf, hatte ich die Nase voll von Reportern, aber dieser hier war anders. Es gibt in Fleet Street auch ein paar aufrichtige Kerle.
»Oh, verzeihen Sie«, sagte der Reporter, dessen wohlwollende und unterstützende Beiträge ich über die Jahre hinweg gelesen hatte, und hielt uns die Tür auf.
»Ich vertraue ihm«, sagte die Prinzessin, während wir weitergingen.
Die Nachricht war bei mir angekommen.

Ich musste mich in Kensington Palace an eine neue Alltagsroutine eines Mitglieds der königlichen Familie gewöhnen. Jeden Morgen zwischen sieben und halb acht ging eine Ankleidedame in das Schlafzimmer der Prinzessin, um sie zu »wecken«, aber sie war bereits wach und munter.
Ich stand im Gang zwischen dem Esszimmer und der Küche, in der Mervyn Wycherley oder Darren McGrady das Frühstück vorbereiteten. Am anderen Ende des Gangs erschien die Prinzessin, barfuß und ungekämmt, in einem langen weißen Frotteebademantel, ohne Make-up. Sobald ich sie kommen

sah, begab ich mich in die Küche, um eine Tasse schwarzen Kaffee zuzubereiten.

Wenn ich ihr dann den Kaffee in einer handbemalten Herend-Tasse ins Speisezimmer brachte, saß sie in einem der vier Korbstühle, die um den mit einem weißen Leinentuch bedeckten Tisch standen. Sie aß eine halbe frische Grapefruit und überflog die Morgenzeitungen, die ich für sie in der gleichen Reihenfolge auflegte, wie ich es für die Queen getan hatte. In aufsteigender Reihenfolge: *The Times*, der *Daily Telegraph*, der *Daily Express*, die *Daily Mail* und der *Daily Mirror*. Nur die *Sporting Life* lag nicht obenauf wie bei der Queen. Ich ging dann in das Zimmer, dessen magentafarbene Wände morgendliche Wärme ausstrahlten, und blieb in der halb geöffneten Türe stehen, bis ich sah, dass die Prinzessin ihren Blick erhob.

Das war das Signal für mich. Ich verbeugte mich kurz und knapp. »Guten Morgen Königliche Hoheit.« Mit der Zeit ging ihr meine sehr traditionelle Umgangsform und die Anrede Königliche Hoheit auf den Wecker: »Paul, lassen Sie das. Wir sind hier nur zu zweit im Zimmer. Das ist wirklich nicht notwendig«, sagte sie.

Aber ich bestand darauf, dem Protokoll gerecht zu werden. Es war das einzige Mal, wo ich nicht auf meine Chefin hörte. Wenn sie mich einlud, jenseits der durch meinen Beruf definierten Trennungslinie ihre Welt zu teilen, so war das in Ordnung. Aber indem ich sie als Euer Königliche Hoheit ansprach, zeigte ich ihr meinen Respekt und definierte meine Rolle. Ich musste ihr diesen Respekt erweisen, selbst als sie in ihrer lockersten Phase meinte, darauf verzichten zu können. Ich sprach sie jeden Morgen von 1993 bis zu ihrem Tod mit Königliche Hoheit an.

Ich ging zum Beistelltisch hinüber und schob eine Scheibe Vollkornbrot in den Toaster. Dann unterhielten wir uns über den letzten Abend und die Dinge, die am kommenden Tag zu erledigen waren. Wenn ich mich umdrehte, sah ich sie oft, wie sie einen Löffel, der einen silbernen Bienenkorb am oberen Ende des Stiels hatte, in einem Honigglas herumdrehte und ihn dann in den Mund steckte. Manchmal fragte sie mich, ob ich schon die Zeitungen gesehen hätte. Die Antwort fiel mir nicht immer leicht, besonders dann nicht, wenn ich wieder einmal einen negativen Artikel gefunden hatte. Wenn die Ausgabe der einen oder anderen Zeitung einmal fehlte, wusste sie, dass ich sie damit vor schlechten Nachrichten beschützen wollte. »Oh, das möchten Sie sicherlich nicht lesen«, sagte ich ihr dann und wusste natürlich, dass ich damit ihre Neugier angestachelt hatte und sie die Zeitung suchen würde. Eine Zeitung, die sie während des Frühstücks nie las, war die *Sun*. Doch hielt sie das nicht davon ab, einen kurzen neugierigen Blick auf Mervyns Exemplar in der Küche zu werfen, wenn er sie auf seinem Ablagebrett über dem Telefon liegen ließ.

Montag, Mittwoch und Freitag waren Trainingstage, manchmal im Chelsea Harbour Club, manchmal im Salon, wo Harold oder ich die Möbel zur Seite geschoben hatten, um Platz für die Prinzessin und eine ihrer persönlichen Fitnesstrainerinnen, Carolan Brown oder Jenny Rivet, zu machen. Später musste ich die Prinzessin dann in einem ihrer Autos zu einem Fitnesscenter in Earls Court fahren. Manchmal fanden diese Trainingssitzungen vor dem Frühstück statt. Nach der Trennung musste der Tagesplan in Kensington Palace flexibel gehalten werden, denn alles hing davon ab, ob William und Harry aus Ludgrove zurückkamen und ob sie bei ihrer Mutter oder bei ihrem Vater blieben. Prinz Charles sorgte dafür, dass die Besuchsregeln strikt eingehalten wurden. Alle zwei bis drei Wochen kam ein Schreiben von ihm an die Prinzessin mit einer Liste der verfügbaren Termine, die auf Monate im Voraus festgelegt waren. Im Jahr 1993 stellte er Tiggy Legge-Bourke als Betreuerin für William und Harry ein. Sie war eher eine Hilfskraft als ein richtiges Kindermädchen. Die Prinzessin wurde wütend, als die Medien anfingen, sie als »Ersatzmutter« darzustellen. Auf unzähligen Bildern in den Zeitungen sah man Tiggy – eine nette junge Frau, die ein zurückgezogenes Leben in Battersea führte –, wie sie sich mit William und Harry beschäftigte. Mit der Zeit wurde sie die Vertraute und Freundin von Prinz Charles, und die Prinzessin begann, sie als Bedrohung wahrzunehmen.

Die einzige wirkliche Extravaganz, die sich die Prinzessin im Alltag leistete, war die morgendliche Haarwäsche. An jedem Werktag wurde ihr Haar morgens zuerst vom Frisör Richard Dalton und dann von Sam McKnight gewaschen und geföhnt, und beide Männer wurden zu Vertrauten der Prinzessin. Alle Frauen tratschen mit ihrem Frisör, und die Prinzessin war da keine Ausnahme. Es gab viele entspannte Momente zwischen Prinzessin, Frisör und Butler. Sie sprach dabei immer möglichst laut, um das Geräusch des Föhns zu übertönen.

Wenn sie mein Spiegelbild in dem ovalen Spiegel auf ihrem Schminktisch sah, rief sie oft: »Schauen Sie sich das an!« Es konnte sich dabei um einen Brief handeln, um ein Foto in einer Zeitschrift oder den Kommentar eines Zeitungskolumnisten. Keiner außer der Ankleidedame, dem Frisör, der Zofe und dem Butler hatte Zugang zu diesem Allerheiligsten. Hier war sie am entspanntesten, natürlichsten und sehr locker: Hier befand sich die Prinzessin, die die Welt nicht kannte. In ihren vier Wänden erschien sie mir als eine frische junge Frau, ohne die Maske der Royals, eine vertraute, verletzliche Person. Sobald wir das Haus verließen, sie in einem ihrer makellosen Kleider, kam ihre innere Stärke zum Vorschein, und sie schritt mit wahrhaft königlichem Selbstvertrauen einher. Jeden Morgen konnte ich diese Verwandlung beobachten, vom Frotteemorgenmantel zum Catherine-Walker-Kleid oder Chanel-Kostüm, und es war jedes Mal wieder erstaunlich.

Sie benötigte einen L-förmigen begehbaren Kleiderschrank von der Größe eines mittleren Schlafzimmers, um die Hunder-

te von Kleidern, Blusen, Anzügen, Jacken, Hosen und Kostümen unterzubringen, aus denen ihre Garderobe bestand. Eine bunte Ansammlung, die da über den Hunderten von Schuhen auf den Kleiderbügeln hing und von bodenlangen Vorhängen verdeckt wurde. Ein blaues Chanel-Kostüm mit weißen Punkten hing direkt über den dazu passenden blauen Wildlederschuhen. Unter einem rosafarbenen Stück von Versace standen passend die rosa Lederschuhe, und unter einem roten Mantelkleid von Catherine Walker standen rote Satinschuhe.
Die Woche der Prinzessin bestand oft aus »Tagen außer Haus«, wenn sie Termine im Lande hatte oder auf Wohltätigkeitsveranstaltungen in der Hauptstadt auftrat. Wenn es ihr Terminkalender zuließ, nahm sie ihr Mittagessen entweder im Palast ein oder ging zu San Lorenzo oder ins Launceston Place, beide nur einen Steinwurf entfernt in Knightsbridge. Das Mittagessen war für die Prinzessin immer ein soziales Ereignis, und sie zog es vor, nicht allein zu speisen. Meist waren es Gäste aus ihrem eng geknüpften Freundeskreis: Lucia Flecha de Lima, Rosa Monckton, Susie Kassem, Lady Annabel Goldsmith, Julia Samuel, Laura Lonsdale, die Astrologin Debbie Franks und ihre engste königliche Verbündete, Sarah, Herzogin von York. Die Prinzessin umgab sich mit ihren eigenen Bekannten und Freunden. Oft besuchte sie sonntags die Herzogin in ihrer Wohnung in Virginia Water in der Nähe von Windsor oder Lady Annabel Goldsmith in Richmond. Beide Häuser waren mit entsprechenden Sicherheitsanlagen geschützt, und beide hatten einen Swimmingpool, so dass William und Harry beschäftigt waren.
Wenn die Prinzessin allein im Palast zu Mittag aß, saß sie meist auf einem Barhocker an der Küchenbar, blickte dabei in die Küche und scherzte mit dem Koch und mir. Das Essen hatte nur einen Gang, immer war ein Salat dabei, und es gab dazu Volvic-Mineralwasser mit Eiswürfeln. Das Bild, das mir von diesen gehetzten Mahlzeiten in Erinnerung ist, zeigt die Prin-

zessin, das Handy eingeklemmt zwischen Kopf und Schulter, während sie mit Messer und Gabel hantiert.

Wann immer sie Kensington Palace verließ, folgte ich ihr nach draußen zum Auto. Ob sie nun selbst fuhr oder gefahren wurde, ich wartete, bis sie im Auto saß, dann griff ich nach innen und befestigte ihren Sicherheitsgurt.

Wenn sie ausging, war sie immer spätestens um halb acht wieder zurück und ich machte ihr dann eine Tasse ihres Lieblingstees mit Ingwerwurzeln. Zum Abendessen gab es gegrillte Forelle oder Pasta oder einfach eine gekochte Kartoffel mit einem Löffel Kaviar und Vinaigrette. Es war oft ein einsames Mahl, serviert auf einem Rollwagen, den ich in das Wohnzimmer vor das gestreifte Sofa schob, auf dem die Prinzessin in ihrem weißen Frotteebademantel saß. Ich hatte dann bereits den Fernseher für sie aus dem Schrank am Fuße des Bücherregals herausgezogen und den Bildschirm richtig hingedreht. Die Abende waren für die Prinzessin immer still und einsam. Der Koch war gegangen, ebenso die Ankleidedame. Und ihr Privatsekretär, Patrick Jephson, störte sie nie in dieser privaten Atmosphäre. Er hatte sein Büro im St. James' Palace, wo er von neun bis fünf arbeitete. Am Ende solcher Tage, wenn die Prinzessin sich von aufreibenden und mit Terminen voll gepackten Stunden erholte, lernte ich sie persönlich besser kennen. Sie war dann entspannt und redselig. Es war deutlich, dass sie, wenn William und Harry im Internat waren, nicht allein sein wollte, während ich ihr zweigängiges Abendessen hereinfuhr. »Bleiben Sie doch noch ein bisschen«, sagte sie unzählige Male zu mir.

Ich stand da, gegen einen gepolsterten Stuhl gelehnt, und wir sprachen über die Ereignisse ihres Tages, meines Tages, über die bevorstehende Woche, darüber, was er gesagt hatte, was sie gesagt hatte. Oder über die Witze in *Coronation Street* oder *Brookside*. Diese abendlichen Unterhaltungen konnten sehr kurz ausfallen, sich aber auch bis spät in die Nacht hinziehen. Manchmal waren die Zehnuhrnachrichten auf ITN das

Zeichen, dass es Zeit war, ins Bett zu gehen. Während ich den Rollwagen herausbrachte, stand sie vom Sofa auf und folgte mir in den Vorraum, der im ersten Stock als Küche diente. Dann wusch ich das Geschirr ab, und die Prinzessin trocknete die Teller.
»Was es morgen wohl wieder geben wird?«, fragte sie mich dann. Sie hatte das Gefühl, dass jeder Tag ein neues Drama bringen konnte, ein neues Problem oder eine besonders schwierige Situation.
»Was auch immer passieren mag, wir werden es hinkriegen«, sagte ich dann.
Zur Schlafenszeit verschwand sie den Gang hinunter, mit einem mädchenhaften springenden Gang, als ob sie plötzlich wieder voller Energie wäre und dem nächsten Tag mit Freude entgegensähe. Ich folgte ihr in gemessenem Abstand und drehte alle Lichter, bis auf das letzte im Gang vor ihrem Schlafzimmer, ab. Sie hatte sich als Kind vor der Dunkelheit gefürchtet, und auch als Erwachsene schlief sie am liebsten bei Licht.
Wenn sie dann in ihrem Schlafzimmer verschwand waren ihre letzten Worte immer »Gute Nacht, Paul.«
»Gute Nacht, Königliche Hoheit«, antwortete ich.
Kurz vor elf verließ ich den Palast und ging in der Dunkelheit hinüber in die Wohnung Nummer zwei in Old Barracks, wo meine Frau und die Kinder bereits schliefen.

Nachdem sie Highgrove an Prinz Charles verloren hatte, verfügte die Prinzessin jetzt über kein Wochenendhaus mehr. Es war klar, dass sie Kensington Palace verlassen würde, aber seit Anfang des Jahres 1993 war sie auf der Suche nach einem solchen privaten Ort des Rückzugs für sich und die Kinder an langen Wochenenden. Natürlich konnte sie jederzeit zur Herzogin von York oder zu Lady Annabel Goldsmith gehen, aber sie meinte: »Es ist so eine Belastung, wenn man sich immer auf die beiden verlassen muss. Ich möchte ein eigenes Landhaus, außerhalb von London.«

Plötzlich bot sich Hilfe aus einer unerwarteten Ecke an – von Earl Spencer, ihrem Bruder. Es scheint eigenartig, dass er seiner Schwester zu Hilfe kam, denn die beiden standen sich nicht sehr nahe. Seit ihrer Hochzeit im Jahr 1981 hatten sich die Geschwister weniger als fünfzigmal gesehen. Die beiden, die sich als Kinder sehr nahe gewesen waren, hatten sich voneinander entfernt. Doch jetzt hatte ihr der Earl auf ihre Nachfrage hin das Gartenhaus auf dem Besitz in Althorp für zwölftausend Pfund jährliche Miete angeboten. »Eine Traumlösung«, sagte die Prinzessin. Hier war die Privatsphäre gesichert, und es gab einen Swimmingpool in der Nähe des Haupthauses. Ihr Bruder hatte ihr die Bereitstellung eines Gärtners und einer Putzfrau zugesagt.

In einem Brief vom 3. Juni 1993 schrieb der Earl:

> »Ich verstehe Deinen Wunsch nach einem Landhaus und ich bin gerne bereit, es Dir zur Verfügung zu stellen, solange es keine allzu großen Störungen hier gibt. Ich glaube, das Gartenhaus ist für Deine Zwecke bestens geeignet. Es wäre auch sinnvoll, wenn Du Deinen eigenen Pool hättest.«

Er schlug sogar vor, ein neues Tor am Eingang anbringen zu lassen, um die Pressefotografen auf Distanz zu halten.

Während sie den Brief las, richtete die Prinzessin das kleine Landhaus im Geiste bereits ein. Sie war so aufgeregt, dass sie sich Anfang Juni 1993 morgens um neun zusammen mit Dudley Poplak und einem vom Koch vorbereiteten Picknickkorb auf den Weg nach Althorp machte. Sie träumte von idyllischen Wochenenden in ihrem neuen Haus mit William und Harry.

Fünfzehn Tage später ging ihr Traum in die Brüche, als ihr Bruder sein Angebot plötzlich zurückzog. Er schrieb:

»Es tut mir Leid, aber ich habe beschlossen, dass die Sache mit dem Gartenhaus jetzt nicht in Frage kommt. Es gibt eine Reihe von Gründen, vor allen Dingen aber geht es um die Anwesenheit von Polizei und Presse, die das nach sich ziehen würde. Ich habe jetzt einen neuen Angestellten und für den brauche ich das Haus. Ich weiß, dass ich das Richtige für meine Frau und meine Kinder tue. Es tut mir Leid, dass ich meiner Schwester nicht helfen kann. Die Vorstellung, Dir zu helfen, war sehr angenehm und es tut mir Leid, dass es nicht geht ... Wenn Du ein Bauernhaus (außerhalb des Parks) mieten würdest, wäre das wunderbar.«

Die Prinzessin las diesen Brief immer wieder und verstand diesen Gesinnungswechsel nicht. »Wie kann er mir das antun?«, tobte sie und brach dann in Tränen aus. Am meisten verwirrte sie, dass ihr Bruder wusste, wie sehr ihr Herz an der Vorstellung hing, in dieses Gartenhaus zu ziehen. Als er einige Tage später im Palast anrief, knallte sie den Hörer auf die Gabel. »Ich halte es nicht aus, seine Stimme zu hören«, sagte sie. Unmittelbar darauf brachte sie ihren Ärger über den Earl zu Papier und schrieb ihm auf ihrem rot umrandeten Schreibpapier, was sie von ihm hielt und wie verletzt sie sich fühlte. Earl Spencer, der vermutlich das Gift in diesem Umschlag roch, schickte den Brief ungeöffnet zurück. Er kam mit einem dritten Brief von ihm an:

»Da ich weiß, in welchem Zustand Du warst, als ich Dich letztens abends anrief, habe ich meine Zweifel, ob die Lektüre [dieses Briefs der Prinzessin] unserer Beziehung gut tut. Ich schicke ihn daher ungeöffnet zurück, weil das vermutlich der beste Weg ist, unsere Freundschaft wieder aufzunehmen.«

Aber die Freundschaft war für immer beschädigt. Es ist nicht ohne Ironie, dass der Earl seine Schwester nach ihrem Tod aufnahm, um sie in dem Grab auf der Insel beizusetzen. Plötzlich schien ihn der Rummel nicht mehr zu stören. Heute lockt er die Presse und Tausende von Besuchern jedes Jahr durch das Tor des Parks, damit Letztere sein »Diana-Museum« besichtigen und Souvenirs kaufen.

Da die Prinzessin sich weigerte, die Telefonanrufe ihres Bruders entgegenzunehmen, wurde der 1993 aufgerissene Graben zwischen ihnen immer größer. Earl Spencer musste an ihren Privatsekretär, Patrick Jephson, schreiben, um mit seiner Schwester zu kommunizieren. Dann, im September, holte er zu einem weiteren Schlag gegen sie aus, als er die Rückgabe der Familienkrone der Spencers von ihr forderte, die sie bei ihrer Hochzeit getragen hatte und auf die sie sehr stolz war. Als Prinzessin von Wales gehörte sie zu ihrer königlichen Ausstattung, und sie trug sie bei Staatsbanketten in Buckingham Palace, bei diplomatischen Empfängen und bei der Eröffnung des Parlaments. Earl Spencer schrieb an Patrick Jephson, es habe sich hier nur um eine »Leihgabe« an die Prinzessin gehandelt, eigentlich habe sein Großvater das Schmuckstück ihm in den siebziger Jahren übereignet. »Es sollte seinem rechtmäßigen Eigentümer zurückgegeben werden«, schrieb er. Zwölf Jahre lang waren die Eigentumsverhältnisse an der Tiara kein Thema gewesen. Die Prinzessin hatte das Gefühl, dass der Zeitpunkt der Forderung direkt mit ihrer Auseinandersetzung über das Gartenhaus zusammenhing. Der Earl war der Meinung, dass seine neue Frau, Victoria, das Schmuckstück tragen sollte.

Es handelte sich hier nicht nur um ein Symbol des königlichen Status der Prinzessin, für sie war es auch eine Erinnerung an den Tag ihrer Hochzeit. Aber die Prinzessin wollte ihrem Bruder nicht den Triumph ihres Ärgers über sein Verhalten gönnen. Im Oktober wurde die Tiara zurückgegeben, und ich musste sie aus dem Safe holen, wo sie neben dem Ersatzteil, wie

sie es nannte, lag – dem Liebesknoten und dem Diamantendiadem, die ihr die Königin anlässlich ihrer Hochzeit geschenkt hatte. Wenigstens konnte sie die Tiara der Windsors behalten.
In der Zwischenzeit hatte es in Kensington Palace einen Wechsel beim Personal gegeben, der auch das Leben in Old Barracks betraf. Maria, die als Zofe relativ wenig Pflichten gehabt hatte, wurde nach dem Ausscheiden von Helena Roache zur Ankleidedame ernannt. Sie arbeitete halbtags zusammen mit ihrer ganztags beschäftigten Kollegin Helen Walsh. Die Ernennung brachte einige Schwierigkeiten in unserem Haushalt mit sich. Maria hatte bisher regelmäßig von neun bis eins als Zofe gearbeitet. Jetzt aber waren die Arbeitszeiten unberechenbar. Manchmal musste sie um sechs Uhr morgens aufstehen, manchmal abends arbeiten. Wir mussten unser Leben koordinieren. Wenn sie abends arbeitete, tauschte ich die Schicht mit Harold Brown, um zu Hause bei den Kindern sein zu können. Maria wusste, dass es ziemlich anstrengend werden würde, aber sie wollte der Prinzessin helfen. Sie sagte, sie werde den Job für ein Jahr übernehmen, und ging davon aus, dass dies mit der Prinzessin so abgesprochen war. Die Chefin zeigte sich hier flexibel. Sie gestattete Maria sogar, sie morgens um sieben über das Telefon zu wecken, so dass sie nicht persönlich erscheinen musste, wie es offiziell vorgesehen war. Aber die tägliche Arbeitszeit wurde mit der Zeit immer länger. Maria hatte bisher keinen Abend ohne die Kinder verbracht, und sie fehlten ihr jetzt sehr. Wenn sie nachmittags für die Prinzessin einkaufen ging, sah sie die Jungen, wie sie auf dem Rasen vor den Old Barracks spielten. Meist schliefen sie abends schon, wenn sie von der Arbeit zurückkam. Doch auch wenn Maria viel arbeitete, Helen arbeitete noch mehr.
Die Prinzessin anerkannte die Opfer, die beide ihr brachten, und versuchte, sich zu revanchieren. Sie gab Maria nicht mehr genutzte Designerschuhe – Chanel, Jimmy Choo, Ferragamo oder Rayne –, denn beide hatten die gleiche Schuhgröße, auch

Handtaschen und ausgemusterte Kleider von Catherine Walker, Versace und Chanel. Auch Helen wurde zur dankbaren Abnehmerin nicht mehr benötigter Kleider und anderer Geschenke. Dies war die Art, wie die Prinzessin in ihrer stetig anwachsenden Garderobe Platz schaffte und ihren Dank ausdrückte. Auch ihre Schwester Lady Sarah McCorquodale profitierte von ihrer Großzügigkeit.

Diese Großzügigkeit war nichts Ungewöhnliches für einen königlichen Haushalt. Während meines Dienstes für die Queen erhielt ich ebenfalls Geschenke, die bei Auslandsreisen angefallen waren. In meiner Zeit in Highgrove erhielt ich von Prinz Charles einen Tisch, der aus dem Stamm eines Redwoodbaums angefertigt worden war, eine silberne Schachtel mit emailliertem Deckel und ein Paar kristallene Gänse von Lalique. Nur einmal vergriff ich mich an dem Eigentum des Prinzen, als ich der Prinzessin bei einem vorbereiteten Überfall auf Highgrove half. Harold Brown, Dudley Poplak, die Chefin und ich kamen nach der Trennung, um Möbel, Lampen, Bilder und Schmuck zu holen. »Das ist unsere einzige Chance, uns das zu holen, was wir wollen.« Wir stapelten die Sachen in einen Möbelwagen.

Prinz Charles prägte seinem Haus den eigenen Stil auf und bestückte es mit Möbeln aus dunklem Holz. Die Prinzessin bekam beinahe einen hysterischen Anfall, als Dudley diese Einrichtung mit den Worten kommentierte: »Sieht aus, als wolle er in den Mutterleib zurückkehren!«

Hatte das Jahr 1993 für die jetzt unabhängige Prinzessin sehr erfolgreich begonnen, so endete es mit einer Reihe von Rückschlägen. Erst kam die Auseinandersetzung mit Earl Spencer. Dann veröffentlichte der *Sunday Mirror* im November Fotos der Prinzessin bei der Gymnastik, die sie in ihrem Turndress im LA Fitness Centre in Isleworth, London, zeigten. Der Besitzer des Etablissements, Bryce Taylor, hatte in der De-

*Von Buckingham Palace nach Highgrove,
und unser neues Zuhause!*

*Königliche Mahlzeit – Alexanders Geburtstagsparty
mit den jungen Prinzen und ein Dinner
für die Erwachsenen in Sandringham*

*Die offizielle Einweihung unseres Cottages
auf dem Grund von Highgrove mit Harry, der alles beobachtet*

oben: Ein Familientag im Zoo von Bristol
unten: Spielen in Highgrove

Jungen und ihre Spielzeuge

Marias Geburtagsparty

Mit der Prinzessin ...

... auf Reisen um die Welt

ckenverkleidung eine versteckte Kamera angebracht. Die Prinzessin beauftragte den Rechtsanwalt Anthony Julius of Mishcon de Reya, und die Zeitung wurde für diese eklatante Missachtung der Privatsphäre vom Presserat gerügt. Dieser Vorfall führte dazu, dass die Prinzessin anlässlich eines Auftritts bei einem Wohltätigkeitsdinner zugunsten von Patienten mit Kopfverletzungen in dramatischen Worten erklärte, sie werde sich vom öffentlichen Leben zurückziehen. Sie setzte die Welt mit folgenden Worten in Erstaunen: »Ich hoffe, Sie können es nachvollziehen und gönnen mir die Zeit und den Raum, die mir in den letzten Jahren gefehlt haben. Als mein öffentliches Leben vor zwölf Jahren begann, war mir klar, dass sich die Medien für das interessieren würden, was ich tat … aber mir war nicht klar, wie groß diese Aufmerksamkeit sein würde.«

Der königliche Hofstaat, der diese Worte als unnötig melodramatische Aussage wertete, kam mit der üblichen Sympathie zu Hilfe: Der Name der Prinzessin wurde aus den offiziellen Bulletins des Palastes gestrichen, und sie wurde nicht mehr zu Royal Ascot eingeladen. Dabei hatte die Prinzessin nichts anderes gefordert, als vom Rampenlicht etwas in den Schatten zurückzutreten. Nun fand sie sich ganz unzeremoniell von der Türe abgewiesen.

Der Streit über die Missachtung der Privatsphäre im LA Fitnesscenter – der außergerichtlich durch eine Entschuldigung des *Sunday Mirror* im Jahr 1995 beigelegt wurde – hatte sie tief getroffen. Wenn sie sich verletzt fühlte, zog sie sich am liebsten in ihr Schlafzimmer zurück. Sie wusste, dass niemand sie dort behelligen würde. Wegen der Bilder aus dem Fitnesscenter ärgerte sie sich über sich selbst. Ihre Kooperation mit den Medien, denen sie den kleinen Finger gegeben hatte, führte nun dazu, dass sie die ganze Hand nahmen. Meine Aufgabe beschränkte sich in dieser Phase darauf, ihr geschriebene Mitteilungen im Wohnzimmer oder auf einem Hocker am oberen

Ende der Treppe zu hinterlassen. Sie erschien nur zu den Mahlzeiten, aber auch hier war die Stimmung gedämpft. Während ich unten in der Küche zugange war, dachte sie oben allein darüber nach, welche Fehler sie wohl gemacht haben könnte. Dabei hörte sie ständig Requiems und Messen bei voller Lautstärke. Ich wusste, dass sie das tat, um das Weinen zu übertönen, das sie überfiel. Oft sagte sie: »Nur wenn ich mich in meine Schale zurückziehe, fühle ich mich sicher. Hier kann mir niemand etwas anhaben.«

Aber sie wurde immer wieder rückfällig, und daher dauerte ihr Rückzug von der öffentlichen Bühne niemals lange. Die Menschen, die ihr am wichtigsten waren, die allgemeine Öffentlichkeit, riefen »Mehr, mehr«, wenn sie sich zurückzog.

Nachdem 1994 alle offiziellen Termine aus ihrem Kalender gestrichen worden waren, konnte sie sich ihrer Lieblingsbeschäftigung hingeben und ihre Freunde zum Mittagessen treffen. Die Nachmittage vom Januar bis in den Frühling waren angefüllt mit Verabredungen in ihren Lieblingslokalen: San Lorenzo, Le Caprice, the Ritz, Claridges, the Ivy, Bibendum oder Launceston Place. Ein australischer Fernsehproduzent und der befreundete Lord Attenborough waren regelmäßige Essensgäste, und Lucia Flecha de Lima und Rosa Monckton musste sie in dieser Zeit mindestens zweimal wöchentlich gesehen haben. Kensington Palace wurde für sie zu einer Art luxuriöser Dekompressionskammer, und man konnte beinahe zuschauen, wie der Stress ihres anstrengenden Lebens von ihr abfiel. Der Frühling kam. Man spielte Tennis, ging ins Ballett oder ins Kino, traf sich mit Freunden. Der sorglose, anregende und gute Umgang mit anderen brachte sie wieder in Topform. Sie führte das gesamte Personal einen Tag lang in den Alton Towers Theme Park aus, weil William und Harry unbedingt Nemesis, eine neue Achterbahn, ausprobieren wollten. Das war einer ihrer »Lasst uns doch normal sein«-Tage. Wir waren insgesamt dreizehn Personen, einschließlich meiner, Maria, unserer Kin-

der, des Kindermädchens Olga, des Chauffeurs Steve Davis und der jungen Prinzen, immer unter der Obhut ihrer Sicherheitsbeamten Graham Craker und Chris Tarr. Bemerkenswert war das Fehlen meines Butlerkollegen Harold Brown, der bei der Chefin zusehends in Ungnade fiel. Wie um die Normalität dieses Tages – die natürlich nie erreicht werden konnte – zu unterstreichen, beschloss die Prinzessin, wir sollten mit öffentlichen Verkehrsmitteln nach Staffordshire fahren. Mit einer grün-weißen Footballjacke bekleidet, führte sie unsere Truppe zum Bahnhof von Euston, und wir bestiegen einen Wagen der ersten Klasse. Scherzhaft meinte die Prinzessin, dass der Service des rollenden Getränkewagens beinahe so gut sei wie im königlichen Privatzug. Vielleicht war es Teil ihres ununterbrochenen Fitnessprogramms, aber bis zu diesem Tag war mir nie aufgefallen, wie schnell sie gehen konnte. Allein der Versuch, mit ihr in dem Park Schritt zu halten, war schon wie eine lange Fahrt auf der Achterbahn. Nick war der Einzige, dem Marscherleichterung gewährt wurde, da ihn die Prinzessin auf den Schultern trug. Wir machten nur einmal zum Mittagessen Rast, und sie aß Beefburger und Pommes frites mit uns.
Auch wenn wir geplant hatten, diesen Tag normal zu gestalten – irgendwie hatte die Presse Wind davon bekommen, und wir wurden überallhin verfolgt.
»Los, Mama, fahr mit uns«, sagte Harry und zog seine Mutter am Ärmel.
Sie sah nach oben in das gebogene metallene Gestänge der Achterbahn Nemesis und schüttelte den Kopf. »Nein, da wird mir schlecht«, meinte sie und blieb mit Maria auf dem Boden. Die gemächliche Geschwindigkeit der anderen Fahrgeschäfte entsprach mehr ihrem Stil.
Nick zerrte ebenfalls die ganze Zeit an ihrem Arm. Er wollte immer nur mit dem Mad Hatter's Tea Party Ride fahren. »Riesige Teetassen, Prinzessin, ich möchte auf den riesigen Teetassen fahren!«, bettelte er. Und also sah man am nächsten Tag

in den Zeitungen, wie die Prinzessin, die jungen Prinzen und unsere beiden Jungen in den riesigen Teetassen durch die Luft wirbelten. Leider kann sich Nick heute nicht mehr daran erinnern, dass die Prinzessin ihn im Park herumgetragen hat, obwohl ein eingerahmtes Foto der beiden einen Ehrenplatz in unserem Haus hat.

Die Berichterstattung der Zeitungen zeigte, dass ihr die Presse niemals den Freiraum und die Zeit geben würde, die sie im vergangenen Dezember so vehement gefordert hatte. Da man ihnen die Bilder der Prinzessin bei der Erfüllung ihrer Pflicht vorenthielt, waren »die Krokodile Ihrer Majestät«, auch bekannt als die Presse, jeden Tag auf der Jagd nach der Prinzessin in ihrem normalen Alltag. Die journalistische Neugier wuchs mit jedem Tag, und die Zeitungen waren voller Bilder: die Prinzessin bei McDonald's; bei der Ankunft im Chelsea Harbour Fitness Centre; auf der Straße; im Restaurant; beim Einkaufen mit Freunden; auf dem Rücksitz eines Taxis; am Steuer ihres Autos. Sobald die Prinzessin Kensington Palace verließ, gab es ein Foto. 1994 trieb die unersättliche Presse die allgemeine Di-Manie auf einen neuen Höchststand.

Wenn es je eine Zeit gab, in der die Prinzessin versuchte, »sich selbst zu finden«, dann war es das Jahr 1994. Ich empfing eine wachsende Schar von Lifestyle-Gurus, Gesundheitsexperten, Heilern, Astrologen und Wahrsagern. Freunde boten ihren Rat und ihr Ohr an, sie offerierten ihr die Schulter, um sich auszuweinen. Sie warf alles in einen Topf, die gut gemeinten Ratschläge der Menschen, die sich wirklich um sie sorgten, die astrologischen Weisheiten, die Macht der Kristalle, die Nachrichten aus der Geisterwelt und die »Energien«, die sie umgaben. Sie dachte lange nach, während sie sich einer Massage- oder Akupunkturbehandlung unterzog und ihr Fitnessprogramm weiterbetrieb. Selbst Dudley Poplak schickte ihr regelmäßig Notfalltropfen aus Bachblüten als Beruhigungsmittel.

Der Geruch von Räucherstäbchen aus dem Schlafzimmer der Prinzessin zog in Schwaden durch den ersten Stock und überdeckte das von den Zofen morgens versprühte Air-fresh-Aroma. Ich gewöhnte mich an die makellos gekleidete Astrologin Debbie Frank an der Eingangstür des KP. Der Boden im Salon und im Wohnzimmer war übersät mit astrologischen Berechnungen, während Debbie und die Prinzessin auf dem Teppich saßen und die Bewegung der Sterne aufzeichneten, um herauszufinden, was sich dahinter für den königlichen Krebs verbarg. Sie fand, dass Krebse, wie ihr Sinnbild, die Krabbe, über eine harte Schale verfügten, aber ein weiches Inneres hatten und sich instinktiv immer seitwärts in den Schatten davonmachen wollen. Auch fand sie, dass sich daraus ihre Begeisterung für Wasser und ihr Wunsch, einmal in einem Haus am Meer zu leben, erklärten. Sie sagte zu Debbie: »Dieses Haus ist voller Zwillinge. William ist ein Zwilling, Paul auch – und das ist nicht einfach!«

Debbie wollte mich gerne in ihre Geheimnisse einweihen, aber ich weigerte mich. »Wir müssen Ihnen wirklich mal das Horoskop stellen«, drängte die Prinzessin, »das ist etwas Aufregendes.«

Einmal rief eine Akupunkteurin an, von der die Prinzessin gerade zurückgekommen war. Wer meint, dass Akupunkteure eine beruhigende Wirkung haben, den belehrte dieser Anruf eines Besseren. Die Spezialistin war kurz vor dem Durchdrehen. »Mir fehlt eine Nadel. Ich fürchte, ich habe sie im Kopf der Prinzessin stecken lassen!«

Ich ging nach oben in das Wohnzimmer, wo sie am Schreibtisch saß, und erwartete, dass eine Art Antenne aus ihrem Kopf herausragen würde. Ich machte mich bemerkbar, und die Prinzessin sah auf.

»Ich habe gerade einen Anruf entgegengenommen«, sagte ich. »Es könnte sein, dass Ihnen noch eine Akupunkturnadel im Kopf steckt.«

Die Prinzessin betastete ihren Kopf und brach dann in lautes Gelächter aus. »Befreien Sie die arme Frau von ihren Ängsten, und sagen Sie ihr, dass er mir gut geht. Ich fühle mich viel besser nach dem Besuch bei ihr!«

Die Prinzessin konnte immer auch die lustige Seite all ihrer Therapien und Behandlungen sehen. Einige waren eher bizarr und wie eine Selbstbestrafung. Zweimal wöchentlich war es meine Pflicht, die Prinzessin in eine Klinik im Norden von London zu fahren – ich fuhr und nicht der Chauffeur, weil die Angelegenheit so privat war –, wo sie sich einer Kolonalbewässerung unterzog. »Sie *möchten* da lieber nichts Näheres wissen, Paul!«, sagte sie.

Sie fuhr selbst zu Susie Orbach, der Psychotherapeutin, die sich auf Essstörungen spezialisiert hatte und die der Prinzessin in der Phase ihrer Bulimie sehr geholfen hatte, die Dinge unter Kontrolle zu bringen. Dr. Mary Loveday, eine kleine Dame mit sanfter Stimme, beschäftigte sich mit der chemischen Balance im Körper der Prinzessin und verschrieb ihr Vitaminpräparate, die sie dreimal täglich einnehmen musste.

Das Wachstum des menschlichen Geistes und die spirituelle Seite des Lebens, »die andere Seite«, wie sie es nannte, faszinierten die Prinzessin. Die Wahrsagerin Rita Rogers, die in der Nähe meiner Geburtsstadt Chesterfield lebte, war für sie eine wichtige Ratgeberin, und mit Simone Simmons, einer Geistheilerin, telefonierte sie regelmäßig. Es war keineswegs unüblich, dass die Prinzessin in manchen Nächten bis zu fünf Stunden mit ihr telefonierte. Simone verdankten wir auch den Geruch der Räucherstäbchen.

Mein Eindruck war, dass all diese alternativen Therapeuten, jeder auf seine Weise, die Prinzessin glücklich machten und ihr zur Entspannung verhalfen. Aber aus einer faszinierenden Freizeitbeschäftigung wurde allmählich eine Abhängigkeit, die mich störte. Ebenso störte es mich, dass ihr die Paparazzi auf Schritt und Tritt folgten. Als sie einmal die Londoner Woh-

nung von Susie Orbach verließ, lauerten der Prinzessin, die eine dunkle Sonnenbrille trug, eine Reihe von frei schaffenden Fotografen auf, die für ausländische Magazine und Agenturen arbeiteten. Sie umringten und belästigten sie mit unpassenden Bemerkungen wie »Schau dich doch an, du bist ein Wrack!« oder »Diana, du bist eine dumme Pute«. Die Prinzessin brach in Tränen aus und rettete sich in ihr Auto. Am nächsten Tag lauteten die Schlagzeilen »Diana heult«, und man unterstellte ihr, dass sie über ihre gescheiterte Ehe weinen würde.
Es gibt wohl wenige Frauen, die mit diesem täglichen Terror zurechtgekommen wären. Ich war Zeuge und habe es selbst mehrmals erlebt, was es heißt, mitten in London im Zentrum des Tumults zu stehen. Ich parkte das Auto an einer Parkuhr und wartete auf die Prinzessin, die in einer Klinik, einem Restaurant oder beim Einkaufen war. Ich fing ihren Blick im Rückspiegel, während sie, verfolgt von der Meute, angelaufen kam, ließ den Motor an und beugte mich zur Beifahrertür, um sie zu öffnen, so dass sie schnell einsteigen konnte: »Fahren Sie los, Paul, fahren Sie los.« Aber die Fotografen hatten uns bereits umringt, lehnten sich von beiden Seiten auf die Motorhaube und klopften an die Fenster. Die Prinzessin kauerte sich dann im Auto zusammen, hielt die Hand über den Kopf und sagte einmal: »Eines Tages werden wir irgendjemand umbringen.« Sie empfand das alles in hohem Maße als anstrengend und widerlich.
Am schönsten war das Autofahren für mich, wenn ich die Prinzessin an warmen Sommertagen im Mercedes Cabrio durch die Gegend fuhr und wir an einer Ampel stehen bleiben mussten. Sie liebte die erstaunten Gesichter der Autofahrer, wenn sie zur Seite sahen und sie erkannten. Ernste Gesichter hellten sich plötzlich freudig auf. Einmal, wir mussten an einer roten Ampel halten, kamen wir neben einem Gebäude in Mayfair zum Stehen, das gerade renoviert wurde. Einer der Bauarbeiter, der unten auf dem Gerüst stand, bemerkte die Prinzessin. In Win-

deseile verbreitete sich die Neuigkeit auf dem Gerüst, und es schien, als ob alle, die auf dieser Baustelle arbeiteten, ihre Werkzeuge fallen ließen und hinter der Prinzessin herpfiffen und ihr nachriefen.

Die Prinzessin war empört und tat, als ob sie nichts hörte. Aber als wir weiterfuhren, hob sie ihre Hand und winkte den Bauarbeitern zu, und auf der ganzen Fahrt nach Hause kicherte sie in sich hinein.

Es gibt ein Bild, das der Presse entging. Am 1. Februar 1994 feierten wir den vierzigsten Geburtstag von Maria mit einer Kostümparty im Café Rouge in der Nähe des Palasts. Dort tauchte die Prinzessin unerwartet auf. Das Motto dieser Party war »Berühmtheiten«. Maria und ich gingen als Antonius und Cleopatra. Die ehemalige Haushälterin von Highgrove, Wendy Berry, hatte sich als Cruella de Vil verkleidet, mein Schwager Peter Cosgrove als Al Capone und mein Bruder und seine Frau Jane erschienen als Napoleon und Jospehine. Als die Prinzessin eintrat, schüttelte ihr mein anderer Bruder Anthony, der als General Custer verkleidet war, die Hand und fragte sie: »Und als was haben Sie sich verkleidet?«
Die Prinzessin im schwarzen Hosenanzug mit einer goldenen Weste antwortete ihm: »Natürlich als Prinzessin!«
An diesem Samstagnachmittag, als die Freunde und Kollegen ihre Kostüme herrichteten, hatte die Prinzessin ein geheim gehaltenes Treffen mit Mutter Teresa, aber sie wollte unbedingt zu der Feier kommen, da viele Mitarbeiter ihres Haushalts kamen, die sie entweder aus Kensington Palace oder aus Highgrove kannte. Selbst ihr alter Freund Cyril Dickman, Haushofmeister des Buckingham Palace im Ruhestand, war da. Wie die Prinzessin sagte, wollte sie »zur Abwechslung mal was Normales tun«. Aber wenn man als Prinzessin von Wales ohne Polizeischutz durch ein öffentliches Restaurant in das Hinterzimmer geht, wird das niemand als normal betrachten. Viel-

leicht lag es an meiner Verkleidung als römischer Centurio, aber ich übernahm an diesem Abend die Rolle als Beschützer und richtete es so ein, dass ich zusammen mit ein paar anderen, ebenfalls maskierten Gästen die Prinzessin um acht Uhr am Polizeiposten am Eingang des Palasts abholte.

Die Prinzessin tauchte aus der Dunkelheit auf und traute ihren Augen nicht. »Wie seht ihr denn aus!«, rief sie und brach in lautes Gelächter aus. Und so wurde die Prinzessin von Wales von Antonius, den Drei Musketieren, Batman und Robin zu der Veranstaltung eskortiert.

Freunde und Verwandte aus Nordwales waren zu der Feier angereist. Ihre angeklebten Schnurrbärte und Perücken fielen ihnen beinahe vom Kopf, als die Prinzessin zur Türe hereinkam. Ein hoher königlicher Gast bei einer Kostümparty in einem öffentlichen Restaurant! Das mag manchem steifen Höfling gegen den Strich gehen, aber ich habe nie einen Auftritt erlebt, bei dem die Prinzessin so ausgelassen war, wie an diesem Abend. Sie saß auf ihrem Stuhl, trank Wasser und kicherte über die lustigen Sketche, die wir aufführten. Dann ging sie in die Mitte des Raums und stellte sich neben den Tisch des Discjockeys: Sie hatte versprochen, die Preise beim Kostümwettbewerb zu verleihen. Für meinen Bruder Graham wurde es die Nacht seines Lebens, als er den ersten Preis mit seinem Napoleonkostüm gewann und die Prinzessin ihm einen CD-Spieler überreichte.

Nach zwei Stunden beschloss sie zu gehen. Während sie mir erzählte, was für ein schöner Abend es gewesen sei, begleitete ich sie nach Hause – die Prinzessin von Wales spazierte an der Seite eines römischen Centurios durch Kensington.

Es war ebenfalls eine Freude, sie bei Marias Geburtstagsfeier zu beobachten, vor allem, da sie ihre eigenen Geburtstage eher fürchtete. Sie hasste es, wenn an ihrem Geburtstag alles auf sie ausgerichtet war: Sie fühlte sich immer unwohl, weil sie befürchtete, von Freunden und Gästen mit Geschenken überschüttet zu werden. Dabei war sie selbst bei Geburtstagsgeschenken immer sehr großzügig – sie hatte die Geburtstage ihrer Freunde im Kalender eingetragen. Doch selbst Geschenke anzunehmen, war ihr unangenehm. Oft sagte sie: »Es ist viel einfacher zu geben, als zu nehmen. Man geht keine Verpflichtung ein, wenn man etwas gibt.«

Da ich wusste, wie sehr ihr die lustigen Karten von WH Smith gefielen, platzierte ich jedes Jahr am 1. Juli eine Karte mit den Geburtstagsgrüßen der Familie Burrell auf ihrem Schreibtisch. Es gab immer einen Wettstreit unter den Mitarbeitern, wer das lustigste und gewagteste Geschenk für die Prinzessin bringen würde. Sie öffnete die Päckchen nach dem Frühstück und stellte die Geschenke auf dem runden Tisch im Wohnzimmer auf. Dann kamen allmählich die Blumen. Vierundzwanzig langstielige gelbe Rosen, in einer Verpackung von Edward Goodyear, dem Floristen von Mayfair, geschickt von einem geheimen Verehrer, den wir nie identifiziert haben. Rote Rosen kamen von Freunden. Elton John schickte weiße Tulpen, und weitere Rosen kamen von Gianni Versace. Anna Harvey, die Londoner Herausgeberin von *Vogue*, schickte ein als Geschenk verpacktes Kleid oder eine Bluse. Großzügige Geschenke kamen ferner von Catherine Walker und Jo Malone. All ihre Freundinnen schickten Blumen oder Geschenke. Draußen beim Wachposten des Palasts gaben Gratulanten Karten, Geschenke und Blumen ab. Am Ende des Tages glichen die Apartments Nummer acht und neun einem Blumenladen, und zwischen den überall herumliegenden Geburtstagskarten war kein freier Platz mehr zu finden.

Nicht nur die Prinzessin fürchtete den 1. Juli, sondern auch ihr Butler. Ich war dann den ganzen Tag damit beschäftigt, die Treppen rauf- und wieder runterzulaufen. Eine Lieferung von Selfridges, eine von Harrods, eine von den Hoflieferanten Fortnum & Mason und eine von Harvey Nichols. Und natürlich der unvermeidliche Blumenstrauß von Prinz Charles, der

jeden Brief und jede Postkarte bis zu ihrem Tod mit der Anrede »Liebste Diana« begann.
Der Rest des Geburtstags, vom späten Nachmittag bis zum Abend, wenn sie ins Bett ging, verging mit der Abfassung von Dankesschreiben an Verwandte, Freunde, Bekannte und Organisationen. Ich habe noch nie jemanden gesehen, der so schnell antwortet und so schnell schreibt. Aber die Prinzessin hielt immer die Disziplin aufrecht, die ihr von klein auf durch ihren Vater nahe gebracht worden war, der seine Familie in nahezu religiöser Manier dazu anhielt, Dankesschreiben zu verfassen.
Sie holte einen Stapel ihres rot umrandeten Briefpapiers mit geschnörkeltem D und Krone aus dem Mahagonischreibtisch im Wohnzimmer. Dort saß sie mit dem Rücken zum Fenster und arbeitete wie an einem Fließband, das Briefe produzierte: schreiben, zusammenfalten, eintüten, verschließen. Stundenlang saß sie so, tauchte ihren schwarzen Federhalter in ein Fass mit schwarzblauer Tinte und brachte ihren Dank Zeile für Zeile in ihrer typischen Handschrift zu Papier. Nachdem ein Brief unterschrieben war – sie unterstrich immer ihre Unterschrift –, trocknete sie die Tinte mit einem rosafarbenen Löschpapier, das am Abend eines solchen Tages schwarz war. Ich hatte dafür zu sorgen, dass am nächsten Morgen ein frisches Blatt auf ihrem Schreibtisch lag. Sie faltete die Briefe in der Mitte, steckte sie in kremfarbene Briefumschläge mit rotem Innenfutter und legte sie auf einen Stapel, der immer höher wurde.
»Ich muss diese Dankesbriefe schreiben. Wenn sich die Menschen schon die Mühe machen, mir ein Geschenk zu schicken, dann ist das Mindeste, was ich tun muss, mich zu bedanken«, sagte sie.
Wenn sie an anderen Tagen des Jahres zum Essen ausging, bereitete sie vorher ihren Dankesbrief für die Gastgeber oder ihre Begleiter vor. Ein Umschlag wurde adressiert und an ein silbernes Tintenfass gelehnt. Wenn sie zurückkam, egal wie spät es

war, schrieb sie den Brief, so dass er am nächsten Morgen zur Post ging.

Nach sechs Monaten Abwesenheit von den offiziellen Bühnen der Welt bewegte sich die Prinzessin vorsichtig wieder ins Rampenlicht. Der Generaldirektor des Roten Kreuzes, Mike Whitlam, der ein fester Verbündeter wurde, überredete sie zum Eintritt in ein Beratungskomitee, das der Vereinigung des Internationalen Roten Kreuzes zur Seite stehen sollte. In dieser Rolle fuhr sie im Mai 1994 nach Genf. Ihr Privatsekretär Patrick Jephson behauptete, man hätte ihr die Langeweile an den Augen ablesen können, und so trat sie bald von dieser Position zurück. Der wirkliche Grund für ihren Rücktritt war ein anderer: Sie wollte nicht aus irgendwelchen Komitees heraus von oben herab entscheiden, sondern näher an den Menschen sein. Sie trat zurück, weil sie frustriert war, nicht aus Langeweile. Wie sich später zeigen sollte, hielt sie bei ihren weiteren Missionen nach wie vor engen Kontakt mit der Organisation. Die Prinzessin kehrte nach London zurück, nahm an der Enthüllung des kanadischen Kriegerdenkmals im Green Park teil, und dann, am fünfzigsten Jahrestag des D-Days, besuchte sie einen Gedenkgottesdienst in Portsmouth, bevor sie mit anderen Mitgliedern der königlichen Familie die königliche Jacht *Britannia* bestieg. Die Prinzessin kam allmählich wieder auf die Bühne zurück, vergaß dabei aber nie ihre eigentlichen Anliegen: So erschien sie bei der Eröffnungsfeier zur dreißigsten Spendensammelaktion der im Bereich der Psychiatrie tätigen Stiftung Turning Point, ging zu einem Wohltätigkeitskonzert für AIDS-Stiftungen, unterstützte die Organisation Charity Point, die sich um Obdachlose kümmerte, und besuchte später in diesem Jahr ein Abendessen im Schloss von Versailles, bei dem Spenden für eine französische Stiftung für Kinder gesammelt wurden. Dort wurde sie mit stehenden Ovationen gefeiert.

Sie stand nach wie vor im Rampenlicht, und wo immer sie auftauchte, jubelten ihr die Massen zu. Sie verzauberte jeden, bei Dinners, Galas und Staatsempfängen, Präsidenten ebenso wie einfache Menschen. Sie verlangte keine Sonderbehandlung, doch ihre Erscheinung, ihre magische Aura nötigte jedem Respekt ab und zog die Aufmerksamkeit an.

Aber all diese Unterstützung und alle Ermunterung half nichts, wenn es um ihr mangelndes Selbstvertrauen ging. In Kensington Palace bedurfte sie der ständigen Bestätigung. Sie hatte ihre innere Stärke, und auf diese rechnete sie, wenn es um ihr Selbstvertrauen ging. Diese Stärke brauchte sie am 29. Juni 1994, als eine sehnsüchtig erwartete Fernsehdokumentation über Prinz Charles gesendet wurde. Die Sendung, an der der Prinz mitgewirkt hatte und die von Jonathan Dimbleby produziert worden war, ging einer geplanten Buchveröffentlichung voraus. Unter dem Titel *The Prince of Wales* war dieses Werk eine literarische Erwiderung mit königlichem Segen auf Andrew Mortons Buch aus dem Jahr 1992. Die Arbeit an diesem Buch hatte sich achtzehn Monate hingezogen. Nachdem die Prinzessin sich wegen ihrer Weigerung, mit Morton zu kooperieren, den königlichen Zorn zugezogen hatte, sorgte das Büro von Prinz Charles mit seiner Billigung dafür, dass seine Freunde zu Wort kamen und sich positiv über ihn äußerten. Das Ganze wurde als Beitrag zur Feier des fünfundzwanzigjährigen Jubiläums seiner Inauguration als Prinz von Wales verkauft.

Jonathan Dimbleby behauptete später, der Prinz wollte in das Buch nichts aufgenommen wissen, was die Prinzessin hätte verletzen können. Aber im Fernsehen gestand er seine Affäre mit Camilla Parker Bowles ein. Die Prinzessin hatte keine Ahnung, dass ein solches Eingeständnis kommen sollte. Jeder in Kensington Palace fragte sich, wie man eine solche Äußerung als nicht verletzend bezeichnen konnte. Schon bei den Vorankündigungen der Dokumentation im Fernsehen hatte sich die Prinzessin besorgt über deren möglichen Inhalt geäußert. Sie fand Trost und Unterstützung bei ihren Freundinnen Lucia Flecha de Lima, Annabel Goldsmith, Susie Kassem und der Herzogin von York, die sie in Kensington Palace besuchten und ihr Mut machten. Am eigentlichen Tag der Ausstrahlung kam Hilfe von unerwarteter Seite aus dem St. James' Palace. Die Herzogin von Kent – ein herausragendes Beispiel für menschliche Wärme und tiefe Humanität – besuchte nachmittags die Prinzessin und sagte ihr, sie möge stark bleiben. »Wie kann ich jemals wieder auf die Straße gehen und den Leuten in die Augen schauen?«, sagte die Prinzessin an diesem Nachmittag. Solche Sätze hätten jene schlecht informierten Zyniker hören sollen, die sie als zielstrebige Manipulatorin der Medien darstellten, der es angeblich nur darum ging, auf die Titelseiten zu kommen.

An diesem Abend, als die ganze Nation vor dem Fernsehschirm saß, hatte die Prinzessin eine bereits lange vereinbarte Verabredung zu einem Abendessen in der Serpentine Gallery im Hyde Park. Sie war die Schirmherrin der Galerie und mit dem Direktor Lord Palumbo befreundet und war vom seinerzeit neu ernannten Vorsitzenden des Arts Council of England, Lord Gowrie, eingeladen worden. Ihre Nerven lagen blank, als sie sich auf die Verabredung vorbereitete. Ein Teil ihrer Gedanken war bei der Dokumentation, der andere Teil ihres Kopfes beschäftigte sich mit der Frage, welches Kleid zu diesem Anlass passend sei. Vor der Galerie waren die Kameras aufgebaut, um ihr Erscheinen zu filmen. Alle waren neugierig, wie sie auf Dimblebys Dokumentation reagieren würde.

Sie war eine Stunde vor der Abfahrt fertig angezogen und lief nervös im ersten Stock hin und her. Ich konnte von unten in der Küche das Knarren der Bodendielen hören.

Dann hörten die Schritte auf. »Paul, sind Sie da?«

Ich lief den ersten Treppenabsatz hoch und schaute nach oben, wo die Prinzessin stand, die Hände in die Hüften gestemmt, in einem nachtblauen Cocktailkleid mit einem Gürtel um die Hüfte, weißen Ärmelmanschetten und einen strahlend weißen Schal um den Hals geschlungen. »Und, gefällt es Ihnen?«, fragte sie mich. Meine Reaktion kam entweder nicht so spontan oder fiel nicht so enthusiastisch aus. »Es gefällt Ihnen nicht, oder?« Ihre Hände sanken von den Hüften herab.

Trotz der Expertenmeinung ihrer Ankleidedamen war ihr eine männliche Meinung im Haushalt letztlich wichtiger, wie damals in Pakistan oder in der Tschechoslowakei, als sie Mervyn Wycherley oder mich bezüglich der passenden Kleidung um Rat fragte. Sie wollte immer den »Wow«-Effekt. In Kensington Palace kam sie üblicherweise zur Hälfte die Treppe herab und posierte wie ein Model in einem neuen Anzug oder mit einem neuen Hut: »Was denken Sie?« Oder sie stand da in einem neuen Kleid, ein Bein in einer Strumpfhose, das andere ohne: »Mit Strümpfen oder ohne?« Oder sie hatte an einem Fuß einen Stöckelschuh und am anderen einen mit flachem Absatz: »Absatz oder nicht?«

Einmal, während einer Anprobe mit dem Designer Jacques Azgury, stand die Prinzessin mit ihm im Wohnzimmer, während eine Schneiderin den Saum des roten Kleides mit einem passendem Chiffonschal versah. »Ist es nicht schön, Paul? Ist Jacques nicht clever?«, sagte sie und rief mich hinzu.

Es war nahezu unmöglich, keine Begeisterung zu zeigen, wenn sich die Prinzessin herausputzte, um andere zu beeindrucken. Aber ich hatte sie gewarnt: »Wenn Sie eine ehrliche Antwort wollen, fragen Sie mich. Ich sage Ihnen die Wahrheit. Wenn nicht, fragen Sie mich nicht.«

Am Abend der Einladung in die Serpentine Galerie galt es ohne Rücksicht auf Verluste ehrlich zu sein. »Heute ist ein Abend, da sollten Sie wirklich Eindruck machen. Und ich fürchte, das hier ist nicht das richtige Kleid dafür«, sagte ich.

»Aber ich habe nichts anderes anzuziehen!«, protestierte sie. Ich nahm die restlichen Stufen nach oben und ging mit der

Prinzessin in das Ankleidezimmer. »Wie wär's mit dem hier?«, fragte ich und zeigte auf ein glitzerndes schwarzes Kleid.
Die Prinzessin rümpfte die Nase. »Nein. Das habe ich doch ständig an.«
Dann fand ich in der Abteilung für schwarze Kleider ein kurzes Cocktailkleid, das Christina Stambolian entworfen hatte. Der Prinzessin gefiel es, aber sie hatte Bedenken, es könne ihr nicht mehr passen, da sie dachte, sie sei um die Schultern herum durch ihr regelmäßiges Training breiter geworden. »Es gibt nur eine Möglichkeit, es herauszufinden.« Sie verließ das Zimmer in Dunkelblau und nahm den Bügel mit dem neuen Vorschlag mit.
Sie kam zurück in schwarzer Seide, schulterfrei – und sie sah umwerfend aus.
»Das ist es«, sagte ich.
»Glauben Sie nicht, dass es zu auffällig ist?«, fragte sie und schob einen Finger in den Ausschnitt.
»Es ist perfekt«, sagte ich, und dann gingen wir zum Safe neben ihrem Schlafzimmer. Sie wählte ein Perlenhalsband mit einem großen ovalen Saphir, eingerahmt von zwei Reihen kleiner Diamanten, ein Verlobungsgeschenk der Königinmutter.
Als die Zeit der Abfahrt näher rückte, lief sie immer noch oben auf und ab. »Warum bin ich nur so nervös?«, fragte sie irritiert.
Jetzt war Aufmunterung gefragt. »Sie sehen phantastisch aus. Sie werden alle anderen ausstechen«, sagte ich.
»Mmmm.« Man konnte sich nicht vorstellen, dass sie das nicht so sah.
Die Prinzessin hatte mich lange gedrillt, wie man richtig ankommt und wie man sich angemessen verabschiedet. »Ankommen und verabschieden – das sind die wichtigsten Momente eines jeden Ereignisses.« Ich erinnerte sie an diesen Spruch, kurz bevor sie ging, und fügte dann hinzu: »Denken Sie daran, wenn Sie ankommen. Schreiten Sie aufrecht, fester Händedruck und

immer dran denken: ›Ich bin die Prinzessin von Wales‹, vergessen Sie das bloß nicht.«
Wieder hörte ich ihr charakteristisches tiefes Einatmen. »Also dann, Paul, los geht's.« Ich folgte dem Chiffon die Treppe hinab durch die Diele zum Eingang. Als ich die hintere Türe des Autos schloss, das vom Chauffeur gefahren wurde, strahlte sie. Ich winkte dem Auto hinterher.
An diesem Abend verfolgte ich die Fernsehnachrichten besonders interessiert. Man sah, wie sie an diesem lauen Sommerabend vorgefahren war: Sie entstieg dem Auto voller Energie, nickte Lord Palumbo zu, gab ihm die Hand und lächelte, als könne nichts in der Welt sie aus der Ruhe bringen. Es wurde eines der berühmtesten Bilder der Prinzessin und fand sich am nächsten Morgen auf allen Titelseiten der Zeitungen. »Nehmt das!«, schrieb der *Daily Mirror*. Und Charles? »Nicht geeignet für den Thron«, hieß es.
Die Prinzessin kam in den Palast zurück und wusste bereits, was Charles im Fernsehen über seine Untreue gesagt hatte. Kein Anzeichen des Triumphs. Sie war schweigsam. Kein abendlicher Snack, kein heißes Getränk. Sie ging geradewegs in ihr Schlafzimmer und ich drehte die Lichter ab. Bis auf eins.

9.
Die Chefin

Dass der Dienst in Kensington Palace leicht gewesen wäre, kann wahrlich niemand behaupten. Es war nicht einfach für das Personal der Apartments acht und neun. Wie in vielen anderen Beziehungen – in der Familie, in der Ehe, unter Freunden oder im Geschäftsleben – konnten auch hier schnell dunkle Wolken aufziehen. Das Leben mit der Chefin war eine Achterbahnfahrt, nichts für Leute mit einem schwachen Magen. Die Hochphasen waren herrlich, doch die Tiefs fürchterlich, und für viele ging die Fahrt zu schnell, es gab schon einmal ein Looping zu viel, und dann schien die Fahrt außer Kontrolle. Doch die Prinzessin hatte die Dinge *sehr wohl* unter Kontrolle, und sie entschied in der ihr eigenen kapriziösen, kompromisslosen Art, wer mit ihr fuhr und wen sie zurückließ. Wer länger in ihren Diensten stehen wollte, musste psychisch einigermaßen robust sein. Man durfte nichts beurteilen oder in Frage stellen, sondern musste einfach alles nehmen, wie es kam – sie als den komplizierten, mit Schwächen behafteten, aber liebevollen und wunderbaren Menschen nehmen, der sie war.

Absolute Loyalität stellt keine Bedingungen, insbesondere wenn sie erwartet wird. Für diejenigen, die sich beiseite geschoben fühlten, wurde es schwierig, und sie verließen das Schiff viel zu bereitwillig, manche bevor sie nachdrücklich

dazu gedrängt wurden; sie werden inzwischen eingesehen haben, dass sie die Zeichen nicht erkannten. Andere, treu Ergebene, versuchten bei der Stange zu bleiben, wurden jedoch Knall auf Fall entlassen, weil ihre Beweggründe missverstanden wurden. Es war furchtbar, wenn sie gehen mussten. Manch echte Freundschaft fand aufgrund einer Kurzschlussreaktion in Folge eines Missverständnisses oder einer falschen Information ein abruptes Ende. Eine zu große Vertrautheit mit der Prinzessin brachte immer ein Risiko mit sich: die schlimme Erfahrung, einen Menschen kennen und lieben zu lernen und dann diese ganz besondere Freundschaft zu einer unglaublichen Persönlichkeit zu verlieren, freiwillig oder auf andere Art.
Ich weiß, wovon ich rede, denn meine Frau Maria hat diese Erfahrung zwischen Ende 1994 und 1995 selbst gemacht. Maria hatte gesagt, sie würde ein Jahr lang versuchen, als Ankleidedame zu arbeiten, doch die Arbeitstage wurden immer länger, die Anforderungen größer, und sie konnte den Gedanken nicht ertragen, Alexander und Nick ein weiteres Jahr kaum zu sehen. Dass Dad rund um die Uhr arbeitete, waren sie gewohnt, aber nicht Mum. »Es wird bestimmt besser, gib nicht auf!«, bat ich sie immer wieder in dem Bemühen, die unvermeidliche Konsequenz doch zu verhindern. Ich wusste, die Prinzessin würde es als Verlassenwerden verstehen, wenn Maria ihr den Dienst aufkündigte. Ihr ganzes Leben verfolgten sie Zurückweisungen dieser Art wie ein unerbittlicher Feind. Sie hatte sich von ihren Eltern zurückgewiesen gefühlt, die so gerne einen Jungen gehabt hätten, in ihrer Ehe durch Prinz Charles, bei ihrer Suche nach Zuflucht von ihrem Bruder, Earl Spencer. Traurig und paradox zugleich war, dass die Prinzessin mit schroffer Zurückweisung selbst ebenso schnell bei der Hand sein konnte. Als Maria sich nun mit diesen Gedanken trug, fand ich mich – nicht zum ersten Mal im königlichen Dienst – mitten im Kreuzfeuer zwischen den beiden Frauen, die mir am meisten bedeuteten.

Als meine Frau zur Prinzessin ging, um ihr mitzuteilen, dass sie leider nicht länger für sie arbeiten könne, weil sie mehr Zeit für ihre Familie haben wolle, suchte ich Feigling mir schnell ein sicheres Versteck; schlichte Angst hinderte mich daran, mich als Friedenswächter einzuschalten. Und ich presste mir die Hände auf die Ohren in der Hoffnung, der unvermeidliche Krach würde sich von selbst in Wohlgefallen auflösen. Später an jenem Abend im Dezember 1994 erzählte mir eine völlig niedergeschmetterte Maria, wie das Gespräch verlaufen war.
»Was? Nach allem, was ich für Sie getan habe?«, hatte die Prinzessin wütend ausgerufen. »Ich habe mich ins Zeug gelegt, um Ihnen diesen Posten zu besorgen, habe Flexibilität bewiesen, und das ist nun der Dank dafür!«
Maria hatte versucht zu erklären, dass die Vereinbarung für ein Jahr gegolten habe und sie sehr dankbar dafür sei, ihre Söhne aber Vorrang hätten. Doch sie war überhaupt nicht zu Wort gekommen. »Sie hat mich heruntergeputzt, dass mir die Tränen kamen«, erzählte sie mir an jenem Abend.
Die Nachwirkungen dieses Vorfalls machten sich am nächsten Tag als schwarze Wolke über dem Frühstückstisch bemerkbar.
»Guten Morgen, Eure Königliche Hoheit«, sagte ich, als ich den Kaffee brachte.
Es kam keine gut gelaunte Antwort wie an anderen Tagen.
»Paul. Können Sie mal mit Ihrer Frau reden?«
Ich hoffte im Stillen, eine dicke Schlagzeile in der Zeitung möge die Prinzessin ausnahmsweise ablenken, doch vergebens. Kläglich, geradezu unterwürfig brachte ich vor, Maria habe nun einmal diesen Entschluss gefasst, bemühte mich, die familiären Gründe zu erklären, und versicherte der Prinzessin, es sei meiner Frau nicht leicht gefallen, doch sie habe diese Entscheidung getroffen in dem Wissen, dass ich in Zukunft zweihundert Prozent Einsatz bringen, für uns beide arbeiten würde. Die Prinzessin blieb unversöhnlich. In den nächsten vier Wochen bis zu Marias Ausscheiden aus dem Dienst sprach sie kein einziges

Wort mehr mit ihr. Beim Palastpersonal wurde dieses Verhalten »Strafschweigen« genannt.

Bis 1995 waren noch einige andere in Ungnade gefallen, und es war ebenso traurig wie unbegreiflich, als Chefkoch Mervyn Wycherley nach neunmonatigem Strafschweigen Kensington Palace verließ. Zu den Opfern dieses Jahres zählte auch mein Butlerkollege Harold Brown, der ging, bevor er gegangen wurde – ebenfalls nach einer Periode des Strafschweigens. Ihm gelang gewissermaßen eine weiche Landung, denn er trat bei Prinzessin Margaret in Dienst und konnte sein Quartier in Apartment sechs behalten. Nach seinem Ausscheiden war ich der einzige Butler. Das Personal wurde immer weniger, mein Verhältnis zur Chefin zunehmend vertrauensvoller.

Doch auch mich strafte die Prinzessin gelegentlich mit Nichtbeachtung, auch ich war nicht sicher vor ihrer Kritik. Die schwärzesten Tage meiner Zeit mit der Chefin erlebte ich, als ihre Scheidung anstand und sie begann, den Gürtel enger zu schnallen. Es kam ihr langsam zu Bewusstsein, welche Kosten ein solcher Haushalt verursachte, und ich glaube, sie sah sich zum ersten Mal die Telefonrechnung von Kensington Palace an. Sie ließ sich einen Einzelverbindungsnachweis kommen, und alle Bediensteten wurden aufgefordert, ihren Namen neben die von ihnen geführten Privatgespräche zu schreiben. Meine Telefonate beliefen sich auf etwa dreihundert Pfund. Ich schrieb einen Scheck aus und dachte, damit wäre die Sache erledigt. Irrtum.

Dass ich das Telefon privat benutzte, wurmte die Chefin offensichtlich. Als ich ihr den Scheck vorlegte, wollte sie wissen, warum die Rechnung derart hoch sei. Ich machte den Fehler, ohne Umschweife meine Meinung zu sagen. »Da mein Arbeitstag so lang ist, finde ich es offen gestanden normal, wenn ich meine Familie anrufe. Ich arbeite täglich fast sechzehn Stunden, Eure Königliche Hoheit.«

Diese Antwort wurde, zu Unrecht, als Beschwerde aufgefasst.

Zwei Wochen lang sah sie durch mich hindurch, sprach kein einziges Wort mit mir. Es war eine sehr schwierige Zeit. Ich fühlte mich ausgeschlossen, ihrer Freundschaft beraubt, isoliert.

Bald wusste ich mir nicht mehr anders zu helfen, als per Haftzettel, die ich in den Apartments hinterließ, mit ihr zu kommunizieren. Sie wiederum ließ mir ihre Antwort per Memo zukommen.

Wie lächerlich diese Situation war, zeigte sich besonders deutlich, als eine wichtige Nachricht von mir verloren ging und die Prinzessin eine Erklärung verlangte: »Warum haben Sie es mir nicht einfach gesagt, Paul, statt es auf einen Zettel zu schreiben?«

»Eure königliche Hoheit!«, sagte ich etwas erregt. »Wie könnte ich! Sie sprechen ja nicht mehr mit mir!«

Sie schien meine Antwort fast resigniert zur Kenntnis zu nehmen, und so redete ich weiter.

»So kann ich nicht arbeiten. Ich weiß nicht, was ich getan habe, aber bitte lassen Sie mich Ihnen helfen, damit ich meine Aufgaben wieder richtig erfüllen kann.«

Von diesem Augenblick an begann das Eis hier und da zu schmelzen. Ich war ungeheuer erleichtert, dass sich unser Verhältnis wieder normalisierte. Und ich achtete zukünftig sehr darauf, wie oft ich das Telefon des Kensington Palace benützte.

»ENDE DER EISZEIT«, lautete die Schlagzeile des *Daily Mirror,* als sich die Beziehungen zwischen Kensington Palace und Buckingham Palace langsam wieder besserten und die Prinzessin im Dezember 1994 eingeladen wurde, Weihnachten mit der königlichen Familie auf Sandringham zu verbringen. Die Presse glaubte irrtümlich, es sei Sir Robert Fellowes, Privatsekretär Ihrer Majestät und Schwager der Prinzessin, gewesen, der die Einladung ausgesprochen hatte. In Wirklichkeit war es eine Geste der Queen gewesen. Sie hatte die Prinzessin in einem handgeschriebenen Brief wissen lassen, dass sie wie auch der Herzog von Edinburgh sich freuen würden, wenn die Prinzessin Heiligabend mit ihnen, Prinz Charles, William und Harry verbringen würde.

Mit der Zeit bekam ich immer häufiger wichtige Briefe zu sehen: von der Queen, dem Herzog von Edinburgh, von Premierminister John Major, von Elton John und vielen anderen Leuten, auch der Familie der Prinzessin. Sie zog mich bei vielen Angelegenheiten ins Vertrauen, selbst bei ihrem Testament und den Scheidungspapieren, die sie ihren Privatsekretär Patrick Jephson nicht sehen lassen wollte. Doch ich war nicht der einzige Vertraute, der ihre Korrespondenz zu Gesicht bekam. Für Reden und Briefe holte sie sich auch Rat bei ihrem Journalistenfreund Richard Kay. Meine »Korrespondenzsitzungen« fanden entweder auf den Treppenstufen oder im Wohnzimmer statt; dann saß die Prinzessin an ihrem Schreibtisch. Die offiziellen, von Patrick Jephson verfassten Briefe wurden ihr in einer Aktenmappe zur Prüfung geschickt. Dann rief sie von oben an der Treppe meinen Namen, und wir trafen uns auf halbem Weg und ließen uns auf der Treppe nieder, sie auf der einen Stufe, ich auf der nächsten. »Was sagen Sie dazu?«, fragte sie, oder sie stieß einen Schrei aus und sagte: »Sehen Sie sich das bloß an!« Manchmal hinterließ sie auch einen Brief auf dem Tisch in meinem Anrichtezimmer mit einer Notiz darauf: »Lassen Sie mich wissen, was Sie davon halten.«

Bei einer dieser Gelegenheiten zeigte sie mir auch die Briefe des Herzogs von Edinburgh und ihres Bruders Earl Spencer. Im Laufe der Zeit schrieb sie auch private Briefe an mich: Gedanken, die sie schwarz auf weiß festhalten wollte; Ereignisse, die sie dokumentieren und mir zu treuen Händen anvertrauen wollte; oder philosophische Betrachtungen über innere Stärke, die sie mit mir teilen wollte. Bis mir die Prinzessin sogar die heikelsten Briefe zeigte und mich bei ihren allerprivatesten Telefongesprächen zuhören ließ. Da ich alles mitbekam, in welcher Form der Kommunikation auch immer, weiß ich, dass die Queen und die Prinzessin bis zu ihrem Tod in Verbindung miteinander standen und das beste Verhältnis hatten. Und ich kenne, als unabhängiger Zeuge, ihre Geschichte, ihre Traumata und die Albträume, die sie erlebte.

Natürlich wollte die Prinzessin, wenn sie zum Weihnachtsfest nach Norfolk fuhr, für jedes Mitglied der königlichen Familie ein Geschenk mitnehmen. Schon Wochen zuvor hatte sie mich nach Kensington, Knightsbridge und Mayfair geschickt, wo ich Geschenke für die Familie, für Freunde und das Personal besorgen sollte. Ihre Großzügigkeit kannte keine Grenzen, und so gab ich mit ihrer Zustimmung tausende von Pfund aus. Aufgrund der Kenntnisse aus meiner Dienstzeit bei der Queen wählte ich etwas Praktisches für sie – eine Cashmerejacke, einen Schal von Hermès oder eine Wolldecke im Schottenkaro; für den Herzog von Edinburgh eine Patronentasche, einen Jagdstuhl oder eine Taschenflasche. Dann packte ich stundenlang die Geschenke ein, während die Prinzessin ein paar persönliche Zeilen zu jedem schrieb, ehe sie nach Sandringham fuhr. Privat mochte sie die Vorweihnachtszeit sehr, auch wenn der Tag selbst, wie sie meinte, »ein bisschen hart« war.

Hätte ich nicht daran gedacht, zwei Wochen vor dem großen Tag einen Baum aufzustellen, sie wäre die Erste gewesen, die sich beschwert hätte. Jedes Jahr ließ ich eine sechs Meter hohe norwegische Fichte vom königlichen Gut in Windsor kommen, die einen schönen Platz auf dem breiten Absatz zwischen der ersten und zweiten Treppe bekam. Dekoriert wurde sie mit zehn langen Ketten elektrischer Kerzen in Weiß und allem möglichen Christbaumschmuck aus Kristall und Glas. Von jedem Zweig hingen Eiszapfen aus weißer Watte, und obenauf prangte ein silberner Stern. Ins Kinderzimmer im zweiten Stock kam eine kleinere Fichte, für deren Schmuck William und Harry zuständig waren. Sie putzten ihr Bäumchen mit Weihnachtsschmuck heraus, den sie in der Schule gebastelt hatten.

Auch bei uns zu Hause war Weihnachten wunderschön. Unser Baum – in Rot, Grün und Gold geschmückt – stand in der Ecke des Wohnzimmers, von wo aus man einen Blick auf den Palast hatte. Ich verkleidete mich mit einem langen weißen Bart, einem roten Kapuzenmantel und hohen schwarzen Schaftstiefeln als Weihnachtsmann und überbrachte den Jungen ihre Geschenke. Sie errieten nicht, dass ich es war (bis sie die Stiefel draußen im Schuppen entdeckten!). Nick, damals sechs, wollte unbedingt im Mittelpunkt stehen und schlug im Kinderzimmer Rad, wobei er ständig rief: »Schaut mal! Schaut mal!« Maria und ich, nicht zu vergessen unser Gast Betty, Marias Mutter, die uns jedes Jahr zu Weihnachten besuchte, genossen diese kostbaren Augenblicke sehr.

Doch ich wusste, dass die Prinzessin am ersten Feiertag nachmittags allein wieder nach Kensington Palace zurückkehren würde; ihre Söhne blieben in Sandringham. Als sie eintraf, wartete ich vor der Tür auf sie, denn dass sie an einem solchen Tag in ein leeres Haus zurückkommen sollte, fand ich allzu traurig.

»Sie können Weihnachten nicht ganz allein verbringen. Kommen Sie eine Weile zu uns«, sagte ich zu ihr.

»Nein, Paul. Sie wollen doch nicht, dass ich Ihnen Ihr Weihnachten verderbe. Diese Zeit gehört der Familie. Ich komme schon zurecht.« Sie wollte allein sein.

Dann tat die Prinzessin das, was sie an jedem ersten Weihnachtstag nachmittags machte. Sie setzte sich an ihren Schreibtisch, holte ihren Füllfederhalter und ein Fläschchen Tinte hervor und begann, Dankesbriefe für die Geschenke zu schreiben, die sie bekommen hatte. Doch zuerst schrieb sie, bevor ich ging, mir ein paar Zeilen zum Fest: »Für Paul. Ich wünsche Ihnen sehr frohe Weihnachten. Herzlich, Diana.« Als Nächstes adressierte sie ihren ersten Umschlag und schrieb den ersten Brief: an Ihre Majestät die Königin, Sandringham House, Norfolk.

Fast widerwillig schickte ich mich an zu gehen. »Wenn Sie irgendetwas benötigen, brauchen Sie mich nur zu rufen.«

Das Adressbuch der Prinzessin war randvoll mit Namen von Leuten aus allen Schichten und Berufen. Sie konnte jedem, dem sie zum ersten Mal begegnete, das Gefühl geben, man wäre schon sein Leben lang mit ihr befreundet. In den Zeitungen begannen Artikel mit Details über ihren »intimen Kreis« zu erscheinen. Wann immer die Prinzessin im Gespräch mit jemandem entdeckt wurde, oder auf dem Weg zu einer Therapiesitzung, schlossen die Journalisten auf eine enge, dauerhafte und innige Freundschaft. Die Chefin hatte viele Freunde, doch der innere Kreis, angeführt von Lucia Flecha de Lima – beste Freundin, Mutterfigur und Ratgeberin in einem –, war ziemlich klein. Lucias Mann Paulo war von London an die brasilianische Botschaft in Washington versetzt worden, doch selbst die unterschiedlichen Zeitzonen konnten der Freundschaft nichts anhaben. Lucia ließ sich von ihrem Wecker um drei Uhr nachts wecken, damit sie mit der Prinzessin sprechen konnte, ehe diese ihren Tag begann. Wenn die Prinzessin einen Rat oder Trost brauchte, rief sie Lucia an. Ich habe unendlich viele Briefe und Botschaften per Fax über den Atlantik geschickt. Mit der Prinzessin befreundet zu sein, das bedeutete, rund um die Uhr für sie da zu sein, und Lucia akzeptierte das. Sie war wirklich jedes Mal da, wenn die Prinzessin sie brauchte.
»Ohne sie würde ich nicht klarkommen. Sie ist wie eine Mutter zu mir, sie ist einfach wunderbar«, sagte die Prinzessin immer wieder. Im August 1994 flog die Prinzessin nach Washington, im Mai 1995 kam Lucia nach London. Auch Weihnachten 1996 verbrachte die Prinzessin mit Lucia. Die große Entfernung quer über den Atlantik konnte dieser Freundschaft nichts anhaben, im Gegenteil – sie wurde mit der Zeit immer enger.
In London schuf sich die Prinzessin eine Art Ersatzfamilie, die aus Rosa Monckton, Susie Kassem, Lady Annabel Goldsmith, Richard Kay und Dr. Mary Loveday bestand. Ebenso wie ich erlebten diese Menschen die Prinzessin, wie sie wirklich war, und wussten *alles* über sie. Dafür bekamen sie ihre bedingungs-

lose Freundschaft geschenkt. Sie verstanden sie besser als irgendjemand sonst und liebten sie als den Menschen, der sie war.
Ein Besuch der Herzogin von York, die stets energiegeladen die Treppe hinaufsprang, wirkte auf die Prinzessin immer wie ein Muntermacher. Sie war eine Kämpferin, ebenso wie die Chefin, und die beiden haben ständig miteinander telefoniert, um sich gegenseitig zu unterstützen.
Sie pflegten zusammen im Wohnzimmer zu sitzen, in ein ernsthaftes Gespräch vertieft oder lachend, und erzählten sich von den Wunden, die ihnen der königliche Hofstaat hinterrücks beigebracht hatte. Mit der Zeit baute ich über die Prinzessin ein vertrauensvolles Verhältnis zur Herzogin auf, und es entwickelte sich eine Freundschaft. Auch wenn sie wusste, dass die Prinzessin nicht da war, läutete im Anrichtezimmer oft das Telefon, und die vertraute Stimme mit dem typischen Upperclass-Tonfall sagte fröhlich: »Hi, Paul, hier ist die Herzogin.«
Das Verhalten anderer Menschen konnte sie ebenso verunsichern wie die Prinzessin. »Warum sagen die Leute ständig so verletzende Dinge über mich? Ich weiß nicht, was sie von mir erwarten«, klagte sie immer wieder.
Und sie glaube an Karma, ebenso wie die Prinzessin. »Es kommt, wie es kommt«, sagten beide.
Ich hörte ihr zu, wie ich der Prinzessin zuhörte, und sie tat mir schrecklich Leid. »Denken Sie daran, was die Chefin immer sagt«, sagte ich. »Sei zuckersüß zu den Leuten und lass sie nie merken, wie sehr sie dir wehtun.«
Ich erinnere mich gerne an diese Gespräche, am Telefon oder in Kensington Palace, und oft fällt mein Blick auf das gerahmte Bild der Herzogin mit ihren beiden Töchtern Beatrice und Eugenie, das sie mir Ende 1994 geschickt hat. Es trägt eine besondere Widmung: »Lieber Paul, liebe Maria, herzlichsten Dank für eure Freundlichkeit und euren Beistand. Worte sind zu wenig, aber trotzdem: danke. Mit den besten Wünschen – Sarah.«
Die Prinzessin wusste sehr genau, was sie jedem Einzelnen

außerhalb ihres engsten Freundeskreises erzählen konnte und was nicht. Jeder von ihnen kannte sich auf einem bestimmten Gebiet besonders gut aus, deshalb verließ sie sich auf ihren Rat oder ihr Wissen. Am liebsten traf sie sich einzeln mit den Leuten. Ihre Freundschaften waren wie ein Sortiment Schachteln, und ich wusste, welche Schachtel sie warum öffnete und welchen Stellenwert sie in ihrem Leben hatte. Sich im Zentrum ihrer Welt zu befinden bedeutete, ein Bote zu werden, der ihr volles Vertrauen genoss. Wenn die Prinzessin fortging, gab sie mir die Erlaubnis, in ihrem Adressbuch zu blättern, einen Namen zu suchen, eine Nummer zu wählen.

Als Harold Brown gegangen war, stellte sich für die Prinzessin die Frage, wem in ihrem Umfeld sie vertrauen konnte, und so wurde ich im Jahr 1995 vom Butler zum persönlichen Assistenten, Kurier, Chauffeur, Botenjungen und Vertrauten. Ich sprang ein, wenn sie nicht auf ihren Chauffeur, PR-Guru oder Privatsekretär zurückgreifen wollte, weil bestimmte Freundschaften, Botschaften oder private Aufträge ihren professionellen Augen verborgen bleiben sollten.

»Paul, stellen Sie sich gleich neben das Faxgerät und gehen Sie nicht weg, bevor die letzte Seite raus ist«, rief die Prinzessin vom ersten Stock zu mir in das Anrichtezimmer herunter.

1995 war auch das Jahr, in dem die Prinzessin mir die Erledigung ihrer Korrespondenz übertrug, von offiziellen bis zu sehr persönlichen und geheimen Briefen. Damals begann sie, Informationen vor Patrick Jephson zurückzuhalten und Faxe von seinem Büro in St. James' Palace umzuleiten. Es war ihr zu Ohren gekommen, dass er mit seinem Posten unzufrieden und auf der Suche nach einer anderen Stelle war. Sie sprach ihn darauf an, doch seine Antwort überzeugte sie nicht davon, dass er auf lange Sicht für Kensington Palace arbeiten würde. Das machte sie vorsichtig und führte zu einer unüberbrückbaren Distanz zwischen ihnen. »Wie kann er von mir erwarten, dass ich mit ihm über die heikelsten Sachen spreche, über die Details

meiner Scheidung und meiner Zukunft, wenn ich gar nicht weiß, wie lange er noch für mich arbeiten wird?«, sagte sie. Im Wohnzimmer, auf dem Teppich unter ihrem Schreibtisch, verdeckt durch das davor stehende Sofa, wurde ein neues Faxgerät für den persönlichen Gebrauch der Prinzessin installiert. Oft kam es vor, dass ich in das Zimmer ging und niemanden sah.
»Eure Königliche Hoheit?«, sagte ich fragend und drehte mich schon um, um in den Salon zu gehen.
»Ich bin hier unten«, ließ sich eine Stimme aus dem Nichts vernehmen. Die Prinzessin kniete unter dem Schreibtisch und versuchte, allerdings erfolglos, das Faxgerät zu bedienen. Technisches zählte, ebenso wie Kochen, nicht gerade zu ihren Stärken.
»Es ist aussichtslos, ich bin ein hoffnungsloser Fall!«, machte sie sich dann über sich selbst lustig.
Nach einigen frustrierenden Wochen wurde das Faxgerät fortgeräumt, und sie benützte stattdessen meines, das unter meinem Tisch im Anrichtezimmer stand. Sie übergab mir vertrauliche Unterlagen zum Versand, und ich musste warten, bis die Antwort durchgekommen war. Persönliche Briefe nach Übersee schickte sie immer per Fax, damit sie sofort ankamen. Per Post dauerte es ihr zu lange.
Einmal jedoch vertraute sie weder dem Fax noch der Post. »Paul, ich möchte, dass Sie diesen Brief persönlich überbringen«, sagte sie und drückte mir einen Brief in die Hand. Ich sah auf den versiegelten Umschlag. Der Name war mir gut bekannt, ebenso die Adresse – in Übersee.
Sie muss mir meine Überraschung angesehen haben. »Ich weiß, das ist ein langer Weg, aber der Brief ist wirklich sehr wichtig«, sagte sie.
»Betrachten Sie es als erledigt«, erwiderte ich und behielt den Brief bei mir, bis sie zu einem Auslandsbesuch abgereist war. Während ihrer Abwesenheit bestieg ich ein Flugzeug zu einem anderen Ziel, es war ein Abstecher von zwei Tagen, und gab

den Brief in die Hand, die ihn beantworten sollte. Als die Prinzessin wieder in Kensington Palace eintraf, war auch ich zur Stelle.

»Auftrag ausgeführt«, begrüßte ich sie.

Im Januar 1995 beschäftigten sich die Klatschmäuler immer noch mit Prinz Charles und seiner Beziehung zu der Frau, die, wie er selbst eingestanden hatte, seine Geliebte war – Camilla Parker Bowles. Die Spekulationen schossen noch mehr ins Kraut, als am 11. Januar nach zweijähriger Trennung ihre Scheidung von Oberstleutnant Andrew Parker Bowles bekannt gegeben wurde. Doch die Aufmerksamkeit der Prinzessin hatte sich bereits etwas anderem zugewandt – dem Verhältnis zwischen ihrem Mann und seiner Assistentin Tiggy Legge-Bourke, das sie argwöhnisch beobachtete. Selbst die Presse hatte sie schon ins Visier genommen, was dem Misstrauen der Prinzessin neue Nahrung gab.

»DER KUSS«, lautete die Schlagzeile des *Daily Mirror* zu Bildern, die Prinz Charles beim Skifahren mit Freunden zeigten, darunter Tiggy Legge-Bourke. Der Prinz, eine rote Pudelmütze auf dem Kopf, legte ihr darauf den Arm um die Schulter und küsste sie »mit überdeutlicher Zuneigung«. Sein Privatsekretär Richard Aylard erklärte den Reportern: »Es ist absolut nichts dabei, wenn er sie auf die Wange küsst, das ist vollkommen normal.«

Die Prinzessin war anderer Meinung, und sie fand, dass hier viel zu schnell eine Grenze überschritten wurde. Sie konzentrierte ihren Argwohn so sehr auf dieses Verhältnis, dass sie Camilla Parker Bowles als Schnee von gestern ansah. Ihrer Meinung nach wurde die Beziehung von Tiggy Legge-Bourke zu Prinz Charles und auch zu ihren Söhnen William und Harry zu eng. Die Prinzessin betrachtete sich immer noch als verheiratet, und da gab es zwei Frauen, die ihr Revier gefährlich nah umkreisten.

Ich weiß nicht mehr, wie ich auf die Idee kam, aber als mich zu meinem 37. Geburtstag am 6. Juni 1995 Gott und die Welt mit Karten und Geschenken bedachte, beschloss ich, meiner Mutter in Grassmoor auch ein Geschenk zu schicken, eine Kleinigkeit als Andenken an meinen Geburtstag. Ich beauftragte ein Gartencenter in Derbyshire, einen Steintrog mit Blumen zu liefern, die den ganzen Sommer über blühen würden. Telefonisch diktierte ich ein paar Zeilen für eine Karte, die den Blumen beigefügt wurde.

Als sie die Haustür öffnete – es war immer noch dasselbe Reihenhaus, in dem ich aufgewachsen war –, trug sie wie immer eine Schürze. »Ich glaube, Sie haben sich in der Hausnummer geirrt, junger Mann. Ich habe nicht Geburtstag«, sagte sie, wie mir mein Vater später erzählte.

Dann las sie meine Karte und war tief bewegt. Meine Mutter bekam nicht oft Blumen. Von mir an meinem Geburtstag hatte sie zum ersten Mal welche bekommen, und meine Nachricht dazu hatte sie sehr berührt. Als sie sich an jenem Nachmittag unter Freudentränen telefonisch bei mir in Kensington Palace bedankte, schwor ich mir, es von nun an jedes Jahr so zu halten. Noch zwei Wochen später, als sie und Dad zu den Old Barracks kamen, um hier zu übernachten, bevor ich sie in Heathrow zu einem Traumurlaub in Amerika und Kanada verabschiedete, schwärmte sie von diesem Blumentrog mit seiner üppigen Blütenpracht.

Als am 15. Juni um zwei Uhr nachts das Telefon klingelte, sagte mein Unterbewusstsein, das müsse die Prinzessin sein, die sich in offizieller Mission gerade in Russland aufhielt. Sie war der einzige Mensch, der zu einer so unchristlichen Zeit anrief. Es musste etwas Kritisches, privat oder anderweitig, passiert sein. Maria ging ans Telefon, und wenige Augenblicke später hörte ich sie schluchzen: »O Gott, wie soll ich ihm das nur beibringen?«

Die Prinzessin! Was war passiert? Ich sprang aus dem Bett und stürzte über den Flur ins Wohnzimmer, wo Maria noch immer telefonierte.

Am anderen Ende war mein Bruder Graham. Mum war in Ottawa mitten auf der Straße mit einem schweren Herzinfarkt zusammengebrochen und sofort gestorben. Sie wurde neunundfünfzig Jahre alt.

Am nächsten Morgen rief die Prinzessin an, um zu hören, wie es in Kensington Palace lief. Sie sollte zwei Tage später am Samstag zurückkommen und wollte dann mit William und Harry zusammensein. Als ich ihre Stimme hörte, brach ich in Tränen aus. »Um Gottes willen, Paul, was ist denn los?«, fragte sie.

Ich erzählte ihr vollkommen aufgelöst, dass Mutters Herz versagt hatte, dabei habe sie bei ihrer Abreise so gesund gewirkt. Und dass Vater jetzt ganz verloren in Kanada sitze und sich damit herumschlagen müsse, wie er Mutters Leichnam nach Hause überführen lassen könne.

»Überlassen Sie das mir, Paul. Ich kümmere mich gleich darum.«

Ein Anruf der Prinzessin von Wales beim britischen Hochkommissar in Kanada löste alle formellen Probleme, die ein plötzlicher Todesfall in einem fremden Land mit sich bringt. Trotz ihres voll gepackten Terminkalenders in Russland kümmerte sich die Prinzessin um eine Angelegenheit in Kanada, um den trauernden Menschen in England zu helfen. Sie machte sich sogar die Mühe, Dad in seinem Hotel in Ottawa anzurufen und eine halbe Stunde mit ihm zu reden, um ihm Trost zuzusprechen und zu versichern, dass jederzeit ein Mitarbeiter des Hochkommissariats für ihn da sei, die Freigabe des Leichnams in die Wege geleitet und sein Rückflug nach England bereits bezahlt sei.

»Bitte kommen Sie mich doch in London mit Ihren Söhnen besuchen, wenn Sie zurück sind«, sagte sie zu Dad. »Ich würde Sie gerne kennen lernen.«

Die Prinzessin war an jenem Samstag kaum im Palast eingetroffen, als sie mich ins Wohnzimmer bat. Ich setzte mich auf das Sofa, weinte und entschuldigte mich für meine Tränen, und sie legte mir tröstend den Arm um die Schulter. Ich wusste, wie liebevoll und mitfühlend sie mit so vielen fremden Menschen in all den Jahren umgegangen war, wie viel Stärke sie gezeigt hatte, und nun erlebte ich es selbst.

Sie sprach über das Schicksal, den Sinn des Lebens, den Sinn des Todes, erzählte von ihren spirituellen Vorstellungen und den letzten Momenten, die sie am Krankenbett ihres Freundes Adrian Ward-Jackson verbracht hatte, als seine »Seelenreise« begann. »Paul, die Seele bleibt nach dem Tod noch eine Weile da. Ihre Mum ist noch bei uns. Glauben Sie mir. Sie sind stark. Sie müssen stark sein«, sagte sie.

Am nächsten Tag war Vatertag. Dad kam mit meinen Brüdern Graham und Anthony zum Palast, um dieses schreckliche Wochenende gemeinsam mit mir zu verbringen. Mums Leichnam war noch in Kanada und sollte erst am folgenden Tag eintreffen.

Wir trafen uns mit der Prinzessin bei der Polizeisperre an der Auffahrt. Sie trug ein Sweatshirt, dunkellila Radfahrerhosen und Turnschuhe; William und Harry hatte sie in ihrem Zimmer gelassen. Nacheinander umarmte sie Dad und meine Brüder. Dann schob sie ihren rechten Arm unter Dads linken und sagte: »Gehen wir ein wenig spazieren.«

Es war ein warmer Nachmittag. Dad und die Prinzessin gingen voraus, wir drei Brüder folgten dicht hinter ihnen. Wir spazierten durch den Park von Kensington Palace den Broad Walk hinauf, der mitten hindurch bis zur Bayswater Road führt, wandten uns dann nach rechts zum Italian Garden, gingen durch den Hyde Park, vorbei an der Serpentine Gallery Richtung Albert Memorial und dann wieder zum Palast zurück. Der Spaziergang dauerte eine Dreiviertel Stunde, in der wir uns zu fünft unterhielten.

Ohne Baseballmütze war die Prinzessin sofort zu erkennen. Als ein Passant ein Foto schießen wollte, machte sie eine abwehrende Geste und sagte höflich: »Bitte nicht.«
Trotz seiner Trauer machte Dad sich Sorgen um die Prinzessin, weil sie so ungeschützt im Park herumlief. »Sie müssen das nicht wegen uns tun. Man ist schon auf Sie aufmerksam geworden. Wir sollten zum Palast zurückgehen«, sagte er zu ihr.
»Mit Ihren drei strammen Söhnen, Graham, wird mir bestimmt nichts passieren«, entgegnete die Prinzessin. Ich glaube, das war das einzige Mal an diesem Wochenende, dass ich auf Dads Gesicht ein schwaches Lächeln sah.
Wir begleiteten die Prinzessin noch bis zur Orangerie neben den Staatsapartments. »Wenn ich etwas für Sie tun kann, Graham, brauchen Sie es nur Paul zu sagen.« Mit diesen Worten umarmte sie meinen Vater und meine Brüder ein letztes Mal und verschwand durch eine in der Ziegelmauer eingelassene Tür. Dad konnte es gar nicht fassen, wie freundlich die Prinzessin war und wie viel Zeit sie sich für uns genommen hatte.
Später an jenem Abend wollte Dad allein sein und setzte sich draußen auf dem Rasen vor den Old Barracks auf die Bank. Als ich vom Wohnzimmer im ersten Stock hinunterschaute, konnte ich ihn mit dem Rücken zu uns sitzen sehen. Und neben ihm die Prinzessin. Sie hatte ihn von der Auffahrt aus erspäht, als sie mit dem Wagen nach Hause gekommen war, hatte das Auto schnell abgestellt und war zu ihm gegangen. Wie seltsam, meinen Vater neben ihr zu sehen, dachte ich. Ich beobachtete, wie er beim Sprechen den Kopf bewegte und sich immer wieder mit einem Taschentuch die Augen wischte. Bis er schließlich vollkommen die Fassung verlor und an die Schulter der Prinzessin gelehnt seinen Tränen freien Lauf ließ.
Am Montag kam Mum nach Hause, und in derselben Woche begruben wir sie. Am Abend vor der Beerdigung wurde ihr Sarg vor dem Altar der Hasland Church aufgebahrt, wo sie getauft worden war und geheiratet hatte, wo Großmutter und

Großvater Kirk begraben waren. Wir hatten die Kirche ganz mit allen möglichen Arten weißer Blumen geschmückt und ihr zum Gedenken Kerzen angezündet. Dann hatte jeder von uns ein paar Augenblicke Zeit, sich persönlich von ihr zu verabschieden. Ich legte meine Hand auf das polierte Holz des Sarges, senkte den Kopf, schloss die Augen und dachte daran, was die Prinzessin gesagt hatte: »Ihre Mum ist noch bei uns.« Beim Begräbnis konnten wir den Sarg kaum sehen, weil er über und über mit Blumen bedeckt war. Als die Verwandten und Freunde danach langsam fortgingen, blieb ich mit Graham noch eine Weile am Grab stehen. Und da erzählte er mir von Mums Geheimnis – ihrer Entscheidung, das Jobangebot von Cunard's zu verbrennen.

Dann machten wir uns auf den Weg in die Chapel Road 47. Auf einem Sessel beim Kamin lagen noch Mums Handtasche und ihr Strickzeug.

Während Dad Wasser für den Tee aufsetzte und meine Brüder, Schwägerinnen, Nichten und Neffen irgendwo im Haus herumliefen, setzte ich mich in den Sessel und öffnete die Handtasche. Es waren eine Puderdose darin mit dem Wappen der königlichen Jacht *Britannia* auf dem Deckel, ein Geschenk aus meiner Dienstzeit bei der Queen, ein Lippenstift und sonst nur noch ihre abgewetzte rote Geldbörse, die, typisch für sie, nicht einen Penny enthielt. Doch dann entdeckte ich noch eine zusammengefaltete Karte. Es war die Karte, die ich an meinem Geburtstag mit dem Blumentrog geschickt hatte: »Mum, nur eine Kleinigkeit als Dankeschön dafür, dass du mich an diesem Tag vor siebenunddreißig Jahren unter Schmerzen auf die Welt gebracht hast. In Liebe, dein Ältester – Paul X.«

Die Familie war der Prinzessin sehr wichtig, doch leider war der Kontakt nicht so intensiv wie in ihrem engsten Freundeskreis. Ihre Schwester, Lady Sarah McCorquodale, kam regelmäßig von Lincolnshire zu Besuch herüber. Von allen Spencers stand sie ihr am nächsten. Ihre Mutter, Frances Shand Kydd, lebte praktisch wie eine Einsiedlerin auf der schottischen Insel Seil, besuchte sie jedoch, wann immer es ihr möglich war. Häufiger als ihre eigene Mutter traf die Prinzessin ihre Stiefmutter Raine Spencer, mit der sie mindestens einmal im Monat Mittagessen ging, manchmal zu Cecconi's nahe der Bond Street, dem Lieblingsrestaurant ihres verstorbenen Vaters.

Es kam zwar ständig Besuch nach Kensington Palace, doch am späten Nachmittag und frühen Abend war die Prinzessin in dem still gewordenen Palast oft allein. William und Harry waren in der Schule oder in Highgrove. Irgendwie musste die Leere gefüllt werden.

»Ich hasse die Stille in diesem Haus«, sagte sie, wenn sie am Samstagmorgen die *Vogue* und *Harpers & Queen* durchblätterte. Musik half ein wenig, doch ihr fehlte die physische Gegenwart der »kleinen Kerle«, wie sie sie nannte. »Paul, rufen Sie doch Ihre Jungen an und bitten Sie sie heraufzukommen«, sagte sie oft.

Das Geräusch trappelnder Füße, das Kindergeschrei, die Töne der Videos, die sie sich im Fernseher ansahen, das Gerangel um Harrys PlayStation – das alles half gegen die Einsamkeit. Alexander und Nick durften ungehindert im Palast herumlaufen, ohne zu wissen, dass allein ihre Anwesenheit die Prinzessin schon froh machte. »Habt ihr Hunger?«, fragte sie die Prinzessin, an die Tür des Wohnzimmers ihrer Söhne gelehnt, und dann ging sie zu Darren McGrady in die Küche und bat ihn, das Übliche für die zwei hungrigen Burschen zuzubereiten – Hamburger und Pommes frites.

Alexander und Nick gingen unheimlich gern in den Palast. Sie stürmten die vordere Auffahrt entlang, machten ein Wettrennen zum Hintereingang und in meinem Anrichtezimmer und sprangen dann munter die Treppen hinauf, wo die Chefin schon wartete, meistens mit dem Telefon in der Hand im Gespräch mit einer Freundin.

»Hi, Prinzessin.«
»Hi, Prinzessin.«
Ich hörte die zweifache Begrüßung dank ihrer kräftigen Stimmen bis in das Anrichtezimmer.
Nach jedem Besuch bei der Prinzessin kamen sie begeistert nach Hause; zwischen Maria und der Prinzessin herrschte immer noch eisiges Schweigen. Die Jungen fanden die Besuche ungeheuer aufregend, doch Maria taten sie weh. »Sie hat dich dort oben, und jetzt hat sie auch noch meine Jungs«, klagte sie eines Nachts schluchzend.
Es war daher nicht gerade hilfreich, als Nick eines Sonntagmorgens seine Mutter mit kindlicher Unschuld fragte: »Warum arbeitest du nicht mehr für die Prinzessin, Mummy, warum magst du sie nicht mehr?«
»Paul, was immer sie gesagt hat: Es muss ein Ende haben. Warum hat Nick mich das gefragt?«, wollte Maria von mir wissen. Ich kam mir vor, als wäre ich in Streitigkeiten zwischen Exfrau und neuer Freundin verwickelt. Später in jenem Sommer brachten Alexander und Nick die beiden alten Freundinnen jedoch wieder zusammen. Irgendwie wurden sie bei der wilden Jagd zwischen Kensington Palace und Old Barracks zu Friedensstiftern.
Nick saß neben der Prinzessin, und sie fragte ihn nach seiner Mutter. »Sie wäre auch gerne hier, Prinzessin«, antwortete er. An jenem Abend war ich früh nach Hause gekommen, und auf einmal klingelte das Telefon. Maria nahm ab. Es war die Prinzessin. Ganz anders als in all den Monaten zuvor fragte sie nicht sofort nach mir, sondern begann mit Maria zu plaudern, und bald unterhielten sich die beiden, als wäre nie etwas geschehen. Maria war wieder willkommen; sie zählte damit zu den Glücklichen.

Die Verbindungen zwischen Kensington Palace und Fleet Street mussten gefestigt werden, deshalb startete die Prinzessin, die fest entschlossen war, sich für das öffentliche Eingeständnis ihres Gatten in Sachen Ehebruch zu rächen, eine Charmeoffensive, um die Medien für sich zu gewinnen. Sie lud die Herausgeber und Kolumnisten von Zeitungen zu privaten Mittagessen in den Palast. Sie fand, es sei eine gute Möglichkeit, sich den Journalisten, die sie dann vielleicht ein bisschen besser verstehen würden, in ihrer gewohnten Umgebung zu präsentieren. Sie selbst wiederum wollte dahinterkommen, wie sie »tickten«, was sie wussten und warum sie in bestimmten Artikeln bestimmte Positionen vertreten hatten. Diese Mittagessen waren also gewissermaßen zur Informationsgewinnung für beide Seiten gedacht.

»Wenn Buckingham Palace das spitzbekommt, wird die Pressestelle rotieren, wie immer!«, bemerkte sie lachend.

Bald putzten sich die Großen, die Guten und die Nicht-ganz-so-Guten der Fleet Street vor der Tür zu Apartment acht brav die Füße ab. Es war faszinierend zu erleben, mit welch bangen Blicken sie das Territorium der Prinzessin betraten, ganz gleich, wie kühn sie sich in ihren Kolumnen, innerhalb der sicheren Grenzen ihres Reiches, gegeben hatten. Lange Zeit war sie nur ein bezauberndes Gesicht gewesen, das ihnen Tag für Tag umsatzfördernde Schlagzeilen gebracht hatte. Nun trat die Prinzessin ihnen in ihrem Salon und beim Mittagessen entgegen, und sie war in brillanter Form. Wie wir lachten, wenn wir die Gäste genüsslich sezierten, nachdem sie gegangen waren!

»Ist das nicht komisch, dass ich so mächtige Leute derart nervös machen kann?«, sagte die Prinzessin oft amüsiert und fügte dann hinzu: »Aber es macht Spaß!«

Und so erschienen, einer nach dem anderen, an verschiedenen Tagen, die Größen des Journalismus: Charles Moore, Herausgeber des *Daily Telegraph*; Paul Dacre, Herausgeber der *Daily Mail*; Piers Morgan, Herausgeber des *Daily Mirror*; Stuart Higgins, Herausgeber der *Sun*; Lynda Lee-Potter, Kolumnistin der *Daily Mail*; und sogar Jennie Bond, die Königshauskor-

respondentin der BBC. Zuvor hatte die Prinzessin, die jedesmal hinreißend angezogen war, mit mir vereinbart, dass ich an der Tür des Esszimmers stehen bleiben solle. Wir hatten Geheimsignale, die wir gut geprobt – und im Laufe der Jahre bei allen möglichen Dinnergästen eingesetzt hatten. Ein verstohlener Blick aus den berühmten blauen Augen bei leicht erhobener Augenbraue bedeutete, dass ich die drei Gänge schneller servieren solle. Eine aus dem Fernsehen bekannte Persönlichkeit, auch Zeitungskolumnist für nichtkönigliche Angelegenheiten, der einmal mittags eingeladen war, hatte besonders viel Pech. Er bekam das schnellste Mittagessen der Geschichte serviert. Begrüßung, Essen und Trinken und Verabschiedung nahmen nicht mehr als vierzig Minuten in Anspruch. Er wurde nie mehr gesehen.
»Ich bin fast ins Koma gefallen vor Langeweile, Paul. Mein Gott, war dieser Mensch ermüdend!« Sie war enttäuscht, weil ihre Erwartungen nicht erfüllt worden waren.
Die Herausgeber und Kolumnisten genossen diese inoffizielle Gelegenheit, mit der Prinzessin zu plaudern und ihr Fragen zu stellen. Und sie war die perfekte Diplomatin. Als Stuart Higgins von der *Sun* sie zu ihrer Meinung über Camilla Parker Bowles fragte, antwortete sie: »Nun, eigentlich tut sie mir ziemlich Leid.« Higgins hatte mit einem Schwall verächtlicher und verbitterter Äußerungen gerechnet und fiel fast von seinem Bambusstuhl. Dann fügte die Chefin noch hinzu: »Die Frau hat fast alles im Leben verloren, und was hat sie gewonnen?«
Als Piers Morgan vom *Daily Mirror* unverblümt die Frage einwarf: »Glauben Sie, dass Charles König werden wird?«, antwortete die Prinzessin: »Nun ja, er denkt es, aber ich glaube, er würde sein Leben lieber in der Provence oder der Toskana verbringen.«
Beim Mittagessen und beim harmlosen Geplänkel mit dem Herausgeber des *Daily Mirror* war auch William dabei. Er saß

neben seiner Mutter, hörte aufmerksam zu und wirkte viel reifer, als man aufgrund seines Alters gedacht hätte.
Piers Morgen wollte von ihm wissen, was er von Journalisten halte.
William sah seine Mutter an, die ihm aufmunternd zunickte. »Sie sind ganz okay. Inzwischen kenne ich sie langsam und weiß, wo sie sich hinstellen, so dass ich ihnen aus dem Weg gehen kann. Es sind nicht die britischen Journalisten, die mich ärgern, sondern die Fotografen aus Europa. Sie sitzen in Eton am Flussufer, schauen mir beim Rudern zu und warten darauf, dass ich ins Wasser falle!«
Jennie Bond von der BBC erlebte als einzige zum Mittagessen geladener Gast, wie großzügig die Prinzessin war. Dieses inoffizielle Gespräch dürfte das entspannteste von allen gewesen sein, und bald ließ sich die gepflegte Königshauskorrespondentin Tipps von der bestangezogenen Frau der Welt geben. Jennie hatte beiläufig bemerkt, was für einen phantastischen Glanz die Strümpfe der Prinzessin hätten, und am Abend musste ich sechs Paar solcher Strumpfhosen als Geschenk verpacken und ihr mit einer Karte dazu schicken. Bei diesem Mittagessen hatte die Prinzessin Jennie auch beraten, welche Farben sich für Auftritte im Fernsehen am besten eignen. Ein anderes Mal wurde die neue Medienstrategie der Prinzessin jedoch zu einem Schuss, der nach hinten losging, und ihre erbittertsten Kritiker bekamen eine einmalige Gelegenheit, einen Anti-Diana-Sturm zu entfachen. Sie war in einem Wagen fotografiert worden, als sie sich mit Richard Kay, einem Reporter der *Daily Mail*, heimlich in einer Nebenstraße getroffen hatte. Die nachfolgende Hysterie war nichts als übelste Heuchelei. Lange Zeit waren von Mitarbeitern des königlichen Hofstaates oder Prinz Charles' gehässigen Freunden Informationen gegen die Prinzessin gestreut worden. Sie tat nichts anderes, als nun ihre eigene PR-Maschine in Gang zu setzen, damit man sie verstand statt missverstand, und sie

entschied sich dafür, die Wahrheit auf einem bewährten Weg in Umlauf zu bringen. Sie tat nicht mehr als Premierminister Tony Blairs Beraterteam oder Prinz Charles' ehemaliger Sekretär Mark Bolland, der nach dem Tod der Prinzessin eine PR-Strategie entwarf, um Camilla Parker Bowles der Öffentlichkeit möglichst gut zu »verkaufen«. Was die Pressestellen in Buckingham Palace und St. James' Palace offensichtlich wurmte, war, dass die Prinzessin ihnen einen Schritt voraus war – und dabei war, das Spiel zu gewinnen.

Als wir den Kreisel am Shepherd's Bush passiert hatten und die Bayswater Road an der Nordseite von Kensington Palace entlangfuhren, ließ sich mein männlicher Fahrgast mit dem unsteten Blick auf dem Rücksitz ziemlich theatralisch zur Seite fallen und zog hastig die grün karierte Wolldecke über sich. Ich verdrehte die Augen und konzentrierte mich auf die Straße. Es war nicht das erste Mal, dass ich einen heimlichen Besucher an der Polizei vorbeischleuste, doch dieser Passagier schien die geheime Aktion mehr zu genießen als die meisten anderen.
Ich setzte den Blinker, bog rechts ab und fuhr an den ausländischen Botschaften an der »Millionaires' Row« vorbei, die parallel zum Palast verläuft. Jeder flüchtige Beobachter hätte geschworen, dass ich mich allein im Wagen befand und wie gewöhnlich zum Dienst fuhr.
»Wo sind wir jetzt? Haben wir den Polizeiposten schon passiert?«, fragte eine gedämpfte Stimme unter der Wolldecke.
»Nein. Bleiben Sie unten. Ich gebe Ihnen Bescheid«, erwiderte ich ungeduldig, denn die strikte Anweisung der Prinzessin hatte gelautet: »Niemand darf ihn kommen sehen«, und daran wollte ich mich halten.
Der uniformierte Wachtposten erkannte meinen Wagen und mein Gesicht, als ich langsam an die Sicherheitsschranke heranfuhr, und winkte mich weiter.

»Unglaublich, dass Sie nie gestoppt werden«, ließ sich die gedämpfte Stimme wieder vernehmen.

Ich fuhr unter dem Torbogen des Uhrenturms seitlich vom Palast hindurch in den Clock Court hinein und parkte unmittelbar bei der Geheimtür zu Apartment neun.

»Unglaublich, wie einfach das war!«, rief mein Passagier aus, als er die Decke beiseite geworfen hatte und ausgestiegen war. Martin Bashir strich Jackett und Hemd glatt, nahm seine Aktenmappe und folgte mir durch die Tür die Treppe hinauf, vorbei am Schlafzimmer der Prinzessin und den Flur entlang zum Wohnzimmer der Jungen, wo sie auf ihn wartete. Es war Sommer 1995, und es wurde das Interview mit der Prinzessin vorbereitet, das später in *Panorama* auf BBC 1 ausgestrahlt werden sollte.

Um ehrlich zu sein: Ich hatte damals nicht die geringste Ahnung von diesem Projekt. Offenbar wussten nur Bashir und die Chefin davon. Doch den Fernsehjournalisten heimlich nach Kensington Palace zu bringen und wieder hinaus, wurde bald Routine – ich fragte nichts, machte nur Small Talk.

Ich nahm für diesen Auftrag entweder meinen blauen Vauxhaull Astra oder den dunkelblauen BMW der Prinzessin. »Das Schöne am BMW ist, dass er auf Londons Straßen überhaupt nicht auffällt«, sagte sie immer.

Meine Anweisungen waren einfach. Ich hatte vor dem weißen Bürogebäude neben dem BBC Television Centre zu parken und im Wagen zu warten, bis Martin Bashir kam und sich auf den linken Rücksitz setzte. Und ich hatte ihn bei der Anfahrt auf Kensington Palace »versteckt zu halten«. In diesem Punkt war ich bereits Experte, denn ich hatte schon etliche andere Besucher versteckt befördert, wesentlich brisantere Besucher als Bashir, die aber viel weniger Theater machten. Doch wenn ich ihn ungesehen bei der Prinzessin abgeliefert hatte, war meine Aufgabe erledigt, und ich ging in das Anrichtezimmer, bis ich für die Rückfahrt gebraucht wurde.

»Paul, sind Sie da?«, rief die Prinzessin von oben.
»Ja. Möchte er fahren?«
»Mr. Bashir, Ihr Chauffeur wartet«, verabschiedete sich die Prinzessin dann lächelnd von ihrem Gast.
Bei diesen Besuchen gab es nie den geringsten Hinweis darauf, dass ein solches Projekt geplant war. Von diesem einen Geheimnis erzählte mir die Prinzessin nichts. Nicht bevor alles »unter Dach und Fach« war. Doch Bashir war ein kluger Mann und kannte mit der Zeit die Unsicherheiten der Prinzessin. Es war zweifellos er, der sie überzeugt hat, dass ein solch offenes Fernsehinterview sinnvoll sei. Die Prinzessin hörte auf den charmanten Mann, der so gut reden konnte. Instinktiv *wollte* ihm die Prinzessin vertrauen. Er machte auf Mitleid und erzählte der Prinzessin in jenem Sommer, dass es ihm in letzter Zeit »nicht gerade besonders gut ging«, von seiner Ehe und den Problemen, die das Leben im Reihenhaus in Wimbledon mit sich brachte. Hinterher sagte sie zu mir: »Er hat es wirklich nicht leicht gehabt. Es war schön, mit ihm zu reden.« Ich glaube, sie war überzeugt, einen Freund in ihm zu haben.
Was sie nicht wusste: Bashir rief mich regelmäßig an, um an Insiderinformationen zu kommen. Was wiederum er nicht wusste: Einmal, als das Telefon klingelte, stand die Prinzessin neben mir im Anrichtezimmer; es war kurz nachdem das Interview ausgestrahlt worden war.
Während ich mich bemühte, seinen Small Talk abzukürzen, formte sie die Lippen zu der stummen Frage: »Wer ist es?«
Ich hielt die Sprechmuschel zu und antwortete ebenfalls unhörbar: »Martin Bashir.«
Mit einer Handbewegung zu dem Knopf am Telefon bedeutete sie mir, den Lautsprecher anzustellen, ich tat es, und innerhalb von Sekunden erfüllte die respektlose Stimme des Journalisten das Anrichtezimmer. Nach diesem Telefonat sah die Prinzessin ihren »Freund« in einem anderen Licht.
Mit dem *Panorama*-Interview hatte Bashir sich die Rache-

gelüste der Prinzessin zunutze gemacht; damals wollte sie mit Prinz Charles, der in der Dimbleby-Dokumentation seinen Ehebruch gestanden hatte, unbedingt gleichziehen. Gedreht wurde das Interview an einem Sonntag, als sie sicher sein konnte, allein zu sein. Keine Ankleidefrau, kein Koch waren im Haus, und ich hatte meinen freien Tag. Die Prinzessin musste sich mit Salaten im Kühlschrank begnügen und der Polizei selbst mitteilen, welche Besucher sie erwartete. Die Kameramannschaft unter Leitung von Martin Bashir stellte ihre Gerätschaften im Wohnzimmer der Jungen auf. Als ich am nächsten Morgen fragte, warum die Möbel verrückt worden seien, erwiderte die Prinzessin, das sehe nur so aus.

Eine Woche vor der Ausstrahlung erzählte mir die Prinzessin dann, dass sie ein Interview für *Panorama* gedreht habe, dass alles noch streng geheim sei und sie das Gefühl habe, die Menschen im Land würden sie hinterher besser verstehen. »Ich bin sicher, dass Sie viel Zustimmung bei ihnen finden werden«, sagte ich. »Wichtig ist vor allem, dass Sie mit dem Endprodukt zufrieden sind.«

Am Abend des 20. November, einem Montag, saß ich wie über zwanzig Millionen andere Menschen in den Old Barracks vor dem Fernseher und hörte der Prinzessin zu, wie sie erzählte, dass sie »die Königin der Herzen« sein wolle, dass Prinz Charles für den »Spitzenjob« eines Königs nicht geeignet sei, dass sie »in ihrer Ehe zu dritt« gewesen seien, dass sie James Hewitt angebetet habe und dass sie nicht still und leise gehen würde. All das war nicht neu für mich. Ich erfuhr aus dem Interview nichts, was ich nicht schon wusste. Doch ich machte mir große Sorgen um ihr Image, als Nicholas Soames, der Politikerfreund von Prinz Charles, in *Newsnight* auf BBC 2 in der typischen heuchlerischen Art, die wir beide so sehr verabscheuten, jedoch erwartet hatten, über sie herfiel. Wenn Prinz Charles Rückenstärkung brauchte, wurde Nicholas Soames vorgeschickt, um mit wortgewandten Argumenten gegen die

Prinzessin Stimmung zu machen. Am nächsten Tag war die Prinzessin bester Laune, ihr jüngster überraschender Schachzug, verbunden mit einem gehörigen Adrenalinschub, hatte ihr enormen Auftrieb gegeben, ebenso die positiven Reaktionen und das Verständnis, das in den Morgenzeitungen zum Ausdruck gebracht wurde. Sie war mit dieser PR-Aktion ein ungeheures Risiko eingegangen und galt in der britischen Öffentlichkeit weiterhin als die Kämpferin im Königshaus. Doch sie hatte bei ihrer eigensinnigen Entscheidung für das Interview mit Bashir nie in Betracht gezogen, vielleicht aus Naivität, welche Folgen es für ihre Ehe haben würde. Mit Riesenschritten würde die Scheidung auf sie zukommen. Im Augenblick jedoch schwamm sie oben auf der Medienwelle. Sie hatte fast etwas von Unbesiegbarkeit an sich. Sie hatte das Gefühl, es mit allen Rivalinnen aufnehmen zu können, und die nächste auf der Abschussliste war Tiggy Legge-Bourke.

Es war der 14. Dezember 1995, und das mittägliche Weihnachtsessen für das Personal beider Büros, des Prinzen und der Prinzessin von Wales, fand im Lanesborough Hotel nahe der Hyde Park Corner statt. An diesem Tag würden sich die Chefin und Tiggy Legge-Bourke von Angesicht zu Angesicht gegenüberstehen.
»Fahren Sie bei mir mit«, sagte die Prinzessin, und so legten wir die kurze Strecke im selben Wagen zurück. Wir fuhren an den Knightsbridge Barracks vorbei, durch den Hyde Park und den steinernen Torbogen, wobei wir die Schranke davor per Fernbedienung aktivierten. »Ich liebe diese kleine Abkürzung«, strahlte sie. Wir trafen mit Verspätung ein, die rund hundert Gäste unterhielten sich bereits angeregt bei dem kleinen Stehempfang, den es zuvor gab.
Als wir den Raum betraten, drehten sich alle Köpfe nach der Prinzessin um. »Bleiben Sie hinter mir, und halten Sie die Augen auf«, murmelte sie mir lächelnd zu. Dann bahnten sich die

eleganten Beine zielsicher ihren Weg durch die Menge. Sie gingen schnurstracks auf Tiggy Legge-Bourke zu, die plaudernd am anderen Ende des Raumes stand. Ich folgte unmittelbar dahinter.

»Hallo, Tiggy, wie geht es Ihnen?«, sagte die Prinzessin lächelnd. Und ehe diese antworten konnte, fügte sie mit gespieltem Mitgefühl hinzu: »Das mit dem Baby tut mir ja *so Leid!*«
In Tiggys Gesicht stand blankes Entsetzen. Tränen stiegen ihr in die Augen, und sie ging, begleitet von Prinz Charles' Kammerdiener Michael Fawcett, rasch hinaus. Ich blickte mich suchend nach der Prinzessin um. Sie mischte sich bereits unter die Gäste. Der Pfeil mit ihrer Botschaft war von hinten im Lager ihres Gatten gelandet. Gut gemacht, dachte sie sich.
»Hast du ihr Gesicht gesehen, Paul? Sie ist fast in Ohnmacht gefallen!«, sagte die Prinzessin hinterher zu mir.
Der im Lanesborough verabreichte Hieb führte noch jenseits des Hyde Parks, in St. James' Palace wie in Buckingham Palace, zu Erschütterungen. Prinz Charles tobte. Die Sache kam sogar der Queen zu Ohren, die darüber entsetzt war. Auch in der Folgewoche zeigten sich noch Nachwirkungen dieser bissigen Begrüßung, denn Tiggy Legge-Bourke ließ die Behauptung von Anwälten energisch zurückweisen und verlautbaren, »dass eine Reihe böswilliger Lügen in Umlauf gesetzt wurden ..., die eine ungeheure Verleumdung des moralischen Charakters unserer Klientin darstellen. Diese Behauptungen entbehren jeglicher Grundlage.«
Der wohl platzierte Hieb der Prinzessin hatte die gewünschte Wirkung; er setzte hinter den Kulissen äußerst diskrete Nachforschungen unter Leitung von Sir Robert Fellowes, dem Privatsekretär der Queen, in Gang. Er rief die Prinzessin, die auch seine Schwägerin ist, vier Tage nach dem Vorfall persönlich an, um herauszufinden, worauf sie bei der kurzen Begegnung mit Tiggy Legge-Bourke genau angespielt hatte. Sie hatte in ein Wespennest gestochen und wiederholte der rechten Hand

Ihrer Majestät nun ihre Behauptungen: dass Tiggy Legge-Bourke mit Prinz Charles eine Affäre gehabt habe und dass sie sich einer Abtreibung unterzogen habe. Sie nannte dem Büro der Queen sogar das genaue Datum.
»So, jetzt ist alles heraus. Robert hat versprochen, die Geschichte zu untersuchen«, erzählte sie mir nach dem Telefongespräch.
Sir Robert Fellowes war genau der richtige Mann in Buckingham Palace, um eine derart delikate Angelegenheit zu übernehmen. Unmittelbar nachdem er aufgelegt hatte, machte er sich daran, die Wahrheit festzustellen.
Er fand heraus, dass Tiggy Legge-Bourke – die »sorgfältig befragt wurde« – ihren Gynäkologen zweimal aufgesucht hatte, einmal im Sommer und einmal im Herbst 1995, und zwar wegen so genannter Frauenleiden. Im Herbst jenes Jahres war sie zweimal im Krankenhaus gewesen.
Doch Sir Robert kam zu dem Schluss, dass die Behauptung der Prinzessin falsch sei. Den offiziellen Brief mit seiner Abweisung stellte ein Offizier zu, der an der Tür läutete und mir den Umschlag übergab.
Als die Prinzessin den Brief mit ihrem silbernen Brieföffner geöffnet und ihn gelesen hatte, schüttelte sie missbilligend den Kopf. »Typisch!«, sagte sie. »Paul, sehen Sie sich das an!«
Sir Robert Fellowes hatte geschrieben:

»Ihre Behauptungen Tiggy Legge-Bourke betreffend sind vollkommen unbegründet. Ihre Beziehung zu dem Prinzen von Wales war nie eine andere als eine berufliche.
Am Tag der angeblichen Abtreibung befand sie sich mit William und Harry in Highgrove. Es liegt in Ihrem eigenen Interesse, Ihre Behauptungen zurückzuziehen. Sie haben diese ganze Sache vollkommen falsch aufgefasst.«

Die gründliche Untersuchung hatte eindeutig festgestellt, dass an diesen Behauptungen nichts Wahres war. Robert Fellowes fügte dem Brief sogar noch ein paar persönliche Zeilen an seine Schwägerin hinzu, um ihr deutlich zu machen, dass sie falsch lag: »Diese Zeilen kommen von einem, der wirklich überzeugt ist, dass du dich in dieser Sache fürchterlich getäuscht hast. Du *musst* das einsehen – bitte.«

Rückblickend gesehen und bei objektiver Beurteilung der Realität konnte die Prinzessin einfach nicht Recht haben.

Ende des Jahres 1995 schrieb auch der Privatsekretär der Prinzessin einen Brief. Patrick Jephson hatte vor, den Dienst in Kensington Palace zu quittieren. Der Nächste vom Personal, der ging, bevor er gegangen wurde. Zwischen ihm und der Prinzessin war keine vernünftige Kommunikation mehr möglich. Es machte einen traurig, das Ende dieser Beziehung mitzuerleben, denn er war nicht nur ein Experte auf seinem Gebiet gewesen, er hatte der Prinzessin auch nahe gestanden. Einmal wurde ich zum Hofjuwelier Asprey & Gerrard geschickt, um ein Paar goldene Manschettenknöpfe für ihn auszusuchen, in die seine Initialen eingraviert wurden. Außerdem hatte ihm die Prinzessin erlaubt, freitags früh zu gehen und erst am Montag zurückzukommen, so dass er länger bei seiner Familie in Devon sein konnte. Doch 1995 fühlte er sich von jeder privaten Entscheidung brüskiert, die sie traf, und er bekam auch die Korrespondenz nicht mehr zu sehen, die sie auf mein Faxgerät umgeleitet hatte. Ein Mitarbeiter, der nichts mehr hört und nichts mehr sieht, hat in einem königlichen Haushalt keine Zukunft. Das *Panorama*-Interview und der Vorfall mit Tiggy Legge-Bourke hatten das Fass schließlich zum Überlaufen gebracht. Seine knappe Kündigung, die eines Tages in Kensington Palace eintraf, zeigte seine Bitterkeit: Die Prinzessin habe ihm alle normalen Wege der Verständigung mit ihr verweigert, schrieb er, und ihm das Gefühl gegeben, dass er unerwünscht sei.

»Die Ratten verlassen das sinkende Schiff, Paul«, sagte sie nachdenklich zu mir. »Sieht aus, als müssten Sie zukünftig Butler, Hofdame und Privatsekretär in einem sein. Jetzt sind Sie am Ruder!«
Mit der herkulischen Aufgabe, die PR-Arbeit der Prinzessin zu erledigen, wurde ich zum Glück verschont. Diese Last fiel einer neuen Mitarbeiterin zu, Jane Atkinson. Sie bekam den Auftrag, sich mit den immer noch andauernden Folgewirkungen des Vorfalls mit Tiggy Legge-Bourke zu befassen. Prinz Charles' Assistentin verlangte eine Entschuldigung, doch die Prinzessin weigerte sich, klein beizugeben. Damals war sie mit ihren Gedanken schon woanders. Bei ihr hatte auch eine Bombe eingeschlagen, persönlich übergeben von einem Offizier. Kurz vor Weihnachten hatten die Queen und Prinz Charles eine Doppelsalve in Richtung Kensington Palace abgefeuert. Die Königin wie der Thronerbe forderten die Scheidung.

Scheidung war für die Prinzessin ein Wort, aber keine konkrete Alternative. Es war etwas, das sie in den späteren Jahren ihrer Ehe oft benutzte, um Prinz Charles zu drohen. Sie hatte es ihm an den Kopf geworfen, um seine Aufmerksamkeit auf sich zu ziehen, um ihn zu verletzen wie ein Kind, das seinem abweisenden Vater wutentbrannt droht fortzulaufen, doch eigentlich meinte sie es gar nicht so. Um die Prinzessin besser kennen zu lernen und zu verstehen, unterhielt ich mich mit ihr darüber, wie missverstanden sie sich fühlte, wie viel Schmerz sie ertragen hatte, wie ihre »privaten Qualen« – das waren ihre Worte – ihr geholfen hatten, innerlich stärker zu werden. Doch eines schimmerte bei jedem dieser von Aufrichtigkeit geprägten Gespräche immer durch: die Liebe zu Prinz Charles, die immer noch da war, egal wie sehr er sie ihrer Meinung nach verletzt hatte. Sie empfand die Trennung als befreiend und erleichternd, doch in einem Punkt blieb sie unerbittlich: »Eine Scheidung kommt nicht in Frage.«

Dann, eine Woche bevor die Prinzessin mit William und Harry für die Weihnachtstage nach Sandringham House fahren sollte, erhielt sie einen langen Brief, in dem zum ersten Mal offiziell das Wort Scheidung erwähnt wurde. Er kam nicht von Prinz Charles, sondern von der Queen. Das vernichtende Schreiben traf am 18. Dezember 1995 ein. Es war das erste Mal, dass die Prinzessin das Wort »Scheidung« aus dem Mund eines Windsors vernommen hatte.

Die Queen hatte ein Buch der Prinzessin gesehen, ebenfalls eines vom Prinzen; eine Fernsehbeichte von ihrem Sohn, eine weitere von ihrer Schwiegertochter. Alle Welt sprach darüber, dass die Ehe des Prinzen und der Prinzessin von Wales am Ende war. Als Oberhaupt des Staates hatte sie das Gefühl, die Lage unter Kontrolle bekommen zu müssen. Ich hatte den Brief der Prinzessin ins Wohnzimmer gebracht und war wieder in das Anrichtezimmer gegangen. Wenige Minuten später hörte ich einen vertrauten Ruf von oben: »Paul, kommen Sie herauf.«

Sie saß auf dem Sofa, den Tränen nahe, verdrehte resigniert die Augen und wies mit einer Handbewegung auf den Schreibtisch hinter ihr. »Schauen Sie sich an, was gekommen ist.«

Auf dem Schreibtisch lag, wie sie ihn nach dem Lesen aus der Hand gelegt hatte, ein Brief mit dem roten Wappen von Windsor Castle. Ich erkannte die unverwechselbare Handschrift der Queen. Der Brief begann, wie immer, mit »Liebste Diana« und war unterschrieben mit »In Liebe von Mama«. Doch dieser Brief war anders als alle, die ich bisher gelesen hatte, und als früherem Lakaien der Queen war mir gar nicht wohl dabei, dass ich ihn zu lesen bekam.

Ich redete zwar nur zum Rücken der Prinzessin, denn sie blieb auf dem Sofa sitzen, doch ich musste meine Bedenken zur Sprache bringen. »Ich bin nicht sicher, ob ich das lesen sollte«, sagte ich. »Es steht ›strengstens vertraulich‹ darauf.«

»Ach, Paul, lesen Sie ihn einfach. Was soll ich bloß tun? Was werden die Leute denken?«, seufzte sie.

Als ich den Brief zu lesen begann, sprang sie auf und lief erregt auf und ab. »Der Premierminister und der Erzbischof von Canterbury wissen es schon länger! Meine Scheidung ist mit John Major und George Carey besprochen worden, ehe man mit mir gesprochen hat!«
Die Prinzessin war wütend, dass die Queen sich zuerst mit der Regierung und der Kirche beraten hatte. Die verfassungsrechtlichen Probleme interessierten sie nicht. »Es ist meine Ehe, und die geht niemanden sonst etwas an!«, rief sie empört. Und, sich auf einen anderen Abschnitt des Briefes beziehend: »Im Interesse des Landes, ja? Und was ist mit meinen Interessen? Mit den Interessen meiner Jungen?«
Sie hatte das Gefühl, dass ihre Scheidung genau wie ihre Ehe wie eine geschäftliche Angelegenheit gehandhabt wurde. Der Brief der Queen war im Ton mitfühlend, vorsichtig und überhaupt nicht verärgert formuliert, aber zwischen den Zeilen nahm man doch eine vom Verhalten beider Seiten enttäuschte Schwiegermutter wahr, die betonte, dass den beiden Söhnen, die in den letzten beiden Jahren ohnehin schon genug gelitten hätten, durch eine Scheidung kein weiterer Schaden zugefügt werden solle.
Die Prinzessin wollte von alledem nichts wissen. Sie rief sofort die Queen in Buckingham Palace an und stellte mit höflichen Worten die Notwendigkeit in Frage, übereilt eine solch weitreichende Entscheidung zu treffen. Die Queen beruhigte sie und versicherte ihr, man werde sie zu keinerlei Entscheidung drängen.
Die Versicherungen der Queen beruhigten die Chefin nicht. Sie setzte sich an ihren Schreibtisch, tauchte ihren Füllfederhalter in das Tintenfläschchen und schrieb sofort eine Antwort an die Queen, in der sie ihr mitteilte, dass sie Zeit brauche. Doch es sollte wenig Zeit zum Nachdenken geben. Am nächsten Tag landete die zweite Bombe auf der Fußmatte – ein Brief von Prinz Charles, in dem er die Scheidung verlangte.

Wieder bat sie mich, den Brief zu lesen. Prinz Charles erklärte, ihre Ehe sei irreparabel zerrüttet und das sei eine »nationale wie persönliche Tragödie«. Eine Scheidung lasse sich nicht vermeiden, und es müsse schnell geschehen, schrieb er. Die Prinzessin vermutete, dass Buckingham Palace und St. James' Palace sie mit diesen Briefen gewissermaßen in die Zange nehmen und zum Nachgeben zwingen wollten.

Sie legte die beiden Briefe nebeneinander auf den Schreibtisch, den mit dem roten Wappen aus Windsor und den mit dem blauen von Highgrove. »Was sehen Sie?«, fragte sie mich. Mir fiel nichts auf. »Hier.« Sie fuhr mit dem Finger einen Satz im Brief der Queen nach, dann einen Satz im Brief des Prinzen. Die Sätze waren identisch, Wort für Wort; es war von der »traurigen und komplizierten Situation« in der königlichen Ehe die Rede. »Diese Briefe sind von denselben Leuten entworfen worden«, sagte sie aufgeregt wie jemand, der gerade eine wichtige Entdeckung gemacht hatte. »Sie müssen mich für vollkommen schwachsinnig halten.«

Sie setzte sich hin und warf eine Antwort an ihren Gatten aufs Papier, so zornig, dass sie fast nicht schnell genug schreiben konnte. Ihre Antwort war unmissverständlich: »Deine Forderung hat mich sehr bestürzt. In eine sofortige Scheidung willige ich nicht ein!«

In jener Woche überstürzten sich die Ereignisse, die Emotionen kochten hoch: zum einen die Sache mit Tiggy Legge-Bourke, die abgewiesen worden war, zum anderen die Briefe der Queen und von Prinz Charles. Vor ihr lagen wieder schwierige Festtage, die durch die Scheidungsforderung noch unerfreulicher für sie werden würden. Ich glaube, ich habe die Prinzessin nie so unglücklich erlebt wie in jener Woche vor Weihnachten. Ihre Reaktion zeigte ihre innere Zerrissenheit: einerseits liebte sie Charles und widersetzte sich einer Scheidung, andererseits hatte sie sich mit dem Buch von Andrew Morton und dem

Panorama-Interview gegen ihn gestellt. Sie hatte ihn mit diesem verletzenden Verhalten zu einer Reaktion zwingen wollen, sich letztlich jedoch nur selbst geschadet. Prinz Charles war eindeutig am Ende seiner Geduld.
Die Kommunikation zwischen dem Prinzen und der Prinzessin war an ihrem Tiefpunkt angelangt. Die Prinzessin verlangte Gespräche unter vier Augen, doch der Prinz wollte, dass jemand dabei war und Notizen machte. Sie weigerte sich, und so endete das Jahr 1995 in einer Pattsituation. Der Prinz wollte die Scheidung, die Prinzessin wollte verheiratet bleiben.
In dieser Zeit wurde ich für die Prinzessin zu einer Art Beistand, auf den sie sich vertrauensvoll stützen konnte. Sie war mutlos und verzagt, ihre Funktion im Königshaus wurde ihr genommen, es war, als würde eine Welt für sie zusammenbrechen. Die Scheidungsbriefe hatten sie vollkommen vernichtet. Sie kauerte sich in einer Ecke des Sofas zusammen, barg das Gesicht in den Händen und weinte. Was sollte ich als Butler tun? Einfach daneben stehen?
Da William nicht anwesend war – sie fand immer Trost bei ihm, wenn sie verzweifelt war –, sorgte ich dafür, dass ein ausreichender Vorrat an Papiertaschentüchern im Haus war. Ich war zur Stelle, um zuzuhören. Ich sorgte dafür, dass sie nicht völlig in ihrem Jammer versank. Ich sah nicht die weinende Prinzessin von Wales vor mir – ich sah eine verwundbare, tief verletzte, weinende Frau vor mir, die Trost brauchte. Die Queen hätte niemals solche Gefühle vor mir gezeigt, und kein Diener hätte je die Kühnheit besessen, ihr den Arm um die Schulter zu legen. Doch ich hatte ein viel herzlicheres, engeres Verhältnis zur Prinzessin, für die Körperkontakt eine große Rolle spielte. Sie war wie ein kleines Mädchen, wenn sie verletzt war, und ich konnte nicht einfach nur verlegen dastehen und ihre Qual mit ansehen. Ich setzte mich neben sie, legte ihr den Arm um die Schulter und redete ihr gut zu, es werde schon alles in Ordnung kommen, dass sie stark sei, eine Kämpferin,

und dass die britische Öffentlichkeit hinter ihr stehe. Ich hörte ihr viele Stunden lang zu, bis wir schließlich, wie so oft, wenn wir *Brief Encounter* ansahen, beide lachen mussten.

In dieser Zeit blieb ich bei ihr, bis ich sicher sein konnte, dass sie allein zurechtkam. Doch auch wenn ich nach Hause gefahren war, machte ich mir unablässig Sorgen. Manchmal wachte sie um zwei oder drei Uhr nachts auf und brauchte jemanden, mit dem sie reden konnte. Ich hörte ihr zu und erschien zum Frühstück wieder wie gewohnt zum Dienst.

In jenen Weihnachtstagen schrieb mir die Prinzessin einen Brief, datiert vom 27. Dezember 1995, den ich noch heute in Ehren halte. Als falsch informierte, missgünstige und ignorante Menschen während meines Prozesses in Old Bailey im Jahr 2002 zu unterstellen versuchten, ich sei für die Prinzessin nichts weiter als ein Butler gewesen, dass mein freundschaftliches Verhältnis zu ihr nichts weiter als ein Produkt meiner Phantasie sei, las ich diesen kurzen Brief wieder und wieder. Nun, in der schwersten Zeit meines Lebens, war es die Prinzessin, die mich mit ihren Worten tröstete:

»Mit diesem längst überfälligen Brief will ich Ihnen von Herzen für alles danken, was Sie für mich getan haben, ganz besonders seit August. Dass Sie mir in dieser tränenreichen Zeit mit all ihren Enttäuschungen beigestanden haben, rechne ich Ihnen hoch an. Sie sollen wissen, wie unendlich dankbar ich Ihnen für Ihre Unterstützung bin. 1996 wird ein glückliches Jahr werden, und ich freue mich darauf ... Danke. Herzlich, Diana.«

10.
DIE SCHEIDUNG BEWÄLTIGEN

Die Prinzessin wusste, dass eine Unterredung mit der Königin unter vier Augen in Buckingham Palace die beste Gelegenheit bot, um die eine Frage zu stellen, die ihr seit Prinz Charles' öffentlichem Eingeständnis, ein Verhältnis mit Camilla Parker Bowles zu haben, keine Ruhe gelassen hatte. »Bedeutet dies, dass Charles wieder heiraten wird?«, fragte die Prinzessin.
»Ich halte das für sehr unwahrscheinlich«, antwortete die Queen.
Wenn die Chefin mit der Hoffnung in die Unterredung gegangen war, Zugeständnisse zu erhalten, so flößte ihr diese Zusicherung von höchster Stelle neues Vertrauen in die Zukunft ein, auch wenn diese Zukunft die Scheidung bringen sollte.
Es war der Vormittag des 15. Februar 1996, und die Prinzessin war ins Wohnzimmer Ihrer Majestät gekommen, um ein Gespräch zu führen, von dem Prinz Charles hoffte, dass es Bewegung in die festgefahrene Frage der Scheidung bringen würde, die alle außer der Prinzessin wollten. Am Vortag hatte sie ihrem getrennt lebenden Ehemann zum Valentinstag eine Karte geschickt, unterschrieben mit »In Liebe, von Diana«. Cupido hatte die beiden seit langem als hoffnungslosen Fall aufgegeben, aber die Prinzessin wollte es bis zum Schluss nicht

wahrhaben, selbst als das System ihre Finger mit Gewalt von einer Ehe löste, an der sie unbeirrbar festgehalten hatte. Sie liebte Prinz Charles noch immer. Sie hatte das Gefühl, dass man sie zwang, ihn loszulassen. Selbst als ihr deutlich vor Augen stand, dass ihr Verhältnis unwiderruflich zerrüttet war, wollte sie das Unvermeidliche nicht wahrhaben.

Aber das »Gipfeltreffen« mit der Queen bot ihr zum ersten Mal – seit sie die Briefe mit dem Scheidungsbegehren erhalten hatte – die Gelegenheit, sich offen mit ihrer Schwiegermutter auszusprechen, und sie wollte, dass sich niemand falschen Vorstellungen hingab. »Ich möchte die Scheidung nicht. Ich liebe Charles noch immer. Ich trage keine Schuld an dem, was geschehen ist«, sagte die Prinzessin. An ihrer Einstellung ließ sie in dem Gespräch, das in der Sache wie eine geschäftliche Unterredung, im Ton aber freundlich verlaufen sollte, von Anfang an keinen Zweifel. Anders konnte es gar nicht sein, weil der stellvertretende Privatsekretär der Königin, Robin Janvrin, zugegen war, um Protokoll zu führen. Die »Graukittel« in Buckingham Palace waren beunruhigt, weil »Menschen, die an Bulimie leiden, die Geschichte binnen vierundzwanzig Stunden umschreiben«.

Die Prinzessin wollte nicht, dass bei einem privaten Gespräch über familiäre Angelegenheiten jemand zugegen war, der sich Notizen machte, aber man hatte Angst, dass sie »Verbündete« in den Medien informieren könnte. Die Queen hatte Robin Janvrin mitgebracht, weil sie den Wunsch hatte, dass die Wahrheit festgehalten wird. Nach ihrer Rückkehr nach Kensington Palace ersuchte mich die Prinzessin um den gleichen Dienst.

Als die Prinzessin erklärte, wie betrübt sie über das Zerbrechen der Ehe sei, hörte die Queen ihr verständnisvoll zu. Sie betonte sogar, dass sie, ebenso wie der Herzog von Edinburgh, im Lauf der Jahre alles in ihrer Macht Stehende getan hätte, um die Dinge wieder ins Lot zu bringen.

Aber die Prinzessin, die niemals daran gezweifelt hatte, dass ihre Schwiegereltern sich alle Mühe gegeben hatten, auch wenn man dies von ihrem Sohn nicht sagen konnte, glaubte, dass andere sich hämisch darüber freuten, wie ihr die Felle davonschwammen und mit Neid auf ihr soziales Engagement blickten. Sie machte ihrem Herzen vor der Königin Luft, und Gefühle, die sie jahrelang in sich verschlossen hatte, brachen hervor – nicht zum ersten Mal. Sie wusste, dass sie mit der Queen offen reden konnte. Zwar wartete Ihre Majestät nur selten mit Antworten und Lösungen auf, aber sie hatte immer ein mitfühlendes Ohr, auch wenn sie sich aufgrund der verfahrenen Situation keinen Rat wusste. Es war bodenlos, dass Journalisten und »intime Kenner des Hofes« immer wieder behaupteten, die Prinzessin und die Königin würden sich gegenseitig angiften. So zum Beispiel auch die *Daily Mail*, die einmal behauptet hatte: »Diana wies die Hand der Freundschaft, die ihr die Königin entgegenstreckte, verächtlich zurück ... mit der Folge, dass sich die beiden Frauen spinnefeind wurden.« Sie waren zu keinem Zeitpunkt miteinander verfeindet.

Bis zum Tod der Prinzessin im Jahr 1997 führten die beiden eine ausgedehnte Korrespondenz. Zwei Ikonen der *Royals*, die unterschiedlichen Generationen angehörten, bemühten sich aufrichtig um gegenseitiges Verständnis. Einig waren sie sich darin, dass alles für das Wohl von William und Harry getan werden müsse. Bei dieser Unterredung versicherte die Queen der Prinzessin, sie brauche sich keine Gedanken um das Wohl und das Sorgerecht für die beiden jungen Prinzen zu machen. »Was immer die Zukunft bringen mag, es wird sich nichts daran ändern, dass Sie die Mutter von William und Harry sind. Ich möchte keinesfalls, dass diese Kinder die Leidtragenden einer zerrütteten Ehe sind«, sagte sie.

Im weiteren Verlauf der Unterredung erklärte sich die Prinzessin schließlich mit der Scheidung einverstanden, aber sie wollte, dass auch ihre Kränkung zu Protokoll genommen wird. Sie sagte: »Mama, es war schlimm für mich, Ihren Brief und den von Charles praktisch am selben Tag vor Weihnachten zu erhalten. Charles hat dort zum ersten Mal von Scheidung gesprochen, und die Briefe, die ich seither erhalten habe, waren nicht hilfreich.«

Die Queen stimmte ihr zu. »Die jüngste Korrespondenz hat nichts gebracht, aber das, was ich vor Weihnachten geschrieben habe, bleibt mein Standpunkt. Die gegenwärtige Lage ist für alle unerträglich, für das Land, die Familie und die Kinder.« Die Königin bestand jedoch darauf, wenn auch mit sehr diplomatischen Worten, dass das Scheidungsverfahren bald eröffnet würde. Es gab kein Zurück mehr.

Aber sie verstand die Zukunftssorgen der Prinzessin nur allzu gut. Später sagte die Prinzessin, die Queen habe das gleiche Feingefühl und das gleiche Verständnis gezeigt wie der Herzog von Edinburgh in seinen Briefen aus dem Jahr 1992. Im Frühjahr 1996 hatte die Prinzessin den Eindruck, mit ihrer Schwiegermutter weitaus konstruktivere Gespräche geführt zu haben, als es mit ihrem Ehemann je möglich gewesen war.

Dann kam man auf die Zukunft und den Titel der Prinzessin zu sprechen, eine heikle Frage, die in den folgenden Tagen Gegenstand wüster Spekulationen in den Medien war. Die Prinzessin versicherte, sie habe sich zu keinem Zeitpunkt bereit erklärt, auf die Anrede »Ihre Königliche Hoheit« zu verzichten, weil der Titel für sie sehr wichtig sei. Daraufhin gab der Buckingham Palace eine Erklärung ab, in der es hieß: »Die Entscheidung, auf den Titel zu verzichten, hat allein die Prinzessin getroffen.«

Es stimmt, dass die Prinzessin als Erste die Frage ihrer künftigen Rolle zur Sprache gebracht hat. Sie sagte zur Queen: »Ich habe sechzehn Jahre lang hart für Sie gearbeitet, Mama, und möchte nicht, dass mir dieses Leben weggenommen wird. Ich möchte meine gesellschaftliche Stellung wahren, und ich möchte mein Leben selbst in die Hand nehmen.« Dann fügte sie hinzu: »Ich blicke mit großer Sorge in die Zukunft, und alle Antworten liegen bei Ihnen, Mama.«

Die Queen zeigte Verständnis, sagte jedoch: »Ich würde dies gern nach Rücksprache mit Charles entscheiden. Auch der Titel ist eine Sache, über die ich mit Charles sprechen möchte.« Dann fügte sie hinzu: »Nach meinem persönlichen Dafürhalten wäre der Titel ›Diana, Prinzessin von Wales‹ angemessener.«

Die Frage ihres künftigen Status blieb so lange offen, bis die Queen und die Prinzessin mit Prinz Charles darüber sprechen konnten. Sicher ist nur, dass die Idee für den Titel, den die Prinzessin später führen sollte, ursprünglich von der Königin stammte.

An diesem Tag wurden viele Dinge besprochen: Der Prinzessin wurde ein Büro in Buckingham Palace verweigert, und sie erzählte der Queen die Gründe für den Weggang von Patrick Jephson. Im weiteren Verlauf der sehr langen Unterredung bekundete die Prinzessin ihre Sorge um die Sicherheit von William. Es beunruhigte sie, dass ihr ältester Sohn und Prinz Charles im selben Flugzeug flogen: Sollte sich ein Unglück oder ein sonstiger Zwischenfall in der Luft ereignen, wären beide davon betroffen.

Die Queen antwortete: »Das ist nur ein Problem in den Ferien, und dann betrifft es nur Flüge mit öffentlichen Verkehrsflugzeugen. Die Maschinen der königlichen Flugbereitschaft sind sicher. Das sollte uns nicht weiter beunruhigen.«

Zum Abschluss der Unterredung ließ die Queen die Prinzessin ausdrücklich wissen, dass sie immer für sie da sei. »Dies ist auch für mich persönlich eine sehr schwierige Angelegenheit, aber die Situation muss in unser aller Interesse bereinigt werden«, sagte sie.

Die Pflichten des Amtes und die Wahrung der Interessen des Landes hatten die Queen einmal mehr in eine wenig beneidenswerte Lage als Vermittlerin zwischen Sohn und Schwiegertochter gebracht. Die Prinzessin hatte Verständnis dafür, dass die Queen entschlossen agieren musste, aber sie – die Queen –

sollte auch nicht einfach darüber hinwegsehen, wie rücksichtsvoll ihre Schwiegertochter gewesen war. »Ich möchte lediglich eine gütliche Einigung, Mama«, sagte die Prinzessin. »Ich möchte keine Schwierigkeiten machen.«

Ich konnte mir das Leben ohne die Prinzessin nicht vorstellen. »Dianas Fels« ist eine Bezeichnung, die manche glauben und andere belächeln werden, aber es war ein Etikett, das sie mir im Gespräch mit ihren Freunden anhängte. Sie hat diesen Ausdruck mir gegenüber nie direkt gebraucht. In Kensington Palace beschrieb sie mich wahlweise als »Sie sind mein drittes Auge, Paul« und »Sie sind der Steuermann meines Schiffes«. Wenn sie mit ihrer Freundin Susie Kassem zusammen war, war ich nur »der Zauberer Merlin«. Allerdings bekam ich auch nicht selten zu hören: »Ach, Sie können einem echt auf den Wecker gehen!«, wenn ich einen unpopulären Vorschlag machte, die Blumen im Wohnzimmer besonders pingelig arrangierte oder sie einfach störte.
Aber ich war ebenso zur Stelle, wenn sie Gesellschaft brauchte und reden wollte. Es war die gleiche Intuition, die mir auch sagte, wenn sie Kaffee oder Karottensaft wollte. Die Kunst, ein guter Diener zu sein, besteht darin, den nächsten Wunsch vorherzusehen und zu wissen, was der Herr oder die Herrin wünscht, bevor sie es selbst wissen. Wie sagte die Wirtschafterin Frau Wilson in dem Film *Gosford Park* doch so treffend: »Der vollkommene Diener hat kein eigenes Leben.« Maria hätte dem vermutlich beigepflichtet.
Ich fühlte es, wenn die Prinzessin deprimiert war, wenn ihr das Leben über den Kopf wuchs. In solchen Momenten versuchte ich sie durch meine bloße Anwesenheit aufzumuntern: Ich tauchte im Wohnzimmer auf, während sie auf dem Sofa saß, ich wartete an dem überwölbten Gang, der in ihren Ankleideraum führte, stand neben dem Sideboard im Speisezimmer, während sie aß, lehnte am Treppengeländer im ersten Stock, während sie

vom Schlafzimmer ins Wohnzimmer raste. In diesen Momenten nannte sie mich ihre »emotionale Waschmaschine«. »Ich komme nach Hause und schütte Ihnen mein Herz aus«, sagte sie.

Sie ging unter die Menschen und sog den Kummer, den Schmerz, die Not und das Leid der Obdachlosen, Kranken, Sterbenden und Armen, die sie besuchte, in sich auf, und wenn sie nach Kensington Palace zurückkehrte, war sie bedrückt, aber zugleich zufrieden, weil sie den Menschen, die ihr etwas bedeuteten, einen Tag lang ihre Liebe und Zuneigung geschenkt hatte. Berücksichtigt man darüber hinaus ihre eigenen Unsicherheiten, Ängste und Probleme, dann musste dies zu einer emotionalen Überlastung führen. Wenn sie nach solchen karitativen Arbeitstagen in ihre Wohnung zurückkehrte, hastete sie die Treppe hinauf und rief: »Geben Sie mir fünf Minuten. Ich muss mit Ihnen sprechen – Ich *muss* mit Ihnen sprechen.«

Ich schaltete den Wasserkessel an und bereitete zwei Tassen Kaffee, und wir saßen oft weit über eine Stunde zusammen und plauderten. Oder vielmehr: Ich lauschte der Prinzessin, die mir von den schlimmsten Dinge erzählte, die sie gesehen hatte, oder auch von dem überwältigenden Moment, wenn sich die Augen eines kranken Kindes weiteten, um sie anzusehen. Der Prinzessin stiegen oft Tränen in die Augen, wenn sie sich die traumatischen Erlebnisse in einem Krankenhaus, Hospiz oder Pflegeheim vergegenwärtigte. Ich hatte den Eindruck, als würden die Gespräche mit mir ihr eine Last von den Schultern nehmen. Anschließend griff sie zum Telefon und rief eine Freundin an oder die Heilerin Simone Simmons oder das Medium Rita Rogers.

Als William heranwuchs, beschloss die Prinzessin, ernste Mutter-Sohn-Gespräche mit ihm zu führen. Sie hielt ihn für einen sehr aufgeweckten Jungen, und sie wollte unbedingt, dass ihre Söhne zu sensiblen und einfühlsamen Menschen heranwuchsen. Sie ließ William auch schon frühzeitig an ihrem Leben und ihren Problemen teilhaben. Er gewöhnte sich daran, sie zu trösten, und für sein Alter besaß er eine ungewöhnliche innere Reife. Er musste schon in zartem Alter einen Großteil der Emotionen seiner Mutter auf sich nehmen, aber die Prinzessin wollte nichts vor ihm verbergen. Sie wollte, dass er alles wusste, damit ihm weder die Presse noch die weitere Familie etwas vormachen konnten.

Eines Freitags kam William wie gewöhnlich übers Wochenende aus seinem Internat nach Hause; er wurde von seinem Freund Sam begleitet. Der Polizist Graham Craker hatte die beiden zum Palast gebracht, und William flitzte, »Mammiii!« rufend, durch die Diele und die Treppe hinauf.

Damals war er schon fast so groß wie die Prinzessin, und wenn er lachte, kamen seine metallenen Zahnspangen zum Vorschein. Seine Mutter, die auf das Knirschen von Autorädern auf dem Kies gelauscht hatte, eilte ihm auf dem Treppenabsatz entgegen und schloss ihn in die Arme. Die Prinzessin bemutterte ihre Söhne mit Liebe und Zärtlichkeit, gleich, wie alt sie waren. An diesem Wochenende düste William aus den Armen seiner Mutter in das Wohnzimmer der Jungen und lümmelte sich mit seinem Freund auf das grüne Sofa vor dem Fernseher. Der Lärm eines actionreichen PlayStation-Spiels und die Rufe der beiden zerrissen mit einem Mal die Stille in Kensington Palace. Die Prinzessin war überglücklich, wenn ihre Söhne nach Hause kamen, denn ihre natürliche Ausgelassenheit brachte wieder Fröhlichkeit in die Wohnungen.

Williams Freund Sam betrachtete die Welt des Kensington Palace mit den Augen eines Außenstehenden. William und Harry waren meine Anwesenheit gewohnt – ich war gewissermaßen Teil des Mobiliars. Ihre Schulkameraden, wie etwa Sam, schienen es hingegen merkwürdig zu finden, dass der Butler sich regelmäßig in den privaten Wohnräumen der Prinzessin aufhielt. Von Freitag bis zu ihrer Abreise am Sonntag sah mich

Sam praktisch unentwegt. William platzte, ohne anzuklopfen und mit Sam im Schlepptau, ins Wohnzimmer. »Oh, Entschuldigung, Mami«, sagte er. Ich saß auf dem Sofa neben der Prinzessin, die auf der Vorderkante saß und mir halb das Gesicht zugewandt hatte. Wir waren in ein Gespräch vertieft.
Als William sich höflich zurückzog, hörten wir, wie Sam fragte: »Warum ist *er* immer da drin?«
William antwortete geradeheraus: »Ach, das ist nur Paul. Er ist immer da.«
Suchte man die Prinzessin, konnte man fast sicher sein, sie am Schreibtisch zu finden. Für sie als eifrige Briefschreiberin war dieser Platz gewissermaßen ihr zweites Zuhause. In unseren Gesprächen bemühte sie sich manchmal darum, ein Erlebnis oder ihre Emotionen auszudrücken. Sie lehrte mich das, was sie auch William und Harry lehrte: sich immer schriftlich bei den Menschen zu bedanken, die uns ihre Zeit, ihre Gastfreundschaft, ihren Rat oder ihre Freundschaft gewährt oder uns gar beschenkt hatten. Am Ende eines unserer vielen Gespräche sagte sie einmal, sie habe von mir gelernt, ihre Gedanken niederzuschreiben. »Beschreiben Sie Ihre Gefühle. Dies kann heilsam sein«, hatte ich gesagt. Ich wusste, wie wichtig es ist, alles aufzuschreiben, denn die Queen führte ein Tagebuch, in dem sie zeitgeschichtliche Ereignisse aus ihrer einzigartigen Perspektive festhielt. Die Prinzessin war vor allem Mitte der neunziger Jahre eine Idolfigur, die weltweit im Blickpunkt der Öffentlichkeit stand. Damals versuchten ihr viele am Zeug zu flicken, und daher musste sie genauestens Buch über die Wahrheit führen.
Am Morgen nach diesen Gesprächen ging ich in die Vorratskammer und fand auf dem grünen, ledergebundenen Tintenlöscher auf meinem Schreibtisch immer einen Umschlag. Auf rot umrandetem Papier hatte die Prinzessin ihre Gedanken niedergeschrieben. Sie hatte über unser Gespräch und meine Ratschläge nachgedacht und erklärte, weshalb sie an gewissen

Ansichten festhielt. Diese Briefe waren eine Art förmlicher Nachtrag zu unseren Gesprächen.
Oft zeigte sie mir einen Brief, etwa die »Scheidungsbriefe« der Queen und von Prinz Charles, und nahm ihn wieder zurück, aber gelegentlich, wenn sie der Ansicht war, dass »die Wahrheit sicher verwahrt werden muss«, brachte sie ihre Sicht der Dinge zu Papier und gab mir das Schreiben. So entstand im Lauf der Zeit ein regelrechtes Archiv über die *Royals*; die intimen Geheimnisse, die nicht aufgeschrieben wurden, blieben dagegen in meinem Herzen verborgen. Jeder Brief beginnt mit der Wendung: »Ich sitze heute hier ...« Diese Aufzeichnungen sind ihr Vermächtnis und verbürgen die Wahrheiten, die ihr Andenken ausmachen und die Lügenmärchen widerlegen, die seit ihrem Todestag über sie verbreitet werden.

Am 28. Februar 1996 veröffentlichte Kensington Palace eine Presseerklärung: »Die Prinzessin von Wales hat auf Ersuchen von Prinz Charles in die Scheidung eingewilligt. Die Prinzessin wird fortan den Titel ›Diana, Prinzessin von Wales‹ führen.« Dieser Erklärung ging eine Unterredung zwischen Prinz Charles und der Prinzessin voraus. Aber es war ein Brief des Prinzen, den sie zu Anfang der Woche erhalten hatte, der die Prinzessin schließlich veranlasste, die weiße Fahne zu hissen. Nichts konnte ihn umstimmen, und er wollte nicht länger darüber diskutieren, was falsch gelaufen war und wer Schuld hatte. »Wir sollten nach vorn und nicht zurückblicken und uns nicht länger gegenseitig das Leben schwer machen«, bat er sie eindringlich, und die Prinzessin stimmte ihm zu. Nachdem das Hindernis der beiderseitigen Verstocktheit beseitigt war, begannen die Rechtsanwälte mit der juristischen Abwicklung des Märchens. Das ganze Frühjahr hindurch stand die Prinzessin in Verbindung mit der Queen.
Nachdem sich die Chefin endlich zu einem Entschluss durchgerungen hatte, schien sie sich psychisch wieder gefangen zu

haben. Nachdem sie jahrelang jeden Gedanken an eine Scheidung weit von sich gewiesen hatte, hatte ihr irgendetwas neue innere Kraft gegeben. »Ich weiß genau, was ich will«, sagte sie. »Ich möchte mich weiterhin sozial engagieren. Ich sehe die Dinge jetzt klar, ich bin motiviert und möchte weitermachen, ohne behindert zu werden.«

Während die Rechtsanwälte im Mai intensiv an einem Scheidungsvertrag und einem Vergleich arbeiteten, ließen sich der Prinz und die Prinzessin nichts anmerken, als sie in Eton am jährlichen Elterntag teilnahmen. Die Prinzessin wollte unbedingt zugegen sein, um ihrem älteren Sohn einen Gefallen zu tun, aber sie hatte dem Ereignis mit Bangen entgegengesehen, weil sie wusste, dass auch die Freunde ihres Ehemanns, die Knatchbulls und die Romseys, anwesend sein würden, die ihre Kinder ebenfalls auf dieses Internat schickten. Die Prinzessin wollte diesen Termin an der Seite ihres Ehemanns wahrnehmen, aber ihre Bitte wurde abgelehnt. »Alle Anwesenden einschließlich Charles zeigten mir die kalte Schulter, als ich dort eintraf«, sagte mir die Prinzessin später.

Beim Aperitif vor dem Mittagessen mischte sie sich unter die Gäste, lächelte und plauderte mit allen, eine starke und selbstbewusste Prinzessin durch und durch, die geschickt überspielte, wie unbehaglich sie sich fühlte. Bei dem anschließenden Konzert brachte die Sitzordnung dann das Fass zum Überlaufen. Sie hatte sich gewünscht, neben Prinz Charles zu sitzen, aber sie wurde neben dem Rektor platziert, während der Prinz auf der anderen Seite des Mittelgangs neben der Gattin des Rektors saß. Das lasse ich mir nicht bieten, dachte sie.

Die Prinzessin stand auf, überquerte den Mittelgang und sprach die Frau des Rektors an: »Verzeihen Sie, könnten wir vielleicht die Plätze tauschen, damit ich neben meinem Mann sitzen kann?«

Die Frau des Rektors konnte ihr diese Bitte kaum abschlagen, und die Prinzessin hatte geschickt einen kleinen Coup gelandet, der nur ihrem Mann aufgefallen war. Und sie stahl ihm auch im weiteren Verlauf die Schau. Sie wollte die Demütigung nicht auf sich sitzen lassen. Die Kamerateams von BBC und ITN warteten wegen ihr vor der Schule. Als der Prinz und die Prinzessin von Wales als stolze Eltern aus dem Internat heraustraten und getrennte Wege gingen, eilte die Prinzessin zum Wagen ihres Ehemanns, legte ihre Hand auf seine Schulter, küsste seine Wange und flüsterte: »Auf Wiedersehen, Schatz.« Dieser kurze Moment scheinbarer Eintracht ging an diesem Abend durch alle Nachrichtensendungen und tags darauf titelten die Zeitungen: »Ein Kuss ist nur ein Kuss.«

»Jetzt weiß Camilla, was es heißt, diejenige zu sein, die die Prügel einsteckt«, sagte die Prinzessin beim Frühstück am nächsten Morgen. Sie war während des gesamten Scheidungsverfahrens stets höflich, aber sie musste deshalb nicht versöhnlich sein.

Am 30. Mai 1996 wurde die Scheidung zwischen dem Herzog und der Herzogin von York rechtskräftig. Die Herzogin kam hüpfend nach Kensington Palace, obgleich sie an diesem Tag ihren Rang als königliche Hoheit verloren hatte und fortan nur noch den Titel »Sarah, Herzogin von York« führte. Sie lachte über die Schlagzeilen dieses Morgens. »Denen werden wir's zeigen!«, sagte sie. In dieser schweren Zeit für beide Frauen war ihr gemeinsames Lachen ein Tribut an die beiden Menschen, die sich nicht von »der Firma« kleinkriegen ließen.

Wie die Prinzessin, so freute sich auch die Herzogin über die wiedergewonnene Freiheit. Auch sie hatte einen starken Willen, der ihr half, sich der »Graukittel« zu erwehren, die ihrer Ansicht nach fortwährend gegen sie intrigierten. Die Herzogin wusste, dass sie sich alle Mühe gegeben hatte, den Erwartungen gerecht zu werden, die ihr aufgeladen worden waren. Sie war »orientierungslos umhergeirrt« und hatte sich einer giftigen Presse und tückischen Feinden im königlichen Hofstaat gegen-

übergesehen. Aber sie war ein Stehaufmännchen. Und selbst am Tag ihrer Scheidung gab sie sich unverwüstlich. »Zum Schluss werden wir gewinnen, nicht wahr, Paul?«
»Lassen Sie sich nicht unterkriegen«, antwortete ich, und sie flitzte ins Wohnzimmer, um sich zur Chefin zu gesellen. In diesem Sommer verbrachten die Prinzessin und die Herzogin die Ferien mit ihren Kindern abgeschieden in den Bergen Südfrankreichs. Nie waren sie sich näher als in diesen Tagen, in denen sie ihre Erlebnisse, ihr Ringen und ihr Leid miteinander teilten. Eher Schwestern denn ehemalige Schwägerinnen, mussten sie lernen, sich mit eisernem Willen zu behaupten. Zudem waren in beider Leben neue Männer getreten, und die Prinzessin von Wales wie die Herzogin von York schien wieder glücklich zu sein.

Zum Überlebensplan der Prinzessin gehörte es, eine neue Zukunft zu finden und neue Wege einzuschlagen. Schon wegen William und Harry würde sie auf lange Zeit in London und in Kensington Palace verankert bleiben, aber sie begann nach einem Ferienhaus und einem Wohnsitz im Ausland zu suchen, von wo aus sie eine weltweite humanitäre Kampagne starten könnte. »Gefällt Ihnen Australien, Paul?«, fragte mich die Prinzessin zu Beginn eines ungewöhnlich heißen Juni im Jahr 1996. Sie wollte wissen, was ich von einem Leben *down-under* hielte, und ich schwelgte in Erinnerungen an meine Reisen mit der Queen auf die andere Seite des Globus. »Ich bin in allen Bundesstaaten gewesen, und New South Wales gefällt mir am besten«, sagte ich ihr.
Sie saß auf dem Sofa und blätterte einen Stapel von Reisekatalogen und Immobilienmagazinen durch, die ihr die Kräuterheilkundige Eileen Whittaker geschickt hatte – sie war mit der Chefin und auch mit der Herzogin von York befreundet. »Könnten Sie sich vorstellen, dort zu leben?«, fragte sie. Ich wusste, dass die Prinzessin die Menschen gern erschreckte,

aber noch nie hatte mir etwas, das sie getan hatte, einen wirklichen Schrecken eingejagt. Bis zu diesem Moment. Ich muss sie völlig entsetzt angeblickt haben. »Es ist mir ernst damit!«, fügte sie hinzu.
»Nun, das ist für mich etwas zu weit von zu Hause«, sagte ich.
»Ich weiß, ich weiß«, sagte sie, den Reisekatalog zur Seite legend, und wechselte das Thema.

Das Gelächter in Kensington Palace stand in scharfem Gegensatz zu dem Schweigen in den Old Barracks. Ohne einen zweiten Butler, der als Vertretung einspringen konnte, ohne eine ganztags beschäftigte Hofdame und ohne Privatsekretär war die Arbeit wie eine beständige Tretmühle, die mich fortwährend auf Trab und fern von zu Hause hielt. Ich verbrachte viel zu viel Zeit bei der Arbeit, und ich wusste: Um acht Uhr früh ging ich außer Haus und war nie vor elf Uhr abends zurück. Jeden Abend begrüßte Maria einen emotional ausgelaugten, erschöpften und reizbaren Ehemann. Alexander und Nick sahen mich nur sonntags oder wenn die Prinzessin sie zum Spielen in den Palast einlud. Das Familienleben litt schwer unter dieser beruflichen Belastung. Seit jenem Tag im Februar, da die Prinzessin bekannt gegeben hatte, mit der Auflösung der Ehe einverstanden zu sein, hatte ich das ganze Scheidungsdrama hautnah miterlebt und durchlitten – ihre tiefen Verletzungen, die Treffen mit den Anwälten und das beunruhigende Gefühl, das ein unmittelbar bevorstehender tief greifender Wandel auslöst.
»Während du vom Schicksal einer fremden Familie in Beschlag genommen wirst, hat deine eigene Familie fast vergessen, wie du aussiehst«, sagte Maria. »Es ist schon seltsam: Die Ehe zwischen dem Prinzen und der Prinzessin von Wales besteht aus drei Personen, und unsere Ehe besteht auch aus drei Personen – aus dir, aus mir und aus der Prinzessin. Ich habe es satt, Paul.«
Um die Ehe eines anderen Burrell stand es allerdings noch schlechter. Mein Bruder Graham hatte eine Affäre gebeichtet,

und seine Frau Jayne war daraufhin mit den beiden Kindern aus der gemeinsamen Wohnung ausgezogen. Er rief mich im Anrichtezimmer an, völlig zerknirscht und mit tränenerstickter Stimme, und alles deutete darauf hin, dass die Ehe endgültig zerrüttet war. Wir standen uns sehr nahe, und das Scheitern seiner Ehe beschäftigte mich mehr als die Scheidung von Prinz und Prinzessin. An dem Tag, an dem Graham angerufen hatte, fiel der Chefin auf, dass mich etwas zu bedrücken schien, als ich das Abendessen auftrug. Sie wusste von unseren gemeinsamen Grillfesten auf Highgrove, wie nahe ich meinem Bruder stand.

Nach dem Essen sagte sie: »Würden Sie mir Grahams Telefonnummer geben? Ich möchte ihn anrufen.«

An jenem Abend saß sie an ihrem Schreibtisch und rief ihn zu Hause in Grassmoor, Chesterfield, an. Mein Bruder saß gerade auf dem Sofa vor dem Fernseher, als ihn der Anruf erreichte.

»Hallo Graham, hier ist Diana. Paul ist ziemlich niedergeschlagen, und da dachte ich, dass es Ihnen wohl ähnlich geht«, sagte sie.

Graham konnte es nicht fassen, wer ihn da anrief, und an seiner Arbeitsstelle würde ihm auch niemand glauben, wenn er erzählte, dass die Prinzessin ihn in seinem Reihenhaus angerufen hatte, um ihm quasi als Eheberaterin zur Seite zu stehen, sagte er. Die Chefin war großartig. Sie hörte aufmerksam zu und versuchte ihn aufzumuntern, indem sie erzählte, wie sehr es sie mitgenommen habe, als ihre Ehe in die Brüche ging. Sie fragte ihn nach seiner Ehe, der anderen Frau, seiner Zukunft, und sie rief ihn in den nächsten zwei Wochen noch dreimal an. Sie nahm kein Blatt vor den Mund. Sie sagte Graham, wie töricht er gewesen sei, doch wenn er seine Frau noch immer liebe, solle er alles tun, um sie zurückzugewinnen. Und Graham beherzigte den Rat der Prinzessin. Bis auf den heutigen Tag ist mein Bruder der Prinzessin dankbar dafür, dass sie mitgeholfen hat, seine Ehe zu retten.

Die Ehe, die sie zu ihrem großen Bedauern nicht retten konnte, war ihre eigene. Seit Februar hatte Lord Mishcon jeden Dienstagabend an der Haustür geläutet. Er war ein kleiner, liebenswürdiger Mann, der nach Aussage der Prinzessin ein echtes juristisches Genie war. Überdies war er sehr charmant. In jenen Wintermonaten öffnete ich ihm die Tür, worauf er eintrat und seinen Hut abnahm. Wenn er der Prinzessin die Hand reichte, sagte er oft: »Entschuldigen Sie bitte die kalte Hand eines alten Mannes, Hoheit. Aber ich versichere Ihnen, dass sein Herz warm ist.« Noch bevor er sie über den letzten Stand der Verhandlungen mit den Anwälten ihres Ehemanns unterrichtete, hatte er sie schon zum Lächeln gebracht. Im Sommer war dann Anthony Julius, ein weiterer Anwalt aus derselben Sozietät, der Überbringer guter und schlechter Kunde. Ende Juni mussten nur noch ein paar technische Feinheiten geklärt werden. Nach dem Scheidungsvertrag sollte die Prinzessin eine Pauschalabfindung in Höhe von siebzehn Millionen Pfund erhalten. Im Gegenzug forderte der Prinz von Wales die Rückgabe zweier Aquarelle weitläufiger deutscher Vorfahren, zweier Stühle (die um das Jahr 1780 angefertigt worden waren) und des gesamten Silbers von George III., das wir täglich benutzt hatten.

Am 1. Juli, dem fünfunddreißigsten Geburtstag der Prinzessin, traf ein nicht enden wollender Strom von Blumen, Geschenken und Karten ein. Ein Verehrer schickte zwei Sträuße langstielige rote Rosen, insgesamt fünfunddreißig Stück. Zwei Tage früher, an einem Samstag, hatte es eine noch größere Überraschung gegeben. Die Türklingel läutete. Da wir niemanden erwarteten, fragte ich mich, wer dies wohl sein könnte, während ich die Tür öffnete.

Die letzte Person, die ich erwartet hätte, war der Thronfolger. Prinz Charles kam unangemeldet vorbei. »Hallo, Paul, darf ich reinkommen?«, sagte er. Ein Hubschrauber sollte ihn auf der Koppel hinter den Ställen auf der Rückseite des Palastes ab-

holen, aber er war zu früh dran, so dass er sich entschlossen hatte, seiner Nochehefrau einen Besuch abzustatten.
»Eure Königliche Hoheit, ich glaube, Sie kennen den Weg.« Er lächelte und ging die Treppe hinauf. Wenn ich schon überrascht war, so war ich natürlich auf die Reaktion der Chefin gespannt.
»Diana, bist du da?«, rief Prinz Charles und ging die Treppe hinauf, während ich ihm folgte.
Auf dem Treppenabsatz im ersten Stock kam ihm eine recht verdutzte Prinzessin entgegen, und sie begrüßten sich gegenseitig mit einem Kuss auf beide Wangen. Sie blickte über seine Schulter auf mich, und ihre Augen weiteten sich vor scheinbarem Entsetzen. Dann musste sie einfach mit ihrem unverwüstlichen Humor das Eis zwischen ihnen brechen. »Ich nehme an, du bist gekommen, um die Möbel abzuholen, Charles!«
Beide Ehegatten, die mitten in einer schwierigen Scheidung lagen, lachten zum ersten Mal seit Jahren zusammen. Wenn sie dies doch nur in der Öffentlichkeit öfter getan hätten, dachte ich bei mir. Diese beiden Menschen passten, auch als Freunde, gut zueinander. Es war ein merkwürdiger und zugleich trauriger Anblick: Ich bemerkte, wie die Prinzessin plötzlich von Freude schier überwältigt wurde. Ich konnte sehen, wie sie in kürzester Zeit neue Kraft schöpfte. Alles war sehr herzlich, entspannt und höflich. Ich ging nach unten, um dem Prinzen eine Tasse Tee zuzubereiten, genauso, wie er ihn in Highgrove mochte: ein starker Earl Grey mit einem Schuss Milch.

Mitte Juli gab Buckingham Palace bekannt, dass ein vorläufiges Scheidungsurteil ergangen sei. Es klammerte einen Streitpunkt aus: den Rang der Prinzessin als »Königliche Hoheit«. Die Queen hatte zwar den Titel »Diana, Prinzessin von Wales« vorgeschlagen, aber die Frage ihres königlichen Ranges war ungelöst geblieben. Ich weiß, dass die Prinzessin ihren Schwager, den Privatsekretär der Königin, Sir Robert Fellowes, anrief und ihn bat, man möge ihr gestatten, den Titel »Ihre Königliche Hoheit« zu behalten. Doch ihr Ersuchen wurde abgelehnt. Sie sollte eine Pauschalabfindung in Höhe von siebzehn Millionen Pfund erhalten, dafür aber mit dem Verlust ihres königlichen Status bezahlen. Die Prinzessin legte keinen großen Wert auf Förmlichkeiten, aber der Titel war ihr wichtig, weil es in ihren Augen ein besonderer Titel war, der ihr bei der Eheschließung verliehen wurde, und sie empfand es als gehässig, dass man ihr diesen Titel wieder aberkennen wollte. Er gehörte ihres Erachtens zu ihrer Identität als Mitglied des Königshauses, und sie hatte viele Jahre lang unermüdlich als königliche Hoheit gewirkt. Als hinter den Kulissen die endgültige Entscheidung getroffen wurde, war die Prinzessin am Boden zerstört.

In ihrer Verzweiflung wandte sie sich an William. Sie erzählte mir, er habe sich eines Abends, als sie wegen des Verlusts des Titels »Ihre Königliche Hoheit« (IKH) sehr niedergeschlagen gewesen sei, neben sie gesetzt, die Arme um sie geschlungen und gesagt: »Keine Sorge, Mami, ich werde ihn dir zurückgeben, wenn ich eines Tages König bin«, worauf sie noch heftiger geschluchzt habe.

Als die Tränen versiegten, unterzeichnete die Prinzessin über hundert maschinengeschriebene Briefe an karitative Einrichtungen, Regimenter und Organisationen, mit denen sie zusammengearbeitet hatte; sie erklärte, da sie kein Mitglied der Königsfamilie mehr sei, sehe sie sich außer Stande, weiterhin als königliche Schirmherrin aufzutreten. Sie löste die Verbindungen zum Roten Kreuz und zu der Wohltätigkeitsorganisation »Help the Aged«. Statt sich zu verzetteln, wollte die Prinzessin ihre künftige Arbeit auf einen kleinen Kreis von Organisationen konzentrieren: den *National Aids Trust, Centrepoint,* das *Great Ormond Street Hospital,* die *Leprosy Mission* und das *English National Ballet.*

Unterdessen zog das Büro der Prinzessin mit Sack und Pack von

St. James' Palace ins Erdgeschoss von Apartment Nr. sieben in Kensington Palace um. Man hatte ihr ein Büro in Buckingham Palace verweigert, weil die Queen der Ansicht war, dass es besser wäre, wenn sie nicht mehr direkt mit dem Königshaus in Verbindung gebracht würde. So wurde Apartment Nr. sieben zum offiziellen Büro von Diana, Prinzessin von Wales, das von dem Revisor Michael Gibbins geleitet wurde.

Der Verlust des Titels »Ihre Königliche Hoheit« hatte für die Prinzessin unter anderem die unerfreuliche Folge, dass sie nach dem Protokoll nunmehr als »Außenstehende« galt, die vor den Mitgliedern der königlichen Familie einen Hofknicks machen sollte. Die einstige künftige Königin von England musste die Demütigung über sich ergehen lassen, vor dem Herzog und der Herzogin von Gloucester sowie Prinzessin Alexandra einen Knicks zu machen. Aber sie erhielt Rückendeckung aus einer unerwarteten Ecke der königlichen Familie. Ihre Nachbarin aus Apartment Nr. zehn, Ihre Königliche Hoheit Prinzessin Michael von Kent schrieb ihr einen offenen Brief, der sie berührte. »Paul, sehen Sie sich das an. Was für eine liebenswürdige Geste«, sagte sie.

»Mit Entsetzen habe ich der Presse entnommen, dass nach Aberkennung Ihres Titel von Ihnen erwartet wird, einen Knicks vor mir zu machen, wenn wir uns in der Öffentlichkeit begegnen ... Ich möchte betonen, dass mich dies in große Verlegenheit bringen würde. Bitten ziehen Sie dies nicht einmal in Erwägung. Ich habe Ihren Mut und Ihre Stärke immer bewundert. Wenn Charles Sie nur von Anfang an geliebt hätte, wäre es nie so weit gekommen. Bitte rechnen Sie immer mit meiner Unterstützung.«

Der Brief von Prinzessin Michael von Kent gab Prinzessin Diana neue Kraft. Ich und die übrigen Freunde der Prinzessin konnten ihr nur immer wieder versichern, dass keine Kombi-

nation dreier Initialen an ihre wahre Größe heranreiche. Ich sagte ihr: »Sie brauchen keinen Titel. Die ganze Welt kennt Sie als Lady Di – und das kann Ihnen niemand nehmen. Und im Übrigen werden Sie für mich immer ›Ihre Königliche Hoheit‹ bleiben.«
Und das ganze letzte Jahr ihres Lebens hindurch stand ich zu meinem Wort. Jeden Morgen, wenn ich sie zum Frühstück begrüßte, stellte ich die Kaffeekanne auf den Tisch und sagte: »Guten Morgen, Eure Königliche Hoheit.«

Doch im Nachhinein hatte die Aberkennung ihres königlichen Titels auch etwas Gutes: Sie konnte ihr Leben selbst in die Hand nehmen und sich auf ihre humanitäre Arbeit konzentrieren. Auch wenn manche aus der Film- und Kosmetikindustrie anderes mit ihr im Sinn hatten.
Eines Abends im Juli läutete das Telefon. Es war der Filmschauspieler Kevin Costner. Der Anruf ging direkt zu mir ins Anrichtezimmer durch. Ich schaltete ihn in die Warteschleife und rief die Prinzessin auf ihrem Apparat im Wohnzimmer an. »Ich habe Kevin Costner am Apparat. Er möchte mit Ihnen sprechen«, sagte ich ihr. Sie kreischte vor Begeisterung. »Stellen Sie ihn durch, Paul, und kommen Sie hoch.«
Ich ging hinauf ins Wohnzimmer; die Prinzessin saß an ihrem Schreibtisch und hörte gespannt zu. Sie erblickte mich und winkte mich zu sich. »Aber ich kann nicht singen!«, sagte sie kichernd. »Was müsste ich tun? ... Ich bin nicht sicher, aber, ja, einverstanden, schicken Sie es, ich verspreche Ihnen, dass ich es mir ansehen werde.«
Als sie aufgelegt hatte, sagte sie mir: »Er möchte, dass ich die Hauptrolle in seinem nächsten Film – *The Bodyguard II* – spiele!« Es sollte die Fortsetzung des ersten Films mit Whitney Houston in der Hauptrolle werden. Sie sollte eine Prinzessin spielen. Er würde ihr Leben retten. Er versicherte, es würde sehr stilvoll zugehen. Er werde sie persönlich betreuen. Er

werde das Drehbuch per Post aus den USA schicken.«Ist das nicht unglaublich!«, sagte sie. »Er war so liebenswürdig, aber er kann es nicht ernst meinen.«
Kevin Costner meinte es verdammt ernst. Es war eine informelle Anfrage, aber obwohl sie der Prinzessin schmeichelte und Costner sie sehr charmant umworben hatte, lehnte sie ab. »Es ist schlechterdings unmöglich«, sagte sie. Das angekündigte Drehbuch für *The Bodyguard II* traf schließlich ein. Ich weiß nicht, ob sie die Zeit fand, es zu lesen. Auf das Filmangebot folgte eine schicklichere Offerte des amerikanischen Kosmetikkonzerns Revlon. Vertreter des Unternehmens unterbreiteten ihr ein Angebot über mehrere Millionen Dollar, falls sie sich bereit erklärte, einer Wohltätigkeitsorganisation des Konzerns vorzustehen. »Cindy Crawford wird weiterhin ›das Gesicht‹ sein. Ich soll ›Geist und Stil‹ verkörpern«, sagte sie mir.

Seit Mitte Februar hatten wir alle auf den Morgen des 28. August 1996, des Tags, an dem die Scheidung in Kraft trat, hingearbeitet und uns innerlich darauf eingestellt. Von nun an waren der Prinz und die Prinzessin von Wales offiziell nicht mehr Mann und Frau. Die Stimmung an diesem Tag war eine Mischung aus Traurigkeit und Vorfreude. Als ich im Flur stand und darauf wartete, dass die Prinzessin zum Frühstück erschien, kam mir plötzlich der Gedanke, dass mit der Auflösung dieser Ehe auch meine Bande zum königlichen Hofstaat gekappt wurden – 1976 war ich in die Dienste der *Royals* getreten, um mich einer neuen Herausforderung zuzuwenden. Aber die Trauer wurde durch die Aussicht auf eine spannende neue Aufgabe aufgewogen.
Als die Prinzessin erschien, sprühte sie förmlich vor Energie, und sie war offenbar fest entschlossen, das Beste aus ihrer neuen Unabhängigkeit zu machen. Sie ließ sich Grapefruit mit Honig schmecken und sprach über die Reisen, die sie geplant

hatte: Washington im September und Australien im November. Sie trug sich noch immer mit dem Gedanken, sich in Australien niederzulassen.

Später ging sie im Wohnzimmer auf und ab und bereitete sich auf einen Tag vor, an dem sie von den Medien der Welt belagert würde. Das Telefon läutete. Es war Sir Robert Fellowes, der eher in seiner Eigenschaft als ihr Schwager denn als Privatsekretär der Queen anrief. »Ich wollte Ihnen nur viel Glück für diesen schwierigen Tag wünschen. Es ist das tragische Ende einer wunderschönen Geschichte«, sagte er ihr, aber die Prinzessin war nicht dazu aufgelegt, sich in Selbstmitleid zu ergehen oder Trübsal zu blasen.

»Aber nein«, sagte sie, wobei sie mich ansah. »Es ist der Anfang eines neuen Kapitels. Und vergessen Sie nicht, Robert, ich liebe meinen Mann noch immer. Das wird sich nie ändern.«

Die Prinzessin wirkte an diesem Tag in ihrem pastellblauen Kleid todschick. Sie nahm ihre Handtasche, atmete tief durch und ging forschen Schritts über den Absatz die Treppe hinunter und verließ das Haus – noch immer ihren Verlobungs- und ihren Hochzeitsring tragend. »Ich werde sie irgendwann einmal ablegen«, meinte sie, »aber jetzt ist nicht der richtige Zeitpunkt.« Sie erinnerte sich nur allzu gut an ihre Reaktion, als die Ehe ihrer Eltern geschieden wurde, und wie traumatisch es für sie als Kind gewesen war, mit ansehen zu müssen, wie ihre Eltern ihre Ringe abstreiften. »Ein Ring ist so klein, aber er bedeutet so viel«, sagte sie. Sie hatte sich auf den Weg gemacht, um einer Verpflichtung beim English National Ballet nachzukommen.

Als sie zurückkehrte, wollte sie mit mir reden. Beim Kaffee in ihrem Wohnzimmer sagte sie: »Ich bin jetzt eine sehr reiche Frau, und ich denke, Sie haben eine Gehaltserhöhung verdient.« Mein Jahresgehalt wurde von zweiundzwanzigtausend Pfund auf dreißigtausend Pfund heraufgesetzt, und die übrigen Hausangestellten – Küchenchef Darren McGrady, Sekretärin

Caroline McMillan, Buchhalter Michael Gibbins und die persönliche Assistentin Victoria Mendham – bekamen ebenfalls Gehaltsaufbesserungen. Die Chefin dankte uns, dass wir in den letzten Monaten mit ihr durch dick und dünn gegangen waren. Sie wirkte ruhig und gelassen, als ich ging. Wir hatten über die Bedeutung dieses Tages, ihre Liebe zu Prinz Charles und ihren Wunsch gesprochen, dass die britische Öffentlichkeit erfahre, wie sehr sie gegen diese Scheidung gewesen war und wie sehr sie sich einen anderen Ausgang gewünscht hätte. Sie vertiefte sich in die zahllosen philosophischen Lebensweisheiten, die, wie sie es ausdrückte, »mir geholfen haben, meinen Seelenhaushalt wieder in Ordnung zu bringen«. Aus der Weisheitslehre schöpfte sie Zuversicht, und die Worte kluger Geister gaben ihr Kraft.

Sorge dich mehr um deinen Charakter als um deinen Ruf, denn dein Charakter ist das, was du wirklich bist, während dein Ruf nur das ist, was andere von dir denken.

Das Selbst muss die Stille kennen,
bevor es sein wahres Lied entdecken kann.

Erfolg ist das Produkt eines guten Urteilsvermögens.
Ein gutes Urteilsvermögen ist das Produkt von
Erfahrung. Erfahrung ist das Produkt eines schlechten
Urteilsvermögens.

Probleme sind Chancen, das eigene Leben zu ändern.

Probleme fordern unseren Mut und unsere Weisheit.

Lerne, dich an die Anforderungen dieser
schöpferischen Zeit anzupassen.

Aus der rechten Beziehung zu sich selbst geht die
rechte Beziehung zu allen anderen Menschen
und zum Göttlichen hervor.

Oder sie zitierte Benjamin Franklin: »Dinge, die wehtun, erteilen uns eine Lehre.«
Am Abend des Tages, an dem sie geschieden wurde, zitierte sie eine andere Maxime, um sich davon zu überzeugen, das Richtige getan zu haben. »›Herz und Verstand müssen zusammentreffen, damit man lieben und loslassen kann.‹ Ich weiß das, Paul. Ich weiß das jetzt«, sagte sie.
Über die Prinzessin und ihre Heirat wurde so viel Unsinn geschrieben. So genannte Freunde und Berater haben die Öffentlichkeit belogen, als sie behaupteten, sie habe sich schon 1990 von Prinz Charles scheiden lassen wollen. So viel Falsches war auch über den angeblichen Hass auf ihren Ehemann geschrieben worden, den es in Wirklichkeit nie gegeben hatte. »Charles und ich sind Freunde, und wir gehen höflich miteinander um. Ich glaube, er weiß, was er mit mir verloren hat. Ich hasse ihn nicht. Das ganze Leid hat mich zu dem Menschen gemacht, der ich heute bin«, sagte sie. Sie war wütend auf Camilla Parker Bowles, aber sie hasste sie nicht. Um mit ihren Gefühlen gegenüber der Geliebten ihres Ehemanns fertig zu werden, schöpfte sie wieder aus ihrem Fundus philosophischer Lebensweisheiten. Vor allem eine Sentenz versuchte sie zu beherzigen: »Unser Groll will etwas ändern, das einfach so ist, wie es ist. Was wir nicht ändern können, erregt unseren Unwillen.«
Die Prinzessin verbrachte viele Stunden damit, zu ergründen, warum ihre Ehe gescheitert war. Wir sprachen sehr oft darüber. Mehr noch: Sie betrieb stundenlang psychologische Selbstanalyse. Sie glaubte, dadurch ein besserer Mensch werden zu können. Die Freunde ihres Ehemanns waren immer mit einer einfachen und bequemen Erklärung für ihre Probleme bei der Hand: »Diana ist einfach so labil.« Die Prinzessin gab

sich mit derart oberflächlichen Erklärungen nicht zufrieden, vielmehr wollte sie sich in der Tiefe verstehen. Dabei erfuhr sie eine Menge über das, was schief gelaufen war und wo, vermutlich, der eigentliche Grund allen Übels lag. Letztlich sei ihre Ehe deshalb gescheitert, weil sie aufgrund ihres geringen Selbstwertgefühls von ständigen Zweifeln an sich und später auch an ihrer Ehe gequält worden sei. Sie erklärte es folgendermaßen: »Ein hohes Selbstwertgefühl schützt uns nicht vor Selbstzweifeln, aber es ermöglicht uns, diese Zweifel auszuhalten und uns vor Zerstörung zu schützen!«
Sie glaubte, ihr geringes Selbstwertgefühl habe seinen Ursprung in der Kindheit, in der ihr Selbstbild geprägt wurde. Und sie habe dieses negative Selbstbild mit in ihre Ehe mit Prinz Charles gebracht, von dem sie erwartet habe, dass er durch Anerkennung ihrer Leistungen ihr Selbstbewusstsein stärke. Jedes Mal, wenn er ihr diese Anerkennung verweigerte, habe sie sich abgelehnt gefühlt. »Es war so, als wäre das gesamte Fundament meines Selbstwertgefühls zusammengebrochen«, sagte sie. Einen gewissen »Mevlana« – »den größten Dichter und Mystiker aller Zeiten« – zitierend, sagte sie: »Es heißt, ›Langmut ist der Schlüssel zum Glück‹ – hätte ich das doch nur damals gewusst!«
Die Prinzessin musste auch lernen – und ich glaube, dass ihr dies viele Menschen gesagt haben –, dass Wut ein völlig natürliches Gefühl ist, aber sie glaubte, dass viele Frauen Wut als quälend empfinden. Ich sagte ihr, dies gelte auch für Prinz Charles. Sie engagierte sogar einen Boxer, der mitsamt seinem Sandsack nach Kensington Palace kam und ihr zeigte, wie sie ihre Wut abreagieren konnte. Und Diana, Prinzessin von Wales, konnte kräftig zuschlagen.
Wir sprachen am Abend ihrer Scheidung über all diese Gefühle. Nach unserem Gespräch ging ich in die Küche. Als ich in das Anrichtezimmer zurückkehrte, fand ich einen kleinen Zettel mit der Aufschrift »Danke!« auf einem DIN-A4-Blatt, auf

dem sie ihre Gedanken am Ende unseres Gesprächs niedergeschrieben hatte.

Sie wollte lediglich, dass die britische Öffentlichkeit verstand, was sie durchgemacht hatte, wie schwer es für sie gewesen war. Und obwohl sie der Ansicht war, dass Prinz Charles ihr viel Leid zugefügt hatte, hatte sie aus diesem Leid doch gelernt. Sie liebte den Prinzen bis in den Tod. Ich weiß das, weil es eindeutig aus dem Schreiben hervorgeht, das sie an jenem Abend auf meinen Schreibtisch legte. Prinz Charles hat immer wieder gesagt, dass die königlichen Archive in fünfundzwanzig Jahren die Wahrheit über seine Beziehung zur Prinzessin offenbaren werden. Aber die Welt hat ein Recht darauf, nicht noch fünfundzwanzig Jahre im Unklaren gelassen zu werden. Denn die eigenen Worte der Prinzessin können die Lügen schon heute widerlegen. An jenem Abend schrieb sie mir:

> »Es ist der 28. August 1996 – heute wurde das Ende einer fünfzehnjährigen Ehe besiegelt. Ich wollte diese Scheidung nicht, und ich träumte immer von einer glücklichen Ehe mit liebevoller Zuwendung von Charles. Auch wenn dies nicht hatte sein sollen, haben wir zwei wunderbare Jungen, die von ihren Eltern innig geliebt werden. Ein Teil von mir wird Charles immer lieben, aber wie sehr hätte ich mir gewünscht, dass er sich um mich kümmert und stolz auf meine Arbeit ist.
>
> Es waren turbulente fünfzehn Jahre, in denen Freunde und Verwandte von Charles mich ihren Neid, ihre Eifersucht und ihren Hass spüren ließen – sie haben mich gründlich missverstanden, und das war eine schmerzliche Erfahrung, die mir sehr zu Herzen gegangen ist.
>
> Ich wünsche mir so sehr, Charles' beste Freundin zu werden, denn ich verstehe besser als irgendjemand sonst, was er will und was in ihm vorgeht.«

11.
Eine Frage des Vertrauens

»Hurra, schön, dass Sie wieder da sind!« Diese Worte sprangen mir von einem kremfarbenen Briefpapier mit burgunderrotem Schnitt in die Augen. Wir hatten nach zwei Wochen Urlaub in Kentucky gerade die Haustür der Old Barracks aufgeschlossen und zogen unsere Koffer hinter uns her. Die Ferien hatten mir Gelegenheit gegeben, die wenige Zeit, die ich für Maria und die Kindern übrig gehabt hatte, wieder gutzumachen. Unter der Post, die auf der Fußmatte verstreut lag, befand sich auch ein Umschlag, der sofort meine Aufmerksamkeit erregte. Er war an »Paul« adressiert und trug die Handschrift der Prinzessin.

Am Vorabend unserer Rückkehr war sie vorbeigeflitzt und hatte den Brief unter der Tür durchgeschoben. Beim Weiterlesen stellte ich fest, dass es offenbar viel zu erzählen gab: »Dramen haben sich in den letzten zwei Wochen mehr als genug abgespielt, und Sie wären bestimmt beeindruckt davon! Es ist herrlich zu wissen, dass Sie wieder da sind. Bis Montag dann! Liebe Grüße, Diana.«

Ich kehrte mit einer Sonnenbräune in die Arbeit zurück, die der Prinzessin schier unerträglich war. Wir wollten beide unsere Bräune ein bisschen aufmöbeln, und die Prinzessin ging deshalb mindestens zweimal pro Woche auf ihre Sonnenliege. Das Gerät war so groß wie ein Raumschiff und befand sich im Erdgeschoss gleich neben dem Ankleide- und dem Schrankzimmer. »Wärmen Sie sie an, Paul, ich komme dann in einer halben Stunde herunter«, sagte sie immer. Sie benutzte die Liege nicht gern in kaltem Zustand, und als offizieller »Anwärmer« kam ich so in den Genuss einer Pause von fünfzehn Minuten, bis ich das Gerät für die Prinzessin vorbereitet hatte. Sie sagte einmal, dass sie sich auf der Sonnenbank wie »ein Sandwich in einem ultravioletten Toaster« fühle.

Als William und Harry von ihren Sommerferien in Balmoral zurückkamen, meinte ihre Mutter, man habe William auf eine Streckbank gelegt. Er stand im Wohnzimmer neben ihr, und sie konnte es nicht fassen, wie sehr er gewachsen war. Er war ein bisschen größer als sie, wie sie so Rücken an Rücken nebeneinander standen. William brauchte neue Rugbystiefel, und so wurde ich losgeschickt, um ein Paar in Größe dreizehn zu kaufen – für einen Jungen, der vierzehn Jahre alt und noch im Wachstum war.

»Größe. Das ist ein Spencer-Gen«, sagte die Prinzessin. »Die Windsors sind LVBK – Leute von beschränktem Körperwuchs.«

William wusste auch, dass er schnell wuchs. »Ich konnte es in Balmoral kaum glauben. Granny und Aunt Margot schienen geschrumpft zu sein. Und ich bin jetzt größer als Papa«, prahlte er.

Der kleine Harry sah zu seinem Bruder und zu seiner Mutter auf. Die Prinzessin blickte auf ihn herab. »Ach, Harry, du hast das Spencer-Gen auch. Eines Tages wirst du so groß wie dein Bruder sein.«

William wird eines Tages König werden, King William V. Im Sommer 2003 sagte er bei einem Interview anlässlich der Feierlichkeiten zu seinem einundzwanzigsten Geburtstag, dass er diese Rolle sehr ernst nehme, und wie sehr er es sich wünsche, König zu werden. Ich kannte den Jungen, und so machte es mir Mut, als ich ihn das sagen hörte. Ich schätze, auch für seine Mutter wäre es eine schöne Überraschung gewesen, denn schließlich wusste sie, wie sehr dieser schüchterne, introvertierte Schuljunge die Aussicht gefürchtet hatte, irgendwann den Thron zu besteigen. Er wurde mit enormen Erwartungen großgezogen, und dennoch stand er nicht gern im Rampenlicht. Als er im Rahmen seiner öffentlichen Verpflichtungen anlässlich seines einundzwanzigsten Geburtstags in Wales unterwegs war, wäre die Prinzessin wegen seines offensichtlichen Sinneswandels wahrscheinlich vor Stolz geplatzt. Ich weiß, wie stolz sie gewesen wäre, denn sie machte sich um seine Zukunft Gedanken. »William will nicht König werden, und das bereitet mir Sorgen«, sagte sie einmal am Abend im Wohnzimmer zu mir. »Er mag es nicht, wenn jeder Schritt von ihm beobachtet wird.« Sie ging dann mit ihrer amerikanischen Freundin Lana Marks telefonieren und brachte ihr gegenüber die gleichen Sorgen zum Ausdruck.

Die Prinzessin konnte sich gut in ihren Sohn hineinversetzen, der – wie seine Mutter – schüchtern und verschlossen war. Er stand an zweiter Stelle der Thronfolge. Damals ließen Harrys Wesenszüge und seine Haltung ihn fast als den realistischeren Kandidaten für die schweren Pflichten eines Monarchen erscheinen. Er ging mehr aus sich heraus und war auch pragmatischer.

»Harry würde kein Problem darin sehen, den Job zu übernehmen«, sagte die Prinzessin. »GKH. So nennen wir ihn. GKH für Guter König Harry. Das gefällt mir!« Von da an benutzten wir, wenn Harry übers Wochenende zu Hause war, immer diese drei Initialen, wenn von ihm die Rede war. Diesen liebevollen Spitznamen teilte die Prinzessin zwei engen Freunden mit, wobei Harry von alldem nichts wusste. »Wo ist denn GKH?«, fragte sie immer, wenn sie im Haus nach ihm suchte.

Wenn die Jungen zu Hause waren, hatte das Personal natürlich strikte Anweisungen, wie es die beiden ansprechen sollte. Wir sollten uns nicht verbeugen, auch wenn sie königliche Hoheiten waren. Wir sollten sie auch nicht als »Eure Königliche Hoheit« ansprechen. Wir sollten sie nicht einmal als Prinzen bezeichnen. Die beiden waren ganz schlicht und einfach William und Harry. All das gehörte zu dem Vorsatz der Prinzessin, ihnen unter allen Umständen eine ganz normale Behandlung zuteil werden zu lassen.

Als Teenager wollte William auch nichts anderes als Normalität. Er sehnte sich danach, »cool« und durchschnittlich zu sein, nicht einzigartig und prädestiniert für ein Leben voller Privilegien und Pflichten. Seine Mutter war als künftige Königin von England unvorbereitet ins öffentliche Rampenlicht geraten und konnte seine Ängste deshalb verstehen; doch wollte sie nicht, dass sie sich festsetzten und bis ins Erwachsenenalter andauerten. Aus diesem Grund unterwies sie ihn, bereitete ihn vor und sprach ausführlich mit ihm über sein Geburtsrecht. William konnte auch auf die Klugheit und die Unterstützung von Prinz Charles und der Königin zählen. In Eton überquerte er regelmäßig die Themsebrücke auf die andere Seite nach Windsor hinüber und ging zu »Grannys Schloss«, um mit Ihrer Majestät Tee zu trinken und dabei ausführlich über die Zukunft zu diskutieren: über seine Rolle, die Bedeutung seiner Pflichten für das Land und dessen Menschen.

Die Prinzessin begann früh, ihre Söhne mit einem Alltag voller Pflichten vertraut zu machen, wie das bei den Kindern der Königsfamilie seit Generationen der Fall war. Aber sie wollte nicht, dass Ratgeber aus dem königlichen Haushalt ihren Sohn prägten. Sie wollte es nach ihrer Façon machen, wie sie ihn ja auch selbst großgezogen hatte, praktisch ohne Kindermädchen.

Die Prinzessin ermunterte William dann, im Alter von zehn Jahren seine erste Rede in Kensington Palace zu halten. Es war

Weihnachten 1992, und Handwerker und Dienerschaft waren in den Staatsgemächern zur alljährlichen Party für das Personal zusammengekommen. Vorher hatte William sich einige Worte notiert, die er zu uns sagen wollte. Er hatte sich im Wohnzimmer an den Schreibtisch der Prinzessin gesetzt und nervös gekichert, als er seine Debütrede auf einem Blatt rosa Papier niederschrieb. Schließlich war der große Augenblick gekommen. Er stellte sich auf einen Kasten, damit man ihn auch sehen konnte, und an die hundert Personen verfielen in Schweigen. »Meine Damen und Herren ...«, setzte er an. Die Augen seiner Mutter ruhten auf ihm. »... Ich weiß, wie beschäftigt Sie alle gewesen sein müssen ...«, und da war im ganzen Raum Gelächter über seine ironische Bemerkung zu hören, die auf das notorisch überarbeitete Personal abzielte. »... Und so möchte ich Ihnen allen für Ihr Kommen danken.« Dann spielte er auf das Sicherheitspersonal in dem Raum an und sagte: »Ich sollte Sie allerdings warnen, es sind genug Polizisten hier, um Sie alle gleich zweimal einem Alkoholtest zu unterziehen! Frohe Weihnachten und ein glückliches neues Jahr!« Alle brachen in Gejohle aus, als er von seinem Podest herunterstieg; seine Mutter umarmte ihn, sein Vater fuhr im durch die Haare.

Harrys Markenzeichen war seine Freundlichkeit. Als Alexander einmal auf der PlayStation des Prinzen spielen wollte, sagte er, dass er sparen wolle, um sich eine eigene Konsole kaufen zu können. Harry, der es zu schätzen wusste, dass es der Königsfamilie an nichts fehlte, erwiderte, dass es ihm Leid für ihn täte. Er ging in sein Zimmer im Kindergeschoss und kam ein paar Minuten später mit einem Fünfpfundschein zurück. »Hier, für dich, Alexander. Das kannst du zu deinen Ersparnissen tun.«

Unterdessen begleitete William die Prinzessin zum Essen in Kensington Palace; stets ermunterte sie ihn, sich an den Gesprächen der Erwachsenen zu beteiligen: mit Elton John, um mit ihm zu diskutieren und ihm Fragen über AIDS zu stellen;

mit *Daily Mirror*-Verleger Piers Morgan, um die Beziehungen zu den Medien zu verbessern; mit Sarah, der Herzogin von York, um über die Probleme und den Druck der königlichen Pflichten zu plaudern.

Eines Tages bekam William die besondere Erlaubnis, in Eton am Nachmittag dem Unterricht fernzubleiben, weil seine Mutter eine Überraschung für ihn bereithielt. Während er oben wartete, fuhr eine überlange schwarze Limousine vor dem Haupteingang vor – mit den Supermodels Naomi Campbell, Christine Turlington und Claudia Schiffer, die in London ihr »Fashion Café« eröffnen wollten. William hatte Poster von ihnen an der Wand in seinem Zimmer und hatte sich sehr gewünscht, die Models einmal kennen zu lernen. Deshalb hatte die Prinzessin ihren Besuch in Kensington Palace arrangiert, und zwar nur ein paar Monate, nachdem sie ein Treffen mit Cindy Crawford für William arrangiert hatte.

William, der wegen seiner Zahnspange überaus gehemmt war, nahm im Salon peinlich berührt auf einem Sofa Platz, während Campbell, Schiffer und Turlington ihn umschwirrten und für die Kamera posierten, die der Prinz in der Hand hielt. William wurde rot: »Mama, Schluss damit!«

Die Supermodels versuchten, ihn durch höfliche Konversation zu entspannen, und die Prinzessin war entzückt, wie gut ihr Sohn zurechtkam. Wenn er sich heute in der Gesellschaft schöner Frauen so gut zu benehmen weiß, schätze ich, dass er das seiner Mutter zu verdanken hat.

Als Claudia Schiffer sich bei ihm nach Eton erkundigte, erwiderte er: »Ich mag den schweren Kartoffelbrei nicht besonders, aber die Mathematiklehrerin Miss Porter ist sehr attraktiv.« Eine Antwort, die Schiffer und die anderen überaus witzig fanden.

Er sprach dann weiter über sein Leben in Balmoral, die Corgis der Königin, über Vorlieben und Abneigungen. Als die Supermodels dann durch den Haupteingang rauschten, wollte die

Prinzessin wissen, was er dachte. »Nicht so nett wie Cindy Crawford«, sagte er.

William hatte mit seiner Mutter den Wunsch nach Normalität gemein. Die meistfotografierte Frau der Welt sehnte sich nach Anonymität. Sie hatte ihren Spaß daran, das zu tun, »was alle machen«. Wenn sie unerkannt in einem Zoo oder Park herumspazierte, war sie begeistert. Manchmal ging sie um sieben Uhr morgens auf den Pfaden der Kensington Palace Gardens zum Joggen oder Inlineskaten, in dem Bewusstsein, wie herrlich es sich in dieser seltenen Freiheit dahingleiten ließ, wenn niemand in der Nähe war.

Wenn sie in besonders wagemutiger Stimmung war, trug sie gern eine ausgeklügelte Verkleidung, und es gehörte bald mit zu meinen Aufgaben, sie entsprechend auszustatten. Einmal schickte sie mich los, um bei Selfridges eine Perücke mit dunkelblonden, glatten, schulterlangen Haaren zu kaufen. Dann musste ich zu einem Optiker in der Kensington High Street gehen und eine große, runde Sonnenbrille erwerben, die der Optiker dann mit Fensterglas versah. Als ich wieder in Kensington Palace war, konnte es die Prinzessin kaum erwarten, ihren neuen Look auszuprobieren.

Ich war gerade in meinen Wirtschaftsräumen, als sie herunterkam – ein neuer Mensch. Sie bemühte sich, sich nichts anmerken zu lassen, aber ich konnte nicht anders, ich musste sie einfach mit offenem Mund anstarren. »Niemand wird Sie erkennen! Sie sollten sich einmal sehen!«, sagte ich. Die Prinzessin bog sich vor Lachen, Tränen liefen ihr übers Gesicht.

An diesem Abend stellte sich Diana, die Prinzessin von Wales, mit Perücke, Brille, schwarzer Steppjacke und Jeans mit einigen Freunden vor Ronnie Scott's Jazz Club in London in die Warteschlange. Am nächsten Morgen konnte sie es kaum erwarten, beim Frühstück davon zu erzählen. »In dem Club habe ich trotz der Brille Rauch in die Augen gekriegt«, erklärte sie.

Dann fuhr sie fort: »Als wir draußen warteten, mussten wir für meinen Geschmack viel zu lange anstehen. Ich schwatzte also einen Mann neben uns an, und er hatte keinen Schimmer, wer ich war. Das war wirklich witzig! Ich konnte in der Öffentlichkeit ich selber sein.«

Das Paradoxe an der Situation lag für mich auf der Hand, selbst wenn es der Prinzessin entging; sie war keineswegs »sie selbst«. Sie hatte ein anderer Mensch werden müssen, bevor sie sie selbst sein konnte, und wie sie so über die Freiheit staunte, die ihr die Verkleidung verschaffte, dachte ich, wie schrecklich traurig ihre Aussage doch eigentlich war.

»Kommen Sie, ich will Ihnen was zeigen«, sagte die Prinzessin gegen Ende September 1996 einmal. Ich folgte ihr und versuchte, mit ihrem schnellen Schritt mitzuhalten: die Treppe hinunter und durch das Atelier der Schneider und weiter in das Schrankzimmer, das vom Boden bis zur Decke mit weißen Türen versehen war. Sie riss eine nach der anderen auf; Stangen mit langen Reihen von nach dem Farbspektrum geordneten Abendkleidern kamen zum Vorschein – von Schwarz an dem einen Ende über Bunt bis Weiß am anderen Ende.

»Sehen Sie sich nur all diese Gewänder an!«, sagte sie. »Wie viele Ballroben meinen Sie, dass sich hier in diesem Zimmer befinden?« Sie ging an der Reihe entlang, wobei sie mit einem Finger all die Kleider auf ihren Samtbügeln abzählte. Allein in diesem Zimmer waren zweiundsechzig Stück, was die Gewänder in dem L-förmigen Schrank im ersten Stock noch nicht mit einschloss.

»Jedes ist eine Erinnerung an einen alten Freund«, sagte sie. »Aber jetzt ist die Zeit gekommen, alle zu verkaufen.«

In diesem Spätsommer bedeutete das den Schock Nummer zwei. Zuerst der Vorschlag, nach Australien zu ziehen, dann der Verkauf der Garderobe. Die Prinzessin übernahm die Verantwortung für ihre Welt. Weg mit dem Alten, her mit dem

Neuen. Ein Gespräch mit William und eines mit Elton John hatten sie veranlasst, eine Versteigerung ihrer Kleider zugunsten karitativer Zwecke in Betracht zu ziehen. Der Scheidungsvertrag hatte ihr mehrere Millionen Pfund beschert. Wenn sie ihre Kleider versteigern ließ, hätten andere auch einen Vorteil davon, vor allem karitative AIDS-Organisationen, die Geld für Hospize und die Forschung benötigten.

Da standen wir also in dem Zimmer, als die Prinzessin Kleider auswählte und in Erinnerungen schwelgte. Sie nahm einen Kleiderbügel, hielt das Kleid mit ausgestrecktem Arm von sich: »Ach. Mein *Vom Winde verweht*-Kleid!« Sie hielt eine schulterfreie Abendrobe mit Blumenmuster hoch. Dann zog sie ein anderes Gewand heraus. »Das hatte ich im Weißen Haus an, als ich mit John Travolta tanzte, obwohl ich eigentlich auf jemand anderen ein Auge geworfen hatte!« Es war eine Samtkreation in Tintenblau.

Dann fiel ihr Blick auf ein Etuikleid aus Satin mit einem Bolerojäckchen von Victor Edelstein, das sie im Elysée-Palast in Paris bei einem Staatsbankett von Präsident Mitterrand getragen hatte. »Ich bin mir nicht sicher, ob ich mich davon trennen kann. Als ich es anhatte, habe ich mich wirklich wie eine Prinzessin gefühlt.« Im Juni darauf war ihr Widerwille dann offensichtlich, als sie die Endauswahl für die Auktion in New York traf: Dieses Kleid war das letzte Stück, Nummer achtzig. Nostalgische Gefühle hielten die Prinzessin jedoch nicht von ihrer Mission ab. Sie packte zwei Kleiderbügel, ich tat das Gleiche, und wir gingen die Treppe hinauf, rauf und runter, immer wieder.

»Rufen Sie Maria an, und bitten Sie Betty, sich zu uns zu gesellen«, sagte die Prinzessin, da sie wusste, dass Betty uns in den Old Barracks gerade einen Besuch abstattete.
Bis Betty eintraf, klebte mir das Hemd am Rücken. Ich war die Treppen auf und ab gerannt und habe an die fünfzig Kleider in den ersten Stock geschafft; dann nahm ich eine Kleiderstange

auseinander, um sie anschließend im Wohnzimmer der Jungen wieder zusammenzubauen. Es erinnerte jetzt an ein mit Kleidung voll gestopftes Secondhandgeschäft. Die Prinzessin handhabte die Idee mit der Versteigerung ein bisschen wie ihr Privatleben auch: Sie wollte von jedem Rat. Betty, die zu Hause in Nordwales virtuos mit den Stricknadeln umzugehen wusste, sah sich plötzlich in der Rolle der Stimme der Vernunft in Sachen *haute couture* im Palast. Die Prinzessin hat so sehr gelacht! Betty war für diese Aufgabe nicht abgebrüht genug. Sie sah nur diese Kollektion von wunderschönen Kleidern, die nun hinausgeworfen werden sollte, und war entsetzt. Sie hatte Visionen, wie die Sachen auf einem Flohmarkt auftauchten – wie damals in Kenyon Hall, als sie einen vom Women's Institute organisierten Verkauf betreute. »Ach nein«, sagte sie sichtlich schockiert, die Hand auf der Brust, »dieses hier dürfen Sie nicht aussortieren!«

Ich hielt ein Kleid nach dem anderen hoch, doch die abgebrühte Gutachterin, die Prinzessin, war mit der Sammlerin Betty nicht einer Meinung.

»Bloß nicht. Das da wollen Sie doch sicher auch nicht weggeben!«, sagte Betty ständig. Und so weiter ... Es dauerte nicht lange, da liefen der Prinzessin vor Lachen die Tränen herunter. An diesem Wochenende brachte William einige harte Entscheidungen auf den Weg. Er hängte die Kleiderbügel rasch wieder auf die Stange, die in seinem Zimmer aufgetaucht war, und traf dann seine Auswahl. Eine andere Persönlichkeit, deren Ansicht wertvoll war, war Aileen Getty, die Tochter des amerikanischen Multimillionärs Paul Getty. Sie hatte AIDS im Vollbild und kam mehrmals nach Kensington Palace zum Mittagessen. Die Prinzessin konnte es kaum abwarten, ihr all die Kleider zu zeigen, die verkauft werden sollten, um mit dem Erlös Menschen mit einem ähnlichen Schicksal zu helfen. Christie's schickte seine Kostümexpertin, Meredith Etherington-Smith – an der die Prinzessin Gefallen fand –, um jedes

Kleid zu beschreiben und zu katalogisieren. Da es kein Stück Nummer dreizehn gab, kamen insgesamt neunundsiebzig Gewänder, Cocktail- und Abendkleider, unter den Hammer und brachten den AIDS- und Krebsstiftungen auf beiden Seiten des Atlantik 3.258.750 Dollar ein, also rund drei Millionen Euro. Ein Fach in der Garderobe unten wurde allerdings nicht angerührt. An dem Tag, als die Prinzessin die Idee mit der Versteigerung hatte, hatte sie die Hülle, die ein bestimmtes Kleid bedeckte, hochgehoben: ihr Hochzeitskleid, das sie 1981 getragen hatte. »Dieses Kleid hier kann ich nicht verkaufen«, sagte sie und erinnerte sich, wie ihre Mutter Frances Shand Kydd es in Guineas – alten englischen Münzen – bezahlt hatte. »Ich möchte es dem Victoria and Albert Museum für seine nationale Kleiderkollektion schenken«, sagte sie. Sie äußerte diesen Wunsch ein Jahr vor ihrem Tod. Sie tat ihn nicht nur mir gegenüber kund: Bei einem Mittagessen mit dem *Daily Telegraph*-Verleger Charles Moore hatte sie zu ihm dasselbe gesagt. Heute ist das Hochzeitskleid im Diana-Museum in Althorp, dem Familiensitz, ausgestellt.

Einige Gewänder waren nie für Auktionen oder Museen vorgesehen. Von der ungeliebten Designermode ging einiges an das weibliche Personal, andere Kleider und Kostüme wurden in Secondhandgeschäfte in Knightsbridge oder Chelsea gebracht, wo man sie in Kommission nahm und bei Verkauf dann ausbezahlte. Dies geschah auf Geheiß der Prinzessin, um an Bargeld zu kommen, denn die Königsfamilie trug kaum einmal Geld bei sich. Die Prinzessin benutzte meist eine Kreditkarte, die sie mit »Wales«, nicht mit »Diana« unterschrieb. Kam sie in den Besitz von Bargeld, konnte sie den Betrag nach Lust und Laune ausgeben, ohne Spuren zu hinterlassen, und mit William und Harry ins Kino gehen oder auch zu McDonald's. Das wohl größte Paradoxon ihres luxuriösen Lebens im Königshaus war wohl die Tatsache, dass die Prinzessin als junge Frau von Geld fasziniert war und auch von den Geldscheinen, die allesamt das Konterfei der Königin zeigten. Ein Fünfpfundschein hieß somit »blaue Granny«, ein Zehnpfundschein »braune Granny« und ein Fünfzigpfundschein »rosa Granny«. Wenn die Prinzessin Geld verteilte, war es eine Freude zuzusehen, wie die Jungen hin und her sprangen und die Scheine schnappten, meist eine »rosa Granny«.

Sowohl die persönliche Assistentin Victoria Mendham – sie verließ den Dienst im Palast Anfang 1997 – als auch ich brachten an die zwanzig Kleidungsstücke in Secondhandgeschäfte, in denen dann plötzlich Markennamen wie Catherine Walker, Versace, Chanel und Armani am Kleiderständer hingen, wobei der Name der Stifterin unbekannt war. Ein Kleidungsstück, das einen Wert von zweitausend Pfund hatte, wurde in der Regel für rund zweihundert verkauft, und dann spazierte irgendwo irgendjemand in den Gewändern der Prinzessin umher.

Diese regelmäßigen Verkäufe brachten der Prinzessin an die elftausend Pfund netto ein, die sie in einen Umschlag gestopft in einer der untersten Schubladen aufbewahrte. Eines Tages im April 1997 beschloss sie, ihn Michael Gibbins, einem Beamten des Rechnungshofs, zu übergeben, dem, wie die Prinzessin sagte, das Kinn bis zum Boden herunterklappte. Er nahm das Geld und brachte es zur Bank, wobei ihm nicht bewusst war, wie der Betrag zusammengekommen war. Sogar den Buchhalter hatte die Prinzessin im Unklaren gelassen, was ihre ganz privaten Finanzen anging – bis dahin.

Das Problem, als Prinzessin und eine der schönsten Frauen der Welt frisch geschieden zu sein, besteht darin, dass die Männer überall auf der Welt wissen, dass diese Frau ungebunden ist. Gegen Ende des Sommers 1996 erklärten viele prominente oder reiche Männer der Prinzessin gegenüber ihre Absichten. Sie fühlte sich natürlich geschmeichelt, hegte aber bereits für jemand anderen Gefühle. Davon hatten ihre Verehrer allerdings keine Ahnung, denn ihr junges Glück war ein Geheimnis. Die Verehrer klopften weiter an die Tür, unbeeindruckt von den höflichen Absagen oder ständigen Entschuldigungen. Als Butler in Kensington Palace war ich zu der Zeit eine Art Wohngenosse einer platonischen Freundin und Zeuge all der Schmeicheleien und der spannenden Jagd, aber ich wusste natürlich, dass sie unerreichbar war. Zu meinen Pflichten gehörte es jetzt, Telefonate der Verknallten, Hartnäckigen und unglücklich Verheirateten abzuwimmeln. Es war mein Job zu wissen, wen sie sprechen wollte und wen nicht, wer freundlich abgewiesen werden sollte und wer ein definitives »Nein!« bekam.

Eines Tages trafen plötzlich fünfzig langstielige rote Rosen mit einigen etwas zu vertraulichen Zeilen ein. Die Prinzessin bat erst mich um meine Meinung, dann tratschte sie mit Katherine Graham, die damals schon auf die achtzig zuging, jedoch als Herausgeberin der *Washington Post* nie an Eleganz eingebüßt hatte, über diese Geste. Die Prinzessin bewunderte ihre Stärke – »Sie zog los in eine Männerwelt und ist ganz oben gelandet« –, und so wurde Miss Graham eine überaus wichtige Verbündete in Amerika neben Anna Wintour, der Verlegerin von *Vogue*, Barbara Walters, der Doyenne der amerikanischen Fernsehreporterinnen, und den in New York ansässigen Fotografen Patrick Demachelier und Mario Testino. Die Prinzessin liebte das Leben in Manhattan: Einkaufen in der Fifth Avenue, Mittagessen im Four Seasons, das Carlyle Hotel als Quartier. Sie besuchte Amerika regelmäßig und verbrachte auch viel Zeit in Washington, wo sie natürlich in der Brasilianischen Botschaft bei ihrer Freundin Nummer eins, Lucia Flecha de Lima, wohnte. Lucia war es auch, die die Prinzessin Lana Marks vorstellte, die im letzten Lebensjahr der Prinzessin dann eine Freundin von ihr wurde. Die Gattin eines Psychiaters wohnte in Palm Beach, Florida, und betrieb exklusive Boutiquen mit Lederwaren in ganz Amerika. Sie hatte den gleichen

Sinn für Humor wie die Prinzessin und teilte auch ihre Leidenschaft für Mode und Ballett. Als Lana zum ersten Mal nach London zu Besuch kam, war es an mir, die Prinzessin ins Lanesborough Hotel zu einem inoffiziellen Lunch zu schmuggeln: Die Prinzessin legte sich auf den Rücksitz, während ich meinen blauen Vauxhall Astra in den Portikus am Haupteingang steuerte.
»Ist die Luft rein?«, fragte sie.
Kein Fotograf in Sicht. »Alles klar«, sagte ich also. Da stieg sie aus dem Wagen und stürmte ins Hotel.

Das Bild eines zuversichtlichen Oscar-Gewinners und Hollywood-Schauspielers verschwand plötzlich, als sich herausstellte, dass er zu schüchtern war, um persönlich im Palast anzurufen und sich mit der Prinzessin zu verabreden. Er ließ einen Freund einen Brief in seinem Namen schreiben. Als die Prinzessin zurückschrieb und höflich ablehnte, versuchte er es einen Monat später mit einer zweiten Anfrage. Sie ging auf einen Drink mit ihm aus und kam zu dem Schluss, sich nie wieder mit ihm zu treffen.

Er war nicht der Einzige mit ehrenwerten Absichten. Es gab da einen legendären Sportler, der seinen Lebensunterhalt bestritt, indem er zu Rennen gegen einen Haufen Konkurrenten antrat; einen bedeutenden Musiker; einen Romanautor; einen Rechtsanwalt; einen Unternehmer; einen Multimillionär, der sein Imperium managte, und einen überaus bekannten Politiker. Das Unglückliche an der Sache war, dass sie für die Prinzessin ja vielleicht eine aufregende Begleitung abgegeben hätten, ihr Herz jedoch einem anderen gehörte.

Die Prinzessin bezeichnete mich als »Leiter der Rennbahn«, weil ich ihr behilflich war, die Männer in ihrem Leben zu kontrollieren: Nach einer ernsthaften Konsultation traf sie eine Entscheidung, wer bei dem Rennen an der Spitze mitlief und wer hinter dem Feld zurücklag. Ich managte jetzt praktisch jeden Aspekt ihres Lebens, kam meiner Pflicht aber fröhlich und

locker nach. Ich nahm sie auf die Schippe. Sie nahm mich auf die Schippe. Wie sie bestimmte Freundschaften aufgesplittet hatte, so kontrollierte sie jetzt die Position der mit ihr befreundeten Gentlemen. Wir bezeichneten das als »Boxensystem« – als ob die Männer bei einem Rennen gegeneinander antreten und mitsamt ihren Geschenken und Blumen hinter der Prinzessin herrennen würden. Der Inhaber von Box Nummer eins wechselte nie. Er blieb in den Augen der Prinzessin in der Pole Position und wurde von denen weiter hinten nicht bedroht. Den ganzen Tag über hielt ich die Prinzessin auf dem Laufenden, welche Box angerufen hatte und wann. »Box Nummer fünf hat angerufen, er bittet um Rückruf. Box Nummer acht möchte mit Ihnen sprechen, soll ich ihn wieder abwimmeln?« Die Prinzessin hatte auf ihrem Schreibtisch eine Liste mit den Boxen und ihren Inhabern. In meinen Wirtschaftsräumen war auf der Rückseite meines Schreibtischkalenders ein Duplikat eben dieser Liste befestigt, die sich je nach der Gunst, die diese Männer gewannen oder auch verspielten, änderte.
Manchmal konnte die Prinzessin es nicht fassen, wie viele Verehrer ihr Interesse bekundeten. Sie machte gern Scherze, dass es auf der Rennbahn »ein bisschen zu voll« wurde. Einmal schrieb ich ihr: »Auf der Rennbahn gibt es noch immer ernstliche Probleme wegen Überfüllung. Nach weiteren Rückfragen hat man mich informiert, dass die Boxen acht und neun leer stehen, nachdem die Inhaber vom Rennen ausgeschlossen wurden. Einer fiel bei einem unangemeldeten Dopingtest durch; der andere bestand die strenge medizinische Untersuchung nicht.«
Daraufhin schrieb mir die Prinzessin: »Auf Grund ernster Überfüllung auf der Rennbahn haben die Richter um eine Neubewertung der Boxeninhaber gebeten und Mr. Paul Burrell um seine geschätzte Hilfe bei diesem sensiblen Thema ersucht!!«
Nach den – ich nenne es einmal – »Nachforschungen des

Rennleiters« fiel es dann relativ leicht, die Boxen des Anwalts und des Politikers zu streichen.

Der Nachteil, in den königlichen Sog zu geraten und der Prinzessin so nahe zu stehen, war, dass mein Leben mit dem ihren verschmolz. Wenn Freunde sagten, dass sie immer für sie da seien, bedeutete das, vierundzwanzig Stunden am Tag erreichbar zu sein. Als Butler und Freund wurden an meine Zeit aber noch höhere Erwartungen gerichtet. Im September 1996 kam ich spät nach Hause, wieder einmal nach dreiundzwanzig Uhr, und setzte mich mit Maria in den Old Barracks hin, um eine Flasche Rotwein zu trinken. Kurz nach Mitternacht rief mich die Prinzessin unter Tränen an, weil es einen kleinen Rückschlag in ihrem Privatleben gegeben hatte. Während ich mit ihr sprach, schmollte Maria. Die Prinzessin bat mich, jemandem nach einem Wortwechsel am Telefon eine Nachricht zu überbringen.

Ich hörte, wie aufgeregt sie war; wie hätte ich da ablehnen können? Selbst zu dieser späten Stunde und obwohl ich wirklich müde war, musste – und wollte – ich zu Diensten sein. Als ich den Hörer auflegte, musste ich Maria mitteilen, dass die Prinzessin mich für einen Botengang benötigte.

»Das war es jetzt. Mir reicht es. Du bist – erbärmlich!«, schnauzte sie mich an.

»Schluss jetzt, du musst einfach einsehen, dass sie mich braucht. Um diese Zeit kann ihr sonst keiner helfen«, sagte ich.

»Paul. Du verhätschelst sie. Sie schnippt mit den Fingern, und du rennst los. Also, mir reicht es. Ich habe die Nase voll von dir – und von ihr auch!« Maria stürmte davon und ging zu Bett, während ich mir Schuhe und Sakko anzog und in die Nacht hinausging.

Nach erfolgreich beendeter Mission kam ich erst in den frühen Morgenstunden ins Bett. Am nächsten Morgen ging ich wie immer gegen acht Uhr zur Arbeit, wobei ich mich fragte, ob ich überhaupt geschlafen hatte. Doch es war die Müdigkeit wert, als ich bei meinem Schreibtisch in den Wirtschaftsräumen ankam und eine Notiz von meiner erheblich glücklicheren Chefin vorfand:

»Lieber Paul. Es gibt nicht viele Menschen, die spät in der Nacht noch aufbrechen würden, um sich einer Herzensangelegenheit anzunehmen ... aber es haben ja nun eben auch nicht viele Menschen die Freundlichkeit und Eigenschaften, die Sie besitzen ... Ich bin zutiefst gerührt über Ihre Handlungsweise gestern Nacht und wollte Sie das unbedingt wissen lassen. Es herrschen harte Zeiten in diesem Haushalt hier, doch eines steht fest, dass nämlich ohne Sie am Ruder dieses Schiffes wir alle in schlechter Verfassung wären und es kein Lachen mehr gäbe! Vielen Dank also, dass Sie mir wieder einmal zu Hilfe geeilt sind. Alles Liebe von Diana.«

Ich war zur Arbeit gegangen und hatte mich schon fast darauf gefreut herauszufinden, ob sie mir eine kleine Notiz hinterlassen hatte oder nicht. Solche Notizen wurden praktisch täglich im Palast hinterlegt: Anweisungen, Anfragen, Botschaften oder ein Dankeschön – sie nahm sich stets die Zeit niederzuschreiben, was sie mir auch persönlich oder am Telefon hätte mitteilen können.

Einmal hatte einer ihrer Verehrer die Prinzessin überredet, eine Einladung zum Abendessen anzunehmen, obwohl sie eigentlich nicht wollte, und ich hänselte sie ohne Ende, bloß auf der Hut zu sein. »Keine Sorge, Paul, ich kann schon auf mich aufpassen«, sagte sie darauf.

Als sie wegging, blieb ich im Palast und verbrachte den halben Abend damit, mir ihretwegen Sorgen zu machen und mir zu überlegen, ob sie denn auch zurechtkäme. Ich hatte ihr gesagt, sie solle mich von ihrem Handy aus anrufen – sie hatte es immer in der Handtasche bei sich –, falls irgendwelche Probleme auftauchten. Sie wollte gegen elf Uhr zurück sein, und so beschloss ich, eine schelmische Nachricht auf ihrem Kopfkissen zu hinterlassen, da ich mich als Mann natürlich fragte, ob ich die Schachzüge des Verehrers vorhersehen konnte. Die Prinzessin sagte oft, dass ich die ärgerliche Angewohnheit hätte, immer Recht zu behalten.

Als sie zurückkam, füllte sie meinen witzig gemeinten Fragebogen aus und ließ ihn auf einem Stuhl oben an der Treppe liegen, damit ich ihn auch gleich früh am Morgen sah, wenn ich vor dem Frühstück eintraf. Meine Fragen waren in Schwarz geschrieben, die Prinzessin brachte ihre Antworten in Grün zu Papier.

Eure königliche Hoheit ...
WENN ... Sie ein Candle-Light-Dinner zu zweit hatten?
Richtig!
WENN ... Rosen auf dem Tisch standen?
Richtig!
WENN ... er mit gespaltener Zunge geredet und den ganzen Abend vor sich hin gesabbert hat?
Stattdessen taub.
UND darauf bestand, dass Sie ein
Glas Champagner trinken?
Zwei Gläser.
DANN HATTE ICH RECHT!

An dem Morgen lachten wir beim Frühstück herzlich. Nachdem ich sie bedient hatte, zog ich einen Stuhl heran, setzte mich an den Esstisch und sagte: »Nun erzählen Sie mir doch davon.« Genau diese Worte benutzte ein Journalist von einer britischen Zeitung, der an die Durchwahl in meine Wirtschaftsräume gekommen war. Er rief an, um sich zu erkundigen, ob der Hinweis, dass man mir eine Position als Butler in Amerika – bei dem Filmschauspieler Mel Gibson – angeboten habe, zutref-

fend sei. Im Jahr 1996 begann die Presse langsam, die Beziehung zwischen mir und der Prinzessin zu analysieren. Zuerst brachte *News of the World* am 14. Januar die Schlagzeile »BUTLER EINZIGER VERTRAUTER VON DI«, dann folgte eine ganze Seite in der *Daily Mail* unter der Fragestellung: »IST DAS DER EINZIGE MANN, DEM DIANA WIRKLICH VERTRAUT?«, und es wurde gesagt, dass ich angestellt sei, »um zu Hause ihr Faxgerät zu überwachen und als intimster Mittelsmann zu fungieren«, selbst wenn sie im Urlaub war. Doch durch den unerwarteten Anruf wegen Mel Gibson wurde ich zum ersten Mal von jemandem, den ich nicht kannte, in die Klemme gebracht. In Wirklichkeit hatte mir eine amerikanische Agentur vorsichtig vorgeschlagen, dass ich für Mel Gibson arbeiten könnte, aber das wollte ich diesem hartnäckigen Reporter natürlich nicht sagen. Bei dem Telefonat von zehn Minuten machte er mir Druck, um die Wahrheit zu erfahren, aber ich sagte nur: »Ich bin glücklich, für die Prinzessin zu arbeiten.«
Der Reporter ließ nicht locker: »Aber wollen Sie leugnen, dass Mel Gibson an Sie herangetreten ist, sein Butler zu werden?«
»Ich bin glücklich, mit der Prinzessin zu arbeiten«, wiederholte ich.
Die Sache brachte mich ins Schleudern, und ich geriet ein wenig in Panik, weil ich der Prinzessin von der Mel-Gibson-Sache nichts gesagt hatte, nachdem sie mich ohnehin nicht interessierte. Jetzt könnten die Zeitungen mir Ärger bereiten, dachte ich. Ich ging nach oben und erzählte der Prinzessin auf der Stelle von dem Anruf.
Sie reagierte wütend. »Das lasse ich nicht zu! Ich lasse es nicht zu, dass man Sie hier einfach so anruft!« Daraufhin stürmte sie hinunter, durch die Hintertür nach draußen und hinüber ins angrenzende Büro, wo sie Caroline McMillan den Reporter anrufen ließ. Sie machte ihm heftige Vorwürfe, weil er das Protokoll verletzt hatte, und bat ihn, von weiteren Kontaktaufnahmen mit ihrem Personal Abstand zu nehmen, und wieder-

holte, dass ihr Butler nirgendwo hingehe. Mir graute es schon vor den Zeitungen am nächsten Morgen, und dann las ich mit der Prinzessin die peinliche Schlagzeile quer über zwei Seiten: »Ich bin der Typ von Di«, außerdem stand da, dass ich Mel Gibson hätte abblitzen lassen, um meine Zukunft der Chefin zu widmen. Eine potenziell negative Situation war in eine positive Story verwandelt worden, und die Prinzessin verbrachte den Tag damit, mich immer wieder damit zu hänseln, dass ich »ihr Typ« sei.

Ich dachte, das ganze Gerede über meine Abwerbung sei nun vorbei – bis zu dem Tag, als die amerikanische Talkshowmoderatorin Oprah Winfrey zum Mittagessen nach Kensington Palace kam. Die Prinzessin war wirklich nervös wegen des Treffens, da Oprah Winfrey, wie sie sagte, »so einen großen Namen hat«. Es kam ihr gar nicht in den Sinn, dass Oprah womöglich auch nervös sein könnte.

Ich führte Oprah in den Salon und bot ihr einen Drink an. Sie nahm ein Glas Wasser. Dann ging ich zur Prinzessin im Wohnzimmer. »Wie ist sie?«, fragte sie flüsternd.

»Sie registriert alles, ihr entgeht rein gar nichts. Sie ist sehr elegant und hat gigantische Diamantstecker in den Ohren!«

Die Prinzessin schien beeindruckt.

Sie machte dann ihre übliche gewinnende Eingangsbemerkung: »Entschuldigen Sie die Verspätung, Entschuldigung, Entschuldigung«, sagte sie, als sie hinüberging, um den Fernsehstar aus Amerika zu begrüßen.

Ich trug im Speisezimmer das Essen auf und wurde bald mit einbezogen, als sich das Gespräch nämlich Amerika zuwandte. »Wir mögen Amerika sehr, nicht wahr, Paul?«, sagte die Prinzessin. »Er fährt jedes Jahr in Urlaub hin.«

Das Stichwort für Oprah, um zur Prinzessin zu sagen: »Ja, haben Sie denn je in Betracht gezogen, in den Vereinigten Staaten zu leben?«

»Für meine beiden Söhne wäre das ein wunderbares Land – um

es zu besuchen«, antwortete sie diplomatisch, ohne zu erwähnen, dass sie immer noch daran dachte, nach Australien zu ziehen.

Dann warf ich ein: »Ich würde schon morgen meinen Koffer packen und nach Amerika gehen.« Ich sah die Prinzessin an und blinzelte ihr zu.

Da sah Oprah ihre Chance gekommen: »Wir könnten einen Butler gebrauchen. Warum kommen Sie nicht nach Chicago und kümmern sich um mich?«

Die Prinzessin richtete sich plötzlich auf ihrem Stuhl auf. »Sehen Sie, Oprah«, sagte sie lachend, »er ist mein Butler, und er bleibt hier.« Bis wir dann schließlich Kaffee tranken, spielte sich ein freundliches Tauziehen ab: Oprah kam immer wieder auf das Thema zurück, um mich zu beschämen.

Nach dem Essen brachten die Prinzessin und ich sie zum Haupteingang, wo bereits ihr Wagen wartete. Kurz bevor sie davonfuhr, öffnete Oprah das Fenster, lehnte sich hinaus und sagte: »Das ist Ihre letzte Chance, Paul.«

Die Chefin stand neben mir an der Treppe, legte besitzergreifend einen Arm um mich und rief aus: »He, er gehört mir – und er bleibt hier bei mir«, und so ging die Einladung zum Lunch mit Gelächter zu Ende, während wir dastanden und zum Abschied winkten.

Ununterbrochen schien ich an der Seite der Prinzessin zu sein, morgens, mittags, spät in der Nacht.

»Kommen Sie, Paul, machen wir eine Spazierfahrt«, sagte die Prinzessin an einem Sommerabend nach dem Abendessen. Wir sprangen in ihren BMW. Sie fuhr durch die Nebenstraßen von Bayswater und Queensway in Richtung Paddington Green, in der Nähe vom Bahnhof. Rechts. Links. Rechts. Links. Eine Seitenstraße nach der anderen. Sie kannte alle Abkürzungen. »Sie brauchen die Taxifahrerprüfung nicht mehr abzulegen!«, scherzte ich.

»Ich könnte jedes Taxi in London übernehmen.« Sie lächelte,

wobei der Schirm ihrer Baseballmütze einen Schatten auf ihr Gesicht warf.

Wir kamen an der Straßenecke an. Die Prinzessin zog hinüber, ließ den Motor aber laufen. Dann ließ sie die elektrischen Fenster auf meiner Seite herunter. Zwei stark geschminkte Mädchen mit kurzen Röcken hatten an der Ecke miteinander geredet. Als der BMW herankam, hörten sie auf, schauten auf, fingen meinen Blick auf und stolzierten mit ihren hohen Absätzen in unsere Richtung. Die Schönen der Nacht waren in ihrem Revier bei der Arbeit.

Die größere der beiden hielt Blickkontakt mit mir, während ich auf meinem Sitz hin und her rutschte. Sie legte beide Hände auf das Autodach, beugte sich herunter und ins Fenster herein. »Tag, Prinzessin Di. Wie geht's?«, sagte sie, wobei sie über mich hinwegredete.

Ich drehte den Kopf nach rechts, und die Prinzessin neigte sich in meine Richtung. »Mir geht's gut. Viel zu tun gehabt?«

Das zweite, schlankere Mädchen beugte sich nun herunter, um sich an dem Gespräch zu beteiligen. »Nö, es war recht ruhig, aber wir hängen hier noch ein bisschen herum. Muss arbeiten, Prinzessin«, fügte sie hinzu.

Heiliger Himmel, dachte ich. Die Prinzessin kennt die beiden.

»Wer ist denn er da?«, sagte die eine und warf einen Blick auf den nervösen Typ, der kein Wort sagte.

»Das ist Paul.« Sie stellte mich vor. Wir reichten uns die Hand. Alles sehr höflich.

Die Chefin griff in ihre Tasche und holte zwei nagelneue Fünfzigpfundscheine heraus. »Kommt, Mädels, macht den Abend frei. Geht heim zu euren Kindern«, sagte sie und stopfte die Geldscheine in zwei gierige Hände. Die Prinzessin erkundigte sich noch nach den Kindern. Eines hatte Husten gehabt. Ging es ihm besser?

Nach einer kurzen Unterhaltung klopfte die größere Frau auf das Autodach, und die beiden Mädchen gingen davon, wegge-

lockt von zwei Scheinwerfern ein paar hundert Meter die Straße hinunter. Diese hundert Pfund haben echt was gebracht; so eine Verschwendung, dachte ich mir. »Das ist ja total verrückt. Sie können es sich nicht leisten, hier zu sein, Eure Königliche Hoheit«, sagte ich. »Di und der Butler auf dem Autostrich erwischt«, lautete die imaginäre Schlagzeile, die meine Stimmlage panisch um ein bis zwei Oktaven hatte ansteigen lassen. »Ach, Paul«, sagte die Prinzessin, als sie davonfuhr, »nur keine Aufregung. Diese Mädchen brauchen Hilfe, und mehr tue ich ja nicht – nur ihnen helfen.«
Die Naivität ihres Handelns war erstaunlich, doch wie immer hatte sie das Herz am rechten Fleck. Hätte sich die Prinzessin einer Lawine gegenübergesehen, hätte sie versucht, sie aufzuhalten. Sie wollte allen helfen. Den Kranken. Den Armen. Den Obdachlosen. Den Hungerleidenden. Den AIDS-Patienten. Den Schwachen. Prostituierten. Drogenabhängigen. Betrunkenen. Wenn es nach ihr gegangen wäre – und es machte zunehmend den Eindruck, dass dem so war –, dann wären ihre Missionen aus Mitleid endlos gewesen. Wie oft im Dienst habe ich ernste Worte gehört wie: »Ich habe das Gefühl, ich kann helfen ...« Oder: »Ich möchte dort hingehen, wo ein Herz geheilt werden kann.« Sie wollte die Welt heilen und die Gesellschaft, und zwar in einem solchen Ausmaß, dass ihr Mitleid zu einer *mission impossible* wurde.
Im Sommer und Winter 1996 fuhren wir noch mehrere Male in die Gegend von Paddington. Im November hielten wir an der gleichen Straßenecke an. Diese Prostituierte hatte zwei Kinder zu Hause, arbeitete auf dem Straßenstrich, um für sie sorgen zu können, und konnte sich in einer so kalten Nacht nicht einmal einen Mantel leisten.
Die Prinzessin hatte dieser Frau bei einer ihrer »Therapiestunden« am Straßenrand hundert Pfund gegeben. »Also, gehen Sie sich jetzt einen Mantel kaufen, und ich will Sie das nächste Mal, wenn ich wieder hier bin, in diesem Mantel

sehen«, sagte sie fast mütterlich. Nach ein paar Wochen sahen wir diese Frau wieder; es war ihr wohl wärmer – sie trug einen dicken schwarzen Mantel, der viel zu kurz war und ihr nur bis zur Hüfte reichte. Im Schrank der Prinzessin hing ein bodenlanger Pelzmantel, den ihr einmal jemand geschenkt hatte. Sie hatte sich höflich für das Geschenk bedankt, trug jedoch nie Pelz. Eines Nachmittags sah ich sie Kensington Palace verlassen, den Mantel unter dem Arm. Sie kam ohne ihn nach Hause. Sie erzählte mir, dass sie durch Victoria gefahren sei, als sie plötzlich am Straßenrand einen Müllcontainer entdeckt habe. Sie hielt an, ließ das Fenster herunter und warf den Mantel hinein. »Man weiß nie, vielleicht findet ihn ja ein Obdachloser. Der kann ihn dann bestimmt brauchen, um sich warm zu halten!«, meinte sie.

Ich gewöhnte mich daran, in diesem BMW zu sitzen, manchmal auf dem Beifahrersitz, manchmal hinter dem Steuer, oft nach Mitternacht. Es gab einen praktischen Grund, warum es immer so spät war: Dann war es nicht nur in den Straßen von London ruhiger, sondern die Prinzessin wusste auch, dass die Fotografen – falls sie sie beobachteten – mit dem Teleobjektiv im Dunkeln keine Fotos machen konnten.
Der Wagen stand oft in einer Gasse um die Ecke vom Royal Brompton Hospital in Chelsea geparkt, und ich konnte eine Stunde warten und die Nachtsendung im Radio hören. Ich hatte die Prinzessin abgesetzt, die dann mit Zeitschriften, Videos und CDs bewaffnet zu den Patienten mit einer Herz- oder Lungentransplantation gegangen war oder zu solchen, die an Mokoviszidose, einer unheilbaren Erbkrankheit, litten. Diese Besuche im Krankenhaus waren nicht neu, selbst wenn Zyniker sie als Publicity-Auftritte abtaten. Die Prinzessin war dort, weil sie eine Kontaktperson in dem Krankenhaus hatte und weil sie wirklich einfühlsam war und Interesse hatte. Sie tat nur, was sie auch getan hatte, als 1991 Adrian Ward-Jackson

starb oder als ich 1992 in Swindon im Krankenhaus lag. Sie wusste, dass für einige Menschen ihre Besuche heilsamer waren als jede Medizin, und das war alles, was für sie zählte.

Manchmal war es gar nicht so langweilig, im Auto auf die Prinzessin zu warten. Einmal, als sie mit ihrem Freund Lord Attenborough im Tante Claire in Chelsea zu Mittag speiste – sie saß am Fenster –, kam ich mit dem BMW, um sie um halb drei abzuholen. Gott sei Dank fand ich einen Parkplatz direkt vor dem Restaurant; ich konnte Lord Attenborough von hinten sehen und die Prinzessin mit dem Gesicht in Richtung Fenster. Sie hatte bemerkt, wie ich einparkte. Auf der Stereoanlage im Auto lief die CD mit dem Soundtrack von *Aladdin*. Freunde unserer Familie in Florida, Chuck Webb und Ron Ruff, schickten der Prinzessin regelmäßig CDs von den neuesten Disney-Filmen. *König der Löwen, Pocahontas, Die Schöne und das Biest, Toy Story*. Ich sammle schon seit langem Animationskunst und bin wegen des alljährlichen Verkaufs von Animationskunst nach New York gereist, um dort so genannte Zellen zu erwerben – Einzelbilder von den Filmen mit ihrem originalen Produktionsbackground. Die Prinzessin hatte ihre eigenen »Zellen«, die bekanntesten wohl von *Falsches Spiel mit Roger Rabbit*; sie wurden ihr bei einer königlichen Premiere am Leicester Square in London überreicht. Sie kaufte William und Harry auch alle Disney-Videos und fuhr oft Auto, während die Soundtracks von Disney-Filmen spielten. *Die Schöne und das Biest* und *Aladdin* gefielen ihr am besten. Ein gängiger Gag zwischen Butler und Prinzessin war ein bestimmter Titel aus *Aladdin* – »A Whole New World« –, den sie immer wieder spielte. Sie kannte den Text auswendig und sang laut mit beim Fahren, auch wenn ich dabei war. Dieses Lied lief gerade, als sie ihren Lunch mit Lord Attenborough beendete. Ich begann, etwas überzogen mit dem Mund die Wörter zu formen und übertrieben zu gestikulieren. Als sie mich sah, kicherte sie, und Lord Attenborough dachte bestimmt, dass seine Scherze gar nicht so übel seien. Auf dem Heimweg zum Palast sangen wir den Track miteinander. Nicht gerade Rachmaninow, aber doch eine Erinnerung.

Im November 1996, nachdem die Prinzessin in Australien Sydney besucht und geholfen hatte, eine Million Dollar für die Victor Chang Cancer Foundation zu sammeln, eine Krebsstiftung, kam sie nach Hause und verabschiedete sich von ihren Träumereien, in *down-under* zu leben. Australien und seine Bevölkerung verliebten sich in sie, doch leider verliebte sie sich nicht in Australien. Sie hatte das Gefühl, es sei »primitiv« im Vergleich zu London, New York oder Washington, und sie sagte, sie habe sich dort arg isoliert gefühlt. Ihre Aufmerksamkeit wandte sich also einem neuen potenziellen Zuhause zu: Südafrika.

Weihnachten 1996 sollte das letzte der Prinzessin sein, und sie verbrachte es in der Karibik. Die Presse war überzeugt, dass sie auf dem Weg nach Australien sei, um die Festtage in der Gesellschaft eines Mannes zu verbringen, und so war es an mir, den Medien diese Illusion zu bewahren. Ich buchte also zwei Plätze auf einer Quantas-Maschine nach Sydney, weil mir klar war, dass die Reporter die Passagierliste überprüfen würden. Während die Medien den Quantas-Schalter in Heathrow belagerten, machte sich die Prinzessin am Heiligen Abend in die andere Richtung der Welt davon, nämlich zum exklusiven K-Club-Hotelkomplex auf der winzigen Insel Barbuda in der Nähe von Antigua; begleitet wurde sie von ihrer Assistentin Victoria Mendham. Der Trick funktionierte, allerdings nur ein oder zwei Tage lang.

William und Harry hatten sich ihren Weihnachtsstrümpfen bereits am Sonntag vor Weihnachten gewidmet. William war überglücklich mit seiner Stereoanlage. Harry hatte angefangen, seine PlayStation 2 anzubringen.

Am Weihnachtstag läutete in Old Barracks dann ununterbrochen das Telefon. Maria bestand darauf, dass ich nicht abnahm. Wir wussten beide, dass es die Prinzessin sein musste, und ich fügte mich wenigstens einmal der Forderung meiner Frau, meine gesamte Zeit mit der Familie zu verbringen. Am zweiten Weihnachtsfeiertag nahm ich dann Telefonate entgegen. Die Prinzessin rief von da an jeden Tag an, um ein bisschen zu plaudern, bis sie dann am Neujahrstag zurückkam.

Und sie konnte es kaum abwarten zurückzukommen – im Gegensatz zu Harry, der sich mit Prinz Charles in Klosters in der Schweiz beim Skifahren amüsierte, und zwar trotz der anwesenden Presse, die er später seiner Mutter gegenüber als »Albtraum« bezeichnete. William hatte sich geweigert mitzufahren: Mit seinen vierzehn Jahren hatte er bereits eine starke Abneigung gegen den Medienrummel.

Mir blieb keine Wahl, was mein nächstes Ziel anging: Angola. Ich würde an der Seite der Prinzessin sein, wenn sie sich zu ihrer wahren Menschenliebe bekannte und sich für die humanitären Belange einsetzte, die ihr so viel bedeuteten.

12.
SEITE AN SEITE

Ich blieb dicht hinter der Prinzessin, als sie aus dem grellen Licht der afrikanischen Sonne in die Düsternis eines Dorfkrankenhauses trat. Die Einheimischen nannten es »Krankenhaus«, doch in Wirklichkeit war es nichts weiter als ein kahler Raum mit etwa sechs eisernen Bettgestellen. Die Wände waren irgendwann einmal verputzt, aber nie gestrichen worden. Die drängelnde Journalistenmeute im Nacken, näherten wir uns dem Bett eines jungen Mädchens, das bis zum Hals mit einem dünnen weißen Leintuch zugedeckt war und mit großen Augen zu uns aufblickte.
Dann schob eine Krankenschwester das Leintuch bis zur Taille des Mädchens zurück und enthüllte einen unbeschreiblich schrecklichen Anblick. Sämtliche Eingeweide quollen aus dem klaffenden Unterleib des Kindes hervor. Die Kleine hatte Wasser für ihre Familie holen wollen und war auf eine der zehn Millionen Landminen getreten, die noch immer – scharf – in der versengten Erde Angolas vergraben lagen.
Es war unmöglich, die beiden Bilder miteinander in Verbindung zu bringen – das hübsche Gesichtchen auf dem Kissen und die blutigen Gedärme unter dem Nabel. Jeder wäre bei diesem Anblick instinktiv zurückgewichen, doch die Prinzessin zwang sich, sich auf die Augen des Mädchens zu konzen-

trieren. Sie wollte dieser jungen Patientin nicht das Gefühl geben, ihr Anblick sei unerträglich, auch wenn ihr nicht geholfen werden konnte. Die Prinzessin umfasste die Hand des Mädchens und biss sich auf die Lippen, um ihre Tränen zu unterdrücken. Dann zog sie das Leintuch wieder bis zum Hals des Mädchens hoch, wandte sich an die Presse und sagte: »Bitte, keine weiteren Fotos.« Die Kameralampen gingen aus.

Es war der 15. Januar 1997. Der Tag bleibt unvergesslich wegen jenes berühmten Bildes, auf dem die Prinzessin zu sehen ist, wie sie in ihrer weißen Bluse und ihren kremfarbenen Chinos, mit grüner Feldjacke und Helm auf einem sicheren Pfad über ein Minenfeld schreitet, das vom Halo Trust sorgfältig geräumt wurde. Es war ein Pressetermin, der Zyniker zu Hause veranlasste, die Prinzessin als »schussbereite Kanone« zu bezeichnen und ihr vorzuwerfen, sie mische sich in die Politik ein. Indem sich die Prinzessin für die Ächtung von Landminen einsetzte, schärfte sie den Blick der Welt für die vergessenen Kriegsopfer, die unschuldigen Zivilisten, die getötet oder verstümmelt worden waren, nur weil sie einen falschen Schritt auf ihren Dorfstraßen taten, die übersät waren von tödlichen Vorrichtungen, die immer noch weit verbreitet waren, trotz des weltweiten Abkommens über Landminen, auf das sich Großbritannien, Kanada und die Vereinigten Staaten nicht festlegen wollten.

Ihre Gegner in der Fleet Street warfen ihr vor, auf dem Minenfeld bloß wieder einen Fototermin inszeniert zu haben, um Aufmerksamkeit zu erheischen. Jenes kleine Mädchen in dem Krankenhausbett bekamen sie jedoch nicht zu sehen, weil die Prinzessin nicht wollte, dass sie es zu sehen bekamen. Dies war einer von Tausenden von Momenten, die ich in meinem Dienst miterlebte, in denen die Prinzessin ganz diskret und ohne Kameras »echten Menschen«, wie sie es nannte, ungeheuer viel gab. Durch ihren kurzen Besuch in jenem schlichten afrikanischen Krankenhaus konnte sie dem Mädchen nicht das Leben retten, doch sie gab jenen Hoffnung, die vergessen worden

waren, und machte gemeinsam mit dem Roten Kreuz zu Recht auf eine kaum beachtete Tragödie aufmerksam. Wer nicht glauben will, dass die Prinzessin wirklich etwas bewegte, hätte den Artikel lesen sollen, den Christina Lamb damals in der *Sunday Times* veröffentlichte. Die Reporterin blieb an jenem Tag in dem Krankenhaus und sprach mit dem kleinen Mädchen. Die Journalistin, die durch ihre Erfahrungen in Kriegsgebieten abgehärtet worden war, hatte dem Kind zu erklären versucht, wer es gerade besucht hatte. »Sie ist eine Prinzessin aus England«, sagte Mrs. Lamb.
»Also ist sie ein Engel?«, fragte das kleine Mädchen, das noch an jenem Nachmittag an seinen Verletzungen starb.
Draußen lieferte die Prinzessin selbst eine Antwort. Auf die Frage der Reporter, ob sie eine »schussbereite Kanone« sei, erwiderte sie: »Ich bin ein Menschenfreund – das war ich schon immer und werde es auch immer bleiben.«

Seit der Ägyptenreise im Jahre 1992 war ich nicht mehr mit der Prinzessin auf Reisen gewesen, doch sie hatte mich gebeten, sie auf dem viertägigen Besuch in Angola zu begleiten. Das Ersuchen kam völlig unerwartet. »Wir reisen in ganz kleinem Kreis«, erklärte sie, »nur Sie, ich und Leute vom Roten Kreuz« sowie zwei Leibwächter von der Polizei, auf denen die Regierung zum Schutz auf Auslandsreisen bestand.
Ich wollte wissen, in welcher Weise ich ihr dabei dienen könnte.
»Sie werden mich überallhin begleiten, als Assistent, Hofdame, Sekretär und Ankleidedame!«, scherzte sie. Also weckte ich sie, bügelte ihre Kleidung und folgte ihr auf Schritt und Tritt. Die mir abverlangte Vielseitigkeit bewog die Presse abermals dazu, Fragen nach der Bedeutung jenes Butlers zu stellen, der sich stets im Schatten der Prinzessin bewegte, und ich spürte, dass sich durch meine Rolle auch einige in der königlichen Hofhaltung ausgestochen fühlten.

Die Prinzessin hatte nach ihrem Rücktritt von der Schirmherrschaft des Roten Kreuzes wieder Kontakt zu der Organisation aufgenommen und sich mit dem damaligen Generaldirektor Mike Whitlam über deren Feldzug gegen Landminen beraten. Whitlam hatte ihr Schriften und Videos geschickt, die ihren Wunsch geweckt hatten zu helfen. In Angola kam jeder vierte der zwölf Millionen Einwohner durch Minen um. Und so wurde Angola Basis und Ausgangspunkt für die Kampagne gegen Landminen, die die Prinzessin mit Mike Whitlam an ihrer Seite startete.

Vor der Reise war ich mit ihr erst einmal einkaufen gegangen, und wir hatten die nötige legere Kleidung für die Pinzessin besorgt. Erste Anlaufstelle war Ralph Lauren in der Bond Street. Dort erstanden wir Hemden, Chinos und Dreiviertelhosen, und sie kaufte sogar ein paar neue Hemden für mich. Bei Armani gab es Jeans, bei Tod's flache Lederschuhe. All das musste zusammen mit den Kleidern und Röcken gepackt werden, die für den Besuch bei der Botschaft und das Abendessen mit der First Lady, Ana Paula dos Santos, mitgenommen werden mussten. Andere wichtige Dinge, einschließlich Vitamine, beschaffte ich bei Boots.

Bill Deedes, ein altgedienter Kolumnist des *Daily Telegraph*, sollte zusammen mit den anderen akkreditierten Journalisten nach Angola kommen, doch die Prinzessin bestand darauf, dass er mit uns nach Luanda und zurück flog, weil er sich seit 1990 für die Ächtung von Landminen eingesetzt und Dianas Denken maßgeblich beeinflusst hatte. Deedes war regelmäßig in Kensington Palace zu Besuch gewesen, wo immer darüber gewitzelt wurde, wie schwierig das Kreuzworträtsel des *Daily Telegraph* war. »Mein Butler meint nach wie vor, Ihr Kreuzworträtsel sei höchst unfair«, sagte die Prinzessin jedes Mal, wenn sie Bill begrüßte, wobei sie meine intellektuellen Unzulänglichkeiten in Bezug auf das Rätsel herausstellte, aber auch die ihren mit einbezog.

Auf dem Flug nach Luanda machte sie sich unentwegt Notizen und überarbeitete ihre Rede, die sie inmitten der Ruinen des heruntergekommenen Flughafens hielt. Sie plädierte mit Nachdruck dafür, »Landminen ein für alle Mal zu verbieten«. Als wir in einem Landcruiser über holperige Straßen zur britischen Botschaft fuhren, schüttelte die Prinzessin immer wieder den Kopf über das Bild des Jammers, das sich uns bot: Fast jeder zweite Mensch, an dem wir vorbeifuhren, hatte nur ein Bein; von den Gebäuden standen nur noch die Fassaden; statt Wohnhäusern, Geschäften und Büros nur Krater vom Granatfeuer. Es war, als führen wir durch eine Filmkulisse.

Die Prinzessin hatte einiges durchgemacht und viel in Bewegung gesetzt, seit sie im Jahre 1992 nach Kalkutta gereist war und das Heim von Mutter Teresa besucht hatte, wo man sich der Hungernden, der Kranken und der Sterbenden annahm. Jene Reise hatte ihr Leben verändert, hatte ihr Hoffnung gegeben und sie zu einer Zeit auf einen humanitären und spirituellen Weg geführt, als sie keinerlei Erfüllung in ihrer zerbrechenden Ehe fand. »Damals fand ich meine Richtung im Leben«, gestand sie mir.
Wir hatten oft über die Bedeutung der Kalkutta-Reise gesprochen, doch bevor wir nach Angola aufbrachen, überreichte sie mir eine Kopie von Aufzeichnungen ihrer Gedanken und Gefühle während jener Reise nach Indien, so als wolle sie mich in die Beweggründe für ihr humanitäres Engagement einweihen und mir vor Augen führen, weshalb ihr diese Arbeit so wichtig war. Eine weitere Kopie hatte sie der Akupunkteurin Oonagh Toffolo gegeben, deren Ehemann Jo die Prinzessin viele Male im Royal Brompton Hospital aufgesucht hatte. In ihrem lebendigen Bericht schilderte die Prinzessin, wie sie in Kalkutta ein spirituelles Erwachen erlebt hatte, das zur treibenden Kraft hinter allen wohltätigen Aufgaben und gemeinnützigen Missionen wurde, die sie erfüllte.

Als die Prinzessin das Heim von Mutter Teresa besuchte, sangen die Schwestern in der Kapelle das Vaterunser und knieten mit der Prinzessin zum Gebet nieder. Die Prinzessin betrachtete diese Frauen als Heilige, die weit über ihr standen, unabhängig davon, was andere Menschen dachten. Schwestern wie die in Kalkutta waren wahre Heilige; Prinzessinnen in England dagegen nicht. Sie wollte ihrer Umgebung jedoch das Mitgefühl und die Wärme entgegenbringen, die sie bei jenen Frauen gespürt hatte.

Die Reise nach Angola 1997 spiegelte die Kalkutta-Reise von 1992 in der Weise, in der die Prinzessin auf die Kranken zuging. In Indien entstand gleichsam das Modellbild, auf das sie sich bei künftigen humanitären Missionen stützte, denn sie vergaß nie, wie wichtig eine einfache, aufrichtige Geste war, wenn man mit jungen, kranken und armen Menschen zu tun hatte.

In ihrem Herzen trug sie die Lektion, die sie instinktiv mitgenommen hatte, als sie bei ihrem Besuch in Mutter Teresas Kinderheim einen blinden und tauben Jungen in die Arme geschlossen hatte. Später schrieb sie: »Ich drückte ihn ganz fest und hoffte, er werde meine Liebe und Wärme spüren.« Sie schilderte diese Erfahrung mit einer Inbrunst und einer Überzeugung, die mich erkennen ließen, worum es ihr ging.

In ihrem Bericht über ihre Erlebnisse in Kalkutta schilderte sie auch einen Besuch in einem Sterbehospiz. Als ich diese Zeilen las, wurde mir klar, dass ihre Eindrücke dort – und auch der Tod ihres Freundes Adrian Ward-Jackson im Jahre 1991 – sie zutiefst berührt und geprägt hatten. Deswegen konnte sie mir auch so viel Kraft geben, als meine Mutter starb. Sie gab mir ihre Aufzeichnungen zu lesen, damit ich die Wurzeln ihres humanitären Engagements besser verstand.

In jenem Hospiz sah sie sich mit endlosen Reihen von Betten konfrontiert, in denen Männer, Frauen und Kinder mutig ihrem unausweichlichen Tod entgegensahen. »In Würde sterben«, nannte sie dies. Die Menschen waren »glücklich«, unter Mutter Teresas Dach zu sterben.

Ich glaube, die Prinzessin war von keiner Szene auf ihren Reisen um die Welt je so ergriffen. Sie trat an jedes einzelne Bett und gab jedem Einzelnen eine Schachtel mit Schokolade. Ein Mann mit Tuberkulose war so schwach, dass sie ihm ein Stück Schokolade in den Mund schob.

Ich las, was sie über diese Erfahrung geschrieben hatte, die ihre Einstellung zum Leben – und zum Tod – so grundlegend verändert hatte. Nach der Rückkehr aus Kalkutta spürte sie den tiefen Drang, den Kranken und Sterbenden weltweit zu helfen. Das war ihr Erwachen. Man muss sich nur die Reden der Prinzessin nach 1992 ansehen, um zu erkennen, dass sie sich immer mehr über Fragen des Glaubens äußerte. Sie war überzeugt, dass es nichts Lohnenderes gab, als Kranke und Sterbende zu unterstützen. Dies verlieh ihr »neue Kraft«. Sie meinte auch, ihre Stellung als Prinzessin von Wales verpflichte sie dazu, einen Beitrag zu leisten.

In Angola las ich diesen Bericht immer wieder. Und es war jeden Morgen dasselbe: Die Prinzessin konnte es gar nicht erwarten, sich aufzumachen und die Opfer von Landminen zu besuchen. Sie war begierig darauf, zu trösten und zu helfen.

»Kommen Sie, machen wir uns an die Arbeit«, sagte sie. Wir besuchten die Dörfer Huambo und Kuito, und sie folgte konsequent dem Weg, den sie fünf Jahre zuvor eingeschlagen hatte. Im Juni desselben Jahres reiste die Prinzessin nach New York, um in der Bronx mit Mutter Teresa zusammenzutreffen. In einer Schlagzeile in Großbritannien hieß es: »ENGEL IN DER BRONX«.

Die Reise nach Angola bildete den Höhepunkt meiner Dienstzeit am Hof. Bestärkt durch die Prinzessin, fühlte ich mich damals selbstsicher genug, die selbst auferlegten Grenzen meiner Rolle als »Butler« zu überwinden und praktisch ihre rechte Hand zu werden. In der zweiten Januarwoche, in der britischen Botschaft von Luanda, legte ich schließlich auch die letzten Reste der Butleruniform ab und diente nicht nur im Hintergrund, sondern trat ganz offiziell auf. Die Prinzessin hatte es ehrlich gemeint, als sie sagte, sie wolle mich überallhin mitnehmen. Mir war gar nicht klar gewesen, dass dies auch bedeutete, durch Marmorkorridore des Regierungsgebäudes zu schreiten und mit der First Lady, Ana Paula dos Santos, sowie dem Außenminister zusammenzutreffen.

In Pakistan, der Tschechoslowakei und in Ägypten in den Jahren 1992–1993 hatte ich meinen Platz als Beobachter, der sich im Hintergrund hielt. In Angola wurde ich neben Diana, der Prinzessin von Wales, zu einem Mitakteur, der von den Gastgebern direkt nach der Prinzessin begrüßt wurde. Ich glaube, die First Lady wusste nicht einmal, dass ich »der Butler« war. Für die Anwesenden, selbst die angolanischen Bediensteten, war ich ihr Privatsekretär beziehungsweise ihr persönlicher Diener. Für mich war es ein bizarres Gefühl, weil ich genau wusste, wer ich war.

Ein Privatsekretär müsste diese, eine Hofdame jene Aufgabe übernehmen, dachte ich unentwegt, doch die Prinzessin hatte weder das eine noch das andere. Also fiel es demjenigen, der ihre Kleider von Hand gewaschen und gebügelt und ihr Gepäck getragen hatte, auch zu, zu einer offiziellen Audienz bei der First Lady mitzugehen und aufmerksam die Gespräche über Landminen und die Politik des Landes zu verfolgen. Zumindest meine Ausbildung und meine Übung kamen mir zugute. Ich war es gewohnt gewesen, auf der königlichen Jacht *Britannia* der Queen die Staatsoberhäupter von Commonwealthländern anzukündigen, daher war ich mit dem Protokoll vertraut und wusste genau, wie ich mich einen Schritt hinter der Prinzessin zu verhalten hatte.

Wie ich nun in den ersten bangen Minuten so dastand, erinnerte ich mich an meinen ersten Einsatz im Schloss Windsor im Jahre 1976, als man mir nicht einmal zutraute, das Fleisch- oder

Gemüsetablett zu übernehmen. Und hier saß ich nun neben der Chefin, der Frau, die meinen beruflichen Aufstieg so meisterhaft gedeichselt hatte. Ich war stolz – und, wenn ich ganz ehrlich bin, auch ein wenig selbstgefällig, weil ich wusste, dass die Hofhaltung es nicht gebilligt hätte, wenn sie mich so gesehen hätte. Es machte das Ganze nur noch angenehmer, sich vorzustellen, wie die Graukittel die Nase rümpften und mäkelten, ich gehöre da nicht hin oder kenne meinen Platz nicht. Genau das wurde mir vorgeworfen, als ich später für den Diana-Prinzessin-von-Wales-Gedächtnisfonds arbeitete.

Ich bin nicht einmal sicher, ob der Botschafter Ihrer Majestät, Roger Hart, begriff, welche Rolle ich innehatte. Während wir in seiner Dienstwohnung residierten, sah er des Öfteren, wie ich von persönlichen Besprechungen mit der Prinzessin kam.

Vor dem Abendessen bat die Prinzessin darum, meinen Namen ebenfalls in die Sitzordnung bei Tisch aufzunehmen. Da saß ich also beim Diner und pflegte höfliche Konversation mit dem Vertreter Ihrer Majestät in Angola, seiner Gemahlin und der Prinzessin.

Der beste Teil meiner Rolle, über den die Prinzessin richtig kichern musste, kam am Ende des Abends, als sie ankündigte, sie werde sich zurückziehen. Es war ein abgesprochener Aufbruch. In dem Augenblick, als sie den Stuhl zurückschob und sich erhob, tat ich dasselbe, und wir zogen uns gemeinsam zurück. Draußen prusteten wir regelrecht über das Stirnrunzeln, das wir an der Tafel ausgelöst hatten. Die Prinzessin verabscheute die Atmosphäre pedantischer Förmlichkeit, auch wenn der Botschafter und seine Gattin höchst gesellig waren. Wir mussten nur ein einziges offizielles Diner über uns ergehen lassen. Danach begnügten wir uns mit kalten Imbissen auf ihrem Zimmer. Jeden zweiten Abend marschierte die Prinzessin in einem Bademantel mit mir durch den Amtssitz, über die Gänge und durch die Küche hinaus in den Garten zum Swimmingpool. Ich saß am gefliesten Beckenrand, ließ die

Füße ins Wasser hängen und zählte die Längen, die die Prinzessin schwamm. Sie kraulte zwanzig Längen, bevor sie innehielt und verschnaufte. Dann lehnte sie sich am flachen Ende des Pools an den Beckenrand, wrang sich die Haare aus und fragte: »Was meinen Sie, wie ist es heute gelaufen?« Wir sprachen darüber, wie der Tag verlaufen war, was am nächsten Tag bevorstand und was sie privat beschäftigte. Im Licht der Sterne und des Mondes legte sie weitere zwanzig Längen zurück.

Lord Attenborough stand kurz davor, seinen neuesten Film, *In Love and War*, herauszubringen. Bei der Premiere in London im Februar sollte vorweg ein zehnminütiger Dokumentarfilm gezeigt werden, um das britische Rote Kreuz in seinem Aufruf zur Ächtung von Landminen mit Spenden zu unterstützen. Aus diesem Grund hatte ein Filmteam exklusiven Zugang zu unserem Landcruiser, um die Prinzessin in Angola in nächster Nähe zu begleiten.

In diesem Fall hatte sie nichts dagegen, dass ihr ein Kamerateam im Nacken saß, denn sie wusste, dies würde die gute Sache weltweit ins Rampenlicht rücken, doch das Ganze machte eine technische Maßnahme erforderlich: Die Prinzessin musste mit einem Mikrofon ausgestattet werden. Und so klemmte man ihr ein Mikro ans Revers und verband dieses mit einem Sender, den man an ihrem Rücken am Gürtel befestigte. Ich glaube, es war am zweiten Tag der Reise, da bekamen die Tonmeister mehr mit, als sie sich je erträumt hätten. An einer abgelegenen Tankstelle machten wir einen »Boxenstopp«, wie die Prinzessin es nannte. Um den Kameras zu entschlüpfen, zogen wir uns zu einer privaten Plauderei hinter das Gebäude zurück, vergaßen aber ganz, dass sie verkabelt war. Sie wollte mit mir über private Dinge sprechen und festlegen, wen sie nach der Rückkehr in die Botschaftsresidenz anrufen sollte. Dann fingen wir an, über das Filmteam zu tratschen – die Typen, ihren

Arbeitsstil und die komischen Zwischenfälle. Die Prinzessin kicherte schelmisch. Schließlich bemerkte ich das Mikrophon. Im selben Augenblick war es ihr ebenfalls wieder zu Bewusstsein gekommen. Panischer Schrecken erstickte ihr Lachen. »Sehen Sie nach!«, rief sie bestürzt. Und tatsächlich blinkte das kleine rote Licht des Senders. Unser Tratsch war live aufgezeichnet worden.

Als wir uns wie zwei unartige Schulkinder zu dem Fahrzeug zurückschlichen, hatten wir das Gefühl, unser schlechtes Gewissen glühe genauso sengend wie die Sonne, doch die Prinzessin musste die Lippen zusammenkneifen, um einen Lachanfall zu unterdrücken. Bis zum heutigen Tag weiß ich nicht, ob das Filmteam etwas von unserem Getratsche bemerkt hat. Wir trauten uns nie zu fragen.

Die Angola-Reise war anstrengend und emotional belastend, doch alle Beteiligten kehrten mit dem triumphierenden Gefühl zurück, ein wichtiges Thema auf die Weltbühne gebracht zu haben. Zum Schluss bekundete die Prinzessin mit ihrer gewohnten Großzügigkeit ihre Dankbarkeit gegenüber all jenen, die mit dafür gesorgt hatten, dass die Reise so erfolgreich war. Sämtliche Bediensteten in der Residenz des britischen Botschafters, die Fahrer, der Koch, die Hausmädchen, das Büropersonal und der Botschafter selbst, erhielten Brieftaschen und in Leder eingebundene Notizblöcke, in die ein »D« und eine kleine Krone eingeprägt waren, sowie ein signiertes Foto der Prinzessin. Als ich nach Kensington Palace zurückkehrte, wartete auch auf mich ein Geschenk von ihr – eine Marmorbüste einer Afrikanerin, die man ihr in Angola geschenkt hatte.

Die Großzügigkeit der Prinzessin führte mich schließlich in den Obersten Strafgerichtshof Großbritanniens, Old Bailey, weil die Außenwelt und besonders Scotland Yard nicht begreifen konnten, wie viel die Royals ihren Bediensteten zukommen ließen. Wer mit dieser Welt hinter verschlossenen Türen nicht vertraut war, konnte diese Hochherzigkeit nicht verstehen. Im vorausgegangenen September war mein Sohn Alexander in die London Oratory School neben dem riesigen Stadion des Chelsea Football Club aufgenommen worden. Die Prinzessin erkundigte sich nach seinen schulischen Fortschritten. Ich erwähnte nebenbei, dass er sehr viel mehr Schularbeiten zu haben schien.

»Dann sitzt er wohl stundenlang in seinem Zimmer?«, fragte sie.

»Nein. Er sitzt am Küchentisch, während Maria Tee macht«, erwiderte ich. Die Prinzessin konnte nicht glauben, dass Alexander keinen Schreibtisch hatte. Am Küchentisch wurde gegessen. Hausaufgaben machte man an einem Schreibtisch in einer ruhigen Ecke. »Ich habe genau das Richtige«, sagte sie. Die Stadt Aberdeen hatte dem Prinzen und der Prinzessin von Wales zu ihrer Hochzeit 1981 ein Schreibpult geschenkt, das aber nie benutzt worden war. Es war in all den Jahren eingelagert gewesen, und nun sah die Prinzessin die Gelegenheit, es einem guten Zweck zuzuführen. Mein Bruder Graham und ich holten das Schreibpult aus dem Lagerschrank des inneren Korridors im Erdgeschoss von Kensington Palace und luden es hinten in meinen Vauxhall Astra. Dies war einer der Gegenstände, von denen es nach dem Tod der Prinzessin hieß, ich hätte sie gestohlen.

In ihren letzten Lebensjahren trennte sich die Prinzessin ständig von Dingen, die sie an ihre Ehe erinnerten. Die Teppiche und das Porzellan mit den Federn des Prinzen von Wales waren bereits weggeschafft worden. Inzwischen hatte sich die Situation nochmals verändert. Mit einem Teil ihres Herzens sollte die Prinzessin zwar stets in Liebe mit Prinz Charles verbunden bleiben, doch nun begann sie trotzdem, sich auch von Gegenständen zu trennen, die ihr mehr am Herz gelegen hatten – ganz so, als wolle sie eine Vergangenheit ablegen, die in ihr emotionales Gepäck gezwängt worden war. Wahres Glück fand sie bei einem anderen. Sie hatte sich endlich entschlossen, loszulassen und weiterzugehen. Dies geschah ohne jede Verbitterung, denn die Beziehung zu Prinz Charles war selten zuvor so zivilisiert gewesen. Wie bei der Kleiderauktion, die im Juni 1997 veranstaltet werden sollte, trennte sich die Prinzessin von ihrer Vergangenheit. Zu akzeptieren, dass sie ihre Vergangenheit hinter sich ließ, war ein persönlicher Triumph für sie, der zeigte, wie weit sie in ihrer persönlichen Entwicklung gekommen war. Denn in den Zeiten ihrer Bulimie hatte ihre Vergangenheit sie verfolgt, die, wie sie selbst sagte, immer wieder »hochkam«. Es ist wichtig, dies klar zu erkennen. Doch nun war sie innerlich gewachsen und steuerte in eine neue, aufregende Richtung.

»In unserer neuen Welt werden wir all das nicht brauchen«, sagte die Prinzessin im Wohnzimmer der Jungen. Sie leerte Kisten voller Kleider, CDs, Bücher, Kassetten und unerwünschter Geschenke. Diesem Ausmisten widmete sie sich entweder spät abends oder am Sonntagnachmittag.

Sie gab mir eine Cartier-Uhr; Prinz Charles hatte sie gekauft, doch die Prinzessin fand das Perlmuttzifferblatt und den Sockel aus orangeschwarzem Marmor »scheußlich«.

Ein riesiger Haufen Plunder wurde in der Mitte des Zimmers aufgetürmt, und die Prinzessin forderte das Personal auf, sich zu bedienen. Lily Piccio, eine philippinische Zofe, traute ihren Augen nicht und trug so viel sie konnte in die bescheidene Wohnung, die sie mit ihrer Schwester teilte. Die Aromatherapeutin Eileen Malone, die Mutter des Kosmetikunternehmers Jo Malone, erhielt ebenfalls eine reich verzierte Kutschenuhr, die ein Hochzeitsgeschenk gewesen war. »Sie wird Sie stets an mich erinnern«, sagte die Prinzessin. Die Wahrsagerin Rita Rogerts bekam eine wunderschöne Halskette in der Form verschlungener Herzen aus 18-karätigem Gold von Van Cleef and Arpels, die mindestens achttausend Pfund wert war. Zu ihrem

achtzigsten Geburtstag erhielt die Herausgeberin der *Washington Post*, Katherine Graham, eine silberne Dose der Juweliere Asprey, auf deren Deckel ein »K« und innen »In Zuneigung und Bewunderung von Diana« eingraviert waren. Selbst die Christie's-Expertin Meredith Etherington-Smith erfuhr die Güte der Prinzessin. Als Dank für das Katalogisieren und Beaufsichtigen der Kleiderauktion ließ die Prinzessin, die wusste, wie sehr Meredith Seesterne liebte, von den Kronjuwelieren Garrard einen massivgoldenen Seestern fertigen, der mit Diamanten besetzt war und auf der Unterseite die Inschrift trug: »In innigster Zuneigung von Diana«.
Ganze Müllsäcke voller Kleidung fanden keinen Abnehmer. Auch die Heilerin und Freundin Simone Simmons, die die Prinzessin fast jeden Tag besuchte, war eine Nutznießerin der Haushaltsauflösung. Als Simone eines Nachmittags zugegen war, forderte die Prinzessin sie auf, sich zu bedienen. »Was? Ich soll all diese Säcke voll Kleider mitnehmen?«, fragte sie einigermaßen überrascht.
»Nein«, erwiderte die Prinzessin, »die da sind für Paul«, und so nahm ich mindestens drei Säcke mit. Sie enthielten Kleider, Handtaschen und Schuhe für Maria sowie abgelegte Kleidung von William und Harry für unsere Söhne.
Die Prinzessin beschenkte sogar absolut fremde Menschen. Einmal spielten meine Söhne draußen auf dem Rasen mit einem amerikanischen Teenager namens Bill. Die Prinzessin und ich gingen gerade zur Hauptstraße hinunter; sie blieb stehen und sprach mit den dreien. Dann bat sie mich, für den amerikanischen Jungen ein Foto von ihr zu besorgen, das sie für ihn signierte und das ich rahmte.
Wie die philippinische Zofe wollten auch die Beamten von Scotland Yard ihren Augen nicht trauen – und auch die Wahrheit nicht glauben –, als sie in unserem Schlafzimmerschrank Designerkostüme hängen sahen, die einst die Prinzessin getragen hatte, und als sie eine Kiste voller CDs und ebenjenes

Schreibpult fanden sowie etwa vierhundert Artikel, welche die Prinzessin mir überlassen hatte.

Auch die Geschwister Spencer wollten nicht glauben, wie überaus großzügig ihre eigene Schwester gegenüber Nichtverwandten war. Lady Sarah McCorquodale bekannte später, sie hätte erwartet, dass ich als Butler nichts weiter besäße als ein signiertes Foto und ein Paar Manschettenknöpfe. Und da wundern sich die Geschwister darüber, dass ich immer behauptet habe, Freunde hätten die Prinzessin viel besser gekannt als ihre eigene Familie.

Zu Ostern ließ sich die Prinzessin mit William und Harry wieder im K-Club auf Barbuda sehen. Im Mai reiste sie für drei Tage nach Pakistan, um Imran Khan und dessen Frau Jemima, die Tochter ihrer Freundin Lady Annabel Goldsmith, zu besuchen. Die Prinzessin wollte mehr über den Islam erfahren. Bei jedem Besuch rief sie mich dreimal am Tag an, wohl ebenso oft wie andere Freunde. Ich weiß wirklich nicht, was sie ohne ihr Handy gemacht hätte. Es schien ständig an ihrem rechten Ohr zu hängen.

Während sie unterwegs war, wies ich einen Neuling in die Kniffe in Kensington Palace ein. Die Prinzessin hatte einen Hilfsbutler eingestellt, der die Aufgaben übernehmen sollte, für die ich keine Zeit mehr fand. Craig Weller, damals dreiundzwanzig, war von dem Team in Buckingham Palace ausgebildet worden. Durch seine Einstellung wurde mein Leben um einiges leichter.

Als die Prinzessin aus Pakistan zurückkehrte, erfuhr ich ein großes Geheimnis. Sie hätte mich lieber nicht einweihen sollen, aber sie konnte es einfach nicht für sich behalten. Ich glaube, sie konnte ihre Lippen höchstens fünf Minuten versiegelt lassen. »Paul! Paul!«, rief sie vom Treppenabsatz im ersten Stock, bevor sie zu mir in das Anrichtezimmer herunterlief. »Ich weiß ein Geheimnis! Ich weiß ein Geheimnis!«

Als sie auf der untersten Stufe angelangt war, war es kein Geheimnis mehr. Ich war verdutzt. Das war nicht die Art, wie sie normalerweise Neuigkeiten mitteilte. Sie trug ein blassblaues Chanel-Kostüm und platzte heraus: »Sie kriegen einen Orden, Paul!« Dann enthüllte sie mir, dass ich in Buckingham Palace von der Queen mit der Royal Victorian Medal, dem persönlichen Orden Ihrer Majestät, ausgezeichnet werden solle. »Wird aber auch höchste Zeit. Es soll eigentlich noch geheim bleiben, aber Sie kennen eh alle meine Geheimnisse. Ich musste es Ihnen sagen. Ich freue mich so für Sie, Paul«, jubilierte sie.

Ich war platt. Die Königin wollte mich in Anerkennung meiner einundzwanzig Jahre in königlichen Diensten mit ihrem Geburtstagsorden auszeichnen. Die Ehrung sollte im Juni bekannt gegeben werden. Endlich belohnte sie mich für all die Jahre, in denen ich neun widerspenstige Corgis Gassi geführt hatte.

Die Prinzessin schien aufgeregter zu sein als ich. Sie versprach: »Nach der Verleihung lade ich Sie zum Mittagessen bei Mara's [Restaurant San Lorenzo] ein, und wir trinken Champagner. Wir werden richtig feiern.«

Als am 17. Juni die offizielle Bekanntgabe erfolgte, weilte die Prinzessin anlässlich des achtzigsten Geburtstags von Katherine Graham in Washington, aber sie schickte ein Gratulationstelegramm. Es lautete: »Tausend aufrichtige Glückwünsche zu Ihrer RVM – das ist eine wunderbare Neuigkeit. Ich und die Jungs sind absolut begeistert! Herzliche Grüße von Diana, William und Harry.«

Als ich am Morgen meines neununddreißigsten Geburtstags am 6. Juni meinen Anrichteraum betrat, fand ich auf meinem Schreibtisch eine mit Geschenkpapier eingepackte Schachtel und einen Umschlag vor. Das Päckchen enthielt eine goldene Longines-Armbanduhr mit schwarzem Lederband, und in dem beigefügten Briefchen stand zu lesen: »Happy, Happy Birthday, with Love from Diana.«

Am 1. Juli, als die Prinzessin sechsunddreißig wurde, glich Kensington Palace wieder einmal einer Blumenhandlung – ungefähr fünfzig verschiedene Arrangements aus frischen und getrockneten Blumen und Pflanzen füllten jeden Topf und jede Vase. Darunter waren sechzig weiße Rosen von Gianni Versace und ein Dutzend Lilien von Giorgio Armani. Der Prinz von Wales schickte eine parfümierte Kerze aus Highgrove. Mohamed Al Fayed, der Inhaber von Harrods, sandte eine Lederhandtasche. Die Stiefmutter der Prinzessin, Raine Spencer, war die Erste, die an jenem Tag per Telefon gratulierte, gefolgt von Lucia Flecha de Lima, die sich in Washington um drei Uhr früh wecken ließ, damit sie – als eine der Ersten – der Prinzessin um acht Uhr englischer Zeit ihre Geburtstagsglückwünsche übermitteln konnte. Das zeigt die Zuneigung einer wahren Freundin.

Zu meinen Aufgaben zählte es, der Prinzessin immer einen Schritt voraus zu sein; ebenso war es erforderlich, mich instinktiv auf die jungen Prinzen einzustellen. William und Harry wussten, dass ihre Mutter und ich jedes Jahr ihre Geschenke aussuchten; gleichzeitig wählte ich ganz heimlich Geschenke von ihnen für die Prinzessin. Und so ließ ich mir auch für den sechsunddreißigsten Geburtstag der Prinzessin etwas für die beiden Knaben einfallen. Ich wusste genau, was ich kaufen wollte. Ihre Sammlung von Kristallen wuchs immer mehr an, da sie auf Anregung ihrer Freundin und Heilerin Simone Simmons die heilenden und beruhigenden »Energien« von Steinen nutzte. Auf Simones Rat hin suchte ich einen Fossilien- und Kristallexperten in Chelsea auf, bei dem ich mich in einem wahren Labyrinth von Kristallen in allen Farben verlor. Auf einem Regal stand eine fünfzig Zentimeter hohe Steinsäule, deren Vorderseite aufgebrochen war und die violett funkelnde Kristalle im Inneren sichtbar werden ließ. Ich wusste sofort,

das war das richtige Geschenk, auch wenn es fünfhundert Pfund kostete. An einem Wochenende vor dem Geburtstag war William von Eton nach Hause gekommen; während die Prinzessin oben im Wohnzimmer saß, kam er in mein Anrichtezimmer im Erdgeschoss geschlichen. Mit beiden Händen hob ich die schillernde Säule, die einem Eiszapfen ähnelte, aus dem Karton. William strahlte über das ganze Gesicht. »Das ist großartig, Paul!«, schwärmte er.
Nachdem das Geschenk eingepackt war, umfasste William es mit beiden Händen und hievte es die Treppe hinauf. »Bist du sicher, dass du es schaffst, William?«, fragte ich, da er unter dem Gewicht fast zusammenzubrechen schien.
Minuten später hörte ich, wie Papier aufgerissen wurde und raschelte – und es ertönte ein Freudenschrei. Der Kristall erhielt einen Ehrenplatz neben dem Kamin im Wohnzimmer.

In Old Barracks legte inzwischen auch mein Sohn Nick eine Kristallsammlung an. Die Prinzessin hatte ihn dazu angeregt, ihm diverse Stücke gezeigt und ihm faszinierende Geschichten über die magischen Kräfte von Kristallen erzählt. Einmal zeigte er der Prinzessin seine kleine Kiste, in der winzige Kristalle in Watte eingewickelt waren. Ich musste schmunzeln, als ich sah, wie sich mein neunjähriger Sohn mit der Prinzessin unterhielt. Sie saß auf der Kante des Sofas und guckte in Nicks Kiste. Beide waren ganz in die Materie vertieft. Nick erklärte ihr, wie wichtig es sei, die Kristalle zu waschen, zu reinigen und neu mit Energie aufzuladen.
»Man muss sie unter eine helle Lampe legen, Prinzessin«, riet er ihr.
Und so beschloss die Prinzessin, dem Sohn ihres Butlers eine Aufgabe zu übertragen. Sie gab ihm einige ihrer Kristalle, die er mit nach Hause brachte und in einer Schüssel mit warmer Seifenlauge wusch. Über Nacht ließ er sie im hellen Schein seiner Nachttischlampe trocknen. Am nächsten Tag lief er in

den Palast und berichtete der Prinzessin, ihre Kristalle seien wieder voll aufgeladen. Als Belohnung gab ihm die Prinzessin einen Rosenkristall und empfahl ihm, diesen auf sein Nachttischchen zu legen, denn der Stein schenke ihm einen ruhigen Schlaf. »Ich habe genau den gleichen Rosenkristall neben mir liegen, wenn ich schlafe«, erzählte sie ihm. Dann versprach sie ihm: »Wenn wir alle aus unseren Sommerferien zurück sind, gehe ich mit dir in die Kristallfaktorei, und da suchen wir einen schönen großen Kristall für dich aus.«
Nick konnte es gar nicht erwarten.

Zum Geburtstag der Prinzessin hatte der Modedesigner Jacques Azagury ein unglaublich glitzerndes, mit Perlen besetztes schwarzes Abendkleid mit tiefem Dekolleté und schwarzen Seidenträgern und Schleifen kreiert. »Das *müssen* Sie heute Abend tragen!«, sagte ich, während sie im Wohnzimmer auf und ab marschierte. Ich ging über den Treppenabsatz und holte ein paar Saphire und Diamanten aus dem Safe.

»Nein, Paul, nicht die. Ich möchte Smaragde tragen.«

An jenem Abend trug sie zum Diner anlässlich der Hundertjahrfeier der Londoner Tate Gallery das Kleid von Jacques Azagury sowie das Smaragd- und Diamantenarmband, das Prinz Charles ihr zur Hochzeit geschenkt hatte, die Smaragd- und Diamantohrringe, die er ihr zu ihrem zweiundzwanzigsten Geburtstag gekauft hatte, und Königin Marys enge Halskette mit Diamanten und Smaragden im Cabochonschliff, ein Hochzeitsgeschenk der Queen.

Nach langer Debatte zwischen dem Prinzen und der Prinzessin wurde beschlossen, dass Harry dem Beispiel seines Bruders folgen und nach Eton gehen solle.

»Er wird sicher toll aussehen in einem Frack, nicht wahr, Paul?«, sagte die Prinzessin. »Wie ein kleiner Pinguin!« Harry

hätte lieber nach Harrow gewollt, um mit einem Freund aus der Familie van Straubenzee zusammen sein zu können, daher weckte die Bemerkung, er werde in Eton wie ein Pinguin aussehen, nicht viel Begeisterung in ihm.
Auch William musste lernen, dass es nicht immer nach seinem Willen gehen konnte. In London sollte eine Kundgebung von Jagdbefürwortern stattfinden, und der junge Prinz wollte sich dort unbedingt unter die Menge mischen und mit den Teilnehmern reden, doch die Prinzessin ließ ihn nicht gehen. Sie meinte, es sei »nicht angemessen«. Seltsamerweise nahm Tiggy Legge-Bourke an der Demo teil und sorgte dafür, dass nicht die Kundgebung, sondern ihre Anwesenheit am nächsten Tag die Schlagzeilen füllte. William sah die Überlegung seiner Mutter ein.
Eine nette Familie kam zum Tee – eine Mutter, ein Vater und ihre drei Kinder im Alter von zehn, sieben und fünf Jahren. Seit dem vierten Lebensjahr hatte das siebenjährige Mädchen einen Gehirntumor gehabt. Dieser war bereits zweimal entfernt worden, war jedoch jeweils erneut aufgetreten. Den Eltern hatte man gesagt, dass er ein drittes Mal nicht operiert werden könne. Das Kind hatte den Wunsch, mit der Prinzessin Tee zu trinken, und so willigte die Chefin ein. Ich wurde losgeschickt, um Barbieballons und kleine Spielsachen für den Tisch zu kaufen. Die Familie verabschiedete sich überglücklich. Ihre Erinnerungen sind mit einer Einwegkamera festgehalten worden.
William und Harry kamen in den Genuss eines Sommerurlaubs in St. Tropez, der am 11. Juli begann, nachdem die Prinzessin eine Einladung zum Urlaub auf der thailändischen Insel Phuket ausgeschlagen hatte. Mutter und Söhne jetteten an die Küste von Südfrankreich und quartierten sich bei Mohamed Al Fayed, dessen Frau Heini und dreien ihrer jüngsten Kinder ein. Die Prinzessin nahm damit eine Einladung an, die bereits im Frühjahr ausgesprochen worden war. Sie beschloss zuzusagen, nachdem sie in der ersten Juliwoche im RAC Club mit ihrer Stiefmutter, Raine Spencer, gespeist hatte.

Der Inhaber von Harrods, der in der Londoner Park Lane einen exklusiven Lebensstil pflegte und über eigene Butler verfügte, war keineswegs ein enger Freund der Prinzessin. In ihrem Leben war er nur eine Randfigur. Er stand jedoch mit ihrer Familie in enger Verbindung und war ein Freund ihres verstorbenen Vaters, Earl Spencer, gewesen, und er stand auch Raine Spencer nahe. Raine war regelmäßig in seiner Residenz am Bois de Boulogne in Paris zu Gast. Diese Liegenschaft wurde als »Villa Windsor« bezeichnet, weil dort der Herzog und die Herzogin von Windsor nach der Abdankung des Herzogs im Dezember 1936 gewohnt hatten. Al Fayeds Begeisterung für alles Königliche veranlasste ihn, das imposante Anwesen nach dem Tod der Herzogin im Jahre 1986 zu erwerben. Elf Jahre später näherte er sich einer weiteren Persönlichkeit, der man vorwarf, das Haus Windsor in Turbulenzen gestürzt zu haben – Diana, Prinzessin von Wales. Seit vielen Jahren hatte er sie um seine Gegenwart und seine Großzügigkeit wissen lassen. Immer wenn sie in seinem Geschäft an der Knightsbridge einkaufen ging, tauchte er an ihrer Seite auf. Jedes Jahr schickte er zu Weihnachten einen Geschenkkorb von Harrods nach Kensington Palace. Zu den Geburtstagen sandte er der Prinzessin und den jungen Prinzen üppige Präsente. In den Augen der Chefin war er ein wahrer Gentleman. Von Raine Spencer hatte er erfahren, was die Prinzessin Mitte der neunziger Jahre alles durchgemacht hatte. Er wollte ihr lediglich zur Seite stehen und helfen, wenn es erforderlich war – aus Respekt gegenüber seinem Freund, ihrem verstorbenen Vater, wie er ihr immer versicherte.

Bis zu jenem Sommer hatte die Prinzessin seine Angebote stets höflich ausgeschlagen. Doch die Einladung zu einem Urlaub in einer Villa über einer Bucht an der Côte d'Azur mit strengen Sicherheitsvorkehrungen und eigenem Personal war unwiderstehlich. Den jungen Prinzen bot sich die Gelegenheit, Jetski und Rennboot zu fahren und zu tauchen. Eine sechzig Meter lange Jacht, die *Jonikal*, stand mit eigener Crew für sie bereit. Dies war sozusagen die *Britannia* des ägyptischen Multimillionärs. Eins wusste die Prinzessin allerdings nicht, als sie in den Süden flog, nämlich dass die Jacht eigens für sie und die Prinzen gekauft worden war. Kaum hatte sie die Urlaubseinladung angenommen, nahm Mr. Al Fayed sein Scheckheft heraus und kaufte die Jacht für schätzungsweise fünfzehn Millionen Pfund. Ebenso wenig war der Prinzessin bewusst, dass ihr Gastgeber noch etwas aufbieten würde, um ihre Stimmung zu heben – die Gegenwart seines ältesten Sohnes Dodi, eines Filmproduzenten, der mit dem amerikanischen Model Kelly Fisher verlobt war und noch im selben Jahr heiraten wollte. Mohamed Al Fayed ersuchte seinen Sohn, sich am 15. Juli auf dem Schiff einzufinden.

Als Dodi Al Fayed an besagtem Tag auf der *Jonikal* eintraf, bestürmte die Presse die Prinzessin von einem gecharterten Boot aus. Ich hielt die Stellung in Kensington Palace, wo ich die Renovierung des Wohnzimmers der Prinzessin beaufsichtigte. Sie hatte abermals ihren alten Freund Dudley Poplak beauftragt, seine Wunder zu vollbringen und ihren Lieblingsraum mit seinem Pink und Krem »ein wenig professioneller und reifer« zu gestalten – mit Kremfarben, Gold und Blautönen. Die gestreiften Sofas wurden kremfarben bezogen, die pfirsichfarbenen Kissen durch blaugoldene ersetzt. Eine neue kremfarben bezogene Chaiselongue mit geschwungenen Beinen wurde geliefert. Die Prinzessin hatte Pink immer sehr gemocht – selbst ihr Schreibpapier für interne Notizen war pink –, doch in jenem Sommer verbannte sie die Farbe aus ihrer Welt. Während die Polsterer und Raumausstatter im Wohnzimmer agierten, rief mich die Prinzessin unentwegt an. Sie bereute eine spontane Stippvisite, die sie auf dem Presseboot gemacht hatte, um die Fotografen zu fragen, wie lange sie vorhätten, auf der Lauer zu liegen, um Schnappschüsse zu erhaschen.

Bevor sie sich verabschiedete, hatte sie die Meute gefoppt: »Bei meiner nächsten Verlautbarung werde ich die Welt schockieren!«

In Kensington Palace befasste sich der Revisor Michael Gibbins mit dem Zwischenfall. Die Prinzessin hatte ihn angewiesen, folgendes Statement herauszugeben:

»Diana, Prinzessin von Wales, wünscht klarzustellen, dass sie der Presse gestern keine Exklusivinterviews gewährte. Sie sprach einzig und allein deswegen mit einigen Journalisten, um in Erfahrung zu bringen, wie lange jene gedachten, in Südfrankreich zu verweilen, da die massive Medienpräsenz allen Kindern großes Unbehagen bereite. Es wurde nicht erörtert, ob in Zukunft möglicherweise ein Statement herausgegeben wird.«

Die Prinzessin rief mich von der *Jonikal* bis zu achtmal am Tag in Kensington Palace an. Bei einem dieser typischen Dauertelefonate erzählte sie mir, sie werde es der Presse zeigen – mit ihrem leopardengemusterten Badeanzug. »Ich werde ihn den ganzen Urlaub über tragen. Das wird sie ärgern, denn sie werden jeden Tag genau dasselbe Bild bekommen!«, erklärte sie. Und tatsächlich waren die Zeitungen in jener Woche voll von Aufnahmen von der Prinzessin, wie sie in ihrem Leopardenbadeanzug auf dem Schiff stand, Jetski fuhr oder ins Wasser sprang.

Der Spaß fand ein jähes Ende, als bekannt wurde, dass ihr Freund Gianni Versace vor seiner Villa in Miami erschossen worden war. Zum Herbstende hatte er der Prinzessin eine komplette Wintergarderobe liefern sollen. In der *Vanity-Fair*-Ausgabe jenes Monats zierte die Prinzessin in einem Versace-Kleid die Titelseite. Die Nachricht von Versaces Tod stürzte sie in Panik. Jede Stunde rief sie mich an. »Wir müssen Elton John ausfindig machen!«, sagte sie. »Er ist irgendwo in Südfrankreich. In seinem Haus in Windsor wird man seine Nummer haben.«

Ich kam gar nicht dazu zu erwähnen, dass Elton am Tag zuvor in Kensington Palace angerufen und seine Telefonnummer hinterlassen hatte. Der tragische Tod Versaces beendete einen neunmonatigen Zwist zwischen der Prinzessin und dem Sänger und führte zu der längst überfälligen Aussöhnung. Sie hatte sich mit ihm entzweit, nachdem ein gestiftetes Foto von ihr und ihren Söhnen »in unschicklicher Weise« in Versaces Buch *Rock and Royalty* verwendet worden war. Die Prinzessin war entsetzt, als sie sah, dass das Familienbild zwischen Fotos von halb nackten männlichen Models auftauchte. Sie war zutiefst besorgt darüber, was die Queen wohl dazu sagen würde. Elton John hatte nichts mit der Ausschlachtung des Fotos zu tun, doch weil er als Vermittler fungiert hatte, gab sie ihm die Schuld. Der Streit hatte beide Seiten belastet. Das Zerwürfnis wurde in der gemeinsamen Trauer beigelegt, und die Prinzessin spendete Elton bei Versaces Beerdigung am 22. Juli Trost, indem sie den Arm um ihn legte.

In einem Telefongespräch gestand sie mir, es sei »wie in alten Zeiten«, wieder mit Elton zu reden. Und sie fügte hinzu: »Er ist so verständnisvoll und meint, dass wir etwas Gutes aus der Tragödie machen und unsere Freundschaft kitten sollen. Er sagte, das sei sicher in Giannis Sinn. War das nicht lieb von ihm?«

Die Chefin war in Panik. Der Privatjet, der sie und die Jungen am Sonntag, den 20. Juli, nach Hause bringen sollte, hatte auf dem Flughafen Tarmac in Nizza einen technischen Defekt. »Ich muss unbedingt nach Hause, Paul. Ich habe morgen einen wichtigen Termin in einem Krankenhaus«, erklärte sie in einem Telefonat um halb neun. Bereits um sechs Uhr hätte sie zurück sein sollen, doch es war Mitternacht, als sie schließlich eintraf. »Ach, es ist so schön, zu Hause zu sein«, gestand sie. Sie kam immer wieder gern nach Hause.

»Und, wie war es?«, erkundigte ich mich.
»Wunderbar. Es war ein toller, ganz normaler Urlaub.« Dann ging sie zu Bett.

Am nächsten Tag standen wieder die üblichen Verpflichtungen an – Meredith Etherington-Smith zum Lunch und Mike Whitlam vom britischen Roten Kreuz zum Tee.

In jenem Sommer beschlich mich bei der Lektüre der Boulevardpresse eine gewisse Ungläubigkeit, denn zwei Namen beherrschten sämtliche Schlagzeilen – DIANA UND DODI. Ebenso skeptisch begegnete ich den Behauptungen der Journalisten, dies sei »die erste ernsthafte Beziehung der Prinzessin seit ihrer Scheidung«. Solch ein Gedanke war einfach absurd. Die Prinzessin fürchtete, die meisten Leute würden da »viel zu viel hineinlesen«. Sie kannte Dodi noch nicht einmal zwei Monate, und sie hatte es *nie* eilig, sich zu entscheiden, wenn es um einen Mann ging.

Alle engen Freunde der Prinzessin wussten, wer der Mann war, mit dem sie ihre einzige glückliche, langfristige und ernsthafte Beziehung seit ihrer Scheidung gehabt hatte. Es war *nicht* Dodi Al Fayed. Es war jemand, dessen Beziehung zu ihr auf einem viel tieferen und bedeutungsvolleren Fundament gründete als die kurze Seelenverbindung, die sie mit dem freundlichen Harrods-Erben eingegangen war. In ihrer gesamten gemeinsamen Zeit verbrachte er ganze zehn Minuten in Kensington Palace. Es ist falsch und wird daher dem Andenken der Prinzessin nicht gerecht, wenn man die Welt glauben lässt, die Prinzessin habe entschieden, Dodi sei »der Eine«. Es stimmt, dass sie sein Wesen einnehmend fand und sich durch seinen Charme bezaubern und durch seine romantische Schwärmerei anstecken ließ. Doch »der Eine« war er ganz bestimmt nicht. Während ihr der Kopf von den Reisen kreuz und quer durch Europa surrte, war und blieb ihr Herz in London. Davon bin ich überzeugt.

Auch Mohamed Al Fayed trug zu den wilden Spekulationen

bei. Er soll gesagt haben: »Ich bin für Diana wie ein Vater.« Bei allem gebotenen Respekt – das war er nie. In der Abgeschiedenheit von Kensington Palace hatte ich überhaupt den Eindruck, dass diese ganze Diana-Dodi-Geschichte in reine Phantasterei mündete. Der Botschafter Paulo Flecha de Lima war eine Vaterfigur. Lord Attenborough war eine Vaterfigur. Mr. Al Fayed kann im Vergleich zu jenen bestenfalls für sich in Anspruch nehmen, in ihrem Leben die Rolle eines fernen Onkels gespielt zu haben. Er erwies sich als überaus freundlich, doch für die Prinzessin war er ebenso wenig ein Vater wie Dodi »der Eine« war.

Für mich war Dodi im Grunde nicht einmal Dodi. Er wurde »Schwester« genannt. Diesen Decknamen hatte ihm die Prinzessin gegeben, damit wir offen über ihn reden konnten. Wenn sie sagte: »Was meinen Sie, was würde meine Schwester davon halten?« oder »Hat meine Schwester angerufen?«, dann meinte sie nicht Lady Sarah McCorquodale oder Lady Jane Fellowes, sondern ihn.

Sie war hingerissen und betört von Dodis verschwenderischer und extravaganter Art. Er führte ein Jet-Set-Leben und verfügte über den Luxus, der ihm einen fürstlichen Lebensstil ohne Einschränkungen ermöglichte.

»Darf ich dich zum Essen einladen?«, hatte er einmal telefonisch in Kensington Palace nachgefragt.

»Natürlich«, erwiderte die Prinzessin. »Wann?«

»Morgen Abend.«

»Und wo?«

»In Paris«, antwortete er, und die Prinzessin war ganz aufgeregt.

Dodi scheute keine Mühe, um sie zu beeindrucken: Er besorgte einen Hubschrauber, um sie über den Kanal zu bringen, und quartierte sie in der Kaisersuite des familieneigenen Hotel Ritz ein. Ich packte alles, was sie für eine Nacht brauchte, in ihre Versace-Umhängetasche. Sie verabschiedete sich und beauftragte das Kindermädchen Olga Powell und mich, nach William und Harry zu sehen.

An jenem Samstagabend – es war der 26. Juli – rief sie mich aus der Suite an. »O Paul, es ist wunderbar. Wunderbar!«, schwärmte sie. »Und er hat mir gerade ein Geschenk überreicht. Ich konnte es gar nicht abwarten, dass er geht, damit ich es Ihnen erzählen kann. Er hat mir eine unglaublich schöne goldene Uhr gekauft, die mit Diamanten eingefasst ist. Ich habe noch *nie* etwas so Schönes gesehen.«

Sie klang wie ein sechzehnjähriges Mädchen, und ihr Glücksgefühl war richtig ansteckend.

An jenem Tag hatte sie die Villa Windsor besucht. Angeblich hatten sie und Dodi Pläne geschmiedet, gemeinsam dort zu leben. Die Prinzessin hatte sich jedoch ganz anders geäußert: »Wir blieben nur kurz. Die Räume sind wie ein Mausoleum. Ich könnte dort nicht leben! Das Haus ist voller Gespenster.«

Sie bat mich, einen schwarzen krokodilledernen Bilderrahmen von Asprey zu kaufen, damit sie Dodi ein Foto von sich schicken konnte. Er hatte sie darum gebeten.

»Sie können ihm aber keine Widmung darauf schreiben. Sie wissen ja nicht, wem es unter die Augen kommt«, warnte ich sie. Der Rahmen wurde gekauft, und sie tat das Foto hinein. Aber es ist aufschlussreich, dass sie meinem warnenden Rat folgte und das Bild weder mit ihrer Unterschrift noch mit einer persönlichen Widmung versah.

Als sie nach Kensington Palace zurückkehrte, hatte sie Geschenke für Maria und mich dabei. Sie packte aus ihrer Umhängetasche zwei pfirsichfarbene Bademäntel mit dem eingestickten Emblem des Hotel Ritz aus. »Ich bin sicher, die werden Maria stehen. Bin mir allerdings nicht ganz so sicher, wie Sie in *peach* aussehen!«, scherzte sie.

In jener letzten Juliwoche traf die Prinzessin eine schwierige Entscheidung. Ihr Verstand gebot ihr, einen Schlussstrich unter ihre bisherige Verbindung zu ziehen. Dodi hatte seinerseits beschlossen, seine Verlobung mit Kelly Fisher zu lösen. Beide waren wieder Singles. William und Harry sollten den August über mit Prinz Charles Ferien machen. Die Prinzessin traf sich noch einmal, diesmal allein, mit Dodi auf der *Jonikal*. Vom 31. Juli bis 4. August kreuzten sie von Korsika nach Sardinien. Dann kehrte sie nach Hause zurück, um sich wieder auf ihren humanitären Feldzug zu begeben.

Eine Weltkarte, gespickt mit roten Stecknadeln, wurde an einem Karton befestigt und gegen einen Stuhlrücken in einer Ecke des Wohnzimmers in Kensington Palace gelehnt. Mit Hilfe von Mike Whitlam hatte die Prinzessin die Länder mit den meisten Landminen identifiziert – von Georgien bis Korea, von Angola bis Vietnam. Jede Nadel kennzeichnete eine Gefahrenzone und eine Mission, die erfüllt werden musste.

Auf den Triumph in Angola hin hatte die Prinzessin geplant, ihre Kampagne gegen Landminen in Georgien fortzusetzen, doch die britische Regierung hielt die Reise für zu riskant, und so musste das Projekt abgesagt werden. Stattdessen führte die Tour vom 8. bis 10. August nach Serbien, Montenegro und nach Bosnien. Mit von der Partie waren Vertreter des Netzwerks von Landminen-Überlebenden (*Landmine Survivors Network*, LSN) und Bill Deedes vom *Daily Telegraph*. Die erste Nacht verbrachten wir in einer Privatunterkunft, die man uns in den Bergen von Tuzla besorgt hatte. An jenem Abend wurden die Fähigkeiten der Prinzessin und ihres Butlers im Umgang mit der Technik auf eine harte Probe gestellt. Gibt man mir ein Messer, eine Gabel und eine Tischordnung, dann mache ich das Beste daraus. Gibt man mir einen elektronischen Apparat, so bin ich aufgeschmissen. Dodi hatte der Prinzessin ein Satellitentelefon mitgegeben, damit sie ihn aus Bosnien anrufen konnte. Da standen wir nun vor dem Haus inmitten der Berge und sahen einander hilflos an. Die Prinzessin hielt einen Kompass hoch, um mir die Richtung des Satelliten zu verraten, während ich mit dem angeschlossenen Gerät durch das Unterholz hetzte, um ein Signal zu bekommen. »Funktioniert es?«, rief ich, und die Prinzessin konnte kaum sprechen vor lauter Lachen. Endlich bekamen wir ein Signal und konnten eine Verbindung herstellen.

»Ich gebe Ihnen ein paar von meinen leichteren Beruhigungstabletten, bevor Sie ins Bett gehen – nach so viel Aufregung«, erklärte sie, als wir den Apparat wegpackten.

»Dann wache ich vielleicht nicht mehr auf!«, erwiderte ich.

»Keine Sorge, ich werde meinen üblichen Lärm veranstalten. Sie werden schon aufwachen.«

Am nächsten Tag machten wir uns zu fünft in einem Landcruiser auf den Weg. Die Prinzessin bestand darauf, vorn auf den Beifahrersitz zu steigen. Neben mir, hinten auf dem Rücksitz, saßen die Amerikaner Jerry White und Ken Rutherford, die das Netzwerk LSN gegründet hatten, nachdem sie als Zivilisten Opfer von Landminen geworden waren. Jerry hatte ein Bein, Ken beide Beine verloren. Doch sie hatten ebenso viel Sinn für Humor wie die Prinzessin. Als die Prinzessin vorn einstieg, kletterten die beiden mühsam hinten hinein; als alle saßen, drehte sie sich um und sagte: »Ihr könnt eure Beine abnehmen, Jungs!« Das Eis war gebrochen. Die beiden Männer hatten gemeint, weil sie es mit einem Mitglied der königlichen Familie zu tun hatten, dürften sie ihre Prothesen nicht abnehmen.

Als wir auf primitiven, staubigen Straßen Richtung Sarajewo fuhren, knabberte die Prinzessin Obst und trank Mineralwasser aus einer Plastikflasche. Das Gespräch drehte sich hauptsächlich um die bekannte Tatsache, dass sich ein Landminenopfer ganz genau daran erinnern kann, wo und wann – an welchem Tag und zu welcher Uhrzeit – sich das Unglück ereignete. »Das bleibt für immer in ihrem Gedächtnis eingeprägt«, fügte die Prinzessin hinzu.

Jerry erzählte von seinem Trauma; Ken erinnerte sich an seines.

Dann sagte die Prinzessin: »Mein Unglück geschah am 29. Juli 1981.«

Wir Männer sahen uns verdutzt an. Nicht einmal ich wusste sofort, was sie meinte. Dann fiel der Groschen und alle lachten. Da erblickte die Prinzessin eine Frau, die mit einem Blumenstrauß durch ein Friedhofstor schritt. »Halt! Sofort halt!« Das Fahrzeug kam am Straßenrand zum Stehen.

Die Prinzessin rollte die Tür auf, schoss aus dem Wagen, sprang durch ein Loch in einer Ziegelmauer und durchstreifte die Grabreihen, bis sie die Frau erreichte. Es stellte sich heraus, dass diese während des Bürgerkriegs im ehemaligen Jugoslawien ihren achtzehnjährigen Sohn verloren hatte. Während die trauernde Mutter die Blumen auf das Grab stellte, kniete die Prinzessin neben ihr und sprach mit ihr. Nach ungefähr fünf Minuten stand die Prinzessin auf; die beiden Frauen legten einander die Hände um die Wangen und drückten sich zum Abschied.

Wir fuhren weiter und stiegen schließlich im Hotel Elefant in Sarajewo ab. Die Prinzessin wollte wieder das Satellitentelefon benutzen, und so hing ich den halben Abend aus dem Fenster und wedelte mit der Empfangsantenne herum. »Nein ... ja ... nein ... ja«, meldete sie, je nachdem, ob sie ein Signal empfing oder nicht.

Dodi hatte sich nach einem neuen Wagen umgesehen, obwohl er bereits über einen riesigen Fuhrpark verfügte. Nun wollte er sich einen silbernen Lamborghini kaufen. Er teilte der Prinzessin mit, dass er auch für sie ein Überraschungsgeschenk besorgen wolle. Sein Vater stellte sich im Fulham Football Club zur Schau, den er für etwa sieben Millionen Pfund gekauft hatte und für den er mehr als zwanzig Millionen Pfund auf dem Transfermarkt zu investieren versprach. Nicht ganz so grandios war ein Geschenk für William und Harry – ein fünftausend Pfund teurer Breitbildfernseher von Sony, den er nach Kensington Palace schicken ließ, zusammen mit zwei Laptop-

Computern, von denen die Prinzessin einen meinen Söhnen schenkte. In dem Maße, wie Mr. Al Fayed klarstellte, dass Geld keine Rolle spielte, und sein Sohn mit seiner Extravaganz protzte, mischten sich nagende Zweifel in die Begeisterung der Prinzessin. Es wurde alles ein bisschen zu viel.
In Sarajewo besuchten wir eine Barackensiedlung, durch die uns ein Priester führte. In einer primitiven Hütte aus Ziegeln mit einem Wellblechdach begegneten wir einem fünfzehnjährigen Mädchen. Sie hatte keine Eltern mehr und hatte ein Bein verloren, als sie eine Müllkippe durchstöberte, um etwas Essbares für ihre jüngeren Geschwister aufzutreiben. Die Prinzessin und auch die Presse waren entsetzt über die schreckliche Not dieses Mädchens. Aber während die Reporter und Fotografen wieder einmal eines von unzähligen Landminenopfern herausgriffen und ins Rampenlicht rückten, machte ich die Prinzessin heimlich auf einen Nebenraum aufmerksam, der durch einen Vorhang abgetrennt war. Wir beide schlüpften hinter den Vorhang, ohne dass uns jemand von der Presse folgte. Während sich unsere Augen an die Dunkelheit gewöhnten, erblickten wir auf einer stinkenden Matratze in einer Ecke die bis zum Skelett abgemagerte vierjährige Schwester des Mädchens. Sie war schwer geistig behindert. Sie hatte ins Bett gemacht und lag in ihrem eigenen Urin. Ihre Augen waren geschlossen.
Wir sprachen kein Wort. Ich sah nur zu, wie die Prinzessin an das Bett trat, sich bückte und das Kind hochnahm. Sie drückte das winzige Gerippe sanft an sich und streichelte über die kraftlosen Arme und Beine.
Das Kind öffnete die Augen, doch es waren keine Pupillen zu erkennen. Das Kind war blind. Während ich neben der Chefin stand, wurde mir bewusst, dass ich etwas ganz Besonderes gewahrte. Es waren keine Fotografen zugegen, um diesen Augenblick festzuhalten. Ich war der einzige Zeuge dieses schlichten Akts der Menschlichkeit – einer Geste, die diese

Frau, die ich so gut kannte, so innig verkörperte. Nun erlebte ich mit eigenen Augen die tiefe Bedeutung jener Aufzeichnungen von Kalkutta, die sie mir gegeben und in denen sie über einen blinden und tauben Jungen geschrieben hatte: »*Ich drückte ihn ganz fest und hoffte, er werde meine Liebe und Wärme spüren.*«

Ich war oft bei den humanitären Missionen der Prinzessin zugegen, doch jenen Augenblick und das Mädchen in dem Krankenhaus in Angola werde ich niemals vergessen.

Auf dem Rückflug nach Großbritannien saßen die Prinzessin, Bill Deedes und ich zusammen. Die Chefin erhob ihr Glas und brachte einen kurzen Trinkspruch aus: »Auf unser nächstes Land.«

Als wir nach Kensington Palace zurückkehrten, konzentrierte sie sich bereits auf ihre nächste Mission im Kampf gegen Landminen. Im Oktober 1997 wollte sie nach Kambodscha und Vietnam reisen.

13.
Leben Sie wohl, Königliche Hoheit

Stürmischer Applaus brach um mich herum los, als sich »die Schöne« und »das Biest« auf der Bühne des Londoner Dominion Theatre verneigten.
Es war der Abend des 30. August 1997, meine letzte Gelegenheit, ein wenig auszuspannen; ich hatte mir mit Frau und Kindern ein Musical angesehen, bevor die Chefin am nächsten Tag aus Paris zurückkommen würde. Sie verbrachte die letzte Nacht eines spontanen Sommerurlaubs mit Dodi in der Kaisersuite des Hotels Ritz.
Nach unserer Rückkehr nach Old Barracks saßen Maria, mein Bruder Graham, seine Frau Jayne und ich im Wohnzimmer, nippten an einer Tasse Kaffee und ließen noch einmal gemeinsam eines der Lieblingsmusicals der Prinzessin Revue passieren.
Ich ging als Erster zu Bett, weil ich am nächsten Morgen um sieben Uhr meinen Dienst in Kensington Palace antreten musste. Ich freute mich darauf, die Prinzessin, die seit dem 15. August verreist war, wiederzusehen und all die Neuigkeiten zu hören, die sie zu erzählen hätte. Und dass sie viel zu berichten hatte, das hatte sie bei unserem letzten Telefonat schon

angedeutet. Zudem mussten ihre Auslandsreisen im Herbst im Rahmen ihres internationalen Engagements gegen Landminen gründlich vorbereitet werden.

Kurz nach Mitternacht läutete das Telefon. Es war Lucia Flecha de Lima, und sie war völlig aufgelöst. Mel French, der Protokollchef des Weißen Hauses, hatte sie daheim in Washington angerufen und ihr gesagt, die Prinzessin habe einen Autounfall gehabt. Sie hatte Berichte auf CNN gesehen. Lucia hatte nicht die neue Handynummer der Prinzessin. Da ich wusste, dass die Prinzessin ihr Handy immer bei sich trug, rief ich sie an und hielt es für ausgeschlossen, dass sie nicht drangehen würde. Sie meldete sich immer. Das Telefon läutete, doch dann schaltete sich der automatische Anrufbeantworter ein. Maria kochte frischen Kaffee. Ich probierte es erneut an. Dann noch einmal. Wir saßen am Küchentisch. Wie besessen versuchte ich immer wieder, sie zu erreichen.

Im Lauf der Jahre hatte ich der Chefin immer wieder gesagt, dass sie, würde sie jemals in Schwierigkeiten geraten, eine öffentliche Toilette aufsuchen, sich in eine Kabine einschließen und mich anrufen sollte. »Ich werde kommen und Sie da rausholen, egal, wo Sie sich befinden«, versicherte ich ihr. Jetzt war sie in Schwierigkeiten, sie ging nicht ans Telefon, und ich fühlte mich hilflos.

Ich verließ die Old Barracks und lief quer über die Grünfläche, die Straße am Palast entlang ins Büro. Revisor Michael Gibbins, die persönliche Assistentin Jackie Allen, Chauffeur Colin Tebbutt und die Sekretärinnen Jo Greenstead und Jane Harris hatten sich bereits dort eingefunden. Überall besorgte Mienen. Jemand kochte Kaffee. Michael, der eine nach der anderen rauchte, bediente das Telefon auf dem Schreibtisch in seinem Privatbüro und setzte sich mit dem Privatsekretär der Queen auf Schloss Balmoral in Verbindung, während Jackie und ich draußen im Hauptbüro saßen.

Der erste Anruf kam gegen halb eins durch, und er bestätigte, dass sich in Paris ein Autounfall ereignet hatte, doch offenbar war es nichts Ernstes.

Nach einer Stunde kam ein zweiter Anruf. Es *sei* ernst. Dodi war tot. Die Prinzessin hatte Verletzungen erlitten, vermutlich einen Arm- und Beckenbruch. Ich muss sofort hinfliegen, dachte ich. Sie wird mich brauchen. Jackie Allen begann, für mich und den Chauffeur, Colin, Flugtickets zu reservieren. Die Wahl fiel auf Colin, weil er es als ehemaliger Personenschutzbeamter der *Royals* gewohnt war, Entscheidungen emotionslos zu treffen. Da alle Büros von British Airways in London geschlossen waren, mussten die Tickets über Büros in New York gebucht werden.

Um vier Uhr nahm Michael einen weiteren Anruf entgegen. Jackie ging in sein Zimmer. Ein paar Minuten später kam sie wieder heraus. Sie sagte, ich solle mich setzen, und legte den Arm um mich. »Paul, du musst jetzt stark sein. Ich muss dir leider sagen, dass die Prinzessin verstorben ist.«

Die Prinzessin war eine Stunde zuvor, um drei Uhr britischer Zeit und vier Uhr Ortszeit, nach einer erfolglosen Notoperation für tot erklärt worden. Eine unsichtbare Kraft warf mich um und raubte mir den Atem. Hätte ich geschrien, wäre kein Ton herausgekommen. Vollkommene Leere. Roher Schmerz. Jackie und ich saßen da und weinten. Doch dann schaltete sich der Autopilot der Pflicht ein und drängte die Emotionen beiseite. Sie braucht dich jetzt mehr denn je, dachte ich.

Ich rief Maria in Old Barracks an. »Schatz, die Prinzessin ist tot. Ich fliege nach Paris.« Ich ließ sie schluchzend zurück. Die Flugtickets waren reserviert. Ich eilte nach Hause, um eine kleine Reisetasche zu packen, dann lief ich zurück zu den Apartments Nr. acht und neun. Ich schlüpfte durch den Hintereingang in ein Haus, in dem alles für ihren Empfang bereit gewesen war. Die Stille bestürzte mich. In nur zwölf Stunden hätten ihre Stimme und ihr Kichern diese Leere ausgefüllt.

Jetzt diese Totenstille. Ich ging durch die Wohnung. Alles war genau so, wie sie es hinterlassen hatte. Ich ging zu ihrem Schreibtisch. Alles fein säuberlich geordnet: drei Miniaturuhren, die leise tickten und alle die gleiche Zeit anzeigten; ein Dutzend Bleistifte in einem Becher; das Tintenfass, der Füllfederhalter in einer Schreibschale; ein Notizzettel mit ihrer »Liste« stilvoller Formulierungen, die sie in ihre Briefe einflocht. Sie wusste, dass sie nicht besonders gut in Orthographie war. Dann fiel mein Blick auf etwas, das ich gesucht hatte: den Rosenkranz, den ihr Mutter Teresa geschenkt hatte und der um eine marmorne Figurine von Jesus Christus geflochten war, die unter dem Lampenschirm neben zwei Madonnenstatuetten stand, einer weißen und einer ockerfarbenen. Ich nahm den Rosenkranz und ließ ihn in meine Tasche gleiten. Ich ging ins Ankleidezimmer und näherte mich dem Tisch vor dem Spiegel, wo die Prinzessin jeden Morgen Toilette gemacht und die Friseuse ihr die Haare gestylt hatte. Da standen eine Miniaturuhr, die ihr sagte, ob sie zu spät an war oder nicht; halb leere Flakons ihrer Lieblingsparfüms, Faubourg 24 von Hermès und Heritage von Guerlain, ihr Pantene-Haarspray, ein Glas voller Wattebausche und Reihen von Lippenstiften in einem Kunststoffbehälter. Ich nahm einen Lippenstift und eine Puderdose von ihrem Toilettentisch und legte sie in eine im Vorjahr für sie sonderangefertigte Gladstone-Ledertasche, auf der ein goldenes D und ein Diadememblem prangten. Ich nahm *keine* Kleidungsstücke mit. Ich zog alle Vorhänge zu und nahm dann den Schmuck der Prinzessin und legte ihn in den Safe.
Ich ging hinaus zu Colin Tebbutt. Es gab eine letzte Sache, die ich tun musste, weil ich wusste, dass wir die privatesten Räume – das Wohn-, Schlaf- und Ankleidezimmer – während unseres Aufenthalts in Paris nicht unbewacht lassen konnten. Es war ihre Welt. Sie musste geschützt werden. Colin und ich gingen durch das Haus, schlossen die Türen ab und versiegelten sie mit breitem Paketband, an das wir Klebezettel hefteten, die

wir anschließend unterschrieben. Wir verwehrten so allen Unbefugten den Zutritt, die, wie ich fürchtete, andernfalls hier in den nächsten vierundzwanzig Stunden massenweise durchmarschieren würden.

Colin und ich fuhren zum Flughafen Heathrow, um die erste Maschine nach Paris zu nehmen. Gott sei Dank war Colin dabei, denn er kannte die Abfertigungsprozedur für VIPs am Flughafen. Während des Fluges sagte ich kaum ein Wort. In Gedanken hörte ich immer wieder die Stimme der Prinzessin. Unser letztes Gespräch. Das letzte Mal, dass ich sie gesehen hatte. Ihr Lachen. Ihr sehnlicher Wunsch, nach Hause zu kommen und William und Harry wiederzusehen.

In welchem Zustand würde ich sie vorfinden? Wie würde ich damit fertig werden?

Ausgerechnet Paris. Sie wollte gar nicht nach Paris fahren. Warum? Warum? Warum?

Während wir den Ärmelkanal überflogen, nahm Lucia Flecha de Lima die erste verfügbare Maschine von Washington nach London.

Maria weckte unsere Söhne. Der zwölfjährige Alexander hatte die Neuigkeit aufgeschnappt, als ich mich mit Maria auf dem Treppenabsatz unterhalten hatte, und er setzte sich schweigend im Bett auf. Auch der neunjährige Nick hatte es mitbekommen. Er lag auf dem Bauch, das Gesicht im Kissen vergraben, und weinte sich die Seele aus dem Leib.»Sie wollte mit mir in die Glasfabrik gehen. Sie wollte mit mir in die Glasfabrik gehen.«

An diesem Sonntag kam Maria nicht dazu, sich anzuziehen, denn das Telefon klingelte in einem fort.

Ich traf in Paris ein, um das zu tun, was die Prinzessin von mir erwartet hätte.

Ein aschfahler Botschafter, Sir Michael Jay, und seine Gattin Sylvia empfingen uns in der Britischen Botschaft. Nach dem Kaffee nahm ich die Gattin des Botschafters zur Seite. »Ich fürchte, dass man der Prinzessin ein scheußliches Totenhemd anziehen wird, und das wäre nicht in ihrem Sinne«, sagte ich. Mrs. Jay hatte verstanden. »Kommen Sie mit, wir werden schon etwas finden«, sagte sie.

Sie führte mich durch eine recht eindrucksvolle Zimmerflucht und öffnete dann einen Kleiderschrank im Louis-quatorze-Stil. »Falls Sie etwas Passendes finden, nehmen Sie es bitte«, sagte sie.

»Es sollte schwarz, möglichst dreiviertellang und nicht ausgeschnitten sein«, erklärte ich.

Mrs. Jay durchwühlte ihre Kleiderbügel und zog ein dreiviertellanges schwarzes Cocktailkleid aus Wolle mit Schalkragen heraus. »Perfekt«, sagte ich, anschließend steckten wir noch ein Paar schwarze Schuhe in die Gladstone-Tasche der Prinzessin. Das Kleid wurde in einen Kleidersack gehängt, und dann fuhren wir in einem Auto zu der nicht weit entfernten Klinik Pitié-Salpetrière. Als wir am Vordereingang des achtstöckigen Krankenhauses eintrafen, drückte mir Mrs. Jay, die die Prinzessin in den frühen Morgenstunden gesehen hatte, die Hand. »Seien Sie tapfer«, sagte sie.

Ich erinnere mich an die stickige Hitze und die endlosen, menschenleeren Gänge, die einem den Eindruck vermittelten, als wäre das ganze Gebäude evakuiert worden. Doch als wir im zweiten Stock den Aufzug verließen, platzten wir mitten in geschäftiges Treiben. Ärzte in weißen Kitteln und Pflegekräfte eilten scheinbar ziellos umher, und Polizisten standen Wache. Wir wurden in ein kleines Büro geführt. In gebrochenem Englisch sprach uns der leitende Chirurg sein Beileid aus und erklärte, man habe die Prinzessin nicht mehr retten können. Dann führte man uns durch einen weiteren Gang mit leeren

Zimmern. Am Ende des Flurs standen zwei Polizisten zu beiden Seiten einer Tür. Dort ist die Prinzessin, dachte ich.
Wir gingen an den Polizisten vorbei, betraten den nächsten Raum auf der rechten Seite und wurden einem römisch-katholischen Priester, Pater Clochard-Bossuet, und einem anglikanischen Priester, Reverend Martin Draper, vorgestellt. Pater Clochard-Bossuet hatte die Sterbesakramente gespendet, und er erzählte mir, dass er die Prinzessin gesalbt habe. Ich erinnerte mich plötzlich, wie oft ich die Prinzessin zur Karmeliterkirche in der Kensington Church Street begleitet, gemeinsam mit ihr Kerzen angezündet und gebetet hatte.
Colin und ich tranken Kaffee und wir warteten zusammen mit den Priestern. Die Pflegedienstleiterin Beatrice Humbert kam ins Zimmer. Es war etwa elf Uhr. Sie sagte uns, wir könnten gleich hineingehen und die Prinzessin sehen. Die kleine, gepflegte, gewissenhafte Dame im weißen Kittel meisterte die Situation mit professionellem Geschick.
Ich sagte: »Ich möchte nicht, dass hier Schaulustige nach Belieben ein und aus gehen. Bitte unterrichten Sie mich über jede Person, die den Raum, in dem die Prinzessin liegt, betreten will.« Sie hatte Verständnis dafür, dass mir die Totenruhe der Prinzessin am Herzen lag, und sie verließ das Zimmer, um dafür Sorge zu tragen, dass meine Anweisungen befolgt würden.
Schließlich durften wir die Prinzessin sehen. Ich weiß nicht mehr, wie ich auf die Beine kam. Schwester Humbert hielt mich fest an der Hand, und Colin nahm meinen Arm. Wir gingen hinaus, vorbei an den beiden Polizisten, die grüßend den Kopf neigten. Die Tür ging auf, und wir betraten einen Raum, der im Zwielicht lag. Tageslicht fiel durch die Schlitze der fast geschlossenen Stabjalousien an den Fenstern. Eine Wandlampe war die einzige Lichtquelle. Eine Leichenbestatterin und ein Leichenbestatter standen Statuen gleich in einer Ecke des Raums. Die Stille wurde nur durch das Surren eines großen Ventilators durchbrochen.

Dann sah ich sie. Die Frau, der ich so lange gedient hatte, lag auf einer Totenbahre, deren Kopfteil zur Wand gerichtet war. Ein weißes Leintuch bedeckte ihren Körper bis zum Hals. Schwester Humbert und Colin mussten mich stützen, ich wollte wegsehen und musste ihr doch zur Seite stehen. In diesem Raum holte mich die Wirklichkeit ein, und ich schluchzte. Ich trat von der Seite an die Bahre heran, ich wollte, dass sie ihre großen blauen Augen aufschlägt, wollte, dass sie lächelt, wollte, dass sie nur in einen tiefen Schlaf gefallen war. Was ich vor mir sah, war unbeschreiblich, und es ziemt sich nicht, ihren Zustand genauer zu beschreiben. Doch obgleich sie einen erschütternden Anblick bot, wollte ich sie in die Arme schließen, wie ich es so oft getan hatte. Ich kam in den Luftstrom des Ventilators, der sich langsam drehte; die Wimpern der Prinzessin bewegten sich. Was hätte ich gegeben, dass diese Augen sich wieder öffneten.

Ich blickte auf und bemerkte, dass die einzigen Blumen im Zimmer zwei Dutzend Rosen waren, die der frühere französische Staatspräsident Valéry Giscard d'Estaing und seine Ehefrau geschickt hatten. Das Einzige, was mir in diesem Raum Kraft gab, war der Glaube an ein Weiterleben, den die Chefin in mir geweckt und gefördert hatte. Seit sie 1991 miterlebt hatte, wie Adrian Ward-Jackson gestorben war, fürchtete sie den Tod nicht mehr. Dieses Erlebnis stand am Anfang ihrer spirituellen Erleuchtung, ihres faszinierten Interesses an der menschlichen Seele. »Wenn ein Mensch stirbt, verharrt seine Seele noch eine Zeit lang in der Nähe des Körpers, um zu sehen, was geschieht«, hörte ich ihre Stimme sagen. Mit diesen Worten hatte sie mich vor vielen Jahren beim Tod meiner Mutter aufzumuntern versucht. Und dieser Gedanke war jetzt mein einziger Trost. Ich war überzeugt davon, dass ihre Seele noch immer in diesem Raum über ihrem zerschundenen Leib schwebte, darauf wartend, sich endlich auf die Reise machen zu können, wie sie es ausgedrückt hätte.

Ich wischte mir die Tränen aus den Augen, nahm meine ganze Kraft zusammen und sagte zu Schwester Humbert, dass ich ein schwarzes Cocktailkleid und Schuhe für die Prinzessin mitgebracht hätte, außerdem Lippenstift und Make-up. Dann zog ich den elfenbeinernen Rosenkranz von Mutter Teresa aus meiner Tasche und gab ihn der Schwester. »Würden Sie den Rosenkranz bitte in die Hand der Prinzessin legen? Danke.«

Ich musste noch eine weitere Aufgabe erledigen: Ich musste ins Hotel Ritz fahren und die persönlichen Sachen der Prinzessin in der Suite einsammeln. Colin Tebbutt, der, obwohl selbst schwer angeschlagen, sich selbstlos meiner annahm, hatte ein Auto organisiert. Es war nur eine kurze Fahrt durch Paris, und wir standen schon bald an der Rezeption. Ich fragte, ob es möglich sei, Mister Al Fayed mitzuteilen, dass ich gekommen sei, um die Habseligkeiten der Prinzessin mitzunehmen. An der Rezeption sagte man uns, dass er oben sei. Man ließ uns etwa fünfundvierzig Minuten lang in dem Flur vor der Hauptrezeption warten. Schließlich teilte uns ein Bote mit, Mr. Al Fayed sei sehr beschäftigt und die persönlichen Sachen der Prinzessin seien bereits nach England verschickt worden, vorerst an seinen Landsitz Oxtead.

Wir fuhren zurück ins Krankenhaus, wo es mittlerweile von Presseleuten nur so wimmelte. Colin und ich wurden wieder in das Zimmer geführt, in dem wir zuvor mit den Geistlichen zusammengetroffen waren. Ein Telefon auf dem Beistelltisch läutete. Ich nahm ab und erkannte die Stimme des Prinzen von Wales, der aus Balmoral Castle anrief.

»Geht es Ihnen gut, Paul?«, fragte er.

»Ja, Eure Königliche Hoheit, danke.« Ich dachte nur: Was für eine idiotische Antwort! Ich hatte mich noch nie in meinem Leben so elend gefühlt.

»Paul, Sie werden mit uns zurückfliegen. Wir werden etwa um achtzehn Uhr bei Ihnen sein. Jane und Sarah [die Schwestern der Prinzessin] begleiten mich«, sagte er.

Dann sagte er etwas, das mich so berührte, dass ich keinen Ton mehr herausbrachte. »William und Harry lassen Sie ebenfalls lieb grüßen, und die Queen möchte Sie in ihr Beileid einschließen.«

Ich fragte Schwester Humbert, ob ich die Prinzessin noch einmal sehen könne. Ich war gefasst, da ich dieses Mal wusste, was mich erwartete. Doch als ich hineinging, bot sich mir ein anderer Anblick, einer, der dem Tod Würde verlieh – wie die Prinzessin gesagt hätte. Sie trug jetzt das schwarze Kleid und die schwarzen Schuhe, ihre Haare waren mit einem Föhn hübsch zurechtgemacht worden, und in den Händen hielt sie den Rosenkranz von Mutter Teresa.

Am Nachmittag traf Prinz Charles ein. Er kam auf mich zu, und der Kummer, den wir beide empfanden, bedurfte keiner Worte. Er stand mir gegenüber, berührte meine Revers und sagte: »Sind Sie sicher, dass Sie okay sind?« Ich brachte mit Not ein Nicken zustande.

Als Lady Jane Fellowes und Lady Sarah McCorquodale mich sahen, liefen sie auf mich zu, umarmten mich und brachen in Tränen aus. Auf eine Art können sich ein Windsor, zwei Spencers und ein Butler gegenseitig großen Trost spenden.

Kurz vor achtzehn Uhr ging ich zum letzten Mal in den Raum, in dem die Prinzessin mittlerweile in einem Sarg aufgebahrt lag. Auf beiden Seiten des Atlantiks ist viel Unsinn geschrieben worden, etwa sie habe mir gegenüber den Wunsch geäußert, in einem Sarg mit Fenster beigesetzt zu werden, damit ihr Gesicht zu sehen sei. Dergleichen hat sie nie gesagt. Ihr Leichnam wurde zwar tatsächlich in einen grauen Sarg mit Fenster gelegt, der seinerseits in einen zweiten, französischen Eichensarg mit massivem Deckel eingelassen wurde. Aber mir wurde gesagt, dass dieses Fenster wegen der französischen Zollvorschriften angebracht worden sei.

Ich ging zusammen mit Prinz Charles, Colin Tebbutt, Lady

Jane und Lady Sarah an Bord von British Airways Sonderflug Nr. 146. Wir alle geleiteten die Prinzessin nach Hause. Es entbehrte nicht einer gewissen Ironie, dass ich im Flugzeug ausgerechnet neben Mark Bolland saß, dem Berater des Prinzen, der damals sein stellvertretender Privatsekretär war; dem Mann, den die Prinzessin »Wolf im Schafspelz« nannte; dem gewieften Medienmanipulator, der in späteren Jahren von St. James' Palace den Auftrag erhielt, durch eine offensive Pressekampagne Camilla Parker Bowles der Öffentlichkeit als geeignete Partnerin für Prinz Charles zu verkaufen. Ich fragte mich, weshalb in aller Welt er in diesem Flugzeug saß, und wechselte kaum ein Wort mit ihm. Als in der Kabine Tee serviert wurde, konnte ich den Gedanken, dass sich die Prinzessin unter uns im Laderaum befand und nur noch ein wertvolles Stück Frachtgut war, kaum ertragen.

Das Flugzeug landete auf der Luftwaffenbasis Northolt, westlich von London. In düsterer Stimmung gingen wir von Bord des Flugzeugs, schritten die Gangway hinunter in eine steife, warme Brise, die an unseren Haaren zauste. Die Abendsonne schien. Wir stand schweigend in einer Reihe am Rande des Vorfelds des Flughafens. Fast wie in Zeitlupe trugen acht Luftwaffenoffiziere den mit der königlichen Flagge drapierten Sarg aus dem Bauch des Flugzeugs. Sie marschierten in langsamen Schritten über das Rollfeld zu dem wartenden Leichenwagen. Prinz Charles fuhr nach Norden, um mit seinen Söhnen William und Harry zusammen zu sein. Die beiden Schwestern und ich sollten die Prinzessin zu ihrem nächsten Ziel begleiten: zunächst ein Bestattungsinstitut und dann die königliche Kapelle in St. James' Palace.

Die drei Wagen unseres Leichenzugs entfernten sich vom Flughafen und fuhren auf die vierspurige Schnellstraße A 40, die uns ins Zentrum von London bringen sollte. Ein wahrhaft umwerfender Anblick riss mich aus meinen düsteren Grübeleien heraus. Während wir unsere Fahrt fortsetzten, bremsten andere Autos und hielten an. Alle Autofahrer in beiden Richtungen blieben auf einer der verkehrsreichsten Zubringerstraßen in die Hauptstadt stehen, schalteten die Motoren aus, stiegen aus und stellten sich mit geneigtem Kopf neben ihre Fahrzeuge. Menschen säumten die Fußgängerüberwege und warfen Blumen auf unsere Fahrbahn. Ich musste unwillkürlich daran denken, was wohl die Prinzessin dazu gesagt hätte. »Die halten nicht wegen mir an! Nein, niemals!« Sie wäre vor Scham am liebsten in den Erdboden versunken.

Wir trafen bei einem Bestattungsinstitut in London ein, und die erste Person, die ich sah, war Dr. Peter Wheeler, der Leibarzt der Prinzessin, der allen sein Beileid aussprach. Er nahm mich zur Seite, denn er fragte sich besorgt, ob der Anblick des Leichnams kein traumatischer Schock für mich gewesen sei. »Wenn Sie ein Schlafmittel brauchen ...« Ich nickte. Ich war nicht der Einzige, der trotz des Verlustes einer lieben Freundin seine Pflicht auf professionelle Weise erfüllen musste, und ich beneidete Dr. Wheeler nicht um die Pflicht, die ihm auferlegt war. »Ich muss jetzt einer Autopsie beiwohnen«, sagte er, »und das wird alles andere als angenehm sein.«

»Weshalb muss die Prinzessin noch einmal obduziert werden?«, fragte ich, da ich wusste, dass sie schon in Paris obduziert worden war.

»Die Leichenschau in Paris fand auf französischem Boden und nach französischem Recht statt. Um den hiesigen Gesetzen Genüge zu tun, müssen wir das Ganze hier noch einmal machen«, sagte er und erwähnte noch etwas von forensischen Untersuchungen und Verfahrensvorschriften. Obgleich die Autopsie bereits 1997 stattfand, ist bis Ende 2003 in Großbritannien noch immer kein offizielles Leichenschauverfahren eingeleitet worden. Der Leichnam der Prinzessin blieb über Nacht im Bestattungsinstitut.

Am nächsten Tag gab es für mich nur einen Ort, an dem ich sein wollte – wie üblich in Kensington Palace, als Butler in einem Haushalt ohne Herrin. An jenem Montagmorgen um acht Uhr musste ich als Erstes das Paketband von den Türen entfernen. Ich war nun wieder da, um ihre Welt zu behüten. Ich war die einzige Person in den Apartments Nr. acht und neun, abgesehen von der Zofe Lily, die sauber machen wollte, aber vor Trauer wie gelähmt war.

Michael Gibbins suchte mich auf und überbrachte mir eine unangenehme Anweisung. »Paul, ich wurde von St. James' Palace gebeten, sämtliche Schlüssel zu den Hintertüren einzusammeln.«

Weniger als vierundzwanzig Stunden nach der Überführung der Prinzessin forderten mich diese herzlosen Bürokraten des königlichen Hofstaates auf, ihnen die Schlüssel zu meiner Welt auszuhändigen, und sie schickten unseren Revisor vor, für sie die schmutzige Arbeit zu erledigen. Ich würde sie unter gar keinen Umständen herausgeben. Ich weigerte mich, und man ließ es auf sich beruhen.

Wie kaltherzig mit dem Personal der Prinzessin umgesprungen wurde, zeigte sich auch später an diesem Tag, als ich erfuhr, was Angela Benjamin widerfahren war; ihr war die Chefin wegen ihrer erfrischenden, zwanglosen Art und ihres Humors besonders zugetan gewesen. Als sie wie wir übrigen zur Arbeit erschien, wurde sie von Polizisten aus dem Gebäude geleitet. Sie wurde aufgefordert, ihre persönlichen Sachen zusammenzupacken, und sie wurde sogar überwacht, als sie ihre Wäsche aus dem Trockner herausholte. Auf ihren Kummer wurde keinerlei Rücksicht genommen. Um die Mittagszeit saß sie wieder im Zug nach Devon und fragte sich verwundert, was sie falsch gemacht hatte. Die Antwort ist klar: Sie war ein herzlicher Mensch in einer Welt von Robotern, die von einem kalten, gefühllosen Hofstaat verwaltet wird, die einerseits absolute Ergebenheit einfordert und andererseits Bedienstete Knall auf Fall vor die Tür setzt.

An jenem Morgen ahnte ich nicht, was mit Angela passiert war.

Ich saß an meinem Schreibtisch in der Anrichteküche und starrte aus dem Fenster in den Hof. Der Terminkalender lag aufgeschlagen vor mir. Der Schneider von William und Harry sollte heute kommen. Außerdem sollte die Prinzessin heute die Armani-Kleider anprobieren. Von oben hörte ich nur das Läuten des Telefons der Prinzessin. Nach einer Stunde klingelte es dann bei mir: Die zwei Lämpchen für die beiden Direktverbindungen in den Palast blinkten. Ich nahm den ganzen Tag Anrufe entgegen. Kaum hatte ich aufgelegt, läutete es schon wieder. Noch ein Freund oder eine Freundin, die ihre Trauer mit mir teilen wollten, weil ich der Mensch war, der der Prinzessin am nächsten gestanden hatte: engste Freunde, berühmte Persönlichkeiten, alternative Therapeuten, Astrologen, Medien, Fitnesstrainer, Friseure, Modedesigner, Mitglieder der königlichen Familie. Die Liste war endlos. Alle, die die Prinzessin persönlich gekannt hatten, riefen an diesem Tag an. Sogar ihre eigene Familie, Lady Sarah, Lady Jane und ihre Mutter, Mrs. Frances Shand Kydd, kam mit ihrem Kummer zu mir; sie wollten ihre Gefühle bei jemandem loswerden, Fragen stellen und von mir wissen, was die Prinzessin im Innersten über sie gedacht habe. Manche erinnerten sich. Manche freuten sich über die Erinnerungen. Manche hatten Gewissensbisse und wollten, dass ich ihnen die Absolution erteile. Ich kam mir vor wie ein Priester, der einen ganzen Tag lang die Beichte abnimmt. Am zweiten Tag schließlich wurde mir alles zu viel. Michael Gibbins und Jackie Allen beschlossen, Telefonate für mich entgegenzunehmen, um mich zu schonen.
Diese Woche war die schlimmste Zeit meines Lebens, und ich stand sie nur deshalb durch, weil mich mein Pflichtbewusstsein nicht im Stich ließ. Ich hatte so viele wichtige Dinge zu erledigen, dass ich gar keine Zeit hatte, mich mit familiären Ränkespielen abzugeben. Die Spencers hatten mich von Anfang an in *alle* Entscheidungen eingebunden, weil sie meiner Urteilsfähigkeit und meinem Wissen vertrauten. Ich formulierte meine

Empfehlungen für die Gästeliste des Trauergottesdienstes in der Westminster Abbey, wobei ich mich auf das Adressbuch der Prinzessin stützte und die Namen ihrer Freunde alle einzeln aufführte. Lady Sarah sah die Liste durch und bezweifelte, ob es angebracht sei, einige sehr bekannte Namen zu laden: George Michael, Chris de Burgh, Tom Hanks, Tom Cruise und Steven Spielberg. »Aber sie *sind* Freunde der Prinzessin«, sagte ich ihr.

Meines Erachtens sagte es alles, dass nicht ihre Familie, sondern ich, der Butler, wusste, wer ihr wahren Freunde waren.

In Old Barracks versuchte Maria unterdessen Mrs. Shand Kydd zu trösten, die nach London gekommen war; sie rauchte eine Zigarette nach der anderen, trank reichlich Wein und sagte, dass ihre Tochter nie mit den Al Fayeds auf diese Jacht hätte gehen dürfen; dass die Spencers, nicht die Windsors in Familienangelegenheiten das Sagen hätten; dass ihr Schwiegersohn Charles eine Rede halten werde, »auf die man stolz sein kann«; was für eine gute Mutter sie der Prinzessin gewesen sei.

Aber ich wusste genau, wie das Verhältnis der Familie zur Chefin in Wirklichkeit gewesen war – und dies wurde auch einige Jahre später allgemein bekannt. Wenn es eine Mutterfigur im Leben der Prinzessin gegeben hatte, dann war es Lucia Flecha de Lima. Die Prinzessin sah in diesem Verhältnis zweifelsfrei eine Mutter-Tochter-Beziehung. Für Lucia war die Prinzessin wie ein leibliches Kind, und sie hatte der Chefin in den schwierigsten Zeiten sehr geholfen. An diesem Montagmorgen war Lucia der einzige Mensch, den ich zu sehen wünschte, und sie kam in Begleitung ihrer Tochter Beatrice nach Kensington Palace, um bei mir zu sein.

Die Prinzessin lag – mittlerweile in einem verbleiten Stieleichensarg – vier Nächte lang in der Königlichen Kapelle von St. James' Palace, dessen Rückseite an die Mall grenzte, wo sich Trauernde aus der ganzen Welt versammelten, Blumen niederlegten und Kerzen anzündeten. Es war eine öffentliche Totenwache, so wie jene, die vor Kensington Palace stattfanden. Ich konnte mir keine andere Person vorstellen, mit der ich zu diesem Zeitpunkt lieber zusammen gewesen wäre, als Lucia, und wir beschlossen, gemeinsam zur Kapelle zu gehen, sie in einem schwarzen Kleid und ich in einem schwarzen Anzug. Die Tür ging knarrend auf, und wir blickten durch das Mittelschiff mit dem Kirchengestühl zu beiden Seiten. Dort, vor uns, in dem frostigen Grau dieses Gotteshauses stand der Sarg auf einem Katafalk vor dem Altar. Alles kam mir einsam, kalt und fremd vor, aber Lucia sah noch etwas anderes, das befremdlich war. Keine einzige Kerze brannte. Keine einzige Blume war zu sehen. Draußen breitete sich ein riesiges Meer aus Blumen aus, welche die Menschen zum Andenken an die Prinzessin niederlegten, und auf dem Grasstreifen standen mehr flackernde Kerzen, als Sterne am Abendhimmel leuchteten. Doch im Innern war alles kahl und öde.

Lucia suchte sofort den Kaplan der Queen auf, Reverend Willie Booth. »Bitte, bitte, lassen Sie ein paar Blumen von draußen in die Kapelle bringen«, sagte sie. Er antwortete, er werde sehen, was er tun könne.

Lucia gab sich mit dieser ausweichenden Antwort nicht zufrieden. Die Gattin eines Botschafters erklärte mit undiplomatischer Unverbrämtheit: »Ich kann Ihnen nur sagen, wenn wir morgen wiederkommen und keine Blumen in der Kapelle sind, dann werde ich nach draußen gehen und den Menschen sagen, dass die Prinzessin keinen Blumenschmuck hat!«

Zu einem Zeitpunkt, da die Queen sich noch nicht bequemt hatte, Balmoral Castle zu verlassen, und unangenehme Fragen ob der Abwesenheit der Windsors aus der trauernden Hauptstadt gestellt wurden, war die Aussicht, dass Lucia die kalte Schmucklosigkeit der Kapelle anprangern würde, das Letzte, was eine verstörte Monarchie brauchte. Um dafür zu sorgen, dass ihre höfliche, aber bestimmte Bitte erfüllt wurde, beauftragte Lucia von sich aus den Floristen der Prinzessin, John Carter, Blumensträuße in die Kapelle zu bringen. Er lieferte sie kostenlos. Am nächsten Tag lag ein Strauß weißer Trompetenlilien von Prinz Charles auf dem Sarg, und Lucia brachte weitere Blumen; weiße Rosen kamen aus dem Garten von Lord und Lady Palumbo. Lady Annabel Goldsmith rief mich jeden Tag an, und Rosa Monckton, eine beste Freundin und Schwester in einer Person, kam mit ihrem Gatten nach Kensington Palace, um sich mit mir zu unterhalten. Wir schwelgten in Erinnerungen und weinten zusammen, und sie ging ebenfalls in die Kapelle.

Susie Kassem besuchte mich in Kensington Palace. Sie brachte eine Kerze mit. Wir gingen zu einem Absatz in einer Biegung der Treppe. Wir blieben unter dem riesigen Porträt der Prinzessin von Nelson Shanks stehen. Susie bückte sie und stellte die brennende Kerze auf den Teppich. Wir knieten uns zusammen hin und beteten, wobei jeder von uns andächtig seinen Erinnerungen nachhing.

Menschen aus dem engsten Kreis der Prinzessin gaben mir Kraft. Ihre Freunde, die Menschen, die sie am besten kannten, wuchsen in der Not zu einem echten Team zusammen und sorgten dafür, dass das letzte Lebewohl zu einem erhebenden Ereignis wurde.

Michael Gibbins teilte mir mit, dass William und Harry mit Prinz Charles nach Hause kämen. Während sie sich einen Weg durch die Menschenmassen bahnten, die sich draußen versammelt hatten, und die Blumen in Augenschein nahmen, die eine Huldigung an ihre Mutter waren, erwartete ich sie im hinteren Teil der Diele. Harry stürmte durch die Tür hinein und umarmte mich; seine Tränen tränkten mein Hemd. William gab mir die Hand. Beide Jungen gaben sich nach außen hin unglaublich tapfer, und in ihren schwarzen Anzügen und Krawatten wirkten sie plötzlich erwachsen.

»Wir möchten ein paar Sachen holen. Wir gehen kurz nach oben«, sagte William, und schon eilten die beiden Brüder in ihr Kinder- und Wohnzimmer.
»Wie kommen Sie damit klar, Paul?«, fragte Prinz Charles, der ganz offensichtlich schwer mitgenommen war. Er sprach höflich und ruhig, aber er wirkte abwesend und gedankenversunken, während er durch das Apartment streifte. Er ging nach oben. Ich folgte ihm, obgleich er mich nicht darum gebeten hatte. In Highgrove wäre dies der Gipfel der Anmaßung gewesen, denn als ich unter seiner Weisungsgewalt arbeitete, war meine Anwesenheit nur beim Mittag- und Abendessen erwünscht. Aber in einer Wohnung, in der er nicht mehr das Sagen hatte, konnte man mich nicht einfach wegschicken. Er war jetzt auf *meinem* Territorium. Und ich ließ niemanden aus den Augen, ganz gleich, ob es sich um eine Freundin der Prinzessin oder den künftigen König von England handelte. Ich folgte ihm ins Wohnzimmer, er ging zum Schreibtisch und baute sich dahinter auf. Er öffnete die oberste Schublade, schaute auf, sah, dass ich jede Bewegung von ihm verfolgte, und machte sie wieder zu.
Williams Stimme unterbrach die peinliche Stille. »Bist du fertig, Papa?« Wir gingen gemeinsam die Treppe hinunter.
»Bis bald, Paul. Wir kommen zurück«, rief Harry, bevor sie alle durch die Haustür verschwanden.

Ein durchsichtiger Beutel, der mich an gerichtsmedizinische Präparate erinnerte, traf in Kensington Palace ein. Er enthielt die Kleider, welche die Prinzessin getragen hatte, als der Mercedes gegen den dreizehnten Pfeiler der Unterführung an der Place de l'Alma geknallt war. Lucia war in diesem besonders qualvollen Augenblick bei mir. Wir hatten jetzt Erinnerungsstücke aus Paris: ein schwarzes Top und eine weiße Hose. Wir standen mit dem Beutel am Fuß der Treppe. Auch wenn die Kleider blutverschmiert und von den Chirurgen zerschnitten worden waren, war die Prinzessin für mich darin noch immer gegenwärtig. In meiner Trauer konnte ich sie nicht loslassen. Ich legte den Beutel in den Kühlschrank im Erdgeschoss. Die Würde der Prinzessin musste unter allen Umständen gewahrt werden. »Würde im Tod«, wie sie gesagt hätte. Der Gedanke, dass sie den Tag vor ihrer Beisetzung in der Königlichen Kapelle verbringen würde, erschien mir unerträglich, und ich ließ dies sowohl Lady Sarah McCorquodale als auch Michael Gibbins wissen.

Kensington Palace war das Zuhause der Prinzessin: Dort hatte sie den größten Teil ihres Erwachsenenlebens verbracht. Da schien es nur angemessen zu sein, dass sie für diesen letzten Abend nach Hause kam und von hier ihren letzten Gang zur Westminster Abbey antrat. »Ich würde mich gern diese letzte Nacht um sie kümmern und glaube, es wäre auch in ihrem Sinne, wenn sie morgen ihre Wohnung ein letztes Mal durch diese Haustür verlassen würde«, erklärte ich. Lady Sarah wollte ihre Schwester ebenfalls nach Hause holen, und die Queen war damit einverstanden.

Die Prinzessin sollte ihre letzte Nacht im hinteren Bereich der Diele im Erdgeschoss verbringen. An diesem Tag hatte ich die Polizei gebeten, Blumen von der Straße ins Haus zu bringen. Zwei Stunden lang arrangierte ich diese Blumen zusammen mit den Sträußen, die Freunde geschickt hatten – weiße Lilien, weiße Tulpen und weiße Rosen. Ich stellte Blumen in Krüge, die auf reich verzierten Sockeln standen, und verteilte Blumen auf dem Teppich. Ich holte sämtliche Kerzenständer im Haus heraus und stellte sie zwischen den Blumen auf.

Anschließend kam der römisch-katholische Priester, Pater Tony Parsons, aus der Karmeliterkirche, in der die Prinzessin und ich so oft gebetet hatten. Er brachte zwei große elfenbeinfarbene Kirchenkerzen mit, die ich auf silberne Kerzenständer stellte, und er besprengte den Raum mit Weihwasser. Er überreichte mir Fotokopien von Gebeten, die ich vorlesen konnte, und von einem Text aus dem Johannesevangelium. Bevor er ging, sprachen wir gemeinsam ein Gebet.

So blieb ich in meinem schwarzen Anzug allein mitten in dem Raum zurück und atmete den starken Duft der Blumen ein. In jenen stillen Minuten vor der Ankunft der Prinzessin war es, als würde ich an einem ihrer Geburtstage darauf warten, dass sie in das von Blumen überquellende Hause zurückkehrt. Die Doppeltüren am Vordereingang standen offen, und ich hörte, wie die Reifen des Leichenwagens näher kamen. Ihre Königliche Hoheit, denn dies war sie für mich, wurde in ihr Zuhause getragen; ihr Sarg war mit der rotgoldblauen Königlichen Flagge behängt.

Ich zündete die Kerzen nicht an, noch nicht, ich ließ die Deckenlampen noch an. Mrs. Shand Kydd schaute mit ihren Enkeln vorbei und verweilte mit Lady Jane und Lady Sarah eine Zeit lang andächtig bei dem Sarg, aber Earl Spencer ließ sich an diesem Abend nicht sehen.

Die eine Person, die unbedingt da sein wollte – und die hätte da sein *sollen* –, war Lucia. Die ganze Woche lang hatte sie mich gefragt, ob sie sich mir bei der Nachtwache anschließen dürfe. »Kann ich kommen und gemeinsam mit Ihnen beten, Paul?«, fragte sie immer wieder. Doch als ich Lady Sarah sagte, wie wichtig Lucia für die Prinzessin gewesen war und dass sie an diesem Abend unbedingt dabei sein sollte, wurde Lucias Bitte abgelehnt. Lady Sarah wollte, dass nur die engste Familie anwesend war. Der Frau, die der Prinzessin näher gestanden hatte als ihr eigene Familie, wurde der letzte persönliche Abschied verwehrt.

Maria wollte nicht, dass ich allein in Kensington Palace blieb. »Du siehst erschöpft aus, Schatz, morgen ist ein großer Tag. Du brauchst Schlaf«, versuchte sie mich zu überreden, obwohl sie wusste, dass es vergeblich war.

»Sie darf nicht allein bleiben, ich *muss* da sein.«

Bis zweiundzwanzig Uhr waren alle Verwandten der Prinzessin da gewesen. Ich schloss und verriegelte die Haustür und war nun bereit für die lange Nachtwache bei der Prinzessin, die ich so sorgfältig geplant hatte. Statt Lucia war nun ein Fremder an meiner Seite, Right Reverend Richard Charteris, der Bischof von London. Er saß betend auf einem Stuhl im Flur, der zur Haustür führte. Ich machte die Lampen im hinteren Bereich der Diele aus und entzündete die Kerzen, alle fünfzig, die tanzende Schatten auf die umliegenden gelben Wände warfen. Ich saß, mit dem Rücken zum Bischof, auf einem Stuhl und hatte die linke Hand auf den Sarg gelegt, die Rechte ruhte auf meinem Schoß und hielt die Kopien der Gebete und des Bibeltextes. Trotz meiner tiefen Trauer und des Wissens, dass etwa dreißigtausend Menschen draußen für sie beteten, fühlte ich mich als die privilegierteste Person auf Erden, da ich die letzte Nacht bei der Prinzessin verbringen durfte. Ich machte kein Auge zu, denn es war meine Pflicht, wach zu bleiben. Ich führte ein letztes, ganz besonderes Gespräch mit der Prinzessin, ich wusste, dass sie zuhörte. Bis sieben Uhr morgens redete ich mit ihr, las ihr vor und betete für sie.

Als der Morgen kam, ging ich zu den Old Barracks, duschte mich und zog mich für den Trauergottesdienst um, dann eilte ich zurück nach Kensington Palace. Es war ein schöner Morgen. Die Blumen verströmten noch immer ihren lieblichen Duft. Die Kerzen waren heruntergebrannt. Ich lauschte gespannt, bis ich schließlich die sich langsam drehenden Räder der Lafette der königlichen Reiterei hörte. Acht Soldaten in den scharlachroten Uniformen der Waliser Garden kamen nacheinander herein, hoben den Sarg auf ihre verschränkten Arme und taten die ersten Schritte auf der gut drei Kilometer langen Strecke zur Westminster Abbey. Es war zehn nach neun an jenem Samstagmorgen, als sich der Zug in Bewegung setzte. Vor der Haustür der Prinzessin bot sich ein unvergesslicher Anblick. Sechs schwarze Pferde, auf denen Männer in Prunkuniform saßen, die Mützen mit einer aufgepflanzten Goldfeder

trugen, gefolgt von der Lafette, die den reich mit Lilien geschmückten Sarg trug. Dahinter das Erste Bataillon Waliser Garden, die in ihren roten Röcken und Bärenfellmützen strammstanden. Ich schaute auf die gegenüberliegende Straßenseite. Maria, Alexander und Nick standen dicht beieinander neben den anderen Hausbediensteten.
Die Pferde setzten sich in Bewegung, und die Räder der Lafette begannen sich zu drehen. Zwei Wochen früher hatte ich an derselben Stelle gestanden und der Prinzessin in ihrem BMW nachgewinkt, als sie zu ihrem Griechenlandurlaub aufgebrochen war. Jetzt reiste sie wieder ab. Zum letzten Mal. Ich winkte nicht: Ich verneigte mich.

14.
Eine seltsame Angelegenheit

Earl Spencer blickte von der reich verzierten Kanzel der Westminster Abbey auf den Sarg hinab. Als er sprach, klangen die Worte in meinem Kopf nach, die er zu Lebzeiten an seine Schwester gerichtet hatte: »Deine mentalen Probleme ... Deine flatterhafte Freundschaft ... Ich war in deinem Leben nur eine Randfigur, und jetzt tut mir das nicht mehr Leid ... Du warst die Schwester, zu der ich die schwächste Beziehung hatte ...«

Das waren die Worte, die *ich* in diesem wahren Meisterstück einer von Gefühlen getragenen Ansprache hörte, wo er »als Vertreter einer trauernden Familie in einem trauernden Land und einer schockierten Welt« sprach.

Ich konnte dieser am 6. September 1997 öffentlich gehaltenen Grabrede nicht zuhören. Ich musste an seine Worte in einem privaten Gespräch mit der Prinzessin vom 4. April 1996 denken. Vielleicht hätten die Menschen diese Worte hören sollen, bevor sie ihm nach seiner Rede am Sarg tränenüberströmt Ovationen darbrachten.

Ich saß mit gesenktem Kopf in einem der Chorstühle und musste ein Kopfschütteln über die wohl gesetzten, vom Manuskript abgelesenen Worte unterdrücken, mit denen er die Monarchie bei der Gurgel packte und die draußen vor der Kirche mithörenden Massen zum Applaus für diese öffentlich vorgetragene Erniedrigung hinriss. Es war der denkbar verkehrteste Moment, sich als Angehöriger der Familie zum Moralapostel aufzuspielen. Nur die wirkliche Familie der Prinzessin erkannte die Scheinheiligkeit, die sich hinter den Worten verbarg: Menschen wie ich, die sie am besten kannten, wir, die Ersatzfamilie der ausgewählten Freunde und Vertrauten, die über diese entfremdete Bruder-Schwester-Beziehung wirklich Bescheid wussten.

Auf der Kanzel stand nicht der Lieblingsbruder, eher ein entfernter Cousin, dem sie in einer weit zurückliegenden Kindheit einmal nahe gestanden hatte. Hier sprach jemand von einer herausragenden erwachsenen Person, die er ganz offensichtlich liebte, ohne sie wirklich zu kennen. Wie er selbst eingestand, hatte er die Prinzessin seit ihrer Hochzeit im Jahr 1981 vielleicht fünfzigmal gesehen. Dieser statistische Befund stammt aus einem weitschweifigen Brief an seine Schwester, den ich gemeinsam mit ihr im Frühjahr 1996 auf der Treppe des Kensington Palace las.

Während die Menschen in der Kirche und die ganze Nation von seiner Grabrede gefesselt waren, sah ich blitzlichtartig zwei Bilder: hier der Earl, der in liebevollen Worten von der Kanzel herab sprach, und dort die Prinzessin auf den Stufen, seinen Brief in den Händen, der in einem gänzlich anderen Ton gehalten war.

1997 in der Kirche sagte er: »Eigentlich war sie immer noch die große Schwester, die mich als Baby bemutterte.« Ich musste an den Brief von 1996 denken: »Nach Jahren der gegenseitigen Vernachlässigung bist du die Schwester, zu der ich die schwächste Beziehung habe ... vielleicht ist dir schon aufgefallen, dass wir kaum miteinander reden«, und dann: »Ich ... werde immer für dich da sein ... als liebender Bruder, wenn auch als ein Bruder, der durch deine Abwesenheit in den letzten fünfzehn Jahren etwas den Draht zu dir verloren hat – und ich muss Richard Kay [in der *Daily Mail*] lesen, um zu erfahren, dass du nach Althorp kommst ...«

Und dann wieder die Worte in der Kirche: »Diana blieb immer eine verunsicherte Persönlichkeit – sie hatte ein fast kindliches Verlangen, anderen Gutes zu tun, um sich von dem Gefühl der eigenen Wertlosigkeit zu befreien, das sich auch in ihren Essstörungen ausdrückte.« Dagegen der Brief von 1996: »Ich mache mir Sorgen um dich ... Ich weiß, dass Manipulation und Täuschung Teil deiner Krankheit ist ... Ich hoffe und bete für eine angemessene und wohlwollende Behandlung deiner mentalen Probleme ...«

Die Prinzessin hatte das Gefühl, ihre Bulimie überstanden zu haben, aber was sie aufregte, war die Unterstellung, sie sei geisteskrank. Den Ausdruck »mentale Probleme« hätte sie am ehesten noch von Prinz Charles' Freunden erwartet, die hinterrücks gegen sie schossen.

Wieder in der Kirche: »Die Welt erkannte diesen Teil ihrer Person, man würdigte ihre Verletzlichkeit und bewunderte ihre Aufrichtigkeit.« 1996 klang das so: »Ich habe schon lange akzeptiert, dass ich in deinem Leben keine große Rolle spiele, und es macht mir nichts mehr aus. So ist es einfacher für mich und für die Familie, wenn man sieht, wie viel Verwirrung und Schmerz du bei anderen durch deine flatterhafte Freundschaft erzeugst ...«

Dann ging er in seiner Rede auf William und Harry ein. »Wir werden nicht zulassen, dass sie die Qualen erleiden, die dich so häufig weinend zur Verzweiflung brachten ...« Wieder eine Rückblende: »Tut mir Leid, aber ich habe beschlossen, dass das Gartenhaus jetzt nicht in Frage kommt. Es gibt viele Gründe, die dagegen sprechen, vor allen Dingen die unvermeidliche Polizeipräsenz und die Einmischung der Presse, die das Ganze nach sich ziehen würde.«

Es war dieser Brief, der die Prinzessin in weinende Verzweiflung stürzte. Seine Forderung, das Familiendiadem der Spencers zurückzugeben, hatte sie geärgert, und sein Brief vom April 1996 hatte sie zum Weinen gebracht.

Viele Kommentatoren sahen seine Rede in der Westminster Abbey als Ausdruck des Schmerzes über den Verlust der Schwester, die vom System schlecht behandelt worden war. In meinen Augen waren es eher die Worte eines von Schuldgefühlen gebeutelten Menschen, der immer nur auf die gemeinsame Kindheit zurückblickte, weil sich die Erwachsenen voneinander entfremdet hatten. Doch es gelangen ihm auch einige treffende Würdigungen, als er »die einmalige und vielschichtige, die außergewöhnliche und unersetzliche Diana, deren innere und äußere Schönheit uns immer begleiten wird«, beschrieb.

Und er traf mit seiner Rede »die Lebensfreude, die sich verbreitete, wo immer du dein Lächeln schenktest, das Funkeln in diesen unvergesslichen Augen ...«

Dennoch wurde ich das Gefühl nicht los, dass dies der falsche Mann war, um im Namen seiner Schwester zu sprechen – er, der ihr in den letzen Jahren so viel Kummer bereitet hatte, trug jetzt stolz ihr Banner vor sich her. Er hatte ihr Ansinnen abgelehnt, ihr im Familiensitz Unterschlupf zu gewähren, aber jetzt, wo sie tot war, wollte er sie heimholen. Ich saß da und fragte mich, wie man in einem Gotteshaus nur so viel Scheinheiligkeit an den Tag legen kann.

Auch konnte ich nicht glauben, dass der Earl diesen Tag der Erinnerung an ein bemerkenswertes Leben als den passenden Moment für eine versteckte Attacke gegen die königliche Familie empfand, indem er sein Publikum daran erinnerte, dass er, seine Brüder und Schwester, die eigentliche Familie seien, die William und Harry beschützen würde, »damit ihre Seelen nicht von den Aufgaben der Pflicht erdrückt werden«.

In diesem Moment hob ich meinen Kopf und blickte zur Queen hinüber. Harry strich sich über sein Gesicht. William starrte vor sich hin: zwei Pfänder im Kampf Spencer gegen Windsor. Ich stellte mir vor, wie sich die Prinzessin im Angesicht einer solchen öffentlichen Erklärung von Eigentumsansprüchen gewunden hätte, wo sie doch die Erste war, die den Einfluss von Prinz Charles und der Queen auf ihre Söhne immer akzeptiert hatte.

Ich starrte auf den von zwei Kerzen flankierten und mit der königlichen Fahne bedeckten Sarg. In einem Gebinde aus weißen Rosen steckte eine Karte der jungen Prinzen. »Mummy« stand auf dem Umschlag. Ich fasste die Hände von Maria und Nick, die links und rechts neben mir saßen. Er weinte sich das Herz aus dem Leib, und Alexander, der auf der anderen Seiten neben ihm saß, versuchte, so gut es ging, stark zu bleiben. Ich blickte nur geradeaus und sah auf Hillary Clinton. Und wieder stieg eine Erinnerung in mir auf: Die Prinzessin hatte mir von ihrem Besuch im Weißen Haus erzählt. Sie hatte mit Hillary Clinton darüber gesprochen, dass sie eines Tages gern in Amerika leben möchte, und die hatte ihr geantwortet, Amerika würde sie mit offenen Armen freudig empfangen. Wieder musste ich meine Tränen unterdrücken.

Schließlich kam Earl Spencer zum Ende seiner Rede und von der Straße drang tosender Applaus in die Kirche, verbreitete sich vom Westportal durch das ganze Kirchenschiff, der Klang von rhythmischem Klatschen erfüllte den Raum. Ich drehte mich um und sah, wie Elton John und George Michael mit klatschten – diese euphorische Reaktion auf eine verzerrt dargestellte Wahrheit machten die Erniedrigung der Queen perfekt.

Dieser Gefühlsausbruch eines Spencer wurde von einem Volk, das sich in der Woche zuvor in bisher einmaliger Weise gegen die Windsors gestellt hatte, wärmstens aufgenommen. Mir erschien das höchst ungerecht. Die Prinzessin hatte die Queen immer geschätzt, sie hatten bis zu ihrem Tod korrespondiert. Auch bewunderte sie den Herzog von Edinburgh für seine etwas hemdsärmlige Vermittlung während der Trennung im Jahr

1992. Aber wenn dieses Jahr das Schreckensjahr der Queen gewesen war, dann waren die sechs Tage vor dem Begräbnis der Prinzessin die schlimmste Woche für die Familie, die sich nicht entscheiden konnte, von Balmoral nach London zu kommen, die erst lange überlegen musste, bevor sie die Flagge des Union Jack vor Buckingham Palace auf Halbmast setzen ließ, und die von dem Ausmaß der allgemeinen Trauer über den Tod der Prinzessin wie gelähmt war.

Man hatte den Eindruck, als sei die Monarchie nie dermaßen in einem gefährdeten Zustand gewesen wie jetzt, in einem der seltenen Momente, wo man sich gezwungen sah, das eigene Handeln und das höfische Protokoll zu überdenken. Die Rede des Earl Spencer und die breite Resonanz verschärften eine zweifellos bereits vorhandene Krise. Die Kommentatoren meinten, der Tod der Prinzessin habe den Graben zwischen einer anachronistischen Monarchie und einem modern denkenden Volk vergrößert, das Haus Windsor, jetzt nurmehr ein alltägliches Ärgernis, sei durch den Tod der Prinzessin in die Knie gezwungen worden. Am gefährlichsten aber war das Erstarken der republikanischen Stimmen.

Im Mahlstrom dieser Tage drohte die traurige Wahrheit, an die alle dachten, unterzugehen: Die Prinzessin hätte in ihrem Sarg, der noch nicht unter der Erde lag, im Angesicht der Ereignisse rotiert.

Kolumnisten und TV-Experten genossen die Vorstellung, sie säße jetzt da oben und würde herunterblicken, voller Freude, dass jene Institution, die für ihre Vereinsamung und ihr Leiden verantwortlich war, ins Wanken geriet. Doch niemand stand Hass und Missgunst ferner als die Prinzessin, und sie war die Letzte, die das Ende des Hauses Windsor herbeisehnte.

Sie hatte die königliche Familie nie für ihre Vereinsamung verantwortlich gemacht. Der Grund allen Übels war für sie Prinz Charles, doch entwickelte sie keinen Hass gegen ihren ehemaligen Ehemann oder seine Eltern. Hätte die Prinzessin in dieser

Woche das Wort ergreifen können, sie hätte die Windsors in Schutz genommen. Deshalb war auch der rachsüchtige Ton in der Rede von Earl Spencer so falsch und unangemessen. Hätte er seine Schwester wirklich gekannt, so hätte er auch die Wahrheit gewusst.

Von all den Reden, die man in dieser Woche hätte halten können, wäre es der Prinzessin mit einfachen Worten gelungen, die Gefühle der Trauernden in eine völlig andere Richtung zu lenken. Sie beklagte sich oft: »Ich finde nie die Worte, um das richtig auszudrücken, was ich sagen will« (daher auch die »Wörterliste« auf ihrem Schreibtisch). Aber im Oktober vor ihrem Tod saßen wir auf der Treppe von Kensington Palace und versuchten genau das zu tun. Wir saßen über eine Stunde zusammen und räsonierten über ihre Zukunft, ihre Ängste und den Zustand der Monarchie. Wir spielten mit ihren Gedanken und versuchten, sie zu Papier zu bringen. Am nächsten Tag lag, wie so oft in letzter Zeit, ein Umschlag auf dem Tisch in meiner Küche. Er enthielt einen Brief, geschrieben auf ihrem burgunderfarbenen Briefpapier.

Wäre dieser Brief beim Begräbnis aufgetaucht, er hätte der königlichen Familie den in dieser Zeit dringend benötigten Zuspruch der »Prinzessin der Menschen« gesichert. Ich gebe ihn hier wieder, um alle Zweifel auszuräumen. Hier sind ihre Gedanken, frei von jeder Animosität, die einzige Sicht einer Spencer, die wirklich zählt:

»Ich möchte meine Schwiegermutter einfach umarmen und ihr sagen, wie sehr ich verstehe, was in ihr vorgeht. Ich kenne die Vereinsamung, die Missverständnisse und Lügen, die sie umgeben, und ich kann ihre Enttäuschung und das ganze Durcheinander sehr gut nachvollziehen. Ich möchte, dass die Monarchie überlebt, und ich weiß, welche Veränderungen es geben muss, damit die ›Show‹ auf einer neuen, besseren Basis weitergehen kann. Ich kann auch die Angst der Familie vor Veränderungen verstehen, aber wir müssen die Öffentlichkeit wiedergewinnen, denn die dort herrschende Gleichgültigkeit müsste nicht sein, und sie macht mir Sorgen.

Ich werde für Gerechtigkeit kämpfen, ich werden kämpfen für meine Kinder und die Monarchie …«

Der königliche Sonderzug wartete auf uns in London und ich hatte eine Einladung zur Beisetzung im Familienkreis im siebzig Kilometer entfernten Northamptonshire auf Althorp, dem Familiensitz. Während der Leichenwagen mit den sterblichen Überresten der Prinzessin auf seinem Weg durch London in Richtung der M 1 von allen Seiten mit Blumen überschüttet wurde, bestieg ich mit der Familie Spencer, Prinz Charles, William und Harry die eleganten burgunderfarbenen Waggons des königlichen Zugs, der von zwei Lokomotiven, genannt »Prinz William« und »Prinz Henry«, gezogen wurde.

Die von gedrückter, peinlicher Stimmung geprägte Fahrt dauerte eineinhalb Stunden. Ich muss gleich bei der Abfahrt eingenickt sein, um den während der nächtlichen Totenwache verlorenen Schlaf nachzuholen, und wachte an einer Bahnstation kurz vor Althorp wieder auf. Nach der kurzen Fahrt zum Familiensitz versammelten wir uns dort im Salon, bevor wir in den großen Speisesaal geführt wurden. Der schwarz-weiß gemusterte Marmorboden im Gang erinnerte mich an den Boden in Westminster Abbey.

Earl Spencer stand am Kopfende des langen Rosenholztisches und wies allen ihre Plätze zu. Ich fand mich ziemlich unpassend platziert zwischen der Mutter meiner Chefin und dem Exehemann, Frances Shand Kydd zur Linken und Prinz Charles zur Rechten. Es war für den Prinzen nicht leicht hier bei den Spencers, nachdem er die gegen die Windsors gerichteten Töne in der Grabrede des Earls ertragen hatte und wusste, dass man ihn hier nicht besonders freundlich willkommen hieß.

Die Konversation war schwierig und stockend, aber als Einziger am Tisch, der wusste, dass zwischen Charles und der verstorbenen Prinzessin wieder ein zivilisierter Umgangston geherrscht hatte, hielt ich den Small Talk am Laufen, wissend, dass das Thema Highgrove und seine Gärten uns über das dreigängige Menü retten würde.

»Sie müssen einmal vorbeikommen und sich die Gärten ansehen,« sagte Prinz Charles.

»Liebend gern, Eure Königliche Hoheit,« antwortete ich im Bewusstsein, dass dies eher unwahrscheinlich war.

William und Harry saßen auf der anderen Seite neben ihrem Vater, näher am unteren Ende des Tisches. Beide waren ruhig und ließen nur ab und an eine freundliche Floskel in die Unterhaltung einfließen.

Als der Kaffee serviert wurde, kam ein Butler an den Tisch und flüsterte dem Earl etwas ins Ohr. Der stand auf und verließ den Raum. Als er nach etwa fünf Minuten zurückkam, teilte er uns mit: »Diana ist heimgekehrt.«

Wir gingen wieder über den schwarz-weißen Marmorboden; ich hielt mich hinter Prinz Charles und den beiden Jungen. Als ich den Gang entlang über ihre Schultern blickte, sah ich den Leichenwagen – aber da war noch etwas. Die königliche Flagge war entfernt worden, und jetzt lag über dem Sarg die weiß-rot-schwarz-goldene Fahne der Spencers, die ihn nur zur Hälfte bedeckte. Der Earl hatte in den fünf Minuten, während er unsere Runde am Tisch verlassen hatte, diesen Austausch durchgeführt. Bis zu meiner Gerichtsverhandlung im Jahr 2002 glaubte man, die Prinzessin sei so beerdigt worden, wie jeder sie zuletzt gesehen hatte, in einem Sarg, bedeckt mit der königlichen Flagge. Begraben als Mitglied der königlichen Familie. So, wie sie es sich gewünscht hätte. Aber die sorgfältig arrangierte Würde dieses Tages brach zusammen, als der Earl die Fahnen über dem Sarg austauschte, und die beschämende Unangemessenheit dieser voreiligen Geste schien ihm völlig zu entgehen. Denn die Prinzessin war immer stolz darauf gewesen, *Royal* zu sein. Als sie ihren Status und Titel als Königliche Hoheit verlor, weinte sie. Es entbehrt nicht einer gewissen Ironie, dass die königliche Familie ihr auf der einen Seite den Status der Königlichen Hoheit abgesprochen hatte, auf der anderen Seite aber ihre Rolle akzeptierte und ihr einen königlichen Abschied mit einem Staatsbegräbnis bereitete. Und dann kam dieser Bruder, der die Dinge unter Kontrolle halten wollte, und verdarb diesen bedeutungsvollen Tag.

Wie aus dem Nichts tauchten plötzlich acht Soldaten aus dem Regiment der Prinzessin von Wales auf, schulterten den Sarg und trugen die Prinzessin gemessenen Schritts hinunter zum See über eine behelfsmäßige Brücke zu der Insel, auf der ihr Grab vorbereitet worden war. Keine Blumenteppiche mehr, nurmehr Gras und der Schatten der Bäume; die Sonne schien durch den Baldachin aus Blättern. Was für ein einsamer Platz als letzte Ruhestätte für einen Menschen, der Einsamkeit nicht ertragen konnte. Für mich war es, als hätte ein Fremder das Begräbnis der Frau geplant, die ich am besten kannte, und hatte dabei wirklich alles falsch gemacht. Keiner aus dem engeren Freundeskreis der Prinzessin hält diesen Ort für eine angemessene Ruhestätte. Als sie zu Lebzeiten eine Möglichkeit zum Rückzug suchte, wies der Earl sie ab. Als sie eine letzte Ruhestätte brauchte, nahm er sie auf. Alle ihre wahren Freunde einschließlich meiner selbst würden nie auf diese Insel im See zurückkehren. Es würde also kein Grab geben, das man besuchen kann, so wie die Prinzessin sich vorgenommen hatte, das Grab von Fürstin Gracia in Monaco zu besuchen oder wie ich das Grab meiner Mutter unzählige Male besucht habe.

Der Begräbnisgottesdienst dauerte dreißig Minuten. Was geschah und was gesprochen wurde, sollte privat bleiben. Nur so viel sei gesagt: Ich beugte mich über das Grab und warf eine Hand voll Erde auf die goldene Tafel mit der Inschrift »Diana – Princess of Wales 1961–1997«.

Dann stand ich vor dem Grab und sagte laut: »Leben Sie wohl, Königliche Hoheit.« Danach saß ich mit Frances Shand Kydd in dem kleinen weißen Tempel mit Blick über den See. Sie rauchte eine Zigarette und meinte nachdenklich: »Nun, Paul, wenigstens hatte ich sie neun Monate lang für mich, ganz allein, sie gehörte mir neun Monate lang.«
Ich lockerte meine Krawatte und öffnete einige Knöpfe meines Hemdes. Dann nahm ich die Kette mit dem goldenen Kreuz ab, die sie mir am Vorabend der Nachtwache gegeben hatte.
»Sie hat mich beschützt, aber jetzt gehört sie zu Ihnen«, sagte ich und legte die Kette in ihre Hand.
Nach einer weiteren Zigarette trafen wir uns alle wieder im Salon auf eine Tasse Tee. Man stand in kleinen Gruppen herum. Dann ging Earl Spencer zum Fernsehapparat in der Ecke und schaltete ihn ein. Alle Augen richteten sich auf den Bildschirm. Man sah Ausschnitte von der Totenfeier. Prinz Charles und seine Söhne standen schweigend da. Niemand im Raum sprach ein Wort. Ich fragte mich, warum wir das jetzt anschauen mussten?
Plötzlich erfüllte die Stimme des Earl Spencer, die jetzt aus dem Fernseher kam, den Raum. Man hörte seine Worte mit dem Echo in der Westminster Abbey. Es war die Ansprache von der Kanzel herab. Noch nie habe ich mich so unwohl gefühlt. Aber Prinz Charles stand der Sinn nicht nach einer Wiederholung dieser Erniedrigung.
Er stellte seine Teetasse ab und sagte zu William und Harry: »Ich denke, es ist Zeit, dass wir gehen.« Während die Rede des Earls im Hintergrund weiterlief, verabschiedeten sich die Windsors freundlich händeschüttelnd und gingen. Ich folgte ihnen bald nach.

Ich glaube, ich bin den ganzen September und Oktober verloren durch die beiden Apartments Nr. acht und neun geirrt. Ich schlief schlecht, und wenn ich einschlief, hatte ich immer wieder einen Albtraum: Die Prinzessin war mit mir in Kensington Palace und sagte: »Wann werden wir den Leuten sagen, dass ich noch am Leben bin?«, und ich wachte auf mit dem Gefühl, sie sei da. Oder Maria erzählte mir, dass ich im Schaf geweint hätte. Es war mir damals nicht möglich, in Old Barracks zu sitzen und zu trauern. Ich musste in Kensington Palace sein, um mich einigermaßen wohl zu fühlen. Es war der einzige Ort, an dem ich der Prinzessin nahe sein konnte.

Ich ging von einem Raum zum anderen und blieb Stunden um Stunden, wobei ich mir vorstellte, die Prinzessin sei hier. Hingekuschelt auf das Sofa im Wohnzimmer. Am Klavier, Rachmaninow spielend. Am Esstisch, eingewickelt in ihrem Morgenmantel beim Frühstück. An ihrem Schreibtisch mit gesenktem Kopf, Briefe schreibend. Ich saß auf dem frisch bezogenen Sofa und hielt ein Kissen mit aufgesticktem D im Arm. Ich blickte hinüber zum Kamin und sah die Zeichen ihres Humors: Dort lag achtlos hingeworfen auf den grauen Marmor des Kaminsimses ein rot-weißer Ansteckbutton mit der Aufschrift »I like Di«, daneben ein Schild »Vorsicht: Prinzessin an Bord«. Zwei Paar rosafarbene Ballettschuhe hingen an einem Haken hinter der Tür. In einer Ecke lag die alte Dose, in der sie ihr Pausenbrot für die Schule verstaut hatte. Auf dem Deckel stand »D. Spencer«.

Ich saß auf den Stufen und stellte mir vor, wie sie über das Geländer gelehnt nach mir rief – »Paul, sind Sie da?« Ich erinnerte mich, wie wir gemeinsam Briefe entworfen hatten, hörte das Geräusch der Tür und sah, wie sie gerade hereingerannt kam, um mir den neuesten Klatsch mitzuteilen.

Ich saß auf der Chaiselongue in ihrem Schlafzimmer und starrte auf all die Teddybären und Plüschfiguren auf dem Sofa an der Wand: ein Gorilla, ein Pandabär, ein Kaninchen, ein Frosch, ein rosaroter Elefant, ein schwarzer Panther, ein Igel ... Es müssen mindestens fünfzig Figuren gewesen sein.

Auf den beiden Nachttischen waren Bilder von William und

Harry. Und dann ging ich hinüber zu dem runden Tisch am Fenster, auf dem neben anderen Schätzen fünf eingerahmte Fotografien ihres Ehemanns mit den Kindern standen und nur eins, auf dem er allein zu sehen war, daneben ein Bild ihres geliebten Vaters Earl Spencer, eine Aufnahme von einem gemeinsamen Abend mit Liza Minelli, die mit Wayne Sleep im Londoner Palladium tanzte, ihre beiden Schwestern Jane und Sarah und ihre Freundinnen Lucia und Rosa.

Eines Tages besuchte mich Maria und brachte mir ein Sandwich. »Schatz, es ist nicht gut für dich, wenn du die ganze Zeit hier bist«, sagte sie.

Aber es war gut für mich. Irgendwie.

Einmal, mitten in der Nacht, nachdem ich den üblichen Albtraum gehabt hatte, stand ich auf, verließ Old Barracks und ging zum Kensington Palace. Ich hatte von der Prinzessin geträumt und musste sie spüren. Diejenigen, die selbst einmal einen großen Verlust erlitten haben, werden verstehen, was ich dann getan habe. Wer dieses Gefühl nicht kennt, wird mich für verrückt erklären. Für mich war es in dem Moment das Richtige. Ich ging in ihr L-förmiges Schrankzimmer, zog die Vorhänge vor den Kleidern zurück und kauerte mich auf den Boden unter die Kleider. Ich konnte ihren Geruch wahrnehmen. In dieser Lage schlief ich ein.

Mitte Oktober befand ich mich wieder in diesem Schrankzimmer, diesmal mit der Mutter und den Schwestern der Prinzessin, Frances Shan Kydd, Lady Sarah und Lady Jane. Die Familie ging die Kleider durch, um zu entscheiden, welche man mitnehmen sollte. Sie baten mich, die Koffer der Prinzessin zu bringen, ein Set, bestehend aus drei schwarzen Lederkoffern. Alle wurden mit Blusen, Röcken, Kaschmirjacken und Schuhen, mit Kosmetik, Schaumbädern und Parfüms bepackt und in den vor der Tür geparkten Kombi geladen. Keines dieser Objekte war vorher testamentarisch erfasst worden, aber als

Vollstrecker der Auflösung des Haushalts konnte die Familie nach Gutdünken schalten und walten.

Ich war bereits zugange, um alles in den Apartments ordnungsgemäß aufzulisten, Bettwäsche, Tischdecken, Schmuck, Kleider und persönliche Dinge. Es war eine Aufgabe, die viel Sorgfalt erforderte, und Meredith Etherington-Smith von Christie's, die im Sommer eine erfolgreiche Auktion mit den Kleidern der Prinzessin in New York organisiert hatte, ging mir dabei zur Hand. Der Hofjuwelier David Thomas kam vorbei, um ein Verzeichnis des Schmucks der Prinzessin anzufertigen. Während ich neben Lady Sarah in dem Schrankzimmer stand, nahm sie eine Seidenbluse vom Bügel, die die Prinzessin getragen hatte. An beiden Ärmeln hingen noch rote emaillierte Manschettenknöpfe in Herzform. Ohne ein Wort zu sagen, nahm Lady Sarah sie ab und drückte sie mir lächelnd in die Hand.»Wenn Sie sonst noch irgendwas möchten, Paul, sagen Sie es einfach«, meinte sie. Ich nahm die Manschettenknöpfe und antwortete.»Ich habe alles, was ich brauche, und die Erinnerungen sind in meinem Herzen, trotzdem: danke.«

Lady Sarah, die, wie ich wusste, ihrer Schwester von der ganzen Familie am nächsten gestanden war, wirkte zusammen mit ihrer Mutter als Testamentsvollstreckerin. Sie waren damals so großzügig, mir aus dem Nachlass der Prinzessin fünfzigtausend Pfund zu überreichen»als Anerkennung für Ihre pflichtbewusste Loyalität gegenüber der Prinzessin«. Lady Sarah kramte weiter in den Kleidern der Prinzessin. Dann nahm sie ein schwarzes Versace-Kleid mit passender Jacke heraus und reichte es mir.»Das ist für Maria. Sie kann es bei der Feier tragen.«

Es war so weit. Die Queen würde mir am 13. November die Royal Victorian Medal verleihen, und ich würde zum ersten Mal nach zehn Jahren, als ich aus den Diensten der Queen ausgeschieden war, wieder den Buckingham Palace betreten. Es war ein merkwürdiges Gefühl, wieder durch das Eingangstor des Buckingham Palace zu fahren, über den Vorhof, durch den Torbogen in den quadratischen Innenhof, wo der rote Kies für den nächsten Auftritt glatt geharkt worden war. Ich stieg aus dem Auto, sah zu den Fenstern im obersten Stockwerk hinauf und zeigte Alexander und Nick, wo ihr Vater seine erste Wohnung gehabt hatte. Heute kam ich als Gast, normal gekleidet, wie jeder andere auch, nicht als Diener in Livree. Seit meinem ersten Tag als Lakai im Jahr 1976 war ich nicht mehr so nervös gewesen.

Es war ein strahlender, klarer Herbstmorgen, als wir auf die Glasveranda des Haupteingangs zugingen und den Palast betraten. Maria und die Kinder legten ihre Mäntel ab, um ihre Plätze im Ballsaal einzunehmen. Ich hörte die Klänge eines Streichorchesters, als ich mich zu den hundert anderen Empfängern von Ehrungen gesellte, die in der Bildergalerie der Königin versammelt waren – wo ich am Tag ihrer Hochzeit im Jahr 1981 zugesehen hatte, wie die Prinzessin ihre Brautjungfern ans Herz drückte. An diesem Tag verfolgten mich die Erinnerungen auf Schritt und Tritt, in jedem Gang, jedem Zimmer, während die Zeiger der Uhren allmählich auf elf Uhr vorrückten. Dann wurden wir, immer in Gruppen von zehn, aufgerufen, uns zum Eingang des Ballsaals zu begeben, in dem ein Publikum von fünfhundert geladenen Gästen einem sehr britischen Spektakel beiwohnte.

Während ich wartete, bemerkte ich eine junge Dame, die allein auf einem Sofa saß, direkt unter einem Van-Dyck-Porträt König Charles I. »Was machen Sie hier?«, fragte ich, nachdem ich mich vorgestellt hatte.

»Georgsmedaille«, erwiderte die Zweiundzwanzigjährige still. Das ist die höchste Auszeichnung, die einem Zivilisten für Tapferkeit verliehen werden kann, und diese junge, attraktive blonde Frau in ihrem schicken hellroten Kostüm und dem kaffeefarbenen Hut sollte sie bekommen. Ich fragte mich, was in aller Welt sie wohl vollbracht haben mochte. Es war Lisa Potts,

»Komm, wir machen ein paar lustige Schnappschüsse, Paul« –
obwohl Prinz Charles über ihren Stil Witze machte

oben: Die Chefin und »ihre rechte Hand« bei einer Landminenmission in Angola
unten: Die Chefin mit ihrer neuen Freundin Betty, Marias Mutter

*oben: Kein Chauffeur, kein Polizeischutz, nur die Prinzessin und ich
unten: Ein Monat vor ihrem Tod: Die Prinzessin kommt von einem
Kurztrip mit Dodi zurück, um mir alles zu erzählen*

*Der endgültige Abschied
am 6. September 1997*

oben: In Westminster Abbey
unten: Nach der Fahrt mit dem königlichen Zug auf dem Weg nach Althorp zu der privaten Beisetzung

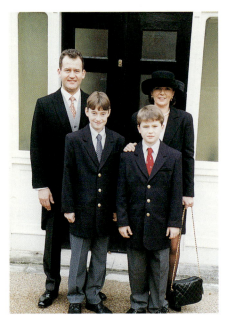

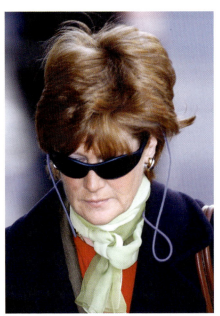

oben links: Vor den Apartments acht und neun in Kensington Palace, bevor die Queen mir die Royal Victoria Medal verleiht
oben rechts: Der Prozess in Old Bailey im Oktober 2002. Maria und ich erscheinen zum ersten Verhandlungstag
unten links: Lady Sarah McCorquodale, die Schwester der Prinzessin
unten rechts: Mrs. Frances Shand Kydd, die Mutter der Prinzessin

oben: Die königliche Unterhaltung, die den Prozess beendete
unten: Auf dem Weg in die Freiheit ... und in den Medienrummel

*Dieses ansteckende Kichern …
wie ich sie am besten in Erinnerung habe*

eine Kindergärtnerin, die sich bei einem Picknick auf dem Spielplatz der Vorschule von St. Lukas in Wolverhampton mit ihrem Körper zum Schutz über die Kinder geworfen hatte, als ein wild gewordener Eindringling mit einer Machete bewaffnet über sie herfiel.

Ich betrachtete ihre Hände, die schrecklich zugerichtet waren. »Das ist gar nichts, verglichen mit den Verletzungen, die manche der Kinder erlitten haben. Einige haben Schnittverletzungen, die vom Mundwinkel bis zu den Ohren reichen«, sagte sie.

Burrell und Potts wurden gemeinsam aufgerufen, in den Ballsaal zu kommen. Sie war natürlich der Star der Zeremonie, und für mich war es eine Ehre, in dieser Situation neben einer so tapferen Person zu stehen. Ich wartete und sah zu, wie sie auf Ihre Majestät zuging und ein paar Worte mit ihr wechselte.

Dann war ich an der Reihe, jene Ehrung zu empfangen, die, wie mir die Prinzessin gesagt hatte, eine Anerkennung für meine einundzwanzig Jahre in königlichen Diensten sein sollte, in denen ich der Queen, Prinz Charles und ihr gedient hatte. Aber dann folgte die Überraschung.

Über das Mikrofon ertönte die Stimme des Großkämmerers: »Ausgezeichnet mit der Royal Victorian Medal für seine Tätigkeit im Dienste von Diana, Prinzessin von Wales, Mr. Paul Burrell.«

Niemand hatte es mir vorher gesagt, aber der Queen erschien es passend, die Ehrung mit meiner Loyalität gegenüber Diana zu begründen. Ich verbeugte mich, schüttelte ihr die Hand, und sie steckte mir die Medaille ans Revers. »Sie glauben nicht, wie froh ich bin, Ihnen diese Ehrung zukommen zu lassen«, sagte die Queen. »Es bedeutet mir wirklich viel – und vielen Dank für alles, was Sie getan haben. Was werden Sie jetzt machen?«

Ich blickte über ihre Schulter und erkannte einen alten Kollegen, Christopher Bray, Page der Queen. »Vielleicht braucht Christopher noch ein bisschen Hilfe, Eure Majestät?« Sie kicherte. Wir gaben uns die Hand, ich trat zwei Schritte zurück, drehte mich um und verließ den Raum.

An diesem Abend feierte ich mit Freunden und der Familie im Restaurant San Lorenzo, genau so, wie die Prinzessin es geplant hatte.

Zwei Wochen später kam ein Brief des Finanzministers Gordon Brown in Old Barracks an, in dem man mir mitteilte, ich sei zum Mitglied des Diana, Princess of Wales Memorial Committee bestimmt worden, um die Regierung zu beraten, wie das Lebenswerk der Prinzessin angemessen gewürdigt werden könnte. Ich würde zusammen mit Rosa Monckton, einer Freundin der Prinzessin, und Lord Attenborough arbeiten. Dieses Komitee wurde eingerichtet, um die Tätigkeit des unabhängigen und erst kürzlich gegründeten Diana, Princess of Wales Memorial Fund zu ergänzen.

Wenn es einen Moment gab, in dem die Kritiker glaubten, ich sei letztlich nur der Butler, der sich Gedanken »jenseits seines Standes« mache, dann war es vermutlich diese meine Berufung in das Komitee, und all jene, die der Prinzessin nicht so nahe standen, begannen hinterrücks über mich herzufallen, statt mich offen zur Rede zu stellen, um Missverständnisse über unsere Beziehung auszuräumen.

Was nicht unbedingt zur Beseitigung von Missverständnissen beitrug, war ein Kommentar der Herausgeber in der *Times* unter der Überschrift: »Butler Power. Paul Burrell ist die erste Wahl, wenn es um ein Diana-Denkmal geht«. Hier Auszüge aus dem Text:

»Niemand ist für seinen Kammerdiener ein Held ... und für den Butler ist man weder Prinzessin noch Heldin ... aber Butler und Kammerdiener sind die heimlichen Helden hinter den Kulissen. Sie gehören zu den wenigen, die Zugang zur privaten Wirklichkeit jenseits der öffentlichen

Bühne des zeremoniellen Brimboriums haben. So gesehen ist die Berufung von Paul Burrell ... einer der seltenen Momente, in denen das Leben die Kunst nachahmt. Einmal wenigstens wird der Butler zum offiziellen Berater ... Jeeves hätte dem zugestimmt. Dennoch ist es eine problematische Berufung .... die Regierung orientiert sich an den weisen Vorgaben von Fakten, Folklore und Fiktionen. Sollte es Zweifel geben, fragen Sie den Butler, der es als diskreter Insider wirklich weiß.«

Ich glaube, ein in der Situation verständlicher Stolz machte mich vorübergehend taub. Ich hörte nicht, wie man hinter meinem Rücken anfing, die Messer zu wetzen.
William und Harry kehrten zwei Wochen vor Weihnachten 1997 nach Kensington Palace zurück. Ich hatte die Räume mit Blumen und Pflanzen hergerichtet, um sie so wohnlich wie möglich zu gestalten, und ich wartete mit dem Kindermädchen Olga Powell im Wohnzimmer auf ihre Ankunft. Freudestrahlend stürmten die beiden Jungen durch die Eingangstüre, in fröhlicher Erwartung eines Weihnachtsfests in Sandringham. Ich führte sie durch die Wohnung, und mit einem Stapel von Post-it-Zetteln in der Hand markierten wir, was wohin kommen sollte und wem was gehörte. Die Jungen zogen mit Prinz Charles zusammen innerhalb des St. James' Palace um, aus einer Wohnung in das York House, ihre neue Londoner Bleibe. William und Harry eilten von einem Zimmer ins andere, sammelten Bücher, Spielzeug, Fotos und Poster, Videos und Bilder ein, dann entschieden sie, welche Sofas, Stühle und Teppiche sie mitnehmen wollten. William war derjenige, der die Sache etwas methodischer anging. Er erwähnte den Schmuck, nahm dann aber Abstand davon.»Ach, wir können das ja auch im neuen Jahr tun, es eilt schließlich nicht«, sagte er.
Was mich verblüffte, war seine Freundlichkeit, selbst als es darum ging, Dinge auszuwählen, die ihm gehörten.»Darf ich

das mitnehmen ... macht es was aus, wenn ich das hier mitnehme?«
»William«, sagte ich, »all das hier gehört Ihnen und Harry. Nehmen Sie, was immer Sie wollen, Sie müssen nicht fragen.«
Er ging in das L-förmige Schrankzimmer und stand vor den aufgereihten Kreationen von Chanel, Versace, Jacques Azagury und Catherine Walker. »Was sollen wir mit Mamas Kleidern machen?«, fragte er.
»Ich weiß nicht, ob Sie darüber informiert sind, aber die Spencers planen eine Ausstellung in Althorp, und sie möchten gern, dass einige der wichtigen Stücke gezeigt werden – unter anderem auch das Hochzeitskleid.«
»Nein«, entgegnete William scharf. »Ich möchte auf keinen Fall, dass sie das bekommen.«
»Warum nicht?«, warf Harry ein.
»Ich möchte es nicht, das ist alles«, antwortete William bestimmt. »Aber sie können ein paar von Mamas Kleider haben. Das können wir dann auch im neuen Jahr erledigen.«
Es war der Wunsch der Prinzessin gewesen, dass ihr Hochzeitskleid an die nationale Kostümsammlung des Victoria and Albert Museum gehen möge. Ihr älterer Sohn machte unmissverständlich klar, dass es jedenfalls nicht nach Althorp wandern sollte. Und wo befindet es sich heute? Es wird in Althorp ausgestellt.
Dann machte William im Trakt des Kindermädchens weiter.
»Ich möchte diesen Teppich, das Sofa und den Stuhl ... diese Vorhänge, den Beistelltisch ...«, und wir erinnerten uns gemeinsam, wie die Prinzessin vor zwei Jahren dreißigtausend Pfund für neue Teppiche ausgegeben hatte.
Es war eine ergreifende Szene, wie die beiden Jungen durch ihre Zimmer gingen, Dinge auswählten und wie William sich dabei seines jüngeren Bruders annahm.
»Kann ich bitte mein Bett mitnehmen, Paul?«, fragte Harry.
»Und diese Kommode hier mit den Schubladen?«

»Aber, Harry, das willst du doch nicht wirklich!«, fiel William in väterlichem Ton ein. »Dafür ist nicht genug Platz.« »Doch«, rief Harry aufgeregt, und ich stellte mir vor, wie die Prinzessin kopfschüttelnd mit einem Lächeln daneben gestanden hätte.

Keinen Streit gab es, als die beiden im Erdgeschoss ihr gemeinsames Wohnzimmer betraten, wo der riesige Fernsehschirm stand, der ihnen beiden gehörte. »Der ist für Highgrove viel zu groß. Können wir den nicht mitnehmen nach York House, bitte? Er wird dort eine ganze Wand ausfüllen!«, sagte William. Er war immer für die elektronischen Geräte und die Videoanlagen zuständig gewesen. Ich musste lächeln, weil ich annahm, dass Prinz Charles das nicht gut finden würde. Er mochte es nicht, wenn die Jungen vor dem Fernseher saßen und sich geistlose Programme ansahen. Er selbst sah selten fern, nur ab und an einen informativen Dokumentarfilm.

Dann kamen wir in das Wohnzimmer, das Zimmer, in dem sich ihre Mutter immer aufgehalten hatte, und ich glaube, hier wurden die beiden von den vielen Erinnerungen an sie ergriffen. Es herrschte Schweigen. William stand vor den Fotos auf dem Tisch. Harry hatte sich über den Schreibtisch gebeugt und berührte alle Gegenstände wie in Trance.

Nach ein paar Minuten unterbrach Williams Stimme das nachdenkliche Schweigen. »Paul, ich möchte das große Nilpferd«, sagte er und zeigte auf das Stofftier. Mutter und Kinder hatten dieses riesige Kuscheltier immer auf den Boden gelegt und sich beim Fernsehen daran angelehnt.

Am Ende der Tour durch die Wohnung waren überall gelbe Zettel verteilt, alle Gegenstände und Möbel hatten eine Aufschrift »W–York House« oder »H–York House«.

Während sie die Video- und CD-Regale durchstöberten, fiel mir ein, dass Weihnachten 1997 das erste Jahr gewesen wäre, in dem die Prinzessin die Kinder am Heiligen Abend ganz für sich gehabt hätte: Sie hatte sich mit der Queen und Prinz

Charles geeinigt, die Tradition des gemeinsamen Weihnachtsfestes in Sandringham aufzugeben. Sie hatte geplant, Weihnachten mit ihren Kindern im K-Club auf Barbuda zu verbringen.

Aber auch wenn die Prinzessin jetzt nicht mehr unter uns weilte, so wollte ich den beiden doch noch eine Erinnerung an die alten Zeiten in Kensington Palace mit auf den Weg geben, die sie mit nach Sandringham nehmen konnten. Ich hatte für beide einen Strumpf mit Weihnachtssachen gefüllt. Als die beiden sich verabschiedeten und die Treppe hinuntersprangen, hielt ich sie auf. »Da ich jedes Jahr dafür verantwortlich war, Ihre Weihnachtsstrümpfe vorzubereiten, habe ich es auch dieses Jahr gemacht«, sagte ich. Beide sahen mich erstaunt an. »Ich habe sie sogar oben zugenäht, damit Sie nicht an den Inhalt kommen! Allerdings bezweifle ich, dass Sie es bis zum Heiligen Abend aushaltet«, sagte ich und überreichte jedem einen gestrickten Strumpf, wie es die Prinzessin jedes Jahr zu tun pflegte.

»Wir werden sicher bis Weihnachten warten«, sagte William, »und vielen Dank, Paul.« Harry rannte auf mich zu und umarmte mich.

Gemeinsam gingen wir zur Eingangstür. »Jetzt wissen Sie genau, wo ich bin. Wenn Sie irgendetwas brauchen, müssen Sie mich nur anrufen«, sagte ich.

»Das werden wir, Paul«, antwortete Harry, »und wir sehen dich dann im Januar, wenn wir vom Schifahren mit Papa zurück sind.«

Nachdem ihre gefüllten Weihnachtsstrümpfe sicher im Kofferraum des Landrover Discovery bei den anderen Sachen verstaut worden waren, kurbelten sie die Fenster herunter. William saß vorn, Harry auf dem Rücksitz. »Auf Wiedersehen Paul!«, riefen beide, als der Sicherheitsbeamte Graham Craker mit ihnen davonfuhr.

Wie oft hatte ich mit der Prinzessin hier gestanden und ihnen nachgewinkt. Sie drehte sich dann immer zu mir um und sagte: »Das Haus wird still sein jetzt. Ich vermisse meine Jungen.«

Von Kensington Palace, aus dem Zentrum von Dianas Welt, sah ich bestürzt nach draußen.

In seinen Anfängen wurde der Diana, Princess of Wales Memorial Fund vom Scheidungsanwalt der Prinzessin, Anthony Julius, geleitet. Ich hatte den Eindruck, als bemächtige er sich jedes Aspekts ihres Lebens, und Lady Sarah McCorquodale und Michael Gibbins folgten in seinem Kielwasser. Da waren nun drei Menschen, die, ohne die Chefin wirklich zu kennen, sich um ihre Angelegenheiten kümmerten. Eine unabhängige Wohltätigkeitsorganisation, die zur Erinnerung an die Prinzessin ins Leben gerufen worden war, hatte in ihrem engeren Führungszirkel niemanden, der ihr als Freund wirklich nahe gestanden hatte. Nachdem ich zu Lebzeiten für das gesamte Leben der Prinzessin zuständig gewesen war, fand ich mich plötzlich an den Rand gedrängt wieder.

Im Palast erhielt ich regelmäßige Besuche von Frances Shand Kydd. Sie saß im Wohnzimmer mit einer Flasche Wein und ging die Korrespondenz ihrer Tochter durch, traf selbstherrliche Entscheidungen, was vernichtet werden sollte und was nicht. Sie steckte über fünfzig Briefe in den Aktenvernichter, und ich wurde Zeuge, wie eine Familie, die drauf und dran war, den Windsors die Kontrolle über ihre Welt zu entreißen, historisches Material vernichtete. Ich hatte das Gefühl, dass dies so nicht richtig war.

Die Stiftung. Die Vernichtung der Briefe. Ende 1997 hatte ich das Gefühl, die Kontrolle über eine Welt zu verlieren, von der die Prinzessin lange Zeit erwartet hatte, dass ich sie für sie regelte. Noch nie hatte ich mich so hoffnungslos gefühlt. Plötzlich schien der Aufmacher in der *Times*, wo es hieß, man »möge den diskreten Insider konsultieren, der Bescheid weiß«, nichts mehr zu bedeuten. Es entsprach nicht meinem Naturell, daneben zu stehen und den Dingen ihren unkontrollierten Lauf zu lassen. Zumindest in meinen Augen hatte ich die Pflicht, irgendetwas zu unternehmen. Aber ich war in dem Dilemma, dass ich mit niemandem darüber reden konnte. Von den Spencers würde mich keiner verstehen: Ich gehörte nicht zur Familie. William und Harry waren zu jung, und der Prinz von Wales kam als Ratgeber nicht in Frage. Ich weiß nicht, ob er mir zugehört, geschweige denn, ob er mich verstanden hätte. Es gab nur eine Person, auf die er hörte: Ihre Majestät, die Königin. Es war sinnlos, sich durch den ganzen königlichen Hofstaat zu arbeiten, um eine Audienz gewährt zu bekommen. Das wusste ich.

Ich griff zum Telefon und rief jemanden aus dem näheren Umfeld der Queen an, eine diskrete Person, der ich vertrauen konnte. »Glauben Sie, die Königin würde mich empfangen und mir fünf Minuten zuhören?«, fragte ich.

»Überlassen Sie das mir, ich melde mich bei Ihnen.«

Die Antwort kam man darauf folgenden Tag. »Die Queen würde sie gerne am Donnerstag, den 19. Dezember, um zwei Uhr empfangen. Ich denke, Sie kennen den Weg.«

Durch den Seiteneingang in der Buckingham Palace Road, vorbei an dem Polizeibeamten, der mich erwartete. Hinunter durch die gefliesten unterirdischen Gänge. Vorbei an den Lagerräumen, den Weinkellern, dem Wäsche- und Blumenraum und hinein in den engen Zweipersonenaufzug. Ich kannte mich selbst nach zehn Jahren noch in Buckingham Palace aus. Als sich die Tür des Aufzugs öffnete, trat ich in ein mir vertrautes Personalzimmer und ging dann durch eine große Eichentür hinaus über den roten Teppich, der zu den Gemächern der Queen führte, so dass ich meine Ankunft auf Punkt fünf Minuten vor zwei legen konnte. Ich näherte mich der Loge der Pagen auf halber Strecke des Flurs, wo ich so oft gewartet hatte, um die Queen zu bedienen. Jetzt saß ich hier und wartete, bis sie ihren Kaffee nach dem Mittagessen getrunken hatte. Dann,

Schlag zwei Uhr, sagte ein Page: »Die Queen erwartet Sie jetzt ... Es ist Paul, Eure Majestät.«
Da war sie nun in ihrem privaten Wohnzimmer. Ihre kleine Figur stand am Schreibtisch im Erker, die Lesebrille auf der Nase. Auf dem Schreibtisch lagen Regierungspapiere und rote Schachteln. Neun oder zehn Corgis waren im Raum verteilt, und einige von den jüngeren, die mich nicht mehr kannten, hoben ihre Köpfe und knurrten.
Die Queen kam auf mich zu, und ich verbeugte mich, bevor sie mir die Hand reichte und fragte: »Hallo, Paul, wie geht es Ihnen?«
Ihr Lächeln war so warm, wie es immer gewesen war, auch wenn sie jetzt etwas älter und ergrauter wirkte. Sie trug ein blaues Kleid, eine dreireihige Perlenkette und eine große herzförmige Diamantbrosche.
Sie sah das kleine Geschenk, das ich in der Hand hielt. »Ein paar Blumen, Eure Majestät.«
»Wie nett von Ihnen«, sagte sie und nahm mir die Blumen ab. »Und sie riechen so gut.«
Sie wirkte entspannt, freundlich, sie war unbewacht, und sie wusste durch die informelle Vorankündigung, dass mich bestimmte Angelegenheiten, die Prinzessin betreffend, beunruhigten.
»Es ist eine seltsame Angelegenheit«, begann sie die Unterhaltung und reichte die Blumen an ihren Pagen weiter.
»Ich weiß, Eure Majestät. Es gibt absolut niemanden, dem ich mich anvertrauen kann. Sie sind meine einzige Hoffnung, und ich bin Ihnen zu großem Dank verpflichtet, dass Sie mir die Möglichkeit geben, mit Ihnen zu sprechen. Es bedeutet mir wirklich sehr viel.«
Wir blieben stehen. Man sitzt nicht, wenn man eine Privataudienz bei der Queen hat. Ich wusste das. Ihre Majestät fragte mich, wie ich zurechtkäme. Ich sagte, es gelänge mir, mich abzulenken. Sie fragte nach Maria und den Kindern. Ich brachte

sie diesbezüglich auf den neuesten Stand. Dann kam ich auf den Punkt: Ich schilderte ihr die Interna von Kensington Palace, teilte ihr meine Meinung über das Wirken des *Memorial Fund* und der wichtigsten Personen dort mit und schilderte ihr die Probleme, die ich sah. Wir sprachen über Anthony Julius, über Lady Sarah und Patrick Jephson, über meine Zukunft und die enormen Anwaltskosten, die der Fund produzierte: Allein im Oktober waren einhundertsiebzigtausend Pfund aufgelaufen. Dann sprachen wir über Dodi Al Fayed und was die Prinzessin an ihm fasziniert hatte.

Es schien, dass die Königin den gleichen Eindruck hatte wie der Rest des Landes: Dies sei kein kurzer Sommerflirt, sondern der Beginn einer langfristigen Beziehung gewesen.

»Eure Majestät, diese Romanze hätte in Tränen geendet. Die Prinzessin wusste, dass er Probleme hatte: Geld, Drogen, Alkohol und sogar Prostituierte, das alles wird am Ende herauskommen.« Ich fuhr fort: »Ich sagte immer zur Prinzessin: ›Kümmern Sie sich um Ihr unmittelbares Umfeld.‹ Aber tatsächlich hatte sie die Kontrolle über den Kurs ihres Bootes verloren. Er hatte die Klimaanlage voll aufgedreht, er entschied über das Ziel der Reise, er wählte das Essen aus, er beschloss, nach Paris zu reisen. Sie wollte nach Hause zurück, Eure Majestät. Sie wollte ihre Unabhängigkeit zurück.«

Die Queen hörte aufmerksam zu, und sie sagte mir, wie bei vielen Themen an diesem Tag, offen und ehrlich ihre Meinung. Dann erzählte sie mir, dass Frances Shand Kydd sie seit September gelegentlich anrief.

»Gestatten Sie, Eure Majestät, es war sehr tapfer, dass sie abgehoben haben!«, scherzte ich.

Da der Name nun gefallen war, empfand ich es als den rechten Augenblick, meine Besorgnis über die Dinge, die ich in Kensington Palace beobachtet hatte, zum Ausdruck zu bringen: die offensichtlich unkontrollierte Vernichtung von Aufzeichnungen, Briefen und Notizen, die, wie ich meinte, von historischer

Bedeutung sein konnten. »Majestät, ich kann nicht zulassen, dass hier Geschichte ausradiert wird. Ich möchte die Welt der Prinzessin beschützen und ihre Geheimnisse bewahren, und ich habe die Absicht, die Dokumente und andere Dinge, die sie mir anvertraut hat, bei mir zu behalten.«
Wieder hörte die Queen mir zu. Sie widersprach nicht, und ich denke, uns beiden war klar, dass ich etwas unternehmen musste. Weitere Details brauchten wir nicht zu besprechen: was ich an mich nehmen und wo ich es verwahren sollte. Dass die Queen keinerlei Stirnrunzeln zeigte, genügte mir als Hinweis, dass ich die Angelegenheit auf mir angemessen erscheinende Art und Weise regeln konnte.
Ich glaube, sie konnte nachvollziehen, was ich durchmachte. Sie sagte: »Ich erinnere mich, als meine Großmutter starb, dass ich hinüberging nach Marlborough House und überall Aufkleber vorfand. Sie waren alle wie die Geier darüber hergefallen – und ich weiß, das ist das Schlimmste, was einem nach einem persönlichen Verlust passieren kann.«
Dann kam ich auf William und Harry zu sprechen und erzählte von ihrem Besuch, bei dem sie ihre Sachen eingesammelt hatten.
Ich hatte nie eine derart lange Unterhaltung mit der Queen gehabt, und dieses Treffen, das sich zu einem sehr persönlichen und intimen Gespräch entwickelte und nach meiner Erinnerung von zwei bis kurz vor fünf Uhr dauerte, war ein Privileg für mich. Ich stand die ganze Zeit. Wir hatten schließlich zehn Jahre, die aufzuarbeiten waren, und es war wie das Wiedersehen mit einem verloren geglaubten Verwandten. Es war ein sehr informelles Treffen.
Natürlich war die Vorstellung eines Butlers, der eine beinahe dreistündige Audienz bei der Königin hatte, für die Zeitungen in den Tagen nach der Einstellung des Diebstahlsverfahrens gegen mich im Old Bailey im Jahr 2002 nichts anderes als »eingebildeter Unsinn«. Skeptische Palastberichterstatter, die von

einer solchen Unterhaltung nur träumen konnten, traten im Fernsehen auf und versuchten meine Erinnerung an dieses Treffen herunterzuspielen, bezeichneten das Ganze als »undenkbar« und »in hohem Maße unwahrscheinlich« und »reine Erfindung«.

»Selbst der Premierminister bekommt nur fünfzehn Minuten, und es erscheint daher unwahrscheinlich, dass einem Butler eine solche Audienz gewährt wird«, spottete ein ungläubiger ehemaliger Mitarbeiter von Buckingham Palace.

Die Tageszeitung *Sun* kam wie üblich mit der ihr eigenen Präzision zu dem Ergebnis, das Treffen habe drei Minuten gedauert und niemals länger als eine Stunde.

Daraufhin gab Buckingham Palace eine Stellungnahme heraus, um die Wahrheit aufzudecken und einige Leute aufzuklären. Gemäß der persönlichen Erinnerung der Queen hieß es darin: »Das Treffen hat mindestens neunzig Minuten gedauert.«

Unabhängig davon, welche Version stimmt, mir schien es, als hätten wir eine unglaublich lange Zeit miteinander gesprochen. Wir hätten genauso gut nebenher die Corgis füttern können.

Natürlich sprachen wir ausführlich über die Prinzessin. Ich sagte der Queen, dass Prinz Charles der einzige Mann war, den sie ihr Leben lang wirklich geliebt hatte; ich wusste, dass die Prinzessin an diesem Ort der Queen im Februar 1996 diese Nachricht überbracht hatte.

Als wir über die Prinzessin sprachen, änderte sich der Ton der Unterhaltung. Ich konnte beinahe spüren, wie die Queen die Uhr zurückdrehen wollte. »Ich habe so oft versucht, an Diana heranzukommen. Ich habe ihr so viele Briefe geschrieben«, sagte sie mir.

In diesem Moment sah ich vor meinen Augen das Bild der Prinzessin, wie sie neben mir auf den Treppenstufen im Wohnzimmer saß und die freundliche Korrespondenz aus Buckingham Palace oder aus Windsor Castle las. »Ich weiß es, ich habe diese Briefe gesehen, und die Prinzessin hat immer geantwortet. Aber das Problem war, Euer Majestät, dass Sie die Dinge in Schwarz und Weiß gesehen haben und die Prinzessin sie farbig sah.« Ich wies sie darauf hin, dass sie aus unterschiedlichen Generationen stammten, dass sie verschiedene Sprachen benutzten.

Zum ersten Mal in meinem Leben hatte ich das Bedürfnis, die Königin in den Arm zu nehmen, aber sie war natürlich nicht die Prinzessin, und das war ein unmögliches Ansinnen. Ich stand einfach da, hörte ihr zu und dachte mir, wenn England sehen könnte, wie aufrichtig und warmherzig sie gegenüber der Prinzessin gewesen war, dann hätte es keine Auseinandersetzung über ihre Distanziertheit in den Tagen nach dem Tod der Prinzessin gegeben.

Ich erinnerte mich an die Notiz, die mir die Prinzessin über die Queen hinterlassen hatte: »Ich möchte meine Schwiegermutter in den Arm nehmen.«

Was ich hier erlebte, war eine besorgte Schwiegermutter, keine distanzierte Herrscherin; hier war jemand, der ernsthaft versucht hatte zu helfen, und die Chefin wusste das. Daher hatte sie weder die Queen noch den Herzog von Edinburgh jemals als ihre Feinde empfunden.

Die Queen wusste das, aber sie fügte hinzu: »Meine Gesten waren nicht willkommen oder sie wurden missverstanden.« Man sah ihr an, wie frustriert und traurig sie war. »Und ich wollte doch nur helfen.«

Als sich unser Treffen dem Ende zuneigte, sagte die Queen noch etwas zu mir. Sie blickte mich dabei über ihre Brillengläser hinweg an: »Seien Sie vorsichtig, Paul. Niemand hat einem Mitglied meiner Familie jemals so nahe gestanden wie Sie. Es gibt Kräfte in diesem Land, von denen wir nichts wissen.« Sie fixierte mich mit starrem Blick und fügte hinzu: »Verstehen Sie mich?«

»Es war anregend, wieder mit Ihnen zu sprechen, Paul. Halten Sie mich auf dem Laufenden, wie sich die Dinge entwickeln.

Ich glaube, es ist an der Zeit, dass ich mit den Hunden spazieren gehe.«
Wir gaben uns die Hand. Ich verbeugte mich und verließ den Raum.

Seit dem Ende des Gerichtsverfahrens gegen mich, bei dem ich zum ersten Mal Näheres über dieses Treffen mit der Queen mitteilte, gibt es viele Spekulationen und Gespött über den Tonfall und die Bedeutung der Warnung »Seien Sie vorsichtig«.

Was sollte das bedeuten? Alles, was ich weiß, ist das, was ich damals hörte. Es gab keine genaueren Angaben über das Ausmaß oder die Art der Gefährdung, noch wurde sie in besonders melodramatischem Ton vorgetragen. Ich ging damals und akzeptierte das, was ich gehört hatte, so, wie ich es gehört hatte: als Aufforderung, auf der Hut zu sein. Meiner Meinung nach wollte sie damit nichts anderes sagen, als dass ich mich gegenüber jedermann vorsichtig verhalten sollte, denn niemand versteht die Position, in der ich mich befinde, und meine Nähe zur Prinzessin besser als die Queen.

Der Hinweis auf die »Kräfte in diesem Land, von denen wir nichts wissen« hat mich in den vergangenen Jahren oft beschäftigt. Ja, auch ich habe mir Sorgen gemacht. Möglicherweise spielte die Queen damit auf die Macht der Medienmogule und Zeitungsherausgeber an, die jeden Menschen von seinem Podest stoßen können. Möglicherweise bezog sie sich auf jene diffuse Sphäre, die man das »Establishment« nennt, ein undefinierbares, unsichtbares Netzwerk, das die sozialen Kreise der Großen und Mächtigen in diesem Land verbindet. Sie kann damit auch den Geheimdienst MI 5 gemeint haben, denn, glauben Sie mir, die Queen weiß zwar nichts über dessen geheime Aktionen und andere, noch düsterere Praktiken, aber sie ist sich seiner Macht bewusst. Wie der königliche Hofstaat verfügen auch die Geheimdienste über eine Blankovollmacht, nach eigenem Ermessen im besten Interesse von Staat und Monarchie zu handeln.

Alles, was ich weiß, ist, dass ich in den vier Jahren nach der Warnung Ihrer Majestät verhaftet und für ein Delikt angeklagt wurde, das ich nie begangen habe, wobei die Anklage auf äußerst wackligen Füßen stand. Die ganze Zeit ging es bei diesem Verfahren untergründig auch immer um die Geheimnisse der Prinzessin. Wer hatte sie? Wo waren sie? Aber in aller Aufrichtigkeit, ich kann nicht genau sagen, worauf sich die Queen bezog. Ich könnte mich heute noch dafür ohrfeigen, dass ich damals nicht näher nachgefragt habe. Ich kann nicht mehr tun als alle anderen und darüber Spekulationen anstellen. Niemand kennt sich in meinem Kopf besser aus, kennt die darin verschlossenen Geheimnisse besser als ich. Als die Prinzessin sich entschloss, mir bestimmte Dinge mitzuteilen, ließ sie mich an historisch bedeutsamem Wissen teilhaben. Ich war für sie der unabhängige Zeuge, ebenso wie ich der Zeuge für die Briefe war, die sie schrieb und erhielt, für die Scheidungsunterlagen und das Testament, das sie verfügte.

Auch teilte sie mir ihre Besorgnis wegen der ständigen Überwachung mit. Es wäre naiv, würde man glauben, dass eine Person wie die Prinzessin von dem Moment ihrer Eheschließung mit Prinz Charles an nicht am Telefon abgehört worden wäre, dass ihre Kontakte nicht überprüft worden wären. Regierungsmitglieder und Angehörige der königlichen Familie werden routinemäßig überwacht. Sie wusste das. In dieser Hinsicht waren »die Kräfte« während meiner ganzen Zeit in Highgrove und Kensington Palace diskret am Werk. Sie erinnerte mich immer wieder daran und hielt mich zur Wachsamkeit an. Wenn es etwas gab, was die Prinzessin am Leben in Kensington Palace verabscheute, dann war es das unvermeidliche Gefühl der dauernden Beobachtung und Überwachung. Das war einer der Gründe, warum sie Polizeischutz ablehnte. Sie traute der Polizei als Werkzeug des Staates nicht. Ja, sie hatte ein tief sitzendes Misstrauen gegen alles, was mit dem Staat zu tun hatte.

Selbst wenn wir uns außerhalb des Palastes befanden, hatte sie den Verdacht, dass Abhörgeräte in den Apartments Nr. acht und neun angebracht worden seien. Einmal rückten wir gemeinsam alle Möbel in ihrem Zimmer zur Seite, rollten den aztekischen Teppich weg, hoben den darunter liegenden blauen Teppichboden auf. Dann nahmen wir Schraubenzieher und entfernten die Bodendielen. Sie war der festen Überzeugung, im Palast abgehört zu werden. Aber wir fanden nichts. Sie nahm an, dass Abhörgeräte in Steckdosen, Lichtschaltern oder Glühbirnen versteckt seien. Manche mögen das als Verfolgungswahn abtun. Wären derartige Befürchtungen wirklich aus der Luft gegriffen, dann könnte ich das auch so sehen. Aber jene Kritiker, die sie gern als paranoid abstempeln wollten, wussten nicht, dass es wirklich Anhaltspunkte für ihre Besorgnis gab. Sie war vorsichtig und nicht paranoid, den sie hatte Informationen von einem ehemaligen Mitarbeiter des britischen Geheimdienstes; das war ein Mann, auf dessen Wissen, Ratschläge und Freundschaft die Prinzessin vertraute.

Selbst ein weiteres Mitglied der königlichen Familie warnte die Prinzessin: »Du musst diskret sein – selbst in deinen eigenen vier Wänden – denn ›sie‹ beobachten dich die ganze Zeit.« (Vor meiner Verhandlung im Old Bailey im Jahr 2002 sah ich zusammen mit meinen Anwälten dokumentierte Belege dafür, dass sogar mein Telefonanschluss während der polizeilichen Ermittlungen ohne mein Wissen »angezapft« worden war und dass mindestens zwanzig Telefonnummern überwacht wurden.)

Auf der Basis solcher Kenntnisse kann man es niemandem in der Position der Prinzessin verdenken, wenn er auf die Suche nach Abhörgeräten in seiner Wohnung geht. Als sie selbst nichts fand, rief sie ihren Freund, den ehemaligen Geheimdienstmitarbeiter, zu Hilfe. An einem Wochenende besuchte er sie nachmittags unter einem Pseudonym im Palast. Er untersuchte ihre Wohnung nach Abhöranlagen. Jedes einzelne Zimmer wurde unter die Lupe genommen. Man fand nichts. In der Folge erhielten die Prinzessin und ich eine Lektion nach der anderen in Sachen Hightechüberwachung. Am meisten verstörte die Prinzessin, dass es gar nicht notwendig war, Abhöranlagen in einer Wohnung zu installieren. Die technische Entwicklung war so weit fortgeschritten, dass man jede Unterhaltung in einem Zimmer aus einem auf der Straße geparkten Lieferwagen mithören konnte, von wo aus ein Signal in das Gebäude gesendet wurde, dass dann von Spiegeln zurückgeworfen werden konnte. Daraufhin nahm sie den runden Konvexspiegel über dem Marmorkamin gegenüber dem Fenster in ihrem Wohnzimmer ab. Sie war keineswegs paranoid, nur gut beraten.

In den beiden letzten Jahren ihres Lebens machte sich die Prinzessin zunehmend Sorgen um die Sicherheit in ihrer Umgebung. Sie hatte das Gefühl, seit ihrer Trennung im Jahr 1992 an Statur gewonnen zu haben, und sie war bereit, sich in der Welt für ihre humanitären Anliegen zu engagieren. Aber ob zu Recht oder zu Unrecht, sie hatte das Gefühl, dass sie, je stärker sie wurde, desto mehr als modernistischer Störenfried wahrgenommen wurde, der auf eigene Faust in die Welt geht und ungewöhnliche Dinge tut. Später zeigte sich, dass sie in gewissem Ausmaß Recht hatte, als man sie wegen ihres humanitären Einsatzes in Angola Anfang 1997 eine unkoordiniert agierende Wichtigtuerin nannte, die mehr Schaden anrichtete, als Nutzen zu stiften. Im Herbst 1996 hatte sie das starke Gefühl, sie sei »im Weg«. Sie spürte, dass das »System« ihre Arbeit nicht schätzte und Prinz Charles nie vorankommen würde, solange sie in der Öffentlichkeit stünde. »Ich bin stark geworden, und es gefällt ihnen nicht, wenn ich in der Lage bin, Gutes zu tun und ohne sie auf eigenen Füßen zu stehen«, sagte sie. Einmal während einer ihrer ängstlichen Phasen im Oktober

1996 rief mich die Prinzessin aus meinem Anrichtezimmer. Ich traf sie auf halber Strecke auf der Treppe. Auf ihre erste Frage, entstanden aus Selbstzweifel, gab ich ihr eine aufmunternde Antwort, und bei der nächsten Frage saßen wir gemeinsam auf der Treppe und besprachen ihr Anliegen. Sie hatte das Gefühl, das eine, wie sie es nannte, »Anti-Diana-Brigade« gezielt versuchte, ihre Position in der Öffentlichkeit zu untergraben. Wir sprachen über die Rolle von Tiggy Legge-Bourke. Wir sprachen über Camilla Parker Bowles und darüber, ob der Prinz sie wirklich liebte. Natürlich sprachen wir auch darüber, wie die Prinzessin sich unterschätzt und zu wenig anerkannt fühlte. Aber Grund dieser ganzen Unterhaltung waren ihre Zukunftsperspektiven. Sie sei, wie sie sagte, »dauernd verunsichert« von den Versuchen der Anhänger von Prinz Charles, sie zu »zerstören«. Es war ein »schlechter Tag«, und die Prinzessin hatte das Bedürfnis zu reden. Den Kopf voller verwickelter Gedanken, gingen wir in ihr Wohnzimmer, um die Dinge aufzuschreiben und sinnvoll zu ordnen. Wieder einmal entfaltete die Feder ihre therapeutische Wirkung und brachte ihre Gedanken in Ordnung.

Während die Prinzessin aufgeregt am Schreibtisch vor sich hin kritzelte, beobachtete ich sie vom gegenüberliegenden Sofa aus. »Ich werde das datieren und möchte, dass Sie es aufheben ... für alle Fälle«, sagte sie. Denn an diesem Tag hatte sie einen zusätzlichen Grund, ihre Gedanken zu Papier zu bringen und sie mir zu offenbaren. Sie war, ob mit rationalen Gründen oder nicht, um ihre Sicherheit besorgt, und dieser Gedanke nagte an ihr. Sie schrieb nieder, was sie sich dachte, aber ohne ihre Gedanken weiter zu begründen. Es handelte sich dabei in gewisser Weise um eine Art Versicherung, die sie für die Zukunft abschloss.

Als sie den Brief beendet hatte, steckte sie ihn in einen Umschlag und adressierte ihn an »Paul«, versiegelte ihn und überreichte mir den Umschlag. Ich las ihn am nächsten Tag zu

Hause und dachte mir nichts dabei. Es war weder das letzte noch das erste Mal, dass sie ihre Bedenken mir gegenüber aussprach oder niederschrieb. Aber jetzt, im Rückblick, denke ich über den Inhalt dieses Briefes immer wieder nach. Zehn Monate bevor sie bei einem Autounfall in Paris ums Leben kam, schrieb sie Folgendes auf:

»Es ist Oktober und ich sitze hier an meinem Schreibtisch und wünsche mir, in den Arm genommen zu werden von jemandem, der mich aufmuntert und mir hilft, stark zu bleiben, meinen Kopf oben zu behalten. Die jetzige Phase meines Lebens ist die gefährlichste. [Die Prinzessin nennt die von ihr vermutete Quelle der Bedrohung und Gefahr] plant einen ›Unfall‹ mit meinem Auto, Bremsversagen und schwere Kopfverletzungen, um Charles den Weg für eine neue Ehe frei zu machen.

Das System hat mich fünfzehn Jahre lang geschlagen, verletzt, missbraucht, aber ich empfinde keinen Groll und keinen Hass. Ich habe die Schlachten satt, aber ich werde mich nie ergeben. Innerlich bin ich stark, und das ist das Problem meiner Feinde.

Ich danke dir, Charles, dass du mich durch diese Hölle geführt und mir die Möglichkeit gegeben hast, aus der Grausamkeit, mit der du mich behandelt hast, zu lernen. Ich bin schnell vorangekommen, und ich habe mehr geweint, als man sich denken kann. Der Schmerz hätte mich fast das Leben gekostet, aber meine innere Stärke hat mich nicht verlassen, und diejenigen, die da oben über mich wachen, haben mich gut geführt. Ich habe das Glück, dass ich unter ihren Schwingen Schutz gefunden habe ...«

Dieser Brief ist Teil der Sorgen, die mich seit dem Tod der Prinzessin umtreiben. Die Frage, was mit diesem Brief geschehen sollte, hat mich innerlich sehr beschäftigt. Ich kann nur sagen, stellen Sie sich vor, Sie erhalten einen solchen Brief von einer geliebten Person, und im Verlauf des darauf folgenden Jahres stirbt diese Person bei einem Autounfall. Wenn Sie versuchen, das zu verstehen, dann schwanken Sie zwischen der Annahme eines blöden Zufalls und bizarren, paranoiden Erklärungsversuchen hin und her. Ich hatte gehofft, dass die Untersuchung über den Tod der Prinzessin die Angelegenheit ein für alle Mal klären würde – eine vollständige Untersuchung der Ereignisse vom 31. August 1997 durch ein Gericht und einen Gerichtsmediziner hier in Großbritannien. Aber aus unerfindlichen Gründen hat es eine solche Untersuchung zur Todesursache nicht gegeben. Wäre es jemand anderes gewesen, hätte eine solche Untersuchung durchgeführt werden müssen. Aber dieser wesentliche Schritt wurde in dem Fall nicht getan.

Im Spätsommer 2003 hieß es, eine entsprechende Untersuchung über die Umstände des Todes von Dodi Al Fayed sei in Surrey geplant. Unklar war dabei, ob sich diese Untersuchung auch auf den Tod der Prinzessin erstrecken würde. Wie immer die Dinge jetzt liegen, die Tatsache, dass bis heute keine ordnungsgemäße gerichtliche Untersuchung über die Todesursache stattgefunden hat, und der Versuch von Staatsanwaltschaft und Scotland Yard, mein Ansehen durch ein Gerichtsverfahren gegen mich im Old Bailey im Jahr 2002 zu zerstören, haben mich veranlasst, den Inhalt dieser Nachricht öffentlich zu machen. Es mag sein, dass damit nichts erreicht wird, denn ich füge nur noch ein weiteres Fragezeichen zu den vielen anderen hinzu. Aber wenn dieses eine Fragezeichen dazu führt, dass endlich eine gründliche Untersuchung der Tatsachen durch britische Behörden stattfindet, dann hat es seinen Sinn erfüllt. Vielleicht gibt es den Wunsch, diese Angelegenheit einer Untersuchung durch britische Behörden einfach in der Versenkung verschwinden zu lassen, aber das darf nicht geschehen.

15.
Ein Klopfen
an der Tür

Während sich die Prinzessin zu ihren Lebzeiten froh darüber zeigte, dass ich am Ruder war, hätten es jene, die nach ihrem Tod mit der Pflege ihres Vermächtnisses betraut waren, weitaus lieber gesehen, wenn ich über Bord geworfen worden wäre. In den Jahren von 1997 bis 2002 begriffen nur wenige, welch privilegierte Beziehung mich mit der Chefin hinter verschlossenen Türen in Kensington Palace verbunden hatte, und diese Unwissenheit paarte sich letztlich mit Ignorantentum und setzte mir unsäglich zu.
Lebt man in einer so ungeheuer abgeschirmten Welt, so bleiben deren einzigartige Eigenschaften dem Außenstehenden zwangsläufig verborgen. Und wenn etwas dem Auge des Außenstehenden vorenthalten wird und besonders wenn gegen gewöhnliche Verhaltensregeln verstoßen wird, entsteht Unverständnis. Ich war ein Butler, der seine Pflicht getan hatte, nichts mehr und nichts weniger. Doch manche sahen mich vielleicht als einen Butler mit einem Hang zum Größenwahn und zur Selbstüberschätzung.
Ein allgemeiner Wunsch, mich in die Schranken zu weisen und mich wieder in eine Art Livree zu zwängen, in die ich anschei-

nend gehörte, zeigte sich bereits, kurz nachdem ich im Februar 1998 zum bezahlten Manager für Fundraising und Events des Diana, Princess of Wales Memorial Fund berufen wurde.

Ich wurde aus einem ruhigen, geheimen Winkel eines Schlosses in Büroräume im Millbank Tower im Südwesten Londons katapultiert. Ich sah in meiner neuen Rolle auch die Möglichkeit, dazu beizutragen, die Geldmittel in einer Weise zu nutzen, die die Prinzessin mit Stolz erfüllt hätte. Ich erhielt Schecks in rauen Mengen: von den zwei Millionen Dollar des Herstellers von Ty Beanie Babys, über die sechsundzwanzigtausend Pfund von Tower Records bis zu ein paar hundert Pfund von einem jungen Farmerkollektiv in Highgrove. Ich eröffnete Wohltätigkeitsveranstaltungen in ganz England, darunter die Nationalen Behindertenwettkämpfe für Junioren in Birmingham, und nahm an Konferenzen des Memorial Committee in der Downing Street teil. In dem Komitee traten keine Probleme auf. Der Machtkampf gärte in der Stiftung.

Ich war der Meinung, ich könne eine einzigartige Perspektive mit einbringen und die Arbeit der Stiftung nach den Wünschen der Prinzessin ausrichten. Ich hatte die Prinzessin in- und auswendig gekannt, wusste, wie sie dachte, hatte sie bei ihren humanitären Missionen begleitet und mit ihr Konzepte für zukünftige wohltätige Projekte entworfen, die ihr am Herzen lagen.

Eines Abends notierten die Prinzessin und ich im Wohnzimmer von Kensington Palace Ideen, wie es weitergehen solle, weil sie das Gefühl hatte, ihre guten Absichten würden missverstanden.

»Mir wurde eine Eigenschaft mitgegeben, sehr zu Charles' Entsetzen, eine Eigenschaft, die ich hegen und nutzen muss, um Menschen in Not zu helfen. Ich werde jene, die an mich glauben, nicht im Stich lassen und werde immer Liebe mitbringen, egal, zu wem und wohin ich gehe – sei es zu Leprakranken, Aidspatienten, Königen oder Präsidenten. Ich muss meinem Schicksal folgen, und folgen will ich ihm mit Stolz, Würde und unendlich viel Liebe und Verständnis für jene, die in Not sind und denen ich mit offenen Armen gebe ...«

Ich wusste, in welche Richtung ihr humanitäres Engagement ging. Aufgrund des Gedankenaustauschs über ihre Zielsetzungen zu ihren Lebzeiten hielt ich mich für qualifiziert, in ihrem Namen den Weg zu weisen und zu verbürgen, dass sich die Arbeit des Gedächtnisfonds mit ihren Wünschen und Überzeugungen deckte. Die persönliche Assistentin der Prinzessin, Jackie Allen, und die Sekretärinnen Jane Harris und Jo Greenstead brachten ihre Auffassungen davon, welche Maßnahmen im Namen der Prinzessin richtig beziehungsweise falsch seien, ebenfalls in die Runde ein.

Wie ich wurden auch sie immer mehr ausgegrenzt, weil sie sich angeblich zu emotional engagierten. Ich fand, man behandelte mich wie den Butler, der allmählich lästig wird mit seinen Ansichten darüber, was die Prinzessin gewollt hätte. So richtig ausgestochen fühlten sich einige hochnäsige Personen jedoch erst, als die Presse anfing, mich als »die Stimme und das Gesicht der Stiftung« zu bezeichnen, besonders als Lady Sarah McCorquodale deren Präsidentin war.

»Vergessen Sie nicht Ihre Herkunft, Paul.«
»Hören Sie auf, Paul, wie ein Verwundeter herumzulaufen. Wir trauern schließlich *alle*.«
»Er ist ja leider ein emotionaler Krüppel. Emotionale Menschen treffen nicht die besten Entscheidungen.«
»Paul, möchten Sie nicht lieber woanders eine Stellung suchen, damit Sie von alldem wegkommen? Es sind einige gemeine Gerüchte über Sie im Umlauf.«

Solche Kommentare, direkt ins Gesicht oder hinter meinem Rücken gesagt, wurden in Londoner Kreisen allmählich ganz alltäglich. Ich ließ mich jedoch nicht von den unerledigten Aufgaben abbringen. Wenn es meine Pflicht gewesen war, der Prinzessin zu Lebzeiten zu dienen, dann war ich fest entschlossen, auch ihrem Andenken nach ihrem Tod zu dienen.

Ich erinnerte mich daran, was die Prinzessin zu sagen pflegte, wenn es hieß, sie lehne sich zu weit aus dem Fenster: »Man gerät immer unter Beschuss!« Doch sie stand stets für ihre Überzeugungen ein und stellte sich auf die Hinterbeine. Ich konnte nur ihrem Beispiel folgen.

Das in Leder gebundene grüne Adressbuch der Prinzessin lag auf meinem Schreibtisch in einem Raum, der abgetrennt war von der großen Zentrale im Millbank Tower. Jackie Allen und ich schlossen den Raum jeden Abend ab. Eines Tages – es war noch in der Anfangszeit des Gedächtnisfonds – war das Adressbuch verschwunden. Es enthielt die Namen und Telefonnummern sämtlicher Freunde und Bekannten der Prinzessin. Es war der Leitfaden ihres Lebens gewesen. Ich hatte ihr während der langen Nacht der Totenwache daraus vorgelesen. Gemeinsam mit Jackie meldete ich den Diebstahl dem damaligen Büroleiter, Brian Hutchinson. Er wiederum unterrichtete Lady Sarah McCorquodale. Die Polizei wurde nicht eingeschaltet. Man stellte nicht einmal interne Nachforschungen an. In der Zentrale war man der Meinung, das Adressbuch sei wohl von einer Putzfrau oder einem Nachtwächter eingesteckt worden. Es wurden keinerlei Ermittlungen angestellt, und das allein weckte in mir den Verdacht, dass etwas nicht stimmte.

Dr. Andrew Purkis wurde als Verwaltungschef des Fonds eingestellt. Wir kamen überhaupt nicht miteinander aus – weil die Prinzessin nicht mit ihm ausgekommen wäre. Er stellte gleich klar, *er* sei »die Stimme des Fonds, wenn überhaupt«. Er hatte die Prinzessin nicht einmal persönlich gekannt, und so war ich zutiefst bestürzt, als ich hörte, wie dieser Außenstehende über ihr Andenken redete. Er war Privatsekretär des Erzbischofs von Canterbury in Lambeth Palace gewesen. Er war High Church und Establishment in einem – alles, wogegen die Prinzessin rebelliert hatte. Den Posten hatte er bekommen, weil er ein heller Kopf war und eine ausgezeichnete Verwaltungslaufbahn vorwies. Ich vermisste bei ihm jedoch jegliche Vorstellung davon, wie dieses kostbare Erbe verwaltet werden sollte. Er hatte überhaupt keine Antenne für die leidenschaftliche Hingabe und die engagierte Gesinnung, die die meisten ihrer Freunde auszeichnete. Eine Wohltätigkeitseinrichtung in Erinnerung an eine besondere Persönlichkeit wird jeder nötigen Inspiration und Orientierung beraubt, wenn sie nicht imstande ist, ebenjene Persönlichkeit zu verstehen und einzubeziehen, in deren Namen sie überhaupt wirkt.

Jedes Mal wenn ich ein leidenschaftliches Plädoyer für die bemerkenswerte Persönlichkeit der Prinzessin hielt, kam ich mir vor, als schreie ich hinter einer dicken Glaswand stehend. Dr. Purkis wusste, dass ich seine Ankunft nicht gerade mit Begeisterung aufnahm. »Ich weiß, Sie haben gewisse Vorbehalte dagegen, dass ich diesen Posten übernehme, aber ich werde versuchen, so gut ich kann mit Ihnen zusammenzuarbeiten. Ich möchte nicht, dass irgendwelche Animositäten bestehen«, erklärte er mir.

Anfang Juli 1998 waren die Apartments acht und neun vollkommen ausgeräumt worden. Es war nichts mehr da. Keine Teppiche, keine Seidentapeten, nicht einmal eine Glühbirne. Es schien so, als habe überhaupt nie jemand darin gewohnt. Die Königliche Kunstsammlung hatte die wertvollen Möbel und Gemälde eingesammelt. Der Schmuck war Buckingham Palace zurückgegeben worden. Auch Williams und Harrys Wunsch, ihr Eigentum ausgehändigt zu bekommen, war erfüllt worden. Die Spencers nahmen den Rest nach Althrop mit, darunter das Porträt der Prinzessin von Nelson Shanks und das

Hochzeitskleid. Selbst der BMW der Prinzessin wurde an einen geheimen Ort gebracht und vernichtet, damit niemand davon profitieren konnte. Alles, was mir vertraut gewesen war, wurde ausgelöscht, und so wurde mir bewusst, dass auch mein Abschied von Kensington Palace unausweichlich war und immer näher rückte. Ich hatte den Gedanken immer wieder verdrängt, seit Maria und ich im vorausgegangenen Dezember unterrichtet worden waren, dass wir keinen Anspruch mehr auf eine Dienstwohnung in den Old Barracks hatten, da ich nicht mehr beim königlichen Hofstaat angestellt war. Am 24. Juli hieß es Abschied nehmen – Abschied von so vielem: dem Schloss, unserer Wohnung, den Schulen unserer Buben, ihren Freunden, unseren Freunden, unserem Gemeindepriester, meiner Altersversorgung. Unsere gesamte Lebensweise ging uns verloren. Vor allem aber musste ich endgültig die private Welt von Kensington Palace loslassen, an die ich mich seit dem Tod der Prinzessin so geklammert hatte. Dies war ein äußeres Loslassen. Ein inneres Loslassen wird mir wohl nie gelingen.

Als Mrs. Frances Shand Kydd erfuhr, dass wir die königliche Dienstwohnung räumen mussten, bot sie uns an, hundertzwanzigtausend Pfund zu einer Wohnung in London beizusteuern, unter der Bedingung, wir trügen die Wohnung auf ihren Namen ins Grundbuch ein und würden ihr einen Raum zur Verfügung stellen, den sie nutzen konnte, wann immer sie in der Hauptstadt weilte. Das war ein unglaublich freundliches Angebot, doch wir hatten unser kleines Landhaus in Farndon, Cheshire, und so beschlossen wir, in den Norden zu ziehen und ganz von vorn anzufangen. Maria und die Jungen sollten in dem Dorf wohnen, umgeben von der Familie, während ich die Woche über für die Gedächtnisstiftung in London arbeitete und bei einem Freund unterkam.

An unserem letzten Tag in den Old Barracks packten Maria und die Jungen die letzten Kartons und räumten die Wohnung aus. Sie ließen mir Zeit für einen letzten Besuch in Kensington Palace. Ich schlenderte über den Rasen, die Straße neben dem Schloss hinauf, an den Cottages vorbei, über die King's Passage und durch den Hintereingang von Apartment acht. Ich wanderte durch den Arbeitsraum im Erdgeschoss, vorbei an den leeren hölzernen Schubfächern und in meinem Anrichtezimmer, wo die Schränke ausgeräumt und das Telefon und Faxgerät abmontiert worden waren. Meine bloße Gegenwart – die Schritte, das Öffnen von Türen, das Knarren der Dielen – schien in den Räumen, die einst von Leben pulsierten, wie ein Echo widerzuhallen. Ich streifte durch die Wohnung, blieb in jedem Raum zehn oder fünfzehn Minuten stehen und sann darüber nach, was in jenen Räumen geschehen war. Ich projizierte innere Bilder auf einen leeren Hintergrund und spulte gleichsam fünf Lebensjahre in Kensington Palace ab – immer wieder vor und zurück. All diese Erinnerungen verdichteten sich und ballten sich in jener Stunde zusammen, in der ich in vollkommener Stille dort verharrte. Die Wohnung war nur noch ein nacktes Gerippe, doch vor meinem inneren Auge sah ich alles so, wie es einst gewesen war.

Diese Gedanken nahm ich auf der langen Fahrt nach Norden mit in mein neues Leben.

Ich lebte meine Rolle im Memorial Fund mit jedem Atemzug, Tag und Nacht. Ich reiste durch das ganze Land und half mit, im Andenken an die Prinzessin Gelder zu sammeln – bei einer Modenschau von London Lighthouse, in einem Golfclub in Shropshire, bei dem der ehemalige englische Torhüter Peter Shilton einen Tag des Behindertensports veranstaltete, bei einem Wohltätigkeitstag im Kricketclub von Retford in Lincolnshire, beim Great North Run in Newcastle-upon-Tyne und bei einem Dudelsackwettbewerb in Glasgow. Ich reiste kreuz und quer durch Großbritannien, doch der Fonds zeigte sich anscheinend unbeeindruckt davon, dass ich mich auch an meinen freien Wochenenden für diese Belange einsetzte. Ich fuhr durch die Gegend, um persönlich Schecks entgegenzunehmen, weil ich es für wichtig hielt, dass ein Vertreter des Fonds die Anstrengungen der Menschen würdigte, die Gelder für die Sache der Prinzessin sammelten.

Im Oktober war die Zentrale vom Millbank Tower in das Rathaus von Westminster umgezogen. Dort hatte ich ein Büro mit einem herrlichen Panoramablick über die Themse, auf das Parlament und Big Ben.

Der Horizont war weit, doch mein Aktionsradius wurde stark begrenzt. Im November wollte ich am New Yorker Marathonlauf teilnehmen. Dr. Andrew Purkis stellte in einer schriftlichen Mitteilung klar, er werde nicht zulassen, dass meine Bedeutung ausufern werde:

»Wenn und falls Sie nach New York reisen, ... dann im Rahmen einer Privatreise, ... um einen persönlichen Ehrgeiz zu befriedigen. Sie repräsentieren nicht die Stiftung ... und werden keine Aktionen starten oder Interviews geben, die sich auf die Arbeit der Stiftung beziehen. Selbst ein Interview, das sich vorgeblich um die Person Paul Burrell dreht, dürfte ziemlich schnell die Tatsache herausstellen, dass Sie für die Stiftung tätig sind.«

Also absolvierte ich den Marathonlauf, in vier Stunden und vierzig Minuten, allein in meiner Eigenschaft als Privatperson.

Im selben Monat wurde im Grosvenor House Hotel in der Londoner Park Lane ein Maskenball veranstaltet, um Spenden für den Diana, Princess of Wales Memorial Fund zu sammeln. Zahlreiche Prominente erschienen zu Ehren der Prinzessin. Der Rockstar Bryan Adams stiftete eine signierte Gitarre, die von dem Schauspieler und ehemaligen Fußballer Vinnie Jones ersteigert wurde. Nach solch einem glamourösen Abend hörte

ich schon fast wieder das gehässige Zischeln aus dem Hinterhalt, ich sei »auf Stars versessen« und »zu sehr am Showbusiness interessiert«. Die Zeichen standen an der Wand.
In der letzten Novemberwoche wurde ich gebeten, zu einem Gespräch unter vier Augen bei Dr. Purkis zu erscheinen. Die akkurate Ordnung in seinem hell erleuchteten Büro zeigte, wie effizient dieser Mann in seiner Eigenschaft als Verwaltungschef war. Auf seinem Schreibtisch lagen sämtliche Papiere fein säuberlich gestapelt. Hinter seinem Sessel hing ein Foto der Prinzessin, das Mario Testino für eine CD zu Ehren der Chefin gemacht hatte.
Dr. Purkis, ein kleiner, nervös wirkender Mann, kam schnell zur Sache. Er schlug vor, ich solle anfangen, mir ein anderes Betätigungsfeld zu suchen, weil man den Geschäftsbereich Fundraising und Events aufzulösen gedenke. »Und Ihre Zukunftsaussichten innerhalb der Stiftung sind sehr begrenzt«, meinte er.
Alles, was ich hörte, war eine nichts sagende Stimme, die im Hintergrund leierte. Ich verstand gar nicht, was er sagte, denn ich konzentrierte mich ganz auf das Porträt der Prinzessin. Dieser Mann hat nicht die geringste Ahnung von Ihnen, dachte ich.
Dann unterbrach ich ihn mitten im Satz: »Soll das heißen, Sie wollen mich überflüssig machen? Weil ich nicht meinen Rücktritt einreiche? Dies ist der Bereich, den ich am besten kenne und beherrsche. Sie werden mich chirurgisch aus der Stiftung entfernen müssen, aber dann werde ich die schmutzige Wäsche mitnehmen und an die Öffentlichkeit ...«
»Paul, ich verwende nicht gern solche Analogien, doch ich denke, es ist Zeit für Sie, sich einen anderen Platz zu suchen.« Wie kann er es wagen? »*Sie* können hier sitzen und reden«, sagte ich, »aber Sie sind in der Öffentlichkeit nicht so davon betroffen wie ich. Wenn Sie mich rauswerfen, wird das die Arbeit der Stiftung beeinträchtigen.«

Dr. Purkis hörte gar nicht zu.

Ein paar Tage später rief mich Lady Sarah McCorquodale an.

»Ist alles in Ordnung, Paul?«

»Nein, keineswegs«, erwiderte ich.

»Dann treffen wir uns nächsten Dienstag zum Lunch. Ich habe im Mishcon de Reya einen Termin, da können wir uns treffen und reden«, sagte sie.

Als ich zusagte, ging ich davon aus, es sei ein informelles Gespräch unter vier Augen. Also ging ich am Dienstag, den 8. Dezember, zu dem vereinbarten Treffpunkt, einer Weinbar nahe Southampton Row. An einem Tisch in einer Ecke entdeckte ich Lady Sarah – mit dem Anwalt Anthony Julius, der einst als Interimspräsident der Stiftung fungiert hatte und nach wie vor deren Kuratorium angehörte.

»Ich hatte keine Ahnung, dass die hohen Tiere kommen«, sagte ich lässig in dem vergeblichen Versuch, das Eis zu brechen. Anthony Julius saß mit ziemlich ernster Miene da und war – typisch Anwalt – nicht zum Scherzen aufgelegt. Ich wusste einiges über ihn, denn die Prinzessin hatte mir mehr erzählt, als er wohl wusste, doch zumindest hatten wir *eines* gemeinsam: er und ich waren die Einzigen, denen die Abwicklung ihrer Scheidungspapiere anvertraut worden war.

Zunächst stellte er fest, er und Lady Sarah seien beauftragt, die derzeitige Situation zu erläutern. Während er weitschweifig die unvermeidlichen Bekundungen des Bedauerns äußerte, die oft dargebracht werden, wenn jemandem in den Hintern getreten wird, befremdete es mich, dass die Person, mit der ich eigentlich verabredet war, kein einziges Wort sprach. Lady Sarah war still wie eine Maus.

»Sie haben zwei Möglichkeiten, Paul«, erklärte Julius. »Entweder Sie scheiden in Bitterkeit, was Ihnen, Ihrer Familie und der Stiftung schaden würde und was Sie in ein paar Jahren schmerzlich bereuen würden. Oder Sie nehmen die freundschaftliche Hand an, die Ihnen jetzt gereicht wird. Wir werden

das ungeheure Wohlwollen und die Ressourcen der Stiftung nutzen, um eine andere Anstellung für Sie zu finden.«
Eine »freundschaftliche Hand« nannte er das. Über den Tisch spürte ich nur die kalte aristokratische Art von Lady Sarah und die arrogante juristische Autorität von Anthony Julius, die mir die Luft abschnürten.
Ich wies darauf hin, dass meiner Meinung nach noch viel zu tun blieb.
Dann rührte sich Lady Sarah. »Aber was *wollen* Sie?«, fragte sie, sichtlich irritiert. »Ihre Tätigkeit ist entbehrlich!«
Anthony Julius mischte sich wieder ein: »Vergessen Sie nicht, Paul: Als die ersten Gelder in Kensington Palace eingingen, beschlossen Lady Sarah, meine Wenigkeit und Michael Gibbins, die Stiftung zu gründen. Wenn wir nicht gewesen wären, hätten Sie diesen Job überhaupt nicht antreten können.«
Er wollte wohl, dass ich dankbar bin. »Kommen Sie mir nicht mit ›wenn‹. Wenn die Prinzessin nicht gestorben wäre, hätten Sie mir gar keine Anstellung geben müssen«, betonte ich.
»Kommen Sie uns jetzt nicht so, Paul«, knurrte Lady Sarah ungehalten. Dann versuchte sie es mit einem anderen Argument. »Wäre es Maria und den Jungen nicht lieber, wenn Sie bei ihnen wären statt hier in London?«
Wenn gar nichts mehr geht, wird ganz unten an der Emotionsschraube gedreht. »Hören Sie«, erwiderte ich, »meine Familie stand und steht hinter mir bei allem, was ich tue.« Ich musste mir auf die Zunge beißen, damit mir nicht noch eine Bemerkung über den Familienzusammenhalt der Spencers entfuhr.
»Paul, wir wollen Ihnen nur helfen, eine Entscheidung zu fällen«, drängte Anthony Julius.
Ich fragte ihn, ob dies ein offizielles oder vertrauliches Gespräch war. »Offiziell, es sei denn, Sie bestimmen etwas anderes«, erwiderte er. »Das Kuratorium weiß von unserem Treffen und erwartet einen Bericht über dieses Gespräch.«
Lady Sarah stocherte in ihrem Salat. Ich hatte noch nicht ein-

mal von dem Fisch gekostet, der vor mir stand. Ich spürte, wie meine Gefühle hochkochten, und versuchte, sie zu beherrschen, doch es gelang mir nicht. »Ich kann mir das nicht länger anhören.« Meine Stimme versagte. »Sie werden meine Unhöflichkeit entschuldigen müssen, aber ich muss jetzt gehen.« Ich stand auf, nahm meinen Mantel von der Stuhllehne und eilte zur Tür. »Sehen wir uns dann noch, Paul?« Lady Sarahs Stimme jagte mich aus dem Lokal. Ihre Schwester hätte mich nie so schlecht behandelt. Bei diesem Gedanken liefen mir Tränen über die Wangen. Ich eilte hinaus ins Freie.

Ich winkte ein Taxi herbei und sprang auf den Rücksitz. Ich konnte mich vor Wut und Schmerz nicht fassen.

»Alles in Ordnung, Kumpel?«, fragte der Fahrer, während er in den Rückspiegel blickte.

»Geht schon. Habe gerade eine Hiobsbotschaft erhalten. Können Sie mich bitte zu Kensington Palace fahren?«

Das war der einzige Ort, an den ich jetzt gehen konnte. Ich hatte zwar keinen Zugang mehr zu den Räumen, doch ich konnte durch die Gartenanlagen laufen. Dort fasste ich mich allmählich. Dann ging ich zum Dome Café an der Hauptstraße, wo ich den *Daily-Mail*-Reporter Richard Kay traf. Auch er hatte die Prinzessin besser gekannt als alle in der Stiftung und begriff sehr gut, wie ungerecht das alles war. In der *Daily Mail* tauchte kein einziges Wort darüber auf. Bis zum Freitag war jedoch der Hofreporter der *News of the World,* Clive Goodman, hinter meinem bevorstehenden Rauswurf gekommen und brachte die Story am Wochenende.

Als ich am Montag in das Büro von Dr. Purkis zitiert wurde, lagen sämtliche Zeitungsmeldungen vom Wochenende auf seinem Schreibtisch ausgebreitet. Er sagte, ihm lägen bestätigte Berichte vor, wonach ich mich mit Medienvertretern getroffen habe, »um über die Angelegenheiten der Stiftung zu sprechen«. Mir war inzwischen alles egal. Nach einer weiteren erhitzten Debatte schloss er: »Okay. Ich rufe Sie noch heute an, um

Ihnen meine Entscheidung mitzuteilen.« Das waren seine letzten Worte an mich.
Um den Presserummel um meine bevorstehende Entlassung herunterzuspielen, kommentierte Dr. Purkis die Affäre in einer internen Notiz an alle Mitarbeiter: »Dieser Vorfall ist ein lauer Sturm im Wasserglas, der von den Niederungen der Boulevardpresse entfacht wird.«
Am 18. Dezember, dem Freitag vor Weihnachten, rief mich Dr. Purkis zu Hause an und erklärte mir, er habe »keine andere Wahl«, als mir mit einmonatiger Frist zu kündigen. Am 21. Dezember ging ich in mein Büro, um meinen Schreibtisch zu räumen und dem Verwaltungschef die Meinung zu sagen, doch er versuchte, sich versöhnlich zu geben. Ich war in sein Büro getreten und hatte gesagt: »Ich bin gekommen, um mich zu verabschieden.«
Dr. Purkis erwiderte: »Ich möchte Ihnen für alles danken, für Ihre harte Arbeit in den vergangenen zehn Monaten.«
»Was ich tat, tat ich für die Prinzessin – ihr zum Gedenken, für niemanden sonst«, erklärte ich.
»Ich weiß, wie betroffen Sie sich fühlen müssen.«
»Nein, das wissen Sie nicht. Ich bezweifle, dass Sie das auch nur ahnen. Sie und das Kuratorium haben meine Rolle seit meinem Eintritt hier vollkommen falsch gehandhabt. Sie haben überhaupt nicht erkannt, welches Potenzial ich zu bieten habe«, warf ich ihm an den Kopf.
Dr. Purkis fing an, sich zu verteidigen. »Das ist nicht wahr, Paul. Das Kuratorium engagiert sich leidenschaftlich für diese Stiftung.«
»Andrew, dieser Fonds hat nichts gemein mit der Person, die ich kannte. Er erfüllt überhaupt nicht deren Wünsche und Anliegen!«
»Wir meinen, er tut dies sehr wohl, und wir werden nach besten Kräften dafür sorgen, dass dies auch weiterhin der Fall ist, Paul«, erklärte er.

»Andrew, ich scheide hier schweren Herzens, doch ich wünsche Ihnen alles Gute für die Zukunft.« Dann legte ich einen ungeöffneten Weihnachtsgruß auf den Tisch. »Und falls diese Karte von Ihnen ist, muss ich sie leider zurückgeben.« Draußen auf der Treppe umarmte mich Jackie Allen ganz herzlich, während die Presse bereits darauf lauerte, Fotos von meinem Abgang zu ergattern. Jackies Umarmung war ein Zeichen der Solidarität. Früher oder später sollten auch sie, Jane Harris und Jo Greenstead ihren Abschied nehmen – drei weitere passionierte Stimmen, die der Stiftung verloren gingen.
»Wie fühlen Sie sich, Paul?«, rief ein Reporter.
»Sehr bedrückt.«
»Werden Sie das wohltätige Werk der Prinzessin fortführen?«
»Ich werde mein Bestes tun.« Dann kroch ich in ein wartendes Auto und verschwand. Lady Sarah McCorquodale hatte keinen aufdringlichen Butler mehr in der Stiftung. Dies sollte jedoch nicht meine letzte Auseinandersetzung mit der Schwester der Prinzessin sein. Vier Jahre später sollten wir uns noch einmal von Angesicht zu Angesicht begegnen. Im Gerichtssaal Nr. eins von Old Bailey, dem Hauptstrafgerichtshof von London.

Am Neujahrstag 1999 rief mich Clive Goodman von der *News of the World* zu Hause an. »Ich habe gehört, ein Paar Ohrringe, die der Prinzessin gehörten, seien verschwunden. Möchten Sie sich dazu äußern?«
»Darf ich fragen, woher Sie diese Information haben?«
»Sie wissen, dass ich Ihnen das nicht sagen kann, Paul, aber es ist eine sichere Quelle, das versteht sich von selbst«, erwiderte Clive.
Meine Sorge war begründet. Der Hofjuwelier David Thomas, Lady Sarah McCorquodale und ich hatten sämtlichen Schmuck der Prinzessin sorgfältig verpackt und nach Althrop geschickt. Ich hatte alle Ohrringe katalogisiert und war zugegen, als sie weggeschafft wurden.

Ich rief die Pressesprecherin der Stiftung, Vanessa Corringham, an und unterrichtete sie über das Gespräch mit Clive Goodman.
In einem Brief vom 2. Januar 1999 an meine Freunde Shirley und Claude Wright in Kentucky schrieb ich:»Mir kam der Gedanke, jemand könnte versuchen, meinen Ruf zu schädigen, besonders da ich mit so guter Presse aus der Stiftung scheide und meine Beliebtheit sehr groß ist. Jemand könnte wollen, dass mein Name beschmutzt wird – oder werde ich allmählich paranoid?«
Nun war ich zweiundvierzig Jahre alt und hatte keinerlei Bindungen mehr zu einem Schloss oder einer Prinzessin. Erstmals seit meinem Eintritt in den Dienst in Buckingham Palace im Jahre 1976 befand ich mich in einer prekären Lage und wusste weder ein noch aus. Ich beschloss, meine Ausbildung und jahrelange Übung am Hof zu nutzen. Ich schrieb ein Buch über gesellschaftliche Etikette und Umgangsformen mit dem Titel *Entertaining With Style* (in den Vereinigten Staaten erschien es unter dem Titel *In the Royal Manner*) und stellte fest, dass ich mich immer noch auf mein Handwerk stützen konnte. Die Einnahmen aus diesem Buch machten es uns möglich, aus dem Gut Old Barn in Farndon, das damals hundertzehntausend Pfund wert war, in ein größeres Haus im georgianischen Stil zu ziehen, das für hundertfünfundachtzig Pfund zu kaufen war. Im Gefolge dieses Buches hielt ich auch Vorträge über Gastlichkeit im höfischen Stil; für einige der Vorträge erhielt ich bis zu dreitausend Pfund, viele hielt ich aber auch ohne Honorar im Rahmen von Wohltätigkeitsveranstaltungen.
Dieses Einkommen durch Tantiemen und Vorträge weckte schließlich den Verdacht von Scotland Yard. In meinen Kontoauszügen traten Unstimmigkeiten auf. Zwei und zwei ergaben fünf.

Jemand schlug den messingnen Türklopfer gegen unsere blaue Haustür. Draußen war es noch dunkel. Maria war bereits auf und machte unten Frühstück. Im wälzte mich herum und schaute auf den Wecker – es war kurz vor sieben. Es war Donnerstag, der 18. Januar 2001. Vor der Tür stand die »Sonderermittlungseinheit« SO6 von Scotland Yard.

»Schatz!«, rief Maria die Treppe hinauf. »Da sind ein paar Leute, die wollen mit dir reden.«

Ich zog den weißen Morgenrock an und ging die steile, schmale Treppe hinunter. Unten stand Maria, noch in ihrem blauen Nachthemd. Sie schien am ganzen Leib zu zittern.

»Die Polizei«, bedeutete sie mir lautlos.

Ich nahm die letzte Stufe und ging an der Küche vorbei durch die schmale Diele, deren pfirsichfarbene Wände übersät waren von Gruppenfotos von den Reisen, die ich mit der Queen sowie dem Prinzen und der Prinzessin von Wales gemacht hatte. Zwei fesch gekleidete und ernst dreinblickende Menschen begrüßten mich: eine etwas dralle Frau mit blondem Haar, Deputy Chief Inspector Maxine de Brunner, und ein großer lässiger Mann mit dichtem schwarzem Haar, Deputy Sergeant Roger Milburn. Man zeigte mir kurz einen Haftbefehl, und Milburn erklärte: »Ich verhafte Sie unter dem Verdacht, eine goldene Dhau gestohlen zu haben. Sie brauchen nichts zu sagen, doch es könnte Ihrer Verteidigung schaden, wenn Sie während der Befragung etwas verschweigen, auf das Sie sich später vor Gericht berufen. Alles, was Sie aussagen, kann gegen Sie verwendet werden.«

Meine Verhaftung erfolgte in Zusammenhang mit einer Untersuchung, die im vorausgegangenen Jahr aufgenommen worden war, um den Diebstahl und den Verkauf einer fast fünfzig Zentimeter langen, juwelenbesetzten arabischen Dhau im Wert von fünfhunderttausend Pfund aufzuklären. Bei dem Objekt handelte es sich um ein Hochzeitsgeschenk des Emirs von Bahrain an den Prinzen und die Prinzessin von Wales. Es war in einem Antiquitätenladen namens Spink in London zum Verkauf angeboten worden. Die Polizei »hatte erfahren«, ich hätte die Veräußerung eingefädelt, und diese unglaubliche Geschichte hatte sie zu mir geführt. Damit begannen für mich und meine Familie ein Albtraum und ein Prozess, der wegen seiner Peinlichkeit in die Bücher der britischen Politik- und Rechtsgeschichte eingehen sollte.

Ich saß auf der Seitenlehne des Sofas und roch die Sausages, die Maria in der Küche gebraten hatte. Die Jungen schliefen noch. Belle, unser West-Highland-Terrier, watschelte herein und beschnupperte die Schuhe der Fremden.

Man fragte mich, ob ich irgendetwas im Haus hätte, das aus Kensington Palace entfernt worden war, und ob ich etwas über den Verbleib der Dhau wüsste?

Dann stellte mir Deputy Sergeant Milburn zwei absonderliche Fragen: »Haben Sie ein Manuskript der Memoiren, die Sie schreiben?«

Wenn es einen Moment gab, in dem ich wusste, dass die Kriminalbeamten im Dunkeln tappten, dann war es dieser. Solch ein Manuskript existierte nicht. Erst im April 2003 fing ich an, dieses Buch, *Im Dienste meiner Königin*, zu schreiben, und zwar *als Reaktion* und Antwort auf jene Verhaftung und die dubiosen Zweifel, welche Scotland Yard in Bezug auf mein wahrlich enges Verhältnis zur Prinzessin aufrührte. Im Januar 2001 hatte ich jedoch keine Ahnung, von welchem »Manuskript« sie sprachen.

Dann kam Folgendes: »Lady Sarah McCorquodale sagt, Sie hätten eine Kiste, die Diana, der Prinzessin von Wales, gehörte. Sie möchte, dass Sie den Inhalt dieser Kiste zurückgeben.«

Es kamen immer mehr Fragen. »Haben Sie diese Kiste aus Kensington Palace weggeschafft?«

Was? Lady Sarah McCorquodale hatte diese Kiste doch zuletzt besessen. Ich wusste genau, wovon die Polizisten sprachen: Die tiefe Mahagonikiste, die im Wohnzimmer der Prinzessin gestanden hatte und in der sie ihre heikelsten Papiere und Dokumente aufbewahrt hatte; die Kiste, die Lady Sarah und ich nach dem Tod der Prinzessin gemeinsam in Kensington Palace geöffnet hatten; die Kiste, die meines Wissens im Besitz von Lady Sarah war.

Mein Manuskript. Die Geheimnisse der Prinzessin. Danach suchte Scotland Yard also, zusammen mit »Belegen über den Verkauf einer goldenen Dhau«. Doch auch die sollten sie in meinem Haus nicht finden.

Maria ging in die Küche, gefolgt von Deputy Chief Inspector de Brunner. Deputy Sergeant Milburn blieb bei mir. »Wenn Sie uns geben, was wir wollen, dann verschwinden wir. Wenn nicht, müssen wir das ganze Haus durchsuchen«, erklärte er mir.

In der Küche äußerte sich Deputy Chief Inspector de Brunner in derselben Weise gegenüber Maria. »Mrs. Burrell, ich schlage vor, Sie reden mit Ihrem Mann und sagen ihm, er soll uns geben, wonach wir suchen.«

Im Prozess in Old Bailey im Jahre 2002 bestritten beide Polizeibeamte, solche Äußerungen gemacht zu haben. »Das ist völlig unzutreffend«, erklärte Deputy Sergeant Milburn. »Das ist absolut falsch«, sagte Deputy Chief Inspector de Brunner.

Drei weitere Kriminalbeamte, die draußen in einem Fahrzeug gewartet hatten, kamen ins Haus und begannen mit einer gründlichen Durchsuchung, nachdem ich beteuert hatte, ich besäße weder etwas im Zusammenhang mit einer goldenen Dhau noch den Inhalt einer Truhe noch ein Manuskript zu einem Buch. Es wurde alles durchwühlt – Schränke, Schubladen, Schreibtisch und Vitrinen. Ein Beamter wurde angewiesen, mir auf Schritt und Tritt zu folgen; er stand vor dem Badezimmer, als ich duschte, und wachte vor dem Schlafzimmer, während ich mich anzog. Ein Beamter durchforstete jeden Raum, bis unter das Dach. Dutzende großer Plastiksäcke wurden mit vermeintlichen Beweisstücken voll gestopft. Darunter waren ausrangierte Besitztümer aus Kensington Palace, sentimentale Gegenstände, die mir die Prinzessin geschenkt hatte, Geschenke, die sie uns gekauft hatte, Kleider, Schuhe, Hüte und Handtaschen, die sie Maria überlassen hatte, Erinnerungsfotos, Sachen, die sie mir anvertraut hatte, sowie Gegenstände, die sie weggeworfen hatte, die ich aber nicht beseitigen konnte. Kostbare Erinnerungsstücke wurden als »Beweismaterial« eingesackt – angeblich alles Gegenstände, die Paul Burrell gestohlen hatte, kaum dass die Prinzessin von Wales tot war.

Nicht zum ersten Mal entglitt mir die Kontrolle über eine Sphäre, die ich eigentlich schützen sollte. Der Memorial Fund hatte mir eine Stimme verwehrt und wollte meiner Nähe zur Prinzessin vielleicht keine Bedeutung beimessen. Doch nun bezweifelte Scotland Yard genau das, was mir heilig war: meine *Ehrerbietung* gegenüber der Prinzessin. In der Stiftung mochte man mich für emotional gestört halten, aber meine Ergebenheit wurde dort niemals in Frage gestellt. Doch nun durchwühlte Scotland Yard mein Haus und zog meine Loyalität in Zweifel.

Maria musste ihre Mutter zu einem dringenden Termin ins Krankenhaus bringen. Meine Nichte Louise Cosgrove, die damals als Sekretärin für mich tätig war, kam wie gewohnt um neun Uhr zur Arbeit und traf auf eine totales Chaos. Maria hatte die Jungen in die Schule geschickt, nachdem sie ihnen erklärt hatte, die Polizei stelle »gewisse Nachforschungen« an. Ich kann mich nicht daran erinnern, meine Söhne an jenem Morgen gesehen zu haben. Louise rief eine Anwaltskanzlei an. Kurz vor zehn traf ein Anwalt, Andrew Shaw, ein. Er war zufällig der Pflichtverteidiger in seiner Kanzlei, Walker Smith & Way, im Zentrum von Chester. Seine Unterstützung, seine sachliche Vorgehensweise und seine freundliche Art halfen mir, jenen Tag und auch die nächsten achtzehn Monate zu überstehen.

Ich saß in meinem Arbeitszimmer am Schreibtisch. Ein Beamter stand neben mir aufgepflanzt, während ich wie in Trance die Dinge um mich herum anstarrte: links an der Wand ein Foto der Prinzessin mit ihrer blauen 492er Baseballkappe; eine Singleschallplatte mit Tina Turners »Simply The Best«, signiert »Diana« – ein Geschenk der Prinzessin zu Marias vierzigstem Geburtstag; zu meiner Rechten auf dem Schreibtisch ein Lord-Snowdon-Porträt der Prinzessin in einem rosafarbenen perlenbestickten Kleid. Ich hörte nur Schritte über mir und das Rascheln und Rumpeln der Polizeisäcke, die die Treppe herunterplumpsten. Es war so, als müsste ich einem Einbruch in meinem eigenen Haus zusehen.

Die Kriminalbeamten waren nach oben gegangen, um eine angebliche Spur der goldenen Dhau zu verfolgen, und stießen, wie sie meinten, auf einen königlichen Schatz, den kein Diener besitzen durfte: Geschirr, Zierrat, Fotos, Fotorahmen, Gemälde, CDs, Kleider, Handtaschen, Hüte, Schuhe, Briefe.

Ich hörte, wie oben jemand rief: »Wir brauchen noch mehr Säcke ... mehr Säcke!«

»Wir brauchen einen Möbelwagen!«, schrie ein anderer.

Du lieber Gott, dachte ich, das ist ja schlimmer, als wenn man Kinder in einem Süßwarengeschäft loslässt.

Am Nachmittag wurde ich ein *zweites* Mal verhaftet. »Mr. Burrell, ich verhafte Sie jetzt unter dem Verdacht des Diebstahls an den Gegenständen, die wir bei dieser Durchsuchung sichergestellt haben.«

Statt einer Quittung über den Verkauf einer goldenen Dhau fand man unendlich viele Gegenstände, die mit dem Königshaus in Verbindung standen. Wieso das überraschend gewesen sein sollte, war mir schleierhaft. Seit meinem achtzehnten Lebensjahr hatte ich ausschließlich in Schlössern und Palästen gelebt, in denen fleißige Bedienstete regelmäßig abgelegte Kleidungsstücke, unerwünschten Zierrat und auch großzügige Geschenke erhielten. Doch davon wollte Scotland Yard nichts wissen. Dies war ein Schatzfund, wie es ihn noch nie gegeben hatte. Ein Diener war auf frischer Tat ertappt worden, dachte man. Dabei war man nur gekommen, um nach Beweisen in Zusammenhang mit dem Verkauf einer Dhau zu suchen.

Die Durchsuchung dauerte von sieben Uhr morgens bis acht Uhr abends. Mein gesamtes Haus wurde auf den Kopf gestellt. Die Beamten fanden das Schreibpult, das die Prinzessin meinem Sohn Alexander geschenkt hatte, und lasen die Gravurplatte: »Von der Stadt Aberdeen für Seine Königliche Hoheit, den Prinzen von Wales, und Lady Diana Spencer anlässlich ihrer Vermählung am 29. Juli 1981«. Das muss gestohlen sein, dachten sie.

Sie entdeckten eine Indiana-Jones-Peitsche, die mir die Prinzessin geschenkt hatte, weil sie wusste, wie sehr ich mich für Filmrequisiten begeisterte. Dann lasen sie die beigefügte Notiz: »Für Seine Königliche Hoheit, den Prinzen von Wales, zur Premiere von *Indiana Jones und der letzte Kreuzzug* am 27. Juni 1989«. Muss gestohlen sein, dachten sie.

Sie stießen auf den Bibeltext, den ich der Prinzessin in der langen Nacht der Totenwache in Kensington Palace vorgelesen hatte, und meinten, es handele sich um Diebesgut. Die Missverständnisse nahmen kein Ende. Die Polizei hatte ihren großen Tag. Mehr als vierhundert Gegenstände wurden beschlagnahmt und verpackt.

Ich saß weinend an meinem Schreibtisch und zitterte vor Angst. Ich hatte zusehen müssen, wie sich meine ganze Welt auflöste. Es war zum Verzweifeln. Auf einen Schlag wurde mir bewusst, wohin das alles führen würde. In dem Augenblick begriff ich, welche Konsequenzen dieses Wühlen und Aufwühlen haben würde.

»Was machen die da? Die wissen ja gar nicht, was sie tun«, klagte ich Louise.

Andrew Shaw kam herein, um mit mir zu reden. Er meinte, ich wirke vollkommen verwirrt, und zeigte sich so besorgt um meinen Geisteszustand, dass er den Polizeiarzt rief. Der kam auch gleich, bemerkte wohl, wie aufgerieben ich war, stellte aber fest, ich sei durchaus »haftfähig«. Mir kreiste nur ein Gedanke durch den Kopf, nämlich dass die Beamten oben überhaupt keine Ahnung hatten, was sie da ans Tageslicht zerrten. In diesem Haus waren Geheimnisse verborgen, von denen niemand etwas wissen durfte. Die Privatsphäre der Prinzessin wurde durch diese Razzia, die ich nicht stoppen konnte, aufs Gröbste beeinträchtigt. Ganze Bündel von Briefen, die die Prinzessin nicht in Kensington Palace hatte aufbewahren wollen, wurden unter die Lupe genommen; versiegelte Kisten, die ich zur sicheren Verwahrung aus dem Schloss nach Farndon gebracht hatte, wurden aufgebrochen. Ganze Streifen von Filmnegativen wurden mitgenommen, entwickelt und herumgereicht. Die Polizei durchwühlte die persönlichsten Gegenstände der Chefin. Es war widerlich. Ich hatte das Gefühl, sie im Stich gelassen zu haben, indem ich die Polizei in mein Haus ließ. Ich hatte mich nie so nutzlos, so gelähmt, so krank gefühlt. War die Polizei blind gegenüber den Folgen ihres Tuns, so war mein Blick so klar wie selten: die Prinzessin, Prinz Charles, William, Harry, die Queen ... Die Sphäre, die ich geschützt hatte, drohte unweigerlich aufgedeckt und bloßgestellt zu werden. Die Polizei sollte dafür sorgen, dass meine Verhaftung und die Unmengen von beschlagnahmten »Beweisstücken« von den Medien weidlich ausgeschlachtet wurden.

Meine Loyalität gegenüber der Prinzessin wurde nicht nur im Laufe einer »diskreten« Ermittlung in Frage gestellt. Sie wurde vor der gesamten Nation thematisiert, durchleuchtet und bezweifelt. Alles, wofür ich eingestanden war, sollte in beschämender Weise in der Öffentlichkeit ausgebreitet werden.

»BUTLER VON DI VERHAFTET«, posaunte der *Daily Mirror* am folgenden Tag und brachte ein Foto von mir, wie ich in die Polizeiwache von Runcorn abgeführt wurde. Es war absolut demütigend.

»Kennen Sie die Beschuldigungen, die gegen Sie erhoben werden, Mr. Burrell?«, fragte der Sergeant, der auf dem Polizeirevier von Runcorn die Untersuchungshäftlinge in Empfang nahm. Es war ein kahler Raum, nicht unähnlich einem Keller in Buckingham Palace. Ich begriff überhaupt nicht mehr, was um mich vorging, während ich meine Taschen leerte und die Sachen abgab.
»Dürfte ich auch Ihren Gürtel haben, Mr. Burrell, sowie Ihre Schnürsenkel und Ihre Krawatte?«, fügte der Sergeant hinzu. Ich durfte nichts behalten, womit man einen Knoten binden konnte. »Das ist die normale Prozedur, Mr. Burrell.«
Dann nahm mich eine Gefängniswärterin mit kurzem, blondem Stachelhaar am Arm. »Keine Sorge. Ich werde mich um Sie kümmern«, sagte sie im Scouser Dialekt. Sie führte mich durch einen gefliesten Korridor zu den Zellen hinunter. Das Gesicht dieser Kate Murphy war das freundlichste, das ich den ganzen Tag über gesehen hatte – nach all den Stunden in der brüsken Umgebung von Scotland Yard.
Andrew Shaw war hinter mir. Die drei Paar Absätze hallten durch den Gang. Rings umher hörten wir das Rufen, Stöhnen und Klopfen anderer Insassen. Vor einer dicken Stahltür blieben wir stehen. Ich wusste gar nicht, wie mir geschah, als die Wärterin die Tür aufschloss und mich in die Zelle führte. Es war ein kalter Raum mit nackten, beigefarbenen Steinwänden und einem winzigen Fenster. In der Ecke befand sich eine Toilette aus rostfreiem Stahl. »Leider können wir Ihnen keine Fünfsterneküche bieten. Das Essen kommt aus der Mikrowelle, aber das Curry kann ich empfehlen«, erklärte die Wärterin mit einem beruhigenden Lächeln.
Mein Anwalt sagte »Kopf hoch« und verabschiedete sich. Dann aß ich Curry, mit Plastikbesteck aus einem Plastiknapf. Es war meine erste Mahlzeit an jenem Tag.
Ich versuchte zu schlafen, doch es war gar nicht so leicht, es sich auf einem »Bett« bequem zu machen, das lediglich aus

einem Steinabsatz bestand. Es gab weder Kissen noch Decke. Die »Matratze« war eine jener Plastikmatten, wie man sie bei der Gymnastik verwendet.

Am nächsten Morgen kam Deputy Sergeant Milburn zu mir. Auf Anraten meines Anwalts erwiderte ich nichts auf das Bombardement von Fragen. Diesmal interessierte sich der Sergeant anscheinend wieder mehr für den Inhalt einer gewissen Kiste sowie heikle Papiere und ein Manuskript. Es kam mir vor, als seien die vierhundert Gegenstände, die aus meinem Haus geschafft worden waren, reine Nebensache. Fünf Stunden lang saß ich da und fragte mich, was um alles in der Welt da vor sich ging. Auf jede Frage, die er mir stellte, erwiderte ich: »Kein Kommentar.«

Das war doch sicher alles nur ein Irrtum. Sobald die königliche Familie erfuhr, was vorgefallen war, würde dieser Unsinn sicher ein Ende haben. Als ich gegen Kaution freigelassen wurde, glaubte ich allen Ernstes, irgendjemand irgendwo in dem System – Scotland Yard, Buckingham Palace, Kensington Palace oder St. James' Palace, die Queen, Prinz Charles oder Prinz William – würde erkennen, dass das Ganze ein Missverständnis war. Geschenke der königlichen Familie waren in ganz Großbritannien in Hunderten von Bedienstetenhaushalten anzutreffen. Geschenke als sentimentale Symbole und Erinnerungen an die Dienstzeit am Hof waren eine inoffizielle Dreingabe, eine Tradition, die bis in die Zeit König Georges V. zurückging. Jeder im königlichen Hofstaat wusste das. Jeder in der königlichen Familie wusste das.

Doch das Stillschweigen war betäubend.

16.
GEHEIMNISUMWITTERTES

Paul, der älteste Sohn würde Sie gern treffen«, sagte die Stimme am anderen Ende des Mobiltelefons. »Der älteste Sohn« – so lautete der diskrete Deckname, den das Dienstpersonal Prinz Charles gegeben hatte. »Der Lieblingssohn« war Prinz Andrew und »der jüngste Sohn« Prinz Edward. In den Wochen und Monaten nach meiner Verhaftung war Diskretion von höchster Bedeutung. Denn zwanzig Telefonleitungen in meinem engsten Familien- und Freundeskreis wurden abgehört, wie sich später herausstellte. So war es klug, in einem Gespräch am überwachten Telefon keine Namen zu nennen und nur über allgemeine Dinge zu sprechen. Endlich, nach Monaten des Wartens und des Grübelns, warum die königliche Familie es wohl vorzog, mich im Regen stehen zu lassen, kam der ersehnte Anruf. Er erreichte mich am 2. August 2001 in meinem Haus in Farndon. Hinter der gut situierten Stimme, die von London aus anrief, verbarg sich ein getreuer Mittelsmann, der mit den hochrangigsten Beratern von Prinz Charles in St. James' Palace in Kontakt stand. Die Räder hatten die vergangenen Monate also nicht stillgestanden. Der Vermittler, der für mich und für den Palast agierte, war zwischen beiden Seiten hin- und hergerissen – zwischen zwei Parteien, die aber eines gemeinsam hatten: eine tiefe Besorgnis angesichts der Auswirkungen, die ein möglicherweise schädlicher Rechtsstreit von großem öffentlichem Interesse haben könnte.

Ich wollte Scotland Yard nicht über Privatangelegenheiten der königlichen Familie informieren. Ich hatte lediglich den Wunsch, mit Prinz Charles ganz privat und vertraulich sprechen zu dürfen. Ein Gespräch mit ihm zu führen, damit er verstand. Um ihm den Wahnsinn all dessen vor Augen zu führen, was da gerade passierte. Um sicherzugehen, dass William und Harry wussten, welch schrecklicher Fehler da gerade begangen wurde.

Ein aufschlussreicher Telefonanruf ließ mich hoffen. Nun sollte endlich etwas geschehen, und es sollte innerhalb von vierundzwanzig Stunden geschehen.

Ich musste nur zuhören. »Man hat in ein Treffen eingewilligt. Sie sollten nach Gloucestershire fahren. Sobald Sie dort angekommen sind, werden Sie weitere Instruktionen erhalten. Das Treffen wird nicht im Landhaus stattfinden, sondern im Haus eines anderen. Der älteste Sohn wird Sie dort treffen. Es ist ihm sehr daran gelegen, das Ganze ein für alle Mal zu klären.«

Nachdem ich mehrere Monate damit zugebracht hatte, in Selbstmitleid zu baden, packte mich ein Gefühl der Euphorie. Wenn Prinz Charles erst einmal gehört hätte, was ich zu sagen hatte, dann würde er von meiner Unschuld überzeugt sein. Er würde es einfach *wissen*. Einen ganzen Frühling und Sommer lang war ich in einem dieser Albträume gefangen gewesen, in denen man zwar schreit, um Gehör zu finden, aber kein Laut über die Lippen kommt. Nun wollte der Mann, der mich einmal eingestellt hatte, der Vater der beiden Jungen, die ich hatte aufwachsen sehen, etwas tun, was keiner aus dem Hause Windsor seit Januar mehr getan hatte. Hören Sie also.

Es hatte Monate gedauert, eine solch optimistische Sichtweise anzunehmen.

Das Haus Windsor hatte seine erste, zögerliche Kontaktaufnahme indirekter Art in den ersten zwei Wochen meiner Haft gewagt. Die Medienleute, die vor meinem Haus campiert hatten, waren verschwunden, und ich befand mich zu Hause in Farndon, als der getreue Mittelsmann mich erstmals nach Beginn der Gespräche mit den Beratern von Prinz Charles wieder anrief. Es war zu einer Zeit, in der ich noch immer versuchte, das ungeheure Ausmaß all dessen zu verarbeiten, was geschehen war. Er sagte mir: »Die Sichtweise, die mir übermittelt wurde, ist die, dass er glaubt, das Personal seiner geschiedenen Frau würde verfolgt. Seine Söhne sind Ihnen noch immer in Zuneigung verbunden. Die Familie ist in großer Sorge. Es wurde vorgeschlagen, dass Sie ihm einen Brief schreiben sollten, in dem Sie erklären, wie solche Besitztümer überhaupt in Ihr Haus gelangen konnten. Dies könnte dann ein erster Schritt sein, die ganze Angelegenheit zu klären.«

Es war die letzte Woche im Januar 2001. Das Datum ist deshalb so entscheidend, weil in der von Sir Michael Peat durchgeführten Untersuchung im Anschluss an die Gerichtsverhandlung, in der es um das Verhalten des Hofstaats des Prinzen von Wales in Bezug auf meine Gerichtsverhandlung ging, die folgende eindeutige Schlussfolgerung gezogen wurde: Ich war es, der an St. James' Palace herangetreten war, ich war es, von dem alle Anfragen ausgingen – in einem zynischen Versuch, die Grundlage für eine zukünftige Verteidigung zu legen. Tatsächlich wurde mangels weiterer Einzelheiten unterstellt, dass diese ersten Schritte zur Kontaktaufnahme nicht vor April 2002 unternommen wurden.

Doch die Wahrheit ist, dass mein Telefon zuerst klingelte. Und nicht umgekehrt. Es war mein Mittelsmann, der, im Anschluss an eines der vielen Gespräche über den Fall, mir ausrichtete, ich solle einen Brief schreiben. Diese Bitte kam von Mark Bolland, dem stellvertretenden Privatsekretär des Prinzen – ein gewitzter persönlicher Berater, dessen Loyalität seinem Arbeitgeber gegenüber ebenso stark war wie meine der Prinzessin gegenüber. Beide, er und Sir Stephen Lamport, der Privatsekretär des Prinzen, waren stets auf dem neuesten Stand der polizeilichen Ermittlungen und waren sich des medienträchtigen Albtraums bewusst, den ein gerichtliches Verfahren mit sich bringen würde. Die Unterstellung aber, die Kontaktaufnahme wäre von meiner Seite ausgegangen, entspricht nicht der Wahrheit. Wahr ist vielmehr, dass es *seine* Idee war, dass ich einen Brief an Prinz Charles schreiben sollte, genauso wie es seine Idee war, dass ich – in ähnlicher Form – an Prinz William schreiben sollte.

Mr. Bolland informierte Fiona Shackleton, die Anwältin des Prinzen, darüber, dass er indirekt mit mir in Verbindung stehe, jedoch die Identität des Mittelsmannes, der als Vermittler für beide Seiten fungiere, nicht preisgeben könne. Prinz Charles, so wurde in jenen Tagen deutlich, war sehr daran interessiert, eine strafrechtliche Verfolgung zu vermeiden. Ich hegte die leise Hoffnung, dass er von meiner Unschuld überzeugt sei. Doch ich befand mich auch in einem Dilemma.

Die Zwänge des Rechts – die Polizei hatte mich gegen Kaution freigelassen – hatten mich der Freiheit beraubt, mich in einem Brief, den zu schreiben ich geplant hatte, offen und ehrlich zu erklären. Eine umfassende und ehrliche Erklärung würde vor Gericht als Verteidigung dienen, und so wollte jedes Schriftstück mit Sorgfalt verfasst sein. Ich saß im Büro von Rechtsanwalt Andrew Shaw in Chester, und zusammen brachten wir ein Schreiben zu Papier, in dem wir kurz skizzierten, wie ehrbar meine Absichten seien und dass meine Loyalität doch nicht in Frage gestellt werden sollte. Es gab so vieles, was ich hätte sagen wollen, doch stattdessen kam ein Brief heraus, der sich lediglich der Juristensprache bediente. Am 5. Februar hielt der Mittelsmann ihn in den Händen. Pünktlich übergab er ihn Mr. Bolland persönlich. Mein Brief war also in St. James' Palace angekommen.

Dieser Brief – so dachte ich damals – sei der wohl wichtigste

Brief, den ich in meinem Leben jemals schreiben würde, und er würde mich aus einem Albtraum erlösen, der keinen Sinn machte. Prinz Charles würde mich sicher verstehen, wenn er ihn las.

»Eure Königliche Hoheit,
ich bin zutiefst dankbar für die Möglichkeit, Ihnen meine Gedanken bezüglich der jüngsten Ereignisse mitteilen zu dürfen … Ich wurde gegen Kaution auf freien Fuß gesetzt, muss mich aber für weitere Fragen am 27. Februar zur Verfügung halten.

Wie Sie sicher wissen, haben Maria, meine Söhne und ich in den Jahren, in denen wir in Ihren Diensten standen, die außergewöhnliche Großzügigkeit der königlichen Familie erfahren dürfen. Vor allem die Prinzessin bedachte uns mit Geschenken, und sie vertraute mir so manche streng geheimen Dinge an – sowohl mündlich als auch schriftlich. Die Polizei hat aus meinem Haus mehrere Geschenke und Gegenstände von ideellem Wert, die mir sehr viel bedeuten und Gaben der königlichen Familie sind, abgeholt. Auch – was mich am meisten trifft – einiges Material, das mir anvertraut wurde. Darunter befinden sich mehrere »Familien«-Stücke, die ich – ganz einfach – zunächst in meinem Keller gelagert hatte und danach, aus Gründen einer sicheren Verwahrung, auf meinem Speicher … Bis heute wurde ich keines Vergehens für schuldig befunden.

Es ist furchtbar, persönlich und öffentlich wegen angeblicher Unehrlichkeit an den Pranger gestellt zu werden, und ich kann den Gedanken nicht ertragen, dass Sie, Prinz William und Prinz Harry in dem Glauben stehen, ich hätte Sie oder die Prinzessin in irgendeiner Form im Stich gelassen oder hintergangen. Auf das ›aufzupassen‹, von dem ich glaubte, es sei ›meine Welt‹, war alles, was ich jemals gewollt habe.

Vielleicht würde ein Treffen helfen, die Missverständnisse

aus der Welt zu schaffen und einen Schlussstrich unter diese traurige Episode zu ziehen, die sich längst jeglicher Kontrolle entzieht.

Ich bleibe Eurer Königlichen Hoheit ergebenster und untertänigster Diener.

Paul«

Es war eine Bitte, die auf taube Ohren stieß, so wie alle meine Appelle an die Vernunft in den folgenden Monaten.
Mein Mittelsmann rief mich an und hatte Neuigkeiten für mich, die meinen Mut sinken ließen. »Der Brief sagt ihm nichts. Er liefert nicht genug Erklärungen. Es tut mir Leid, aber der Brief wird nicht weitergeleitet werden.«
Mark Bolland hatte um Aufklärung gebeten. Stattdessen bekam er eine Unschuldsbeteuerung. Der Brief wurde an mich zurückgegeben – der Umschlag einen Schlitz weit geöffnet. Er hatte zwar St. James' Palace erreicht, Prinz Charles – so sagte man mir – hatte ihn aber nicht zu sehen bekommen.
Ein vergebene Chance also, denn als das Gerichtsverfahren gegen mich letztlich scheiterte, sagte die Staatsanwaltschaft, ich hätte niemandem von meiner Absicht erzählt, Gegenstände aus Kensington Palace zur »sicheren Verwahrung« zurückzubehalten.
Aber sie hätte nicht falscher liegen können. Ich hatte der Monarchin bei einem Treffen im Jahre 1997 davon erzählt. Dem Thronfolger hatte ich am 5. Februar 2001 in einem Brief davon berichtet. Und im April würde ich einen Brief an Prinz William, die Nummer zwei der Thronfolge, schicken – die Royals hatten die Informationen also schwarz auf weiß vorliegen. Im ganzen Land hätte ich es keinem mächtigeren Trio deutlicher offenbaren können. Es hörte nur keiner hin. Tatsächlich *würde* man mir nicht eher zuhören, bis ich meinen Lebensunterhalt, meine körperliche und meine geistige Gesundheit vollständig verloren hatte.

Am 3. April kamen Sir Stephen Lamport, Fiona Shackleton und Sir Robin Janvrin, der Privatsekretär der Queen, in St. James' Palace zu einem Treffen mit den Spencers, Scotland Yard und dem Crown Prosecution Service (CPS), also der Staatsanwaltschaft, zusammen. Einer der CPS-Beamten stellte klar, dass ich im Falle einer Verurteilung mit fünf oder mehr Jahren Gefängnis zu rechnen hätte. »Ein ärgerlicher Aspekt würde einen ernsthaften Vertrauensbruch bedeuten« – so wurde bei dem Treffen gesagt. An jenem Tag wurde auch noch von etwas anderem, sehr Interessantem, Notiz genommen: Da die Gegenstände, die man in meinem Haus gefunden hatte, nicht Eigentum von Prinz Charles waren, lag die endgültige Entscheidung über die Fortsetzung der strafrechtlichen Verfolgung bei den Nachlassverwaltern der Prinzessin. Die Spencers saßen auf dem Fahrersitz des Scotland-Yard-Express – und es bestand keine Hoffnung, dass sie die Bremse ziehen würden.

Es war scheinbar ohne Belang, dass Lady Sarah McCorquodale und Mrs. Frances Shand Kydd keinen Sinn für den Lifestyle und die Großzügigkeit der Prinzessin hatten. Alles, was zählte, war ihre engstirnige Sicht: dass Paul Burrell nichts weiter sein Eigen nennen dürfe als ein Paar Manschettenknöpfe und ein gerahmtes Foto. Er *sollte* strafrechtlich verfolgt werden. Da sie die Nachlassverwalter auf ihrer Seite wusste, ging die Polizei von einer sicheren Verurteilung aus. Die *wahre* Familie der Prinzessin, diejenigen, die ihr näher standen als ihre Mutter und ihre Schwester, hätten für Aufklärung sorgen können, denn – anders als die Familie Spencer – kannten diese Freunde die ganze Wahrheit: Lucia Flecha de Lima, für die Prinzessin wie eine Mutter: »Die Prinzessin sagte mir, sie vertraue Paul private Briefe an.«
Debbie Franks, seit 1989 Astrologin der Prinzessin: »Diana betrachtete Paul als Mitglied der Familie.«
Rosa Monckton, für die Prinzessin wie eine Schwester: »Die Prinzessin machte häufig Geschenke … Sie konnte ohne Paul nicht arbeiten.«

Lady Annabel Goldsmith: »Diana sagte, Paul sei ihr Fels in der Brandung ... Sie redete mit ihm, als wäre sie seine Freundin.«
Susie Kassem: »Paul war der Mensch, dem sie – nach William und Harry – am meisten vertraute.«
Lana Marks: »Diana erzählte mir, dass sie Maria Kleider und Accessoires gab.«
Und hätten sie den Schuhmacher Eric Cook gefragt, dann hätten sie diese Antwort bekommen: »Paul und Diana waren eher Bruder und Schwester denn Angestellter und Chefin.«
Aber Scotland Yard saß nicht an der Quelle und schenkte den Spencers Gehör, die, als die Prinzessin starb, noch nicht einmal wussten, wer die engsten Freunde der Verstorbenen waren. Die Kriminalbeamten schoben die Notwendigkeit beiseite, mit Hilfe des engsten Kreises der Prinzessin zum Kern der Sache vorzudringen – obwohl das erste Gebot bei solch einer Angelegenheit lautet, seinen »Untersuchungsgegenstand« zu kennen. Die Beamten von SO6 hatten in einem Fall, der sich um die Prinzessin drehte, nicht die leiseste Ahnung von Diana selbst, der Prinzessin von Wales.
In den ersten Wochen des Monats April machte Mark Bolland dem Mittelsmann einen neuen Vorschlag: Ich sollte nun einen Brief an Prinz William schreiben. Der junge Prinz genoss gerade eine Auszeit und war auf Reisen, doch ein Brief, der dann von St. James' Palace entgegengenommen würde, könnte vertraulich zu seinen Händen gefaxt werden. Am 19. April brachte ich diese Zeilen an ihn zu Papier:

> »Ich wünschte so sehr, ich hätte in den vergangenen Monaten mit Ihnen ein vertrauliches Gespräch führen können. Es gibt so vieles, das ich noch erklären möchte. Mehrere Gegenstände, die man mir weggenommen hat und von denen mir viele aus Gründen einer sicheren Verwahrung übergeben wurden, sollten an Sie zurückgegeben werden. Ich bin überzeugt, Sie wissen, dass ich das Ver-

trauen, das Ihre Mutter mir entgegenbrachte, niemals missbrauchen würde und dass ich stets der Mensch bleiben werde, den Sie einmal kennen gelernt haben.

Paul«

Mit diesem Brief hatte ich erneut meine Aufgabe als derjenige deutlich gemacht, der für eine sichere Verwahrung der Gegenstände sorgte. Umso mehr verwunderte es mich, dass die strafrechtliche Verfolgung mit der Gerichtsverhandlung im Oktober 2002 fortgesetzt wurde. Um es mit den Worten des Rechtsberaters William Boyce QC zu sagen: Unter der Voraussetzung, dass »Mr. Burrell zu keinem Zeitpunkt einem Menschen davon erzählt hatte, etwas in Sicherheitsverwahrung zu lagern«. Doch der CPS, genau das Organ, das Mr. Boyce vertrat, hatte meinen Brief an Prinz William achtzehn Monate vor der Gerichtsverhandlung gesehen. Wie sich bei den Ermittlungen von Sir Michael Peat herausstellte, »sagte einer seiner eigenen Anwälte, der Brief spiegele das Bemühen Burrells wider ... die Grundlage für eine Verteidigung zu schaffen ... und dieser Brief muss möglicherweise als Beweismittel gelten«. Es war eindeutig: Der CPS hatte den Brief gelesen. Als es aber so weit war, dass die Gerichtsverhandlung ins Haus stand, behaupteten sie einfach, den Brief nie gesehen zu haben. Die Hauptsache für mich war jedoch, zu wissen, dass Prinz William ihn gelesen hatte. »Der Brief wurde ausgehändigt. Diesmal waren wir erfolgreich«, so erzählte mir mein Mittelsmann am Telefon. Prinz Charles würde den Brief auch lesen, sagte doch seine Rechtsanwältin Fiona Shackleton in einem Treffen vom 30. April: »Mark Bolland veranlasste, dass dieser Brief geschrieben wurde ... wir wussten, er würde kommen, jemand erzählte Prinz Charles, er würde kommen.«
Bei genau diesem Treffen, an dem der CPS, Scotland Yard und Lady Sarah McCorquodale teilnahmen, wurde dann die entscheidende Frage aufgeworfen – im Lichte des Briefes, den ich

verschickt hatte. Es wurde nämlich gefragt, ob Prinz William denn wohl eine strafrechtliche Verfolgung unterstützen würde. Als Lady Sarah darauf hinwies, dass die endgültige Entscheidung bei ihr lag, »sagte Fiona Shackleton, sie wolle nicht, dass sich Prinz William mit den Nachlassverwaltern entzweie, und sie fügte hinzu, dass es um alles oder nichts gehen müsse«.
Prinz Charles hatte hier und da die Gelegenheit, sich für mich zu verbürgen und die Echtheit meiner Rolle als Sicherheitsverwahrer der Habe von Prinzessin Diana zu bestätigen. Er zog es aber vor, dies nicht zu tun.
Zu seiner Verteidigung sagte Prinz Charles, er habe deutlich gemacht, dass er »es lieber sähe, wenn die strafrechtliche Verfolgung nicht weiterginge«. Er glaubte wohl, es würde genügen, den Straßenräubern zu sagen, sich zurückzuhalten, während er zusieht, wie sein ehemaliger Butler auf der Straße zusammengeschlagen wird.
Wie sich bei der palasteigenen Untersuchung im Anschluss an die Gerichtsverhandlung später herausstellte, hätte er sich anders verhalten, wäre einer seiner Bediensteten betroffen gewesen. So erinnert sich DS Milburn, dass »Sir Stephen Lamport angab, dass der Haushalt des Prinzen einer strafrechtlichen Verfolgung nicht im Wege stehen würde, vorausgesetzt, es wäre kein Bediensteter des Prinzen von Wales darin verwickelt. Daraus lässt sich ersehen, dass möglicherweise weniger Begeisterung herrschen würde, wenn einem Bediensteten aus dem Haushalt des Prinzen eine strafrechtliche Verfolgung bevorstünde.«

Wenn es nun so scheint, als hätte ich in königlichen Kreisen keinerlei Freunde, dann war ich zu Zeiten meiner Berufsausübung wie ein offenes Pfarrhaus. Das Telefon verstummte plötzlich – seit dem Erscheinen von *Entertaining With Style* hatte es nicht stillgestanden. Niemand wollte die Vorträge eines Butlers hören, dem man schwersten Verrat zur Last legte.

Niemand war daran interessiert, mich zu beschäftigen – nicht einmal die Wohltätigkeitsorganisationen, die mich sonst immer baten, nach einem Dinner eine kostenlose Ansprache zu halten. Nur ein Unternehmen hielt mir die Treue: Cunard. Ironischerweise stand ausgerechnet die Firma an meiner Seite, deren Jobangebot meine Mutter 1976 einfach ins Feuer geworfen hatte. Sie wollten mich auch weiterhin für Vortragsreisen über die transatlantischen Reisen der *Queen Elizabeth 2* verpflichten. Doch dies schwächte die Auswirkung der harten Schläge nicht, die ich einstecken musste. Hatten sich doch andere, die meine Arbeitskraft immer gern in Anspruch genommen hatten, entschlossen, mich nach meinem Gefängnisaufenthalt loszuwerden. Die *Daily Mail* ließ mich fallen und entzog mir den Job als Kolumnist für die Rubrik »Haushaltsführung« in ihrer Wochenendbeilage. Sie wollten nicht länger meinen Rat in Fragen wie »Wie werde ich der perfekte Gastgeber?«, »… der perfekte Gast?« oder »… der perfekte Koch?«. Dann erklärte mich der Haushaltswaren-Riese Procter and Gamble zur PR-Katastrophe. Zuvor hatte ich einen lukrativen TV-Werbevertrag unterzeichnet: Ich sollte für die wegwerfbaren Bounty-Küchenrollen der Firma werben. Werbefotos waren bereits in einem Haus in London aufgenommen worden, und die Dreharbeiten sollten bald beginnen. Doch der Vorstand konnte es gar nicht erwarten, den Makel Burrell vom Image des Konzerns zu tilgen. Meine Festnahme hatte das Unternehmen offensichtlich in »Verruf« gebracht, und so erhielt ich nur einen Bruchteil jener zwanzigtausend Pfund, die sie mir ursprünglich hatten zahlen wollen. Diese Summe – zusammen mit unseren Ersparnissen – würde genügen, uns bis zum Ende des Jahres über Wasser zu halten.

Gott weiß, wie viel Geld ich dabei auf den Kopf gehauen haben muss, mir flaschenweise Merlot und Chianti hinter die Binde zu kippen – zu einer Zeit, als wir uns in Sachen Luxus eigentlich hätten zurückhalten sollen. Maria hatte selbstlos ihre kleinen Annehmlichkeiten aufgegeben, verzichtete darauf, sich Make-up zu kaufen. Dann bekam sie bei einem Freund eine bezahlte Stelle als Reinigungskraft – sie griff also auf ihre alten Fähigkeiten zurück, die sie im königlichen Haushalt immer ausgezeichnet hatten. Und ich fiel mit jedem neuen Tag immer mehr in Verdruss, stand nicht vor elf Uhr morgens auf, saß dann – nichts tuend, aber grübelnd – an meinem Schreibtisch und ging schließlich ins Wohnzimmer, wo ich drei Flaschen Wein in einer Nacht leerte, nur um einschlafen zu können. Um vier wachte ich dann auf, setzte mich auf die Bettkante und schielte durch die Vorhänge, um nachzusehen, ob denn irgendwelche seltsamen Autos auf der Straße waren. Weit öfter als ich mich zu erinnern wage, wachte ich schweißgebadet und von Unruhe geplagt auf. Beinahe zwei Jahre lang lebte ich in der Überzeugung, Scotland Yard würde zurückkommen. Auch heute noch, wenn der Postbote mit einem Paket in der Hand an der Tür klingelt, fühle ich mich an den 18. Januar 2001 zurückversetzt.

Ich tat nichts anderes, als in Selbstmitleid zu baden. Und so danke ich Gott für die Stärke meiner Frau. Die Kraft Marias, ihre Unterstützung und die Opfer, die sie zu bringen bereit war, schienen unbegrenzt zu sein: die Zeit, als sie – entgegen ihrem eigentlichen Wunsch – von Kensington Palace nach Highgrove wechselte; die vielen Gelegenheiten, bei denen sie mich an die Prinzessin »verlor«; die Jahre, in denen sie unsere Söhne großzog, während ich meinen beruflichen Pflichten nachging, oder die Zeiten, in denen ich unterwegs war, um für den Gedächtnisfonds zu arbeiten. Allein ihrer bemerkenswerten Unterstützung ist es zu verdanken, dass ich schließlich aufwachte, als ich längst an meinem Tiefpunkt angelangt war. Während all der Jahre, in denen die Prinzessin auf mich gebaut hatte, hatte ich mich im Unterbewusstsein auf Maria gestützt. Vergessen Sie, dass die Prinzessin mich ihren Fels in der Bran-

dung nannte. Der einzige Fels, den es in dieser Zeit je gab, hieß Maria. Sie riss mich aus meiner Verzweiflung und räumte so manche Nacht die Weinflaschen weg.
»Sieh dich doch an!«, sagte sie immer wieder. »Hör auf mit deinem verdammten Selbstmitleid. Da oben sind zwei Jungs, die einen Vater brauchen, der stark ist. Sie müssen nicht mit ansehen, wie du hier zusammenbrichst. Du hast auch hier deine Verpflichtungen.«
»Aber ich komme mit alldem nicht klar!«, rief ich dann.
Dann nahm Maria eines der vielen Fotos der Prinzessin und schrie zurück: »Du hast dich für *diesen* Weg entschieden. Nun musst du ihn auch zu Ende gehen. Also mach weiter – genauso wie ich auch weitermachen muss. Sie hatte dich zu Lebzeiten in der Zange, und nun hat sie dich noch immer in der Zange!«
Seit so langer Zeit hatte Maria nach vorn schauen wollen, doch ich zog es vor, im Jahre 1997 stehen zu bleiben – mit dem Geist der »Chefin« vor meinen Augen. Ihre Bilder waren überall, in jedem Raum, und dies half mir, mich besser zu fühlen. Selbst als sie schon seit vier Jahren tot war, stellte ich sie noch immer über meine Familie.

Im Oktober 2001 schlug Scotland Yard erneut zu. Sie nahmen einen »Verdächtigen« fest – meinen Bruder Graham. Auch diesmal war es ein Überfall im Morgengrauen, und die Beamten der Sonderermittlungsgruppe stellten sein Haus vom Keller bis zum Dachboden auf den Kopf. Er wurde verhaftet und zur Befragung mitgenommen – einzig auf Grund eines signierten Fotos der Prinzessin, zweier Teller, die das königliche Namenszeichen trugen, eines Marinegemäldes der HMS *Sirius* sowie eines gerahmten Abzugs, auf dem ein Polospiel zu sehen war. Die Bilder waren Geschenke von Prinz Charles an mich, die ich dann an Graham weitergegeben hatte, als ich in Highgrove lebte. Wir hatten auch ein Bild, das dieses Gemälde der HMS *Sirius* an einer Wand im Cottage zeigt, wo es 1994 hing. Graham wurde also unter dem Verdacht abgeführt, 1997 mit gestohlenen Waren gehandelt zu haben.

Er versuchte – genau wie ich – vergeblich, die Beamten über die königliche Welt und die Liebenswürdigkeit und Güte der Chefin aufzuklären. Er erzählte ihnen, wie er die Prinzessin bei einer Schlacht mit Ballons, die mit Wasser gefüllt waren, durch Highgrove gejagt hatte und wie sie ihn dreimal zu Hause angerufen hatte, um ihn wegen seiner Eheprobleme zu trösten. Er hätte ihnen genauso gut erzählen können, er wäre gerade auf dem Mars gelandet.

»Was kann ein ehemaliger Bergarbeiter schon mit einer Prinzessin zu tun haben?«, spottete einer der Kriminalbeamten.

Graham wurde nie angeklagt, doch das Martyrium, das er durchlebte, als er unter Verdacht stand, dauerte zehn Monate, bevor die Polizei endlich einsah, dass sie nichts gegen ihn in der Hand hatte. Ich jedoch wurde als ein von der königlichen Familie Verstoßener gebrandmarkt.

Ende Mai war ich in Chester einkaufen, als mein Handy klingelte. »Du wirst nicht glauben, was heute in der Post war«, rief Maria. Eine Einladung ... nach Schloss Windsor!«

Als ich nach Hause kam, lag der Brief auf der Anrichte in der Küche: ein weißer Umschlag, der das Siegel des Büros des Großkämmerers in St. James' Palace trug. Darin lag eine steife Einladungskarte mit Goldkante und den Buchstaben »EIIR«, in Gold geprägt. Darauf stand: »Der Großkämmerer wurde angewiesen, Mr. und Mrs. Paul Burrell zu einem Dankgottesdienst in der St.-George-Kapelle mit anschließendem Empfang in Schloss Windsor einzuladen, um den achtzigsten Geburtstag Seiner Königlichen Hoheit, des Herzogs von Edinburgh, zu begehen.«

Maria war ganz aufgeregt, und ich freute mich riesig für sie. Der Herzog hatte seine ehemalige Hausangestellte nicht vergessen und sie zu dem Ereignis am 10. Juni eingeladen. Es war angeblich nur Marias wegen, doch die liebenswürdige Geste galt auch mir. Es war nicht nur dieses Zeichen der Anerkennung, das uns den Tag, die Woche, das Jahr in hellem Glanz erstrahlen ließ, sondern die Gewissheit, in einer Zeit eingeladen worden zu sein, als alle gegen uns zu sein schienen. Keiner kann sich vorstellen, wie dies mit einem Mal unsere Stimmung aufhellte – zu einem Zeitpunkt, als ich noch immer nur gegen Kaution frei war und noch nicht unter Anklage stand. Die Briefe, die ich an Prinz Charles und Prinz William geschrieben hatte, waren ohne Reaktion geblieben, und das schmerzte. Ich hatte mich an die immer blasser werdende Hoffnung geklammert, dass – wenn es Gerechtigkeit wirklich gibt – die Vernunft schon obsiegen und dieser Wahnsinn endlich ein Ende haben würde. Schließlich hatte ich – zumindest aus meiner Sicht – doch nur für einen anderen Menschen Sorge getragen, im Leben wie im Tod. War dies wirklich ein Verbrechen? Ich erwartete nicht, dass die Menschen mich verstehen würden, aber ich mochte auch nicht glauben, dass Ergebenheit strafbar ist. Als dieser Brief also bei uns eintraf, brachte er nicht nur eine vornehme Einladung, er bedeutete Hoffnung, war ein Zeichen der Freundschaft, das die Queen und der Herzog von Edinburgh ausgesandt hatten. Vielleicht würde sich nun alles zum Guten wenden.

Dann, am 6. Juni, meinem dreiundvierzigsten Geburtstag, klingelte das Telefon. Eine ziemlich schwülstige, hoheitsvolle Stimme mit militärischem Klang bat darum, »mit Paul oder Maria Burrell sprechen zu dürfen«. Es war Brigadegeneral Hunt-Davis, der Privatsekretär des Herzogs von Edinburgh und unser ehemaliger Nachbar aus Old Barracks. Er kam gleich zum Punkt.»Nach reiflicher Überlegung und nach eingehender Beratung bin ich zu dem Schluss gekommen, dass es nicht in Ihrem Interesse wäre, Paul, wenn Sie den Feierlichkeiten zum achtzigsten Geburtstag Seiner Königlichen Hoheit,

des Herzogs von Edinburgh, am kommenden Sonntag beiwohnten.«
Mein ungläubiges Schweigen ermunterte ihn fortzufahren. »Wir haben uns bezüglich Ihrer Teilnahme eingehend beraten, und es wäre – da auch die Medien anwesend sein werden – nur fair, nicht den Tag in ein schlechtes Licht zu rücken, der vor allem der Tag Seiner Königlichen Hoheit ist. Ich bin mir sicher, Sie verstehen, dass wir uns unsere Entscheidung nicht leicht gemacht haben und das Wohl jedes Einzelnen sorgfältig bedacht wurde.«
Ich war wie gelähmt und außer Stande, mehr als nur ein paar Worte zu sagen. Oder lag es vielleicht an der schwülstigen Stimme, die mich eingeschüchtert hatte? Ich brachte nur noch ein verwirrtes »Auf Wiederhören« hervor, legte den Hörer in die Gabel und starrte aus dem Fenster unseres Wohnzimmers im zweiten Stock. Dabei ließ ich das Gespräch noch einmal Revue passieren.
Nein, dachte ich, die Queen und der Herzog von Edinburgh haben mich eingeladen. Ganz gleich, was dieser persönliche Berater da gesagt hat, ich werde hingehen. Da ist nichts, für das ich mich schämen müsste. Ich griff zum Telefonhörer und wählte Buckingham Palace. Zu Brigadegeneral Hunt-Davis sagte ich: »Ich habe mir Ihren Rat noch einmal ganz genau durch den Kopf gehen lassen, beabsichtige aber immer noch, mit Maria an den Geburtstagsfeierlichkeiten am Sonntag teilzunehmen. Haben Sie vielen Dank für Ihre Sorge um mich –«
»Paul«, unterbrach er mich, »ich glaube, Sie verstehen nicht. Ihre Einladung wurde zurückgezogen. Sie stehen nicht mehr auf der Gästeliste.«
Zorn stieg nun in mir auf und ersetzte das lähmende Entsetzen von vorhin. »Und was wäre, wenn ich mich entschließen würde, doch hinzugehen, und die Einladung mitbrächte?«
»Man würde Ihnen den Zutritt verwehren«, erwiderte er. »Und das wäre ziemlich unangenehm für Sie und die könig-

liche Familie. Ich bin sicher, Sie möchten sie nicht in eine solch peinliche Lage bringen.«
Dann bekundete er eindringlich seinen Willen zum Frieden in der Absicht – so denke ich –, mich zu beschwichtigen. Also sagte er: »Aber wenn Maria kommen möchte, dann ist sie selbstverständlich noch immer herzlich willkommen.«
Ich konnte es nicht erwarten, den Hörer auf die Gabel zu knallen. Als ich Maria alles erzählte, war nur schwerlich zu erkennen, wer wütender war: sie oder ich. »Gut!«, sagte sie. »Wenn sie so mit dir umspringen wollen, dann können sie uns kreuzweise«, und das war es dann auch: ein weiterer Schlag, den man uns versetzt hatte.
Uns war sofort klar, dass Ihre Majestät mit der jüngsten Entscheidung nichts zu tun hatte. Verantwortlich waren die »Graukittel« aus dem Haushalt. Diese richten ihr Handeln immer danach aus, was ihrer Vorstellung nach das Beste für die königliche Familie ist. Dabei verfallen viele von ihnen dem seltsamen Irrglauben, über eine gewisse Macht zu verfügen, wenn sie versuchen, die Räder des Systems in Gang zu halten. Schließlich fand ich heraus, wer hinter der zurückgezogenen Einladung steckte: der Intendant der Königlichen Privatschatulle, Sir Michael Peat, der Mann, der die Untersuchung im Namen der königlichen Familie geführt hatte – eine Untersuchung, die dann schließlich in eine gescheiterte Gerichtsverhandlung am Old Bailey mündete. Er hatte den Namen »Burrell« auf der Gästeliste entdeckt und die Einladung mit dem Brigadegeneral beraten.
Ich kann ebenfalls mit Sicherheit sagen, dass die Entscheidung ohne Rücksprache mit der Queen getroffen worden war. Sie hatte uns bei einem privaten Anlass schon in jener Woche zu verstehen gegeben, dass sie sich sehr darauf freue, Maria und mich wieder einmal zu sehen. In den Augen Ihrer Majestät ist jemand so lange unschuldig, bis das Gegenteil bewiesen ist, und sie sah kein Problem darin, dass die Burrells zu solch einer

Feier eingeladen waren – vor allem, da ich zum damaligen Zeitpunkt keines Vergehens angeklagt war. Die ganze Sache ist ein enttäuschendes Beispiel für ein System, das voll von Menschen steckt, die glauben, es besser zu wissen als die Queen. Es sind dieselben, die auch die Spontaneität der Prinzessin im Keim erstickt hatten.

Als Prinz Charles zu Ohren kam, was mir widerfahren war, brachte er – so hörte ich – seine Empörung zum Ausdruck. Er argumentierte, mein Name habe immerhin vier Wochen lang auf der Gästeliste gestanden, ohne dass sich auch nur der leiseste Widerstand geregt hatte. Was hatte sich denn geändert? Er war genauso verdutzt wie seine Mutter, doch der Hofstaat hatte dafür gesorgt, dass ich ausgeladen wurde.

Am 24. Juli arrangierte der Mittelsmann ein Treffen zwischen Mark Bolland, dem stellvertretenden Privatsekretär des Prinzen, und mir. Wieder war es Mr. Bolland, der den Kontakt aufgenommen hatte, um zu fragen, ob das Treffen in London stattfinden könne. Also nahmen der Mittelsmann und ich die U-Bahn und fuhren mit der Piccadilly Line bis zur Station Covent Garden. Wir gingen nach links, bahnten uns einen Weg durch die Menge und liefen geradewegs auf den Garrick Club zu. Mr. Bolland wartete in der Nähe zweier Telefonzellen vor einer Zweigstelle von Channel 5 auf der Straße auf uns. Dann machten wir uns zu dritt auf den Weg, gingen die St. Martin's Lane hinunter und marschierten in Richtung Trafalgar Square. Als wir den Eingang des Duke of York's Theatre erreichten, klingelte Mr. Bollands Handy, das er in der Tasche bei sich trug. Er nahm den Anruf an. Sofort war klar, mit wem er da sprach.
»Ja, Eure Königliche Hoheit … Ja, er ist jetzt gerade bei mir … Ja, selbstverständlich wird er …«
Es war Prinz Charles. Er wusste zweifelsfrei, dass das Treffen stattfand.
Der stellvertretende Privatsekretär, der weiterging und weiter-

sprach, hörte konzentriert zu. »Ja, Sir … und viel Erfolg beim Premierminister, Sir.«
Inzwischen hatte uns unser Weg die ganze Straße hinuntergeführt, vorbei am London Coliseum, und wir erreichten eine Ecke, in der der Corney and Barrow Pub noch der einladendste Treffpunkt war. Es war kurz vor fünfzehn Uhr.
»Dies hier erinnert mich daran, wie ich früher das eine oder andere informelle Schwätzchen mit dem Prinzen von Wales zu halten pflegte«, sagte ich zu Mr. Bolland, und er lächelte wissend. Wir bestellten einige Drinks und saßen auf hohen Hockern am Fenster, um einen erhöhten Tisch herum. Wenn man uns so zusah, wirkten wir drei zweifellos wie ganz gewöhnliche Geschäftsleute, die sich am Nachmittag eines hektischen Tages einen Drink gönnen. Und es war sicherlich auch eine förmliche, geschäftsähnliche Unterhaltung.
Mr. Bolland sagte, dass die beiden jungen Prinzen, William und Harry, ganz aufgebracht über das seien, was geschehen war, und dass Prinz Charles »sehr darauf bedacht sei, die Situation zu entspannen«. Er fügte hinzu: »Der Prinz von Wales ist Ihretwegen äußerst besorgt. Er hat das Gefühl, dass man Sie zu lange hat im Regen stehen lassen. Aber wir müssen wissen, wie Sie in den Besitz der Gegenstände gelangen konnten, die die Polizei in Ihrem Haus gefunden hat.«
Ich erzählte ihm, was ich zuvor schon meinem Rechtsanwalt gesagt hatte: dass sich die Gegenstände entweder bei mir in Verwahrung befanden oder mir vom Prinzen oder von der Prinzessin selbst übergeben worden waren. Ich fügte hinzu: »Das alles ist ein großer Fehler. Es hätte nie passieren dürfen. Die ganze Sache wird mich und meine Familie ruinieren, und ich begreife nicht, warum ich verhaftet wurde. Wenn das so weitergeht, dann werden wir regelrecht durch den Dreck gezogen. Ich muss unbedingt den Prinzen von Wales treffen, um ihm alles zu erklären.«
Wir saßen in diesem Pub, etwa dreißig bis vierzig Minuten

lang. Mr. Bolland redete genauso viel wie ich. Daher kommt es mir schon komisch vor, warum er später das Treffen mit den Worten »Paul Burrell tischte mir eine rührselige Geschichte auf, in der er behauptete, dass sein Leben ein einziger Scherbenhaufen war« beschrieb. Wenn es wirklich eine rührselige Geschichte war, wie er behauptete, dann verfehlte diese rührselige Geschichte ihre Wirkung nicht: Mr. Bolland zeigte sich entgegenkommend, keineswegs abweisend. Er schüttelte mir die Hand und verließ das Lokal, nicht ohne mir zu versichern, er werde dem Prinzen von Wales empfehlen, sich mit mir in der darauf folgenden Woche persönlich zu treffen.

Mr. Bolland hielt Wort und organisierte ein Treffen in Tetbury, nahe Highgrove. Mein Mittelsmann rief mich am 2. August auf dem Handy an und gab mir folgende Nachricht: »Der älteste Sohn würde Sie gern treffen.« Das Treffen wurde für den folgenden Tag angesetzt.

Nachforschungen im Anschluss an die Gerichtsverhandlung brachten es an den Tag: Prinz Charles glaubte, dass, »wenn Mr. Burrell sich entschuldigte und ... seinen früheren Brief an Prinz William bestätigte und ... wenn er sich einverstanden erklärte, sämtliche Gegenstände zurückzugeben, und versprechen würde, keine persönlichen Informationen über die Prinzessin preiszugeben, es die Polizei nicht für nötig hielte, Anklage gegen Mr. Burrell zu erheben«.

Es wurde beschlossen, Fiona Shackleton und Scotland Yard über das Treffen im Unklaren zu lassen.

Als moralische Unterstützung begleitete mein Bruder Graham mich auf meiner Autoreise südwärts. Am 3. August brachen wir um sechs Uhr morgens auf, mit einer Thermoskanne Tee und einigen belegten Broten im Gepäck. Es war ein warmer, stickiger Tag, genau richtig für kurze Hose und T-Shirt, aber ich musste ja gut aussehen – und so entschied ich mich für meinen schicken grauen Anzug mit den blauen Manschettenknöpfen, die die Prinzessin mir geschenkt hatte. Ich hatte keine

Ahnung von dem genauen Ort des Treffens. Ich wusste nur, dass es nach dem Polospiel von Prinz Charles stattfinden würde. Er hatte persönlich dafür gesorgt, dass wir uns außerhalb von Highgrove treffen konnten, um zu verhindern, dass ich an den ständig anwesenden polizeilichen Sicherheitskräften vorbeimusste. Mir kam es vor, als würden wir eine Ewigkeit unterwegs sein, und als wir gerade die Grenze zur Grafschaft Gloucestershire auf der M5 passiert hatten, klingelte mein Handy. Es muss so gegen Mittag gewesen sein. Zu hören war die Stimme des Mittelsmannes. »Alles abgesagt. Er hatte einen Unfall.«

Es war wie ein Schlag ins Gesicht. Ich steuerte meinen Wagen direkt auf die nächste Tankstelle zu. »Komm, du machst doch bloß Witze!«

Prinz Charles war beim Polospielen vom Pferd gefallen und bewusstlos in ein Krankenhaus gebracht worden, und ich, ich musste nun – nach einer fast vierstündigen Fahrt – umkehren und nach Cheshire zurückfahren. »Tja, das war's dann wohl. Jetzt gibt es keine Möglichkeit mehr, das Ganze aufzuhalten«, sagte ich zu Graham. Mein einziger Gedanke war: Wie bequem doch, ein Sturz vom Pferd hat es ihm erspart, sich mit mir zu treffen.

Zu der Zeit wurde mein Argwohn noch weiter angestachelt. Am Morgen des 3. August, *vor* dem Polospiel, hatten Deputy Chief Inspector Maxine de Brunner und Commander John Yates von Scotland Yard den Prinzen und William auf Highgrove besucht, um mit ihnen über den Fall zu sprechen. Bei dieser Besprechung kam es zu einer schwerwiegenden Fehlinterpretation der Fakten, was Prinz Charles und seinen Sohn dann dazu verleitete, meine Unschuld anzuzweifeln.

Am 8. August schritt die Polizei ein, um weitere Geheimtreffen zwischen mir und St. James' Palace zu unterbinden. Deputy Sergeant Milburn nahm eine Zeugenaussage von Mr. Bolland zur Hand, die ihn zum Zeugen der Anklage machte. Als solcher würde es sehr schwierig für ihn sein, mit mir weiter in Kontakt zu bleiben.

Bei seiner Untersuchung im Anschluss an die Gerichtsverhandlung kam Sir Michael Peat dann auch zu dieser Schlussfolgerung: »Die Polizei gab mir gegenüber offen und ehrlich zu, diese Aussage ... nach Macchiavelli-Art erpresst zu haben. Auf diese Weise wurde versucht, jeden weiteren Kontakt zwischen Mr. Burrell und Mr. Bolland zu unterbinden und zu verhindern.«

Scotland Yard hatte Prinz Charles und Prinz William hinters Licht geführt und ihnen versichert, dass sämtliche Kommunikationswege durchschnitten waren. Sie wollten den Fall um jeden Preis vor Gericht bringen, und die Scheuklappen, die sie trugen, sorgten dafür, dass sie einzig und allein dieses Ziel vor Augen hatten.

Am Donnerstag, den 16. August, fuhr ich für ein erneutes Verhör zur zentralen Polizeistation ins Londoner West End. Mit meinem Rechtsanwalt Andrew Shaw an meiner Seite und mit einer vorbereiteten Erklärung im Gepäck. Über neununddreißig Seiten und in sechsundzwanzig langen Abschnitten legte ich ausführlich dar, wie nahe ich der Prinzessin gestanden hatte, ich erläuterte, wie bestimmte Gegenstände in meinen Besitz gelangen konnten, und ich klärte die Polizisten über das Vertrauen auf, das mir entgegengebracht worden war. Diese Erklärung sollte mein letzter Appell an den gesunden Menschenverstand sein. Im Hintergrund, durch die nüchterne Juristensprache hindurch, war da noch eine hysterische Stimme zu vernehmen, die die Polizisten anbrüllte, endlich damit aufzuhören und stattdessen zu lesen und zu begreifen, dass sie im Begriff waren, großen Schaden anzurichten.

»Dies ist die Erklärung, die wir Ihnen gern zeigen möchten«, sagte Andrew Shaw und schob sie über den Tisch im Verhörzimmer.

Deputy Sergeant Milburn verließ den Raum, um die Erklärung durchzulesen. Innerhalb einer Stunde hatten sie einen Entschluss gefasst. »Mr. Burrell, wir werden Anklage gegen Sie erheben, wegen Diebstahls in drei Fällen.«
Mir drehte sich der Magen um.
Ich, angeklagt, dreihundertfünfzehn Gegenstände aus dem Nachlass von Diana, der verstorbenen Prinzessin von Wales, gestohlen zu haben.
Angeklagt, sechs Gegenstände aus dem Besitz von Prinz Charles gestohlen zu haben.
Angeklagt, einundzwanzig Gegenstände, die Prinz William gehörten, gestohlen zu haben.
Sämtliche Anschuldigungen gründeten auf der Behauptung, ich hätte irgendwann in der Zeit zwischen dem 1. Januar 1997 – acht Monate vor dem Tod der Prinzessin – und dem 30. Juni 1998 einen Möbelwagen, beladen mit königlichen Gegenständen aus Kensington Palace, entwendet.
Als Deputy Sergeant Milburn mich des Diebstahls bezichtigte, konnte ich es gar nicht fassen. Warum lässt die königliche Familie zu, dass dies geschieht? Was, um Himmels willen, wird denn hier gespielt? Was zum Teufel habe ich getan, womit ich dies verdient habe? – Diese und ähnliche Gedanken schossen mir durch den Kopf.
Dann setzte sich der Deputy Sergeant mir gegenüber an den Tisch, und seine Worte trafen mich wie ein Keulenschlag: »Ich glaube, dass Sie alles gestohlen haben, und in den ganzen zwanzig Jahren, die ich schon bei der Polizei bin, muss dies mit der schlimmste Vertrauensbruch sein, den ich je erlebt habe.«
Aber mir war klar, dass er die vorbereitete Erklärung gelesen haben musste, da ich, als Beweis für mein Wissen und meine Nähe, von den verschiedenen persönlichen Beziehungen der Prinzessin gesprochen hatte, allerdings ohne Namen zu nennen. »So, war Ihre Beziehung zur Prinzessin denn rein beruf-

lich?«, fragte Deputy Sergeant Milburn. Also selbst die Polizei kann ihre Neugier nicht im Zaum halten.

Als ich einen Korridor entlang in einen anderen Raum geführt wurde, wandte ich mich an Andrew Shaw, versuchte, nicht zu weinen, und sagte: »Ich kann das alles nicht glauben. Ich glaube das einfach nicht.«

Ein Arzt forderte mich auf, den Mund zu öffnen. Ein lutscherähnlicher Stab wurde an der Innenseite meiner Wange entlanggeschabt, um einen DNA-Abstrich zu erhalten. In einem anderen Zimmer wurden meine Finger und meine Daumen gegen eine Tintenrolle gepresst, um Fingerabdrücke zu nehmen. Dann wurde ich aufgefordert, mich an die Wand zu stellen, um Fotos für die Akten zu machen: von links, von rechts, von vorn. Drei Blitze, die meine Verzweiflung im Bild festhielten. Ich fühlte mich wie Abschaum, wie ein Verbrecher, wie der berüchtigte Star aus einer königlichen Peepshow, die die Polizei aufs Köstlichste amüsierte, ich war die reinste Lachnummer.

Aus der Blitzbirne der Polizei wurde am nächsten Tag ein wahres Blitzlichtgewitter, als der Vorhang sich öffnete für den ersten Akt der Scotland-Yard-Farce, der auf den Stufen des Bow-Street-Amtsgerichts gespielt wurde. Als ich vom wild gewordenen Pulk der Medienvertreter und der Polizisten in das Gerichtsgebäude geschoben wurde, hielt ich meinen Kopf gesenkt. Die Faust, die sich auf die rechte Seite meines Kopfes zubewegte, sah ich gar nicht. Ich fühlte nur den heftigen Schlag an meinem Ohr. Irgendein Schaulustiger war von der Straße herübergerannt und hatte einen Sandsack nach mir geworfen. »Lauf einfach weiter, Paul«, rief mir mein Bruder Graham zu, der zusammen mit der Polizei sein Bestes gab, die Menge um mich herum abzuwehren. Es verletzte mich sehr, dass einige Menschen sich offenbar schon ihr Urteil gebildet hatten: Ich hatte die Welt der Prinzessin geplündert. Und auch der Hass der Öffentlichkeit würde nicht lange auf sich warten lassen. Aber zuerst würde die Erniedrigung kommen. Du fühlst dich automatisch wie ein Verbrecher – ganz gleich, wie unschuldig du bist –, wenn du im Gericht auf der Anklagebank sitzt. Ich konnte es gar nicht erwarten, bis ich das formelle Verfahren des ersten Verhörtages endlich hinter mich gebracht hatte. An keinem Ort in der Welt wird einem das ungeheuerliche Ausmaß und die Wirklichkeit der Situation, die einem bis dahin so erschreckend unwirklich vorkam, schonungsloser vor Augen geführt als in der Gerichtsarena. Meine Unschuld, an die ich mich so lange Zeit geklammert hatte, war einem erdrückenden Gefühl von Scham gewichen. Genau das macht die Anklagebank mit dir. Sie lässt dich vor Scham in den Boden versinken und hindert dich daran aufzublicken, um zu sehen, wer dich da alles anstarrt.

Und um meine Erniedrigung komplett zu machen, beschloss das Pressebüro der Polizei dann noch, den ganzen Umfang der Anklage gegen mich in die Welt hinauszuposaunen. Für gewöhnlich wird nur eine Zusammenfassung der Anklage publik gemacht: die drei Anklagepunkte wegen Diebstahls, die der Anklageschrift zu entnehmen sind. Nicht so in meinem Fall. Der Presse wurde die komplette, ausführliche Liste mit den 342 Gegenständen, die aus meinem Haus stammen, ausgehändigt: jeder einzelne Streifen mit Fotonegativen, dazu die exakte Menge; jeder einzelne CD-Titel und der jeweilige Künstler; jedes einzelne Kleidungsstück oder Modeaccessoire mit genauen Angaben zu Farbe und Design. So gab es Informationen zu »Gegenstand 193: schwarze Lederhandtasche, weiße Metallgriffe, darin enthalten: Stiefelquittung, schwarzes Plastikfeuerzeug und blauer Lippenstift«, zu »Gegenstand 3: eine weiße Pfeffermühle aus Metall«, zu »Gegenstand 240: Bibeltext« (derjenige, der für die allabendliche Nachtwache genutzt wurde) und »Gegenstand 245: Notizblock mit Details über Minenopfer«.

Am 30. August traf sich Sir Michael Peat, der zum Privatsekretär von Prinz Charles ernannt worden war, mit Scotland Yard, um sich über die Schwere des Falles zu erkundigen. Seine eigenen Ermittlungen im Anschluss an die Gerichtsverhandlung hatten zu dem Schluss geführt: »Sir Michaels Hauptsorge war die mögliche negative Auswirkung dieser Rechtsstreitigkeit ... Er äußerte die Besorgnis, dass es sich nicht um einen schwerwiegenden Fall handle und das Risiko eines Freispruchs bestünde. Er war der Überzeugung, dass die Beweise der Polizei gegen Paul Burrell dürftig seien.«

Aber trotz dieser Bedenken gab es kein Zurück mehr. Die Spencers wollten mich ins offene Messer laufen sehen.

Am nächsten Tag verließ ich England, um gemeinsam mit elf Familienmitgliedern Zuflucht in einer zuvor gebuchten Reise nach Florida zu suchen. Um den ganzen Flughafen von Manchester herum traf ich nur auf Menschen, die gerade die Titelseiten über mich lasen. »DIANAS FELS AUF DER ANKLAGEBANK« höhnte der *Daily Mirror*. »DIANA-BUTLER: ANKLAGE WEGEN DIEBSTAHLS IN HÖHE VON FÜNF MILLIONEN PFUND« schrieb *The Times*. »DIANA: BUTLER UNTER DIEBSTAHLANKLAGE NACH HIGHGROVE-GIPFEL« hieß es in der *Daily Mail*. Als wir in unserer gemieteten Villa außerhalb von Orlando ankamen, brachen meine aufgestauten Gefühle der vergangenen achtundvierzig Stunden schließlich aus mir heraus. »Ich heulte wie ein Schlosshund«, wie mein Bruder Graham sagte.

Ich konnte dem Blitzlichtgewitter in Großbritannien entfliehen, nicht aber der Hölle. Der mentale Druck war unbeschreiblich. Es gab scheinbar keinen Raum für rationale Gedanken, ich stand ständig unter Strom. Ich war kaum in der Lage stillzusitzen, konnte nicht allein sein, in der Sonne entspannen. Ich wurde ganz krank vor Kummer, und die Tatsache, dass gegen mich Anklage erhoben worden war, traf mich ins Mark und erschütterte meinen persönlichen Stolz, der mir alles bedeutete.

Ich kämpfte verzweifelt darum, dass die Familie diese Auszeit genießen konnte, ich ging mit allen zusammen nach Disneyworld und besuchte das Raumfahrtzentrum der NASA, gab mich mutig und kämpferisch.

Als die Hälfte des Urlaubs vorüber war, brach ich vor Erschöpfung zusammen. Infolge einer Blutkrankheit pellte sich die Haut an meinen Füßen, so dass das Fleisch darunter sichtbar wurde. Ich wurde im Krankenhaus in Florida behandelt. Dort sagten mir die Ärzte, es sei ein Nervenleiden.

Gegen Ende des Jahres 2001 war unsere finanzielle Lage düster. Sowohl der Filialleiter meiner Bank als auch mein Steuerberater teilten uns mit, dass wir in Erwägung ziehen müssten, das Haus erneut mit einer Hypothek zu belasten, wenn in den nächsten drei Monaten kein Geld auf unser Konto fließen würde. Maria schickte ihren Lieblingsring mit dem Aquamarin – ein Weihnachtsgeschenk von mir – an einen Londoner Juwelier zurück und versuchte auf diese Weise, ein wenig zusätzliches Geld aufzutreiben. Die Lage wurde immer verzweifelter, und wir gerieten in Rückstand mit unseren Hypothekenzahlungen. Wäre da nicht die Großzügigkeit unserer Freunde gewesen, ich weiß nicht, was wir getan hätten: die Edwardses aus Wrexham, die Wrights in Kentucky, Susie Kassem in London und die Ginsbergs in New York. Als Scotland Yard einmal feststellte, dass eine beträchtliche Summe Bargeld auf unseren Bankkonten von den Ginsbergs stammte, befragten sie sie in ihrer Wohnung in der Fifth Avenue in der Annahme, es stecke eine düstere Absicht dahinter.

»Ist es nicht ein wenig übertrieben, einen solchen Betrag einzuzahlen?«, wurden sie gefragt.

»Wir sind wohlhabende Leute, Herr Kommissar, wir haben nur einem Freund in Not geholfen. Was ist daran so schwer zu verstehen?« Und die britische Polizei musste wie ein begossener Pudel den Rückzug antreten.

Wir plünderten sogar Alexanders und Nicks Lebensversicherungen, die wir abgeschlossen hatten, als sie noch Babys waren.

Schließlich hatten wir genügend Geld zusammengekratzt, um einen Blumenladen im Nachbardorf Holt aufzumachen. Ich konnte meine floristischen Fähigkeiten, die ich im Souterrain des Buckingham Palace erlernt hatte, hier nun einsetzen, und mein »kleiner Laden an der Ecke« wurde ein echter Rettungsanker für mich – nicht nur in finanzieller Hinsicht: Er gab mir etwas, in das ich meine ganze Kraft stecken konnte. Ich bin ein stolzer Mensch, und so bewies ich vor meinen vielen Kunden, die mich in unglaublicher Weise unterstützten, auch Stärke. Aber wenn am Abend im Schaufenster um siebzehn Uhr dreißig das Schild »Geschlossen« hing, dann saß ich im Hinterzimmer und wollte nicht nach Hause gehen. Maria hatte mir immer und immer wieder gesagt, ich müsse stark sein für die Jungs. Ich wollte ja auch stark sein. Aber ich konnte es einfach nicht. Und so war es eine Befreiung für mich, mir in diesem Zimmer die Augen auszuheulen, vor der Familie verborgen, denn sie hatten schon genug Ärger zu ertragen. Das alles musste niemand wissen. Doch natürlich – Maria wusste es. An manchen Abenden kam ich nicht vor neun Uhr nach Hause. Ich gab vor, irgendwelche wichtigen Buchhaltungs- und Inventurarbeiten erledigen zu müssen.
Eines Abends klingelte das Telefon. Es war Maria. »Schluss jetzt, wann kommst du endlich nach Hause?« Ich brach erneut in Tränen aus. Allein der Gedanke brachte mich um, dass sie mich so schwach sah. Es gibt Menschen, die werden in schwierigen Situationen nur stärker, ich aber schien von Tag zu Tag schwächer zu werden, und weil ich von Natur aus kein zorniger Mensch bin, ließ mich die Ungerechtigkeit in eine Depression fallen, die mir langsam, aber sicher die Seele auffraß. Maria schickte meinen Schwager, Peter Cosgrove, zu mir. Er fand mich völlig aufgelöst vor, legte einfach nur den Arm um mich und sagte: »Komm, lass uns nach Hause gehen.«
Jetzt, wo ich dieses Buch schreibe, blicke ich zurück und könnte mich selbst dafür ohrfeigen, wie ich nur ein solch jämmer-

liches Bild abgeben konnte. Meine Perspektive ist heute eine andere – aber nur, weil die Gerechtigkeit gesiegt hat. Zu jener Zeit tat ich niemandem gut, und die Ironie an der ganzen Geschichte war die Tatsache, dass mir dies keineswegs entging. Ich hatte mich der emotional ausgehungerten Prinzessin angenommen und mich um sie gekümmert, hatte all ihre Verzweiflung und ihre Tränen in mir aufgenommen. Wie sie mir sagte, hatte ich in ihren schlimmsten Zeiten oft die richtigen Antworten auf ihre Fragen. Und jetzt, wo ich selbst meine schwierigste Zeit durchmachte, war niemand da.
Wenn es immer weiter abwärts geht, ist klares Denken nicht möglich. Ich war ein hoffnungsloser Vater. Ein hoffnungsloser Ehemann. Ich war außer Stande, die Welt der Prinzessin vor Scotland Yard zu schützen. Mein guter Ruf sollte in der Öffentlichkeit zerrissen werden. Alles, was mir am Herzen lag, wurde, so schien es mir, vor meinen Augen zerstört. An meinem tiefsten Punkt schien für mich nichts anderes zu zählen als die Aussicht, wieder bei der Prinzessin zu sein. Ich wollte, dass das alles aufhört. Ich wollte aufhören zu weinen. Ich wollte sterben. Dann würde ich sie wiedertreffen. Das war sehr egoistisch von mir, aber so dachte ich nun einmal. Ich wusste genau, wo ich hinmusste: Da gab es einen Parkstreifen etwas abseits der A41 in Cheshire. Ein ruhiger Fleck in der Gegend.
Ich erzählte Maria, ich müsse Blumen ausliefern, und ich verließ den Laden, ohne auch nur daran zu denken, mich zu verabschieden. Nach einer zehnminütigen Fahrt hielt ich auf dem Parkstreifen an. Es war kein anderes Auto dort. Die Sonne schien, der Horizont war blau, nur ein paar weiße Wölkchen waren zu sehen. Auf der Weide neben mir senkte ein Pferd seinen Hals, um an das Gras heranzukommen. Auf dem Beifahrersitz neben mir lagen eine Flasche Wasser und ein kleines braunes Fläschchen mit sechzig Tabletten Paracetamol. Ich saß so da, sah dem Pferd zu, dachte, was das doch für ein herrlicher Tag sei, dass Alexander und Nick wenigstens noch Maria

hätten und ihre Familie, unsere Nachbarn, für sie da sein würden. Sie würden einander beistehen. Über all das dachte ich nach. Über Maria, die die Jungen haben würde, und darüber, dass ich bei der Prinzessin sein würde. Über den Schlussstrich, den mein Tod unter das Gerichtsverfahren ziehen würde. Und darüber, dass die Qual dann ein rasches Ende fände und mir die Schande ersparen würde, vor Gericht aussagen zu müssen.
Ich hatte einen Schluck Wasser genommen und blickte auf die ungeöffnete Flasche Paracetamol in meiner Hand, überlegte dabei, ob sechzig Tabletten wohl reichen würden. Doch dann kamen alle Emotionen wieder in mir hoch, vertrieben die Stille. Feigheit – oder was auch immer – brachte mich urplötzlich wieder zu Verstand, genauso schnell, wie der Wind seine Richtung ändert. Ich begann, über die Endgültigkeit des Todes in anderer Weise nachzudenken. Ich würde sterben wie jemand, der von seinen Schuldgefühlen in den Selbstmord getrieben worden war. Maria und meine Söhne würden mit dieser Schande leben müssen. Und die Prinzessin *war* ja noch immer bei mir. Nun galt es, ihr Vermächtnis zu verteidigen. Ich warf die Tabletten zurück auf den Sitz neben mir, startete den Motor, machte kehrt und fuhr nach Hause zu Maria. Als ich zur Tür hereinkam, fragte sie mich, wo um Himmels willen ich gewesen sei.
Ruhig und sachlich erklärte ich ihr die Gründe hinter meinen wirren Gedanken.
Sie packte mich an beiden Armen. »Du musst auch an mich denken!«, sagte sie und schüttelte mich dabei. »Du musst auch an mich und an deine Söhne denken.« Sie muss mir dabei wohl direkt in die Augen gesehen und die Leere darin erkannt haben. »Paul!«, schrie sie. »Du musst weitermachen. Wir müssen alle weitermachen. Wie sollen wir das alles denn ohne dich durchstehen?«
Wenn es jemals einen Wendepunkt in der Hölle der Jahre 2001 und 2002 gab, dann war es vielleicht dieser Augenblick. Nen-

nen Sie es einen Geistesblitz aus heiterem Himmel. Nennen Sie es, wie immer Sie wollen. Maria brachte mich dazu, mir Hilfe zu suchen, und diese Hilfe gab mir die Kraft, die Hölle zu ertragen.
Der Arzt verschrieb mir Antidepressiva. Maria überzeugte mich davon, eine Beratungsstelle aufzusuchen. An jedem Montagmorgen saß ich in einem Privatraum des Arztsprechzimmers und sprach mit einer liebenswerten Dame namens Jill. Zum ersten Mal seit 1997 saß ich mit jemandem zusammen und konfrontierte mich selbst mit dem Verlust der Prinzessin.
Jill hörte einfach nur zu. Ich redete und redete. Ich hatte so viel in mich hineingefressen. Ich hatte mich schuldig gefühlt, insbesondere Maria gegenüber, schuldig dafür, nicht imstande gewesen zu sein, über den Verlust der Prinzessin hinwegzukommen. All die Monate hatte ich geglaubt, verrückt zu werden, weil mich schon die kleinsten Dinge zum Heulen brachten. Selbst wenn ich bei Jill meine konfusen Gedanken abladen konnte, war es immer noch furchtbar beschämend für mich, vor ihr zu weinen.
Aber Jill war für mich eine ungeheure Quelle des Trostes: »Ihr Verhalten ist völlig normal, Paul«, sagte sie mir.
Genauso »normal« war es auch, dass ich für einen Moment innehielt – denn das Jahr 2002 stand vor der Tür – und mir überlegte, was das neue Jahr wohl bringen würde.

Scotland Yard hatte in »macchiavellistischer« Manier sämtliche Schritte eingeleitet, um sicherzustellen, dass es keinen Kontakt zwischen mir und St. James' Palace geben würde, aber es war nicht in der Lage, irgendetwas gegen die anderen Kommunikationskanäle mit dem Haus Windsor zu unternehmen. Bis zum Frühjahr blieb ich in Kontakt mit einem älteren Mitglied der königlichen Familie, und die diskrete Unterstützung dieses langjährigen Verbündeten der Prinzessin erwies sich als riesige Quelle der Kraft für mich. Den größten moralischen Auftrieb

gaben mir diese Worte in einem Brief: »Wenn ich könnte, würde ich Ihre Unschuld in die ganze Welt hinausschreien.«
Ich hatte zuerst einen Brief an dieses Mitglied der königlichen Familie geschrieben, hatte mein Herz ausgeschüttet, wie »völlig allein gelassen und in die Enge getrieben« ich mich fühlte. Mein ganzer Frust über die Polizei, die »die Welt, in der die Prinzessin gelebt hatte, einfach nicht begreifen konnte«, brach aus mir hervor. Da dieser Mensch die Prinzessin kannte und wusste, wie es in Kensington Palace zugeht, besaß er mehr Informationen als Scotland Yard jemals haben würde. In meinen Briefen bat ich um gar nichts. Ich schrieb: »Warum nur haben mich der Prinz von Wales und Prinz William fallen lassen? ... Irgendjemand muss doch gewusst haben, was für eine Wahnsinnspresselawine dieser 14. Oktober [der Tag der Gerichtsverhandlung] lostreten wird. Das Ganze gerät doch völlig außer Kontrolle ... Nur um eines möchte ich Sie bitten: Beten Sie, dass die Gerechtigkeit siegen wird.«
Als Antwort erhielt ich einen Brief, in dem mir weit mehr als nur Gebete versprochen wurden. Dieses ältere Mitglied der Königsfamilie fand unglaublich warmherzige Worte, es erinnerte an die zuverlässigen Dienste, die ich der königlichen Familie erwiesen hatte, und versicherte mir, dass es viele Menschen gebe, die fest an meine Unschuld glaubten. Und schließlich – das stand auch in diesem Brief – kam dann noch dieses überwältigend großzügige Angebot, aus dem wahre Freundschaft sprach: für die Dauer der Gerichtsverhandlung am Old Bailey wurde mir Unterschlupf angeboten – an einem Ort, an dem ich beides hätte: Sicherheit und Privatsphäre. Ich sollte auf einem Anwesen leben, das von älteren Royals genutzt wird. Die königliche Familie bot mir also Zuflucht an. Gleichzeitig aber war ich Angeklagter in einem Verfahren, das ebendiese königliche Familie gegen mich eingeleitet hatte.
Ich bekam heimliche Hilfe aus dem Haus Windsor – eine unglaubliche Erleichterung für mich. Irgendjemand sagte mir ein-

mal am Telefon – das muss etwa auch zu jener Zeit gewesen sein –, dass die Queen jemanden so lange für unschuldig hält, wie dessen Schuld nicht bewiesen ist. All diese Unterstützung kam genau im rechten Augenblick, zu einer Zeit, als Rechtsanwalt Andrew Shaw und mein Verteidiger, Lord Carlile QC – ehemaliges Parlamentsmitglied für die Liberaldemokraten –, und sein Junioranwalt Ray Herman stundenlang damit beschäftigt waren, mit mir die Rechtslage zu erörtern und eine Verteidigungsstrategie zu entwerfen.

Ich erinnere mich noch genau daran, das Erste, was ich Lord Carlile sagte, war folgender Satz war: »Mein Leben wird Ihnen unglaublicher vorkommen als jede erdachte Geschichte.« Ein ums andere Mal klappte meinem Rechtsanwalt und beiden Verteidigern die Kinnlade nach unten – bis auf den Tisch, auf dem überall zerstreut irgendwelche Papiere herumlagen, so baff waren sie, als sie meinen Erzählungen lauschten, in denen ich bis ins kleinste Detail die enge Beziehung schilderte, die mich mit der Prinzessin verband. Ich vertraute diesen beispielhaften Profis mein Leben an, musste ihnen jeden noch so kleinen Aspekt meiner einmaligen Rolle im Schatten der Prinzessin erklären, um ihnen klar zu machen, wer ich eigentlich war.

»Ihre Freiheit steht auf dem Spiel, und wenn Sie uns nicht alles erzählen, Paul, dann können wir Ihnen auch nicht helfen«, sagte Lord Carlile. Erst als sich für sie so langsam das Rätsel um meine Aufgaben bei Hofe gelöst hatte, konnten die Anwälte sich ein Bild davon machen, wie fest das Band des Vertrauens gewesen war, das mich und die Prinzessin verbunden hatte. Und sie konnten erahnen, dass meine Dienste für die Prinzessin über die simple Erfüllung von Pflichten hinausgingen und weit in ihr Privatleben hineinreichten.

Lord Carlile sagte: »Ihre Geschichte klingt wie eine Tragödie von Shakespeare. Sie ist eine tickende Zeitbombe. Ich denke, wir können ganz optimistisch sein, dass das alles hier gut für Sie ausgehen wird.«

Der Briefwechsel mit dem älteren Mitglied der königlichen Familie war mir auch weiterhin Ansporn und Aufmunterung. »Eure Königliche Hoheit, ich möchte Ihnen auf keinen Fall Unannehmlichkeiten bereiten«, so schrieb ich. Das freundliche, warmherzige Angebot, mir Unterschlupf zu gewähren, galt noch immer. Bis zu jenem Zeitpunkt, als Sir Michael Peat dahinterkam. Im Spätsommer 2002 war er darüber informiert worden, dass mir wiederholt ein solches Angebot unterbreitet worden war. Darüber völlig bestürzt, machte er kein Hehl daraus, was er davon hielt: Eine solche Abmachung sei völlig inakzeptabel unter den gegebenen Umständen, besonders da es sich um einen ehemaligen Bediensteten handelte, der gar nicht befugt war, sich auf dem Anwesen aufzuhalten. Ein Verbündeter aus der königlichen Familie hatte klein beigeben müssen – und im selben Atemzug wurde auch meine Einladung zur Geburtstagsfeier des Herzogs von Edinburgh zurückgezogen. Wieder einmal war ein Royal zur Räson gebracht worden – durch den einflussreichen Arm eines »Graukittels«.

In beiden Fällen war es der Arm des Sir Michael Peat. So erschien es mir nur konsequent, dass er es war, der, zusammen mit Edward Lawson QC am Ende meiner Gerichtsverhandlung mit der Aufgabe betraut wurde, die Ermittlungen im Zusammenhang mit dem Scheitern des gerichtlichen Verfahrens am Old Bailey gegen mich im Namen der königlichen Familie zu leiten. Das waren Ermittlungen, bei denen ich die Mitarbeit verweigerte. So war dann auch im Bericht von Sir Michael Peat Folgendes zu lesen: »Ich weiß nicht, wie die Sichtweise Mr. Burrells – so er denn eine hat – auf die Dinge aussieht, zumal er sich ja geweigert hat, dem Untersuchungsausschuss Rede und Antwort zu stehen.« Und er wundert sich auch noch, warum. Die Schauspielerin Amanda Barrie, die früher einmal bei *Coronation Street* mitgespielt hatte, kam dann mit dem außerordentlich freundlichen Angebot auf mich zu, ich könne in ihrer Wohnung in London unterkommen. Eine sehr liebenswürdige, rührende Geste, aber ich zog es doch vor, bei alten Freunden der Familie zu bleiben, die in Hampton nahe Richmond lebten.

Die allerbesten Zeugen aber, die ich für meine Verhandlung dringend hätte brauchen können, waren die beiden bemerkenswerten Damen, in deren Diensten ich gestanden hatte und die mich am besten kannten. Die eine war seit fünf Jahren tot, die andere rechtlich unantastbar. Denn – wie mich die vielen ironischen Seiten meines Falles gelehrt haben – die Queen ist das Gesetz. Als Oberhaupt des Staates ist sie die einzige Person des Landes, die nicht dazu aufgefordert werden kann, als Zeugin auszusagen.
Ich glaube, man kann es einfach als ein Berufsrisiko ansehen, das der Dienst als persönlicher Lakai Ihrer Majestät so mit sich bringt, wenn man sich eines Tages auf der Anklagebank wiederfindet, beschuldigt, Gegenstände aus dem Nachlass von Diana, der Prinzessin von Wales, gestohlen zu haben.
Es war ja nun nicht so, dass ich mit leeren Händen dastand. Scotland Yard hatte fein säuberlich seinen Fall konstruiert und ließ dafür die gesamte Familie Spencer – Lady Sarah McCorquodale, Mrs. Frances Shand Kydd und Lady Jane Fellowes – der Reihe nach als Hauptbelastungszeugen antanzen. Die Polizei und – so schien es mir – auch der CPS waren glücklich darüber, sich auf die Aussagen der Nachlassverwalter von Diana stützen zu können.
Bei meiner Verteidigung würde ich auf die engsten Freunde der Prinzessin setzen, die sich allesamt dazu bereit erklärt hatten, für mich in den Zeugenstand zu treten und mich zu verteidigen: Lucia Flecha de Lima, Rosa Monckton, Susie Kassem, Lady Annabel Goldsmith, Lana Marks, Richard Kay, Lord Attenborough, Dr. Mary Loveday, Simone Simmons, Debbie Franks, Jacques Azagury, Pater Anthony Parsons, US-Anwalt Richard Greene, Sir Jimmy Savile und unzählige andere, die ich aus Gründen der Diskretion nicht nennen will. Sie wissen ge-

nau, dass sie gemeint sind und dass ich ihnen auf ewig dankbar sein werde, weil sie zu mir gestanden haben, indem sie sich bereit erklärten, für mich als Zeugen auszusagen, und somit zu einem Teil der Zeugenliste wurden, die ich schlicht als großartig bezeichnen möchte. Ich bin auch weiterhin felsenfest davon überzeugt, dass das Geschworenengericht hätte anhören sollen, was diese Leute zu sagen hatten. Dann wären die Durchsichtigkeit und Berechnung, die hinter der Anklage steckten, ohne Umschweife ans Licht der Öffentlichkeit gelangt, noch bevor die Geschworenen überhaupt das Beratungszimmer betreten hätten.

Aber die einzige Sorge von St. James' Palace war, dass Prinz Charles und Prinz William womöglich von der Verteidigung in den Zeugenstand gerufen werden könnten. In der Tat sah der CPS der Aussicht, der Thronfolger und sein Sohn könnten von mir in den Zeugenstand gerufen werden, mit so großer Besorgnis entgegen, dass die Beamten begannen, die Möglichkeit einer Anhörung unter Ausschluss der Öffentlichkeit auszuloten. In einem Dokument der Anklage hieß es: »Wir haben allen Grund anzunehmen, dass die Strafverteidiger das Ziel verfolgen, ganz tief in das Privatleben der Prinzessin von Wales, in das Seiner Königlichen Hoheit, des Prinzen von Wales, und in das Seiner Königlichen Hoheit, des Prinzen William, einzudringen. Es könnte notwendig sein, Einschränkungen dahingehend vorzunehmen, wer im Gerichtssaal zugelassen ist, und es müsste möglicherweise [untersucht] werden, ob es für das Gericht nötig sein wird, unter Ausschluss der Öffentlichkeit zu verhandeln.«

An einem Tag im Februar 2002 hatte Commander John Yates von Scotland Yard, so wie die Untersuchung im Anschluss an die Gerichtsverhandlung es vorgesehen hatte, den besorgten Rechtsberatern von St. James' Palace versichert, »dass die Anklage es verhindern würde, sie in den Zeugenstand zu rufen, und sogar so weit gehen würde, zu verlangen, ... eher die strafrechtliche Verfolgung einzustellen [vor der Gerichtsverhandlung], als Derartiges zu tun«.

Es schien, als beteuerte das Gericht ständig, die Prinzen würden nicht als Zeugen aufgerufen, da es sich bei den meisten Gegenständen auf der Anklageliste um Eigentum der Prinzessin handelte. Doch Scotland Yard und der CPS schienen dies außer Acht zu lassen. Prinz Charles wusste, wie viel Zeit die Prinzessin in meinem Cottage in Highgrove zugebracht hatte. Ihm war nicht entgangen, wie oft ich ins Kreuzfeuer der Kritik geraten war, als es um das Scheitern der Ehe ging. Ihm war bekannt, dass sie mich überall mit hinzunehmen pflegte – und das hatte ihn verblüfft. Was er aber nicht wusste, war, dass die Prinzessin mich zu einem unabhängigen Zeugen der Geschichte gemacht hatte, einer Geschichte, wie sie sich tatsächlich ereignete hatte: die Trennung, die Briefe vom Herzog von Edinburgh, die Scheidung – all das hätte berücksichtigt werden müssen, um die Nähe, die mich mit der Prinzessin verband, erfassen zu können.

Was William angeht, so wusste er besser als jeder andere, wie nahe ich seiner Mutter stand: Er hatte mich mit ihr auf dem Sofa sitzen sehen und war Zeuge eines Verhältnisses, das weit mehr war als die gewöhnliche Beziehung zwischen Arbeitgeberin und Arbeitnehmer.

Aus diesen Gründen und der furchtbaren Umstände wegen, die meine ganze Kraft forderten, konnte St. James' Palace zweifellos davon ausgehen, dass Lord Carlile QC, als es am 14. Oktober im Old Bailey in die Gerichtsverhandlung ging, im Gerichtsaal Nummer eins stehen würde und an einem bestimmten Punkt während meiner Rechtfertigung sagen würde: »Wir rufen Seine Königliche Hoheit, den Prinzen von Wales, in den Zeugenstand.« Seit 1891 hatte kein Mitglied der königlichen Familie mehr als Zeuge vor Gericht aussagen müssen. Doch einhundertelf Jahre später hätte die Geschichte sich wiederholen können.

17.
KÖNIGIN GEGEN BURRELL

Eine der Fragen, die am häufigsten zu meiner Person gestellt werden, lautet zweifellos: »Was treibt diesen Paul Burrell an?« Einigen wird meine Pflichtauffassung vielleicht als unterwürfige Obsession erscheinen. Für andere, so wie für mich selbst, erwächst sie aus der Bereitschaft, sich für eine aufrichtige Freundin einzusetzen, die eine der inspirierendsten Frauen unserer Zeit gewesen ist. Doch als ich im Old Bailey vor Gericht erscheinen musste, war mir klar, dass sich die Öffentlichkeit vor allem dafür interessieren würde, welcher Art mein Verhältnis zur Prinzessin gewesen war.

Das Paradox in meinem Leben ist, und darüber bin ich mir im Klaren, dass ich in meiner Rolle als Butler uneigennützig, in der als Ehemann und Vater dagegen selbstsüchtig war. Zu meiner Verteidigung kann ich nur sagen, dass uns im Leben nur wenig Menschen begegnen, die einen solch unauslöschlichen Eindruck in unserer Seele hinterlassen. Die Prinzessin war eine wirklich erstaunliche, einzigartige Persönlichkeit. Sie öffnete mir erst die Tür zu ihrer Welt und gewährte mir dann ihre Freundschaft. Das war ein Geschenk, das man nicht so leicht aufgibt: Man hält vielmehr daran fest, weil es etwas Kostbares ist, das man hegt und pflegt. Einige haben ein Problem damit, dass ich immer noch daran festhalte und mich weigere, innerlich loszulassen.

Tiefe Selbsterforschung oder Psychogeschwätz sind nie meine Sache gewesen. Es hängt vom Standpunkt ab, ob man mein Pflichtgefühl gegenüber der Prinzessin, im Leben wie im Tod, als gesund oder krankhaft empfindet. Doch unbeirrbare Loyalität ist etwas, das jeder, der außerhalb der Palast- und Schlossmauern lebt, nur allzu leicht missverstehen und fehlinterpretieren kann. Wenn jemand auf andere angewiesen ist, um zu funktionieren, so wie es oft in Königshäusern der Fall ist, dann kann das Bedürfnis, gebraucht zu werden, und das Wissen um den eigenen Einfluss einen geradezu süchtig machen. Je enger die Beziehung, desto süchtiger wird man. Am Ende brauchen sich der Angehörige der königlichen Familie und sein Berater und Diener in gleichem Maße.

An sich ist niemand unverzichtbar, und die Prinzessin hat im Lauf der Jahre auf die Dienste so manches Mitarbeiters verzichtet. Doch wie sie gelegentlich Freunden verriet, die es vermutlich bei Hof weitererzählt haben, hatte sie das Gefühl, nicht ohne mich zurechtzukommen. Das hat *sie* gesagt, nicht ich. Und wenn ich ehrlich bin, konnte umgekehrt auch ich mir kein Leben vorstellen, ohne für sie zu arbeiten, egal, wie schwierig es zuweilen sein mochte. Sie konnte sich auf mich so verlassen, wie Königin Victoria auf John Brown; wie die Queen auf Margaret »Bobo« McDonald; wie Prinz Charles auf den Pagen Michael Fawcett. Ich bin in dieser Hinsicht keine Ausnahme oder gar einmalig gewesen. Doch wenn Scotland Yard nicht begriffen hatte, wie ein Bediensteter einem Mitglied der königlichen Familie so nahe stehen konnte, wie er Geschenke von ihm empfangen, sein uneingeschränktes Vertrauen genießen konnte, würden es dann die Geschworenen begreifen? Würde es, wenn ich nun vor Gericht schilderte, wie das Leben mit Diana, Prinzessin von Wales, hinter den

Kulissen aussah, den normalen Bürgern zu weit hergeholt erscheinen, um wahr zu sein? Das war meine größte Sorge, als wir uns auf das Verfahren vorbereiteten: dass meine Aussage den Menschen so wirklichkeitsnah erscheinen würde wie die Geschichten in *Alice im Wunderland*. In dem Versuch, sich in meine Gedanken- und Gefühlswelt zu versetzen, schickte mich mein Verteidigerteam für fünf Stunden auf die Couch eines Psychiaters in Beckenham, Kent. Bis heute wird mein Gemütszustand infrage gestellt. Mir scheint, dass man mich am besten verstehen kann, wenn man das Gutachten von Dr. Andrew Johns vom South London and Maudsley National Health Trust liest. Es erspart mir die Selbstanalyse und lässt eine unabhängige Stimme zu Wort kommen. Nach der fünfstündigen Untersuchung kam er zu dem Schluss:

»Paul sprach mehrfach liebevoll von seiner Frau, die ihn nach besten Kräften unterstütze. In Bezug auf seine Beziehung zu Prinzessin Diana erklärte er mir, er habe ›weit mehr Respekt‹ vor ihr, und er sagte, ›sie hat mir mehr als irgendeinem anderen Mann vertraut‹. Er wies darauf hin, dass seine Beziehung zu seiner Frau Maria ›auf einer ganz anderen Ebene stattfinde‹.
Das berufliche Verhältnis zwischen Mr. Burrell und der Prinzessin war zunehmend von großer Nähe geprägt. Sie scheint ihm sehr vertraut zu haben … Er scheint in beträchtlichem Maße für ihre täglichen Bedürfnisse zuständig und ihr darüber hinaus ein Freund und Gefährte gewesen zu sein … Ihre Freundschaft war im Wesentlichen folgendermaßen charakterisiert: Sie scheint ihm außergewöhnlich stark vertraut zu haben; er spendete ihr offenbar, wenn nötig, Trost; wenn sie in Urlaub war, rief sie ihn täglich an; sie besprach ihre persönlichen Probleme mit ihm, zeigte ihm ihre private Korrespondenz und betraute ihn damit, gelegentlich Vorkehrungen für ihre Zusam-

menkünfte mit ihren männlichen Freunden zu treffen ... Mr. Burrell bezog in hohem Maße sein Selbstwertgefühl aus dieser engen Freundschaft mit ihr und scheint seine Sorge für ihr Wohl hingebungsvoll wahrgenommen zu haben, so dass er sogar weniger Zeit mit seiner Frau und seinen Söhnen verbrachte.
Meiner Meinung nach hat Prinzessin Dianas Tod 1997 Mr. Burrell zutiefst erschüttert ... er hat ihren verletzten Leichnam mehrfach gesehen ... eine traumatische Erfahrung, die noch verstärkt wurde, als er eine Tasche mit den Kleidern empfing, die sie trug, als sie den Tod fand, sowie mit ihren persönlichen Habseligkeiten, die sie bei sich hatte. Mr. Burrell zeigte daraufhin eine Reihe charakteristischer psychischer Symptome und Verhaltensweisen. Seine erste Reaktion war von Hilflosigkeit gekennzeichnet, und er funktionierte beinahe automatisch. Er schlief ... mit wiederholten Albträumen ... Er weinte unkontrollierbar und fühlte sich niedergeschlagen. Er erfüllt diagnostische Kriterien für eine lang anhaltende depressive Reaktion. Die Vermutung liegt nahe, dass er sich in einem emotionalen Zustand befand, in dem er wichtige Erinnerungen und Gegenstände der Prinzessin in sich ›begraben‹ hatte.
Meiner Auffassung nach lässt Mr. Burrell keine manifeste geistige Erkrankung oder Persönlichkeitsstörung erkennen. Er ist von normaler Intelligenz.«

Ich wurde für verhandlungsfähig erklärt und sollte am Montag, dem 14. Oktober 2002, im Old Bailey vor Gericht erscheinen.

»Vergesst das Theater im West Ende und seht euch im Old Bailey die größte Show an, die derzeit in der Stadt läuft«, verkündete eine Zeitung.
Die königliche Monstershow – der Fall Königin gegen Bur-

rell – sollte in *der* Strafgerichtsarena Londons stattfinden. Selbst die Presse hatte nur über ein Ticketsystem Zugang, und es wurden fast fünfzig Eintrittskarten für Vertreter der Boulevardpresse ausgestellt. Draußen erstreckten sich die Schlangen für den Eintritt in die Zuschauergalerie, die oberhalb des Gerichtssaals liegt, über die gesamte Gebäudefront. Dank Scotland Yard und der Anklagevertretung der Krone hatte die ganze Welt das Auge am Schlüsselloch von Kensington Palace. Von dem Moment an würde eine geschützte Privatsphäre ans Licht der Öffentlichkeit gezerrt werden. Mein Leben ebenso wie das der Prinzessin würden sowohl der akribischsten Überprüfung unterzogen als auch den wildesten Spekulationen sowie Zweifeln und Spott ausgesetzt! Beim Verfassen dieses Buches habe ich weiterhin die dunkelsten, intimsten Geheimnisse bewahrt. Doch die Wahrheit über das Leben in Kensington Palace und die Quintessenz meines Verhältnisses zur Chefin soll dazu dienen, die Verzerrungen und kühnen Unterstellungen, die von der Anklage, der Polizei und, am Ende des Verfahrens, von giftspritzenden Zeitungen, spekulierenden Hofberichterstattern und verbitterten, aus dem Dienst der Prinzessin entlassenen ehemaligen Mitarbeitern vorgebracht wurden, richtig zu stellen. Am Ende sah ich mich einer wilden Hetzkampagne ausgesetzt, die mich als unglaubwürdigen Zeitzeugen hinzustellen versuchte. Von Anfang an sollten mein Wort, mein Leben und meine Darlegung der Geschichte – und damit auch die wahren Ereignisse und Beweggründe, wie die Prinzessin sie mir anvertraute – in den Schmutz gezogen werden.
Am Vorabend des ersten Gerichtstags wohnte ich in einem billigen Hotel in der Nähe von Euston Station. Eine kleine Armee von Familienangehörigen und Freunden traf in London ein, um mir und Maria zur Seite zu stehen. Als wir am Travel Inn vorfuhren, bemerkte ich ein gigantisches BBC-Plakat an der Hotelwand über dem Bürgersteig. Ein riesiges lächelndes Gesicht der Prinzessin, schön und glamourös wie immer, blickte

auf uns herab, während darunter die Frage prangte: »Wer ist die Größte im ganzen Land?« Manchmal kann ich, selbst wenn ich gar nicht nach ihr suche, der Chefin nicht entkommen.
Am selben Abend stieß ein befreundeter Journalist an der Bar zu uns, und ich brauchte mehrere Guinness, um das große Zittern zu überwinden, das allein die Vorstellung, auf der Anklagebank zu sitzen, bei mir auslöste. Maria rauchte eine Zigarette nach der anderen, während wir zusammensaßen und uns für den Medienzirkus des folgenden Tages wappneten.
Unser Anwalt Andrew Shaw sorgte dafür, dass uns ein feudaler Mercedes mit Chauffeur zum Gericht brachte, gefolgt von einem Minibus mit ebenso besorgten, doch treuen Anhängern. Ich kann mich nicht erinnern, dass im Fond unseres Wagens ein einziges Wort fiel. Maria und ich hielten uns einfach bei den Händen. Andrew und der zweite Anwalt, Ray Herman, saßen in Gedanken versunken auf den Vordersitzen. In dieser bedrückenden Stille wurde mir übel. Ich hatte einen trockenen Mund, und mir pochten die Schläfen.
Wir fuhren bis in die Ludgate Hill, von der St. Paul's Cathedral nur einen Steinwurf entfernt liegt. Es war dieselbe Route, die ich bei einer Staatsparade mit der Königin zum Dankgottesdienst anlässlich des achtzigsten Geburtstags der Königinmutter entlanggefahren war, doch diesmal würden wir nicht bis zur Kathedrale kommen. Wir bogen nach links um die Ecke und passierten die Büros der Staatsanwaltschaft. Als wir wieder geradeaus fuhren, konnte ich sehen, wie in der Ferne eine Menschenmenge herumlief. Sowie wir näher herankamen, erkannte ich, dass es sich um eine Traube von Journalisten handelte. Dutzende davon. Fernsehteams liefen mit Kameras auf den Schultern über die Straße. Zwei verschiedene Gruppen von Fotografen, alle schwer beladen, kauerten, knieten, saßen oder standen auf kleinen Standleitern aus Metall. Ich sah Radioreporter, Zeitungsreporter, Mitläufer, Straßensperren, um sie zurückzuhalten, sowie Polizisten, die für Ruhe und Ordnung

zu sorgen hatten. Maria drückte meine Hand fester. Als der Mercedes an den Bordstein heranfuhr, sah ich nach links und entdeckte eine Plattform auf einem Gerüst. Es war der Kameraposten der BBC, gegenüber dem Haupteingang zum Gericht. Maria und ich fingen gleichzeitig heftig zu zittern an.
»Komm, bringen wir's hinter uns«, sagte ich.
»Viel Glück, alle miteinander«, sagte Andrew und stand auf, um den hinteren Wagenschlag für uns zu öffnen. Ich holte tief Luft, schluckte einmal kräftig und wartete einen Moment.
»Ein Kommen und Gehen, Paul. Ein Kommen und Gehen ...«, hörte ich die Prinzessin sagen.
Und dann standen wir auf einmal auf dem Pflaster. Das Erste, was mir entgegenschlug, war das Geräusch der Kamerablenden, als wäre ein Vogelschwarm von einem Baum aufgeschreckt worden und tausend Flügel würden auf einmal flattern. Und dann die Blitzlichter. Ich stand neben Maria und legte einen Arm um ihre Taille.
Sie ließ meine Hand nicht los. Zwei Polizisten hielten eine Tür auf, und Andrew und Ray Herman begleiteten uns nach drinnen. Es war schrecklich für mich, dass Maria diese Zerreißprobe über sich ergehen lassen musste, doch sie hatte darauf bestanden, an meiner Seite zu bleiben. Auf dem Weg ins Gerichtsgebäude drehte sie sich zu mir um und sagte: »Du bist mein Mann. Ich halte zu dir, egal, was kommt.«
»Paul!«, dröhnte eine Stimme. »Wie fühlen Sie sich?« Eine freundliche Hand wurde mir entgegengestreckt. Es war James Whitaker, der Hofberichterstatter des *Daily Mirror*.
»Ich hab mich schon besser gefühlt, Mr. Whitaker, aber danke der Nachfrage.«
Ich redete ihn immer mit Mr. Whitaker an, auch wenn die Prinzessin ihn auf ihren Reisen immer liebevoll bei seinem Spitznamen »Rote Tomate« rief. Dann erspähte ich Nicholas Witchell von der BBC im Flur, einen weiteren echten Gentleman unter den Hofberichterstattern – »Karottenköpfchen«,

wie die Prinzessin ihn zu nennen pflegte. Doch das wichtigste Gesicht fehlte. Jennie Bond von der BBC, die die Prinzessin über viele Jahre hin bewundert hatte, berichtete über die Kanadareise der Queen. »Sieh dir mal ihr Fußkettchen an!«, hatte die Prinzessin gesagt. Sie war davon fasziniert.

Als es darum ging, über die Medien auf dem Laufenden zu sein, ließ die Prinzessin keinen Trick aus. Sie wusste alles über sie, über diejenigen, die sie nicht ausstehen konnte, diejenigen, die sie mochte, oder die, von denen sie wusste, dass sie dem sanften Druck des Hofs nichts entgegenzusetzen hatten. Auf einmal hefteten sich die Augen, die der Chefin um die Welt gefolgt waren, auf ihren Butler.

Als die Zeiger am Gerichtsgebäude sich unerbittlich zehn Uhr näherten, fuhren wir mit dem Lift in den zweiten Stock, und ich folgte den wallenden schwarzen Roben meines Verteidigers Lord Carlile und des Nebenverteidigers Ray Herman, die, Perücken in der Hand, vorausgingen. Wir liefen vom moderneren Trakt des Old Bailey durch eine Flügeltür in die viktorianische, marmorverkleidete Vorhalle vor den Hauptgerichtssälen, wo mehrere Angeklagte und ihre Verteidigerteams in Gruppen zusammenstanden oder auf Eichenbänken saßen. Ich fühlte mich vage an das Naturkundemuseum erinnert. Riesige Wandmalereien riefen mir die Tizian-Gemälde ins Gedächtnis, welche die Prinzessin in Kensington Palace aufgehängt hatte. Durch die Glaskuppel über uns brach das Tageslicht herein. Ich legte den Kopf in den Nacken und las die Worte, die in den steinernen Kreis gemeißelt waren: »Das Gesetz der Weisen ist der Quell des Lebens«. An der Glastür zu Gerichtssaal Nummer eins drängten sich ungeduldige Reporter – darunter sogar einige aus Amerika und Australien.

»Keine Sorge«, sagte Lord Carlile, während wir zur Tür gingen. »Heute geht es nur um reine Formsachen und die Vereidigung der Geschworenen. Es braucht eine Weile, bis der eigentliche Prozess beginnt.«

Ich setzte zum ersten Mal den Fuß in den Gerichtssaal: Mit seiner Eichenvertäfelung und den grünen, lederbezogenen Sitzen ahmte er das House of Commons nach. Die glasverkleidete Kabine der breiten Anklagebank würde in den kommenden zwei Wochen sozusagen meine Operationsbasis sein. Maria ging zusammen mit meinem Dad zu einer Sitzgruppe für Angehörige auf der rechten Seite. Ich begab mich zur Anklagebank, dem Sitz für Mörder, Vergewaltiger und bewaffnete Räuber.

Eine Sicherheitsbeamtin hielt mich höflich an, bevor ich die Anklagebank erreichte. »Mr. Burrell, Sie müssen erst mit mir nach unten kommen«, sagte sie. Das gehörte offenbar zum Protokoll: Angeklagte dürfen erst erscheinen, nachdem der Richter den Saal betreten hat. Schon bald sollte Richterin Rafferty diese Formalität für die übrige Zeit des Prozesses aufgeben.

Hinter mir führte eine kleine Treppe in eine weiß gekachelte Zelle. Kaum war ich außer Sichtweite, hielt mich die Wachbeamtin an. »Sie können hier bleiben. Bleiben Sie einfach hier bei mir«, sagte sie, und wir setzten uns auf die unterste Stufe. Es schien, als wolle sie mir ersparen, in die Zelle zu gehen. Sie sah, wie meine Hände zitterten. »Das wird schon werden, wissen Sie«, sagte sie. »Ich hab schon oft hier drin gesessen. Ich hab drum gebeten, dass sie mich für diesen Prozess einteilen, weil Sie es sind, ... und ich hab irgendwie ein komisches Gefühl.« Sie hieß Michelle, und ich werde ihr das Taktgefühl und die Freundlichkeit, die sie mir erwiesen hat, nie vergessen.

Das Gemurmel im brechend vollen Gerichtssaal oben wurde von dreifachem lautem Klopfen zum Verstummen gebracht. Richterin Anne Rafferty hatte den Saal betreten. Michelle nickte mir zu. Ich ging die Treppe hoch und nahm meinen Platz ein. Von allen Seiten durchbohrten mich die Blicke der Anwesenden. Rechts über mir saß das Publikum und lehnte sich vor, um einen ersten Blick auf mich zu erhaschen. Hinter mir saßen die Journalisten in drei abgestuften Reihen, die aus dem Blickwinkel des Richterstuhls von der Anklagebank verdeckt wa-

ren. In der linken Ecke waren ein paar zusätzliche Bänke für Presseleute reserviert, auf denen sich die Reporter drängten. Vorne blickte Richterin Rafferty geradeaus. Links, gegenüber den Bänken der Verteidigung, befanden sich die leeren Eichenbänke, auf denen die zwölf Geschworenen sitzen würden. Ihren Augen würde nichts entgehen: meine Person, Geheimnisse, vertrauliche Dokumente, die Erinnerungen und Hunderte von Fotos von der Chefin, William und Harry.
Ich wurde aufgefordert, mich zu erheben, während die Anklage gegen mich verlesen wurde, die mir Straftaten nach dem Diebstahlsgesetz von 1968 zur Last legte. Mir schlotterten die Knie, und ich bemühte mich, kerzengerade zu stehen. Ich hatte das Gefühl, jeden Moment vornüber zu kippen. Ich war ein einziges Nervenbündel.
Punkt eins der Anklage: Diebstahl gegenüber Seiner Königlichen Hoheit, dem Prinzen von Wales. Punkt zwei: Diebstahl auf dem Landgut von Diana, Prinzessin von Wales. Punkt drei: Diebstahl gegenüber Seiner Königlichen Hoheit, Prinz William von Wales. Im Gerichtssaal des altehrwürdigen Old Bailey klang alles noch viel schlimmer als zuvor beim Schiedsgericht. Bei jedem Punkt, der mir zur Last gelegt wurde, plädierte ich »nicht schuldig«, und ich sah, wie rechts unten Maria an der Schulter meines Dad die Tränen unterdrücken musste, während die Geschworenen vereidigt wurden.
Eines hatte sich in den vorausgehenden Monaten geändert: Die dreihundertzweiundvierzig Gegenstände, deren Diebstahls ich ursprünglich angeklagt war, hatten sich auf dreihundertzehn reduziert, doch das war keineswegs Grund zu Optimismus. Die Geschworenen mussten nur zu dem Schluss gelangen, dass ein einziger dieser Gegenstände unrechtmäßig in meinen Besitz gelangt war, um sicher zu sein, dass ich schuldig war. Der Vertreter der Anklage erklärte, dass »niemand eine solche Sammlung königlicher Eigentumsgegenstände in Verwahrung oder anderweitig in Besitz haben sollte«.

Ich war entschlossen, mich zu jedem Zeitpunkt würdig zu verhalten. Andrew Shaw hatte mir die Dinge eingeprägt, die ein Angeklagter, der im Rampenlicht stand, nicht tun sollte – er klang wie Cyril Dickman bei meinem Dienstantritt in Windsor Castle. »Wenn Sie im Gerichtssaal sind, starren Sie die Geschworenen nicht an, zappeln Sie nicht herum, schicken Sie uns nicht zu viele Zettel, und lassen Sie sich von denen nicht aus der Fassung bringen.«

Was niemand unter dem Sims der Anklagebank sehen konnte, war, dass ich unentwegt zwei kleine Quarzkristalle zwischen den Fingern drehte. Ich hatte sie mir aus Nicks Sammlung geborgt; eine Erinnerung an die Energien, auf welche die Prinzessin vertraut hatte. Ich glaubte aufrichtig, dieses ganze belastende Verfahren hindurch, dass sowohl die Prinzessin als auch meine Mutter bei mir waren.

Unter dem Hemd trug ich den Verlobungsring meiner Mutter an einer Kette um den Hals. In meiner rechten Hosentasche hielt ich die wundersame Medaille in der Hand, welche die Prinzessin mir nach dem Besuch der Mission in London zusammen mit Marias Mutter geschenkt hatte.

Es fiel mir schwer, Mr. Boyce zuzuhören, der den Grundriss meines Hauses erläuterte, um dann auszuführen, welche Gegenstände dort beschlagnahmt wurden. Er redete endlos weiter: »Kalte, berechnende Entscheidung ... Was hatten diese Gegenstände in seinem Haus zu suchen? ... Mr. Burrells wechselnde Erklärungen stimmen nicht überein ... Innehalten, um den potenziellen Wert einer einzigen signierten CD ...« Ich hätte schreien können. Ich hatte weit mehr potenziell wertvolle Gegenstände in meinem Haus als ein Michael-Jackson- oder Tina-Turner-Album, das die Prinzessin signiert hatte – sie schrieb immer ihren Namen darauf; es war eine Gewohnheit von Kindheit an. Wann immer jemand nach Kensington Palace kam und eine bestimmte Schallplatte oder CD mochte, welche die Prinzessin gerade auf der Stereoanlage spielte, schenkte sie

sie dem Betreffenden. Außerdem hatte Mr. Boyce einen entscheidenden Punkt außer Acht gelassen. Ich hatte nicht ein einziges Stück verkauft, das einmal der Chefin gehört hatte, so dass der potenzielle Wert, den die Geschworenen seinen Ausführungen nach berücksichtigen sollten, gegenstandslos war. Seine Herkunft, die Tatsache, dass er einmal ihr gehört hatte, bestimmte über seinen Wert.

Es war viel interessanter, Richterin Rafferty zu beobachten. Sie war faszinierend, wie sie sich umfangreiche Notizen machte, wie sie aus einem Tintenfass ihren Federhalter füllte.

Wetten, es ist Quink, Blauschwarz?, dachte ich.

Dann fuchtelte sie mit ihrem Löschblatt herum und wischte die Feder daran ab.

Ob sie wohl die ganze Zeit zuhört? Oder langweilt sie sich genauso wie ich?

Ich fand sie wunderbar, wie sie in ihrer scharlachroten Richterrobe und weißen Perücke dasaß. Eine Dame, äußerst elegant. Viel zu glamourös, um Richterin zu sein, dachte ich.

Sie schritt jeden Morgen und jeden Nachmittag mit beinahe königlicher Würde in den Gerichtssaal; und während ihr Lächeln freundlich war, konnte sie mit einem kalten Blick Ruhe verordnen, wenn die Presse hinter mir unruhig wurde und zu tuscheln begann, bevor sie die Verhandlung vertagt hatte.

Ich wandte meine Aufmerksamkeit dem königlichen Wappen zu, das über Richterin Rafferty ins Holz geschnitzt war. Ich las die allzu vertrauten Worte: ›Honi soit qui mal y pense.‹ Welche Ironie, den Löwen und das Einhorn, die den königlichen, vom Hosenband eingefassten Schild bewachten, auf einmal von der Anklagebank aus zu betrachten!

Maria trat für die Verteidigung in den Zeugenstand, und daher durfte sie nicht im Gerichtssaal sitzen. Wir beschlossen, dass sie nach Cheshire zurückfahren und sich im Blumengeschäft auf andere Gedanken bringen sollte.

Meine Zuflucht sollte unterdessen bei unseren Freunden Kevin und Sharon Hart – den ersten Menschen, mit denen wir zusammenkamen, als wir von Highgrove nach London zurückkehrten – sein. Ihr viktorianisches Reihenhaus in Hampton bei Richmond war jeden Abend ein Refugium nach der Absurdität des Gerichtsdramas und der Publicity. Kevin und der Mann meiner Nichte Louise, Tom McMahon, wichen mir an den verhandlungsfreien Tagen nicht von der Seite. Während dieser zwei Wochen halfen mir starke Freundschaften über die Runden.

Am Abend des ersten Gerichtstags mieden wir die Kurznachrichten von BBC und ITN. Der Fernseher blieb abgeschaltet, als der Rufmord, den die Anklage gegen meine Person betrieb, in den Sendungen ausgestrahlt und kommentiert wurde. Ich saß an einem Tisch bei der nettesten Familie, die man sich denken kann, und aß Spaghetti alla bolognese. Einfach nur dem Rummel entfliehen zu können, war eine riesige Erleichterung, zumal bei Gericht jede mimische Regung und jede Geste von irgendjemandem registriert wurde.

»Die zweite schicke Krawatte diese Woche – eine weitere fünfundsechzig Pfund teure Hermès-Kreation«, schrieb James Whitaker in seiner Kolumne am zweiten Verhandlungstag und fuhr fort, »... und ich habe ihm in der Kantine gegenübergesessen und ihm dabei zugesehen, wie er eine gesunde Moussaka aß ... Er kleidet sich nach dem Vorbild von Prinz Charles ... und sein Handschlag ist fest.«

Der *Daily Mirror*-Reporter Steve Dennis fasste für mich die allgemeine Stimmung im Pressezentrum zusammen: »Sie lächeln zu viel und sehen um einiges zu entspannt aus – und die Leute registrieren das.«

Entspannt! Ich war in meinem ganzen Leben noch nicht so nervös gewesen, doch, wie es aussah, war noch nicht einmal ein tapferes Gesicht erlaubt. Wenigstens im Haus der Harts, mit ihrem Sohn Joe, damals siebzehn, und ihrer Tochter Amy,

neunzehn, konnten wir bei einer Flasche Merlot entspannen, und ich durfte so sein, wie ich war, ohne dass alles, was ich tat, auf die Goldwaage gelegt und analysiert wurde. Wenn Joe mich einmal dabei erwischte, wie ich in eine verdrießliche Stimmung abrutschte, sprang er auf und sagte: »Na komm schon, gehen wir auf ein Bier«, und wir gingen in seinen Pub um die Ecke, den Nag's Head.
»Das ist alles so unfair, Kev«, stöhnte ich.
»Paul, das Leben ist nun mal nicht fair. Du musst einfach durchhalten und stark sein«, sagte er.
In dieser ersten Woche bekam ich einen überaus herzlichen Brief vom Konvent der Schwestern von der Himmelfahrt in Galway, Irland. Schwester Teresa, die mit der Prinzessin in Begleitung von Marias Mutter zusammengekommen war, sorgte dafür, dass alle Nonnen jeden Tag für mich beteten. »Unterschätzen Sie nie die Kraft des Gebets, und wir beten für Sie«, hieß es in dem Brief. Viele Menschen schienen mir also die Daumen zu drücken. Ich bekam buchstäblich Säcke voller Post. Meine Freunde wissen, dass ich das mehr als zu schätzen wusste, doch besondere Erwähnung gebührt Richard Madeley und Judy Finnigan. Denn auch Richard hatte einmal am eigenen Leib erfahren, was Ungerechtigkeit bedeutet, als man ihn in seiner Zeit als Moderator der Nachrichtensendung *This Morning* bei ITV skandalöserweise des Ladendiebstahls in einer Tesco-Filiale beschuldigt hatte.
In den Monaten und Wochen vor dem Prozess schrieb er mir viele Briefe, um mir Mut zu machen. Selbst wenn es bei der Arbeit hektisch zuging, fand er die Zeit, mir eine kleine Notiz auf die Rückseite seiner Skripte zu kritzeln. Sie bauten mich jedes Mal auf.
Seine Erkenntnis war für mich richtungweisend. Er schrieb: »Es wird Ihnen so vorkommen, als wären Sie im Auge des Orkans, und alles Mögliche passiert um Sie her. Ich weiß, wie das ist. Lassen Sie den Prozess geschehen und machen Sie, was wir

gemacht haben: Halten Sie als Familie zusammen und seien Sie stark – Richard.«

Es war ermutigend zu wissen, dass andere auf meiner Seite standen, da William Boyce in seiner wortgewandten Darlegung des Anklagestandpunkts alles so belastend schilderte. Ich sei dabei erwischt worden, wie ich mich eines Morgens um halb vier heimlich nach Kensington Palace geschlichen hätte. Die Spencers hatten der Polizei gesagt, ich dürfe kein königliches Eigentum bei mir zu Hause haben. Ich hätte niemandem gesagt, dass ich Dinge in Verwahrung nähme.

Aber das hatte ich sehr wohl. Ich *hatte* es gesagt. In einem Brief an Prinz William vom April 2001. Was war mit diesen Leuten los?

Ich machte meinem Ärger in einem kleinen gerichtlichen Konferenzzimmer auf dem ersten Stock Luft. Das war unser »sicherer« Raum, wo Beweisstücke und Unterlagen aufbewahrt wurden und unsere Diskussionen stattfinden konnten, ohne dass die Polizei und die Vertreter der Anklage etwas hörten. »Gehen wir runter und analysieren den heutigen Tag«, sagte Lord Carlile nach der Beweisaufnahme des Tages in die Runde.

Ich hatte meinem Anwalt mit wachsender Bewunderung im Gerichtssaal gelauscht, wo er geschickt eloquenten Charme mit stichhaltigen juristischen Argumenten und einem Blick fürs Detail verband. Doch in diesem kleinen Zimmer, inmitten von Aktenstapeln und Bücherkisten, wurde er für mich erst richtig lebendig, und diesen Sitzungen verdanke ich es auch, dass ich nicht die Nerven verlor.

Andrew saß am Tisch und teilte uns seine Überlegungen mit als der Mann, der die ganze gründliche Vorarbeit geleistet hatte. Hinter ihm stand Shona, die Kanzleiassistentin, die sich auf einer hinteren Bank im Gerichtssaal unentwegt Notizen machte. Und dann kam ich, in einer Ecke hockend, und ich fragte mich, was der ganze Juristenjargon wohl zu bedeuten hatte, und musste an Richard Madeleys Bemerkung denken, »wie alles Mögliche um einen her passiert«.

Ich hätte nicht mehr sagen können, wie oft Lord Carlile in den Tagen, in denen uns der Prozess immer mehr in seinen Bann zog und wir uns über den Ablauf und über die Beweise wunderten, die in unseren Augen keine waren, ausrief: »Das ist absolut lächerlich!« Doch kaum hatten wir uns in einen bestimmten Punkt verbissen, sorgte er für einen Stimmungsumschwung. Seine Parodien der verschiedenen Charaktere im Gerichtssaal waren zum Brüllen komisch, und ich bin froh, dass er uns ab und zu half, die Dinge nicht ganz so ernst zu nehmen. Manchmal ließ ich sie unter sich und lief die Flure entlang, immer auf und ab, und las die Namen der Angeklagten in anderen Gerichtssälen und fragte mich, ob auch noch andere Unschuldige wie Verbrecher hingestellt wurden.

Am zweiten Tag des Verfahrens wurde deutlich, was für eine Farce der ganze Prozess war, als jemand merkte, wie ein Polizist in Zivil den Saal betrat, seinen Polizeiausweis zeigte und sich zu den Zuschauern setzte. Er konnte eine Frau unter den Geschworenen auf sich aufmerksam machen, und sie nickten sich gegenseitig zu. Als diese seltsame Verbindung Lord Carlile zu Ohren kam, wurden die Geschworenen aufgefordert, sich zurückzuziehen, Richterin Rafferty ordnete an, der Sache nachzugehen, und wir wurden für den Nachmittag nach Hause geschickt. Am nächsten Tag war der Gerichtssaal eins total erstaunt zu hören, was diese Nachforschungen ans Licht gebracht hatten. Die Meisterdetektive von Scotland Yard waren dabei, einen weiteren Coup zu landen, der das atemberaubende Niveau ihres gesunden Menschenverstands veranschaulichte. William Boyce sah sich zu der Erklärung genötigt, dass der Polizist in Zivil, ein Polizeiinspektor, seiner *Frau* unter den Geschworenen zugewunken hatte. Es war ihr Hochzeitstag, und er war ins Gericht gekommen, um sie anschließend zum

Essen auszuführen. Doch es stellte sich heraus, dass der Polizist zwischen 1986 und 1989 als Mitglied der Königlichen Schutztruppe gearbeitet hatte: Er war bei der Königlichen Diplomatischen Abteilung gewesen, die für die Bewachung von Botschaften zuständig war. Und es kam noch besser: Er hatte seinen Dienst in den Botschaften in unmittelbarer Nachbarschaft des Kensington Palace versehen. Und er hatte in den frühen Neunzigern als Polizeibeamter in Peckham, London, gearbeitet, unter keiner Geringeren als der Bezirksoberinspektorin Maxine de Brunner, der leitenden Ermittlungsbeamtin in meinem Fall. Sie hatten auch schon in einer Studiengruppe zur Beförderung von Inspektoren bei der Londoner Polizei zusammengearbeitet. Inzwischen war der Mann beim Sicherheitsdienst.
Ich war sprachlos.
»Aber soweit sich Deputy Chief Inspector Brunner entsinnt, hat sie seit fünf Jahren nicht mehr mit ihm gesprochen. Sie würden den Mann vermutlich nicht mal mehr wiedererkennen«, erklärte William Boyce.
Lord Carlile wollte nichts davon hören. »Wenn die Ehefrau eines Polizeibeamten unter diesen Geschworenen sich irgendeiner Loyalität verpflichtet sieht, dann besteht die Gefahr, dass sich diese Loyalität auf andere Geschworene ausweitet. Es sollte unter diesen Geschworenen nicht die geringste Verbindung zur Metropolitan Police geben.«
Nach einem Tag juristischer Auseinandersetzungen gab Richterin Rafferty seinem Antrag statt. Die Geschworenen wurden entlassen. Der Prozess Königin gegen Burrell musste neu aufgerollt werden, mit neuen Geschworenen, fünf Frauen und sieben Männern.

Selbst noch, als die Welt der Prinzessin in den Gerichtssaal vom Old Bailey schwappte, war ich verzweifelt darum bemüht, ihre Geheimnisse zu bewahren. Geheimnisse, die nicht das Geringste in einem Gerichtssaal zu suchen hatten, Geheimnisse, die auch in diesem Buch nicht gelüftet werden. Als ich nach der Anklageerhebung der Polizei meine neununddreißig Seiten umfassende Aussage einreichte, war sie nur als Erklärung für den Richter, die Anwälte und die Geschworenen gedacht. Sie enthielt vertrauliche Informationen ganz und gar privater Natur, bei denen es auch um gesundheitliche Fragen und ihr Liebesleben ging und die lediglich meine Rolle in Kensington Palace und meine besondere Nähe zur Chefin verdeutlichten sollten. Ich wollte nicht, dass sie vor Gericht und vor der Presse zur Sprache kommen.

Bei der ursprünglichen Anklageeröffnung hatte William Boyce zugestimmt, dass die ursprünglichen Geschworenen den Inhalt jeder für sich lesen sollten. Er erklärte, die Verteidigung wünsche nicht, »dass die entsprechenden Abschnitte laut verlesen würden, und die Krone erklärt sich mit dieser Vorgehensweise einverstanden«.

Nicht so die Medien. Sie fochten mein Ersuchen an. Zum Glück gab die Richterin uns statt und verfügte, dass bestimmte Inhaltspunkte der blauen Mappen, die den Geschworenen ausgehändigt worden waren, zum Schutz von Prinz William und Prinz Harry vertraulich bleiben mussten. »Zensiert!«, schrie der *Daily Mirror* am nächsten Tag auf. »Beleidigung des Gerichts!«

Die Medienvertreter und die Angeklagten verlassen den Gerichtssaal durch dieselbe Tür. Während wir uns an diesem Tag hinausdrängten, drehte sich eine Reporterin zu mir um und sagte: »Ich hab noch keinen Fall erlebt, bei dem es so viel Geheimhaltung gibt. Man weiß nie, was als Nächstes kommt.«

Deputy Sergeant Roger Milburn war im Zeugenstand, und Lord Carlile forderte ihn auf, das Gericht darüber aufzuklären, wonach sie ursprünglich gesucht hätten, als sie mein Haus

stürmten. »Unterlagen zu einer goldenen Dhau«, sagte der Deputy Sergeant.
Daraufhin konzentrierte mein Verteidiger seine Fragen auf ein Kästchen, nach dem die Polizei immer wieder gefragt hatte; das Mahagonikästchen mit dem Buchstaben D auf dem Deckel; das Kästchen, in dem die Prinzessin ihre geheimsten Dokumente aufbewahrte; das Kästchen, das ich aus Kensington Palace entwendet haben sollte.
»Was wussten Sie demnach über den Inhalt dieses Kästchens?«, fragte Lord Carlile, neugierig geworden.
Die Presse schien kollektiv die Luft anzuhalten und die Stifte zu zücken.
Der Deputy Sergeant zögerte. »Bei diesem Verfahren geht es um einige sehr vertrauliche Dinge«, sagte er und wandte sich an die Richterin, um sie zu fragen: »Kann ich es auf einen Zettel schreiben?« Und die Richterin nickte.
Die Presse ließ einen kollektiven, frustrierten Seufzer hören und die Stifte fallen.
Anschließend wurde das Verfahren auf das nächste Wochenende vertagt, was die Presse am folgenden Tag zu Schlagzeilen wie »Dianas Geheimnis« und »Was ist in dem Kästchen?« veranlasste.
Am darauf folgenden Montag flog die Intrige auf. Mit Zustimmung der Richterin kam alles ans Licht. Scotland Yard suchte nach einem Siegelring, den Major James Hewitt der Prinzessin geschenkt hatte; ferner nach einem Rücktrittsbrief von ihrem Privatsekretär Patrick Jephson; nach Briefen von Prinz Philip an die Prinzessin; und nach einer Diktierkassette, die nach dem Prozess als das Rape Tape – die Vergewaltigungskassette – bekannt wurde. Es war eine Aufnahme von einer informellen Befragung des ehemaligen Angehörigen der Walisischen Garde George Smith durch die Prinzessin. Er hatte angegeben, im Jahre 1989 nach einer Nacht, in der viel getrunken wurde, von einem männlichen Angehörigen des königlichen Personals, der

für Prinz Charles arbeitete, vergewaltigt worden zu sein. Die ganze Sache spitzte sich zu, weil George, der in Highgrove, in St. James' Palace und in Kensington Palace gearbeitet hatte, seit langem unter Albträumen litt, zu trinken angefangen hatte und seine Ehe in die Brüche gehen sah. Er schob dies alles auf eine Begebenheit, die er, wie er sagte, heruntergeschluckt hatte.

Die Prinzessin mochte George, und als er sich ihr anvertraute, war sie entsetzt. Mit einem Diktiergerät bewaffnet, fuhr sie in die Klinik, in der er wegen seiner Depressionen behandelt wurde. Sie wollte seine Anschuldigungen auf Band haben. (George Smith hat inzwischen auf sein Recht auf Anonymität verzichtet.) Die Chefin nahm das Band auf, um die Interessen eines Mannes zu wahren, der ihr nicht gleichgültig war, und sie schwor, etwas in der Sache zu unternehmen. In ihren Augen war er das Opfer, während der Täter sich noch auf freiem Fuß befand und für ihren Mann arbeitete. Sie hatte das Band, ohne etwas auf das Etikett zu schreiben, in das Kästchen gelegt, in dem sie den explosiven Inhalt sicher aufgehoben wusste. Doch sie war entschlossen, dafür zu sorgen, dass die nötigen Schritte unternommen wurden, und so rief sie Prinz Charles an, berichtete ihm von dem Vorfall, so wie er sich ihr darstellte, und bat ihn, den fraglichen Mann zu entlassen.

Sie machte den Anruf im Wohnzimmer in Kensington Palace. Ich stand als unabhängiger Zeuge neben ihr und hörte jedes Wort. Sie zitterte beinahe vor Empörung darüber, dass ihrem Mann die Dringlichkeit einer Situation vollkommen entging, die sie selbst als kriminell ansah. »Charles, hast du mir überhaupt zugehört? Dieser Mann ist ein Monster«, sagte die Prinzessin.

Ich konnte nur den einen Gesprächspartner hören, doch es war offensichtlich, dass der Prinz für eine Sache, die er als eine hysterische Überreaktion seiner Frau betrachtete, wenig Zeit hatte. Er riet ihr nur, »nicht auf Personalgeschwätz zu hören«.

»Du musst ihn entlassen. Du musst etwas unternehmen.« Ihre flehentlichen Bitten trafen auf taube Ohren.

Die Prinzessin kannte den Angestellten, um den es ging. »Ich weiß, was dieser Widerling getan hat. Ich weiß, was er George angetan hat, und ich werde ihm das nie verzeihen«, kochte sie vor Wut, nachdem ihr Versuch, für harte Konsequenzen zu sorgen, gescheitert war.

Es wurde kaum etwas unternommen. Im Oktober 1996 bekam George Smith Besuch von der Anwältin der königlichen Familie, Ms. Fiona Shackelton. Unter dem Strich kam dabei heraus, dass der mutmaßliche Vergewaltiger nicht entlassen wurde und Georges Stress und Depressionen als Golfkriegsyndrom gewertet wurden. Er kehrte nie an seinen Arbeitsplatz zurück und akzeptierte bei Beendigung seines Dienstverhältnisses eine Abfindung seiner Arbeitgeber von etwa vierzigtausend Pfund.

Die Prinzessin sorgte dafür, dass jene Kassette nie ans Licht der Öffentlichkeit kam. Doch das Rätsel um ihr Versteck sowie ihre Brisanz kamen im Zuge der Ermittlungen zu meinem Fall an die Oberfläche. Lady Sarah McCorquodale hatte Scotland Yard darum gebeten, den Inhalt des Kästchens »festzustellen«.

Die Prinzessin hatte mir die Kassette gezeigt, sie mir aber nie gegeben. Nach ihrem Tod entdeckten Lady Sarah und ich die Kassette mit leerem Aufkleber, doch wir haben sie nicht herausgenommen, sondern verschlossen aufbewahrt. Nur Lady Sarah und ich wussten, wo sich der Schlüssel befand. Doch das Schloss wurde nach Angaben der Polizei später aufgebrochen.

Vor Gericht sagte Deputy Sergeant Milburn aus: »Ich habe nach dem Inhalt des Kästchens gesucht.«

Und auf einmal traten die wahren Beweggründe hinter der Hausdurchsuchung zutage.

Maxine de Brunner trat in den Zeugenstand und nahm die Anwesenden mit nach Highgrove, zurück zum 3. August 2001, als sie und Kommandeur John Yates die Prinzen Charles und

William über ihre Ermittlungen zu meiner Person unterrichteten – bevor gegen mich Anklage erhoben wurde.
Den Aufzeichnungen der Inspektorin sowie den übereinstimmenden Nachforschungen von Sir Michael Peat im Anschluss an den Prozess zufolge hatte sie beide Prinzen wissen lassen, die Polizei verfüge über »gesicherte Beweise« und könne »den Nachweis erbringen, dass Mr. Burrells Lebensstil und finanziellen Verhältnisse sich nach dem Tod von Diana, Prinzessin von Wales, drastisch geändert hätten«, und »die Polizei könne weiterhin den Nachweis erbringen, dass eine große Anzahl von Gegenständen an diverse Händler im Ausland verkauft worden seien.« Darüber hinaus erklärte sie den Prinzen: »Überdies hat eine unabhängige Informationsquelle der Polizei Fotos vorgelegt, auf denen mehrere Angehörige des Personals anlässlich einer Party Kleider trugen, die Diana, Prinzessin von Wales, gehörten ...«
Nichts davon entsprach der Wahrheit, und de Brunner räumte ein, dass sie zu keinem Zeitpunkt ihre Behauptungen mit Beweisen hätten untermauern können, die mich als einen Dieb darstellten, der das Eigentum der Prinzessin rund um die Welt verkaufte und ihre Garderobe an das Personal verteilte. Gott weiß, was mein früherer Arbeitgeber und der Junge, den ich hatte aufwachsen sehen, von mir denken mussten.
Ein Briefing, das angeblich dazu diente, sie »voll ins Bild zu setzen«, war in Wirklichkeit eine Ansammlung von Unwahrheiten, da man von der Voraussetzung ausging, meine finanzielle Lage habe sich aufgrund des Verkaufs königlichen Eigentums aus Kensington Palace verbessert. Tatsächlich aber hatte sich meine finanzielle Lage aufgrund meines Buchs *Entertaining with Style* sowie der Vorträge, die ich zu seiner Verkaufsförderung hielt, verbessert. Zur Illustration, wie gründlich die polizeilichen Ermittlungen waren, musste de Brunner einräumen, dass sie nichts von dem Buch wisse, das ich geschrieben hatte, und ebenso wenig von den Vorträgen, die ich

gehalten hatte. Sie erklärte, das Briefing habe »auf nachrichtendienstlichen Erkenntnissen beruht, die uns zugegangen waren.«

An dieser Stelle schaltete sich Richterin Rafferty ein, die genau so ungläubig guckte wie alle anderen, und fragte: »Trifft es zu, dass Sie die beiden Prinzen weiterhin unter dem Eindruck dieser groben Fehleinschätzungen gelassen haben?«

Deputy Chief Inspector de Brunner, die kein einziges Mal ihre vorherigen falschen Informationen richtig gestellt hatte, antwortete: »Ja, das ist zutreffend.«

Lord Carlile fuhr fort: »Und meinen Sie nicht, dass das Versäumnis, diese falschen Informationen richtig zu stellen, grob irreführend und gegenüber Mr. Burrell im höchsten Maße unfair war?«

De Brunner: »Ich kann dazu nur sagen, dass ich sie über die veränderte Sachlage nicht in Kenntnis gesetzt habe.«

Lord Carlile: »Es wäre für Sie nicht schwierig gewesen, die Anwältin von Prinz Charles, Mrs. Shackelton, anzurufen und ihr mitzuteilen, dass er falsch unterrichtet worden sei, oder? Sie hätten das ohne weiteres tun könne, ist das richtig?«

»Ich hätte es tun können.«

»Und Sie haben es nicht getan?«

»Nein«, erwiderte de Brunner.

Im Zuge der Nachforschungen von Sir Michael Peat im Anschluss an den Prozess wurde klar: »Der Prinz von Wales erinnert sich eindeutig daran, dass die Enthüllung über Mr. Burrells nachweislichen Verkäufe ... seine Auffassung stark beeinflusst hat.«

Dabei hatte mein Anwaltsteam, nachdem es die Unterlagen zu dem Fall eingesehen hatte, bereits zwei Monate vor Prozessbeginn versucht, Alarm zu schlagen, an die Palasttüren zu klopfen, durch Lautsprecher zu brüllen und Leuchtfeuer zu zünden. Nachdem wir nichts unversucht gelassen hatten, außer vielleicht, vor dem Palast eine Neonleuchte mit den Worten

»Würden Sie bitte einmal zuhören: Sie wurden irregeführt« aufzustellen, gab es nichts mehr, was wir hätten tun können, um die Aufmerksamkeit des königlichen Hofstaats zu erhalten.
Am 20. August 2002 traf sich Lord Carlile mit Fiona Shackelton und ihrem Strafrechtsspezialisten, Queen's Council Robert Seabrock, um sie zu warnen, dass, »die Entscheidung, ob der Prinz eine Strafverfolgung unterstützen solle oder nicht, auf der Grundlage nicht bewiesener, falscher Informationen getroffen worden sei …« Einen Monat später, am 30. September 2002, traf sich Lord Carlile erneut mit Mr. Seabrook. Wie es in der nachgerichtlichen Untersuchung heißt: »Die Verteidigung von Mr. Burrell fußte im Wesentlichen auf seiner einzigartigen und überaus engen Beziehung zur Prinzessin … ihre enge Beziehung erwies sich als tickende Zeitbombe …, und ich habe darauf hingewiesen, dass der Prozess sich noch als Desaster für die königliche Familie erweisen würde und dass sie sich von der Polizei in Highgrove habe täuschen lassen.«

Vor der Tür zum Gerichtssaal Nummer eins steckte ein Zettel in einer Tafel, auf dem der Prozess mit »Königin gegen Burrell« bezeichnet wurde, ein irreführender Titel, wenn man die wahre Sachlage bedachtete. Nicht die Königin oder die königliche Familie hatte mich auf der Anklagebank sehen wollen. In Wirklichkeit hätte der Prozess lauten müssen, »Spencers gegen Burrell«. Was einmal ein intaktes Arbeitsverhältnis zwischen einem Butler und der Familie der Prinzessin gewesen war, ging unwiderruflich in die Brüche.
Ich hatte mir einmal von jemandem, der die Familie kannte, sagen lassen, die Spencers »hätten die Nase gestrichen voll davon, dass ein verdammter Butler für Diana wie ein Fels sein sollte«. Dank Scotland Yard bot sich ihnen nun im Old Bailey die ideale Gelegenheit, das Gegenteil zu beweisen.
Mrs. Frances Shand Kydd schlurfte und wankte am Stock in

den Gerichtssaal. Sie vermittelte den Eindruck einer äußerst gebrechlichen Frau. Eine hagere, weißhaarige alte Dame, deren heisere, krächzende Stimme klang, als wäre sie ein schüchternes Pflänzchen. Während die Geschworenen den mitleiderregenden Anblick in sich aufnahmen, wusste ich es besser. Richterin Rafferty lehnte sich vor, um sich davon zu überzeugen, dass sie zurechtkam. »Mrs. Shand Kydd, was ist für Sie bequemer, wollen Sie lieber stehen oder sitzen?«
»Ich kann gerne eine Weile stehen.«
»Ich schlage vor, Sie stehen, bis Sie sich setzen wollen, oder so, wie Sie es wünschen.«
»Danke, Mylady«, sagte eine zufriedene Mrs. Shand Kydd.
William Boyce erhob sich, um mit seiner Befragung zu beginnen. »Ich hoffe, Sie empfinden es nicht als unsensibel, unhöflich oder respektlos, wenn wir im Laufe dieses Prozesses von Ihrer verstorbenen Tochter als Diana, Prinzessin von Wales, sprechen …«
Da machen Sie sich mal keine Sorgen, Mr. Boyce, dachte ich. Sie hat ihrer Tochter viel, viel schlimmere Namen an den Kopf geworfen.
Während der Vertreter der Anklage ganze Aktenbündel mit ihr durchging, konnte ich meine Augen nicht von ihr lassen. Sie dagegen blickte nicht ein einziges Mal in meine Richtung. Ich setzte meinen ganzen Willen daran, dass sie sich umdrehte und mich ansah. Wieso tust du mir das an?, dachte ich. Hast du schon vergessen, wie oft du nach ihrem Tod bei uns zu Hause warst? Und das Kreuz an der Kette, das du mir gegeben hast, damit es mich beschützt? Das freundliche Angebot, uns ein Haus in London zu kaufen? Was habe ich dir getan, dass ich das verdiene?
Doch darauf wusste ich die Antwort sehr wohl. Ich hatte ihrer Tochter zu nahe gestanden, war für sie eher so etwas wie Familie gewesen, als es ihre Mutter war, und das war den Spencers ein Dorn im Auge. Im Verlauf ihrer Zeugenaussage sprach sie

von mir mal als »Angeklagtem«, mal als »Mr. Burrell«, nie als Paul.
Mr. Boyces nächste Frage riss mich aus meinen Gedanken. »Wie würden Sie Ihr Verhältnis zu Ihrer Tochter bezeichnen?«
„Liebevoll und vertrauensvoll«, erwiderte sie, und ich fing an, unruhig auf meinem Sitz nach vorne zu rutschen.
»Ist es das immer gewesen, oder hat es auch einmal ein Auf und Ab gegeben?«
Mrs. Shand Kydd räusperte sich. »Es hat hier und da ein Auf und Ab gegeben. Das Gericht wird mir zustimmen, dass so etwas in einer Familie normal ist und dass es in allen Familien zu gelegentlichen Unstimmigkeiten kommt ... und dass solche Unstimmigkeiten keinerlei Einfluss auf die Zukunft haben.«
Schlagartig hatte ich eine Begebenheit in Kensington Palace vor Augen, sechs Monate bevor die Prinzessin starb, im Frühjahr 1997. Ich war in meinem Anrichtezimmer, als ich oben Schluchzen hörte.
»Paul! Komm ... schnell«, schrie die Prinzessin über das Geländer hinweg nach unten.
Ich jagte die Treppe hoch und stand im nächsten Moment hinter ihr. Die Prinzessin, in ihren weißen Frotteebademantel gehüllt, hob den Telefonhörer auf, der statt auf der Gabel auf dem Teppich vor dem grauen Kamin lag. Am anderen Ende redete eine Stimme ohne Punkt und Komma. Ich hatte die Prinzessin schon oft aus Enttäuschung weinen gehört, wenn sie sich selber Leid tat, doch in diesem Fall wurde ich Zeuge einer seelischen Katastrophe. Sie saß im Schneidersitz auf dem Teppich, den Hörer am Ohr, den Oberkörper vorgebeugt. Sie winkte mich näher heran. Ich kniete mich neben sie und legte den Kopf so nah wie möglich an den Hörer.
Ich erkannte den nuschelnden, doch nicht zu bremsenden Redefluss von Mrs. Shand Kydd. Die Prinzessin schniefte und schüttelte fassungslos den Kopf. Sie bekam eine Schimpfkanonade von ihrer Mutter ab, die ihr unmissverständlich klar

machte, was sie von einer Tochter hielt, die mit Muslimen was anfing. »Du bist nichts weiter als eine ...« Sie schleuderte ihr Worte an den Kopf, die keine Mutter je zu ihrer Tochter sagen sollte.

Die Prinzessin knallte den Hörer auf und fing wieder an zu weinen. Ich saß neben ihr und legte den Arm um ihre Schulter. »Ich werde nie wieder mit meiner Mutter reden, Paul, niemals«, schwor sie. Und das tat sie auch nicht, und jedes Mal, wenn Mrs. Shand Kydd einen Brief nach Kensington Palace schickte und die Prinzessin die Handschrift erkannte, schickte sie ihn ungeöffnet zurück mit der Aufschrift »Zurück an Absender«.

Im Old Bailey war es inzwischen an Lord Carlile, mit seinem Kreuzverhör zu beginnen. Er musste behutsam vorgehen. »Was Ihr Verhältnis zu Ihrer Tochter betrifft, so bin ich da auf gar keine Details neugierig. Nur eines wüsste ich gern von Ihnen. Sie und Ihre Tochter Diana haben im Frühjahr 1997 zum letzten Mal miteinander gesprochen.«
»Das stimmt, aber das gilt für unsere ganze Familie, und sie hat sich mit uns allen wieder versöhnt ...«, und dann ging sie in einem Atemzug wieder zu dem Thema über, zu dem sie sich viel lieber äußerte, nämlich, meine Rolle im Leben der Prinzessin herunterzuspielen. Mrs. Shand Kydd fühlte sich unbehaglich angesichts der Richtung, in die mein Anwalt mit seinen Fragen zielte. »... Ich glaube allerdings, Mr. Burrell hat sich ... die Bemerkung meiner Tochter, er sei ihr ›Fels‹, ein bisschen falsch ausgelegt. Sie drückte sich häufig so aus und oft über eine Reihe von Leuten. Sie nannte mich ihren ›Fels‹ und ›Leitstern‹.«
»Doch Paul Burrell *war* für die Prinzessin, drücken wir es ruhig so aus, ein Fels in der Brandung?«, fragte mein Anwalt.
»Ja«, antwortete sie, »aber nicht mehr als andere Leute auch, das galt genauso für ihre Chauffeure ... ihre Sicherheitsleute ... ihre Familie.«

Und so bekamen die Geschworenen zu hören, dass jeder, inklusive derer, die der Prinzessin den Dienst aufgekündigt hatten, ihr »Fels« war; und dass Mrs. Shand Kydd, die, wie ich wusste, ihrer Tochter einen solch schweren Schlag versetzt hatte, für sie ein »Fels« war. Hätten diese Geschworenen nur die Wahrheit gewusst, so wie sie mir unauslöschlich ins Gedächtnis eingebrannt war! Ich hätte mir in diesem Moment so sehr gewünscht, dass Lord Carlile sie öffentlich machen würde, doch das Gesetz ist, wie ich erfahren musste, zuweilen ein Tanz auf dem Vulkan, wenn die Freiheit auf dem Spiel steht.

Zu diesem Zeitpunkt sahen die Geschworenen nichts weiter als eine gebrechliche, weißhaarige alte Dame, deren gewitzte Antworten so manchen im Gerichtssaal zum Schmunzeln brachten. Sie war die Mutter der Prinzessin, und es wäre in diesem Stadium töricht gewesen, sie anzugreifen. Es hätte einige der Geschworenen gegen mich aufbringen können, sagte mein Anwaltsteam. Lord Carlile musste einen Schmusekurs fahren, und die Wahrheit musste warten, bis der Prozess vorbei war. Für den Augenblick durfte Mrs. Shand Kydd auf meinem guten Ruf herumtrampeln und dem Gericht von einem distanzierten Verhältnis zwischen der Chefin und mir erzählen.

»Sie wissen, dass Paul Burrell derjenige war, der zu jeder Tag- und Nachtzeit zur Stelle war, wenn Ihre Tochter ihn brauchte, wenn sie morgens aufwachte, bis sie ihn abends nicht mehr brauchte?«

Sie antwortete: »Mag sein. Sie hat mit mir nicht über Zeiten gesprochen.«

»Würden Sie es für wahrscheinlich halten?«

»Nicht wirklich. Weil sie an vielen, vielen Tagen außer Haus war, verreist war«, sagte Mrs. Shand Kydd und fühlte sich offenbar schon besser.

Ich konnte nicht glauben, was da aufgetischt wurde, doch es kam noch schlimmer, als sie demonstrierte, dass sie vom Leben in Kensington Palace und den üblichen Entrümpelungen und Hand-outs königlicher Geschenke nicht den blassesten Schimmer hatte. Über die Prinzessin sagte sie: »Sie ging sehr, sehr behutsam mit allem um, was die königlichen Dinge betraf. Genauso umsichtig war sie mit Geschenken von Leuten … Ich kann beschwören, dass sie nichts verschenkte außer den Präsenten, die sie üblicherweise zu Weihnachten oder zu Geburtstagen kaufte.«

Wenigstens machte sie kein Hehl daraus, dass sie wahllos Dokumente vernichtet hatte, dass sie Geschichte vernichtet hatte, was mich im Dezember 1997, als ich mit der Queen zusammenkam, veranlasste, die Art und Weise zur Sprache zu bringen, wie mit der Welt und dem Andenken der Prinzessin umgegangen wurde. Ich brachte damals klar zum Ausdruck: »Ich habe, als die Prinzessin starb, befürchtet, dass es eine Verschwörung gibt, den Lauf der Geschichte zu ändern und bestimmte Aspekte ihres Lebens zu tilgen. Mrs. Frances Shand Kydd hat zwei Wochen lang persönliche Korrespondenz und Dokumente ihrer Tochter vernichtet.«

Lord Carlile: »Sie haben tagelang, stundenlang Dokumente vernichtet, ist das richtig?«

Mrs. Shand Kydd: »An vielen Tagen.«

»Wie viele Dokumente haben Sie Ihrer Meinung nach vernichtet?«

»Zwischen fünfzig und hundert.«

»Und Sie haben Paul Burrell nie erzählt, was Sie vernichten, richtig?«

»Nein, ich glaube, nicht.«

Lord Carlile konzentrierte sich nunmehr auf meine Bemühungen, die Welt der Prinzessin zu bewahren. »Sie wissen, dass Paul Burrell aufrichtig daran gelegen war, dass der gute Ruf Ihrer Tochter Diana nicht beschädigt wird?«

»Ja.«

»Sie wussten auch, dass er verhindern wollte, dass die Ge-

schichte in einer Weise umgeschrieben wird, die die Prinzessin in einem schlechten Licht dastehen lässt?«
»Solche Überlegungen sind mir gegenüber nicht zur Sprache gekommen.«
Sie war bis zum Schluss uneinsichtig. Selbst als Mrs. Shand Kydd den Zeugenstand verließ und an mir vorbeischlurfte, konnte sie mir nicht in die Augen sehen.

Das letzte Mal, dass ich Lady Sarah McCorquodale gesehen hatte, war etwa sechs Monate nach meinem Ausschluss aus dem Memorial Fund. Sie ging über die Westminster Bridge in London, und wir tauschten ein paar höfliche Worte. Das Old Bailey war unser erstes richtiges Wiedersehen seit jenem Essen mit Anthony Julius in der Weinbar in der Nähe der Southampton Row.
Im Zeugenstand wirkte sie durchsetzungsfähig, mit einem Selbstvertrauen, wie es den Aristokraten eigen ist. Ich behielt sie permanent im Auge in der Hoffnung, dass sie mich irgendwann einmal zur Kenntnis nehmen würde. Spencer Nummer zwei war in den Zeugenstand getreten, um gegen mich auszusagen.
Lady Sarah hatte von allen Familienmitgliedern der Prinzessin am nächsten gestanden. Die Chefin hatte oft gesagt, sie würde ihren Humor lieben. Das war der Hauptgrund dafür, dass sie sie als Hofdame auf Auslandsreisen mitnahm. Nach dem Tod der Prinzessin waren Lady Sarah und ich feste Verbündete gewesen und hatten vertrauensvoll zusammengearbeitet. Ich musste an die Manschettenknöpfe denken, die sie mir in die Hand gedrückt hatte, das Versace-Kleid, das sie Maria geschenkt hatte, Gegenstände im Wert von fünfzigtausend Pfund, die ich in Anerkennung meiner treuen Dienste erhalten hatte. Vielleicht hatte ich ihrer Schwester zu nahe gestanden, schwelgte ich zu oft in Erinnerungen an sie. Doch während sie sprach, dachte ich nur: Wie konnte es zwischen uns so weit kommen?

Was sie vor Gericht sagte, zeigte, wie sehr sie es hasste, dass ich es als meine Pflicht erachtete, die Geheimnisse ihrer Schwester zu hüten.
William Boyce fragte sie: »Was dürfte Mr. Burrell Ihrer Meinung nach rechtmäßig in seinem Besitz haben?«
Sie antwortete: »Manschettenknöpfe, gerahmte Fotografien, Emaillekästchen, Krawattennadeln, Krawatten, und ich denke, das ist es auch schon.«

Wenn man in einem Gerichtssaal auf der Anklagebank sitzt, dann registriert man sehr genau, welche einstigen Freunde oder Kollegen plötzlich auftauchen, um gegen einen auszusagen. Wenn man die Verteidigung vorbereitet, registriert man auch, wer sich in beredtes Schweigen hüllt und nicht bereit ist, sich zu einem zu bekennen.
Ich hatte den Revisor in Kensington Palace, Michael Gibbins, für einen Freund gehalten. Ich irrte. Dieser ausgebildete Buchhalter war ungefähr ein Jahr, bevor die Prinzessin starb, in den Palast gekommen. Gleichwohl ging er für die Anklage in den Zeugenstand und nahm für sich in Anspruch zu wissen, wie nahe sich Butler und Prinzessin wirklich gestanden hatten. Was schon seltsam war. Denn er arbeitete in einem Büro weit weg von den Wohnungen acht und neun. Er hatte keine Ahnung, wie sich das Leben im Wohn-, Ankleide- oder Speisezimmer der Prinzessin abspielte. Doch weil ich einmal über den langen, erschöpfenden Dienst gestöhnt hatte, sah er sich imstande, über meine Gefühle der Ungewissheit im Rahmen meines Dienstverhältnisses zu sprechen.
William Boyce erklärte, Mr. Gibbins habe der Polizei gesagt, das Verhältnis sei nicht so eng gewesen, wie ich angenommen hätte. »Sie standen sich nahe, aber vielleicht doch nicht ganz so nahe, wie Mr. Burrell es beschrieben hat«, sagte der Anklagevertreter. Er erzählte sogar, ich hätte mich mit dem Gedanken getragen, nach Amerika zu ziehen. Was den Tatsachen ent-

sprach – weil die Prinzessin sich ebenfalls mit dem Gedanken trug.

Es war Freitag, der 25. Oktober, als Michael Gibbins in den Zeugenstand trat. An demselben Tag fuhren die Queen, der Herzog von Edinburgh und Prinz Charles zu einem Gedenkgottesdienst zu Ehren der Bombenopfer von Bali in der St. Paul's Cathedral. Der Rolls Royce Ihrer Majestät schnurrte die Ludgate Hill entlang, am Ende der Straße vorbei, die zum Old Bailey führte. Ein paar Tage später sollte die Unterhaltung, die in diesem Moment stattfand, eine enorme Bedeutung für »Königin gegen Burrell« erlangen.

Am darauf folgenden Montag war das Teilzeitkindermädchen Olga Powell ein weiteres überraschendes Gesicht im Zeugenstand. Sie war eindeutig ein Liebling sowohl der Prinzessin als auch Williams und Harrys gewesen. Sie war außerdem der letzte Mensch, von dem ich erwartet hatte, dass er hier auftaucht. Wir hatten bei unserem Dienst in Kensington Palace viele Gemeinsamkeiten. Vor dem Prozess hatten wir miteinander gesprochen, und sie hatte gesagt, sie hege nicht die Absicht, als Zeugin für die eine oder die andere Seite auszusagen. »In meinem Alter kann ich so eine Aufregung nicht mehr brauchen.« Während sie im Gerichtssaal stand und den Geschworenen von Prinz Williams Naschgewohnheiten erzählte, fragte ich mich, wieso sie sich jetzt gegen mich wandte. Ich sah, worauf es hinauslief. Sie war vor William und Harry auf der Hut. Doch dabei goss sie Wasser auf die Mühlen der Anklage.

Von allen Ankleidedamen, mit denen ich zusammengearbeitet hatte, war Helen Walsh vermutlich die spirituellste, eine praktizierende Katholikin wie Maria. Vielleicht war das der Grund, warum sie in den Zeugenstand trat, um die Wahrheit zu sagen. In dem Moment, als sie den Eid ablegte, spürte ich ihren Unwillen, auf der Seite der Anklage zu stehen. Mit einer Offenheit, die für das Team der Anklage offenbar überraschend kam, erzählte sie, wie die Prinzessin ausrangierte Garderobe mitten

auf den Fußboden kippte, damit sich jeder bediente, oder unerwünschte königliche Geschenke beziehungsweise wertloses Zeug an das Personal verschenkte. Auch sie hatte zahlreiche Geschenke bekommen.
Ein verblüffter Mr. Boyce fragte sie, was sie bekommen habe.
»Das geht Sie nun wirklich nichts an«, sagte sie, und ich musste mich zusammenreißen, um nicht laut loszulachen.
»Hab nicht gewusst, dass sie mit ihm unter einer Decke steckt«, hörte mein Verteidigerteam jemanden von der Anklage sagen. Die Anklage kam in Bedrängnis und scheiterte an ihren eigenen Fragen. Die Freigebigkeit, die in all den Jahren in den königlichen Haushalten geherrscht hatte, trat allmählich zutage.
Vor dem Gerichtssaal sah ich Helen in der Marmorhalle. Angeklagter und Anklagezeugin stürmten aufeinander zu und umarmten sich. »Danke, Helen, dafür, dass Sie so ehrlich gewesen sind«, sagte ich.
»Ich habe nur die Wahrheit gesagt, Paul. Weiter nichts.«
Zur selben Zeit hatte Fiona Shackleton, die Anwältin von Prinz Charles, den ganzen Tag mit John Yates vom Scotland Yard gesprochen. Wir sollten erst am nächsten Tag davon erfahren.

Dienstag, der 29. Oktober, fing an wie jeder andere Tag. Am Vorabend hatte mein Anwaltsteam sich zuversichtlich geäußert, wir hätten Boden gewonnen; wir hätten bei der Beweisaufnahme einen Punktevorsprung erzielt. Meine Gelegenheit, meine Version der Wahrheit vorzutragen, stand unmittelbar bevor. Lord Carlile hatte mich darauf vorbereitet, am folgenden Tag auszusagen. Die Verteidigung sollte binnen vierundzwanzig Stunden beginnen.
Keiner von uns hatte auch nur die blasseste Ahnung von den Aktivitäten hinter den Kulissen, bis wir den Gerichtssaal betraten. Die Presse, Lord Carlile und das übrige Team der Verteidigung wurden von den Gerichtsdienern aufgefordert, den Saal

zu verlassen. Die Vertreter der Anklage saßen hinter verschlossenen Türen im Amtszimmer von Richterin Rafferty. Der Verhandlungsbeginn verzögerte sich um eine Stunde.
»Was soll das Ganze? Ist es schlecht für mich?«, fragte ich Lord Carlile. Er hatte keine Ahnung.
Als Richterin Rafferty wieder den Gerichtssaal betrat, waren alle von der Nachricht verblüfft. Sie wandte sich an die Geschworenen und sagte: »Meine Damen und Herren, es tut mir Leid, dass es eine kleine Verspätung gegeben hat. Es wird heute keine Verhandlung geben, und ich entlasse Sie hiermit.«
Einfach so. Sie entließ die Geschworenen und vertagte das Gericht bis auf weiteres. Lord Carlile sprang auf. Er fragte nach den Gründen für die Vertagung. Richterin Rafferty lehnte es ab, ihn zu unterrichten. Sie erhob sich. Alle erhoben sich. Und damit war das Gerichtsverfahren für diesen Tag zu Ende. Es war kurz nach elf.
»Was um Himmels willen geht hier vor? Ist das normal?«, fragte ich Andrew Shaw.
»Eh, nein. Das ist alles ein bisschen merkwürdig«, sagte er.
Ich wusste nicht, was ich sagen sollte. Mir schwirrten tausend Spekulationen im Kopf herum. Die Presse versammelte sich vor dem Saal, ebenso verblüfft wie wir. Über dem Intrigengeschnatter lag etwas Mysteriöses in der Luft. Es war etwas im Gange, doch keiner von denen, die in dieser Halle herumliefen, hatte eine Ahnung, was.
In unserem »sicheren Raum« im ersten Stock spielten wir die Möglichkeiten durch.
»Gibt es vielleicht neue Beweise? Was ist, wenn sie meinen, sie hätten neue Beweise?«, fragte ich in Panik.
»Nein, Paul, wenn es das wäre, dann wüssten wir mit ziemlicher Sicherheit davon«, sagte Lord Carlile. Er dachte eine Weile schweigend nach. »Paul«, sagte er, »fällt Ihnen noch irgendetwas ein, etwas, das Sie uns noch nicht gesagt haben, das von Bedeutung für Ihren Fall sein könnte? *Irgendetwas?*«

Wir saßen da – Lord Carlile, Ray Herman, Andrew Shaw, Shona und ich – und kämmten noch einmal alles durch, indem wir uns monoton die Fakten der Reihe nach ins Gedächtnis riefen, ein wenig so wie bei den Morddezernaten im Film, wenn sie in eine Sackgasse geraten sind. Lord Carlile wusste von dem Wohnungsangebot seitens eines hochrangigen Mitglieds der königlichen Familie – jeder wusste von dem Treffen mit Mark Bolland. Hatte es irgendetwas mit Prinz Charles zu tun? Mit Prinz William? Mit meinem Besuch bei der Königin?
Also, ich hatte *diese* Zusammenkunft mit Ihrer Majestät bereits erwähnt. Auch die Polizei hatte in einer Aussage vor dem Prozess davon Kenntnis bekommen. Sie wurde auch in einer vierundsechzig Seiten starken Erklärung aufgeführt, die nur für die Augen meines Anwaltsteams gedacht war. Die Stelle lautete: »Mir schien, als wollte jeder, den die Prinzessin je kennen gelernt hatte, mir seine eigene, persönliche Trauer übermitteln. Selbst die Queen gewährte mir eine Audienz, die fast drei Stunden dauerte (sic), in ihren privaten Räumen in Buckingham Palace.« Mehr stand darin nicht, weil ich zu der Zeit nicht daran dachte, mehr darüber zu schreiben. Ich hatte nichts über den Inhalt des eigentlichen Gesprächs vermerkt.
Nach der plötzlichen Vertagung konnte ich an nichts anderes denken als an die Frage: Was geht hier vor? In unserem sicheren Raum fingen wir an zu spekulieren, dass vielleicht Prinz Charles als Zeuge aufgerufen würde, und wir konnten alle mit der Möglichkeit leben.
Aber was, wenn Prinz William in den Zeugenstand treten würde? Ich konnte den Gedanken nicht ertragen, auf der Anklagebank zu sitzen, während der älteste Sohn der Prinzessin vor mir stand und gegen mich aussagte. Kaum hatte sich dieser Gedanke bei mir eingenistet, lief meine Phantasie auf Hochtouren. In meiner Vorstellung drehten sich die Gespräche hinter verschlossenen Türen einzig um die Zeugenaussage eines

Mitglieds der königlichen Familie, und ich grübelte endlos darüber nach.

Später erfuhren wir, dass das Gericht eine zweitägige Pause einlegen und erst wieder am Freitag tagen würde.

Ich schlief die ganze Nacht nicht. Je länger sich die Stunden dahinschleppten, desto schlimmer wurde mein Verfolgungswahn. Diese Ahnungslosigkeit machte mich wahnsinnig. Es war geistige Folter, und es machte mich wütend, dass das Rechtssystem derart mit mir umspringen konnte. Nachdem ich den ganzen Morgen im Haus der Harts hin und her gelaufen war, brauchte ich frische Luft. Ich hatte tagelang gedacht, dass sich der Prozess zu meinen Gunsten entwickelte, und nun befürchtete ich, dass die Vertagung ein Rückschlag war. Seit dem ersten Tag meines Prozesses hatte ich mich nicht so niedergeschlagen gefühlt. Ich nahm den Einkauf einer Flasche Milch zum Anlass, einen langen Spaziergang zu unternehmen.

Ich lief und lief und lief und merkte irgendwann, dass ich in das offene Gelände von Bushey Park gelangt war. Es goss in Strömen, so dass Männer und Frauen mit gesenktem Kopf die Bürgersteige entlanghasteten. In der Ferne konnte ich die zischenden Geräusche des Verkehrs hören, die sich mit dem Prasseln des Regens auf den straff gespannten Regenschirmen vermischten. Der Einzige, dem es egal war, ob er nass wurde, war ich. Ich sah auf die Uhr. Ich war vor drei Stunden losgegangen, um die Flasche Milch zu holen. Ich betrachtete die Menschen, die vorbeiliefen, und überlegte, dass ich eigentlich im Old Bailey sein sollte, um meine Unschuld zu beweisen, statt mich in einem Park darüber verrückt zu machen, wie es weiterging. Ich hätte schreien können. Ich tat das Nächstbeste. Ich rief Steve Dennis, den befreundeten Journalisten vom *Daily Mirror*, an, und machte meinem Frust Luft. Ich erging mich eine Viertelstunde lang am Telefon: »Ich weiß nicht,

wie lange ich das noch aushalte, ich verliere noch den Verstand. Wie können die es wagen, so mit mir Katz und Maus zu spielen? Was haben die, das so lange dauert? Das *kann* nichts Gutes bedeuten. So viel steht fest.«
»Paul«, sagte Steve, »du weißt überhaupt nicht, was es sein könnte. Es könnte ein neuer Zeuge sein, es könnte das Ende sein. Es kann alles Mögliche sein ... und es kann auch etwas Gutes bedeuten.« Er versuchte, mich aufzurichten, aber ich dankte es ihm nicht. »Das tut es bestimmt nicht, in meinen kühnsten Träumen nicht, also erzähl mir nichts.«
Die Ungewissheit war nicht auszuhalten.
Kevin Hart war quer durch Hampton gefahren und hatte mich überall gesucht. Er fand mich schließlich im Bushey Park, legte einen Arm um mich und sagte: »Na komm, gehen wir einen trinken.«

Donnerstagabend trafen wir uns in der Londoner Anwaltskanzlei von Lord Carlile zu einer Beratungsrunde. Wieder saß das Team zusammen und zermarterte sich das Hirn. Wir gingen noch einmal den Brief durch, den ich Prinz William geschrieben hatte, dann die Audienz bei der Queen.
»Worüber haben Sie mit der Queen gesprochen?«, fragte Lord Carlile.
»Wir haben über vieles gesprochen«, sagte ich. »Über Maria und die Jungen, ihre Familie, die Prinzessin, William und Harry, und ich habe ihr alles erzählt, was in Kensington Palace passiert war. Wir haben über eine Menge Dinge geredet«, sagte ich.
»Haben Sie Ihre Sorge darüber zum Ausdruck gebracht, dass Mrs. Frances Shand Kydd Dokumente vernichtet?«
»Ja.«
An dieser Stelle fuhren alle Köpfe im Raum zu mir herum.
»Also«, sagte Lord Carlile, offensichtlich ratlos, »wieso haben Sie uns das nicht schon früher gesagt?«

»Es war eine private Unterhaltung mit der Queen. Wir haben über vieles gesprochen.«

Ich bin nicht sicher, ob uns an diesem Punkt die Bedeutung dieses Gesprächs so richtig dämmerte. Es war nützlich zu wissen, es war eine wichtige Information für die Verteidigung. Wir konnten es in meine Aussage einbauen, wenn ich in den Zeugenstand trat. So dachten wir an diesem Abend. Keiner von uns dachte daran, dass wir eine Möglichkeit in Händen hielten, das Verfahren ins Wanken zu bringen.

Es scheint eine Menge Verwirrung, Zynismus und Konspirationstheorien um mein Treffen mit der Queen und den Inhalt unseres Gesprächs gegeben zu haben. Ja, ich hatte der Queen gesagt, dass ich Unterlagen in Verwahrung nehme. Doch ich hatte ihr gegenüber nicht mehr gesagt als gegenüber Prinz William in meinem Brief vom 19. April 2001, und der *Crown's Prosecution Service*, die Staatsanwaltschaft, hatte den Brief gesehen. Er hatte die Worte »in Verwahrung« gelesen, doch sie schienen von keiner Bedeutung zu sein. Ich hatte Prinz William eine Erklärung abgegeben, von St. James' Palace erntete ich nur Schweigen, Scotland Yard betrieb massiv meine Verurteilung – ich hatte einfach das Gefühl, dass keine meiner schriftlichen Einwände von Bedeutung waren.

Was macht es für einen Unterschied, ob ich der Queen erzähle, dass ich bestimmte Gegenstände in Verwahrung nehme, oder Prinz William?, dachte ich. Tatsächlich hatte ich am 5. Februar 2001 auch einen Brief an Prinz Charles geschrieben, in dem ich ihm genau dasselbe mitteilte. Es wurde behauptet, der Brief habe ihn nie erreicht. Doch sein stellvertretender Privatsekretär hat ihn gesehen. Von daher verstand ich nicht, was daran so wichtig sein sollte, dass ich auch die Queen von meinen Absichten in Kenntnis gesetzt hatte.

Ich kann immer noch nicht nachvollziehen, wieso das für die Staatsanwaltschaft so überraschend kam, da seine Beamten wussten, dass ich Prinz William über meine Verwahrungsabsichten informiert hatte. Was William Boyce dem Gericht weiter erzählen würde, konnte in meinen Augen nur den Farcecharakter der Anklage auf den Punkt bringen und veranschaulichen, wie blind sie für das Offensichtliche waren.

Am Freitag, dem 1. November, Allerheiligen, herrschte eine gespannte, erwartungsvolle Atmosphäre. Es schien mehr Presse da zu sein als an bisherigen Verhandlungstagen. Ich wollte nicht darüber nachdenken, was der Tag mit sich bringen würde. Nachdem ich mich in den vergangenen zwei Wochen an die Routine bei Gericht gewöhnt hatte, stand ich jetzt wieder am Anfang und zitterte innerlich.

»Da ist etwas Wichtiges im Gange«, hatte Lord Carlile am Vorabend gesagt.

Als ob die Situation nicht dramatisch genug wäre, ertönte im Old Bailey mitten am Vormittag Feueralarm. Alle wurden auf die Straße evakuiert. Es herrschte Chaos. Ich stand zwischen Lord Carlile und Andrew Shaw auf dem Bürgersteig. Fernsehkameras und Fotografen belagerten mich. Ich versuchte, entspannt auszusehen, mich auf das Gespräch in meiner nächsten Umgebung zu konzentrieren, doch vergeblich. Ich war abgelenkt und verkrampft.

Dann durften wir in den Gerichtssaal zurückzukehren.

Einige Minuten später brachte mir Lord Carlile die erste beruhigende Nachricht an diesem Morgen. »Die Polizei fängt an, ihre Unterlagen zu sortieren und einzupacken. Das ist ein gutes Zeichen.«

Ich wartete vor dem Gerichtssaal Nummer eins. In meiner Tasche klingelte mein Handy.

Es war der Journalist Steve Dennis. Seine Stimme zitterte. Er stand auf der anderen Seite der Doppeltür in der Nähe der Treppe.

»Paul, die Sache kippt. Keiner weiß, wieso, aber der Prozess geht zu Ende. Hier stehen ganz in der Nähe Pressesprecher der Staatsanwaltschaft und der Metropolitan Police herum.«

Ich verstand gar nichts. »Und was heißt das nun?«
»Das heißt, sie sind hier, um den Schlamassel in Ordnung zu bringen. Paul, wir wissen alle, dass es zu Ende ist. Wir *wissen* es!«
Ich konnte es nicht glauben. »Nein – nicht in meinen kühnsten Träumen! Hör mal, ich muss rein.« Ich schaltete das Handy aus.
›Paul, es ist Zeit reinzugehen‹, sagte Lord Carlile.
Auf einmal fühlte ich mich vollkommen von mir selber losgelöst. Ich ging zur Anklagebank. Michelle, die Wärterin, lächelte mir entgegen. Dreifaches Klopfen an der Tür, Richterin Rafferty schritt herein, und die entsetzliche Stille eines Gerichtssaals senkte sich herab.
William Boyce erhob sich. »Mylady, die Anklageerhebung fußte in erheblichem Maße auf der Annahme, dass es keinerlei Beweise für Mr. Burrells Behauptung gebe, er habe irgendjemanden davon in Kenntnis gesetzt, dass er Eigentum, das den Testamentsvollstreckern von Diana, Prinzessin von Wales, zusteht, in Verwahrung genommen habe ...«
Ich war viel zu sehr auf seine nächsten Ausführungen gespannt, um mich mit der Unrichtigkeit dieser Aussage zu beschäftigen.
»... Demzufolge gingen die Befragungen und Kreuzverhöre der Zeugen der Anklage von der Voraussetzung aus, dass der Anklagevertretung keinerlei Beweise dafür vorlagen, dass er jemals irgendjemanden darüber informiert hatte, Eigentum von Diana, Prinzessin von Wales, in Verwahrung genommen zu haben ...«
Wieder falsch, dachte ich. Der Brief an Prinz William lag die ganze Zeit vor eurer Nase.
Er fuhr fort: »Am Montag dieser Woche wurde die Anklagevertretung durch die Polizei davon in Kenntnis gesetzt, dass Mr. Burrell bei einer privaten Zusammenkunft mit der Queen in den Wochen nach dem Tod Dianas, Prinzessin von Wales, erwähnt habe ... dass er ...« Mr. Boyce erläuterte weiter die

falschen Prämissen seiner Anklage. Wie sich herausstellte, hatte der Herzog von Edinburgh während ihrer gemeinsamen Fahrt zum Gedenkgottesdienst für die Bombenopfer von Bali letzte Woche gegenüber Prinz Charles erwähnt, ich hätte die Queen ausdrücklich davon unterrichtet, dass ich Dokumente von Diana, Prinzessin von Wales, in Verwahrung genommen hätte. Prinz Charles informierte daraufhin am nächsten Tag seinen Privatsekretär Sir Michael Peat von der neuen Sachlage, der sie sich seinerseits von der Queen bestätigen ließ. Daraufhin meldete St. James' Palace die Angelegenheit Scotland Yard.

Und dann hörte ich, wie William Boyce sagte: »… und somit erscheint es angezeigt, keine weiteren Zeugen gegen Mr. Burrell aufzurufen und den Geschworenen nahe zu legen, ihn nicht schuldig zu sprechen.«

Ich saß mit klopfendem Herzen da und versuchte, die juristische Erklärung zu begreifen, die er eilig vorgetragen hatte. Ich warf Lord Carlile einen Blick zu. Er lächelte. Ich sah Andrew Shaw an, der mich begleitet hatte, seit die Polizei mein Haus durchsucht hatte, und er lehnte sich zurück. Erleichterung machte sich in unserem Lager breit. Und dann sprach Richterin Rafferty die Worte aus, die Worte, die ich nie vergessen werde.

»Mr. Burrell, es steht Ihnen frei zu gehen.« Sie lächelte mir freundlich zu.

Ein, zwei Sekunden lang rührte ich mich nicht. Ich drehte mich zu Lord Carlile um. Er nickte. »Kommen Sie«, formte er mit den Lippen.

Ich wusste nicht, ob ich mich auf den Beinen halten konnte, als ich mich erhob und kerzengerade dastand, während es mucksmäuschenstill geworden war. Eine gewaltige Gefühlsaufwallung schnürte mir die Kehle zu. Jedes Geräusch, das ich verursachte – als ich den Stuhl zurückschob, die ersten Schritte machte –, war für jeden im Saal zu hören. Michelle, die Wärterin, reichte mir ihre Hand, um mich hinauszugeleiten. Die

Pressevertreter starrten mich schweigend an. Ich verließ die Anklagebank und ging die drei Stufen zu der Stelle im Gerichtssaal hinüber, wo die Anwälte und die Protokollanten saßen, und setzte mich zu ihnen, während ich in Abwesenheit der Geschworenen in allen drei Anklagepunkten freigesprochen wurde.
Richterin Rafferty erhob sich und verließ den Gerichtssaal. Die Presse schoss nach draußen, um der Welt die Tragweite der historischen Intervention der Queen zu verkünden. Die eine Zeugin, die ich, wie ich von Anfang an wusste, niemals hätte aufrufen können, war für mich eingetreten: die Queen, der ich all die Jahre gedient hatte, sie hatte sich für mich eingesetzt und damit zugleich mein Andenken an eine andere bemerkenswerte Frau aus dem Königshaus verteidigt: Diana, Prinzessin von Wales. Während Reporter und Fernsehteams auf die Straße stürmten, ging ich zu Lord Carlile hinüber.
»War's das?«
»Ja, das war's, Paul Es ist vorbei ... es ist endgültig vorbei.«
Jetzt konnte ich das Schluchzen nicht mehr zurückhalten, das mich zwang, mich an die Schulter meines Verteidigers zu lehnen – des Queen's Council, der den Mut gehabt hatte, es in einem Verfahren, das ganz unmittelbar die »Krone« betraf, mit der Krone aufzunehmen, und er hatte unübertreffliche Arbeit geleistet, um mich heil durchzubringen. Während meine Tränen an seiner Schulter seine Robe durchnässten, klopfte er mir auf den Rücken. »Ich glaube, wir sollten alle zum Lunch gehen. Ich kenne ein nettes kleines Restaurant in Covent Garden«, sagte er.
Dann reichte mir Andrew Shaw sein Handy. »Es ist Maria.« Ich nahm das Handy, und das Erste, was ich hörte, war, dass auch sie vor Freude heulte.
Ich glaube, alles, was ich herausbrachte, war, »Schatz?«, bevor wir anfingen, zusammen zu heulen. »Es war die Queen, Schatz. Wir haben das der Queen zu verdanken«, sagte ich, während

mich mein Anwaltsteam umringte. Die Achterbahnfahrt, auf der wir uns eben noch befunden hatten, war zu Ende.

Maria war in ihrem Freudenrausch kaum zu verstehen, doch sie bat mich hinzuhören. Sie hielt das Handy in die Luft, und ein Sturm von Hochrufen brach aus. Sie war in unserem Blumenladen in Holt, und Angehörige wie Kundschaft brüllten ihre Glückwünsche ins Telefon.

Andrew Shaw und ich gingen auf die Straße hinaus. Ich glaube, ich schwebte über dem Boden, als sich ein Getümmel von Reportern, Fotografen und Fernsehteams um mich scharte, die eine Reihe Schulter an Schulter stehender Polizisten in Schranken hielt. Ich musste mich auf den Rücken der Beamten vor mir stützen.

»Paul! Paul!«, brüllten die Fotografen. »Paul! Hier rüber!« Ich stolperte über das Bein eines Journalisten, der hingefallen war. Ich blickte hoch und sah die Gesichter, die sich in den Gebäuden über mir hinter den Fenstern drängten; andere Büroangestellte lehnten sich heraus und winkten. Ich winkte zurück, auch wenn ich kaum die Arme bewegen konnte.

Dann sprach Andrew Shaw in meinem Namen zu den Medien. Am Ende der Straße war ein Geviert für Erklärungen an die Presse abgesperrt worden. Er dankte allen, sprach von meiner Erleichterung, und alle brüllten meinen Namen. Ich fühlte mich ausgelaugt und benommen, aber wenn ich dazu in der Lage gewesen wäre, hätte ich in die Welt hinausgebrüllt: Gott, fühlt sich das gut an, frei zu sein!

Wir fuhren alle zu einem Restaurant in Covent Garden, um zu feiern. Es war ruhig, außer vier Gästen, die um einen Tisch saßen. Als ich eintrat, fing der Tisch spontan zu klatschen an, und jeder dieser freundlichen Fremden schüttelte mir die Hand.

Zwei besondere Gäste gesellten sich zu unserer Feier und verliehen ihr zusätzlichen Glanz: Richard Kay und Susie Kassem, Freunde der Prinzessin. Ich glaube, ich habe Susie noch nie so

fest umarmt. »Jemand schaut von oben zu«, sagte sie, und da ging es bei uns beiden los.
Als wir uns setzten, erschien ein weiteres Gesicht in der Tür: Fiona Bruce von der BBC. Draußen regnete es, und sie war durchnässt, was ihr aber nichts auszumachen schien. Sie war gekommen, um eine Flasche Champagner vorbeizubringen. »Ich wollte Ihnen nur herzlichen Glückwunsch sagen, Paul.« Sie küsste mich auf die Wange und ging, bevor wir auf meinen Freispruch anstießen.
Am selben Abend fuhr ich nach Cheshire und zog mich bei Verwandten zurück. Auch wenn mir vor Gericht die Möglichkeit versagt geblieben war, mich zu verteidigen, bot mir jetzt der *Daily Mirror* die Gelegenheit. Daraufhin wandten sich die anderen Zeitungen – in Großbritannien wie in Amerika – an mich. Nachdem ich das Gericht überstanden hatte, fand ich mich in den nächsten zwei Wochen auf der Anklagebank der Presse wieder. Ich hätte meine Seele verkauft, sagten sie. Ich hätte die Prinzessin verraten, und schon wieder vernebelte die Unwissenheit der vielen das Wissen der wenigen.
Selbst mit diesem Buch habe ich die Prinzessin nicht verraten. Denn bevor man den Begriff »Verrat« richtig definieren kann, muss man beurteilen können, um welches Wissen es sich handelt. Und genau aus diesem Grund weiß ich, dass ich ihr gegenüber aufrichtig geblieben bin. Auch die Prinzessin würde das verstehen. Und damit ist schon ein gut Teil der Frage beantwortet: Wo geht die Reise hin?
Ich verließ das Old Bailey, um ein neues Leben anzufangen, aber zugleich weigere ich mich, die Vergangenheit hinter mir zu lassen. Das mag man als Schwäche oder Stärke auslegen. Doch nachdem ich vor Gericht meinen guten Ruf wiederherstellen konnte, ist es nach wie vor meine Pflicht, den guten Ruf der Prinzessin zu verteidigen und dafür Sorge zu tragen, dass man sie als die außergewöhnliche Frau in Erinnerung behält, die sie gewesen ist. Erinnerungen sind ein Schatz, den man

hüten soll. Manche machen sich Sorgen wegen meiner Obsession, doch ich werde lediglich von einem überaus freundlichen Geist heimgesucht.

Ich fühle mich so stark wie lange nicht mehr und habe, trotz der Handlungsweise der Polizei, meinen Glauben an die Menschheit nicht verloren und bin mir mit Millionen von Menschen einig, die wie ich glauben, dass das Andenken an die Prinzessin so sprühend und lebendig gehalten werden sollte, wie sie den Menschen begegnet ist und sie verzaubert hat.

Werde ich eine neue Richtung einschlagen? Natürlich.

Werde ich sie hinter mir lassen? Niemals.

Die Prinzessin hat mir etwas Besonderes gegeben, und indem ich einige der bewegenden Erinnerungen und Geschichten an Sie weitergegeben habe, hoffe ich, dass ein wenig von ihrer warmherzigen Persönlichkeit durchscheint. Auf immer und ewig werde ich, egal, was auf mich zukommt, auf Seiten der Prinzessin stehen und Ihr Andenken hochhalten. Sie hätte nichts anderes von mir erwartet.

Ich weiß, was wir aneinander hatten. Ich weiß, von welcher Tiefe das war, was wir miteinander teilten. Ich weiß, welche Zukunft wir vor uns hatten. Und was mir niemand nehmen kann, ist ihr letzter Brief an mich, den sie wenige Wochen vor ihrem Tod auf dem Schreibtisch in meiner Anrichteküche hinterlegte.

Sooft ich ihn lese, ist er für mich eine immense Quelle der Kraft und des Trostes. Er sollte sich als ein schriftliches Lebewohl erweisen und ist, wie mir scheint, ein ebenso passender Ausklang für dieses Buch:

»Lieber Paul,
das kommende Wochenende ist, wie Ihnen Ihr drittes Auge sagt, offensichtlich von großer Bedeutung!
Auch ich bin mir dessen bewusst, und ich wollte schrift-

lich festhalten, wie tief es mich bewegt, dass Sie auch diese Aufregung mit mir teilen. Was für ein Geheimnis!
Sie sind einfach wunderbar, wie Sie Tag für Tag mit meinen Fragen fertig werden, und es ist ganz schön frustrierend, dass Sie jedes Mal Recht behalten!
Aber im Ernst, Ihr Beistand ist für mich, wie immer, von unschätzbarem Wert gewesen und hat mir während einiger Albträume immer wieder geholfen, bei Verstand zu bleiben ...
Jetzt brechen andere Zeiten an, und wir können alle endlich unseren Seelenfrieden finden und uns auf eine glücklichere Zukunft und ein neues Zuhause freuen!
Danke, Paul, dafür, dass Sie für mich ein Turm der Kraft sind,

alles Liebe,
              Diana.«

Was das für ein Geheimnis ist?
Tut mir Leid. Das geht nur den Butler und die Prinzessin etwas an.